Entscheidungen

des

Reichsgerichts.

Herausgegeben

von

den Mitgliedern des Gerichtshofes
und der Reichsanwaltschaft.

Entscheidungen in Zivilsachen.

126. Band.

Berlin und Leipzig 1930

Walter de Gruyter & Co.

vormals G. J. Göschen'sche Verlagshandlung - J. Guttentag, Verlagsbuchhandlung - Georg Reimer - Karl J. Trübner - Veit & Comp.

Entscheidungen

des

Reichsgerichts

in

Zivilsachen.

---

126. Band.

Mit Anhang: Entscheidungen des Staatsgerichtshofs.

Berlin und Leipzig 1930

Walter de Gruyter & Co.

vormals G. J. Göschen'sche Verlagshandlung - J. Guttentag, Verlagsbuchhandlung - Georg Reimer - Karl J. Trübner - Veit & Comp.

Druck von Metzger & Wittig in Leipzig

Inhalt.

I. Bürgerliches Recht.

a. Reichsrecht.

III. Gerichtliches Verfahren.

Anhang: Entscheidungen des Staatsgerichtshofs.

1. 1. Liegt ein gültiger Wechselprotest vor, wenn der Protestbeamte nur beurkundet hat, daß ein Geschäftslokal derjenigen Person, gegen welche protestiert werden soll, unter der im Wechsel angegebenen Adresse nicht ermittelt worden ist?

2. Inwieweit und bis zu welchem Zeitpunkt kann eine in der angegebenen Richtung mangelhafte Protesturkunde nachträglich berichtigt werden, insbesondere in dem Fall, daß der nämlichen Person der Auftrag zur Aufnahme des Wechselprotests und zur etwaigen Klagerhebung erteilt wird und die Urkunde nicht an den Auftraggeber zurückgelangt, sondern in den Händen des Beauftragten bleibt?

WO. Art. 88, 90, 91.

II. Zivilsenat. Urt. v. 18. Juni 1929 i. S. M. GmbH. (Kl.) w. F.-Motoren-GmbH. u. Gen. (Bekl.). II 74/29.

I. Landgericht I Berlin.
II. Kammergericht daselbst.

Die Klägerin ist legitimierte Inhaberin eines von der Beklagten zu 2 (der Ehefrau F.) ausgestellten, von der Beklagten zu 1 (der F.-Motoren-GmbH.) akzeptierten und an die Beklagten zu 3, 4 und 5 girierten Wechsels vom 17. März 1928 über 30000 RM., zahlbar am 17. Juni 1928. Der Wechsel ist am Verfalltag nicht eingelöst worden. In der am 19. Juni 1929 durch den Gerichtsassessor Dr. G. als Notariatsvertreter des Rechtsanwalts und Notars Dr. L. — des erstinstanzlichen Prozeßbevollmächtigten der Klägerin — aufgenommenen Protesturkunde heißt es:

„Bei dem Versuche, der F.-Motoren-GmbH. in Berlin-Charlottenburg, Morsestraße 18, diesen Wechsel vorzulegen und sie zu dessen Zahlung aufzufordern, habe ich unter der angegebenen Anschrift ein Geschäftslokal nicht ermittelt.

Ein in diesen Räumen anwesender Herr erklärte mir, daß die Firma F.-Motoren-GmbH. seit Monaten aufgelöst und hier nicht mehr ihr Geschäftslokal habe."

Als der Wechselprozeß bereits im Gang war — die Klage ging am 21. Juni 1928 beim Gericht ein —, nahm der gleiche Notarvertreter am 13. Juli 1928 eine Berichtigungsurkunde dahin auf, „daß es in dem Protest nicht heißen muß: habe ich unter der angegebenen Anschrift ein Geschäftslokal nicht ermittelt, sondern: habe ich ein Geschäftslokal in Groß-Berlin nicht ermittelt". Gegen die Beklagte zu 1 ist Versäumnisurteil unter Vorbehalt der Kostenentscheidung ergangen. Gegen die Beklagten zu 2, 4 und 5 wurde Antrag auf Zahlung der Wechselsumme nebst Zinsen und Kosten gestellt. Sie traten dem Klagbegehren entgegen. Die Klage wurde in allen drei Rechtszügen abgewiesen.

Aus den Gründen:

Nach Art. 41 WO. ist Voraussetzung für die Geltendmachung von Wechselregreßansprüchen, daß die Präsentation und die Nichterlangung der Zahlung durch einen rechtzeitig darüber aufgenommenen Protest dargetan wird. Die Protesturkunde als sogen. Solennitätsakt muß den Vorschriften des Art. 88 WO. entsprechen. Art. 88 lautete in der früheren Fassung: „Der Protest muß enthalten . . . 3. das an die Person, gegen welche protestiert wird, gestellte Begehren, ihre Antwort oder die Bemerkung, daß sie keine gegeben habe oder nicht anzutreffen gewesen sei." Durch das Gesetz betreffend die Erleichterung des Wechselprotests vom 30. Mai 1908 (RGBl. 1908 S. 321) hat Art. 88 folgende Fassung erhalten: „In den Wechselprotest ist aufzunehmen . . . 2. die Angabe, daß die Person, gegen welche protestiert wird, ohne Erfolg zur Vornahme der wechselrechtlichen Leistung aufgefordert worden oder nicht anzutreffen gewesen ist, oder daß ihr Geschäftslokal oder ihre Wohnung sich nicht hat ermitteln lassen."

Der Berufungsrichter hat angenommen, der am 19. Juni 1928 für die Klägerin erhobene Protest verstoße gegen die jetzt geltenden Vorschriften, weil in die Urkunde nur aufgenommen worden sei, daß der Protestbeamte ein Geschäftslokal der Akzeptantin, der Beklagten zu 1, unter der angegebenen Anschrift (Morsestraße 18) nicht ermittelt habe, und weil aus dieser Beurkundung unzweideutig hervorgehe, daß der Protestbeamte lediglich versucht habe, die Beklagte zu 1 unter der angegebenen Adresse zu erreichen. Letzteres habe aber nicht genügt; denn der Protestbeamte sei verpflichtet, wenn er denjenigen, gegen den der Protest erhoben wird, unter der angegebenen Adresse nicht feststellen könne, durch Nachfrage bei der Polizeibehörde des Ortes oder in anderer geeigneter Weise Nachforschungen anzustellen. Ob die Nachforschungen ordnungsmäßig erfolgt seien, sei allerdings für die Gültigkeit des Protests bedeutungslos; aber jedenfalls müsse im Protest vermerkt sein, daß sich das Geschäftslokal und die Wohnung nicht hätten ermitteln lassen. Dagegen genüge nicht eine Beurkundung dahin, daß sich ein Geschäftslokal oder eine Wohnung unter der auf dem Wechsel angegebenen Adresse nicht habe ermitteln lassen. Der Protestbeamte habe zwar weiter aufgenommen, daß ihm ein in diesen Räumen (also wohl in den früheren Räumen der Beklagten zu 1) anwesender Herr erklärt habe, die Beklagte zu 1 habe „hier" nicht mehr ihr Geschäftslokal. Auch aus dieser Erklärung gehe hervor, daß sich der Protestbeamte darauf beschränkt habe, festzustellen, daß der Protestgegner in dem im Wechsel angegebenen Hause nicht zu ermitteln gewesen sei. Eine Deutung der Beurkundung in dem Sinne, daß der Protestbeamte auf Grund weiteren Nachforschens ein Geschäftslokal des Protestgegners in Groß-Berlin nicht ermittelt habe, sei **nach dem** Wortlaut der Urkunde wie nach dem Zusammenhang **der beurkundeten Tatsachen**, die zu solcher Auslegung keinerlei Anlaß **böten, ausgeschlossen.**

Hiergegen erhebt die Revision folgende Bedenken: Der Grundgedanke der Reform von 1908 habe sich gegen eine Überspannung des Formalprinzips gerichtet. Aus der in der alten Wechselordnung nicht enthaltenen Vorschrift des Art. 90 Abs. 1 sei ersichtlich, daß nunmehr eine sinngemäße Auslegung der Protesturkunde statthaft und eine allzu scharfe Betonung der Form abzulehnen sei. Die Auslegung des Berufungsrichters sei allzu formal. Die Protesturkunde enthalte die Feststellung, daß sich das Geschäftslokal nicht habe ermitteln lassen; anders lasse sich der Vermerk nicht auslegen, daß die Beklagte zu 1 „hier" nicht mehr ihr Geschäftslokal habe. Das Berufungsgericht habe den Inhalt des Protestvermerks nicht in seiner Gesamtheit gewürdigt und außer acht gelassen, daß dem Protestbeamten nach seiner Beurkundung auf seine Anfrage die Auskunft erteilt worden sei, die Firma sei seit Monaten aufgelöst. Da eine aufgelöste Firma überhaupt kein Geschäftslokal mehr besitze, also auch nicht in Groß-Berlin, sei dem Vermerk unzweideutig zu entnehmen gewesen, daß der Protestbeamte habe feststellen wollen und auch festgestellt habe, ein Geschäftslokal der Beklagten zu 1 bestehe überhaupt nicht.

Der Angriff geht fehl. Die Klägerin beachtet nicht, daß gerade nach der jetzigen Fassung des Art. 88 die Angabe in den Protest aufgenommen werden muß, daß das Geschäftslokal oder die Wohnung der Person, gegen die protestiert wird, sich nicht habe ermitteln lassen. Eine solche Erklärung ist in dem vorliegenden Protest auch unter Berücksichtigung aller sonstigen in ihm enthaltenen Vermerke nicht zu erblicken. Die Erklärung des Protestbeamten beschränkt sich auf die Feststellung, sein Versuch, in Berlin-Charlottenburg Morsestraße 18 der Beklagten zu 1 den Wechsel vorzulegen und sie zur Zahlung aufzufordern, sei gescheitert, da er unter der angegebenen Anschrift ein Geschäftslokal nicht ermittelt habe. Daß die Beklagte zu 1 in Groß-Berlin kein Geschäftslokal habe, daß sich also ein Geschäftslokal nicht habe ermitteln lassen, hat der Notarvertreter weder erklärt, noch konnte er es nach Lage der Sache erklären. Wenn er die Äußerung der in dem Hause Morsestraße 18 angetroffenen Person aufnahm, so wurde damit nur nochmals zum Ausdruck gebracht, daß die Beklagte zu 1 in der Morsestraße 18 kein Geschäftslokal habe. Daran ändert auch der Umstand nichts, daß die Auskunft weiter dahin ging, die Firma sei schon seit Monaten aufgelöst. Denn auch eine aufgelöste Gesellschaft mbH. kann (im Stadium der Liquidation) sehr wohl ein Geschäftslokal besitzen.

Wie weit der Protestbeamte seine Nachforschungen ausdehnt, bleibt seinem pflichtmäßigen Ermessen überlassen. Während früher bei fruchtlosen Ermittlungen die Angabe in der Protesturkunde erforderlich war, daß die Nachfrage bei der Polizeibehörde des Ortes erfolglos geblieben sei, ist der Protestbeamte jetzt nicht mehr verpflichtet, bei der Polizeibehörde Nachforschungen anzustellen. Er kann vielmehr alle geeigneten Ermittlungen vornehmen, er genügt jedoch seiner Ermittlungspflicht schon dann, wenn er sich auf die Nachforschung bei der Polizei beschränkt, und braucht bei Erfolglosigkeit dieser Nachforschung keine weiteren Ermittlungen vorzunehmen; vgl. Art. 91 Abs. 3 Satz 2 WO. Unter allen Umständen bedarf es aber nach jetzigem Recht des Vermerks in der Protesturkunde, daß sich das Geschäftslokal oder die Wohnung desjenigen, gegen den Protest erhoben werden soll, nicht habe ermitteln lassen. Enthält die Protesturkunde diesen Vermerk, so ist nach Art. 91 Abs. 2 der Protest nicht deshalb ungültig, weil die Ermittlung möglich gewesen wäre. An sich ist jedoch der Protestbeamte selbstverständlich verpflichtet, geeignete Ermittlungen vorzunehmen, sei es durch Nachfrage bei der Polizei, sei es beim Handelsregister, sei es in sonstiger Weise, und er macht sich seinem Auftraggeber haftbar, wenn er jede Ermittlung unterläßt. Im vorliegenden Falle geht nun aber, wie der Berufungsrichter mit Recht annimmt, aus der Urkunde klar hervor, daß der Protestbeamte alle Ermittlungen unterlassen hat, offenbar weil er sich in dem Irrtum befand, seiner Pflicht bereits durch die Feststellung genügt zu haben, daß die Beklagte zu 1 in der Morsestraße Nr. 18 kein Geschäftslokal habe. Allerdings hat der Protestbeamte in die Protesturkunde die Erklärung aufgenommen, welche ihm von der im Hause Morsestraße 18 angetroffenen, von ihm nicht näher bezeichneten Person gemacht worden ist. Allein dies läßt nicht die Deutung zu, daß er damit habe zum Ausdruck bringen wollen, es habe sich ein Geschäftslokal der Beklagten zu 1 überhaupt nicht ermitteln lassen. Denn ungeprüft konnte diese an sich leicht nachprüfbare Erklärung nicht die Grundlage einer solchen Feststellung bilden. Glaubte aber der Protestbeamte, er dürfe sich auf eine solche Erklärung eines unbekannten Dritten verlassen und weitere Nachforschungen unterlassen, so hätte es unter allen Umständen des im Gesetz vorgeschriebenen Vermerks bedurft. Im übrigen spricht jedoch auch der Umstand, daß der Protestbeamte am 13. Juli 1928 die Berichtigungsurkunde aufgenommen hat, dagegen, daß er schon am 19. Juni 1928 die Erklärung abgeben wollte, er habe ein Geschäftslokal der Beklagten zu 1 in Groß-Berlin nicht ermittelt. Hiernach liegt allerdings ein so erheblicher Mangel der Urkunde vor, daß er dem Zwecke und dem Wesen des Protests Eintrag tut (RGZ. Bd. 68 S. 467, Bd. 100 S. 229; JW. 1908 S. 493 Nr. 32, 1910 S. 950 Nr. 33).

Der Berufungsrichter hat sodann zu der Frage Stellung genommen, ob nicht die spätere Beurkundung vom 13. Juli 1928 als eine Berichtigung im Sinne des Art. 90 WO. aufzufassen sei. Mit Recht bemerkt er, in der ursprünglichen Protesturkunde habe ein so wesentlicher Teil gefehlt, daß man nicht mehr von Auslassungen und sonstigen Mängeln sprechen könne, auf die sich die Berichtigung beschränke, sondern daß es sich um die Ausstellung eines völlig neuen Protests gehandelt habe. Dem ist zuzustimmen. An Stelle einer mit dem Wesen des Wechselprotests nicht im Einklang stehenden Handlungsweise des Protestbeamten beurkundet dieser in einem neuen Akt, daß er eine den Vorschriften der Wechselordnung über Protestaufnahmen entsprechende Handlung vorgenommen habe. Es kann nicht zweifelhaft sein, daß eine solche neue Beurkundung über den Rahmen einer Berichtigung weit hinaus geht und sich als ein völlig neuer Protest darstellt. Aber selbst wenn man in der Urkunde vom 13. Juli 1928 eine Berichtigung erblicken wollte, müßte mit dem angefochtenen Urteil angenommen werden, daß die Berichtigung zu spät erfolgt ist. Der Berufungsrichter führt in dieser Beziehung aus: Nach Art. 90 sei die Berichtigung nur zulässig bis zur Aushändigung der Urkunde an die Person, für die der Protest erhoben sei. Nun sei zwar die Protesturkunde nicht in die Hände der Klägerin selbst zurückgelangt, wohl aber an den Bevollmächtigten des Protestanten, was der Aushändigung an diesen selbst gleichkomme. Denn der Notar, dessen Vertreter den Protest aufgenommen habe, sei in seiner Eigenschaft als Rechtsanwalt zugleich der Prozeßbevollmächtigte der Klägerin in erster Instanz gewesen. Mit dem Ausdruck „Aushändigung an die Person, für welche der Protest erhoben ist" als Zeitgrenze für die Zulässigkeit der Berichtigung sei der Zeitpunkt gemeint, wo die Urkunde aus dem Machtbereich des Protestbeamten in den des Protestanten zurückgelangt sei; eine körperliche Übergabe sei nicht erforderlich. Wenn die Person, die als Protestbeamter tätig geworden sei, die Urkunde nicht mehr in dieser Eigenschaft besitze, sondern sie in ihrer Eigenschaft als Vertreter des Protestanten in Händen habe, so sei die Urkunde damit in den Machtbereich desjenigen, für den protestiert wurde, zurückgekehrt und damit sei die Aushändigung an ihn erfolgt. Auf Grund der Vollmacht, die dem Notar von der Klägerin zur gerichtlichen Geltendmachung des Wechsels erteilt worden sei, hätten diese Personen unter sich ein Rechtsverhältnis vereinbart, demzufolge der Notar die Protesturkunde nicht mehr als Beamter, sondern auf Grund eines Besitzmittlungsverhältnisses zwischen ihm und der Klägerin besitze. Das sei nach außen hin spätestens durch die Klagerhebung zum Ausdruck gekommen.

Hiergegen macht die Revision geltend, die Protestnovelle habe die Berichtigungsfrist möglichst erweitern wollen. Dementsprechend müsse die Vorschrift des Art. 90 Abs. 1 zugunsten des Protestbeamten ausdehnend ausgelegt werden und man müsse deshalb unter der Aushändigung die körperliche Übergabe verstehen; sonst würde in den häufigen Fällen, wo dieselbe Person zunächst als Notar mit der Protesterhebung und nachher als Rechtsanwalt mit der Einreichung der Wechselklage beauftragt werde, die vom Gesetzgeber beabsichtigte Besserstellung gegenüber dem vorherigen Rechtszustand dem Protestanten nicht zuteil werden. Es sei eine gekünstelte Auffassung, daß der Notar, der doch den Besitz schon auf Grund des Verwahrungsvertrags habe, den Berichtigungsvermerk nicht anbringen könne, obwohl er Vertreter des Protestanten und in seinem Namen im Besitz des Wechsels und der Protesturkunde geblieben sei. Das Rechtsverhältnis habe sich durchaus nicht geändert, solange der Protest nicht ausgehändigt worden sei; der Umstand, daß der Rechtsanwalt auch den Auftrag zur Klagerhebung habe, ändere nichts an dem Rechtsverhältnis.

Auch dieser Revisionsangriff geht fehl. Vor der Novelle konnte der Protest bis zum Ablauf der Protestfrist erneuert und es konnten auf diese Weise Mängel geheilt werden. Die Novelle läßt auch nach Ablauf der Protestfrist eine Berichtigung zu, aber nur bis zur Aushändigung der Urkunde durch den Protestbeamten. Das Gesetz hat also absichtlich eine Zeitgrenze setzen und nicht eine zeitlich unbegrenzte Berichtigungsmöglichkeit schaffen wollen. Eine unbegrenzte Berichtigungsmöglichkeit, wie ihr Stranz in Anm. 2 zu Art. 90 WO. für ein später zu erlassendes Gesetz das Wort redet, würde zu dem praktisch höchst bedenklichen Ergebnis führen, daß in den Fällen, wo der protestierende Notar zugleich der Prozeßbevollmächtigte ist, wesentliche Mängel der Protesturkunde noch jederzeit nachgeholt werden könnten, was mit dem Zweck der Art. 41 und 88 WO. kaum im Einklang stände. Denn der gesetzgeberische Gedanke ist der, daß eine Berichtigung so lange zulässig sein soll, als der Auftrag noch nicht vollständig abgewickelt ist. Die Beendigung des Auftrags tritt aber durch Aushändigung der Protesturkunde äußerlich in die Erscheinung. Hat nun jemand der nämlichen Person Auftrag zum Protestieren und zur Klagerhebung gegeben, so wird die Aushändigung nicht ohne weiteres erfolgen. Es liegen dann zwei an sich vollständig verschiedene Aufträge vor. Wären der Protestbeamte und der Prozeßbevollmächtigte verschiedene Personen, so träte die

Aushändigung äußerlich deutlich in die Erscheinung, indem nämlich der Protestbeamte den Wechsel und die Protesturkunde nach Protesterhebung dem Auftraggeber oder dem Prozeßbevollmächtigten, als dessen Vertreter, übergibt. Da es sich lediglich um die Festsetzung eines Zeitpunkts handelt, so tritt dieser dann, wenn Protestbeamter und Prozeßbevollmächtigter eine und dieselbe Person ist, in dem Augenblick ein, wo der Prozeßbevollmächtigte die Klage einreicht. Denn die Klage hat die Erhebung des Wechselprotests, d. h. eines den gesetzlichen Vorschriften entsprechenden Wechselprotests, zur Voraussetzung, und der Protest muß der Klage in Abschrift oder Urschrift beigefügt werden. Mit welcher Begründung die Möglichkeit gerechtfertigt werden könnte, noch nachträglich, nach vollständiger Abwicklung des Auftrags zur Protesterhebung, den Protest berichtigen zu dürfen, ist schlechterdings nicht einzusehen. Verfehlt ist insbesondere der Gedanke der Revision, die Wohltat des Gesetzes gehe in allen den Fällen verloren, wo dieselbe Person mit der Protesterhebung und der Klagerhebung beauftragt werde. Hierbei wird übersehen, daß auch in diesen Fällen die Möglichkeit der Berichtigung so lange bestehen bleibt, bis es zur Klagerhebung kommt. Hierdurch wird ermöglicht, daß etwaige Mängel des Protests noch bis zur Klagerhebung berichtigt werden können.

Die Klage ist daher mit Recht abgewiesen worden.

---

2. Können Militärpersonen neben dem gesetzlichen Wohnsitz nach § 9 BGB. und § 14 ZPO. noch einen allgemeinen Wohnsitz nach § 7 BGB. und damit einen mehrfachen Gerichtsstand haben?

BGB. §§ 7, 9. ZPO. § 14. Allg. Verfügung des Preuß. Justmin. vom 1. Mai 1923 (JMBl. S. 360).

VIII. Zivilsenat. Urt. v. 10. Oktober 1929 i. S. Ehefrau Sch. (Bekl.) w. Ehemann Sch. (Kl.). VIII 244/29.

I. Landgericht III Berlin.
II. Kammergericht daselbst.

Der Kläger ist Reichswehroffizier in Berlin und wohnt daselbst im Bezirke des Landgerichts III. Vor diesem Gericht erhob er Ehescheidungsklage Der erste Richter gab der Klage statt und erklärte die Beklagte für schuldig. Ihre Berufung, mit der sie in erster Linie die Abweisung der Klage erstrebte, wurde mit der Maßgabe zurückgewiesen, daß der Kläger mitschuldig sei. Ihre Revision war erfolglos.

Aus den Gründen:

Die Beklagte hat darauf hingewiesen, daß gemäß § 14 ZPO. durch die Allgemeine Verfügung des Preußischen Justizministers vom 1. Mai 1923 für die in Groß-Berlin wohnenden Militärpersonen als Wohnsitz der zum Amtsgerichtsbezirk Berlin-Mitte gehörende Teil der Stadtgemeinde Berlin bestimmt worden und daß deshalb nach § 606 ZPO. das Landgericht I Berlin für die Erhebung der Scheidungsklage zuständig sei. Das Kammergericht vertritt jedoch die Auffassung, daß es dem zwingenden Recht (§ 9 BGB.) nicht abträglich sei, wenn neben dem militärischen notwendigen Wohnsitz am Garnisonorte, der begründet ist, gleichviel ob die Voraussetzungen des § 7 BGB. vorliegen oder nicht, ein zweiter, gewählter Wohnsitz bestehe, daß also der im § 9 bestimmte gesetzliche Wohnsitz der Militärpersonen kein ausschließlicher sei.

Dieser, im Schrifttum allerdings überwiegend bestrittenen, Anschauung war beizutreten.

Nach § 13 ZPO. wird der allgemeine Gerichtsstand durch den Wohnsitz bestimmt. Der prozeßrechtliche Wohnsitz fällt mit dem zivilrechtlichen zusammen. Für den Begriff des Wohnsitzes entscheidet das bürgerliche Recht, das in § 7 BGB. als der grundlegenden Vorschrift jeden, der sich an einem Orte ständig niederläßt, an diesem Orte seinen Wohnsitz begründen läßt. Daneben bestimmt freilich § 9 das., daß eine Militärperson ihren Wohnsitz am Garnisonorte hat. Er gibt damit einen notwendigen, gesetzlichen Gerichtsstand, unter dem die Motive zur Zivilprozeßordnung solche Fälle verstehen, in denen der den Gerichtsstand begründende Wohnsitz nicht frei gewählt, sondern durch Beruf und Amt bestimmt ist. Es fragt sich nun, ob dieser gesetzliche Wohnsitz der Militärpersonen ein ausschließlicher ist oder ob es auch den Militärpersonen gestattet ist, gemäß § 7 Abs. 2 BGB. mehrere Wohnsitze zu begründen, die dann nebeneinander auch einen mehrfachen, frei zu wählenden Gerichtsstand nach § 606 ZPO. geben.

Die Annahme, daß den sog. eximierten Ständen eine Sondergerichtsbarkeit zustehe, ist abzulehnen. Unerheblich ist es deshalb, ob die Einführung und Beibehaltung des Garnisonortes als Wohnsitzes und damit eines besonderen Gerichtsstands der Militärpersonen früher von derartigen Gedankengängen beeinflußt war. Der Vorschrift des § 9 BGB. liegen nach den Motiven Bd. I S. 73 keine derartigen Erwägungen zugrunde. Dort wird vielmehr lediglich auf die Vorschriften des preußischen Rechts sowie auf §§ 14, 15 ZPO. alter Fassung verwiesen und darauf Bezug genommen, daß diese sich zum Teil auf preußisches Recht gründen. Damit wird auch auf § 39 des Reichsmilitärgesetzes vom 2. Mai 1874 (RGBl. S. 45) verwiesen, und zudem wird bemerkt, daß es wünschenswert sei, diese Vorschrift mit der Zivilprozeßordnung in Einklang zu bringen. Man hat also offenbar in der Hauptsache an ihre Wirkung auf den Gerichtsstand gedacht. Aus dem Wortlaut des § 14 ZPO. a. F. und des § 39 RMilG. ist auch nicht zu schließen, daß der Gesetzgeber einen ausschließlichen Gerichtsstand habe begründen wollen; ebensowenig aus dem Wortlaut des § 9 BGB. Verfehlt ist jedenfalls der im Schrifttum wiederholt vorgebrachte Hinweis darauf, daß nach der soeben erwähnten Vorschrift eine Militärperson „ihren", also nicht „einen", sondern den ausschließlichen Gerichtsstand am Garnisonorte habe. Denn auch nach § 7 BGB. begründet „seinen" Wohnsitz, wer sich an einem Orte ständig niederläßt, obgleich nach Abs. 2 das. der Wohnsitz gleichzeitig an mehreren Orten bestehen kann.

Man könnte den § 9 allenfalls als eine Ausnahmevorschrift gegenüber dem § 7 ansehen, durch die dessen Abs. 2 ausgeschlossen wäre, wenn er allein vom Wohnsitz der Berufssoldaten spräche. Aber im § 9 sind auch die Verhältnisse der im Ausland befindlichen Militärpersonen geregelt, für die als Wohnsitz der letzte inländische Garnisonort des Truppenteils „gilt", die aber naturgemäß einen Wohnsitz auch im Ausland haben können, sowie der Wohnsitz von Militärpersonen, die nicht selbständig einen Wohnsitz begründen können, bei denen also nach § 8 BGB. ohne Rücksicht auf ihr Militärverhältnis der Wille des gesetzlichen Vertreters entscheidet, für die daneben nach § 20 ZPO. an Stelle des wahlfreien Gerichtsstands des Aufenthaltsorts der Gerichtsstand der Garnison gegeben ist, und zwar auch nur für vermögensrechtliche Ansprüche. Hätte man den Wohnsitz für Berufssoldaten in § 9 Abs. 1 Satz 1 im Gegensatz zum sonstigen Inhalt dieses Paragraphen ausschließlich regeln wollen, so wäre dies sicher zum Ausdruck gebracht worden. § 9 spricht nur allgemein vom Wohnsitz, also von einem gesetzlichen Wohnsitz. Kommt nach der Zivilprozeßordnung oder nach sonstigen Gesetzen ein ausschließlicher Gerichtsstand in Betracht, so wird dies ausdrücklich gesagt, indem das Wort „ausschließlich" beigesetzt oder doch durch den sonstigen Wortlaut die Ausschließlichkeit außer Zweifel gesetzt wird (vgl. §§ 12, 24, 64, 486 Abs. 3, §§ 584, 802, 1005 ZPO., § 24 UnlWG. u. a.).

Der Berufssoldat muß ständig in seiner Garnison anwesend sein; eine längere Anwesenheit an einem anderen Orte, die einen Wohnsitz begründen könnte, kommt für ihn in der Regel nicht in Frage. Das schließt aber eine andere Ordnung nicht aus. Eine längere Beurlaubung vor dem Abschied wegen beabsichtigten Eintritts in einen anderen Beruf z. B. könnte zu einem zweiten Wohnsitz führen. Staudinger verweist zu § 9 BGB. mit Recht auch auf den Fall, daß ein früherer Wohnsitz mit Rücksicht auf die voraussichtlich vorübergehende Dauer des Militärdienstes beibehalten wird oder daß eine Militärperson dienstlich ständig an einen außerhalb der Garnison gelegenen Ort berufen ist und an diesem ihrem Dienstsitze ihren Wohnsitz durch Erfüllung des Tatbestands des § 7 BGB. begründet.

Bei Auslegung des § 9 muß man auch das Verhältnis der Militärperson zu Dritten berücksichtigen. Nach § 12 ZPO. gibt der Wohnsitz in erster Linie eine Richtschnur für den klagenden Gläubiger. Dieser hat allerdings das Recht, ohne Rücksicht auf die Tatsache des Wohnens seines Gegners auf Grund der gesetzlichen Vermutung des § 9 am Garnisonort zu klagen. Es ist aber nicht einzusehen, warum ihm das jeder anderen Person gewährleistete Recht aus § 13 ZPO. entzogen sein soll. Den durch den Wohnsitz des § 9 BGB. begründeten Gerichtsstand muß eine Militärperson stets gegen sich gelten lassen; es geht aber nicht an, diese Festlegung zuungunsten des Gläubigers auszulegen. Demjenigen, der gezwungen ist, eine unter den oben geschilderten Verhältnissen an demselben Orte wohnhafte Militärperson zu verklagen, wird man kaum zumuten können, sein Recht unter Umständen beim Gericht des vielleicht weit entfernten Garnisonortes zu suchen. Diese aus dem Verhältnis Dritter zur Militärperson sich ergebende Erwägung muß dann aber auch zugunsten der Militärperson gelten.

Die Verhältnisse in Groß-Berlin führen zu keiner anderen Beurteilung. Zweck der Vorschrift des § 14 ZPO. ist nach der Begründung der Novelle vom 10. Mai 1898 lediglich, den Gerichtsstand der Militärpersonen von der zufälligen Lage der Kasernen und Verwaltungsgebäude in diesem oder jenem Einzelsprengel einer in mehrere Gerichtsbezirke eingeteilten Ortschaft unabhängig zu machen. Irgendwelche militärischen Belange kommen danach nicht in Betracht, sondern nur rechts- und prozeßpolitische Erwägungen sowie die Notwendigkeit, mit Rücksicht auf die weite Ausdehnung einer Großstadt, in der gerade militärische Gebäude und Verwaltungsstellen weit verstreut zu sein pflegen, der Rechtssicherheit halber für alle Fälle einen Gerichtsstand festzulegen, der vermutlich dem wirtschaftlichen und rechtsgeschäftlichen Wirkungskreis der dafür in Betracht kommenden Militärpersonen entspricht. Gerade in Großstädten bringen es die Wohnungsverhältnisse häufig mit sich, daß der tatsächliche Wohnsitz mit diesem gesetzlichen Wohnsitz und Gerichtsstand nicht zusammenfällt. Die Vorschrift des § 14 ZPO. kann daher auch nicht einen ausschließlichen Gerichtsstand begründen, und noch weniger die auf ihr beruhende Allgemeine Verfügung des Preußischen Justizministers vom 1. Mai 1923. Beide geben eine Ordnungsvorschrift, die klare Verhältnisse schaffen will. Jeder Dritte soll gegen eine Militärperson klagen können, ohne Gefahr zu laufen, daß er das unzuständige Gericht anruft. Diese Gefahr ist gerade bei Groß-Berlin recht beachtlich. Würde man da lediglich die jeweilige Wohnung maßgebend sein lassen, so wäre eine erhebliche Rechtsunsicherheit die Folge. Dies führt aber nicht dazu, daß dieser, allerdings von der freien Wahl der Militärpersonen unabhängige gesetzliche Gerichtsstand ein ausschließlicher sein muß. Wenn man dies gewollt hätte, wäre es sicher auch zum Ausdruck gebracht worden.

Die im Schrifttum zu § 9 BGB. vorwiegend vertretene gegenteilige Meinung (vgl. Planck zu § 9 Anm. 2; Warneyer das. Anm. I Abs. 2; Oertmann Anm. 4; Hölder Anm. 3d; Enneccerus Bürgerliches Recht § 89 III; v. Thur § 28 V 1; Dernburg Bürgerliches Recht Bd. 1 S. 158) ist meist überhaupt nicht mit Begründung versehen, und wo eine solche vorhanden ist, wirkt sie nicht überzeugend. Im Einklang mit Staudinger Bem. IV 2 zu § 9; Komm. von RGR. Anm. 1 zu § 9; Weisbecker in LZ. 1918 Sp. 137 (139) muß auch den Militärpersonen, ebenso wie den Zivilpersonen, neben dem gesetzlichen Wohnsitz des § 9 BGB. und des § 14 ZPO. noch ein allgemeiner Wohnsitz nach § 7 BGB. und damit ein mehrfacher Gerichtsstand zugestanden werden....

3. 1. Ist es nach § 242 BGB. möglich, im Verhältnis zwischen dem Verkäufer und dem Erwerber von Grundstücksaktien den ersteren von der Beseitigung der durch die spätere Aufwertungsgesetzgebung entstandenen Belastung des Grundstücks freizustellen, obwohl er sich vertraglich verpflichtet hatte, für die Freiheit des Grundstücks von Hypotheken einzustehen?

2. Welche Gesichtspunkte sind, wenn der Erwerber die Aktien inzwischen weiter veräußert hat, nach § 242 BGB. für die Verteilung der Aufwertungslast zwischen Verkäufer und Erwerber maßgebend?

BGB. §§ 242, 434, 435, 439.

I. Zivilsenat. Urt. v. 12. Oktober 1929 i. S. A. Z. Handelsmaatschappij (Kl.) w. F. Kreditanstalt AG. (Bekl.). I 100/29.

I. Landgericht I Berlin, Kammer für Handelssachen.
II. Kammergericht daselbst.

Die Hoch- und Siedlungsbau-Aktiengesellschaft H. war Eigentümerin eines in Berlin gelegenen Grundstücks. Im November 1923 verkaufte die Beklagte namens eines Konsortiums an die Klägerin Aktien dieser Gesellschaft im Nennwert von 65000 M. zum Preise von 29250 amerik. Dollar effektiv. Die restlichen Aktien im Nennwert von 35000 M. erwarb eine mitteldeutsche Gesellschaft von anderer Seite. Die Beklagte garantierte der Klägerin in einem Schreiben vom 19. November 1923 u. a. dafür, daß auf dem Grundstück keinerlei Hypothekenschulden eingetragen ständen. Späterhin wurde von den Gläubigern Aufwertung von Hypotheken beantragt, die zu jener Zeit gelöscht waren. Sie steht in Höhe von 235000 RM. zu erwarten.

Mit der Klage begehrt die Klägerin die Feststellung, daß die Beklagte verpflichtet sei, ihr für die Beseitigung der der Aktiengesellschaft H. obliegenden Aufwertungslast einzustehen, abzüglich eines von der Klägerin in Höhe von 100000 RM. zu leistenden Beitrags. Diese Verpflichtung leitet sie sowohl aus §§ 434, 435, 439 BGB. her wie aus der Erklärung vom 19. November 1923.

Das Landgericht gab der Klage statt, das Kammergericht wies sie ab. Die Revision führte zur Aufhebung und Zurückverweisung.

Aus den Gründen:

Der Berufungsrichter unterstellt, die Beklagte habe auf Grund der Erklärung vom 19. November 1923 oder auf Grund von §§ 434 flg.

BGB. für das Nichtbestehen von Hypotheken auf dem Grundstück einzustehen, das zu den Vermögenswerten der Aktiengesellschaft H. gehört. Unter Bezugnahme auf RGZ. Bd. 112 S. 329 prüft er, ob im November 1923 das beim Verkauf der Aktien zugrunde gelegte Verhältnis von Leistung und Gegenleistung infolge der aus der späteren Aufwertungsgesetzgebung erwachsenen, beim Vertragsschluß nicht in Rechnung gezogenen Aufwertungslasten derart erschüttert sei, daß in Anwendung des Grundsatzes des § 242 BGB. eine von der vertraglichen abweichende Verteilung der Lasten geboten erscheine. Dabei nimmt er an, die Rücksicht auf Treu und Glauben könne es in solchem Falle rechtfertigen, den Verkäufer nicht an der Verpflichtung zur Beseitigung der Aufwertungslasten festzuhalten, und gelangt zu dem Ergebnis, ein solcher Fall sei hier gegeben. Er prüft dabei den Sachverhalt sowohl unter dem Gesichtspunkt, daß es sich hier nur um den Verkauf eines Teils der gesamten Aktien gehandelt habe, wie auch — entsprechend einer Behauptung der Klägerin — unter dem Gesichtspunkt, daß, wirtschaftlich gesehen, ein Übergang aller Aktien von einer Wirtschaftsgruppe auf eine andere stattgefunden habe. Der Vorderrichter wägt das wirtschaftliche Ergebnis ab, das für jede der Parteien mit dem Erwerb und Verkauf der Aktien verbunden gewesen ist: der Einkauf der Aktien auf seiten der Verkäufer fand im Juni 1923 für eine Zahlung von 1516500000 PM. für die gesamten Aktien statt, die Käufer vom November 1923 veräußerten die Aktien Ende Mai 1927 für 395000 RM. (630000 RM. abzüglich 235000 RM. verrechneter Aufwertungslast). Er nimmt an, daß Billigkeit wie Treu und Glauben erforderten, der Klägerin und nicht der Beklagten die sich aus der Aufwertung ergebenden Lasten aufzubürden. Im einzelnen hebt der Berufungsrichter hervor, daß bei Umrechnung über den Dollar die Beklagte für die Aktien im Nennwert von 65000 M. 122500 RM. erhalten habe, daß ihr nunmehr aber angesonnen werde, die Aufwertungslast von 235000 RM. — abzüglich des Beitrags von 100000 RM., zu dem die Klägerin bereit sei — zu tragen, also außer dem erhaltenen Kaufpreis noch weitere 12500 RM. zurückzuvergüten. Ein solches Verlangen widerspreche, so meint der Berufungsrichter, jeder Billigkeit, dies um so mehr, wenn man erwäge, daß die Beklagte für die Aktien selbst 49410 GM. habe aufwenden müssen. Er stellt ferner den Reinerlös der Beklagten aus dem Aktiengeschäft, den er auf 73710 RM.

berechnet, dem Gewinn der Klägerin gegenüber, den er, selbst bei Berücksichtigung einer dem gekauften Aktienwert entsprechenden Beteiligung an der Aufwertungslast, noch auf 133900 RM. veranschlagt. Hieraus folgert er, daß die Stellung der Beklagten bei Befreiung von der Aufwertungslast immer noch unverhältnismäßig ungünstiger sei als die Stellung der mit der Last beschwerten Klägerin. Zu dem gleichen Ergebnis gelangt er für die zweite Annahme, daß Käufer und Verkäufer der gesamten Aktien eine wirtschaftliche Einheit gebildet hätten und daher das Gesamtergebnis der vorgenommenen Übereignung in Rechnung zu setzen sei. Er berechnet, daß auf der Seite der Klägerin bei Belastung mit den gesamten Aufwertungslasten immerhin noch ein Überschuß von 164000 RM. verbleibe, während der Gruppe der Beklagten aus dem Verkauf nur ein Verdienst von 103950 GM. zugute gekommen sei, den die Beschwerung mit der Aufwertungsbelastung in einen Verlust von rund 31000 RM. verwandeln würde gegenüber einem dann auf der Gegenseite zu berechnenden Reinverdienst von rund 300000 RM.

Die Revision bekämpft die Entscheidung des Berufungsrichters als schon deshalb grundsätzlich unhaltbar, weil sie den Wegfall der Garantie für die Lastenfreiheit des Grundstücks im Gefolge habe, die das Urteil als zu Lasten der Beklagten gehend unterstellt habe.

Ob die vom Berufungsgericht vertretene grundsätzliche Auffassung berechtigt ist, hängt von der Auslegung ab, die der Erklärung vom 19. November zu geben ist. Ist diese im Sinne einer Garantie dafür zu verstehen, daß keine Aufwertungshypotheken eingetragen werden würden, so ist kein Raum für die vom Berufungsgericht vertretene Auffassung. Ist sie dagegen nur dahin zu verstehen, daß zur Zeit der Abgabe keinerlei Hypotheken eingetragen ständen, und sollten dem Verkäufer der Grundstücksaktien durch sie entsprechende Verpflichtungen wegen des Grundstücks auferlegt werden, wie sie gesetzlich dem Verkäufer eines Grundstücks obliegen (§§ 434, 435, 439 Abs. 2 BGB.), so bestehen, selbst wenn es sich nur um den Verkauf eines Teils der Aktien handelte, keine Bedenken, die in der reichsgerichtlichen Rechtsprechung (RGZ. Bd. 112 S. 329) entwickelten Grundsätze über die Ausgleichspflicht auf die Beziehungen der Parteien anzuwenden (RGZ. Bd. 122 S. 378). In solchem Falle ist es auch zulässig, wie für den Fall des Grundstücksverkaufs bereits anerkannt ist (Zeiler Nr. 450 = AufwRspr. Bd. 2 S. 3 [6]), die Umstände des Falles nach § 242 BGB. dahin zu würdigen, daß dem Aktienerwerber eine Leistung in Höhe des vollen Aufwertungsbetrags der Hypotheken auferlegt wird. Diese Auffassung entnimmt ihre Berechtigung aus dem gemäß § 242 BGB. maßgebenden Bestreben, die bei Begründung einer Verbindlichkeit nicht in Betracht gezogenen Wirkungen, welche die Aufwertungsgesetzgebung auf die Rechtsbeziehungen der Parteien hat, einem nach den Grundsätzen der Billigkeit zu bemessenden Ausgleich zuzuführen. Die von der Revision angeführten Entscheidungen des Reichsgerichts (RGZ. Bd. 112 S. 324 und Zeiler Nr. 1006 = WarnRspr. 1928 Nr. 27) sprechen zwar ausdrücklich nur von einer Beitragspflicht des Erwerbers, stehen aber jener Auffassung keineswegs entgegen.

Die gleiche Rechtslage ergibt sich, wenn im Fall des Übergangs sämtlicher Aktien von einer Wirtschaftsgruppe auf eine andere nach der Anschauung des Verkehrs die Veräußerung der Aktien einer Veräußerung des Unternehmens gleichzustellen und aus diesem Grunde die entsprechende Anwendung der Vorschriften in §§ 434 flg. BGB. geboten ist (RGZ. Bd. 120 S. 283).

Es besteht an sich kein Grund zu der Annahme, daß das Berufungsgericht die Erklärung vom 19. November 1923 nicht in dem vorher erwähnten beschränkten Sinne ausgelegt hat. Eine Klarstellung dieses Punktes wird sich immerhin bei der aus anderen Gründen notwendigen erneuten Prüfung des Sachverhalts empfehlen.

Wie hoch der dem Erwerber aufzuerlegende Beitrag zum Aufwertungsbetrag zu bemessen sei, ist Sache tatsächlicher Würdigung (Zeiler Nr. 450). Insoweit ist auch im vorliegenden Falle das vom Tatrichter gefundene Ergebnis der Nachprüfung in der Revisionsinstanz entzogen. Nachzuprüfen ist nur, ob der Berufungsrichter nicht zu einem rechtsgrundsätzlich unmöglichen Ergebnis gelangt ist — auf diesen Punkt ist bereits soeben eingegangen —, und ob er für die Findung dieses Ergebnisses erhebliche Gesichtspunkte außer Betracht gelassen oder zum mindesten in einer die Entscheidung beeinflussenden Weise in den Hintergrund gestellt hat ...

(Es folgt zunächst eine Zurückweisung einzelner Angriffe. Weiter heißt es dann:)

Die Revision rügt schließlich, daß die angefochtene Entscheidung bei dem von ihr gesuchten billigen Ausgleich wesentliche Punkte unberücksichtigt gelassen habe, nämlich die Behauptungen der Klägerin über die Verschiedenheit der Zeitspannen, in denen gewinnbringende Veräußerung einerseits der Klägerin, anderseits der Beklagten möglich gewesen sei, ferner über die gewinnbringende Verwendung des Erlöses durch die Beklagte und die fast völlige Ertraglosigkeit der in den Aktien verbrieften Grundstückswerte bis zur Weiterveräußerung durch die Klägerin.

Dieser Angriff ist begründet. Bei Würdigung bestimmter Rechtsbeziehungen zweier Parteien unter dem Gesichtspunkt des § 242 BGB. sind nach der Rechtsprechung des Reichsgerichts allgemein und, wie die Entscheidung RGZ. Bd. 112 S. 329 (334) gerade für den Fall der Ausgleichspflicht zusammenfassend hervorhebt, „die gesamten Verhältnisse des Einzelfalls, die dazu dienen können, einen billigen und gerechten Ausgleich zwischen Leistung und Gegenleistung herbeizuführen, in Betracht zu ziehen und zu würdigen". Von diesem Gesichtspunkt aus wird der Frage, ob der Verkäufer mit dem wertbeständigen Kaufpreis günstig gewirtschaftet hat, ob eine gewinnreiche Veräußerung des Kaufgegenstands in kurzer Zeit nach dem Erwerb oder erst nach längerem ertraglosem Besitz möglich war, nicht schlechthin eine Bedeutung für die Feststellung eines billigen Ergebnisses abzusprechen sein. Es handelt sich allerdings insoweit zum Teil um die Berücksichtigung von Umständen, die sich der schließlich in Betracht kommenden Beachtung der allgemeinen wirtschaftlichen Lage der Parteien nähert (RGZ. Bd. 124 S. 164 [173]). In erster Linie werden immer die Umstände entscheidend sein müssen, die in engster Verbindung mit dem Geschäft stehen, worin die Haftung für die Freiheit von Aufwertungslasten übernommen wurde. Dazu gehört insbesondere, ob dem Veräußerer ein unbillig hoher Verlust durch die nachträgliche Erhöhung der Aufwendungen erwächst, die er machen muß, um die Belastung zu beseitigen. Immerhin läßt sich in der Revisionsinstanz nicht überblicken, ob die Nachprüfung des Sachverhalts auch in der vom Berufungsgericht vernachlässigten Richtung nicht zu einem der Klägerin günstigeren Ergebnis führt. Bei der aus diesem Grunde notwendigen erneuten Verhandlung und Entscheidung in der Berufungsinstanz wird auch in Betracht zu ziehen sein, welchen Einfluß auf das wirtschaftliche Ergebnis des Geschäfts die Kaufkraft des im Juni 1923 von der Beklagten gezahlten und des im Mai 1927 von der Klägerin erlangten Preises der Aktien ausübt.

---

4. 1. Bedeutung des die negative Feststellungsklage abweisenden Urteils.

2. Zur Frage des Streitwerts für den Anspruch auf Feststellung, daß Pacht und nicht Miete vorliege, im Rahmen des Streits über die Höhe des Jahreszinses.

ZPO. §§ 91 flg., 256, 322.

VIII. Zivilsenat. Urt. v. 3. Oktober 1929 i. S. Immobilien-Verkehrs-Bank AG. (Bekl.) w. R. (Kl.). VIII 215/29.

I. Landgericht Dresden.
II. Oberlandesgericht daselbst.

Die Beklagte hat dem Kläger durch Vertrag vom 24. Mai 1913 das in ihrem Grundstück in Dresden eingebaute Lichtspieltheater auf 10 Jahre zur Nutzung überlassen gegen einen zunächst mit 68750 M. angesetzten, noch im Jahre 1913 auf 70750 M. erhöhten Jahreszins. Im März 1923 wurde die Vertragsdauer bis zum 31. Dezember 1933 erstreckt.

Im vorliegenden, im Oktober 1927 anhängig gewordenen Rechtsstreit hat der Kläger im ersten Rechtszug Feststellung verlangt, daß der Vertrag der Parteien als Pachtvertrag und nicht als Mietvertrag anzusehen sei, und ferner, „daß der Kläger verpflichtet sei, für die ... Pachträume lediglich jährlich eine Pachtsumme von 30000 GM. zu zahlen". Das Landgericht hat auf Grund Anerkenntnisses der Beklagten dem ersten Antrag entsprochen, die Klage im übrigen aber abgewiesen, weil der Pachtzins jedenfalls mit mehr als 30000 RM. anzusetzen sei. Von den Prozeßkosten wurde ein Viertel der Beklagten auferlegt, weil ihr Anerkenntnis kein sofortiges gewesen sei. Der Kläger hat Berufung eingelegt und vor dem Oberlandesgericht den Feststellungsantrag zur Höhe des Pachtzinses so gestellt, daß in erster Reihe festgestellt werden solle, der Kläger sei verpflichtet, für die Pachträume ab 1. Januar 1928 jährlich eine Pachtsumme von 30000 RM. zu zahlen; hilfsweise aber hat er beantragt, die Höhe dieser Pachtsumme auf 31000 RM., 32000 RM., 33000 RM. usw. mit Abständen von je 1000 RM. bis zu 56475 RM. (dem letzten Hilfsverlangen) festzustellen. Die Beklagte hat sich der Berufung angeschlossen. Das Berufungsgericht hat unter Zurückweisung der Anschlußberufung auf die Klage, die es im übrigen abweist, festgestellt, daß der Kläger verpflichtet sei, für die Pachträume vom 1. Januar 1928 ab jährlich einen Pachtzins von 54000 RM. zu zahlen. Die Revision der Beklagten führte zur Aufhebung und Zurückverweisung.

Aus den Gründen:

Die Bedeutung des Hilfsantrags der Revision (es solle festgestellt werden, daß der Kläger einen nach richterlichem Ermessen festzusetzenden Pachtzins, mindestens aber 100000 RM. zu zahlen habe) läßt sich nur nach Feststellung des Sinnes der Klage erkennen. Dem Wortlaut nach trägt der Kläger auf eine positive Feststellung dahin an, daß er zu der oder jener Mietzahlung verpflichtet sei. Der Sinn der Klaganträge ist das aber nicht. Es kommt dem Kläger nicht darauf an, seine eigene Pflicht festgestellt zu sehen — das ist das Interesse des Gegners —, sondern auf die Begrenzung seiner Mietzahlungspflicht mit den von ihm angeführten Summen. Der aus dem sachlichen Streitstand ersichtliche Sinn der Anträge entspricht deshalb der im ersten Rechtszug vom Kläger gewählten Wendung, daß er „lediglich" 30000 RM. usw. zu zahlen schuldig sei, oder besser, daß er **nicht mehr** als 30000 RM. oder 31000 RM. usw., schlimmstenfalls nicht mehr als 56475 RM., zu zahlen habe. Danach hat der Kläger in Wahrheit nicht eine positive, sondern eine negative Feststellungsklage erhoben. Auf diesen Standpunkt stellt sich auch der Hilfsantrag der Revision, der „auf die Klage" (des Gegners) eine positive Feststellung, und zwar die Festsetzung derjenigen Jahresmiete als geltend verlangt, die nach dem Standpunkt der Beklagten angemessen ist. Die Revision glaubt damit nur den Inhalt des von der Beklagten in den Vorinstanzen allein gestellten, auch jetzt vorangestellten Antrags auf Abweisung der Klage zu erläutern.

Nach der ständigen Rechtsprechung des Reichsgerichts (RGZ. Bd. 74 S. 121, Bd. 78 S. 396, Bd. 90 S. 290) über die Rechtskraftwirkung des die negative Feststellungsklage abweisenden Urteils bedeutet die sachliche Abweisung der negativen Feststellungsklage in der Regel die positive Feststellung des Gegenteils. Das kann aber, wie das Urteil RGZ. Bd. 90 S. 292 zutreffend darlegt, nur dann im Sinn einer Anspruchsfeststellung gelten, wenn sich die in der Klage verlangte negative Feststellung gegen einen **bestimmten** Anspruch, einen **bestimmten** Rechtszustand richtet. In jener Entscheidung handelte es sich um die Tragweite der Rechtskraft eines früheren

Urteils, das den Antrag auf Feststellung, daß dem Verletzten aus dem Unfall keine Schadensersatzansprüche zustünden, abgewiesen hatte. Damit war, wie das Urteil mit Recht ausführt, von den zur Zeit der Feststellung noch unbestimmten Schadensersatzansprüchen des Verletzten keiner positiv festgestellt, sondern nur das Gegenteil der abgelehnten negativen Feststellung, daß solche Ansprüche bestehen oder bestehen können. Auch im vorliegenden Fall war Ziel und Inhalt der Klage nicht, einem bestimmten Mietzinsanspruch der Beklagten entgegenzutreten, sondern zu verhindern, daß über die in der Klage gesteckten Grenzen hinaus irgendwelche Ansprüche der Beklagten erhoben werden könnten. Die Beklagte konnte unter diesen Umständen den Erfolg, über die vom Kläger äußerstenfalls zugestandene Höchstsumme hinaus einen bestimmten Pachtzinsanspruch durchzusetzen, mit dem von ihr erstrebten Mißerfolg der vom Kläger begehrten Feststellung nur dadurch verbinden, daß sie diesen Pachtzinsanspruch ihrerseits — durch Widerklage — zur Feststellung führte. Eben diese Bedeutung hat der in der Revisionsinstanz hilfsweise gestellte Antrag, trotz seiner Fassung, daß diese positive Feststellung „auf die Klage" erfolgen soll. Hat die Beklagte damit der Sache nach einen in den Vorinstanzen fehlenden Widerklageantrag neu gestellt, so ergibt sich die Unzulässigkeit dieses Antrags schon aus der Natur des Rechtsmittels und außerdem daraus, daß die Widerklage nicht im Wege eines Hilfsantrags, bedingungsweise, erhoben werden kann. Der Hilfsantrag unterliegt deshalb ohne Rücksicht auf das Schicksal des Hauptantrags der Abweisung. (Es folgt eine Erörterung zur Aufwertungsfrage, die hier nicht interessiert.)

Auch die Ausführungen des angefochtenen Urteils zur Kostenentscheidung sind zu beanstanden. Insoweit erwägt das Oberlandesgericht: Der Kläger habe die Feststellung eines Pachtzinses von nicht mehr als 30000 RM. jährlich erstrebt, sei also (gegenüber dem Urteil des Oberlandesgerichts) mit 24000 RM. unterlegen, während die Beklagte die Auffassung vertreten habe, daß der Pachtzins auf 120% von 56475 RM., also auf 65770 RM. festzustellen sei; sie unterliege also in Höhe von nur 13770 RM. Trotzdem verteilt der Berufungsrichter die Kosten je zur Hälfte, weil er als die Spannung ausgleichend das Unterliegen der Beklagten gegenüber dem Feststellungsanspruch wertet, den die Beklagte vor dem Landgericht (mit der Folge des

Anerkenntnisurteils) anerkannt hatte. Diese Feststellung hat zum Inhalt, daß der Vertrag der Parteien als Pachtvertrag, nicht als Mietvertrag anzusehen sei. Wenn das Oberlandesgericht diesen Teil des Streits mit mehr als 10000 RM. bewertet, so verkennt es den Zusammenhang mit dem Gesamtstreit und die Beleuchtung, die das Feststellungsbegehren dadurch erfährt. Die Parteien stritten über die Höhe des anzusetzenden Jahreszinses und gingen, mit Recht oder Unrecht, übereinstimmend davon aus, daß eben für diese Festsetzung die Frage von Bedeutung sei, ob Miete oder Pacht vorliege. Damit betraf dieser Streit über die rechtliche Einordnung des Überlassungsverhältnisses nur ein Urteilselement für die im eigentlichen Streit zu treffende Entscheidung; er betraf nicht die selbständige Feststellung eines (im übrigen nicht streitigen) Rechtsverhältnisses, sondern eine einzelne, im Rechtsstreit ohnehin zu erörternde Rechtsfrage. In einem ähnlichen Fall hat bereits der III. Zivilsenat in Sachen III 94/27 durch Urteil vom 14. Juni 1927 im gleichen Sinne Stellung genommen und ausgesprochen, daß es sich um die unzulässige Vorwegnahme eines Entscheidungsgrundes handle und daß deshalb für die Kostenentscheidung das Obsiegen in diesem Punkt nicht zu verwerten sei. Dem tritt der entscheidende Senat bei...

---

5. 1. Wird das Eigentum an einer gepfändeten Sache im Falle der nach § 825 ZPO. erfolgenden Übereignung an den Gläubiger von diesem schon durch den Übereignungsbeschluß des Vollstreckungsgerichts erworben oder muß ihm die Sache noch vom Gerichtsvollzieher übergeben werden?

2. Inwieweit gilt in solchem Fall der Satz, daß bei der Verwertung einer gepfändeten Sache, die nicht dem Schuldner gehört, der Erwerber das Eigentum erlangt, wenn er des guten Glaubens ist, daß das Pfändungspfandrecht zu Recht besteht?

ZPO. § 825. BGB. § 1244.

VII. Zivilsenat. Urt v. 15. Oktober 1929 i. S. Sch. (Kl.) w. H. (Bekl.). VII 110/29.

I. Landgericht Bochum.
II. Oberlandesgericht Hamm.

Die Beklagte hat am 8. September 1926 auf Grund eines gegen den Kaufmann W. erlangten vollstreckbaren Titels bei ihrem Schuldner eine Druckerei-Einrichtung pfänden lassen, die nach Behauptung der Klägerin Eigentum der Ehefrau W. war. Auf Antrag der Beklagten hat ihr das Vollstreckungsgericht durch Beschluß vom 13. Oktober 1926 mit Zustimmung des Schuldners die gepfändete Druckerei-Einrichtung gemäß § 825 ZPO. in Anrechnung auf ihre Forderung zum Taxwert von 4303,60 RM. übereignet. Die übereignete Sache scheint in den bisherigen Räumlichkeiten des Schuldners verblieben zu sein; bestimmte Feststellungen hierüber fehlen. Der Übereignungsbeschluß ist rechtskräftig geworden. Am 16. Oktober 1926 ist über den Nachlaß der Ehefrau W. das Konkursverfahren eröffnet worden. Der Verwalter nahm die Druckerei-Einrichtung als Teil des Nachlasses der Frau W. in Anspruch und zog sie zur Masse. Durch notariellen Vertrag vom 25. März 1927 verkaufte er den gesamten Nachlaß, darunter auch die Druckerei-Einrichtung, an die Klägerin; am 29. desselben Monats ließ er sie ihr angeblich durch den Gerichtsvollzieher übergeben. Bei den Verkaufsverhandlungen hatte der Konkursverwalter der Klägerin erklärt, daß die Beklagte Eigentumsansprüche an der Druckerei-Einrichtung erhebe.

Die Klägerin hat auf Grund ihres behaupteten Eigentums mit der Widerspruchsklage aus § 771 ZPO. zunächst verlangt, daß die Zwangsvollstreckung der Beklagten für unzulässig erklärt werde. In der Berufungsinstanz hat sie diesen Antrag aber nur noch als Hilfsantrag aufrechterhalten und in erster Linie die Feststellung beantragt, daß sie Eigentümerin der Druckerei-Einrichtung sei und die Beklagte die Pflicht habe, in die Herausgabe an sie zu willigen. Sie behauptet, daß die Beklagte durch den Beschluß vom 13. Oktober 1926 mangels Übergabe der Einrichtung und auch, weil sie das fehlende Eigentum des Pfandschuldners gekannt habe, nicht Eigentümerin der Druckerei-Einrichtung geworden sei, daß sie aber auch schon deshalb zur Herausgabe verpflichtet sei, weil sie mit dem Ehemann W. arglistig zusammengewirkt habe, um die Einrichtung der Konkursmasse zu entziehen. Die Beklagte hält entgegen, daß der Übereignungsbeschluß des Vollstreckungsgerichts ihr auch ohne besondere Übergabe der übereigneten Sache und ohne Rücksicht auf den guten Glauben an das Eigentum ihres Schuldners das Eigentum verschafft habe, der Eigentumserwerb der Klägerin aber an deren Bösgläubigkeit scheitere. Ein arglistiges

Zusammenwirken mit dem Ehemann W. zum Nachteil des Nachlasses bestreitet sie.

Landgericht und Oberlandesgericht haben die Klage abgewiesen. Die Revision der Klägerin führte zur Aufhebung und Zurückverweisung.

Gründe:

Der Beschluß des Vollstreckungsgerichts vom 13. Oktober 1926, durch den die gepfändete Druckerei-Einrichtung der Gläubigerin zum Eigentum übereignet wurde, ist zwar rechtskräftig geworden. Aber damit steht nichts weiter fest, als daß im Zwangsvollstreckungsverfahren die Übereignung rechtskräftig ausgesprochen worden ist. Welche bürgerlichrechtlichen Wirkungen diese Übereignung hatte und ob sie wirksam für sich allein das Eigentum auf die Gläubigerin übertrug, steht der Entscheidung des Prozeßgerichts offen.

Nach § 825 ZPO. kann das Vollstreckungsgericht auf Antrag des Gläubigers oder des Schuldners anordnen, daß die Verwertung einer gepfändeten Sache in anderer Weise oder an einem anderen Ort stattzufinden habe, als in den vorangegangenen Vorschriften bestimmt ist, oder daß die Versteigerung durch eine andere Person als den Gerichtsvollzieher vorzunehmen sei. Unter die anderweitige Verwertung fällt hauptsächlich der freihändige Verkauf durch den Gerichtsvollzieher. Aber auch die Übereignung der gepfändeten Sache an den Gläubiger durch das Gericht zu einem von ihm bestimmten Preis wird im Schrifttum und in der Rechtsprechung dazu gezählt, wiewohl mangels einer näheren Regelung dieser Übereignung vielleicht Bedenken dagegen bestehen könnten. Die Bedenken könnten sich allerdings nur darauf beziehen, ob das Gesetz die Übereignung als eine Art der anderen Verwertung im § 825 ZPO. hat einbeziehen wollen, nicht aber darauf, ob in ihr auch begrifflich eine andere Verwertung zu finden ist. Denn daß sie das sein kann, ist schon daraus zu entnehmen, daß das Gesetz auch bei der Pfändung von Forderungen und anderen Vermögensrechten die Überweisung zuläßt und dies nur als eine Verwertung des gepfändeten Vermögensgegenstands gedeutet werden kann (§ 844 Abs. 1 ZPO.).

Hält man in Anlehnung an die herrschende Meinung die gerichtliche Übereignung der gepfändeten Sache an den Gläubiger für zulässig, wofür praktische Erwägungen sprechen, so muß in dieser Übereignung ein Staatsakt gesehen werden, auf den die privatrechtlichen Vorschriften über den Eigentumserwerb nicht ohne weiteres angewendet werden können, weil sie nur auf den rechtsgeschäftlichen Erwerb zugeschnitten sind. Aber daraus ist nicht zu schließen, daß sich der Eigentumserwerb in diesem Falle schon durch den bloßen Richterspruch vollzieht. Richtig ist zwar, daß der Erwerb eines Privatrechts auch durch Richterspruch geschehen kann, weil die Natur des Erwerbsakts und dessen Wirkung nicht notwendig auf einem und demselben Rechtsgebiet zu liegen brauchen und deshalb auch ein öffentlich-rechtlicher Akt Privatrechte begründen kann (Stein Grundfragen der Zwangsvollstreckung S. 72). Aber ob dem Richterspruch im gegebenen Falle eine solche Wirkung zukommt, hängt von dem Willen des Gesetzes ab. Diesen Willen ohne zwingenden Grund auch für den hier fraglichen Übereignungsbeschluß aus diesem zu entnehmen, begegnet um so mehr Bedenken, als das Gesetz im § 825 ZPO. der richterlichen Übereignung der Pfandsache an den Gläubiger überhaupt nicht gedenkt. Die Meinung, man könne ohne eine besondere Vorschrift den Beschluß des Vollstreckungsgerichts ähnlich dem Zuschlag behandeln — so Stein-Jonas Anm. II 3 zu § 825 ZPO., Förster-Kann Note 1f dazu, Stein Grundfragen S. 72, Hellwig-Oertmann System Bd. 2 S. 330 —, muß aber auch schon darum auf Widerspruch stoßen, weil der Zuschlag, jedenfalls bei der Verwertung einer Sache, grundsätzlich eine Versteigerung voraussetzt und ihm hier die eigentums-, zum Teil aber auch nur vertragsbegründende Wirkung ausdrücklich zugesprochen ist (§ 90 ZVG., § 817 ZPO., § 156 BGB.). Ohne diese Voraussetzungen und ohne daß das Gesetz den gerichtlichen Übereignungsbeschluß erwähnt, einen Eigentumserwerb hier ebenfalls anzuerkennen, das geht über eine zulässige sinngemäße Rechtsanwendung hinaus; denn bei der Eigentumsverschaffung durch Zuschlag, wie sie der § 90 ZVG. bei der Versteigerung von Grundstücken vorsieht, handelt es sich um eine Sondervorschrift, die nicht ohne weiteres auf einen anderen Tatbestand ausgedehnt werden kann. Für den gegebenen Fall ist dies um so mehr abzulehnen, als bei beweglichen Sachen die Gefahr der Verbringung besteht und darum bei diesen erst durch die unmittelbare Besitzverschaffung das die Sicherheit des Eigentumserwerbs verbürgende Herrschaftsverhältnis hergestellt wird. Deshalb macht auch im Falle des § 817 ZPO. erst die Ablieferung, d. h. die Übergabe der versteigerten Sache durch den Gerichtsvollzieher, den Ersteher zum Eigentümer

(Stein-Jonas Anm. IV zu § 817 ZPO.). Eher als dem Eigentumserwerb durch Zuschlag könnte die nach § 825 ZPO. erfolgende Übereignung des Pfandgegenstands der Überweisung einer gepfändeten Forderung oder eines sonstigen Vermögensrechts (§§ 835, 857 ZPO.) gleichgestellt werden. Aber auch dem kann nicht das Wort geredet werden. Denn der Überweisung einer Forderung oder eines sonstigen Vermögensrechts, die ebenso wie die Abtretung im Regelfall mit bloßen Erklärungen zu bewerkstelligen ist, kann die Übereignung einer körperlichen Sache nicht verglichen werden. Diese erfordert für die Regel eine räumliche Verschiebung oder mindestens das Bestehen oder die Verabredung eines Besitzverhältnisses zugunsten des Erwerbers, die durch den bloßen Richterspruch nicht gewonnen werden.

Hiernach kann die richterliche Übereignung der gepfändeten Sache an den Gläubiger richtig nur als ein Ersatz für die Einigung über die Veräußerung zwischen Gläubiger und Schuldner angesehen werden. Daran ändert nichts der Umstand, daß im gegebenen Falle auch noch der Schuldner bei Anhörung durch das Gericht sein Einverständnis mit der Übereignung an die Beklagte erklärt hat. Es waren darum noch weitere Ausführungshandlungen des Gerichtsvollziehers nötig, um die Eigentumsübertragung an die Gläubigerin zu vollenden, wie es übrigens auch der Fall wäre, wenn man in dem Übereignungsbeschluß des Vollstreckungsgerichts eine Überweisung an Erfüllungsstatt an die Beklagte zu sehen hätte (vgl. Reichel Jahrb. f. Dogm. Bd. 53 S. 139flg., 152; Emmerich Pfandrechtskonkurrenzen S. 344flg.; Seuff. Arch. Bd. 62 S. 298; ROLG. Bd. 43 S. 157).

Allerdings war die Beklagte durch die Pfändung der Druckerei-Einrichtung mittelbare Besitzerin der Pfandsache geworden (RGZ. Bd. 94 S. 341; Stein-Jonas Anm. IV zu § 808 ZPO.), sodaß in Frage kommen könnte, ob sich nicht schon durch die Einigung über den Eigentumsübergang — und darum auch mit deren Ersatz durch Richterspruch — der Eigentumserwerb der Beklagten vollzogen hat. Aber das ist zu verneinen. Denn wenn auch für den Fall des § 929 Satz 2 BGB. der mittelbare Besitz des Erwerbers zum Eigentumserwerb für ausreichend gehalten wird, so kann dies doch da nicht gelten, wo der Veräußerer selbst der unmittelbare Besitzer der Sache ist. Denn wenn dessen unmittelbarer Besitz erhalten bliebe, würde die Eigentumsveränderung so wenig in die äußere Erscheinung treten, daß die Voraussetzungen des Eigentumserwerbs hier sogar noch über die des

Eigentumserwerbs durch Besitzkonstitut hinaus erleichtert wären. Deshalb reichte auch im gegebenen Falle ein etwaiger mittelbarer Besitz der Beklagten nicht zu ihrem Eigentumserwerb hin, wenn ihr Schuldner, der Ehemann W., im unmittelbaren Besitz der gepfändeten Druckerei-Einrichtung war und blieb. Vielmehr mußte nach Erlaß des Beschlusses vom 13. Oktober 1926 eine unmittelbare Besitzübertragung durch den Gerichtsvollzieher an die Beklagte erfolgen. Ob und wie sie geschehen ist, wird festzustellen sein. Dabei wird auch aufzuklären sein, ob und warum die Druckerei-Einrichtung noch nach der Übereignung an die Beklagte in den bisherigen Räumlichkeiten verblieb und wie der Konkursverwalter in ihren Besitz gelangte. Für die Besitzverhältnisse kann auch von Bedeutung sein, wer von den Eheleuten W. den Besitz an den Räumen gehabt hat, in denen die Einrichtung stand.

Die Wirkung des Übereignungsbeschlusses war außerdem davon abhängig, obzufolge der Pfändung der Beklagten ein wirksames Pfandrecht für sie bestand, ihre Pfändung also rechtmäßig war. An dem Erfordernis einer rechtmäßigen Pfändung aber hätte es gefehlt, wenn der Pfandgegenstand nicht Eigentum des Schuldners gewesen wäre. Darum wird es auch darauf ankommen, ob die Druckerei-Einrichtung zur Zeit der Pfändung dem Ehemann W. gehörte. Ein gutgläubiger Erwerb des Pfändungspfandrechts ist rechtlich ausgeschlossen. Der Mangel der Rechtsbeständigkeit des Pfändungspfandrechts hindert jedoch nicht, daß bei der Verwertung des Pfandes der Erwerber das Eigentum erlangt, wenn er des guten Glaubens ist, daß das Pfandrecht zu Recht bestehe (§ 1244 BGB.). Dies gilt auch für den Fall, daß der Pfändungsgläubiger selbst der Erwerber ist. Letzteres hat der erkennende Senat in der Entscheidung RGZ. Bd. 104 S. 300 zwar nur für den Erwerb in öffentlicher Versteigerung ausgesprochen. Es hat aber auch zu gelten, wenn der Pfändungsgläubiger die Pfandsache durch eine Übereignung nach § 825 ZPO. in Verbindung mit der Besitzübergabe durch den Gerichtsvollzieher erwirbt. Dabei kann mittelbar auch der gute Glaube an das Eigentum des Ehemanns W. an der gepfändeten Einrichtung erheblich sein, insofern nämlich, als er den guten Glauben an die Rechtmäßigkeit des Pfändungspfandrechts vermittelt; für unmittelbare Anwendung der §§ 932flg. BGB. kommt er solchenfalls nicht in Betracht (vgl. Stein-Jonas Anm. IV zu § 817 ZPO.).

Hat die Beklagte das Eigentum an der Druckerei-Einrichtung rechtswirksam erworben, so könnte sie es zwar verloren haben, wenn die Klägerin die Einrichtung vom Konkursverwalter in gutem Glauben an das Eigentum der Frau W. erworben hat. In dieser Beziehung wird aber zu berücksichtigen sein, daß die Klägerin nach Angabe des Verwalters beim Erwerb ausdrücklich darauf hingewiesen wurde, die Beklagte erhebe Eigentumsansprüche daran. Ist es nicht zu einem wirksamen Eigentumserwerb der Beklagten gekommen, so hat auch die Klägerin selbst das Eigentum nicht erworben, wenn die Einrichtung der Frau W. nicht gehörte und sie bezüglich ihres Eigentums nicht in gutem Glauben war. Außerdem setzte aber ihr Eigentumserwerb auch eine ordnungsmäßige Besitzübergabe an sie voraus. In ersterer Beziehung wird nachzuprüfen sein, ob Frau W. die Einrichtung rechtswirksam von ihrem Manne erworben hatte. Für die Besitzerlangung der Klägerin wird festzustellen sein, wie der vom Konkursverwalter beauftragte Gerichtsvollzieher der Klägerin den Besitz der Einrichtung übergeben hat. Hierzu wird aufzuklären sein, warum die Klägerin von der Beklagten Einwilligung in die Herausgabe verlangt, wenn sie vordem in den Besitz der Einrichtung gelangt war.

Ob die Klägerin noch die Widerspruchsklage erheben kann, wird nicht in Frage kommen, wenn sie mit ihrem Hauptantrag Erfolg hat. Hat sie das nicht, weil die Beklagte Eigentümerin der Druckerei-Einrichtung geworden ist oder, wenn das nicht zutrifft, auch die Klägerin das Eigentum, auf das sie die Widerspruchsklage stützt, nicht wirksam erworben hat, so müßte daran auch die Widerspruchsklage scheitern.

Wenn die Pfändung und die anschließende Übereignung der Einrichtung von der Beklagten und dem Ehemann W. in arglistigem Zusammenwirken nur mit Rücksicht auf zu besorgende Eigentumsansprüche der Konkursmasse ins Werk gesetzt worden sind, um die Einrichtung dem Nachlaß der Frau W. zu entziehen, so könnten der Masse unter Umständen Schadensersatzansprüche erwachsen sein, die möglicherweise durch die Übereignung des Nachlasses an die Klägerin auf diese übergegangen sein können. Aber auch in diesem Falle kommt es darauf an, ob Frau W. wirksam das Eigentum an der Einrichtung erworben hatte. Gegebenenfalls könnte schon der böse Glauben der Beklagten über die Rechtmäßigkeit ihrer Pfändung das Eingehen auf den Klagegrund der unerlaubten Handlung erübrigen.

6. 1. Wieweit reicht das Prüfungsrecht und die Prüfungspflicht des Revisionsgerichts in einer Sache, in der zwar die Revisionssumme fehlt, die Revision aber für einen von den geltend gemachten Klagegründen ohne Rücksicht auf den Streitwert zulässig ist?

2. Wieweit haftet die Deutsche Reichspost für Beschädigung körperlicher Sachen des Eigentümers eines Grundstücks, durch dessen Luftraum sie eine Fernsprechleitung legt?

ZPO. § 547. BGB. §§ 823, 839. Telegraphenwege-Gesetz vom 18. Dezember 1899 §§ 1 flg., § 12. RVerf. Art. 131.

III. Zivilsenat. Urt. v. 15. Oktober 1929 i. S. Ldw. An- und Verkaufsgenossenschaft in P. (Kl.) w. 1. Deutsche Reichspost, 2. G. (Bekl.). III 14/29.

I. Landgericht Insterburg.
II. Oberlandesgericht Königsberg.

Am 13. Februar 1925 ließ die Erstbeklagte, die Deutsche Reichspost, durch einen Bautrupp, der unter Leitung des Zweitbeklagten stand, eine Fernsprechleitung über das Grundstück der Klägerin legen. Über den Hof der Klägerin führte eine Starkstrom- (Licht-) Leitung nach dem Speicher; die Fernsprechleitung war über diese Starkstromleitung hinwegzulegen. Mit der Arbeit waren zwei Arbeiter der Erstbeklagten beschäftigt. Einer von ihnen warf den mit einer Zange beschwerten Draht der Schwachstromleitung über die Drähte der Lichtleitung. Dabei entstand Kurzschluß, der obere Draht der Starkstromleitung brannte durch, der Fernsprechdraht fiel auf den unteren Draht der Starkstromleitung. Die Pferde eines gerade in den Hof einfahrenden Fuhrwerks der Klägerin kamen mit der Drahtrolle in Berührung und wurden durch den elektrischen Schlag getötet.

Die Klägerin verlangt von den Beklagten als Gesamtschuldnern Schadensersatz in Höhe von 1300 RM. nebst Zinsen. Das Landgericht hat den Klaganspruch gegenüber beiden Beklagten dem Grunde nach für gerechtfertigt erklärt. Das Oberlandesgericht hat die Berufung des Zweitbeklagten zurückgewiesen, dagegen auf die Berufung der Erstbeklagten die Klage gegen sie abgewiesen. Gegen dieses Urteil haben die Klägerin und der Zweitbeklagte Revision eingelegt. Die Revision der Klägerin führte zur Aufhebung des angefochtenen Urteils, soweit es die Erstbeklagte betrifft, und zur Zurückverweisung der Sache in diesem Umfang. Auf die Revision des Zweitbeklagten wurde die Klage gegen ihn abgewiesen.

Gründe:

Der Wert des Streitgegenstands und des Beschwerdegegenstands beträgt für beide Revisionen 1300 RM. Er erreicht mithin nicht die Revisionssumme, die zur Zeit der Einlegung der Rechtsmittel auf einen 4000 RM. übersteigenden Betrag festgesetzt war (§ 546 ZPO.; Vo. vom 21. Dezember 1925, RGBl. I S. 476). Es fragt sich, in welchem Umfang die Rechtsmittel zulässig sind. Der Erstbeklagten, der Deutschen Reichspost gegenüber stützt sich die Klage auf die Behauptung, die Beklagte habe durch den Zweitbeklagten als ihren Beamten und durch die ihm unterstellten Arbeiter eine Fernsprechanlage ausführen lassen und dabei habe die Klägerin infolge schuldhaften Verhaltens der Leute der Reichspost eine Vermögensbeschädigung erlitten. Auf Grund dieses Sachverhalts macht die Klägerin gegenüber der Erstbeklagten mehrere Klagegründe geltend: sie stützt sich auf die sog. Amtshaftung (§ 839 BGB., Art. 131 RVerf.), auf eine vom Verschulden unabhängige sog. Gefährdungshaftung, auf §§ 31, 89 BGB. und auf § 831 das. Für den zuerst genannten Klagegrund (§ 839 BGB.) ist die Revision ohne Rücksicht auf den Streitwert zulässig (§ 547 Nr. 2 ZPO., § 71 Abs. 2 GVG.; vgl. RGZ. Bd. 111 S. 342, Bd. 123 S. 209). Ist demnach das Revisionsgericht zulässigerweise mit der Sache befaßt, so hat es, entsprechend den allgemeinen Grundsätzen über das Recht und die Pflicht des Richters, den ihm unterbreiteten Sachverhalt nach allen sich darbietenden rechtlichen Gesichtspunkten zu prüfen. Das Revisionsgericht hat daher auch andere Klagegründe, die, wenn allein geltend gemacht, dem Rechtsmittel der Revision nicht ohne Rücksicht auf den Streitwert zugänglich wären, doch insoweit zu beachten, als sich diese Klagegründe aus demjenigen Sachverhalt rechtlich ableiten lassen, der zulässigerweise an das Revisionsgericht gelangt ist; vgl. RGZ. Bd. 95 S. 214, eine Entscheidung, an welcher der erkennende Senat seitdem ständig festgehalten hat und der das Urteil RGZ. Bd. 101 S. 350 nicht entgegensteht. Nur die Beachtung solcher Klagegründe ist dem Revisionsgericht versagt, die in dem zur Begründung des Anspruchs aus § 839 BGB. herangezogenen Sachverhalt nicht mehr ihre Rechtfertigung finden, sondern in tatsächlicher Richtung über ihn hinausgreifen. Inwieweit letzteres zutrifft, ist im einzelnen Fall zu untersuchen und mag zuweilen nicht unzweifelhaft sein. Im gegenwärtigen Fall ist das Revisionsgericht berufen, alle von der Klägerin gegen die Erstbeklagte angeführten Klagegründe zu beachten, soweit dies zur Entscheidung über das Rechtsmittel notwendig ist. Denn auch die übrigen oben aufgeführten Klagegründe halten sich in dem gekennzeichneten Rahmen dessen, was die Klägerin zur Rechtfertigung des Klaganspruchs aus § 839 BGB. anführen muß.

Auch die Revision des Zweitbeklagten ist zulässig. Die Klage gegen ihn stützt sich gleichfalls auf § 839 BGB. Allerdings ist sie insoweit nicht schlüssig; denn wenn § 839 BGB. zutrifft, haftet gemäß Art. 131 RVerf. an Stelle des Beamten der Staat oder die Körperschaft, die ihn angestellt hat. Die auf § 839 BGB. gestützte Klage gegen den Beamten selbst kann mithin keinen Erfolg haben. Dies ändert aber nichts daran, daß zur Beurteilung des Anspruchs ohne Rücksicht auf den Streitwert die Landgerichte zuständig sind und daher auch die Revision zulässig ist.

Von den Klagegründen, welche die Klägerin gegenüber der verklagten Deutschen Reichspost ins Feld geführt hat, reicht derjenige der sog. Gefährdungshaftung am weitesten. Der Erstbeklagten stand und steht das ausschließliche Recht zu, Fernsprechlinien zu errichten (§ 1 des Ges. über das Telegraphenwesen des Deutschen Reichs vom 6. April 1892 (RGBl. S. 467) / 7. März 1908 (RGBl. S. 79); § 1 des Ges. über Fernmeldeanlagen vom 14. Januar 1928, RGBl. I S. 8). Ferner steht ihr das Recht zu, zur Führung solcher Linien den Luftraum über Privatgrundstücken zu benützen, § 12 des Telegraphenwege-Gesetzes vom 18. Dezember 1899 (RGBl. S. 705). Danach war die Klägerin gesetzlich verpflichtet, die Führung der Fernsprechlinie über ihr Grundstück zu dulden. Schon hieraus glaubt sie einen Anspruch auf Ersatz ihres Schadens ableiten zu können, der von irgendeinem Verschulden der Erstbeklagten oder ihrer Leute unabhängig wäre. Träfe das zu, so wäre die Klage ohne weiteres begründet, ohne daß es eines Eingehens auf das weitere Parteivorbringen bedürfte. Die Rechtsauffassung der Klägerin in diesem Punkte trifft aber nicht zu. Das hat das Reichsgericht in dem Urteil RGZ. Bd. 116 S. 286 grundlegend ausgesprochen. Für den erkennenden Senat besteht kein Anlaß, von diesem Grundsatz abzugehen, und zwar umsoweniger, als in § 12 Abs. 2 Telegraphenwege G. eine Gefährdungshaftung beschränkten Umfangs eingeführt ist. Danach hat die Postverwaltung, wenn sie eine Fernsprechlinie über ein fremdes Grundstück führt, „für Beschädigungen des Grundstücks und seines Zubehörs, die infolge der Führung der Telegraphenlinie durch den Luftraum eintreten, Ersatz zu leisten". Angesichts dieser Vorschrift hätte sich die Klage vielleicht als begründet erweisen können, wenn die getöteten Pferde Zubehör des Grundstücks gewesen wären. Eine dahingehende Behauptung hat die Klägerin indessen nicht aufgestellt; Nichtausübung des richterlichen Fragerechts (§ 139 ZPO.) hat sie nicht gerügt und konnte sie während des Laufs der Revisionsbegründungsfrist nicht rügen. Von einer weiteren Erörterung dieser Frage muß mithin abgesehen werden. Im übrigen ist aus § 12 Abs. 2 TelegraphenwegeG. so viel zu entnehmen, daß das Gesetz eine Gefährdungshaftung weiteren Umfangs nicht haben will, mögen auch andere Klagegründe, wie z. B. Verschulden oder dergl., daneben bestehen können. In der Verwerfung des Klagegrundes der sog. Gefährdungshaftung durch den Berufungsrichter tritt sonach kein Rechtsirrtum zutage.

Mit Recht wendet sich aber die Revision der Klägerin dagegen, daß der Berufungsrichter den Klagegrund des § 839 BGB. verworfen hat. Der Berufungsrichter verkennt nicht, daß die Reichspostverwaltung im Gebiet des Deutschen Reiches ausschließlich das Recht zur Anlegung und Führung von Fernsprechlinien hat und daß sie daher mit der Legung solcher Linien ein Hoheitsrecht ausübt. Aber, so nimmt der Berufungsrichter an, die Pflicht, bei der Legung einer elektrischen Leitung die Gefährdung dritter Personen zu vermeiden, liege nicht im Rahmen der öffentlichen Gewalt; in Beziehung auf die Erfüllung dieser Pflicht ständen die Reichspost und ihre Leute dem Dritten nicht anders gegenüber als jede Privatperson. Das von der Klägerin behauptete Versehen des Beamten der Reichspost wäre daher nicht in Ausübung öffentlicher Gewalt, sondern nur bei Gelegenheit solcher Ausübung erfolgt. Zur Unterstützung beruft sich der Vorderrichter auf die Rechtsprechung. In der Tat entsprechen die von ihm aufgestellten Sätze einer ständigen Rechtsprechung des Reichsgerichts und der überwiegenden Meinung der Rechtslehre. Aber diese Rechtsprechung bezieht sich — das hat der Berufungsrichter übersehen — auf das

Verhältnis der Reichspost zu unbeteiligten dritten Personen. Insoweit beabsichtigt auch der erkennende Senat nicht, von jener Rechtsprechung abzugehen, will vielmehr an ihr festhalten. Hier steht aber nicht das Verhältnis der Reichspost zu einem unbeteiligten Dritten in Frage, sondern das Verhältnis zum Eigentümer des Grundstücks, über das die Leitung gelegt wurde. Zur Klägerin als der Eigentümerin des Grundstücks ist die Erstbeklagte nur vermöge ihres Hoheitsrechts zur ausschließlichen Legung von Leitungen in eine Rechtsbeziehung getreten. Folgeweise ergab sich auch die Pflicht, jede Beschädigung des Eigentümers zu vermeiden, unmittelbar aus der von Rechts wegen bestehenden hoheitsrechtlichen Beziehung, und es ist angesichts des nun einmal bestehenden Rechtsgrundsatzes des Art. 131 RVerf. nicht einzusehen, warum diese mit dem Hoheitsrecht unmittelbar verbundene Pflicht aus dem Rahmen der öffentlichen Gewalt herausfallen und bürgerlichrechtlicher Natur sein soll.

Wie in ständiger Rechtsprechung anerkannt ist (vgl. aus neuerer Zeit RGZ. Bd. 101 S. 355, Bd. 107 S. 271), ist als „Ausübung öffentlicher Gewalt" (Art. 131 RVerf.) jede Amtsausübung, d. h. jede dienstliche Betätigung eines Beamten des Reiches oder eines Landes oder einer sonstigen mit der Wahrnehmung von Hoheitsrechten betrauten öffentlichrechtlichen Körperschaft anzusehen, die sich nicht als Wahrnehmung bürgerlichrechtlicher Belange des Reiches, Staates usw. darstellt. Für die Deutsche Reichspost im besonderen ist anerkannt, daß sie zwar auf der einen Seite auch gemeinnützige Zwecke verfolgt, anderenteils aber zugleich darauf abzielt, dem Reiche Einnahmen zu verschaffen. Mit Rücksicht auf den letzteren Zweck und auf die Art und Weise ihrer geschäftlichen Betätigung pflegt man daher ständig und zutreffend den Geschäftskreis der Postverwaltung insoweit als bürgerlichrechtlich anzusehen, als ihr Betrieb im Abschluß und in der Ausführung von Verträgen über Beförderung von Briefen, Paketen, Geldsendungen, in der Lieferung von elektrischer Kraft für Fernmeldeanlagen und in Geldgeschäften ähnlich denen des sonstigen, z. B. des bankmäßigen Verkehrs besteht. Zum bürgerlichrechtlichen Aufgabenkreis pflegt man auch diejenigen Verkehrspflichten zu rechnen, die der Reichspost in Erfüllung ihrer bürgerlichrechtlichen Aufgaben gegenüber Dritten, namentlich Straßenpassanten, in Absicht auf deren tunlichste Sicherung vor den Gefahren des

Verkehrs obliegen. Auf Fälle dieser Art bezieht sich die mehrerwähnte ständige Rechtsprechung, von der abzugehen nicht in der Absicht des Senats liegt. Aber gerade von diesem Standpunkt aus ist nicht anzuerkennen, daß dem der Fall gleichzustellen wäre, wo die Reichspost zu dem verpflichteten Grundstückseigentümer nur auf Grund ihres Hoheitsrechtes zur ausschließlichen Führung von Fernmeldelinien in Rechtsbeziehung tritt. Die Führung einer Fernmeldelinie über ein fremdes Grundstück, also durch den Luftraum, der noch zu dem Privatgrundstück gehört (§ 905 BGB.), ist nicht eine Handlung, die dem bürgerlichrechtlichen Verkehr angehört; sie soll vielmehr nur die Vorbedingungen für die künftige Eröffnung eines solchen schaffen, ist aber selbst unmittelbarer Ausfluß des Hoheitsrechts. Sie bleibt das auch, selbst wenn sie im einzelnen Fall nicht gegen den Willen des Grundeigentümers geschieht, ja selbst wenn der Grundstückseigentümer — wie dies hier die Erstbeklagte behauptet hatte — die sog. Hausbesitzer-Erklärung abgegeben haben sollte. Denn diese Erklärung ermächtigt die Postverwaltung, über § 12 TelegraphenwegeG. hinaus das Grundstück selbst — nicht bloß den Luftraum darüber — zu benutzen. Mögen auch die durch die Hausbesitzer-Erklärung geschaffenen Rechtsbeziehungen bürgerlichrechtlich sein, so bleibt doch der Eingriff in den Luftraum Hoheitsakt und damit öffentlichrechtlich. Er vermag daher zunächst nur öffentlichrechtliche Beziehungen zu schaffen, kann daher auch vom Standpunkt der erwähnten Rechtsprechung aus nicht mehr der bürgerlichrechtlichen Betätigung der Post zugerechnet werden.

Diesem Ergebnis läßt sich auch nicht, wie der Berufungsrichter anscheinend meint, mit der Erwägung begegnen, daß die Beamten der Reichspost die schädigende Handlung nicht in Ausübung ihres Amtes, sondern nur bei Gelegenheit der Amtsausübung begangen hätten. Ob eine Handlung in Ausübung oder nur bei Gelegenheit der Ausübung öffentlicher Gewalt begangen ist, bemißt sich danach, ob zwischen der Amtsausübung und der schädigenden Handlung ein hinreichend enger Zusammenhang bestand, RGZ. Bd. 101 S. 355, Bd. 104 S. 289. Im gegenwärtigen Falle steht die schädigende Handlung in so engem und unmittelbarem Zusammenhang mit der Legung der Leitung, also mit der hoheitsrechtlichen Handlung, daß sie unverkennbar nicht bloß bei Gelegenheit, sondern geradezu in Ausübung der öffentlichen Gewalt begangen ist.

Auf Grund dieser Erwägungen ist der Klaganspruch gegen die verklagte Deutsche Reichspost auf Grund des § 839 BGB. und des Art. 131 RVerf. schlüssig begründet. Das Berufungsurteil erweist sich mithin als unhaltbar, soweit es die Klage gegen die Erstbeklagte abgewiesen hat, nicht minder aber auch, soweit es den Zweitbeklagten verurteilt hat. Denn neben der Haftung der Deutschen Reichspost ist für eine Haftung des schuldigen Beamten selbst kein Raum. Daher mußte auf die Revision des Zweitbeklagten das angefochtene Urteil aufgehoben und die gegen ihn gerichtete Klage abgewiesen werden.

Der Erstbeklagten gegenüber kommt es auf die Klagegründe der §§ 31, 89 BGB. und des § 831 BGB. nicht mehr an.

Die Annahme des Berufungsrichters, daß sich der Beamte G. (der Zweitbeklagte) einer fahrlässigen Verletzung seiner Amtspflichten schuldig gemacht habe, läßt keinen Rechtsirrtum erkennen und wird auch von der Erstbeklagten nicht in Zweifel gezogen. Offen bleibt dagegen der Einwand, daß bei der Entstehung des Schadens ein eigenes Verschulden der Klägerin mitgewirkt habe. Diesen Einwand hat der Berufungsrichter gegenüber der Erstbeklagten überhaupt nicht beschieden, weil er das von seinem Standpunkt aus nicht nötig hatte. Gegenüber dem Zweitbeklagten hat der Berufungsrichter den Einwand verworfen. Da sich auch die Erstbeklagte hilfsweise auf den Einwand berufen hat, bedarf er jetzt der Bescheidung. Die Ausführungen, mit denen der Vorderrichter den Einwand (dem Zweitbeklagten gegenüber) verworfen hat, sind nicht frei von Rechtsirrtum. Das Berufungsgericht hat keine Feststellungen darüber getroffen, ob und in welcher Weise etwa auch die Klägerin eine ihr obliegende Pflicht (zur Anmeldung der Starkstromleitung) versäumt habe; denn, so erwägt es, jedenfalls sei das Verschulden des Beamten dergestalt überwiegend, daß es sich rechtfertige, die Klägerin von jedem Anteil am Schaden freizustellen. Damit hat der Berufungsrichter rechtsirrtümlicherweise zwischen dem festgestellten Verschulden des Beamten und einem nicht festgestellten, sondern nur unterstellten Verhalten der Klägerin einen Vergleich gezogen (WarnRspr. 1914 Nr. 327, 1915 Nr. 202, 1919 Nr. 199, 1920 Nr. 159 und sonst). Die rechtliche Mangelhaftigkeit eines solchen Verfahrens tritt hier darin zutage, daß die Möglichkeit besteht, die Leute der Erstbeklagten hätten sich, wenn sie schon vorher über das Vorhandensein einer Starkstromleitung ausreichend unterrichtet gewesen wären, besser auf die Sache eingestellt und sich z. B. besser mit Schutzmitteln zur Abwendung von Gefahren ausgerüstet.

Zur Verhandlung und Entscheidung über diesen Einwand ist die Sache an das Berufungsgericht zurückzuverweisen.

---

7. Zur Haftung des Reeders für Schäden, welche Stauereiarbeiter in Ausführung ihrer das Löschen eines Seeschiffes betreffenden Dienstverrichtungen Dritten zugefügt haben.

HGB. §§ 481, 485, 486 Nr. 3.

I. Zivilsenat. Urt. v. 19. Oktober 1929 i. S. G. Allgemeine Versicherungs-Aktiengesellschaft (Kl.) w. die Reederei Court Line Ltd. u. Gen. (Bekl.). I 106/29.

I. Landgericht Hamburg, Kammer für Handelssachen.
II. Oberlandesgericht daselbst.

Im September 1927 ereignete sich im Hamburger Hafen bei der Löschung einer Ladung von Quebrachostämmen aus dem Seedampfer „Geddington-Court" in den Kahn des Schiffseigners W. ein Unfall. Eine Hieve, die mehrere Stämme enthielt, schoß aus, als sie der Lukenmeister über Bord des Seeschiffes herausschwenkte. Sämtliche Stämme der Hieve fielen in den Kahn. Ein Stamm durchbohrte dabei die Ladebühne, das Bodenlager und die Bodenplanken des Kahns. Der im Kahn befindliche Bootsmann wurde verletzt. Der Kahn sprang leck und mußte auf Strand gesetzt werden. Ferner sind Sachen und Lebensmittel der Kahnbesatzung bei dem Unfall verloren gegangen. Den Auftrag zum Abnehmen der Stämme aus dem Seeschiff hatte der Kahneigner von der Neuen N.schen F.-Dampfschiffahrts-Gesellschaft erhalten. Das Löschen der Stämme aus dem Seedampfer hatte die Stauereifirma C. T. in Hamburg im Auftrag der Reederei des Dampfers „Geddington-Court" übernommen. Der Kahneigner hat die von ihm aus dem Unfall hergeleiteten Ansprüche gegen die Beklagten an die Allgemeine F.-Versicherungsgesellschaft abgetreten, soweit sie nicht etwa schon kraft Gesetzes auf diese Gesellschaft übergegangen waren. Die Klägerin klagt aus abgetretenem Rechte dieser Gesellschaft auf Ersatz des bei dem Unfall entstandenen Schadens. Sie behauptet, der Schaden sei durch Verschulden der mit der Löschung betrauten Leute der Stauereifirma C. T., des Lukenmeisters und des Wiegers, entstanden. Auf Grund von §§ 485, 481 HGB. fordert sie Ersatz des Schadens, von der Erstbeklagten als Reederin des Seeschiffes und von der Beklagten zu 2 als „Kaventin" (Bürgin) der Erstbeklagten auf Grund selbstschuldnerischer Bürgschaft. Die Beklagten haben den Klaganspruch nach Grund und Betrag bestritten.

In den beiden ersten Rechtszügen wurde die Klage abgewiesen. Die Revision der Klägerin führte zur Aufhebung und Zurückverweisung.

Gründe:

Die Klage ist ausschließlich darauf gestützt, daß die Erstbeklagte, die als Reederei des Dampfers „Geddington-Court" die Hamburger Stauereifirma C. T. mit der Entlöschung des Dampfers beauftragt hatte, für das angebliche Verschulden der Erfüllungsgehilfen der Stauereifirma (des Lukenmeisters und des Wiegers) nach §§ 485, 481, 486 Nr. 3 HGB. einzustehen habe. Dementsprechend hat das Berufungsgericht seine Erwägungen darauf abgestellt, ob die Stauereifirma und ihre Erfüllungsgehilfen im Sinne von § 481 HGB. zur Schiffsbesatzung gerechnet werden können oder nicht. Hierüber hat das Berufungsgericht folgendes ausgeführt. Die Stauereifirma habe mit ihren eigenen Leuten auf Grund eines Werkvertrags mit der Reederei die Löschung des Seeschiffes selbständig besorgt. An sich sei das Löschen eines derartigen Seeschiffes Sache des Reeders und gehöre in diesem Sinne zu den Schiffsdiensten (vgl. auch § 514 HGB.). Ausgeführt würden aber diese Arbeiten bei den größeren Seeschiffen seit geraumer Zeit nicht mehr von Leuten der Schiffsmannschaft oder von solchen Personen, die der Reeder angenommen habe, sondern von selbständig arbeitenden Stauereibetrieben. Das Laden und Löschen geschehe auf diesen Schiffen nach einem vom Reeder und vom Stauer aufgestellten Plane, für dessen Ausführung der Stauereiunternehmer allein dem Reeder verantwortlich sei. Der Schiffer habe dem Stauer und seinen Leuten gegenüber nur das auf dem Herrschaftsrecht am Schiffe beruhende Hausrecht wahrzunehmen und sich gegebenenfalls in Vertretung des Reeders davon zu überzeugen, ob die Stauung oder Löschung dem Plane entsprechend ausgeführt werde. Selbständige Anordnungen in bezug auf die Arbeit des Stauens und Löschens habe der Schiffer dem Stauer und dessen Leuten nicht zu erteilen. Ein von der seefahrenden Bevölkerung getrennter besonderer

Erwerbszweig habe selbständig die, eine besondere berufliche Schulung erfordernde, Arbeit des Entlöschens und Beladens solcher Schiffe übernommen.

Demgegenüber ist folgendes zu beachten. Die Frage der Haftung des Reeders nach §§ 481, 485, 486 Nr. 3 HGB. für das Verhalten der Angestellten eines selbständigen Stauereiunternehmens beim Entlöschen eines Seeschiffes hat für den Fall, daß der selbständige Stauereiunternehmer die Entlöschung auf Grund eines mit dem Reeder abgeschlossenen Werkvertrags übernommen hat, in Rechtsprechung und Schrifttum keine einheitliche Beantwortung gefunden (vgl. Wüstendörfer Seeschiffahrtsrecht in Ehrenbergs Handbuch Bd. VII, Abt. 2 § 96 zu III, 2 und 3, S. 518/519, und das dort unter Anm. 20 bis 27 angeführte Schrifttum, insbesondere Pappenheim in Gruch. Beitr. Bd. 43 S. 342flg.; vgl. ferner Sieveking Das Deutsche Seerecht S. 24flg.; Schaps Seerecht 2. Aufl. § 481 Anm. 1 bis 6, 10 (15); Mittelstein in Ehrenbergs Handbuch VII, Abt. 1 S. 117/118; RGZ. Bd. 10 S. 18; Hanseat. GerZtg. Hauptbl. 1909 S. 57 Nr. 28 sowie Hauptbl. 1913 S. 287 Nr. 140). Die Schwierigkeit liegt darin, den Kreis der Personen zu umgrenzen, die im Sinne von §§ 481, 485, 486 Nr. 3 HGB. zur Schiffsbesatzung gehören oder doch rechtlich so zu behandeln sind, als ob sie dazu gehörten. Unbestritten gehören zur Schiffsbesatzung außer den in § 481 HGB. ausdrücklich angeführten Personen (Schiffer, Schiffsoffiziere, Schiffsmannschaft) auch die auf dem Schiffe dauernd, d. h. für eine längere Zeit unter Eingliederung in den Schiffsorganismus, angestellten Personen (Arzt, Zahlmeister, Proviantmeister, Stewards, Köche, Barbiere, Telegraphisten usw.). Darüber hinaus sind aber auch diejenigen Personen zur Schiffsbesatzung zu rechnen, die im Dienste des Reeders zu Schiffszwecken — wenn auch nur vorübergehend — tätig sind, indem sie der Schiffsbesatzung eigentümliche Arbeiten (Schiffsdienste) — mit oder ohne Benutzung von Bordgeschirr — verrichten (RGZ. Bd. 13 S. 116, Bd. 20 S. 86, Bd. 50 S. 35, Bd. 119 S. 270; Hanseat. GerZtg. 1910 Hauptbl. S. 264 Nr. 113 betr. RGUrt. vom 14. März 1910 I 120/09). Ob hierzu auch die Leute eines selbständigen Stauereiunternehmens gehören, die auf Grund eines Vertrags zwischen diesem und dem Reeder mit dem Entlöschen eines Seeschiffes unter Aufsicht eines vom Unternehmer angestellten Vorarbeiters (Stauervizen) beschäftigt sind, ist zum mindesten zweifelhaft (s. auch Schaps Seerecht § 481 Anm. 2, 10, 15; §§ 520, 522, 525, 749 HGB.). Doch braucht diese Frage hier nicht entschieden zu werden. Denn jedenfalls ist auf diese Stauereiarbeiter in bezug auf ihre genannte Tätigkeit die Reederhaftung des § 485 HGB. sinngemäß auszudehnen.

Das Handelsgesetzbuch rechnet ersichtlich das Beladen und Entlöschen eines Seeschiffes zu den Schiffsdiensten, die grundsätzlich unter Aufsicht des Schiffers vorzunehmen sind (§§ 514, 593 HGB.; Wüstendörfer in Ehrenbergs Handbuch VII, Abt. 2 S. 518 und 519; Sieveking a. a. O. S. 25 flg.). Dementsprechend fallen Leute, die vom Reeder oder vom Schiffer zu Lade- und Löschzwecken, wenn auch nur vorübergehend, angenommen und beschäftigt sind, regelmäßig unter § 481 HGB. Eine verschiedene Behandlung der Reederhaftung nach §§ 485, 486 Nr. 3 HGB., je nachdem der Stauereiarbeiter als ein vom Reeder oder Schiffer angestellter Arbeitnehmer oder im Dienste eines selbständigen Stauereiunternehmers tätig ist, würde, wie Wüstendörfer a. a. O. S. 519 zutreffend hervorhebt, den Ersatzanspruch des durch Verschulden des Stauereiarbeiters geschädigten Dritten „von einem äußerlich oft nicht erkennbaren zufälligen Umstand der inneren Betriebsverfassung" abhängig machen (s. auch Pappenheim a. a. O. S. 368/369). Dies ist jedenfalls dann nicht gerechtfertigt, wenn, wie hier, der Reeder zur Entlastung von Kapitän und Mannschaft für eine Tätigkeit, die gesetzlich in der Regel von der Schiffsbesatzung unter Aufsicht des Kapitäns vorzunehmen ist, freiwillig die Dienste eines selbständigen Stauereiunternehmers und seiner Leute annimmt. Die Reederhaftung nach §§ 485, 486 Nr. 3 HGB. beruht nach der jetzt herrschenden Rechtsauffassung auf dem Gedanken, es sei wegen der mit der Schiffahrt verbundenen besonderen Gefahren den im Betriebe dieser Schiffahrt Geschädigten ein besonderer Anspruch gegenüber dem Reeder zu geben, der sich einerseits auf das sogenannte Schiffsvermögen (Schiff und Fracht) beschränkt, anderseits durch den Entlastungsbeweis aus § 831 BGB. nicht gefährdet ist (s. auch RGZ. Bd. 119 S. 272; Wüstendörfer a. a. O. S. 520). Geht man von diesem Rechtsgedanken aus, so liegt grundsätzlich eine Gleichheit der Interessenlage vor, die darin besteht, daß die mit dem Löschen eines Seeschiffes beschäftigten Stauereiarbeiter gleichartige Schiffsdienste für Rechnung des Reeders verrichten, einerlei, ob sie vom Reeder oder vom Schiffer angestellt sind oder ob sie im Dienste eines vom Reeder mit dem Löschen betrauten selbständigen Stauereiunternehmers stehen (Wüstendörfer a. a. O. S. 520; Schaps a. a. O. § 481 Anm. 15). Die Erwägungen des Berufungsurteils wollen dies mit dem Hinweis darauf verneinen, daß die Reederhaftung auch nicht für Personen vorgesehen sei, die an Bord des Seeschiffes Handwerker- oder ähnliche Dienste verrichten, wie Herstellungs- und Ausbesserungsarbeiten, Dockarbeiten, Kohleneinnahme usw. Demgegenüber ist aber darauf hinzuweisen, daß es sich in solchen Fällen um Arbeiten handelt, die zwar für das Schiff vorgenommen werden, aber nicht, wie das Löschen und Laden, in den Rahmen der vom Reeder übernommenen Beförderung von Gütern fallen und nicht zu den typischen, dem regelmäßigen laufenden Schiffsbetrieb eigentümlichen und mit den besonderen Gefahren der Schiffahrt verbundenen Schiffsdiensten gehören. Danach ist es gerechtfertigt, die in §§ 485, 486 Nr. 3 HGB. vorgesehene Reederhaftung sinngemäß auch auf solche Fälle auszudehnen, wo den Schaden Stauereiarbeiter in Ausführung ihrer das Löschen eines Seeschiffes betreffenden Dienstverrichtungen verschuldet haben, die im Arbeitsverhältnis eines vom Reeder mit dem Löschen des Schiffes betrauten selbständigen Stauereiunternehmers stehen.

Die so begründete Reederhaftung ist durch die vom Berufungsgericht angeführte neuzeitliche Entwicklung des Stauereigewerbes nicht beseitigt worden. Nach den Darlegungen des Berufungsgerichts hat diese Entwicklung dahin geführt, daß da, wo der Reeder das Löschen des Schiffes einem selbständigen Stauereiunternehmer übertragen hat, die Löscharbeiten nach einem zwischen dem Reeder und dem Unternehmer vereinbarten Löschplan durch die vom Unternehmer angestellten und von seinem „Stauervizen" beaufsichtigten Arbeiter verrichtet werden. Für die gehörige Ausführung dieses Löschplans ist der Stauereiunternehmer dem Reeder verantwortlich. Der Schiffer hat — abgesehen von seinem auf dem Herrschaftsrecht am Schiff beruhenden Hausrecht — nur zu beaufsichtigen, ob die Löscharbeiten dem Löschplan entsprechend ausgeführt werden.

Wenn danach zwischen dem Reeder und dem Stauereiunternehmer ein Vertrag geschlossen wird, durch den im Verhältnis der Vertragschließenden der Schiffer von den ihm gesetzlich zustehenden Rechten und Pflichten der Beaufsichtigung des Löschens ganz oder teilweise befreit wird, so kann dies, wie dargelegt, die Haftung des

Reeders, die ihm gemäß §§ 485, 486 Nr. 3 HGB. Dritten gegenüber obliegt, nicht berühren. Andernfalls könnte der Reeder seine durch das Handelsgesetzbuch grundsätzlich festgelegte Rechtsstellung Dritten gegenüber einseitig dadurch verbessern, daß er solche zum Schiffahrtsbetrieb gehörige Dienstleistungen, die leicht zur Verwirklichung seiner Reederhaftung führen, durch nicht von ihm oder dem Schiffer angestellte Personen besorgen ließe (s. auch Pappenheim a. a. O. S. 369). Dabei ist zu beachten, daß sich in Fällen der hier fraglichen Art der Reeder des Einflusses, der ihm oder seinem Kapitän auf die sachgemäße Durchführung der Löscharbeiten gesetzlich obliegt und zusteht, freiwillig begibt und daß anderseits der Reeder sich im Schadensfall an den mit ihm im Vertragsverhältnis stehenden Stauereiunternehmer halten kann, während dieser Unternehmer den vom geschädigten Dritten gegen ihn erhobenen Ansprüchen mit dem Entlastungsbeweis nach § 831 BGB. begegnen könnte.

---

8. Zur Frage der Auskunftspflicht des Korrespondentreeders nach § 498 HGB., wenn er teils als solcher, teils als selbständiger Reeder Rechtsgeschäfte vorgenommen hat.

I. Zivilsenat. Urt. v. 19. Oktober 1929 i. S. R. M. S. jr. (Bekl.) w. F. u. Gen. (Kl.). I 56/29.

I. Landgericht Hamburg, Kammer für Handelssachen.
II. Oberlandesgericht daselbst.

Der Rechtsvorgänger der Kläger, der im November 1922 verstorbene E., hat am 4. Oktober 1871 mit anderen Personen und Handelsgesellschaften einen Reedereivertrag geschlossen, der eine durch die mitbeteiligte (jetzt verklagte) Firma R. M. S. jr. begründete und unter deren Geschäftsführung zu betreibende Dampferlinie nach dem Mittelmeer betraf. Zu diesem Vertrag sind am 15. Dezember 1897 und am 9. Dezember 1900 zusätzliche Abmachungen getroffen worden. Als nach dem Weltkriege der Wiederaufbau der deutschen Handelsflotte in Frage kam, hat hierüber E. mit den anderen Teilhabern der Beklagten ein Abkommen getroffen, das durch ein Schreiben der anderen Beteiligten an E. vom 4. Dezember 1918 bestätigt worden ist. Des weiteren ist, nachdem E. am 11. April 1919 aus der Firma der Beklagten als Teilhaber ausgeschieden war, zwischen E. und den Teilhabern der Beklagten ein Abkommen vom 1. April 1920 über den Wiederaufbau der Mittelmeer-Flotte getroffen worden. Nach diesem Abkommen sind die Beteiligten verfahren, jedoch sind die sämtlichen Ersatzbauten, auch soweit es sich um Partenschiffe handelt, auf den Namen der Beklagten in das Schiffsregister eingetragen worden.

Im Jahre 1925 ergab sich die Möglichkeit, außer der Entschädigung für verlorene Tonnage von der Reichsregierung zu günstigen Bedingungen ein Darlehen zur Verwendung für Schiffsneubauten zu erhalten, dessen Höhe für die einzelne Reederei nach dem Wert der am 1. Juli 1924 vorhanden gewesenen Tonnage bemessen wurde. Von dieser Möglichkeit hat die Beklagte Gebrauch gemacht und dabei die Partenbeteiligung der Kläger an der am 1. Juli 1924 vorhandenen Tonnage als mitbestimmend für die Höhe des Darlehens benutzt. Ferner hat die Beklagte fünf Dampfer, darunter vier, an denen die Kläger als Parteninhaber beteiligt waren, für einen bestimmten Zeitraum an die Treuhandverwaltung für das Deutsch-Niederländische Finanzabkommen zu fiduziarischem Eigentum übertragen. Auf diese Weise hat die Beklagte für einen weiteren ihr vorteilhaften Kredit Sicherheit gegeben.

Die Kläger behaupten, daß sie an den Vorteilen, welche die Beklagte aus dem Reichsdarlehen und aus der fiduziarischen Eigentumsübertragung gezogen hat, ihrem Partenbesitz entsprechend beteiligt werden müßten. Sie haben deshalb Klage erhoben auf Auskunfterteilung über die beiden Geschäftsvorgänge und auf Zahlung ihres sich hieraus ergebenden Gewinnanteils. Die Beklagte hat diese Klagansprüche bestritten.

Die Instanzgerichte haben dem Antrag auf Auskunfterteilung stattgegeben. Im dritten Rechtszug ist die Klage, soweit sie auf Auskunfterteilung gerichtet war, abgewiesen worden.

Gründe:

Die Verurteilung der Beklagten auf Auskunfterteilung geht dahin:

1. Auskunft zu erteilen über die Höhe, die Rückzahlungsbedingungen und die Verwendung des im Jahre 1924/25 erhaltenen Reichsdarlehens einschließlich der Abrechnung über die mit Hilfe des Reichsdarlehens erworbenen Schiffe.

2. Auskunft zu erteilen über alle Einzelheiten des Abkommens auf Übertragung der Dampfer „Barcelona", „Messina", „Palermo" und „Girgenti" an die Treuhandverwaltung für das Deutsch-Niederländische Finanzabkommen und über den aus dieser Maßnahme erzielten Gewinn.

Die Kläger haben die hier in Betracht kommenden Klagansprüche u. a. auf ihre von dem Erblasser E. erlangte Mitbeteiligung an Schiffsparten von Dampfern gestützt. Hierzu hat das Berufungsgericht folgendes ausgeführt. Bei der R. M. S. jr. Mittelmeer-Linie habe es zu der maßgeblichen Zeit neben Partenschiffen (erst 7, dann 6, an denen auch die Kläger als Rechtsnachfolger von E. beteiligt waren und sind) partenfreie, im alleinigen Eigentum der Beklagten stehende Schiffe gegeben. Außerdem habe die Beklagte auf der genannten Mittelmeer-Linie auch mit gecharterten Schiffen gearbeitet. Die wegen der Partenschiffe bestehende Partenreederei sei allerdings aus dem Schiffsregister nicht ersichtlich gewesen, da dort die Beklagte als alleinige Eigentümerin der Partenschiffe eingetragen gewesen sei. Hierdurch seien aber im Innenverhältnis die Rechtsbeziehungen der einzelnen Parteninhaber zueinander und zum Korrespondentreeder nicht berührt worden. Die Rechte der Kläger als Parteninhaber erschöpften sich nicht in der Beteiligung am Ergebnis der von den Partenschiffen ausgeführten Reisen. Über alle Rechtshandlungen, die der Korrespondentreeder als solcher vornehme, habe er den Partenreedern auf Verlangen Auskunft zu geben (§ 498 HGB.).

Was nun das der Beklagten wie anderen deutschen Reedereien zum Wiederaufbau ihrer Flotte gewährte Reichsdarlehen anlange, so habe im Verhältnis der Beklagten zum Reich die Größe der vorhandenen Tonnage nur einen Maßstab zur Verteilung der vorhandenen Mittel unter die einzelnen Reedereien gebildet. Das schließe aber nicht aus, daß im Verhältnis der innerhalb der Reederei an den einzelnen Schiffen Beteiligten zueinander die Ausnutzung der vorhandenen Gesamttonnage zur Inanspruchnahme des Reichsdarlehens im Interesse eines Beteiligten den anderen Beteiligten Ansprüche gewähre. Bei Inanspruchnahme des Reichsdarlehens habe die Beklagte auch die zu einem Teil den Klägern gehörende Tonnage der Partenschiffe verwertet und so ein entsprechend höheres Darlehen erhalten. Das Reichsdarlehen habe der Beklagten wirtschaftliche Vorteile von Vermögenswert geboten. Diese Vorteile seien durch Heranziehung der auf die Parten der Kläger entfallenden Tonnage und durch die damit bewirkte Erhöhung des Reichsdarlehens entsprechend vergrößert worden. An dem so erhöhten Vermögensvorteil seien die Kläger anteilmäßig beteiligt. Zur Klarstellung der diesen Anteil betreffenden Verhältnisse hätten die Kläger gegen die Beklagte als Korrespondentreeder einen Anspruch auf entsprechende Auskunfterteilung.

Ebenso verhalte es sich mit der fiduziarischen Eigentumsübertragung der Partenschiffe an die Treuhandverwaltung für das Deutsch-Niederländische Finanzabkommen. Allerdings hätten die Partenschiffe, die allein auf den Namen der Beklagten in das Schiffsregister eingetragen gewesen seien, schon um deswillen für die Verbindlichkeiten der Beklagten gehaftet. Die Beklagte habe aber über diesen, von den Parteneignern geduldeten Zustand hinaus die Partenschiffe als Grundlage eines besonderen Kreditabkommens verwandt, und zwar in der Form, daß sie auf Grund ihres formalen Verfügungsrechts das Eigentum an den Schiffen zugunsten der genannten Treuhandverwaltung vorübergehend aufgegeben habe. Hierdurch habe die Beklagte besondere Vermögensvorteile erlangt. Dies sei, soweit die Partenschiffe in Frage kämen, geschehen durch eine die Rechte der Parteninhaber unmittelbar berührende Rechtshandlung der Beklagten in ihrer Eigenschaft als Korrespondentreeder. Auch hier hätten die Kläger Anspruch auf einen ihren Parten entsprechenden Anteil an dem besonderen Vermögensvorteil der Beklagten. Damit sei auch hier das Recht der Kläger auf entsprechende Auskunfterteilung durch die Beklagte begründet.

Demgegenüber ist folgendes zu bemerken:

a) Zutreffend geht das Berufungsgericht davon aus, daß die Kläger an den Partenschiffen ihren Parten entsprechend beteiligt sind, daß ferner die Beklagte den Klägern gegenüber insoweit als Korrespondentreeder zu erachten ist und daß hieran dadurch nichts geändert wird, daß die Partenschiffe auf den Namen der Beklagten in das Schiffsregister eingetragen sind (Wüstendörfer Seeschiffahrtsrecht in Ehrenbergs Handbuch VII, 2 S. 504, 505; RGZ. Bd. 74 S. 406). Die Kläger können also gemäß § 498 HGB. von der Beklagten Auskunft verlangen über alle Maßnahmen, die sie als Korrespondentreeder getroffen hat. Nach den Feststellungen des Berufungsgerichts hat die Beklagte bei Inanspruchnahme des

Reichsdarlehens auch die zu einem Teil den Klägern gehörende Tonnage der Partenschiffe in der Weise verwertet, daß sie diese Tonnage bei der auf Grund der Reichsrichtlinien vom 21. Januar 1925 gemachten Angabe des am 1. Juli 1924 ihr gehörigen Schiffsraums eingerechnet und so ein entsprechend höheres Darlehen erlangt hat. Dies war aber den Klägern schon zur Zeit der Klagerhebung bekannt und braucht ihnen von der Beklagten nicht mehr mitgeteilt zu werden. Es fragt sich, ob die Beklagte im übrigen bei Aufnahme und Verwertung des Reichsdarlehens als Korrespondentreeder gehandelt hat. Die Feststellungen des Berufungsgerichts ergeben zur Genüge, daß dies nicht der Fall ist.

Nach dem Abkommen zwischen den Beteiligten vom 1. April 1920 waren die Kläger als Parteninhaber, abgesehen von den beiden Ersatzbauten der Schiffswerft und Maschinenfabrik „Neptun“, an den übrigen Ersatzbauten für die Mittelmeer-Linie nur mit denjenigen Beträgen beteiligt, die sie oder ihr Erblasser E. nach dem Reedereiabfindungsvertrag vom 23. Februar 1921 nebst Zusatzvertrag vom 9. März 1921 vom Deutschen Reich erhalten hatten. Im übrigen war die Beklagte den Klägern gegenüber verpflichtet, den Wiederaufbau der Mittelmeer-Flotte aus eigenen Mitteln zu betreiben. Als dann im Jahre 1925 den deutschen Reedereien die Möglichkeit geboten wurde, entsprechend den Richtlinien der Reichsregierung vom 21. Januar 1925 für Schiffsneubauten ein Reichsdarlehen zu günstigen Bedingungen zu erhalten, bedeutete dies, wie auch die Kläger zugeben, einen neuen Umstand, den die Beteiligten bei Abschluß des Vertrags vom 1. April 1920 nicht vorausgesehen hatten. Das ändert aber nichts daran, daß im Innenverhältnis der Parteien die Leistungen der Kläger für Neubauten der Mittelmeer-Linie in der oben angegebenen Weise auf Grund des Vertrags vom 1. April 1920 beschränkt blieben und daß alle weiteren Neubaukosten von der Beklagten allein zu tragen waren. Gewährt worden ist demgemäß das Reichsdarlehen nicht nur nach außen hin der Beklagten als einer selbständigen Reedereifirma, auf deren Namen die Partenschiffe im Schiffsregister eingetragen waren. Vielmehr waren auch im Innenverhältnis der Parteien die Kläger als Parteninhaber an der Aufnahme und Verwendung des Reichsdarlehens nicht beteiligt, da die Beklagte dieses Darlehen zum Bau von Schiffen erlangt und verwendet hat, deren Alleineigentümerin sie im Verfolg des

Vertrags vom 1. April 1920 von vornherein werden sollte und später auch tatsächlich geworden ist. Wenn also die Beklagte durch die Einrechnung der Parten der Kläger bei Angabe des am 1. Juli 1924 vorhandenen Schiffsraums ein entsprechend höheres Darlehen erhalten und demnächst verwendet hat, so ist dies ausschließlich in ihrer Eigenschaft als selbständige Reedereifirma und nicht in ihrer Eigenschaft als Korrespondentreeder geschehen. Die Reederei der Partenschiffe ist rechtlich mit dem Darlehensgeschäft in keinerlei Verbindung getreten; sie erlangte weder an dem Darlehen Rechte, noch ergab sich für sie aus dem Darlehen irgendeine Verpflichtung. Die Beklagte ist daher weder nach § 498 HGB. noch aus einem anderen Rechtsgrund (z. B. §§ 681, 687 Abs. 2, §§ 667, 259 BGB.) zu der von den Klägern verlangten Auskunft über das Darlehensgeschäft als solches und über die Verwendung des Darlehens verpflichtet. Eine solche Auskunftspflicht läßt sich auch nicht etwa aus dem Gesichtspunkt der ungerechtfertigten Bereicherung oder des Schadensersatzes wegen unerlaubter Handlung begründen. Es kann also dahingestellt bleiben, ob derartige rechtliche Gesichtspunkte den Klägern um deswillen zur Seite stehen, weil die Beklagte zur Erlangung eines größeren Reichsdarlehens bei der Angabe des ihr gehörigen Schiffsraums die Parten der Kläger eingerechnet hat.

b) Nicht anders verhält es sich mit den Auskunftsansprüchen, welche die Kläger daraus herleiten, daß die Beklagte die Partenschiffe vorübergehend an die Treuhandverwaltung für das Deutsch-Niederländische Finanzabkommen zu fiduziarischem Eigentum übertragen und dadurch besondere wirtschaftliche Vorteile erlangt hat. Die fiduziarische Eigentumsübertragung an den Partenschiffen geschah zur Sicherheitsleistung für einen an dritte Seite gegebenen Kredit. Nach der unbestrittenen Angabe der Beklagten ist durch diesen Kredit der Bau zweier Motorschiffe ermöglicht worden, die nach Fertigstellung der Beklagten für zwei Jahre zur Bereederung überlassen worden sind. Die Beklagte hat die beiden Motorschiffe beim Wiederaufbau der Mittelmeer-Linie gemäß dem Vertrag vom 1. April 1920 benutzt. Die beiden Motorschiffe haben nach ihrer Erbauung als Sicherheit für den genannten Kredit gedient, während die Partenschiffe wieder freigegeben wurden.

Über die Partenschiffe, jedenfalls soweit es sich um die Parten der Kläger handelte, hat die Beklagte in ihrer Eigenschaft als Korrespondentreeder verfügt. Auch hier waren die Kläger von diesem Verfügungsakt zur Zeit der Klagerhebung bereits unterrichtet. Im übrigen ist das ganze Geschäft eingeleitet und abgewickelt worden zwar unter Benutzung der Parten der Kläger, aber als eigenes Geschäft der Beklagten in ihrer Eigenschaft als selbständige Reederfirma. Es handelt sich auch hier um geschäftliche Maßnahmen, welche die Beklagte zur Durchführung des Wiederaufbaues der Mittelmeer-Linie vorgenommen hat. An diesem Wiederaufbau waren die Kläger nach dem Vertrag vom 1. April 1920 nur in dem dort vorgesehenen bestimmten und beschränkten Umfang beteiligt. Alles, was darüber hinausging, geschah nicht nur nach außen, sondern auch im Innenverhältnis der Parteien auf alleinige Rechnung und Gefahr der Beklagten. Diese handelte insoweit weder als Korrespondentreeder noch als Besorger eines fremden Geschäfts im Sinne von §§ 677 flg. BGB. Sie ist daher auch nicht verpflichtet, über diese Geschäfte den Klägern die von ihnen verlangte Auskunft zu erteilen. Ob die Kläger gegen die Beklagte wegen Benutzung der Parten der Kläger Ansprüche aus unerlaubter Handlung oder aus ungerechtfertigter Bereicherung haben, kann auch hier dahingestellt bleiben, da solche Ansprüche die Auskunftspflicht nicht begründen würden.

---

9. Kann sich der Erwerber eines Grundstücks auf die Vorschriften über den öffentlichen Glauben des Grundbuchs berufen, wenn er das Grundstück als Geschäftsführer einer Gesellschaft mbH., deren sämtliche Geschäftsanteile er zunächst erworben hatte, an sich selbst aufgelassen hat?

BGB. § 892.

V. Zivilsenat. Urt. v. 19. Oktober 1929 i. S. Deutsche Lebensvers. f. Wehrm. Ang. (Kl.) w. K. (Bekl.). V 426/28.

I. Landgericht II Berlin.
II. Kammergericht daselbst.

Die Klägerin beansprucht vom Beklagten dingliche Aufwertung für zwei Hypotheken von zusammen 230000 M., die ihr am 17. Januar 1923 von der Käuferin und demnächstigen Eigentümerin des belasteten Grundstücks, einer Hausgesellschaft mbH., in Papiermark mit einem Aufgeld ausgezahlt und am 6. März 1923 im Grundbuch gelöscht worden sind. Die Hausgesellschaft hat das Grundstück am 20. August 1924 dem Beklagten aufgelassen, auf den es am 9. Januar 1925 umgeschrieben worden ist. Das Landgericht hat der Klage stattgegeben und die Verpflichtung des Beklagten zur dinglichen Aufwertung festgestellt, das Kammergericht dagegen hat die Klage abgewiesen. Die Revision der Klägerin führte zur Aufhebung und Zurückverweisung aus folgenden

Gründen:

Insoweit das Berufungsgericht dem Beklagten die Berufung auf gutgläubig-lastenfreien Erwerb des Grundstücks durch seine Rechtsvorgängerin, die Hausgesellschaft, abspricht, unterliegt seine zutreffend auf die Vorschrift des § 14 AufwNov. gestützte Entscheidung keinem rechtlichen Bedenken, und es ist ein solches auch von der Revision nicht geltend gemacht worden.

Angegriffen wird dagegen, daß das Berufungsgericht dem Beklagten aus dessen eigener Person gegenüber dem dinglichen Aufwertungsanspruch der Klägerin den Schutz des öffentlichen Glaubens des Grundbuchs für seinen Grundstückserwerb zuerkannt hat. Insoweit war zwischen den Parteien in tatsächlicher Beziehung streitig geblieben, ob, wie die Klägerin behauptete, zur Zeit der Auflassung, die am 20. August 1924 der Beklagte namens der Hausgesellschaft als ihr Geschäftsführer erklärte, dieser selbst auch als Inhaber sämtlicher Geschäftsanteile alleiniger Gesellschafter der Gesellschaft war, oder ob, wie der Beklagte geltend machte, eine Abtretung der Geschäftsanteile an ihn damals allerdings vorlag, diese Abtretung aber wegen einer älteren anderweitigen Abtretung der Rechtswirksamkeit ermangelte. Das Berufungsgericht hat hierzu dahin Stellung genommen: Das Vorbringen der Klägerin sei in tatsächlicher Beziehung begründet. Der Inhalt der Grundakten und der Handelsregisterakten spreche durchaus dafür, daß der Beklagte seit August 1924 Inhaber sämtlicher Geschäftsanteile und gleichzeitig Geschäftsführer der Hausgesellschaft gewesen sei. Die unstreitige Abtretung der Geschäftsanteile an die Kaufleute D. und H. stehe dem nicht entgegen, weil der ganze Sachverhalt dafür spreche, daß diese die nachmalige Abtretung der Anteile an den Beklagten genehmigt hätten. Es komme jedoch hierauf deshalb nicht an, weil dem Beklagten die Berufung auf den öffentlichen Glauben des Grundbuchs selbst dann nicht versagt werden könne, wenn er tatsächlich am 20. August 1924 Inhaber sämtlicher Geschäftsanteile der Verkäuferin gewesen sei. Endgültig hat hiernach das Berufungsgericht zu der tatsächlichen Frage, ob der Beklagte bei der Auflassung vom 20. August 1924 alleiniger Gesellschafter der auflassenden Verkäuferin war, nicht selbst Stellung genommen, es hat die Frage vielmehr schließlich offen gelassen und nur zugunsten der Klägerin unterstellt, daß es so gewesen sei. Diese Frage wird daher erneuter tatrichterlicher Prüfung bedürfen, wenn es für die Endentscheidung auf sie ankommt. Das muß aber im Gegensatz zu der Rechtsauffassung des Berufungsgerichts bejaht werden.

Das Berufungsgericht bekennt sich grundsätzlich zu der Rechtsprechung, wonach einem Rechtserwerb der Schutz des öffentlichen Glaubens des Grundbuchs nach § 892 BGB. dann nicht zustatten kommt, wenn sich auf der Veräußerer- und der Erwerberseite dieselben natürlichen Personen, obgleich in verschiedener rechtlicher Gestalt und Verbundenheit, gegenüberstehen (RG. 1. Zivilsenat vom 20. Januar und 17. Februar 1927 in AufwRspr. 1927, 4. Sonderheft S. 37, Heft 23 S. 366; RGZ. Bd. 117 S. 257, Bd. 119 S. 126). Von dieser Einschränkung des § 892 BGB. will jedoch das Berufungsgericht wieder eine Ausnahme machen in Fällen wie dem vorliegenden, wo die Abtretung der Geschäftsanteile einer Gesellschaft mbH. und damit die Herbeiführung der wirtschaftlichen Personengleichheit „lediglich im Zusammenhang mit dem Erwerb des Grundstücks" erfolgt sei. Indem es den Sinn der erwähnten Rechtsprechung darin findet, daß eine Beeinträchtigung wohlerworbener Rechte durch einen rein formalen Personenwechsel auf der Schuldnerseite verhütet werden solle, führt es aus: Dieser Zweck werde hinfällig, wenn ein Grundstückserwerber, der bis dahin in keiner wirtschaftlichen Beziehung zur bisherigen Grundstückseigentümerin stand, diese wirtschaftliche Beziehung durch Erwerb der Geschäftsanteile ausschließlich zu dem Zwecke herstelle, um auf diesem Wege den Erwerb des Grundstücks durchzuführen. Finde nunmehr im unmittelbaren Zusammenhang mit dem Erwerb der Geschäftsanteile eine Übertragung von Gesellschaftsvermögen auf den Erwerber statt, so werde dadurch auch der wirtschaftliche Zusammenhang unterbrochen. Der Erwerber sei in diesem Falle nicht nur der Form, sondern auch der Sache nach eine neu hinzutretende Person, die an den früheren Geschäften der bisherigen Eigentümerin unbeteiligt sei, und der daher eine etwaige Bösgläubigkeit der letzteren nicht zugerechnet werden könne. Von dieser Betrachtung aus hat das Berufungsgericht geglaubt, dem Beklagten den Schutz des öffentlichen Glaubens des Grundbuchs zuerkennen zu sollen, gleichviel ob er das Grundstück von der Gesellschaft mbH. als einer ihm selbständig gegenüberstehenden oder als einer infolge seiner Eigenschaft als alleiniger Gesellschafter wirtschaftlich sich mit ihm deckenden Rechtspersönlichkeit erworben habe. Dem kann jedoch nicht beigetreten werden.

Das Berufungsgericht kann die erwähnte Ausnahme von der Einschränkung, welche die Rechtsprechung der Anwendung des § 892 BGB. gibt, nur rechtfertigen, indem es den Erwerb der Geschäftsanteile der Gesellschaft mbH. und den Erwerb des Grundstücks von dieser Gesellschaft zu einer Einheit zusammenfaßt und die so zusammengefaßten Rechtsgeschäfte dem unmittelbaren Erwerb des Grundstücks von einer dem Beklagten noch selbständig gegenüberstehenden Gesellschaft mbH. gleichstellt. Das ist nicht zulässig. Für die rechtliche Betrachtung muß zur Verhütung von Unklarheit daran festgehalten werden, daß es sich hier um zwei verschiedene Rechtsakte von verschiedenem Inhalt und verschiedener rechtlicher Bedeutung handeln würde, die, mag auch der zwischen ihnen liegende zeitliche Zwischenraum noch so kurz gewesen sein, selbständige rechtliche Beurteilung erfordern. Man kann nicht davon absehen, daß dem Erwerb des Grundstücks ein Erwerb der Geschäftsanteile zeitlich vorausgegangen sein würde, der den Beklagten zum alleinigen Gesellschafter der Gesellschaft mbH. gemacht hätte. Nicht nur eine wirtschaftliche Beziehung, wie der Berufungsrichter sagt, hätte der Beklagte zu der Gesellschaft hergestellt, er hätte sich vielmehr auch rechtlich in enge Verbindung mit ihr gesetzt, wenn er sich zu ihrem alleinigen Gesellschafter machte. Erst von einer Gesellschaft, die mit ihm in natürlicher Betrachtung personengleich war, hätte er in solchem Falle das Grundstück erworben. Hat er aber aus Gründen irgendwelcher Art diesen besonderen Weg für seinen Grundstückserwerb gewählt, so darf er sich, wie die Revision zutreffend hervorhebt, nicht darüber beschweren, daß er den besonderen rechtlichen Folgen unterworfen wird, die sich daraus ergeben. Auch rechtspolitisch ist der vom Berufungsgericht eingeschlagene Weg nicht gangbar. Denn er würde in jedem einzelnen Fall zu schwierigen und im Ergebnis unsicheren Untersuchungen darüber nötigen, wann zwischen dem

Erwerb des Grundstücks und dem vorausgegangenen Erwerb sämtlicher Gesellschaftsanteile ein so enger, unmittelbarer Zusammenhang bestanden habe, daß beide rechtlich als eine Einheit betrachtet und dann im Sinne des § 892 BGB. dem einfachen Erwerb des Grundstücks von einer dem Erwerber fremd gegenüberstehenden Rechtspersönlichkeit gleichgeachtet werden könnten. Müßte demnach dem Grundstückserwerb des Beklagten, falls dieser zur Zeit der Auflassung alleiniger Gesellschafter der Verkäuferin war, der Schutz nach § 892 BGB. versagt bleiben, so bedurfte es hierüber einer endgültigen tatsächlichen Feststellung. Aus diesem Grunde war die Zurückverweisung der Sache an das Berufungsgericht geboten.

---

10. 1. Haben die Banken, wenn sie sich ohne bestehende Verpflichtung zur Erteilung von Auskünften an ihre Kunden über die Kreditwürdigkeit dritter Personen entschließen, grundsätzlich dem Anfragenden für die Richtigkeit der Auskunft einzustehen?

2. Hat der Direktor einer Sparkasse, die auch Bankgeschäfte betreibt, bei der Erteilung solcher Auskünfte als Erfüllungsgehilfe des Sparkassenunternehmers zu gelten?

BGB. §§ 278, 676.

VII. Zivilsenat. Urt. v. 22. Oktober 1929 i. S. Kreis S. (Bekl.) w. Firma N. (Kl.). VII 147/29.

I. Landgericht Glogau.
II. Oberlandesgericht Breslau.

Am 8. Oktober 1925 erschien der Kaufmann F. bei der Klägerin, um von ihr einen Waggon Mehl zu kaufen. Hierbei bot er der Klägerin zur Deckung des Kaufpreises einen Wechsel über 3750 RM. an, der von einem Kaufmann K. ausgestellt, von dem Rittergutsbesitzer B. angenommen und von K. auf F. indossiert war. Als Referenz gab er die Sparkasse des Beklagten auf. Der Inhaber der Klägerin erklärte ihm, er mache das Geschäft davon abhängig, daß die Auskunft der Sparkasse gut ausfalle, und setzte sich darauf mit dieser fernmündlich in Verbindung. Er erreichte den Direktor nicht, jedoch wurde die Klägerin später von der Sparkasse selbst angerufen. Sie behauptet, daß sich am Fernsprecher der Sparkassendirektor D.

gemeldet habe, den ihr Inhaber nunmehr unter Mitteilung der mit F. gepflogenen Kaufverhandlungen um Auskunft über die Kreditwürdigkeit der auf dem Wechsel stehenden Personen gebeten habe. D. habe darauf erklärt, sie könne das Geschäft unbesorgt machen, die Leute seien gut. Auf Grund dieser Auskunft habe sie das Geschäft mit F. abgeschlossen und ihm gegen Girierung des Wechsels das Mehl geliefert. Den Wechsel habe sie weitergegeben, jedoch selbst einlösen müssen und von den Wechselschuldnern keine Befriedigung erlangt. Die Auskunft des D. sei bewußt unrichtig gewesen. Die aus dem Wechsel Verpflichteten seien bei Abschluß des Geschäfts nicht mehr in der Lage gewesen, ihre Verbindlichkeiten zu erfüllen. Dies sei dem D. bekannt gewesen, insbesondere habe er gewußt, daß B. schon Anfang Oktober einen Wechsel über 40000 RM. nicht mehr habe decken können und daß zur gleichen Zeit auch noch ein anderer Wechsel gegen ihn zu Protest gegangen sei.

Auf Grund dieses Sachverhalts erhebt die Klägerin einen Schadensersatzanspruch gegen den Beklagten, indem sie geltend macht, daß dieser die falsche Auskunft seines Sparkassendirektors zu vertreten habe. Der Beklagte bestreitet, daß D. oder irgendein Angestellter der Sparkasse dem Inhaber der Klägerin die behauptete Auskunft gegeben habe, hält sich aber auch nicht für verpflichtet, für eine etwaige falsche Auskunft des D. oder eines anderen Angestellten einzustehen.

Das Landgericht wies die Klage ab; das Berufungsgericht erklärte den Klaganspruch dem Grunde nach für gerechtfertigt.

Die Revision des Beklagten blieb ohne Erfolg.

Gründe:

Das Berufungsgericht stellt fest, daß der Sparkassendirektor D. dem Inhaber der Klägerin bewußt unrichtig die Auskunft erteilt hat, die aus dem Wechsel verpflichteten Personen seien gut, die Klägerin könne deshalb das beabsichtigte Geschäft gegen Hereinnahme des Wechsels machen.

Ohne Rechtsirrtum geht der Vorderrichter davon aus, daß § 676 BGB. grundsätzlich die Haftung für Schaden ausschließt, der aus der Befolgung eines Rats oder einer Empfehlung entstanden ist, und daß der Begriff der Erteilung eines Rats oder einer Empfehlung im Sinne dieser Vorschrift auch die Erteilung einer Auskunft über die Kreditwürdigkeit einer Person umfaßt.

4*

Der Rechtsprechung des Reichsgerichts entspricht es aber auch, daß für die von Banken erteilten Auskünfte in gewissem Umfang eine Verantwortlichkeit besteht, wenn sie die Auskunft mit Bezug auf ein mit ihnen geschlossenes Kauf- oder Kommissionsgeschäft (RGZ. Bd. 42 S. 125, Bd. 67 S. 394; JW. 1905 S. 502 Nr. 35, 1910 S. 808 Nr. 22, 1911 S. 809 Nr. 14) oder auch nur allgemein im Rahmen bestehender Geschäftsverbindung einem Kunden erteilen (RGZ. Bd. 27 S. 118; JW. 1903 S. 151 Nr. 7, 1907 S. 363 Nr. 11). Nach den Feststellungen des Berufungsgerichts hat die Sparkasse des Beklagten auch Bankgeschäfte in den Bereich ihrer Tätigkeit aufgenommen. Daß sie an sich ein Unternehmen war, das gemeinnützige Zwecke verfolgte, hinderte sie daran nicht (RGZ. Bd. 116 S. 229 u. S. 247). Keiner Erörterung bedarf es, ob die Banken angesichts ihrer Pflicht, über die zu ihrer Kenntnis gelangten Vermögensverhältnisse ihrer Kunden Stillschweigen zu bewahren, die Verpflichtung haben, anderen Kunden auf Grund der Geschäftsverbindung mit ihnen Auskunft über die Kreditwürdigkeit dritter Personen zu erteilen. Denn jedenfalls hat sich im Bankverkehr die Gewohnheit herausgebildet, in gewissen Grenzen solche Auskünfte zu erteilen. Werden sie erteilt, dann können die Banken mit Rücksicht auf das zwischen ihnen und den Kunden bestehende Vertrauensverhältnis sich nicht schlechthin der Haftung für ihre Auskunft entziehen; denn deren Erteilung erweist sich dann als eine auf Grund der Geschäftsverbindung übernommene Pflicht. Keinesfalls können sie in diesem Falle die Haftung für eine bewußt falsche Auskunft ablehnen. Allerdings bestand die Bankverbindung zwischen den Parteien noch nicht lange; aber darauf kommt es nicht an. Denn das Bestehen der Geschäftsverbindung und das sich aus ihr ergebende Vertrauensverhältnis zwischen Bank und Kunden läuft schon vom Beginn der Geschäftsverbindung an und ist darum unabhängig von ihrer Zeitdauer. Auch daß der Gegenstand der Auskunft im Rahmen der zwischen den Parteien bestehenden Geschäftsverbindung lag, ist nicht zweifelhaft. Denn die Klägerin war aus Anlaß der mit ihrer Kundschaft geschlossenen Mehlverkäufe mit dem Beklagten in Bankverbindung getreten, und auch die Auskunft betraf einen solchen Verkauf.

Pflegte der Beklagte in seinem Bankbetrieb den Kunden Auskunft zu erteilen, so muß auch der Sparkassendirektor D. als mit dieser

Aufgabe betraut gelten. Denn mit seiner Tätigkeit bei der Sparkasse war nach dem Willen des Beklagten auch seine Tätigkeit im Bankbetrieb verbunden. Er galt deshalb auch als dazu bestimmt, den Kunden etwaige Auskünfte über die Kreditwürdigkeit dritter Personen zu erteilen, zumal da er der Vorsteher der Kasse, also ihr erster Angestellter war. Zum mindesten konnte er vom Inhaber der Klägerin als dazu bestellt und ermächtigt angesehen werden. Daß dem D. die Auskunftserteilung vom Beklagten ausdrücklich verboten worden wäre, ist weder behauptet noch festgestellt. Die Eigenschaft eines Erfüllungsgehilfen des Beklagten ist ihm deshalb vom Berufungsgericht mit Recht zugesprochen (RGZ. Bd. 91 S. 344; JW. 1915 S. 577 Nr. 10).

Zuzugeben ist der Revision, daß die Anwendung des § 278 BGB. nicht statthaft ist, wenn eine schuldrechtliche Verpflichtung erst aus der Zuwiderhandlung des Gehilfen entsteht. Aber das trifft im vorliegenden Falle nicht zu. Denn die Verpflichtung, welche die Haftung des Beklagten für die unrichtige Auskunft begründet, lag bereits in der auf Grund der Geschäftsverbindung mit der Klägerin übernommenen Erteilung der Auskunft, bei der er sich des D. als Erfüllungsgehilfen bediente. Die von diesem wissentlich falsch erteilte Auskunft stiftete dann nur den Schaden, den der Beklagte ersetzen muß.

Rechtfertigt sich der Schadensersatzanspruch der Klägerin schon aus § 278 BGB., so bedarf es keines Eingehens auf die Frage einer Haftung des Beklagten nach § 831 BGB. Aber auch in dieser Beziehung lassen die Ausführungen des Berufungsgerichts keinen Rechtsirrtum erkennen.

11. 1. Sind die ordentlichen Gerichte befugt, die Ordnungsmäßigkeit der Zusammensetzung eines Angestelltenrats nachzuprüfen, wenn nach dem Ausscheiden der Mehrzahl seiner Mitglieder seine Neubildung auf Grund eingehender rechtlicher Erwägungen mit Zustimmung des ganzen Betriebsrats und der in den Angestelltenrat berufenen Personen erfolgt ist?

2. Haben die gutgläubig, wenn auch fehlerhaft, als Mitglieder eines Angestelltenrats eingezogenen Personen so lange die

Rechte und Pflichten solcher Mitglieder, bis sie durch ordnungsmäßig gewählte Personen ersetzt sind?

Betriebsrätegesetz §§ 43, 96. Wahlordnung zum Betriebsrätegesetz § 13 Abs. 3.

III. Zivilsenat. Urt. v. 22. Oktober 1929 i. S. K. (Kl.) w. Gewerkschaft K. A. (Bekl.). III 35/29.

I. Landgericht Aachen.
II. Oberlandesgericht Köln.

Der Kläger war bei der Beklagten als Steiger beschäftigt und Mitglied des Betriebs- und des Angestelltenrats. Außer ihm gehörten dem im Frühjahr 1921 gewählten Angestelltenrat noch vier weitere Personen, W., M., B. und L. an. Die ersten drei und der Kläger waren von der Liste 1, der Liste der Organisierten, gewählt worden, L. als Spitzenkandidat der Liste 2, der Nichtorganisierten. Mitte Juli 1921 brach im Betrieb der Beklagten ein Angestelltenstreik aus. An ihm beteiligten sich sämtliche Mitglieder des Angestelltenrats mit Ausnahme des damals beurlaubten Klägers. Die streikenden Angestellten wurden, auch soweit sie Mitglieder des Angestelltenrats waren, sämtlich fristlos entlassen. Nachdem der Streik Anfang August 1921 beendet war, traten M. und L. unter der ausdrücklichen Bedingung, daß sie als Neuangestellte zu gelten hätten, wieder in den Dienst der Beklagten. Zu einer Wiedereinstellung des W. und des B. kam es nicht. M. und L. verzichteten nach Wiederaufnahme ihres Dienstes auf ihr bisheriges Amt und erhoben keinen Anspruch darauf, weiter als Mitglieder des Angestelltenrats angesehen zu werden. Am 10. August kündigte die Beklagte dem Kläger seine Stellung zum 31. Oktober 1921. Es wurde nunmehr zur Neubildung eines Angestelltenrats geschritten. Infolge der zahlreichen Entlassungen von Angestellten waren alle Ersatzleute der Liste 1 fortgefallen; dagegen waren Ersatzleute der Liste 2 in genügender Anzahl vorhanden. Der Vorsitzende des Betriebsrats war zunächst der Ansicht, daß eine Neuwahl stattfinden müsse. Da jedoch in einer in der „Betriebsräte-Post" des Deutschen Gewerkschaftsbundes vom Juni 1921 abgedruckten Entscheidung des Bezirksausschusses K. ausgeführt war, daß im Falle der Erschöpfung der Ersatzliste derselben Richtung Ersatzmitglieder von Vorschlagslisten anderer Richtungen in den Gruppen- oder Betriebsrat zu treten hätten, gab er seinen ursprünglichen Plan einer Neuwahl auf und bildete aus den nicht gewählten Bewerbern der Liste 2, von denen als nächster der Bauführer F. in Betracht kam, mit deren und des gesamten Betriebsrats Einverständnis einen neuen Angestelltenrat. Dieser Angestelltenrat, der bis zur Neuwahl im Frühjahr 1922 unbeanstandet seines Amtes waltete, genehmigte in einer kurz vor dem 18. August 1921 einberufenen Versammlung die gegenüber dem Kläger ausgesprochene Kündigung. Nachdem ihr am 18. August auch der Betriebsrat zugestimmt hatte und beide Zustimmungserklärungen der Beklagten bekannt gegeben worden waren, wiederholte diese an demselben Tage dem Kläger gegenüber ihre Kündigung.

Der Kläger erhob mit der Behauptung, daß die Beschlüsse des Betriebs- und des Angestelltenrats wegen gesetzwidriger Besetzung des letzteren und verschiedener erheblicher Verfahrensmängel unwirksam seien, im November 1922 Klage auf Wiedereinstellung und Fortzahlung seines Gehalts.

Das Landgericht wies die Klage ab. Das den Anspruch des Klägers dem Grunde nach für berechtigt erklärende Urteil des Oberlandesgerichts wurde vom erkennenden Senat durch das RGZ. Bd. 116 S. 9 abgedruckte Urteil aufgehoben; die Sache wurde an das Berufungsgericht zurückverwiesen. Dieses bestätigte nunmehr das klagabweisende Urteil des Landgerichts. Die Revision des Klägers blieb erfolglos.

Gründe:

Nachdem bereits durch das erste Urteil des erkennenden Senats die gegen den betriebsrätlichen Zustimmungsbeschluß erhobenen Angriffe als unbeachtlich zurückgewiesen worden sind, handelt es sich jetzt nur noch um die Streitfrage, ob der Angestelltenrat der Entlassung des Klägers wirksam zugestimmt hat. Anfang August 1921 gehörte infolge der zahlreichen Angestellten-Entlassungen von den ursprünglich gewählten Mitgliedern des Angestelltenrats nur noch der Kläger dem Betrieb der Beklagten an. Nach Beendigung des Streiks wurden zwar noch zwei frühere Mitglieder des Angestelltenrats mit der Klausel, sie hätten sich als Neu-Angestellte zu betrachten, wieder eingestellt. Ob sie trotz dieser Klausel hätten Anspruch darauf erheben können, ihre Tätigkeit im Angestelltenrat fortsetzen zu dürfen (vgl. RAG. Bd. 2 S. 261), mag dahingestellt bleiben.

Denn sie haben nie einen solchen Anspruch erhoben, haben vielmehr nach der Feststellung des Berufungsgerichts sich selbst nicht mehr als Mitglieder des Angestelltenrats betrachtet und nicht mehr die Rechte solcher Mitglieder ausüben wollen. An Stelle des seinerzeit gewählten und infolge seiner Entlassung gleichfalls aus dem Angestelltenrat ausgeschiedenen Spitzenkandidaten der Liste 2, L., trat gemäß § 40 Abs. 2 BRG. ohne weiteres der in der genannten Liste als zweiter aufgeführte Bauführer F. Er und der Kläger bildeten daher, als diesem am 10. August 1921 gekündigt wurde, den Angestelltenrat. Denn die Liste 1 war infolge der Massenentlassungen erschöpft und konnte keine Ersatzleute liefern. Der Kläger war nach dem allgemeinen Grundsatze des öffentlichen Rechts, daß niemand in eigener Sache Richter sein darf, außerstande, über die Zulässigkeit oder Unzulässigkeit der ihm zugegangenen Kündigung mitzustimmen, sodaß die Entscheidung allein bei F. lag. Die Möglichkeit, daß ein Angestelltenrat nur aus einem oder zwei Mitgliedern besteht, ergibt sich aus § 15 Abs. 4, § 16 Abs. 2 BRG.

Nun hat aber der Vorsitzende des Betriebsrats mit dessen Zustimmung, nach reiflicher Überlegung und gestützt auf eine Entscheidung des Bezirksausschusses in K., in sinngemäßer Anwendung des § 13 Abs. 3 der Wahlordnung zum Betriebsrätegesetz die noch fehlenden Mitglieder des Angestelltenrats aus den dem F. folgenden Bewerbern der Vorschlagsliste 2 ergänzt. Dieses Verfahren erachtet der Berufungsrichter zwar für unzulässig, hinsichtlich der Wirksamkeit des Zustimmungsbeschlusses aber für bedeutungslos, und zwar um deswillen, weil keine böswillige Amtsanmaßung vorliege, sondern die Beschließenden ihre Amts- und Beschlußtätigkeit in der Überzeugung ausgeübt hätten, zu ihr berechtigt und verpflichtet zu sein. Mit Recht rügt die Revision, daß diese Begründung, d. h. die Annahme, daß der objektive Tatbestand hinter den subjektiven zurückzutreten habe und nur der letztere maßgebend sei, für sich allein die angefochtene Entscheidung nicht zu rechtfertigen vermöge. Im Ergebnis ist aber der Entscheidung beizutreten.

Nachdem das Berufungsgericht festgestellt hat, daß sich nicht etwa fünf beliebige Personen, die zur Angestelltenschaft oder zur Betriebsvertretung in keinerlei Beziehungen standen, zu einem Angestelltenrat zusammengetan hatten, sondern daß dieser auf Grund eingehender rechtlicher Erwägungen unter Zustimmung des ganzen Betriebsrats gebildet worden war, haben nach den vom erkennenden Senat in seinem früheren Urteil entwickelten Grundsätzen die ordentlichen Gerichte in Kündigungsstreitigkeiten die Ordnungsmäßigkeit seiner Zusammensetzung nicht nachzuprüfen; diese war Sache der Arbeitnehmerschaft und in Streitfällen nach § 93 Nr. 1 BRG. zu regeln. Was in RGZ. Bd. 105 S. 60 wegen des Ausschlusses einer gerichtlichen Nachprüfung der Besetzung von Mieteinigungsämtern ausgesprochen ist, greift auch in Fällen wie dem vorliegenden Platz. Ebensowenig hatte die Beklagte, der als Arbeitgeberin die Neubildung des Angestelltenrats und die Gründe, die zu ihr geführt hatten, mitgeteilt worden waren, nach Lage des Falles Anlaß zu einer solchen Nachprüfung und zur Anrufung des Bezirkswirtschaftsrats oder seiner Ersatzstelle. Die Rechtslage und die einschlägigen gesetzlichen Vorschriften waren durchaus nicht so klar und eindeutig, daß ein rechtlicher Verstoß bei Bildung des Angestelltenrats für einen Laien offen zutage lag und ohne weiteres erkennbar war. Die Beklagte konnte sich vielmehr darauf verlassen, daß der Betriebsrat und die Angestelltenschaft den für diese und in ihrem Interesse gegebenen Wahlvorschriften des Betriebsrätegesetzes gerecht geworden seien. Sie durfte daher auch nach Bekanntgabe der Mitglieder des neuen Angestelltenrats und des Ergebnisses seiner und des Betriebsrats Abstimmung annehmen, daß alles in Ordnung sei und daß die zustimmenden Beschlüsse der in Betracht kommenden Betriebsvertretungen eine geeignete Rechtsgrundlage für die Entlassung des Klägers abgaben. Es würde zu unsozialen und dem allgemeinen Gerechtigkeitsgefühl widerstreitenden Härten führen, wenn es einem ehemaligen Mitgliede des Angestelltenrats unter solchen Umständen, wie sie im gegebenen Falle vorliegen, frei stände, etwa 15 Monate nach der Kündigung vom Richter die Feststellung der fehlerhaften Zusammensetzung des damaligen Angestelltenrats und der Unwirksamkeit seiner Zustimmung zur Kündigung zu verlangen und den Arbeitgeber, der die Entlassungsangelegenheit längst für erledigt hielt und für erledigt halten durfte, möglicherweise mit der Verpflichtung zur Nachzahlung mehrerer Jahresgehälter zu belasten.

Aber noch eine weitere Erwägung würde — die Nachprüfbarkeit und die Ordnungswidrigkeit der Zusammensetzung des vom Kläger bemängelten Angestelltenrats vorausgesetzt — für die Rechtsgültigkeit seiner Amtshandlungen sprechen. Nach der geschilderten Art seines Zustandekommens und nach dem das Betriebsrätegesetz beherrschenden, insbesondere in seinen §§ 1, 23 und 43 zum Ausdruck gelangten Grundsatz, die Arbeitnehmerschaft möglichst nicht ohne die gesetzlichen Betriebsvertretungen zu lassen, ist er in sinngemäßer Anwendung des § 43 a. a. O. ebenso zu behandeln wie ein anfechtbar gewählter Betriebsrat; d. h. die gutgläubig, wenn auch fehlerhaft eingezogenen Mitglieder des Angestelltenrats hatten so lange die Rechte und Pflichten solcher Mitglieder, bis sie durch ordnungsmäßig gewählte Personen ersetzt waren.

Nach alledem ist der Klaganspruch von den beiden Tatrichtern mit Recht für unbegründet erachtet worden. ...

---

12. Bildet der Fall, daß ein Angehöriger eines fremden Staates bis zum Inkrafttreten eines Staatsvertrags zwischen diesem und dem Deutschen Reich (über Verbürgung der Gegenseitigkeit) das Armenrecht für eine Klage vor dem deutschen Gericht nicht erhalten konnte, einen Hemmungsgrund für die Verjährung seiner Forderung gegen den deutschen Schuldner?

BGB. § 203.

II. Zivilsenat. Urt. v. 22. Oktober 1929 i. S. Sch. (Bekl.) w. W. (Kl.). II 33/29.

I. Landgericht Breslau.
II. Oberlandesgericht daselbst.

Der Kläger fordert aus einem Abkommen, das er am 6. Oktober 1913 in Lemberg mit der in Breslau ansässigen Beklagten abgeschlossen hat, eine Vergütung (Provision) für die von ihr im Herbst 1913 und im Frühjahr 1914 nach Galizien und der Bukowina gelieferten Kartoffelmengen. Er hat mit der vorliegenden, gegen Ende Oktober 1914 erhobenen Klage von der ihm angeblich zustehenden Vergütung von mehr als 100000 österr. Kronen zunächst nur einen Teilbetrag von 4300 Kronen geltend gemacht, seinen Antrag aber später auf 25000 Kronen erhöht. Das Landgericht hat dem letzterwähnten Antrag entsprochen. Die Beklagte legte Berufung ein mit dem Ziel der Klagabweisung, der Kläger erhob Anschlußberufung unter

Erhöhung der Klagforderung auf 34000 M. Weiter stellte der Kläger in der mündlichen Verhandlung vom 12. Oktober 1920 den in den Gründen wiedergegebenen, den ganzen Anspruch umfassenden Feststellungsantrag. Schließlich beantragte er, nachdem die Parteien das Ruhen des Verfahrens vereinbart hatten und er durch Schriftsatz vom 28., eingegangen beim Berufungsgericht am 31. August 1926, wieder geladen hatte, die Beklagte zu verurteilen, an seine Ehefrau diejenige Summe nebst angemessenen Zinsen seit Klagzustellung zu zahlen, die angesichts der veränderten Umstände (Geldentwertung) nach richterlichem Ermessen an Stelle von 101040 österr. Kronen zu setzen sei, mindestens aber 10000 RM. Die Beklagte erhob u. a. den Einwand der Verjährung des Hauptanspruchs. Das Oberlandesgericht hat ihre Berufung zurückgewiesen. Auf die Anschlußberufung des Klägers hat es das landgerichtliche Urteil dahin abgeändert, daß die Beklagte unter Abweisung der Mehrforderung zur Zahlung von 8000 RM. nebst 5% Zinsen seit dem 1. Januar 1924 verurteilt wurde. Die Revision der Beklagten führte zur Abweisung der Klage.

Aus den Gründen:

... Der Aufwertungsanspruch ist unbegründet, da die Einrede der Beklagten, daß der Hauptanspruch verjährt sei, durchgreift. Maßgebend ist nach § 196 Nr. 7 BGB. die zweijährige Verjährung, von der auch das Berufungsgericht ausgeht. Sie wäre, wie das Berufungsgericht zutreffend annimmt, nicht vor dem 31. Dezember 1920 eingetreten, wurde aber schon am 12. Oktober 1920 durch Verlesung des Feststellungsantrags vom 30. Juli 1920 in dem bisher nur auf Zahlung eines Teilbetrags gerichtet gewesenen Rechtsstreit in vollem Umfang unterbrochen. Der Vorderrichter nimmt das deshalb an, weil der Feststellungsantrag den ganzen Anspruch umfasse. Die Revision bittet um Nachprüfung, ob der Feststellungsantrag den gesamten Anspruch oder nur den bis zu jenem Zeitpunkt geforderten Kronen-Teilbetrag betreffe. Der Standpunkt des Berufungsgerichts ist rechtlich zutreffend. Denn jener Antrag lautet auf Feststellung, daß die Beklagte verpflichtet sei, an den Kläger für alle von ihr im Herbst 1913 und im Winter 1913/14 nach Galizien gelieferten Kartoffeln eine Provision von 40 Kronen gleich 34 M. für den Waggon Speise- und Saatkartoffeln und von 10 Kronen gleich 8,50 M. für den Waggon Brennereikartoffeln nebst Verzugszinsen zu zahlen. Der von der Revision weiter geltend gemachte Umstand, daß der Feststellungsantrag noch nicht den erst später erhobenen Aufwertungsanspruch enthalte, ist für die vorliegende Frage unerheblich. Der Aufwertungsanspruch ist kein selbständiger, neben den Hauptanspruch tretender neuer Anspruch, sondern der ursprüngliche Anspruch mit einem der Geldentwertung angepaßten Inhalt.

Die Unterbrechung der Verjährung hörte gemäß § 211 Abs. 2 BGB. am 24. Oktober 1922 auf, weil durch die in diesem Termin getroffene Vereinbarung der Parteien, daß die Sache bis auf weiteres ruhen solle, der Prozeß in Stillstand geriet. Die daraufhin wieder in Lauf gesetzte zweijährige Verjährungsfrist wurde nach Ansicht des Berufungsgerichts durch zwei Ereignisse gehemmt. Als den einen Hemmungsgrund betrachtet es mit Recht — auch von der Revision nicht beanstandet — die Hemmung der Verjährung des Aufwertungsanspruchs in bezug auf den inzwischen gänzlich entwerteten Kronenanspruch (eine Friedenskrone entsprach nach der Feststellung des angefochtenen Urteils zuletzt 10000 Inflationskronen) wegen rechtlicher Unmöglichkeit seiner Geltendmachung. Diese Hemmung dauerte, wie der Berufungsrichter annimmt, bis zum Frühjahr 1924, spätestens bis zum 30. Juni 1924, d. h. bis zu dem Zeitpunkt, zu dem sich der Aufwertungsgedanke in der Rechtsprechung und in der Öffentlichkeit durchgesetzt hatte und damit die rechtliche Unmöglichkeit der Geltendmachung von Aufwertungsansprüchen weggefallen war. Die Annahme dieses Zeitpunkts entspricht den Darlegungen in RGZ. Bd. 120 S. 355 flg. (357, 361).

Mit dem 1. Juli 1924 begann wieder die zweijährige Verjährungsfrist zu laufen, sie wurde aber nach der Meinung des Berufungsgerichts gemäß § 203 BGB. bis zum 1. Juni 1926 gehemmt, da der Kläger, der auf Grund des Versailler Vertrages Pole geworden war, erst mit diesem Tage als dem Zeitpunkt des Inkrafttretens des deutsch-polnischen Abkommens vom 5. März 1924 (Ges. vom 19. März 1925, RGBl. II S. 139; Bek. vom 28. April 1926, RGBl. II S. 237) die Möglichkeit erhalten habe, das Armenrecht für den vorliegenden Rechtsstreit zu erlangen.

Trifft diese Ansicht über das Vorliegen des zweiten Hemmungsgrundes zu, so ist der Hauptanspruch nicht verjährt. Denn dann wäre die mit dem 1. Juni 1926 wieder in Lauf gesetzte Verjährung durch den am 31. August 1926 beim Berufungsgericht eingegangenen Ladungsschriftsatz des Klägers vom 28. August 1926 rechtzeitig unterbrochen worden. Die Auffassung des Berufungsgerichts kann jedoch nicht als rechtlich zutreffend angesehen werden. Voraussetzung wäre nach § 203 BGB., daß der Kläger innerhalb der letzten 6 Monate der Verjährungsfrist durch höhere Gewalt an der Rechtsverfolgung verhindert war. Nun ist zwar eine Partei, welche die Kosten eines Rechtsstreits nicht zu tragen vermag und darauf angewiesen ist, für die Verfolgung ihrer Ansprüche die Bewilligung des Armenrechts und in Anwaltsprozessen die Beiordnung eines Rechtsanwalts zu beantragen, bis zur Gewährung des Armenrechts und bis zur Beiordnung eines Armenanwalts an der Rechtsverfolgung verhindert. Und es kann die Verzögerung der Entscheidung über ein Armenrechtsgesuch für einen Anwaltsprozeß als ein für die Partei unabwendbarer Zufall, d. h. als eine durch höhere Gewalt herbeigeführte Verhinderung an der Rechtsverfolgung im Sinne des § 203 Abs. 1 die Hemmung der Verjährung begründen (RGZ. Bd. 87 S. 52flg. [54, 55]). Aber so liegt der Fall hier nicht. Einmal handelt es sich um einen zum Ausländer gewordenen Kläger, der infolge des Fehlens einer Vereinbarung zwischen dem Staate, dem er nunmehr angehört, und dem Deutschen Reich bis zu einem bestimmten Zeitpunkt keinen Anspruch auf Bewilligung des Armenrechts vor einem deutschen Gericht hat. Das Berufungsgericht meint, den Angehörigen eines solchen Staates sei der Zeitraum, der verstreicht, bis es ihnen auf Grund eines von ihrem Staate doch schließlich mit dem Deutschen Reich abgeschlossenen Staatsvertrags ermöglicht wird, das Armenrecht für eine Klage vor dem deutschen Gericht zu erlangen, als Hemmung der Verjährung ihrer Ansprüche grundsätzlich zuzubilligen. Diese Auffassung ist aber ganz unannehmbar. Sie müßte, wie die Revision mit Recht betont, dahin führen, daß Ansprüche von Ausländern, die arm sind und deren Staat eine Vereinbarung mit dem Deutschen Reich über die gegenseitige Bewilligung des Armenrechts an Angehörige des anderen Staates zur Prozeßführung vor den Gerichten beider Staaten nicht geschlossen hat, überhaupt nicht verjähren würden. Das würde eine unerträgliche Unsicherheit der Rechtslage deutscher Schuldner bewirken. Daher kann für die Zeit, während deren zwischen dem Deutschen Reich und dem Auslandsstaat keine Vereinbarung über die gegenseitige Gewährung des Armenrechts getroffen oder eine Vereinbarung dieses Inhalts noch nicht in Kraft getreten ist, eine Hemmung der Verjährung nicht in Betracht kommen.

Im übrigen stellt aber auch die Unmöglichkeit, aus dem angegebenen Grunde vor dem 1. Juni 1926 das Armenrecht vor dem Berufungsgericht bewilligt zu erhalten, nach den Umständen überhaupt keinen Fall der Verhinderung des Klägers an der Rechtsverfolgung dar. Denn es handelte sich nur darum, in dem seit Ende Oktober 1914 anhängigen Rechtsstreit, in dem die Parteien das Ruhen des Verfahrens vereinbart hatten, eine die Unterbrechung der Verjährung bewirkende Rechtshandlung vornehmen zu lassen, wofür eine Ladung der Gegenseite genügt hätte. Sache des Klägers aber wäre es gewesen, unter Beweisantritt zu behaupten, daß sein bisheriger frei gewählter Anwalt ohne Bewilligung des Armenrechts es abgelehnt hätte, innerhalb der Verjährungsfrist auch nur eine Ladung zu einem neuen Termin einzureichen. Eine solche Behauptung hat der Kläger nicht aufgestellt, auch nicht aufstellen können, da kein pflichtbewußter Anwalt die durch Einreichung einer Ladung zu bewirkende Wahrung einer materiellen Frist in einem schwebenden Prozeß von der Zahlung eines Vorschusses abhängig machen wird. Im übrigen hat ja auch der frei gewählte Anwalt des Klägers lange vor Stellung des Antrags auf Bewilligung des Armenrechts den Ladungsschriftsatz eingereicht, nämlich am 31. August 1926, während der Antrag, dem Kläger das Armenrecht zu bewilligen, erst am 8. Dezember 1926 gestellt worden ist...

Hiernach ist das Klagebegehren wegen Verjährung des Hauptanspruchs unbegründet.

---

13. Steht einer Vorrichtung, durch die eine in ihrem technischen Vorteil bisher nicht erkannte Wirkung erzielt wird, im Sinne von § 2 PatG. neuheitsschädlich entgegen, daß die Vorrichtung einer Vorveröffentlichung, der aber dort eine andere funktionelle Bedeutung zugewiesen ist, zugleich in gewissem Umfang die nämliche Wirkung erreicht?

I. Zivilsenat. Urt. v. 23. Oktober 1929 i. S. S.-S. AG. (Bekl.) w. G. (Kl.). I 6/29.

I. Landgericht I Berlin, Kammer für Handelssachen.
II. Kammergericht daselbst.

Der Kläger ist Inhaber des Patents Nr. 414409 auf eine „Bodenfräse". Die Beklagte stellt die in ihrer Patentanmeldung näher beschriebenen Bodenauflockerungsmaschinen her und vertreibt sie. Nach Behauptung des Klägers greift die Beklagte hierdurch zum mindesten grob fahrlässig in den Schutzbereich seines Patents ein. Er hat daher auf Unterlassung, Rechnungslegung und Feststellung der Schadensersatzpflicht geklagt. Die Beklagte wendet ein, daß sie nach dem Stande der Technik, insbesondere mit Rücksicht auf das deutsche Patent 255086, nicht in den Schutzbereich des Klagepatents eingreife. Die Beklagte unterlag in den beiden ersten Rechtszügen. Ihre Revision wurde mit einer hier nicht interessierenden Maßgabe zurückgewiesen.

Aus den Gründen:

Die angefochtene Entscheidung erstreckt den Schutzbereich des Klagepatents auf den Erfindungsgedanken, bei Bodenfräsen mit federnden Werkzeugen die auf die Feder wirkenden und ihre Bruchfestigkeit gefährdenden radialen Zugbeanspruchungen dadurch unschädlich zu machen, daß die Feder in zweckmäßiger Weise gegen sie abgestützt wird. Unter federnden Werkzeugen versteht sie dabei solche Vorrichtungen, bei denen eine federnde Nachgiebigkeit der Haue gegen auftretende Widerstände in ihren Stiel verlegt ist ... (Wird näher dargelegt.)

Dieser im Wortlaut des Patentanspruchs in solcher Allgemeinheit nicht wiedergegebene Erfindungsgedanke beruht nach der Patentbeschreibung auf der Erkenntnis, daß die auftretenden radialen Kräfte die Bruchsicherheit des Federstiels erheblich gefährden. Entnommen ist er ersichtlich der Patentschrift selbst und den ihr beigefügten Abbildungen in Verbindung mit einer Würdigung des Standes der Technik. Dies entspricht feststehender Rechtsprechung des Reichsgerichts. Soweit der bezeichnete Erfindungsgedanke, Abstützung der Feder gegen radiale Beanspruchungen, im einzelnen noch einer technischen Lösung bedurfte, ist letztere durch Angabe einer besonders geeignet erscheinenden Ausführungsform, nämlich der Einschaltung einer Gelenkverbindung, gegeben worden. Den grundsätzlichen Erfordernissen zum Schutze eines solchen Erfindungsgedankens ist somit genügt. Daß mit der Umsetzung des Erfindungsgedankens in eine geeignete Ausführungsform ein technischer Fortschritt verbunden war, ergibt sich aus der Tatsache der Patenterteilung, war übrigens auch nicht bestritten und bedurfte daher keiner besonderen Hervorhebung im angefochtenen Urteil.

Die Angriffe, welche die Revision gegen diese Feststellung des Schutzbereichs richtet, sind unbegründet. Insbesondere geben auch, wie der Berufungsrichter mit Recht angenommen hat, die entgegengehaltenen Vorveröffentlichungen keinen Grund zur Einschränkung des so bestimmten Schutzbereichs. Die Bodenauflockerungsmaschine des Patents 255086 besitzt nach der in den Abbildungen 5 bis 7 gezeigten Ausführungsform Werkzeuge mit einem in sich federnd aufgerollten Werkzeugstiel. Die äußeren Windungen der Feder liegen auf einer mit der umlaufenden Welle verbundenen Sprosse auf, während die inneren diese „mit einigem Spiel umgeben". In der Vorinstanz hat der gerichtliche Sachverständige ausgeführt, auf die Federn wirkende radiale Züge könnten zwar nicht bei mäßigen, wohl aber bei starken Durchbiegungen von den Sprossen zum Teil aufgenommen werden. Unterstellt man dies, so ist gleichwohl nicht zu beanstanden, daß der Berufungsrichter dieser Vorveröffentlichung keine einschränkende Wirkung auf den Schutzbereich des Klagpatents beigemessen hat. Nach der Beschreibung des Patents 255086 ist die funktionelle Bedeutung der gewählten Inverbindungsetzung von Feder und Sprosse die Sicherung gegen Verkanten nach der Seite hin unter Aufrechterhaltung mäßiger seitlicher Nachgiebigkeit. Als Vorteil der losen Umwindung der Sprosse durch die äußeren Federteile wird besonders das reibungsfreie Spiel des Federbügels auf der Sprosse hervorgehoben. Ohne Rechtsirrtum nimmt das Berufungsgericht danach an, daß die ganz andere funktionelle Bedeutung der Vorrichtung des Klagpatents, die Abstützung der Feder gegen radiale Zerrungen, in ihrer Erheblichkeit aus der Vorveröffentlichung nicht zu entnehmen sei. Dies wäre aber notwendig, wenn durch die vorbekannte Vorrichtung der Erfindungsgedanke, der sich auf die Erheblichkeit der radialen Beanspruchung gründet, als vorweggenommen betrachtet werden sollte. Es kann nicht genügen, daß die entgegengehaltene Vorrichtung unter gewissen Umständen tatsächlich geeignet ist, auch Schutz gegen erheblichere radiale Zerrungen der Feder zu gewähren. Das Schöpferische des Erfindungsgedankens, die Erkenntnis der Erheblichkeit radialer Beanspruchung für die Bruchfestigkeit der in federnden Windungen gehaltenen Hauenstiele, war damit nicht zum technischen Gemeingut geworden. Der Technik ist durch die Erfindung des Klagpatents ein Vorteil zuteil geworden, den sie auf Grund der vorbeschriebenen Vorrichtung nicht hätte erreichen können, die bewußte, durchgreifende Ausschaltung der die Bruchfestigkeit gefährdenden radialen Zerrung des federnden Werkzeugstiels. Ebensowenig ist dieser Gedanke aus den Abbildungen zu entnehmen, schon darum nicht, weil die Abstützung gegen solche Beanspruchungen mit Rücksicht auf die die Welle mit Spielraum umgebenden äußeren Federwindungen nur bedingt ist. Insoweit ist also die Entscheidung des Kammergerichts nicht zu beanstanden ...

---

14. 1. Unter welchen Voraussetzungen begründet Einräumung der Lizenz an einem Patent ein Gesellschaftsverhältnis?

2. Was bedeutet Teil-Erfüllung eines Vertrags im Gegensatz zur vollen Erfüllung?

3. Auslegung einer nach § 326 BGB. abgegebenen Erklärung des Gläubigers, daß er vom Vertrag zurücktrete und außerdem Schadensersatz wegen Nichterfüllung verlange.

BGB. §§ 133, 325, 326, 705. PatG. § 6.

I. Zivilsenat. Urt. v. 26. Oktober 1929 i. S. K. (Kl.) w. S. (Bekl.). I 156/29.

I. Landgericht Essen.
II. Oberlandesgericht Hamm.

Der Kläger ist Inhaber des Patents 418468 (auf eine Fitschbandbefestigung) sowie der Gebrauchsmuster 886897 (auf ein Türband) und 952308 (auf ein Fitschenblatt mit kegelförmigem Ausschnitt). Durch Vertrag vom 14. Juni 1926 übertrug er dem Beklagten das Recht zur alleinigen Herstellung nebst vollständigem Vertrieb der geschützten Gegenstände für In- und Ausland, wogegen der Beklagte sich verpflichtete, Herstellung und Vertrieb sofort aufzunehmen und nach Möglichkeit zu vergrößern. Der Beklagte sollte nur unmittelbar an Verbraucher zu festgesetzten Preisen verkaufen und dem Kläger eine nach der Zahl der verkauften Sachen abgestufte Lizenzgebühr zahlen; zur Verrechnung auf diese sollten dem Kläger für die ersten sechs Monate je 150 RM. entrichtet werden.

Als der Beklagte die am 1. September 1926 fälligen 150 RM. nicht zahlte, setzte ihm der Kläger unter dem 4. September eine Frist bis zum 6. September und drohte an, die Annahme der Leistung abzulehnen, wenn bis dahin die Zahlung nicht erfolgt sei. Der Beklagte zahlte nicht. Hierauf teilte ihm der Kläger durch Schreiben vom 8. September 1926 mit, daß er vom Vertrage zurücktrete und Schadensersatz verlange. Beide für den Kläger ergangene Schreiben hatte dessen Rechtsanwalt verfaßt und abgesandt.

Mit der gegenwärtigen Klage erhob der Kläger folgende Ansprüche:

1. Der Beklagte solle sich — bei Strafe — jeder Verfügung über 20000 auf Grund des Vertrags fertiggestellte Angeln und über Halbfabrikate von Fitschen (beides bei einem Dritten lagernd) enthalten.

2. Der Beklagte solle dem Kläger über die auf Grund des Vertrags geschlossenen Verkäufe Rechnung legen und ihm Prüfung der Papiere und Bücher gestatten.

3. Der Beklagte solle dem Kläger für gewisse Zeitabschnitte Lizenzgebühren zahlen.

4. Der Beklagte solle ferner gewisse Barbeträge zahlen, die sich zusammensetzen aus Lizenzgebühren für einen andern Zeitabschnitt, aus ausgelegten Patentkosten usw.

5. Der Beklagte solle das Entgelt für eine ihm abgetretene Forderung entrichten.

Das Landgericht hat den Klaganträgen im 1. Punkt uneingeschränkt, im 2. hinsichtlich der bis zum 8. September 1926 geschehenen Verkäufe, im 4. teilweise entsprochen. Den weitergehenden Anspruch im 4. Punkt und den ganzen 3. und 5. Antrag hat es abgewiesen. Das Oberlandesgericht hat die Berufung des Klägers zurückgewiesen. Auch seine Revision war erfolglos.

Aus den **Gründen**:

Mit Recht bemängelt die Revision des Klägers die Rechtsansicht des Berufungsgerichts, daß der Vertrag vom 14. Juni 1926 ein Gesellschaftsverhältnis der Parteien begründet habe. Werden, wie hier, gewerbliche Schutzrechte (Patent, Gebrauchsmuster) dergestalt vergeben, daß sich der Veräußerer vom Erwerber einen bestimmten Teil (Hundertsatz oder ähnl.) vom Kaufpreis der zu vertreibenden Ware (oder vom Umsatz oder Gewinn) als Lizenzgebühr versprechen läßt, so liegt darin allein, auch wenn mehrjährige Dauer bedungen ist, in der Regel noch nichts Gesellschaftsartiges. Merkmale der Gesellschaft finden sich erst, wenn beide Teile zu einem gemeinsamen Ziele Tätigkeit entfalten sollen (§ 705 BGB.). Solches trifft z. B. zu, wenn Konstruktionszeichnungen auszutauschen, Verbesserungen gegenseitig mitzuteilen sind; wenn die Erfindung für gemeinschaftliche Rechnung ausgenutzt werden soll; wenn weitere Patente gegenseitig überlassen werden sollen; wenn Aufträge, die der eine Teil nicht ausführen kann oder will, dem anderen anheimfallen und dergl. (RGZ. Bd. 57 S. 38, Bd. 115 S. 20, Bd. 116 S. 82; JW. 1907 S. 136 Nr. 17; Pietzcker PatG. Anm. 13, 16 und 23 zu § 6). Im gegenwärtigen Falle lagen dem Beklagten Herstellung und Vertrieb der nach Patent und Gebrauchsmuster anzufertigenden Gegenstände ob. Der Kläger sollte nur bis Ende 1927 zur Einführung der Sachen in den einzelnen Bezirken Deutschlands die ihm vom Beklagten zu bezeichnenden Vertreter in Wesen und Vorzügen des Patents und der Muster unterweisen (§ 2 des Vertrags). Diese Hilfstätigkeit während 1½ Jahren war im Vergleich zu der des Beklagten nur von untergeordneter und namentlich von vorübergehender Bedeutung.

Fehlt es somit an einem ausreichenden Merkmal, woraus ein Gesellschaftsvertrag folgte, so ist die Auffassung abzulehnen, daß es zur Kündigung vor Ablauf der vertragsmäßigen Zeit eines wichtigen Grundes gemäß § 723 BGB. bedurft hätte und daß die Anwendung des § 326 BGB. auszuschließen sei. Zweiseitige Verträge eigener Art, die, wie der vorliegende, im wesentlichen auf die Einräumung einer Stücklizenz hinauskommen, sind den allgemeinen schuldrechtlichen Regeln und damit auch dem § 326 BGB. unterworfen.

2. Das angegriffene Urteil enthält in dieser Hinsicht keine vollständige rechtliche Untersuchung.

a) Zwar prüft das Berufungsgericht — in zweiter Linie — das Klagvorbringen daraufhin, ob es bei Anwendung des § 326 BGB. den Anspruch auf Schadensersatz rechtfertige. Doch verneint es dies mit der Begründung: Wenn überhaupt, so sei der Beklagte nur mit den 150 RM. Lizenzgebühr für den August 1926 im Verzug gewesen. Bei solchem Verzug seines Schuldners mit einem Teil der Leistung hätte aber der Kläger Schadensersatz wegen Nichterfüllung der ganzen Verbindlichkeit nur dann verlangen können, wenn die Teil-Erfüllung (hier bestehend in der Herstellung der Sachen und der Aufnahme ihres Vertriebs) für ihn kein Interesse mehr gehabt hätte. Das lasse sich nicht annehmen, weil der rückständige Teil im Verhältnis zur Gesamtverpflichtung des Beklagten verschwindend geringfügig gewesen sei (BGB. § 326 Abs. 1 Satz 3 verb. m. § 325 Abs. 1 Satz 2). Gegen diese Gesetzesanwendung des Berufungsgerichts bestehen rechtliche Bedenken. Die Leistung, mit der sich der Beklagte nach der Behauptung des Klägers zu Anfang September 1926 in Verzug befand und für die ihm unterm 4. September Frist gesetzt wurde, war die Zahlung der 150 RM. Lizenzgebühr für den vorhergehenden Monat. Nur um diese Leistung handelte es sich, nicht auch um die sonstigen und andersartigen Verbindlichkeiten des Beklagten aus dem Lizenzvertrag, die in der Anfertigung und dem Vertrieb gewisser durch gewerbliche Schutzrechte gekennzeichneten Waren bestanden. Der Fall aber, daß der Beklagte jene Leistung, für die der Kläger ihm Frist setzte, nur teilweise — und zwar zu einem geringfügigen Teil — nicht bewirkt hätte, trat nicht ein. Denn die Zahlung der ganzen 150 RM. unterblieb. Die Anfertigung und der Vertrieb von Waren müssen außer Betracht bleiben. Somit liegen die Voraussetzungen des § 326 Abs. 1 Satz 3 BGB. nicht vor; und die Gründe, aus denen das Oberlandesgericht den aus entgangenen Lizenzgebühren berechneten Schadensersatzanspruch aberkannt hat (7800 + 6000 = 13800 RM.), rechtfertigen diesen Teil der Entscheidung nicht.

b) Jedoch bedurfte es insoweit keiner Aufhebung des Berufungsurteils. Denn der Sachverhalt, den das Berufungsgericht feststellt und zugrunde legt, mußte aus anderen rechtlichen Erwägungen ebenfalls zur Klagabweisung führen.

Unterm 4. September 1926 bestimmte der Kläger dem Beklagten zur Zahlung der fällig gewordenen 150 RM. Lizenzgebühr für den August eine Frist bis zum 6. September mittags 12 Uhr mit der Erklärung, daß nach Ablauf der Frist die Annahme der Leistung abgelehnt werde. Der Inhalt des Schreibens entsprach ganz ersichtlich dem § 326 Abs. 1 Satz 1 BGB. Verlief, wie es dann tatsächlich geschah, die Frist fruchtlos, so war der Kläger berechtigt, Schadensersatz wegen Nichterfüllung zu verlangen oder vom Vertrage zurückzutreten (§ 326 Abs. 1 Satz 2 BGB.). Obwohl der Kläger den Schriftwechsel durch seinen Rechtsanwalt führen ließ, entsprach der Brief vom 8. September 1926, der dem erfolglosen Fristablauf folgte, nicht jenem gesetzlichen Entweder-Oder, sondern häufte die beiden Möglichkeiten, die das Gesetz nur wahlweise verstattet. Der Brief enthält die Erklärung, daß der Kläger „vom Vertrage vom 14. Juni 1926 zurücktrete" . . . Er fügt aber hinzu: „Mit dem Rücktritt vom Vertrage verlangt meine Partei selbstverständlich auch Schadensersatz. Die Bezifferung dieses Anspruchs behalte ich mir ausdrücklich vor."

Allerdings kann bei solcher Ausdrucksweise gemeint sein, daß in Wahrheit Schadensersatz verlangt werde und der Erklärende nicht vom Vertrage so zurücktreten wolle, als sei er nicht geschlossen. Im Zweifel wird sogar, wie die ständige Rechtsprechung annimmt, diese Deutung vorzuziehen sein (JW. 1907 S. 386 Nr. 3, JW. 1926 S. 2906 Nr. 11). Doch ist die Auslegung solcher Erklärungen in der Regel, mindestens zum Teil, Tatfrage (JW. 1911 S. 751 Nr. 5). Im einzelnen Falle kommt es darauf an, wie nach dessen besonderen Umständen in Verbindung mit der allgemeinen Verkehrsauffassung der Empfänger des Briefes den für ihn bestimmten Erklärungsinhalt verstehen mußte (§ 133 BGB.). Der Brief des Klägers vom 8. September 1926 fügt der Erklärung des „Rücktritts" ausdrücklich die Untersagung bei, das Patent und den Musterschutz weiter zu benutzen; im Falle weiterer Verwertung drohte er mit gerichtlichen Schritten. Damit war der Wille kundgegeben, dem Vertragsverhältnis ein Ende zu machen; die dem Beklagten zur Ausnutzung überlassenen Schutzrechte sollten ihm fürder nicht mehr zustehen. Dieser Willensäußerung entsprach dann auch der Klagantrag zu 1, dem Beklagten bei gerichtlicher Strafe jede Verfügung über lagernde Fertigwaren und Halbfabrikate zu verbieten. Neben solcher sicher gewollten und dem Gegner deutlich kundgemachten Vertragsauflösung durch Rücktritt war nach dem Gesetze kein Raum für einen Schadensersatzanspruch. Allerdings enthält der § 326 BGB. nur nachgiebiges Recht. Die Beteiligten können die in ihm gewährten Rechte erweitern, beschränken oder durch andere ersetzen (RGZ. Bd. 96

S. 255). Weder aus dem Vertrag vom 14. Juni 1926 noch aus dem sonstigen unstreitigen Parteivorbringen erhellt aber, daß dergleichen vereinbart sei. Aus Inhalt, Zweck und Umständen des Vertrags als notwendige Folgerung zu entnehmen ist es gleichfalls nicht. Mithin muß es dabei bewenden, daß — entsprechend den Ausführungen des landgerichtlichen Urteils — dem Schadensersatzanspruch des Klägers der Erfolg zu versagen ist.

Die Ausführungen der Revision zu diesem Punkte rechtfertigen keine abweichende Beurteilung. Das Schreiben vom 8. September 1926 läßt sich, soweit es von Rücktritt spricht, nicht im Sinne bloßer Annahmeverweigerung auslegen, sodaß daneben die rechtsgestaltende Erklärung bestehen bliebe, es werde Schadensersatz verlangt. Auch das aus dem Lizenzvertrag erwachsene Dauerverhältnis gewährt keinen Weg zu solchem Ergebnis.

3. Aus groben („positiven") Vertragsverletzungen des Beklagten, in denen gegebenenfalls eine unerlaubte Handlung zu finden wäre, einen Schadensersatzanspruch herzuleiten, geht angesichts der Feststellungen des Berufungsurteils nicht an. . . . (Wird ausgeführt.)

---

15. 1. Hat bei Beschädigung des Kommissionsgutes, das dem Kommissionär in Verwahrung gegeben war, der Kommittent die Beweislast dafür, daß die Beschädigung in der Verwahrungszeit eingetreten ist, oder ist der Kommissionär für das Gegenteil beweispflichtig?

2. Über beschränkte Anwendbarkeit der Regeln vom Beweis des ersten Anscheins.

HGB. § 390.

I. Zivilsenat. Urt. v. 30. Oktober 1929 i. S. E. (Bekl.) w. P. (Kl.). I 123/29.

I. Landgericht I Berlin.
II. Kammergericht daselbst.

Die jetzige Klägerin ist die Witwe und Rechtsnachfolgerin des ursprünglichen Klägers, damals Inhabers der Galerie P. in München (die klagende Partei und ihr Rechtsvorgänger werden nachstehend als der „Kläger" bezeichnet). Geklagt wird auf Schadensersatz für ein Gemälde, das der Kläger nach seiner Behauptung dem Beklagten zum kommissionsweisen Verkauf überlassen und in schwerbeschädigtem Zustand zurückerhalten hat. Dieses Gemälde „Familie" (Rubens oder Rubensschule) war mit zwei anderen aus der Galerie P. von München nach Berlin gesandt worden, wo sie der Beklagte verkaufen sollte. Abgeschlossen hat der Kläger den Vertrag mit dem Kaufmann K. in München, wobei im Rechtsstreit darüber gestritten worden ist, wer Vertragsgegner des Klägers geworden sei. Außer K., der sich gemeinsam mit einer Baronin D. um die Bilder bemühte, sind bei diesem Geschäft noch zwei Bankfirmen und eine dritte Firma tätig geworden. Das Angebot, die Bilder in Berlin verkaufen zu lassen, wurde nämlich dem Kläger von K. und der Baronin D. gemacht. Sie fragten ihn, ob sie nicht die Gemälde für den Beklagten in Kommission erhalten könnten. Der Kläger, der sich anfangs völlig ablehnend verhalten hatte, war schließlich dazu bereit, aber nur dann, wenn ihm eine Bank in Höhe des Wertes der Gemälde Sicherheit böte. Die Bank des Beklagten war die Firma Pa. in Berlin. Diese besorgte bereits seit einiger Zeit für die Gemälde-Kommissionsgeschäfte des Beklagten gemeinschaftlich mit der Münchener Bankfirma G.-H. die finanzielle Sicherstellung der Gemälde-Eigentümer. So kam es am 22. Juni 1927 zur Ausstellung folgender zwei Schriftstücke:

1. Herr K. und Baronin D. im Auftrag des Kunsthauses E. (= Bekl.) in Berlin erhalten mit heutigem gegen Sicherstellung (Depot gleichen Wertes) bei G.-H. München folgende Bilder ausgehändigt:

   „Familie" (Rubens), unsigniert . . . . 12000 M.

   . . . . . (Es folgt Angabe von zwei weiteren Gemälden im Werte von 2000 und 3000 M.)

   (Unterschriften) K. Freifrau v. D.

2. Wir erhielten heute von Ihnen ein Bild, Ausmaß ohne Rahmen (leere Stelle), darstellend (leere Stelle). Das Bild ist nach den Ihnen vorliegenden Expertisen von (leere Stelle). Wir verpflichten uns, Ihnen bis spätestens 22. Juli entweder den für das Bild festgesetzten Gegenwert von 12000 M. — zwölftausend Reichsmark — hier in bar auszubezahlen oder Ihnen bis zu diesem Termin das Bild im Original zurück-

zuerstatten, wogegen Ihre Ansprüche gegenüber der Firma Kunstauktionshaus E. (= Bekl.) Berlin bzw. uns gegenüber voll befriedigt sein werden. Erfüllungsort ist München.

(Unterschrift) G.-H.

Hierauf wurden die drei Gemälde zur Firma G.-H. geschafft. Dort wurde insbesondere das Gemälde „Familie" auf der Rückseite mit Schnüren und Siegeln versehen, um ein Herausnehmen des Bildes aus dem Rahmen ohne Verletzung der Siegel unmöglich zu machen. Verpackt wurden die Bilder bei der Firma Sch. & L. Die Sendung ging an die Bankfirma Pa. in Berlin. Gegen Mitte Juli 1927 trafen die Gemälde wieder bei G.-H. in München ein. Der Kläger ließ sie von dort durch seinen Geschäftsführer M. abholen. Nach Empfang der Bilder stellte der Kläger bei dem Gemälde „Familie" erhebliche Beschädigungen fest; an mehreren Stellen war die Farbe durch ätzende Mittel beseitigt worden. Er behauptet, daß dadurch das Gemälde völlig entwertet sei. Er hat Klage auf Zahlung von 12000 RM. nebst Zinsen erhoben.

Der Beklagte hat seine Passivlegitimation bestritten und in Abrede gezogen, daß er mit dem Kläger den von diesem behaupteten Kommissionsvertrag abgeschlossen habe. Lediglich mit der Firma G.-H. habe zunächst der Kläger ein Abkommen getroffen. Da diese Firma ebenfalls Bedenken getragen habe, die Bilder dem Beklagten auszuhändigen, seien sie an die Firma Pa. gesandt worden. Er, Beklagter, habe sie überhaupt niemals erhalten. Er habe die Bilder „kaum gesehen" und, da sie unverkäuflich gewesen, alsbald ihre Rücksendung nach München veranlaßt. Ob und was mit dem Gemälde „Familie" vorgenommen worden sei, wisse er nicht. Dieses Bild habe auch nur einen Wert von höchstens 1500 RM. gehabt. Die Beschädigungen daran seien mit geringen Kosten auszubessern.

Das Landgericht wies die Klage ab. Das Kammergericht erklärte den Klaganspruch dem Grunde nach für gerechtfertigt. Die Revision des Beklagten hatte keinen Erfolg.

Gründe:

Das Kammergericht nimmt an, es sei zwischen dem Kläger und dem Beklagten durch Vermittlung des K. ein Kommissionsvertrag zustandegekommen und die persönliche Haftung des Beklagten sei nicht dadurch ausgeschlossen worden, daß die Bankfirma

G.-H. bei dem Geschäft eine Garantie übernommen habe. Beides ist rechtlich unbedenklich. . . . (Wird dargelegt.)

Das Berufungsgericht stellt ferner fest, daß das Gemälde „Familie" bei der Ankunft in Berlin unbeschädigt war, dagegen bei der Aushändigung an den Kläger in München die Beschädigungen aufwies. Dazu wird im einzelnen ausgeführt: Die Firma Pa. habe mit dem Beklagten vereinbart, daß sie die Bilder für ihn in Verwahrung nehme. Sie sei daher als seine Erfüllungsgehilfin zu betrachten. Dagegen könne dahingestellt bleiben, ob etwa auch die Firma G.-H. Erfüllungsgehilfin des Beklagten gewesen sei. Wo das Bild beschädigt worden sei, habe sich nicht hinreichend klären lassen. Fest stehe, daß das Bild bei der Ankunft in Berlin nicht beschädigt gewesen sei. Die Beweisaufnahme habe ferner ergeben, daß das Bild „bei der Rückgabe in München" beschädigt gewesen sei. Nach § 390 HGB. habe aber der Kommissionär die Beweislast dafür, wo die Schäden entstanden seien. Er müsse also beweisen, daß die Beschädigung nicht in die Zeit falle, wo er und seine Erfüllungsgehilfin Pa. das Bild im Besitz gehabt hätten. Die volle Beweislast müsse hier den Beklagten auch deshalb treffen, weil es nach den Bekundungen der Zeugen „kaum möglich" sei, daß der Schaden „nach der Rückgabe des Bildes in München" entstanden sei. Die verbleibende Unklarheit müsse dem Beklagten zur Last fallen. Ein Verzicht des Klägers auf seine Ansprüche dem Beklagten gegenüber könne darin nicht erblickt werden, daß der Geschäftsführer M. das Bild bei G.-H. ohne Geltendmachung der nachher festgestellten Beschädigungen entgegengenommen habe.

Hiergegen wendet zunächst die Revision ohne Grund ein, das Bankhaus Pa. sei in bezug auf die Verwahrung nicht Erfüllungsgehilfin des Beklagten gewesen, weil der Wille der Parteien gerade dahin gegangen sei, daß der Beklagte das Bild nicht in seinen eigenen Gewahrsam bekommen solle. Ein Interesse daran, daß das Bild nicht in die Räume des Beklagten gelange, hatten nach den tatrichterlichen Feststellungen nur die Banken. Denn G.-H. haftete der klagenden Partei als Garant. Für die Klagepartei war es also gleichgültig, ob der Beklagte das Bild ausgehändigt erhielt oder nicht. Aber nach dem vorgetragenen Briefwechsel schenkten beide Banken ihrerseits dem Beklagten kein volles Vertrauen. Deshalb übernahm die Berliner Bankfirma für den Beklagten die Aufbewahrung des Bildes;

sie war also recht eigentlich für die Aufbewahrung seine Erfüllungsgehilfin.

Die Revision hat ferner geltend gemacht: Die Klagepartei habe zu beweisen, daß das Bild während seiner Verwahrung beim Kommissionär beschädigt worden sei, und demgegenüber sei es Sache des Kommissionärs gewesen, den Entlastungsbeweis zu führen. Aber bevor letzteres in Frage kommen könne, müsse doch dem Kommissionär nachgewiesen werden, daß die Beschädigung bei ihm stattgefunden habe. ... ...

Diese Rüge geht zwar von einem zutreffenden Rechtsgedanken aus. Sie kann aber, wie sich zeigen wird, am Ergebnis nichts ändern.

1. Das Berufungsgericht will mit seiner Begründung, die allerdings zunächst einen gewissen Widerspruch zu enthalten scheint, folgendes sagen: Als Erfüllungsgehilfe der Beklagten kommt — wenigstens einstweilen; ob auch endgültig, wird nicht entschieden — nur die Firma Pa. in Betracht. Nicht ermittelt worden ist, wo das Bild beschädigt wurde, ob bei der Firma Pa. in Berlin oder bei der Firma G.-H. in München. Jedenfalls war es aber beschädigt, als es dem Kläger wieder ausgehändigt wurde. So löst sich offensichtlich der scheinbare Widerspruch der Urteilsbegründung, wonach einmal erwiesen sei, daß das Bild bei der Rückgabe beschädigt war, und wonach anderseits es nur „kaum möglich" sein soll, daß der Schaden „nach der Rückgabe des Bildes in München" entstanden sei. Mit letzterem ist nach dem ganzen Zusammenhang nur die Rückgabe von Pa. an G.-H. gemeint, nicht aber die Rückgabe von G.-H. an den Kläger.

2. Das Berufungsgericht stützt nun seine Entscheidung in erster Linie auf den Satz: Wenn streitig sei, ob die Beschädigung des Kommissionsgutes vor oder erst nach seiner Rückgabe entstanden sei, so sei es Sache des Kommissionärs, zu seiner Entlastung nachzuweisen, daß die Beschädigung erst nach der Rückgabe des Kommissionsgutes eingetreten sei.

Dem kann nicht beigestimmt werden. Das Gesetz macht, wovon auch der Vorderrichter ausgeht, in § 390 HGB. den Kommissionär nur verantwortlich für die Beschädigung des in seiner Verwahrung befindlichen Gutes und faßt den ihm obliegenden Entlastungsbeweis im folgenden Satzteil zusammen mit den Einleitungsworten „es sei denn, daß . . .". Bevor also Raum für diesen Entlastungsbeweis ist, muß nach allgemeinen Beweisregeln (vgl. Rosenberg Die Beweislast S. 389) zunächst feststehen, daß die Beschädigung in der Verwahrungszeit eingetreten war. Denn nur für Beschädigungen innerhalb der Verwahrungszeit soll der Kommissionär verantwortlich sein.

Diese Rechtsfrage ist in der reichsgerichtlichen Rechtsprechung, soweit ersichtlich, bisher nicht entschieden worden. Im Schrifttum wird sie nur wenig behandelt. Auf einem dem hier vertretenen entgegengesetzten Standpunkt scheinen (ohne nähere Begründung) Düringer-Hachenburg (HGB. 2. Aufl. Bd. III Anm. 8 zu § 390) zu stehen. Von Staub-Koenige (HGB. 12./13. Aufl. Bd. IV Anm. 3 zu § 390) wird die Frage nicht behandelt. Makower (HGB. § 390 zu IIIa) sagt dagegen ausdrücklich, der Kommittent habe zu beweisen „Verlust oder Beschädigung während der Verwahrungszeit". Den gleichen Standpunkt vertritt auch Schmidt-Rimpler Das Kommissionsgeschäft (in Ehrenbergs Handbuch des Handelsrechts Bd. V 1. Abt. 1. Hälfte S. 772).

3. Die bisher erörterte Begründung des Vorderrichters vermag somit seine Entscheidung nicht zu tragen. Es scheint, daß er daneben die weitere Begründung geben will: Der Kläger hat bereits einen hohen Grad von Wahrscheinlichkeit erbracht für seine Behauptung, daß die Beschädigung in Berlin vorgekommen sei; es ist deshalb Sache des Beklagten, den Gegenbeweis zu führen. Diese Begründung wäre gleichfalls nicht unbedenklich (vgl. Urteil des erkennenden Senats vom 30. Januar 1926 in SeuffArch. Bd. 80 Nr. 125), sie bedarf aber keiner näheren Erörterung, weil sich das angegriffene Urteil aus anderen Gründen als gerechtfertigt erweist.

Denn auch das Münchener Bankhaus war ganz ebenso Erfüllungsgehilfe des Beklagten wie die Berliner Firma Pa. Das ergibt der vom Kammergericht festgestellte Sachverhalt. Dem Kläger genügte der Garantieschein des Bankhauses G.-H. Was dann weiter zu geschehen hatte, damit der Beklagte in die Lage kam, das Bild in Berlin zu verkaufen, war für den Kläger ohne Interesse. Die ganze Einschiebung der beiden Bankhäuser diente einzig und allein zur Überwindung der Schwierigkeiten, die sich daraus ergaben, daß das Münchener Bankhaus die Bilder dem Beklagten nicht ohne eigene Sicherstellung überlassen wollte. Der Kläger hatte bereits seiner Pflicht genügt mit Herausgabe der Bilder aus seinem Besitz.

Muß aber hiernach auch die Münchener Firma G.-H. als Erfüllungsgehilfe des Beklagten gelten, so ist nach den angegebenen Feststellungen des Berufungsgerichts davon auszugehen, daß das Bild entweder bei dem Berliner oder bei dem Münchener Erfüllungsgehilfen des Beklagten beschädigt worden ist, auf alle Fälle also während der Verwahrungszeit des Kommissionärs. Den ihm nunmehr auf Grund dieses Sachverhalts obliegenden Entlastungsbeweis hat aber der Beklagte nicht nur nicht geführt, sondern es ist nach der Annahme des Berufungsgerichts sogar „kaum möglich", daß das Bild erst nach seiner Rückkunft in München bei G.-H. beschädigt worden ist.

Mit dieser Begründung ist die Entscheidung des Berufungsgerichts gerechtfertigt. . . .

---

16. 1. Zur Frage der Wahrung von Anfechtungsfristen nach § 3 des Anfechtungsgesetzes.

2. Welche Anforderungen sind an einen Schriftsatz im Sinne des § 4 des Anfechtungsgesetzes zu stellen?

VII. Zivilsenat. Urt. v. 1. November 1929 i. S. St. (Bekl.) w. G. (Kl.). VII 119/29.

I. Landgericht Neiße.
II. Oberlandesgericht Breslau.

Durch rechtskräftig gewordenes Urteil des Landgerichts Neiße vom 25. April 1927 wurden der Bauerngutsbesitzer K. in R. und seine Ehefrau, eine Tochter des Beklagten, als Gesamtschuldner verurteilt, an den Kläger 5528,15 RM. nebst Zinsen zu zahlen. Die dem Kläger zu erstattenden Kosten dieses Rechtsstreits wurden durch Kostenfestsetzungsbeschluß vom 12. November 1927 auf 207,79 RM. festgesetzt. Vorher hatten durch notariellen Vertrag vom 25. August 1926 die Eheleute K. ein Grundstück in R. für 30500 RM. an den Landwirt H. und dessen Braut verkauft. Das Restkaufgeld sollte vereinbarungsgemäß an den Beklagten gezahlt werden. Er hat von H. 9500 RM. gezahlt erhalten und noch 5500 RM. von ihm zu bekommen. Im gegenwärtigen Rechtsstreit hält sich der Kläger wegen seiner Forderungen von 5528,15 und 207,79 RM. nebst Zinsen an den Beklagten. Er hat seine Klage u. a. auf § 3 AnfGes. gestützt und beantragt, den Beklagten zur Zahlung der vorgenannten Beträge zu verurteilen.

Beide Vorinstanzen haben die Anfechtung aus § 3 Nr. 2 AnfGes. für begründet erachtet und den Beklagten mit Rücksicht auf die von H. empfangene Zahlung von 9500 RM. verurteilt, an den Kläger 5528,15 und 207,79 RM. nebst Zinsen zu zahlen. Die Revision des Beklagten führte zur Aufhebung des Berufungsurteils und zur Zurückverweisung.

Gründe:

Das Oberlandesgericht hat die Anfechtung nach § 3 Nr. 2 AnfGes. durchgreifen lassen. Danach sind anfechtbar gewisse entgeltliche Verträge des Schuldners mit ihm nahestehenden Personen, welche im letzten Jahre vor der Anfechtung geschlossen sind. Die Anfechtung richtet sich hier dagegen, daß die Eheleute K. das Restkaufgeld, das sie noch von H. zu fordern hatten, an den Beklagten abgetreten haben. Das ist am 25. August 1926 geschehen, dem Tage des Vertragsschlusses mit H. Die Klage ist aber erst Ende November 1927 erhoben worden. Das Oberlandesgericht sieht die Anfechtungsfrist gleichwohl als gewahrt an, und zwar deshalb, weil die Anfechtung in einem Vorprozeß des jetzigen Beklagten gegen den jetzigen Kläger durch Zustellung eines Schriftsatzes vom 17. Mai 1927 ordnungsmäßig erklärt worden sei. Damals hatte der Kläger wegen eines anderen Anspruchs als des auf Zahlung von 5528,15 RM. gerichteten, nämlich wegen einer Forderung aus einer vollstreckbaren notariellen Urkunde, die ihm die Eheleute K. am 30. Juli 1924 ausgestellt hatten, deren Anspruch an H. auf Zahlung von Restkaufgeld in Höhe von 1325 RM. pfänden und sich überweisen lassen. Dagegen hatte der Beklagte Widerspruchsklage erhoben, weil die gepfändete Restkaufgeldforderung kraft Abtretung ihm zustehe, und darauf erwiderte der Kläger, indem er im Wege der Einrede jene Abtretung des Restkaufgelds an den Beklagten anfocht. Diese Anfechtung hat mit der im gegenwärtigen Prozeß streitigen nichts zu tun. Das Anfechtungsgesetz gibt dem Gläubiger eine erweiterte Vollstreckungsmöglichkeit, aber, wie die §§ 1, 2, 7, 9 des Gesetzes zeigen, nur zum Zwecke der Befriedigung des Gläubigers wegen einer bestimmten Forderung, über die ein vollstreckbarer Schuldtitel vorliegen muß (vgl. RGZ.

Bd. 39 S. 3; JW. 1898 S. 157 Nr. 16 u. S. 360 Nr. 35, 1903 S. 128 Nr. 15). Durch die erfolgreich durchgeführte Anfechtung im Vorprozeß erlangte also der Kläger das Recht, sich wegen der Forderung, die ihm notariell beurkundet war, aus dem Restkaufgeldanspruch zu befriedigen, der dem Beklagten kraft der Abtretung durch die Eheleute K. gegen H. zustand, aber nicht mehr. Für die jetzt streitige Anfechtung, die der Kläger vornimmt, um sich wegen einer anderen Forderung als der damals zugrunde liegenden zu befriedigen, muß die Anfechtung im Vorprozeß ohne jeden Einfluß bleiben. Durch sie kann also auch nicht die Frist des § 3 Nr. 2 AnfGes. gewahrt worden sein, um die es sich jetzt handelt.

Der Revisionsbeklagte hat noch gebeten, den Gesichtspunkt nachzuprüfen, aus dem das Landgericht die Anfechtung des Klägers im gegenwärtigen Rechtsstreit für nicht verspätet erachtet hat. Das Landgericht hat die Jahresfrist des § 3 Nr. 2 AnfGes. als gewahrt angesehen, weil der Kläger den Beklagten gemäß § 4 das. von seiner Anfechtungsabsicht durch Zustellung eines Schriftsatzes in Kenntnis gesetzt habe. Dieser Annahme liegt die Tatsache zugrunde, daß am 4. Juni 1927 beim Landgericht Neiße ein Armenrechtsgesuch des Klägers eingegangen ist, dem eine Abschrift der beabsichtigten Klage beigefügt war, und daß das Gericht unter dem 9. Juni 1927 dem Beklagten eine Abschrift des Klageentwurfs zur Äußerung übersandt hat. Hierdurch ist aber dem § 4 AnfGes. nicht genügt. Dem Beklagten ist wohl durch einen Dritten, das Gericht, bekannt gemacht worden, daß der Kläger die Anfechtungsabsicht habe; das Gesetz verlangt aber, daß der Gläubiger selbst seine Absicht dem künftigen Anfechtungsgegner durch Zustellung eines Schriftsatzes mitteile. Es ist also eine Willenserklärung des Gläubigers erforderlich, und da das Gesetz für sie schriftliche Form vorgeschrieben hat, so muß die Urkunde vom Aussteller eigenhändig durch Namensunterschrift oder mittels gerichtlich oder notariell beglaubigter Handzeichen unterzeichnet werden (§ 126 Abs. 1 BGB.). An alledem hat es vorliegend gefehlt. Auch die Erwägungen des Landgerichts stehen also dem Kläger nicht zur Seite.

17. Kann eine Bank die Aufwertung eines ihr zu Eigentum überwiesenen, später aber zurückzuzahlenden Kapitals unter Berufung auf § 66 AufwGes. ablehnen, wenn mit der Überweisung des Geldes eine Geschäftsbesorgung für Rechnung des Überweisenden bezweckt war?

AufwGes. § 66.

VII. Zivilsenat. Urt. v. 1. November 1929 i. S. G. u. Gen. (Kl.) w. B. Bankverein (Bekl.). VII 203/29.

I. Landgericht Düsseldorf.

Durch Testament vom 11. November 1906 hatte der am 23. Januar 1907 verstorbene Rentner S. seine Ehefrau zur Alleinerbin eingesetzt und verschiedene Personen mit lebenslänglichen Leibrenten bedacht. Als die Witwe S. ins Ausland übersiedelte, schloß sie mit dem verklagten Bankverein am 27. August 1907 einen notariellen Vertrag, in dem dieser es übernahm, „an Stelle und für Rechnung" der Frau S. die Renten den bedachten Rentenberechtigten halbjährlich je am 2. Januar und 1. Juli auszuzahlen. Als „Deckung" für die Rentenzahlung „hinterlegte" Frau S. beim Beklagten 146666,67 M. Der Beklagte verpflichtete sich, diese Summe vom Tage der Einzahlung an mit $4^1/_2$% derart zu verzinsen, daß „aus den Jahreszinsen in Höhe von 6600 M." die gleich hohen jährlichen Renten gedeckt werden könnten. Die eingezahlte Summe sollte in das Eigentum des Bankvereins übergehen und er sollte berechtigt sein, über sie zu geschäftlichen Zwecken zu verfügen. Falls ein Rentenberechtigter starb oder eine Rente aus anderem Grunde wegfiel, sollte der der erledigten Rente entsprechende Kapitalbetrag an Frau S. oder an ihre Erben zurückzuzahlen sein. Im übrigen sollte aber der Beklagte nicht berechtigt sein, diesen das Depot zurückzugeben oder von dem übernommenen Auftrag zurückzutreten, bevor sämtliche Renten erledigt seien, es sei denn, daß ein wichtiger Grund vorliege. Als ein solcher sollte in keinem Fall das Sinken des Zinsfußes gelten.

In ihrem Testament vom 23. September 1911 hat dann Frau S. das dem Beklagten gezahlte Kapital den Klägern vermacht, und zwar mit der Maßgabe, daß auch schon mit dem Fortfall eines der Rentenberechtigten die Kläger in den Besitz und Genuß des dieser Rente entsprechenden Kapitalbetrags gelangen sollten. Im Jahre 1920 ist Frau S. gestorben. Ihr Erbe hat die aus dem Vertrag vom 27. August 1907 gegen die Beklagte bestehenden Rechte an die Kläger abgetreten. Im April 1928 starb als erste der Rentenberechtigten Frau Anna P. Der ihrer Rente entsprechende Teil des auszuzahlenden Kapitals beträgt 22000 M. Die Kläger verlangen vom Beklagten Aufwertung dieses Betrags und haben zunächst einen Teilbetrag von 4400 RM. eingeklagt. Der Beklagte bestreitet die Aufwertungspflicht, weil für ihn eine solche nach § 66 AufwGes. nicht bestehe.

Das Landgericht hat die Klage abgewiesen. Die von den Klägern unmittelbar eingelegte Revision führte zur Aufhebung und Zurückverweisung.

Gründe:

Der zwischen dem Beklagten und Frau S. geschlossene Vertrag ist juristisch nicht scharf gefaßt. Schon was es heißen soll, daß der Beklagte „an Stelle und für Rechnung" der Frau S. die Auszahlung der Renten übernimmt, ist nicht eindeutig. Eine befreiende oder ergänzende Schuldübernahme durch den Beklagten ist darin nicht zu finden, da jede Unterlage dafür fehlt, daß auch die Rentenberechtigten aus dem Vertrag Rechte gegen die Bank hätten erwerben sollen und daß die Übernahme der Rentenzahlung eine Gegenleistung für die Hingabe des Geldes an den Beklagten gewesen wäre, wie es in der Entscheidung des erkennenden Senats vom 8. Juni 1928 VII 694/27 und in der Entscheidung des II. Zivilsenats vom 3. Februar 1928 II 256/27 (HöchstrRspr. 1928 Nr. 2213) in Frage kam. Es war offenbar nur gemeint, daß der Beklagte — sei es im eigenen Namen, sei es im Namen der Frau S. — für deren Rechnung die Rentenzahlung besorgen sollte, sodaß der ganze Vertrag als ein Geschäftsbesorgungsvertrag aufzufassen ist. Wenn Frau S. zur Ausführung dieser Geschäftsbesorgung der Bank eine Summe überwies, aus deren Zinsen die Renten bezahlt werden sollten, so lag darin weder eine Darlehenshingabe noch ein Verwahrungsvertrag, sondern nur eine Hingabe von Geld zum Zweck der Ausführung des dem Beklagten aufgetragenen Geschäfts. Damit soll nicht in Abrede gestellt sein, daß auch aus Anlaß und im Rahmen einer Geschäftsbesorgung mit dem Beauftragten ein Darlehens- oder Verwahrungsvertrag geschlossen werden kann. Aber im gegebenen Fall erforderte der Zweck der Geschäftsbesorgung solche Verträge nicht und keinesfalls ist hier ihre Annahme zwingend. Allerdings ist das Geld, das Frau S. der Beklagten überwies, in deren Eigentum übergegangen. Aber an dem Zweck und dem Wesen des geschlossenen Vertrags wird dadurch nichts geändert. Es handelte sich hierbei nur um eine Vertragsbedingung des Geschäftsbesorgungsvertrags, die es der Beklagten ermöglichen sollte, über das Geld in ihrem Bankbetrieb frei zu verfügen und aus den Nutzungen des Kapitals nicht bloß die Erstattung der für die Rentenzahlungen aufzuwendenden Beträge, sondern auch ein Entgelt für ihre Mühewaltung zu erhalten. Die Ausdrücke „hinterlegen" und „Depot" wurden für das hingegebene Geld ersichtlich nur gewählt, um die Pflicht zur Rückgabe eines gleich hohen Geldbetrags bei Beendigung der Geschäftsbesorgung festzulegen. Dies stempelt aber den Vertrag weder zu einem Darlehens- noch zu einem Verwahrungsvertrag, weil die Rückgabepflicht keine ausschließliche Eigentümlichkeit des Darlehens oder der Verwahrung ist, sondern auch mit der Geschäftsbesorgung verbunden sein kann. Die Revision hat auch Recht, wenn sie meint, die Vereinbarung, daß die Beklagte das Geld der Frau S. mit $4\frac{1}{2}\%$ verzinsen sollte, sei eigentlich gar nicht am Platze gewesen. Denn die Beklagte zahlte die Renten aus eigener Tasche und wurde dafür durch die Nutzungen des ihr hingegebenen Kapitals schadlos gehalten. Dafür spricht auch die Bestimmung, daß die Beklagte die festgesetzten Rentenbeträge im Falle des Sinkens des Zinsfußes unverkürzt weiter zahlen sollte und hieraus auch kein Recht zu vorzeitiger Kündigung des Vertragsverhältnisses sollte herleiten dürfen.

Liegt aber kein Darlehen und auch kein Verwahrungsvertrag der im § 700 BGB. bezeichneten Art vor, so fehlen die Voraussetzungen des § 66 AufwG. Eine Ausdehnung dieser Vorschrift auf andere Rechtsverhältnisse ist nicht zulässig, weil sie eine Ausnahmevorschrift ist.

---

18. 1. Umfang der Amtspflichten eines Zwangslotsen.

2. Darf eine Prozeßpartei auf die Richtigkeit tatsächlicher Angaben ihres Gegners, von denen das Schicksal des Rechtsstreits abhängt, vertrauen oder muß sie, um dem Vorwurf eines Verschuldens zu entgehen, deren Richtigkeit oder Unrichtigkeit durch sachgemäße Erkundigungen selbst festzustellen suchen?

3. Kann der Staat wegen schuldhafter Amtspflichtverletzungen eines Beamten in Anspruch genommen werden, wenn der Geschädigte es fahrlässig unterlassen hat, zwar nicht die Entstehung des Schadens, wohl aber einen bereits entstandenen Schaden durch den Gebrauch eines Rechtsmittels abzuwenden?

BGB. § 839 Abs. 1 Satz 2 u. Abs. 3.

III. Zivilsenat. Urt. v. 15. Oktober 1929 i. S. Preuß. Staat (Bekl.) w. K. (Kl.). III 26/29.

I. Landgericht Stettin.
II. Oberlandesgericht daselbst.

Die Klägerin ist Eigentümerin des Schleppdampfers „Anna", der am 11. März 1922 mit 3 Kähnen im Schlepp die Oder abwärts fuhr. In der sog. Königsfahrt kam es zu einem Zusammenstoß zwischen ihm und einem die Oder aufwärts fahrenden Schleppzug, der aus dem dem Norddeutschen Lloyd gehörigen Seeschlepper „Sirius" mit weniger als 210 cbm Tragfähigkeit und den gleichfalls dem Norddeutschen Lloyd gehörigen Seeleichtern Nr. 129 und 142 mit je einer Tragfähigkeit von über 210 cbm bestand; dabei wurde die „Anna" durch die nebeneinander vom „Sirius" geschleppten Seeleichter beschädigt. Unstreitig haben sich zur Zeit des Zusammenstoßes auf dem „Sirius" und den Seeleichtern Lotsen befunden, die vom Norddeutschen Lloyd angefordert und vom Lotsenkommandeur in S. gestellt waren.

Die beteiligten Reedereien, nämlich die Klägerin und der Norddeutsche Lloyd, maßen die Schuld an dem Zusammenstoß wechselseitig den gegnerischen Schiffsleitungen zu. Es kam zwischen ihnen zu einem Vorprozeß, in dem die Klage des Norddeutschen Lloyd und die Widerklage der jetzigen Klägerin abgewiesen wurden, weil das Landgericht annahm, daß die Schuld an dem Zusammenstoß den Leiter des „Sirius", den Lotsen K., treffe, für den wegen seiner Zwangslotseneigenschaft der Norddeutsche Lloyd nicht aufzukommen brauche. Dieses Urteil ist rechtskräftig geworden. Schon vor Eintritt seiner Rechtskraft hat die Klägerin wegen des der „Anna" zugefügten Schadens Klage auf Zahlung von 16000 GM. gegen den Preußischen Staat erhoben. Das Landgericht wies jedoch die

Klägerin ab. Das Oberlandesgericht erklärte dagegen den Klaganspruch dem Grunde nach für gerechtfertigt. Der erkennende Senat hob das Urteil auf und verwies die Sache an das Berufungsgericht zurück.[1]) Dieses erkannte wiederum zugunsten der Klägerin. Die Revision des Beklagten führte nunmehr zur Wiederherstellung des landgerichtlichen Urteils.

Gründe:

Das Oberlandesgericht hat in Übereinstimmung mit der Rechtsprechung des erkennenden Senats die Passivlegitimation des Beklagten für gegeben erachtet. Die Revision bittet, dessen Sachbefugnis noch einmal einer Nachprüfung zu unterziehen. Sie glaubt ihre entgegengesetzte Rechtsauffassung daraus herleiten zu können, daß nach § 1 Abs. 1c des Staatsvertrags betr. den Übergang der Wasserstraßen von den Ländern auf das Reich (Reichsgesetz vom 29. Juli 1921 RGBl. S. 961) auch das Lotsenwesen auf das Reich übergegangen sei. Der Senat hat aber schon wiederholt, zum letzten Male in dem RGZ. Bd. 125 S. 11 abgedruckten Urteil, ausgesprochen, daß es für die Frage, welche öffentlichrechtliche Körperschaft nach Maßgabe des Art. 131 RVerf. die Verantwortlichkeit für Amtspflichtverletzungen von Beamten treffe, lediglich darauf ankomme, von welcher Körperschaft der schuldige Beamte angestellt sei und besoldet werde, daß es dagegen unerheblich sei, wessen Hoheitsrechte er im Einzelfall ausgeübt habe. Daran ist festzuhalten. Nach § 11 Abs. 1, § 12 des genannten Staatsvertrags sind aber die Zwangslotsen, wie das Oberlandesgericht zutreffend darlegt, nicht Reichsbeamte geworden, sondern mit der Wahrnehmung von Reichshoheitsrechten beauftragte Landesbeamte geblieben.

In der Sache selbst mißt das Oberlandesgericht die Hauptschuld an dem Zusammenstoß dem Leiter des „Sirius", dem Lotsen K., um deswillen bei, weil er in die sog. Königsfahrt mit voller Maschinenkraft, d. h. mit einer im Verhältnis zur Gefährlichkeit des Fahrwassers und bei dem damals herrschenden Nebel viel zu großen Geschwindigkeit, hineingefahren sei und auch in der Königsfahrt die Geschwindigkeit erst dann verlangsamt habe, als er die „Anna" sichtete. Der plötzliche Übergang von voller Kraft zu langsamer Fahrt habe,

[1]) Durch Urteil vom 31. Mai 1927 III 394/26, abgedr. JW. 1927 S. 2203 Nr. 21. D. E.

so führt das Berufungsgericht aus, zur Folge gehabt, daß die beiden Leichter ausschoren, nicht mehr rechtzeitig in die Kiellinie des „Sirius" zurückgelangten und die „Anna" anliefen. K. hätte aber nach allgemeinen nautischen Regeln mit Rücksicht auf den Nebel und die Enge der Königsfahrt schon vor der Einfahrt in sie die Geschwindigkeit des „Sirius" erheblich herabsetzen müssen. Hätte er das getan, so wäre nach den Feststellungen des Oberlandesgerichts der Zusammenstoß nach menschlichem Ermessen vermieden worden.

Der Berufungsrichter nimmt aber im Gegensatz zu seinem früheren Urteil an, daß K., da der „Sirius" wegen seiner geringen Tragfähigkeit nach den Verordnungen des Stettiner Regierungspräsidenten vom 21. Dezember 1886 und 5. Februar 1892 nicht lotsenpflichtig gewesen sei, auch nicht die Eigenschaft eines Zwangslotsen, sondern die eines Vertragslotsen gehabt habe, für dessen Fehler der Beklagte nicht hafte. Diese dem Beklagten günstige und bedenkenfreie Rechtsauffassung hat aber nicht zur Klagabweisung geführt, weil der Berufungsrichter auch den auf den beiden Seeleichtern ihres Amtes waltenden Zwangslotsen eine für den Unfall ursächliche Pflichtwidrigkeit vorwirft. Zutreffend geht er davon aus, daß sie, wenn auch die nautische Leitung des Schleppzugs in erster Reihe dem „Sirius" und seinem Lotsen obgelegen habe, doch die selbstverständliche Amtspflicht gehabt hätten, auf die Fahrt des Schleppers und seine Manöver mit genauester Aufmerksamkeit zu achten und durch Zurufe Einspruch und Vorstellungen zu erheben, sobald das Verhalten des K. den Schleppzug und damit die beiden Seeleichter gefährdete. Daß eine Verständigung zwischen den beiden Zwangslotsen und K. möglich gewesen sei, sieht das Oberlandesgericht als erwiesen an, ebenso aber auch, daß eine vor der Einfahrt in die Königsfahrt an K. gerichtete Mahnung, langsam zu fahren, Erfolg gehabt hätte. In der Unterlassung einer solchen Mahnung erblickt es daher mit Recht eine schuldhafte Amtspflichtverletzung. Die Revision vermißt demgegenüber eine ausdrückliche Feststellung, daß die Zwangslotsen die Fahrt für zu schnell gehalten haben oder hätten halten müssen. Aus der Gesamtheit der Urteilsgründe erhellt jedoch deutlich, daß das Oberlandesgericht für dargetan erachtet, die beiden Leichterlotsen hätten — darüber kann eigentlich auch kein Zweifel herrschen — von Anfang an gewußt, daß der „Sirius" mit voller Maschinenkraft fahre, und hätten auch erkannt oder doch bei pflichtgemäßer Aufmerksamkeit erkennen müssen, daß vor und bei der Einfahrt in die Königsfahrt keine oder doch zum mindesten keine merkliche, dem neuen Fahrwasser angepaßte Ermäßigung der Geschwindigkeit eingetreten sei. Dann aber war es ihre Amtspflicht, eine solche Ermäßigung im Interesse ihrer Leichter mit allem Nachdruck zu fordern. Es ist zwar richtig, daß sich, wie die Revision ausführt, die Amtspflicht eines Zwangslotsen in der Regel darauf beschränkt, die Fahrt des von ihm geleiteten Schiffes zu regeln und zu überwachen. Wenn aber die Zwangslotsen der geschleppten Leichter sahen oder sehen mußten, daß der Lotse des Schleppers durch seine Manöver nicht nur diesen, sondern auch die ihnen, den Zwangslotsen, anvertrauten und etwaige ihnen begegnende Schiffe gefährdete, so verletzten sie zweifellos nicht nur die ihnen gegenüber dem Norddeutschen Lloyd, sondern auch die ihnen gegenüber der Klägerin als der Eigentümerin des entgegenkommenden Schleppzugs obliegenden Amtspflichten, wenn sie nicht alles taten, was in ihren Kräften stand, um den Lotsen des Schleppers von dem falschen Manöver abzuhalten.

Es kann sich danach nur noch fragen, ob die Haftung des Beklagten nicht durch § 839 Abs. 1 Satz 2 und Abs. 3 BGB. ausgeschlossen wird, durch Abs. 3 um deswillen, weil die Klägerin seinerzeit gegen das ihre Widerklage gegen den Norddeutschen Lloyd abweisende Urteil des Vorprozesses keine Berufung eingelegt und sich so selbst außerstand gesetzt hat, wegen des der „Anna" entstandenen Schadens den für das nautische Versehen seines Vertragslotsen K. verantwortlichen und zahlungsfähigen Norddeutschen Lloyd in Anspruch zu nehmen. Das Oberlandesgericht verneint die Anwendbarkeit des § 839 Abs. 3 mit Rücksicht darauf, daß die Klägerin und damalige Beklagte die Behauptung des Norddeutschen Lloyd im Vorprozeß, der „Sirius" sei zwangslotsenpflichtig, ohne Verschulden habe für zutreffend halten dürfen. Dem tritt die Revision entgegen. Sie meint, daß es Pflicht der Klägerin gewesen sei, vor Aufgabe ihrer Forderung gegen den Norddeutschen Lloyd alle zur Klärung des Sachverhalts nötigen Erkundigungen einzuziehen.

Der Umfang der Erkundigungspflicht einer Prozeßpartei und die an sie zu stellenden Sorgfalts-Anforderungen werden sich immer nur nach den besonderen Umständen des Einzelfalles bestimmen lassen. Es ist zwar richtig, daß die jetzige Klägerin, worauf das Berufungsgericht das Hauptgewicht legt, die Größen- und Raumverhältnisse des „Sirius", eines ihr fremden Schiffes, nicht kannte und zunächst auch nicht zu kennen brauchte, daß dagegen dem Norddeutschen Lloyd die Tragfähigkeit seines eigenen Schleppers naturgemäß genau bekannt war oder doch bekannt sein mußte und daß im Vorprozeß kein Anhalt für die Annahme zutage getreten ist, er habe in bezug auf sie bewußt oder fahrlässig falsche Angaben gemacht. Nachdem die Klägerin aber gesehen hatte, daß das Urteil im Vorprozeß, soweit es die Abweisung ihrer damaligen Widerklage aussprach, sich lediglich auf die Zwangslotseneigenschaft des an dem Schiffszusammenstoß schuldigen K. stützte und daher mit der Lotsenpflichtigkeit des „Sirius" stand und fiel, durfte sie sich nach dieser Richtung nicht auf die Behauptungen ihres Prozeßgegners verlassen. Sie mußte sie vielmehr nachprüfen und selbst ihre Richtigkeit oder Unrichtigkeit an Hand geeigneter Ermittlungen feststellen, schon von dem Gesichtspunkt aus, daß dem Norddeutschen Lloyd bei seinen Angaben über die Tragfähigkeit des „Sirius" möglicherweise ein Irrtum unterlaufen war. Nicht anzuerkennen ist, daß dieses Verlangen eine Überspannung der Sorgfalts-Anforderungen enthalte oder daß die Nachforschungen mit so erheblichen Schwierigkeiten verknüpft gewesen wären, daß sie der Klägerin nach Treu und Glauben nicht hätten zugemutet werden können. Schon eine Einsichtnahme des Schiffsregisters hätte ihr Klarheit verschafft. Die Unterlassung rechtzeitiger Ermittlungen über die Tragfähigkeit des „Sirius" sowie die Unterlassung der Anfechtung des ihr ungünstigen Teils des Vorprozeßurteils sind der Klägerin daher zum Verschulden anzurechnen. Sie beruhen entweder auf einer fahrlässigen Verkennung der Rechtslage oder auf unangebrachtem, mit der verkehrsgebotenen Vorsicht einer Prozeßpartei nicht vereinbarem Vertrauen auf die Richtigkeit des gegnerischen Vorbringens. Ohne ihr schuldhaftes Unterlassen hätte die Klägerin, da eine dem richtigen Recht entsprechende Entscheidung des Oberlandesgerichts im Vorprozeß zu unterstellen ist, vom Norddeutschen Lloyd Schadensersatz erlangen können, zum mindesten in Höhe der damals eingeklagten Summe. Denn die Schadensersatzpflicht des Norddeutschen Lloyd war begründet, gleichviel ob seine Rechtsbeziehungen zur Klägerin nach Seerecht oder nach dem Binnenschiffahrtsgesetz in der vom 1. Januar 1900 an geltenden Fassung zu beurteilen sind.

Nach den §§ 734, 485, 486 HGB. haftet bei einem Schiffszusammenstoß der Reeder, dessen Schiffsbesatzung ihn verschuldet hat, für den dem anderen Schiff zugefügten Schaden. Er haftet also auch für fahrlässig fehlerhafte Schiffsführung seines Vertragslotsen, da dieser — wie jeder, der auf dem Schiff, wenn auch nur vorübergehend, seemännische Aufgaben zu erfüllen hat — zur Schiffsbesatzung i. S. des § 738 a. a. O. gehört (vgl. RGZ. Bd. 13 S. 114). Auch ein Gegenteilsschluß aus der letztgenannten Vorschrift, welche die Verantwortlichkeit des Reeders für schuldhaftes Verhalten eines Zwangslotsen ausdrücklich ausschließt, zeigt, daß es für den Vertragslotsen bei den Grundsätzen der §§ 734, 485, 486 a. a. O. verbleibt. Dieselbe Rechtslage ergibt sich für den Geltungsbereich des Binnenschiffahrtsgesetzes aus dessen §§ 3, 21, 92.

Allerdings würde die Einlegung der Berufung im Vorprozeß nicht zur Abwehr der Entstehung des Schadens, sondern nur zur Abwendung oder Wiedergutmachung bereits entstandenen Schadens gedient haben. Aber auch auf einen solchen Fall hält der Senat nach Sinn und gesetzgeberischem Zweck des § 839 Abs. 3 BGB. dessen Anwendung für zulässig und geboten.

Zu demselben Ergebnis gelangt man übrigens auch auf Grund des § 839 Abs. 1 Satz 2, wonach der nur fahrlässig handelnde Beamte und infolgedessen auch der nach der späteren Gesetzgebung an seine Stelle getretene Staat nur dann haftbar gemacht werden kann, wenn der Verletzte ohne eigenes Verschulden nicht auf andere Weise Ersatz zu erlangen vermag. Daraus folgt, daß jeder schuldhafte Verlust des Ersatzanspruchs gegen den in erster Reihe Ersatzpflichtigen schlechthin auch den Verlust des Ersatzanspruchs gegen den Staat nach sich zieht. Wie der erkennende Senat schon in RGZ. Bd. 86 S. 289 ausgesprochen hat, findet eine Abwägung des beiderseitigen Verschuldens im Sinne des § 254 BGB. hier ebensowenig statt wie im Fall des § 839 Abs. 3.

Nun belief sich die Widerklageforderung der jetzigen Klägerin im Vorprozeß allerdings nur auf 376,81 GM. Bloß auf diesen Betrag bezieht sich demnach die Rechtskraft des Vorprozeßurteils. Sie steht also der Klägerin nicht entgegen, soweit sie im gegenwärtigen Rechtsstreit eine höhere Summe fordert. Aber auch der Mehranspruch ist nach § 839 Abs. 1 Satz 2 unbegründet, gleichviel ob die Klägerin noch eine Ersatzforderung gegen den Norddeutschen Lloyd erheben kann oder ob diese schon durch Verjährung erloschen ist. Denn deren Ablauf hätte die Klägerin wegen schuldhaft verspäteter Inanspruchnahme des Norddeutschen Lloyd sich selbst zuzuschreiben. Der schuldhafte Verlust dieser Ersatzmöglichkeit schaltet aber, wie oben dargelegt, auch die Möglichkeit aus, sich am Beklagten schadlos zu halten.

---

19. Ist dem Erfordernis einer Ablösung des Grundstückserwerbers im Sinne des § 14 der Aufwertungsnovelle genügt, wenn lediglich feststeht, daß der Erwerber für den Fall der nicht bereits geschehenen Zahlung die Ablösung mit Mitteln des von ihm gezahlten Kaufpreises gebilligt hätte?

V. Zivilsenat. Urt. v. 16. Oktober 1929 i. S. M. Grundstücksges. mbH. (Bekl.) w. Banque de J. (Kl.). V 551/28.

I. Landgericht I Berlin.
II. Kammergericht daselbst.

Die Frage ist verneint worden aus folgenden

Gründen:

Auf Grund der Aussage des Zeugen von Sch. geht das Berufungsgericht davon aus, daß die von diesem vertretene Beklagte nach ihren Besprechungen mit der Gegenseite, insbesondere nach der Erklärung der die Verhandlungen führenden Boden-Aktiengesellschaft B.-N., sie habe die Hypotheken der Klägerin in der Hand und im Besitz, der Ansicht gewesen sei, die Rückzahlung der Hypotheken sei bereits erfolgt und die Verkäuferin sei in der Lage, die Löschung jederzeit herbeizuführen. In diesem Punkte weicht hiernach das Berufungsgericht von der Feststellung des Landgerichts ab, wonach der Beklagten bekannt gewesen sei, daß erst mit Hilfe ihrer Kaufpreiszahlung die Hypotheken der Klägerin abgelöst werden sollten. Dieser Unterschied ist aber wesentlich. Denn ungeachtet grundsätzlicher Anerkennung der Berechtigung, den Begriff der „Ablösung für Rechnung des Erwerbers" weit auszulegen, hat die Rechtsprechung des erkennenden Senats doch nach Wortlaut und Entstehungsgeschichte des § 14 AufwNov. immer an dem Erfordernis einer subjektiven Mitwirkung des Erwerbers bei der Herbeiführung der Ablösung festgehalten, sodaß ein bloß objektives, unbewußtes Beitragen zum Erfolg der Ablösung den Tatbestand einer Ablösung für Rechnung des Erwerbers nicht erfüllt. Nun hat zwar das Berufungsgericht als seine auf die Umstände des Einzelfalls gegründete Überzeugung ausgesprochen, daß die Beklagte — für den Fall der nicht bereits geschehenen Zurückzahlung der Hypotheken — auch mit einer Ablösung einverstanden gewesen sein würde, die erst jetzt aus dem von ihr gezahlten Kaufpreis erfolgt wäre. Es hat jedoch nicht, zum mindesten nicht unzweideutig, festgestellt, daß die Beklagte mit der Möglichkeit der noch nicht durchgeführten Ablösung tatsächlich überhaupt gerechnet und die Verwendung ihres Kaufpreises für diesen Zweck auch nur bedingt in ihren Willen aufgenommen hat. Ohne eine solche Feststellung fehlt es aber selbst am Mindestmaß dessen, was eine Ablösung für Rechnung des Erwerbers erfordert. Es liegt dann beim Erwerber, der die Ablösung als schon in der Vergangenheit vollzogen vorzufinden glaubt, keinerlei bewußte Mitwirkung dazu vor. Er zahlt lediglich seinen Kaufpreis für das als bereits hypothekenfrei betrachtete Grundstück, und die erst nunmehr, wenn auch mit Hilfe des gezahlten Kaufpreises und zeitlich sowie vom Standpunkt des Verkäufers aus im Zusammenhang mit der Veräußerung erfolgende Ablösung bleibt ein reines Geschäft des Veräußerers. Nicht beigetreten werden kann der Auffassung des Berufungsgerichts, daß es zur Anwendung des § 14 AufwNov. auch ausreiche, wenn nur angenommen werden könne, daß der Erwerber bei Kenntnis die Verwendung des Kaufpreises zur Ablösung der Hypotheken gebilligt hätte.

---

20. 1. Kann der frühere Eigentümer eines Grundstücks, der eine ihm an diesem zustehende Eigentümergrundschuld unter Umwandlung in eine Hypothek abgetreten hat, Zedentenaufwertung beanspruchen, nachdem er das belastete Grundstück veräußert hat?

2. Kann sich in diesem Falle der Erwerber gegenüber dem Aufwertungsanspruch des Veräußerers auf den öffentlichen Glauben des Grundbuchs berufen?

AufwG. §§ 17, 20, 21, 31.

V. Zivilsenat. Urt. v. 26. Oktober 1929 i. S. GrundstücksGes. A. W. (Bekl.) w. M. (Kl.). V 349/28.

I. Landgericht I Berlin.
II. Kammergericht daselbst.

Auf dem Grundstück, dessen Eigentum der Kläger am 27. September 1911 erlangt hatte, lastete eine in Abt. III unter Nr. 3 eingetragene Darlehenshypothek von 200000 M., die der Vater des Klägers im Jahre 1913 erworben hatte. Dieser hat die Hypothek am 21. Dezember 1918 an den Eigentümer, den Kläger, abgetreten. Am 18. Dezember 1922 hat der Kläger in privatschriftlicher, mit notariell beglaubigter Unterschrift versehener Urkunde die Löschung eines Teilbetrags von 150000 M. von der so entstandenen Eigentümergrundschuld bewilligt und beantragt. Die restliche Eigentümergrundschuld von 50000 M. hat er dem Bankier B. abgetreten unter Umwandlung der Grundschuld in eine Hypothek, und zwar — nach dem Wortlaut der Bewilligungsurkunde — für ein ihm von B. gewährtes Darlehen von 50000 M. Die Eintragung dieser Abtretung und Umwandlung im Grundbuch ist bewilligt und beantragt worden; der Hypothekenbrief sollte vom Grundbuchamt dem Gläubiger ausgehändigt werden. Der Löschungs- und Umschreibungsantrag ist am 20. Dezember 1922 um 11 Uhr 40 Minuten beim Grundbuchamt eingegangen. Die entsprechenden Eintragungen sind am 30. Dezember 1922 erfolgt. Am 4. Dezember 1922 hat der Kläger das Grundstück der Beklagten zum Kauf angeboten gegen 10 Millionen Mark Barzahlung und Übernahme von 800000 M. Hypothekenschulden. Dieses Angebot hat die Beklagte am 15. Dezember 1922 angenommen. Am gleichen Tage ist die Auflassung geschehen. Der Antrag auf Umschreibung des Eigentums ist am 20. Dezember 1922 um 12 Uhr 45 Minuten beim Grundbuchamt eingegangen, die Eintragung der Beklagten am 23. Dezember 1922 erfolgt. Zur Zeit des Angebots und seiner Annahme standen an Hypotheken und Grundschulden insgesamt 950000 M. eingetragen.

Der Kläger hat gegenüber der Beklagten Zedentenaufwertung aus den an B. abgetretenen 50000 M. beansprucht. Nach Anmeldung des Anspruchs bei der Aufwertungsstelle und Einspruch der Beklagten hat er Feststellung der dinglichen Aufwertungspflicht der Beklagten begehrt. Das Landgericht hat die Klage abgewiesen, das Kammergericht dagegen hat die Aufwertungspflicht der Beklagten festgestellt. Ihre Revision hatte keinen Erfolg.

Gründe:

Das Berufungsgericht stellt als Inhalt des zwischen den Parteien geschlossenen Kaufvertrags fest, daß die Beklagte von der in Abt. III des Grundbuchs unter Nr. 3 eingetragenen Last 50000 M. zu übernehmen hatte, sodaß die Beklagte auch persönlich für die am 30. Dezember 1922 auf B. umgeschriebene Hypothek haftet. Einen Aufwertungsanspruch nach §§ 15, 17 AufwG. billigt der Vorderrichter dem Kläger zu, indem er als erwiesen ansieht, daß B. dem Kläger ein Abtretungsentgelt gezahlt habe, das wegen der Umwandlung der Grundschuld in eine Hypothek als Darlehenszahlung bezeichnet worden sei. Den Schutz des öffentlichen Glaubens des Grundbuchs gegenüber dem Zedentenaufwertungsanspruch versagt das Berufungsgericht der Beklagten unter Bezugnahme auf das Urteil RGZ. Bd. 116 S. 177.

Demgegenüber meint die Revision, der Fall des § 17 AufwG. liege nicht vor; denn der Kläger habe an B. nicht eine Hypothek abgetreten, sondern zu dessen Gunsten eine völlig neue Sicherung für eine neue Schuld begründet; ein Abtretungsentgelt sei dem Kläger nicht gezahlt worden; deswegen seien auch die in jener Entscheidung entwickelten Rechtsgrundsätze hier nicht anwendbar.

Die Revision ist nicht begründet. Darüber, daß unter die nach § 31 AufwG. aufwertbaren Grundschulden auch Eigentümergrundschulden fallen, besteht in Schrifttum und Rechtsprechung im wesentlichen Übereinstimmung (Mügel 5. Aufl. S. 404, 468; Quassowski 5. Aufl. S. 222, 397; Schlegelberger-Harmening 5. Aufl. S. 361; Lehmann-Bösebeck S. 69, 85; Kammergericht in AufwRspr. 1926 Sonderheft S. 44 = JW. 1926 S. 1841; RG. in AufwRspr. 1929 S. 829). Hier liegt die Besonderheit vor, daß die Eigentümergrundschuld als solche nicht mehr besteht, daß sie vielmehr, in eine Hypothek umgewandelt, vom Eigentümer weitergegeben worden ist. Es fragt sich, ob in solchem Falle der frühere Gläubiger der Eigentümergrundschuld, der die Grundschuld ohne Forderung erworben hatte, dem also früher nur das dingliche Grundschuldrecht zugestanden hat, dingliche Aufwertung nach § 17 AufwG. verlangen kann. In der Gesetzesvorschrift über Grundschuldaufwertung (§ 31 AufwG.) wird auf § 17 das. verwiesen. Danach findet die

Zedentenaufwertung auch bei Grundschulden statt, wenn die besonderen Voraussetzungen des § 17 vorliegen. Ein Anlaß, Eigentümergrundschulden auszunehmen, besteht nicht, falls nur eben der Tatbestand des § 17 gegeben ist. Daß dies hier der Fall sei, hat das Kammergericht ohne Rechtsirrtum angenommen. Der Inhaber der Eigentümergrundschuld ist nach dem Sprachgebrauch des Bürgerlichen Gesetzbuchs (vgl. § 1197) „Gläubiger" der Grundschuld. Er kann seine Eigentümergrundschuld auch als „Gläubiger" im Sinne der §§ 31, 17 AufwG. abtreten. Er überträgt damit dem neuen Inhaber das Recht, den in der Grundschuldeintragung genannten Geldbetrag aus dem Grundstück zu fordern (§ 1191 BGB.). Für die Hingabe dieses Rechts kann er eine Gegenleistung annehmen, was die Voraussetzung jeder Zedentenaufwertung ist Eine zugleich mit der Abtretung der Grundschuld bewirkte Umwandlung der letzteren in eine Hypothek (§ 1198 BGB.) ändert an der Sachlage in Ansehung der dinglichen Haftung und auch der dinglichen Aufwertung nichts. 50000 M. sind dem Kläger in der Rückwirkungszeit vom Abtretungsempfänger „als Darlehen" gezahlt worden. Das Kammergericht würdigt diese Zahlung ohne Rechtsirrtum dahin, daß sie nach dem deutlich ersichtlichen Willen des Klägers und des Abtretungsempfängers die Gegenleistung für die Abtretung des dinglichen — gleichzeitig in eine Hypothek umgewandelten — Grundschuldrechts gewesen sei. Nur um diese Umwandlung und dann eine persönliche Schuldhaftung des Grundstückskäufers zu ermöglichen, hat der Kläger ein Schuldanerkenntnis zugunsten des B. abgegeben. Mit der Tatsache, daß dem Grundschuldgläubiger bei Abtretung der Grundschuld in der Rückwirkungszeit eine Gegenleistung gezahlt wurde, ist der Aufwertungsfall der §§ 31, 17 AufwG. gegeben. Mag in Ansehung der letzteren Vorschrift für sich allein nur ein früherer Forderungsgläubiger, also eine vom Eigentümer verschiedene Person, als zur Zedentenaufwertung berechtigt in Betracht kommen, so ergibt sich doch aus der Verweisung auf § 17 (in § 31) die Möglichkeit, daß auch der abtretende Eigentümer dingliche Zedentenaufwertung verlangen kann.

Berufung des neuen Eigentümers auf guten Glauben gegenüber dem Zedentenaufwertungsanspruch kommt schon deswegen nicht in Frage, weil im Zeitpunkt des § 892 Abs. 2 BGB. — Stellung des Antrags auf Eigentumsumschreibung — der Abtretende noch als Gläubiger eingetragen stand. Das Vorliegen der Abtretungserklärung in diesem Zeitpunkt erfüllt nicht die Voraussetzungen des § 20 Abs. 2 AufwG. Übrigens käme, wenn die Grundschuld in diesem Zeitpunkt schon auf den Abtretungsempfänger umgeschrieben gewesen wäre (wovon das Kammergericht tatsächlich irrig ausgeht), der in RGZ. Bd. 116 S. 177 entwickelte und in ständiger Rechtsprechung festgehaltene Rechtsgrundsatz zur Anwendung, daß für den Fall einer Abtretung der Hypothek — hier der Grundschuld — und der Umschreibung auf den Abtretungsempfänger der Grundstückserwerber sich gegenüber dem Anspruch auf Zedentenaufwertung nicht auf den öffentlichen Glauben des Grundbuchs berufen kann, weil die dingliche Last zur Zeit seines Eigentumserwerbs noch eingetragen stand und der öffentliche Glaube sich nicht auf die Person des Gläubigers erstreckt. Mit Recht hat also das Kammergericht der Beklagten die Berufung auf den öffentlichen Glauben des Grundbuchs versagt, die diese daraus entnahm, daß zur Zeit des Eingangs des Antrags auf Eigentumsumschreibung der Antrag auf Eintragung der Grundschuldabtretung vom Eigentümer auf den neuen Gläubiger B. gestellt war.

---

21. 1. Über Rechtsnatur und Auslegung der Genehmigung zum Betrieb einer dem öffentlichen Verkehr dienenden Kleinbahn.

2. Begründet die Errichtung und der Betrieb einer Konkurrenzbahn eine Schadensersatzpflicht der Deutschen Reichsbahn-Gesellschaft?

Preuß. Kleinbahngesetz vom 28. Juli 1892 §§ 1 bis 3. RVerf. 1871 Art. 41 Abs. 3. BGB. § 823. RVerf. Art. 153.

VI. Zivilsenat. Urt. v. 28. Oktober 1929 i. S. Sylter Inselbahn A.G. (Kl.) w. Deutsche Reichsbahn-Gesellschaft (Bekl.). VI 1/29.

I. Landgericht Altona.
II. Oberlandesgericht Kiel.

Auf Grund einer durch Urkunde vom 14. Mai 1906 für die Dauer von 60 Jahren erteilten Genehmigung des Regierungspräsidenten in Schleswig betreibt die Klägerin mehrere Kleinbahnen auf der Insel Sylt, darunter die Strecke Munkmarsch-Westerland. Diese Bahn diente namentlich dem Bäderverkehr zwischen dem Festland und Westerland im Anschluß an die Dampferlinie Hoyerschleuse-Munkmarsch. Nach Errichtung des Hindenburgdammes zwischen dem Festland und der Insel Sylt eröffnete die Beklagte den Verkehr auf dieser Nebenbahnstrecke nach Westerland am 1. Juni 1927. Da nunmehr der gesamte Personen- und Güterverkehr den Weg über die Dammbahn nach der Insel nahm, wurde die Dampfschiffslinie Hoyerschleuse-Munkmarsch und ebenso der Betrieb auf der Bahnstrecke Munkmarsch-Westerland eingestellt. Die Klägerin behauptet, daß die Beklagte durch den Bau und die Inbetriebnahme der Reichsbahnlinie das ihr mit der Genehmigung erteilte Verkehrsprivileg verletzt habe. Deshalb und unter dem Gesichtspunkt der unerlaubten Handlung sei die Beklagte schadensersatzpflichtig. Die Klägerin fordert den Gewinnausfall aus dem Fernverkehr über die Strecke Munkmarsch-Westerland für das Jahr 1927, berechnet nach dem Durchschnitt der drei letzten Jahre. Die Beklagte bestreitet, daß sie aus irgendeinem Rechtsgrund zum Ersatz des Schadens verpflichtet sei. Die Revision der in beiden Instanzen abgewiesenen Klägerin hatte keinen Erfolg.

Aus den Gründen:

Unbedenklich durfte das Berufungsgericht von der Sachbefugnis der Beklagten ausgehen, da diese einmal als Unternehmerin die neue Bahn nach Sylt betreibt, außerdem aber alle mit den früheren preußischen Eisenbahnen verbundenen Rechte und Pflichten, also auch Unterlassungspflichten, durch § 1 des Staatsvertrags vom 31. März 1920 übernommen hat. Die Genehmigung zur Herstellung und zum Betrieb der Kleinbahnen auf Sylt ist nach den §§ 2, 3 des preußischen Kleinbahngesetzes vom Regierungspräsidenten in Schleswig im Einvernehmen mit der vom Minister der öffentlichen Arbeiten bezeichneten Eisenbahn-Direktion Altona durch Urkunde vom 14. Mai 1906 erteilt. In der bisherigen Rechtsprechung des Reichsgerichts ist die im Rahmen des Kleinbahngesetzes ausgesprochene Genehmigung einer dem öffentlichen Verkehr dienenden Kleinbahn (§ 1 KleinbahnG.) als eine landespolizeiliche Verfügung angesehen worden, wenn auch der Ausdruck Konzession — nicht aber Privilegium — gelegentlich vorkommt (RGZ. Bd. 54 S. 187, Bd. 59 S. 72, Bd. 62 S. 131, Bd. 91 S. 176; Entsch. des Staatsgerichtshofs Bd. 109 Anh. S. 17). Es bedarf indessen keiner näheren Untersuchung darüber, welche Rechtsnatur der Genehmigung auf Grund des Kleinbahngesetzes im allgemeinen zukommt und ob darin stets oder unter besonderen Umständen zugleich eine auf die Eisenbahnhoheit gestützte staatliche Verleihung eines Rechts zu finden ist (vgl. jetzt Art. 89 bis 99 RVerf. und § 13 des zum Reichsgesetz erhobenen Staatsvertrags vom 31. März 1920 über den Übergang der Staatseisenbahnen auf das Reich). Denn die Entscheidung des Rechtsstreits hängt wesentlich von dem Inhalt und Umfang der gerade in diesem Fall eingeräumten Befugnis zum Eisenbahnbetrieb ab, und hierfür ist die Auslegung der erteilten Genehmigung maßgebend. In dieser Richtung ist aber den Vorinstanzen beizutreten. Die Überführung des Personen- und Güterverkehrs von Hoyerschleuse nach Munkmarsch und umgekehrt geschah durch eine private Dampfschiffahrtsgesellschaft. Schon diese Abhängigkeit des Betriebs der Inselbahn von dem Zwischengliede der nicht staatlichen Dampferverbindung macht es unwahrscheinlich, daß dem Eisenbahnunternehmer vom Preußischen Staat ein ausschließliches Recht eingeräumt worden sein sollte, dessen Erfüllung er nicht unbedingt gewährleisten konnte. (Wird näher ausgeführt.)

Aus dem Sachverhalt und aus dem Wortlaut und Sinn der Genehmigungsurkunde läßt sich nicht entnehmen, daß der Preußische Staat über die Aufrechterhaltung der von einer privaten Gesellschaft betriebenen Schiffahrtslinie dem Eisenbahnunternehmer irgendeine Zusicherung gegeben habe. Abgesehen hiervon verbietet sich aus allgemeinen Gründen eine ausdehnende Auslegung der Genehmigungsurkunde im Sinne der Gewährung eines ausschließlichen Rechts zur Leitung jedweden Verkehrs zwischen Festland und Insel Sylt über die Eisenbahn Munkmarsch-Westerland. Denn im Zweifel kann nicht angenommen werden, daß der Staat sich in seiner Befugnis zur Erbauung neuer eigener Bahnen hat beschränken wollen (RGZ. Bd. 54 S. 266; Fleiner Inst. des Verwaltungsr. 8. Aufl. S. 347). Entscheidend gegen die von der Revision vertretene Auslegung der Genehmigung vom 14. Mai 1906 fällt aber die Vorschrift des Art. 41 Abs. 3 Schlußsatz der Reichsverfassung von 1871 ins Gewicht, worauf Jellinek in dem in dieser Sache erstatteten Gutachten zutreffend hingewiesen hat. Denn danach kann ein Widerspruchsrecht gegen die Erbauung einer Konkurrenzbahn nach Inkrafttreten der Reichsverfassung nicht mehr verliehen werden (Dambitsch RVerf. 1910 Bem. IV zu Art. 41). Namentlich das Hoheitsrecht des Staates zur Anlegung von Konkurrenzbahnen ist nach Vorschrift der Verfassung nicht mit rechtlicher Wirkung beschränkbar. Daß der Regierungspräsident den Preußischen Staat unter Verletzung der Verfassung hat binden wollen, erscheint ausgeschlossen. Fehlt es somit an einem Ausschlußrecht der Klägerin (im Gegensatz hierzu vgl. z. B. über ein ausschließliches Recht beim Abdeckerei-Privileg JRsch. 1925 Nr. 1047), so kann auch auf den Gesichtspunkt von Treu und Glauben, der unter Umständen auch im öffentlichen Recht anwendbar ist (RGZ. Bd. 125 S. 318), oder auf Billigkeit die Schadenshaftung der Beklagten nicht gestützt werden. Unerheblich ist, in welcher technischen Art — hier auf einem durch das Wattenmeer geführten Damm — die neue Bahn errichtet ist. Der Damm als solcher hat den Eisenbahnbetrieb der Klägerin noch nicht gestört, mag dadurch auch, wie Jellinek meint, Sylt seiner Inseleigenschaft beraubt und in eine Halbinsel umgewandelt sein. Die günstige Anlage der Bahn und ihre erhöhte Konkurrenzfähigkeit gegenüber dem Betrieb der Klägerin können rechtlich nicht entscheiden. Im bürgerlichen Recht ist zwar der eingerichtete und ausgeübte Gewerbebetrieb als ein schutzfähiges Recht im Sinne des § 823 BGB. anzusehen. Eine Verletzung dieses Rechts ist aber nach der feststehenden Rechtsprechung nur dann gegeben, wenn der Eingriff sich unmittelbar gegen den Bestand des Gewerbebetriebs durch tatsächliche oder rechtliche Verhinderung der Betriebshandlungen richtet. Darunter fällt nicht, wenn dem Gewerbetreibenden nur ein wirtschaftlicher Gewinn entzogen wird, z. B. im Wege des erlaubten Wettbewerbs (RGZ. Bd. 102 S. 223 [225] mit Anführungen, Bd. 95 S. 339, Bd. 100 S. 214; Recht 1923 Nr. 537, 1924 Nr. 1678; JRsch. 1928 Nr. 829, Planck Erl. B II 1 zu § 823 S. 1719/20; Komm. von RGR. Erl. zu § 823 S. 560/61). Hier hat die Beklagte ein ihr durch die alte wie durch die neue Reichsverfassung gleichermaßen gewährleistetes Recht zum Bau und zum Betrieb einer dem allgemeinen Verkehr dienenden Bahn ausgeübt. Wie in diesem Rechtszug unterstellt werden muß, ist der Klägerin durch die Bahneröffnung ein bedeutender wirtschaftlicher Nachteil zugefügt worden. Dagegen ist kein Recht der Klägerin verletzt und ihr kein Vorteil entzogen worden, auf den sie einen Rechtsanspruch hätte. Damit entfällt auch die Anwendung des Art. 153 RVerf. und des § 75 der Einleitung zum preuß. ALR., soweit diese Vorschrift überhaupt in Schleswig-Holstein Geltung hat.

22. Wann ist der ordentliche Vorsitzende eines Senats dauernd verhindert, den Vorsitz zu führen? Welche Bedeutung hat hierfür die Verteilung der Geschäfte innerhalb des Senats?

GVG. §§ 62, 66, 117.

VI. Zivilsenat. Urt. v. 19. September 1929 i. S. J. (Kl.) w. K. u. Gen. (Bekl.). VI 720/28.

I. Landgericht I Berlin.
II. Kammergericht daselbst.

Der Sachverhalt und die Entscheidung ergeben sich aus den

Gründen:

Die Revision rügt in erster Linie, daß das angefochtene Urteil von einem nicht vorschriftsmäßig besetzten Gericht erlassen worden sei. Vorsitzender des 9. Zivilsenats des Kammergerichts sei der Senatspräsident O. Der Geschäftsverteilungsplan des Kammergerichts sehe neben der Zuständigkeit dieses Senats für Prozeßsachen seine Zuständigkeit in Aufwertungssachen vor. Die Sitzungen des 9. Zivilsenats fänden in verschiedener Besetzung statt, je nachdem es sich um Beschlußfassung in Aufwertungssachen oder um Entscheidungen in Prozeßsachen handle. Die mit Aufwertungssachen befaßte Abteilung des Senats habe wöchentlich einmal an demselben Tage Sitzung, an dem die Sitzung der mit Prozeßsachen befaßten Abteilung stattfinde. An diesem Tage sei der Senatspräsident O. am Vorsitz in der Prozeßabteilung durch die Sitzung der Aufwertungsabteilung verhindert. Tatsächlich habe er seit 2 Jahren zwar ständig der Aufwertungsabteilung, aber niemals einer Sitzung der Prozeßabteilung vorgesessen. Beide Abteilungen des Senats hätten überdies getrennte Geschäftsstellen. Diese Besetzung und Verteilung der Geschäfte des 9. Zivilsenats stehe nicht im Einklang mit den Vorschriften des Gerichtsverfassungsgesetzes.

Die Rüge kann nicht als begründet angesehen werden. Der vorliegende Fall unterscheidet sich wesentlich von dem Sachverhalt, wie er der Entscheidung des Reichsgerichts in RGZ. Bd. 119 S. 280 zugrunde lag, und auch von demjenigen, der in der Entscheidung Bd. 119 S. 284 beurteilt ist. Das angefochtene Urteil ist am 4. Oktober 1928 gefällt. Nach den amtlichen Äußerungen des Kammergerichtspräsidenten und des nach der Geschäftsverteilung des Kammergerichts dem 9. Zivilsenat vorsitzenden Senatspräsidenten sind diesem Senat durch die Geschäftsverteilung für das Jahr 1928 Prozeßsachen und Aufwertungssachen überwiesen. Der ordentliche Vorsitzende nahm zunächst an der Erledigung der Prozeßsachen nicht teil. Danach unterscheidet sich der vorliegende Fall von den früheren schon dadurch, daß nicht ein Präsident den Vorsitz in mehreren Senaten des Oberlandesgerichts führt. Es handelt sich vielmehr darum, in welchem Umfang der ordentliche Vorsitzende in der Lage ist, mit Rücksicht auf den Umfang der Geschäfte des Senats den Vorsitz selbst zu führen und wieweit das nach den §§ 117, 66 GVG. berufene Mitglied des Senats für ihn einzutreten hat. Die Verteilung der nach dem Geschäftsverteilungsplan (§§ 63, 64, 117 GVG.) vom Senat zu erledigenden Angelegenheiten auf die einzelnen Sitzungstage ist unzweifelhaft dem Ermessen des Vorsitzenden zu überlassen. Nun könnte freilich die Frage aufgeworfen werden, ob bei einer etwaigen Überlastung des Senats und bei Verteilung der Geschäfte durch den Vorsitzenden in der Art, daß er sich nur Beschlußsachen widmet, dagegen die Verhandlung der bürgerlichen Rechtsstreitigkeiten in vollem Umfang seinem Vertreter überläßt, der nach dem Gesetz berufene Vorsitzende an der Führung des Vorsitzes gerade in bezug auf diese Rechtsstreitigkeiten verhindert und ob diese Verhinderung nach Lage des Falls eine dauernde ist, die das dienstälteste Mitglied des Senats tatsächlich zum ordentlichen Vorsitzenden werden läßt. Allein einer grundsätzlichen Beantwortung dieser Frage bedarf es im vorliegenden Falle nicht; es braucht auch nicht untersucht zu werden, ob die Unterscheidung zwischen Beschlußsachen und bürgerlichen Rechtsstreitigkeiten der Teilung der bürgerlichen Rechtsstreitigkeiten nach deren Inhalt auf diesem Gebiet gleichzustellen wäre (vgl. RGZ. Bd. 115 S. 157, 161). Denn hier ist folgendes entscheidend:

Bei der Aufstellung des Geschäftsverteilungsplans für das Jahr 1928 wurde nach der erwähnten Auskunft mit einem Rückgang der Aufwertungssachen gerechnet, und dieser Rückgang ist auch im Laufe des Jahres eingetreten. Hiernach ist die Sachlage nicht so, daß der ordentliche Vorsitzende im Jahre 1928 und auch am 4. Oktober 1928 dauernd verhindert war, den Vorsitz in den für die Erledigung der Prozeßsachen bestimmten Terminen zu führen. Vielmehr war der Senat vorübergehend mit Angelegenheiten belastet, deren Wegfall feststand und nur dem genauen Zeitpunkt nach ungewiß war, und die sachgemäß nur von einem Senat, nicht von mehreren Senaten erledigt wurden. Wollte man im Sinne der Revision für eine solche Lage die Schaffung einer neuen Vorsitzenden-Stelle für notwendig halten, für die in absehbarer Zeit kein Beschäftigungsfeld mehr gegeben ist, so würde dieses Ergebnis mit dem vom Gerichtsverfassungsgesetz in den §§ 62, 117 verfolgten Zweck nicht vereinbar sein und auch einer ordnungsmäßigen Staatswirtschaft nicht entsprechen. . . .

---

23. 1. Können Rechtsanwaltsgebühren und Auslagen, die im Verfahren vor dem Mieteinigungsamt entstanden sind, gegen die unterlegene Partei im ordentlichen Rechtsweg eingeklagt werden, wenn das Mieteinigungsamt keine Entscheidung über die Pflicht zu ihrer Erstattung getroffen hat?

2. Kann ein solcher Erstattungsanspruch gegen einen Kommunalverband aus angeblich schuldhafter Amtspflichtverletzung seiner Beamten hergeleitet werden?

RVerf. Art. 131. Mieterschutzgesetz vom 1. Juni 1923 § 46. Verfahrensanordnung vom 19. September 1923 (RGBl. I S. 889) § 15.

III. Zivilsenat. Urt. v. 20. September 1929 i. S. Sch. (Kl.) w. Stadt R. (Bekl.). III 530/28.

I. Landgericht Rostock.
II. Oberlandesgericht daselbst.

Der Kläger, welcher Eigentümer eines Grundstücks in der O.-Straße in R. war und in ihm eine Wohnung innehatte, überließ diese im Jahre 1921 seinem Sohn und zog zu seiner Tochter in das dieser gehörige, in der W.-Straße gelegene Haus. Als Mitte des Jahres 1926 die in seinem Hause wohnende Frau L. starb, stellte der Kläger beim Wohnungsamt den Antrag, ihm ihre bisherige Wohnung zu überlassen; er wurde jedoch vom Wohnungsamt, vom Landeswohnungsamt und vom Ministerium des Innern abschlägig beschieden. Das Polizeiamt, das auf die leerstehende Wohnung vom Wohnungsamt hingewiesen war, beschlagnahmte sie für die seit längerer Zeit obdachlose

Familie J. Obwohl die Beschlagnahme vom Landesverwaltungsgericht aufgehoben wurde, beschlagnahmte die Polizeiverwaltung die Wohnung nochmals; auch diese Beschlagnahme wurde aufgehoben. Die Polizei beließ jedoch die Familie J. bis zum 8. Dezember 1926 in der Wohnung. In der Folgezeit wies das Wohnungsamt dem Kläger mehrere Personen als Zwangsmieter zu, deren Aufnahme er verweigerte. Es kam zu wiederholten Verhandlungen vor dem Mieteinigungsamt, die schließlich damit endeten, daß dieses einen Zwangsmietvertrag mit dem Arbeiter H. festsetzte. Der Zwangsmietvertrag wurde aber vom Oberlandesgericht aufgehoben und die Sache zur anderweiten Verhandlung und Entscheidung an das Mieteinigungsamt zurückverwiesen. Inzwischen war der Kläger von seiner Tochter vor dem Amtsgericht auf Aufhebung des Mietvertrags und Räumung der Wohnung in der W.-Straße verklagt worden; da er den eingeklagten Anspruch anerkannte, wurde er durch Anerkenntnisurteil zur Räumung verurteilt. Nunmehr lehnte das Mieteinigungsamt den Abschluß eines Zwangsmietvertrags ab. Daraufhin erteilte das Wohnungsamt am 4./6. Mai 1927 dem Kläger die Genehmigung zum Einzug in die von ihm beanspruchte Wohnung in der O.-Straße. Der Kläger erhob darauf gegen die Stadtgemeinde R. Klage auf Ersatz 1. des Mietausfalls für die Zeit vom 1. August 1926 bis zum 6. Mai 1927 in Höhe von 207,40 RM., 2. der ihm durch das Verfahren vor dem Wohnungsamt, dem Mieteinigungsamt und dem Oberlandesgericht entstandenen Rechtsanwaltsgebühren im Betrag von 127,91 RM. Er stützte diese Ansprüche auf Art. 131 RVerf., indem er den Beamten der Polizei, des Wohnungsamts und den Mitgliedern des Mieteinigungsamts vorwarf, sie hätten ihm die Wohnung der Frau L. unter Nichtberücksichtigung seines eigenen Bedarfs schuldhaft vorenthalten, und auf Art. 153 RVerf.

Das Landgericht verurteilte die Beklagte zur Zahlung von 335,31 RM. Das Oberlandesgericht bestätigte diese Entscheidung nur hinsichtlich der Mietentschädigung und wies die Klage auf Erstattung der Anwaltskosten ab. Auf die Revision des Klägers wurde dieses Urteil aufgehoben und die Sache an das Berufungsgericht zurückverwiesen.

Gründe:

Das Oberlandesgericht erachtet den Mietentschädigungsanspruch zu 1 aus dem Gesichtspunkt der Enteignung gemäß Art. 153 RVerf.

für begründet, die Ersatzforderung zu 2 aber hat es abgewiesen, weil durch § 46 des Mieterschutzgesetzes vom 1. Juni 1923 (RGBl. I S. 353) in Verbindung mit § 15 der Anordnung für das Verfahren vor dem Mieteinigungsamt vom 19. September 1923 die Entscheidung über sie unter Ausschluß des ordentlichen Rechtswegs lediglich dem Mieteinigungsamt übertragen sei. Dabei ist aber, wie die Revision zutreffend geltend macht, übersehen, daß nach den Tatbeständen der vorinstanzlichen Urteile beide Klagansprüche nicht nur auf Art. 153, sondern auch auf Art. 131 RVerf. gestützt worden sind. Der Kläger hat in schlüssiger Weise angegeben, worin er das Verschulden der Beamten der Beklagten erblickt. Mit den nach dieser Richtung aufgestellten Behauptungen mußte sich der Berufungsrichter sachlich auseinandersetzen; denn vom Gesichtspunkt schuldhafter Amtspflichtverletzung aus ist der Rechtsweg nach Art. 131 RVerf. zweifellos zulässig, und zwar ohne Rücksicht darauf, ob in dem Verfahren, in dem die streitig gewordenen Anwaltsgebühren entstanden sind, die zur Entscheidung über eine etwaige Erstattungspflicht berufene Behörde eine solche Entscheidung getroffen hat oder nicht. Die auf einem anderen Tatbestand beruhende Entscheidung des VII. Zivilsenats RGZ. Bd. 101 S. 351 steht nicht entgegen. Der Umstand, daß zur Zeit in Abweichung von dem beim Inkrafttreten des Gerichtsverfassungsgesetzes geltenden Rechte im Verhältnis zu dem geschädigten Dritten die bürgerlichrechtliche Haftung für Amtspflichtverletzungen von Gemeindebeamten nicht diese, sondern die Gemeinde trifft, ist für die verfahrensrechtliche Behandlung des Ersatzanspruchs, insbesondere für seine Revisionsfähigkeit, belanglos (RGZ. Bd. 107 S. 61). Ob er sich sachlich aus Art. 131 RVerf. rechtfertigen läßt, hat der Berufungsrichter nicht geprüft. Deshalb unterliegt das angefochtene Urteil hinsichtlich der abgewiesenen Auslagenforderung der Aufhebung. Soweit die Revision aber die Ansicht vertritt, daß auch abgesehen vom Klagegrund der Amtspflichtverletzung und über ihn hinaus § 46 MSchG. und § 15 VerfAO. der gerichtlichen Geltendmachung des Kostenerstattungsanspruchs nicht im Wege stehen, ist sie unbegründet.

Die Mieteinigungsämter sind zwar keine Sondergerichte, wohl aber Verwaltungsbehörden (RGZ. Bd. 107 S. 284), die in den ihnen durch das Mieterschutzgesetz und das Wohnungsmangelgesetz zugewiesenen Sachen ausschließlich zuständig sind. Ihre innerhalb der zweiwöchigen Frist des § 41 MSchG. mit der Rechtsbeschwerde nicht angefochtenen oder in der Beschwerdeinstanz bestätigten Beschlüsse binden die Parteien wie die Gerichte und schaffen Rechtskraft unter den vom Verfahren betroffenen Streitteilen (RGZ. Bd. 104 S. 153). Das gilt nicht nur von den sachlichen, sondern auch von den Kostenentscheidungen der Mieteinigungsämter, soweit die letzteren ihnen vom Gesetz übertragen oder überlassen sind. Während § 46 MSchG. sich nur über die amtlichen Gebühren und Auslagen verhält, ermächtigt § 15 VerfAO. die Mieteinigungsämter, eine Entscheidung auch zu treffen über die Verpflichtung der einen Partei, dem Gegner Ersatz für etwaige Auslagen und Zeitversäumnisse zu gewähren. Zu den im Sinne des § 15 VerfAO. erstattungsfähigen Auslagen sind auch die Gebühren eines Rechtsanwalts zu rechnen, dessen sich eine Partei im Verfahren vor dem Mieteinigungsamt oder dem Wohnungsamt bedient hat. Die Entscheidung über ihre Erstattungsfähigkeit ist aber den Mieteinigungsämtern, wie schon betont, nicht zur Pflicht gemacht, sondern nur in ihr pflichtmäßiges Ermessen gestellt. Dem Fehlen eines Ausspruchs nach dieser Richtung kann daher nur die Bedeutung beigemessen werden, daß das Mieteinigungsamt nach Lage des Falles eine Kostenerstattung zugunsten des einen und zu Lasten des anderen Streitteils nicht für angemessen erachtet hat. Auch das ist eine Entscheidung, welche die Parteien bindet und von ihnen zu achten ist. Ist sie einmal rechtskräftig geworden, so können die Parteien die Frage der Kostenerstattung nicht wieder aufrollen, am allerwenigsten vor den ordentlichen Gerichten. Es tritt dann derselbe Rechtszustand ein, der unter der Herrschaft des § 14 der früheren Anordnung für das Verfahren vor den Einigungsämtern vom 23. September 1918 (RGBl. S. 1146) allgemein bestand, d. h. jeder Anspruch der Parteien auf Auslagenersatz ist ausgeschlossen. Anders liegt die Sache, wenn der Unkostenersatz, wie oben erörtert, aus dem Gesichtspunkt der Amtspflichtverletzung verlangt wird. Hier richtet sich die Forderung sachlich gegen den schuldigen Beamten, dessen Haftung der Gesetzgeber nur aus sozialen Erwägungen durch die der Gemeinde ersetzt hat. Den Rechtsgrund ihrer Haftung bildet dann nicht die Wohnungsenteignung oder ihr Unterliegen in dem sich daran anschließenden Verfahren vor dem Mieteinigungsamt, sondern die schuldhafte Verletzung von Amtspflichten ihrer Beamten. Das Berufungsgericht wird daher nur zu prüfen haben, ob der Auslagenanspruch des Klägers, dessen gerichtlicher Geltendmachung, soweit er sich auf Art. 131 RVerf. gründet, § 46 MSchG. und § 15 VerfAO. nicht entgegenstehen, in der genannten Vorschrift eine Stütze findet.

---

24. 1. Kann die Frau den ihr nach § 1374 BGB. zustehenden Anspruch auf Erteilung von Auskunft über den Stand der Verwaltung des eingebrachten Gutes gegen den Mann jederzeit oder nur unter den Voraussetzungen des § 1394 Satz 1 das. gerichtlich geltend machen?

2. Über die Voraussetzungen des Anspruchs der Frau auf Sicherheitsleistung nach § 1391 BGB.

3. Was ist unter Mitwirkung bei der Aufnahme eines Verzeichnisses über den Bestand des eingebrachten Gutes nach § 1372 BGB. zu verstehen?

IV. Zivilsenat. Urt. v. 3. Oktober 1929 i. S. Ehefr. L. (Kl.) w. Ehem. L. (Bekl.). IV 33/29.

I. Landgericht Bautzen.
II. Oberlandesgericht Dresden.

Die Parteien sind verheiratet, haben aber im Jahre 1922 die häusliche Gemeinschaft aufgehoben. Sie leben im gesetzlichen Güterstand. Die Klägerin ist mit dem Anspruch auf Aufhebung der ehemännlichen Verwaltung und Nutznießung (§ 1418 Abs. 1 Nr. 1 und 2 BGB.) in zweiter Instanz abgewiesen, die von ihr eingelegte Revision ist durch Urteil des Senats vom 9. März 1925 zurückgewiesen worden. Im weiteren Verfahren hat das Landgericht den Beklagten verurteilt, zur Feststellung des Bestands des eingebrachten Gutes der Klägerin durch Aufstellung eines Verzeichnisses mitzuwirken, abgewiesen hat es jedoch den weiteren Anspruch, daß der Beklagte über die Verwaltung ihres eingebrachten Gutes und die von ihm getroffenen Verwaltungsmaßnahmen Auskunft erteilen solle. Die Berufungen beider Parteien wurden zurückgewiesen. Auch die beiderseits eingelegten Revisionen hatten keinen Erfolg. Aus den

Gründen:

1. Die Klägerin verfolgt den abgewiesenen Anspruch aus § 1374 BGB. weiter, daß ihr der Beklagte über die Verwaltung ihres ein-

gebrachten Gutes Auskunft erteile. Nach § 1394 BGB. kann die Frau Ansprüche, die ihr auf Grund der Verwaltung und Nutznießung gegen den Mann zustehen, erst nach Beendigung der Verwaltung und Nutznießung gerichtlich geltend machen, es sei denn, daß die Voraussetzungen vorliegen, unter denen die Frau nach § 1391 BGB. Sicherheitsleistung verlangen kann. Es fragt sich, ob auch der hier verfolgte Anspruch aus § 1374 an die Voraussetzungen des § 1391 gebunden ist, solange Verwaltung und Nutznießung des Mannes nicht beendet sind. Diese in den Urteilen RGZ. Bd. 87 S. 106 und Bd. 72 S. 14 unentschieden gelassene Frage ist vom Berufungsgericht mit Recht bejaht worden. Weder aus dem Wortlaut der beiden Vorschriften noch aus ihrer Entstehungsgeschichte ist ein Anhalt dafür zu entnehmen, daß der der Frau in § 1374 eingeräumte Anspruch auf Auskunfterteilung nicht unter die Regel des § 1394 fallen sollte. Vielmehr ergeben sowohl die Protokolle der Kommission für die zweite Lesung des Entwurfs des BGB. (Bd. 4 S. 202) als auch die Denkschrift (S. 276), daß nicht beabsichtigt worden ist, für die zeitliche Zulässigkeit der Klage auf Auskunfterteilung eine Ausnahme von jener Regel zuzulassen. Auch im Schrifttum wird überwiegend die Ansicht vertreten, daß die Auskunftspflicht des Mannes zwar als Rechtspflicht vom Beginn seiner Verwaltung und Nutznießung an anerkannt ist, daß aber die Frau vor Beendigung der Verwaltung und Nutznießung ihren Anspruch auf Auskunfterteilung nur unter den Voraussetzungen des § 1391 gerichtlich geltend machen kann (vgl. Staudinger Anm. 6 Abs. 3 zu § 1374 BGB. und Nachweisungen, RGRKomm. Anm. 4.[1])

Das Berufungsgericht verlangt hiernach mit Recht von der Klägerin den Nachweis einer durch das Verhalten des Beklagten begründeten Besorgnis, daß ihre Rechte in einer das eingebrachte Gut erheblich gefährdenden Weise verletzt werden oder daß die ihr aus der Verwaltung und Nutznießung des Beklagten zustehenden Ansprüche auf Ersatz des Wertes verbrauchbarer Sachen erheblich gefährdet sind. Im Urteil des Senats vom 9. März 1925 ist in rechtlicher Hinsicht folgendes ausgeführt: „Ob die Besorgnis einer erheblichen Gefährdung des eingebrachten Gutes der Frau vorliegt, ist im wesentlichen Tatfrage. Zwar ist ein Verschulden des Mannes oder gar die Absicht der Schädigung nicht erforderlich; objektiv aber wird eine erhebliche Gefährdung

[1]) Vgl. auch das Urt. vom 24. Oktober 1929 S. 114 dieses Bandes. D. E.

dann zu verneinen sein, wenn der Mann, dessen Gesamtverhalten im übrigen zur Befürchtung einer unzuverlässigen Handlungsweise keinen Anhalt bietet, zwar in einzelnen Beziehungen Verfügungen über das eingebrachte Gut der Frau ohne deren Zustimmung trifft, aber bereit und jederzeit imstande ist, dafür Ersatz zu leisten. Es ist nicht rechtsirrig, in einem solchen Falle der Ersatzbereitschaft die Annahme einer erheblichen Gefährdung auszuschließen. Daß in § 1391 Abs. 2 BGB. die Gefährdung des Ersatzanspruchs nur für verbrauchbare Sachen besonders erwähnt ist, hat darin seinen Grund, daß diese ohne weiteres der Verfügung des Mannes unterliegen. Zu einem anderen Ergebnis würde man kommen müssen, wenn der Beklagte darauf ausgegangen wäre, das ganze Frauengut in eine Reihe von Ersatzansprüchen umzuwandeln. Davon ist nicht die Rede". Von diesem Standpunkt aus, an dem festzuhalten ist, sind rechtliche Bedenken auch nicht gegen die Beurteilung zu erheben, welche die neuerlichen Anführungen der Klägerin beim Berufungsgericht gefunden haben. Der Revision kann zugegeben werden, daß sich eine Ehefrau die rechtswidrige Umwandlung des eingebrachten Gutes in eine Reihe von Ersatzansprüchen gegen den Mann auch dann nicht gefallen zu lassen braucht, wenn der Mann völlig zahlungsfähig ist. Etwas anderes besagen auch die wiedergegebenen Rechtsausführungen des Urteils vom 9. März 1925 nicht. So liegt aber hier der Fall nach den tatsächlichen Darlegungen des Berufungsgerichts nicht. (Wird ausgeführt.)

Der Revision der Klägerin kann auch der Hinweis darauf nicht zum Erfolg verhelfen, daß der Beklagte, wie aus seiner Verurteilung hervorgehe, seiner Verpflichtung zur Mitwirkung bei der Aufnahme eines Vermögensverzeichnisses nach § 1372 Abs. 1 BGB. bisher nicht vollständig nachgekommen sei. Daß das Berufungsgericht diese Tatsache übersehen hätte, muß als ausgeschlossen gelten. Es ist zuzugeben, daß die Nichterfüllung oder nicht vollständige Erfüllung der fraglichen Verpflichtung einen Anhalt für die Beurteilung der Frage bieten kann, ob das Verhalten des Mannes die Besorgnis einer Gefährdung der Rechte der Frau im Sinne des § 1391 BGB. begründet. Ob das aber der Fall ist, kann sich nur nach den Gesamtumständen richten. Im vorliegenden Fall hat das Berufungsgericht wegen der festgestellten ehrenhaften und rechtlichen Gesinnung, wegen der Ersatzbereitschaft und Ersatzfähigkeit des Beklagten und wegen des Umstands, daß er dem Verlangen der Klägerin auf Auskunfterteilung in gewissem, wenn auch nicht völlig ausreichendem Maße, nachgekommen ist, den fraglichen Schluß nicht gezogen. Diese Beurteilung liegt im wesentlichen auf tatsächlichem Gebiet und enthält keinen Rechtsirrtum.

2. Die Revision des Beklagten wendet sich gegen die Auffassung des Berufungsgerichts, daß er durch die Aufstellung des Justizrats B. vom 2. März 1928 und durch das einem Schriftsatz beigefügte Verzeichnis noch nicht seiner Verpflichtung aus § 1372 Abs. 1 BGB. genügt habe. Sie sagt: Ob die Verzeichnisse sachlich erschöpfend seien und von der Klägerin anerkannt werden müßten, sei eine Sache für sich und liege außerhalb des Rahmens des § 1372. Der Beklagte habe teils durch einen Vertreter, teils selbst nach Möglichkeit und nach seinem Wissen bei der Aufstellung der Verzeichnisse mitgewirkt. Wenn der Klägerin das nicht genüge, so möge sie auf ihre Kosten behördliche Aufnahme beantragen.

Dieser Angriff geht fehl. Das Berufungsgericht geht zutreffend davon aus, daß die in § 1372 festgelegte Verpflichtung des Ehegatten, an der Feststellung des Bestands des eingebrachten Gutes durch Aufnahme eines Verzeichnisses mitzuwirken, mehr bedeutet, als daß der Ehegatte über den Bestand Auskunft zu geben habe. Die Vorschrift will jedem Ehegatten die Möglichkeit geben, sich durch die schriftliche, unter Mitwirkung beider Teile erfolgende Feststellung und durch die unterschriftliche Anerkennung des Umfangs und der Beschaffenheit des eingebrachten Gutes eine womöglich unstreitige Grundlage für die künftige Vermögensauseinandersetzung und etwaige Ansprüche der Frau aus der Verwaltung und Nutznießung des Mannes zu verschaffen. Das Verlangen aus § 1372 kann daher unbedenklich nicht nur zu Beginn, sondern auch im Laufe der Verwaltung und Nutznießung gestellt werden, und zwar auch dann, wenn Veränderungen im Bestande des eingebrachten Gutes stattgefunden haben (RGR-Komm. Anm. 1 und 2 zu § 1372).

Zur Mitwirkung im Sinne des § 1372 und des darin für anwendbar erklärten § 1035 BGB. gehört, daß beide Teile persönlich zusammenkommen oder Bevollmächtigte entsenden, daß der Ehemann das in seinen Händen befindliche eingebrachte Gut in seinen einzelnen Bestandteilen nachweist und daß das Verzeichnis unter Angabe des Tages der Aufnahme von beiden Teilen unterzeichnet wird. Hiernach ist dem Berufungsgericht darin beizustimmen, daß in der Übersendung der fraglichen Verzeichnisse an die Klägerin noch keine ausreichende Mitwirkung an der Bestandfeststellung gefunden werden kann, zumal da das erste Verzeichnis nicht vom Beklagten unterschrieben ist.

---

25. 1. Kann das Absehen vom Erlaß einer Zwischenverfügung nach § 18 der Grundbuchordnung allgemein damit begründet werden, daß dem Antragsteller der seinem Antrag anhaftende Mangel bekannt gewesen sei?

2. Ist das Grundbuchamt zum Erlaß einer Zwischenverfügung verpflichtet, wenn nur ein leicht und schnell zu behebender Mangel in Frage kommt?

V. Zivilsenat. Beschl. v. 23. Oktober 1919 in einer bremischen Grundbuchsache. V B 25/29.

I. Amtsgericht (Grundbuchamt) Bremen.
II. Landgericht daselbst.

Der Sachverhalt und die Entscheidung ergeben sich aus den

Gründen:

Unter Überreichung eines Kaufvertrags nebst Auflassungsverhandlung und Erbschein beantragte der beschwerdeführende Notar beim Amtsgericht (Grundbuchamt) Bremen am 1./2. Mai 1929 die Umschreibung des verkauften Grundstücks auf den Käufer, indem er hinzufügte: „Steuerbescheinigung wird nachgeliefert". Durch Beschluß vom 3. Mai 1929 wies das Grundbuchamt den Antrag zurück, weil die Bescheinigung nach § 24 des Grunderwerbsteuergesetzes fehle. In der Begründung wurde ausgeführt: Für den Erlaß eines Zwischenbeschlusses gemäß § 18 GBO. sei dann kein Raum, wenn der Antragsteller einen dem Antrag anhaftenden Mangel kenne, dessenungeachtet aber den Antrag doch an das Grundbuchamt leite; denn durch den Erlaß eines Zwischenbeschlusses sollten Härten vermieden werden, die sich ergeben würden bei sofortiger Zurückweisung eines Antrags, dem auf Rechtsunkenntnis, abweichender Rechtsauffassung, Unachtsamkeit oder dergleichen beruhende Mängel anhafteten. Alles das liege aber hier nicht vor, da dem Antragsteller bei Stellung des

Antrags bekannt gewesen sei, daß diesem nicht entsprochen werden könne, solange die Steuerbescheinigung fehle.

Die hiergegen gerichtete Beschwerde des Antragstellers blieb erfolglos. Seiner weiteren Beschwerde, womit er bat, das Grundbuchamt zu einer Fristbestimmung gemäß § 18 GBO. anzuweisen, wollte das Oberlandesgericht Hamburg stattgeben; es sah sich aber durch abweichende Entscheidungen des Kammergerichts hieran gehindert und legte die Sache deshalb gemäß § 79 Abs. 2 GBO. dem Reichsgericht zur Entscheidung vor.

Die Vorlegung ist zu Recht erfolgt. Nach § 18 GBO. hat das Grundbuchamt dann, wenn einer beantragten Eintragung ein Hindernis entgegensteht, entweder den Antrag unter Angabe der Gründe zurückzuweisen oder dem Antragsteller eine angemessene Frist zur Hebung des Hindernisses zu bestimmen. Als leitenden Gesichtspunkt für die hiernach in das Ermessen des Grundbuchamts gegebene Wahl zwischen alsbaldiger Zurückweisung eines mangelhaften Antrags und Erlaß einer Zwischenverfügung mit Fristbestimmung will das Oberlandesgericht Hamburg ausschließlich anerkennen, ob es sich um einen leicht und schnell zu behebenden Mangel handle, und es will im Fehlen der Bescheinigung gemäß § 24 des Grunderwerbsteuergesetzes vom 12. September 1919 (RGBl. S. 1617) regelmäßig nur einen solchen, leicht und schnell zu behebenden Mangel erblicken. Da der vorliegende Fall für die gegenteilige Annahme keinen Anhalt biete, so möchte es von dem früher auch vom Kammergericht vertretenen Standpunkt aus für notwendig erklären, daß der Grundbuchrichter zur Nachlieferung der fehlenden Bescheinigung nach § 18 GBO. eine Frist setze. Das Kammergericht (1. Zivilsenat) stellt dagegen neuerdings nicht darauf ab, ob es sich um einen leicht und schnell zu behebenden Mangel handelt. Im Anschluß an eine ältere, für den Fall des Fehlens eines Erbscheins getroffene Entscheidung (KGJ. Bd. 50 S. 136) hat es vielmehr jetzt auch beim Mangel der Grunderwerbsteuer-Bescheinigung die alsbaldige Zurückweisung des Eintragungsantrags durch die Vorinstanzen gebilligt, indem es (Recht 1924 Nr. 1265, vgl. auch Naumb. AnwKZ. 1925/26 S. 68) grundsätzlich ausführt: Wer bewußt einen mangelhaften Antrag stelle, werde nicht unbillig getroffen, wenn sein Antrag grundbuchrechtlich so behandelt werde, wie es die Sicherheit des Grundbuchverkehrs und das schutzwürdige Interesse gewissenhafter verfahrender anderer Beteiligter erfordere. Die bisherige Erfahrung habe gezeigt, daß bei Zulassung von Anträgen ohne die erforderlichen behördlichen Belege bei den häufig vorkommenden mehrfachen Veräußerungen an verschiedene Personen ein späterer Käufer, der seinen Antrag vor Beschaffung der Belege einreiche, gegenüber dem früheren Käufer, der sich erst die Belege besorge, ungerechtfertigterweise der Vorteile des § 18 Abs. 2 GBO. zum Nachteil des gewissenhafteren ersten Käufers teilhaftig werde. Auch bestehe, seit die Vorschrift des § 24 Grunderwerbsteuergesetzes als überall bekannt vorausgesetzt werden dürfe, kein Anlaß mehr, das in öffentlichrechtlichen Rücksichten begründete Eintragungshindernis grundbuchrechtlich anders zu behandeln als die auf privatrechtlichen Vorschriften beruhenden. Im vorliegenden Fall erachtet das Landgericht zwar nicht ausnahmslos, wie anscheinend das Grundbuchamt, aber doch regelmäßig die alsbaldige Zurückweisung dann für geboten, wenn der Antragsteller bewußt einen unvollständigen Antrag eingereicht habe. Von dem neueren Standpunkt des Kammergerichts aus würde daher die Beschwerde der Begründung entbehren.

Die Zulässigkeit der Beschwerden begegnet keinem Bedenken. Stellt auch § 18 GBO. die Wahl zwischen alsbaldiger Zurückweisung und Zwischenverfügung in das Ermessen des Grundbuchamts, so unterliegt doch die Ausübung des Ermessens der Nachprüfung, und grundsätzliche, nicht den Umständen des Einzelfalls entnommene Gesichtspunkte für seine Anwendung können im Wege der weiteren Beschwerde nochmaliger Untersuchung daraufhin zugeführt werden, ob sie nicht eine Verletzung des Gesetzes enthalten. Die hiernach gebotene Prüfung ergibt, daß keinem der beiden Gerichte der weiteren Beschwerde völlig beigetreten werden kann. Mit dem Grundgedanken des § 18 GBO. vereinbar erscheint weder eine allgemeine Richtlinie, wie sie das Kammergericht aufstellt (dahin, daß die bewußte Einreichung eines unvollständigen Antrags das Grundbuchamt schlechthin zu dessen alsbaldiger Zurückweisung berechtige), noch auch die Annahme des Oberlandesgerichts Hamburg, es komme nur darauf an, ob der Mangel des Antrags leicht und schnell zu beheben sei.

Das Gesetz selbst sagt nichts darüber, wann das Grundbuchamt die alsbaldige Zurückweisung eines mangelhaften Antrags und wann es den Weg der Zwischenverfügung zu wählen habe. Abgesehen von Fällen, wo sich die Unstatthaftigkeit einer Zwischenverfügung aus der Natur der Sache ergibt, wie etwa bei Unzuständigkeit der angegangenen Amtsstelle, bei Unzulässigkeit der begehrten Eintragung, bei offensichtlicher Zweckwidrigkeit einer Fristbestimmung u. dgl., soll das Ermessen des Grundbuchamts entscheiden. Daß dieses Ermessen nicht als freies Belieben oder Willkür gedeutet werden darf, folgt aus der Amtspflicht des Grundbuchrichters von selbst. Aber anderseits zeigt schon das Schweigen des Gesetzes, daß eine Einengung des pflichtmäßigen Ermessens des Grundbuchamts durch Aufstellung bestimmter Richtlinien für dessen Ausübung nicht in seinem Sinne liegt. Dies findet Bestätigung in seiner Entstehungsgeschichte. Die Übung der preußischen Gerichte hatte Zwischenverfügungen zugelassen, ohne jedoch eine Verpflichtung des Grundbuchrichters anzuerkennen, in bestimmten Fällen davon Gebrauch zu machen. Der erste Entwurf einer Reichsgrundbuchordnung wollte strenger sein, indem er vorschrieb, daß ein nicht gerechtfertigter Antrag mit Angabe der Gründe zurückzuweisen, im Falle nachträglicher Beibringung der fehlenden Erfordernisse aber der Antrag als erst zur Zeit dieser Beibringung gestellt anzusehen sei (§ 48). Demgegenüber hat sich der zweite Entwurf (§ 17) auf den milderen Standpunkt gestellt, indem er den Grundbuchrichter in jedem Falle für berechtigt erklärte, eine Zwischenverfügung zu erlassen. In der Denkschrift ist dazu ausgeführt, daß, wenn ein Antrag sich als ungerechtfertigt darstelle, dies nach dem Entwurf nicht ohne weiteres zu seiner sofortigen Zurückweisung führe; eine solche Zurückweisung würde empfindliche Härten mit sich bringen in Fällen, wo der Antrag an einem leicht zu behebenden Mangel der Begründung leide. Das praktische Bedürfnis erfordere keine so strenge Behandlung; auch gegenwärtig werde es nach der Übung der Buchbehörden in den meisten Rechtsgebieten für statthaft erachtet, vor der endgültigen Zurückweisung eines Antrags Zwischenverfügungen zu erlassen. In den Verhandlungen des Reichstagsausschusses wurden wieder Bedenken laut. Daraufhin hob ein Regierungsvertreter hervor, es gehe zu weit, dem Grundbuchamt die Befugnis der Zurückweisung eines mangelhaften Antrags nur dann beizulegen, wenn das Hindernis nach dem Ermessen des Grundbuchamts nicht zu beseitigen sei; auch wenn die Beseitigung nur längere Zeit erfordere, müsse das Grundbuchamt mit Rücksicht auf die Erledigung späterer Anträge zur (alsbaldigen) Zurückweisung des zuerst gestellten mangelhaften Antrags in der Lage sein. Dem Bedürfnis werde dadurch genügt, daß nach dem Entwurf das Grundbuchamt zwar berechtigt, aber nicht verpflichtet sei, eine Zwischenverfügung zu erlassen. Es dürfe darauf vertraut werden, daß das Grundbuchamt von der Befugnis, eine Frist zur Hebung des Hindernisses zu bestimmen, unter Berücksichtigung der Umstände des einzelnen Falles und unter Abwägung der verschiedenen in Betracht kommenden Interessen nur insoweit Gebrauch machen werde, als es die Billigkeit und die Abwendung unnötiger Härten erfordere, wie dies auch der vom Reichsgericht gebilligten Handhabung des Kammergerichts entspreche.

Als Absicht des Gesetzes läßt sich hiernach erkennen, daß es die Entscheidung dem pflichtmäßigen verständigen Ermessen des Grundbuchamts im einzelnen Fall anheimstellen, die Entschließung des Grundbuchamts aber durch allgemeine, beim Vorliegen bestimmter Voraussetzungen stets zu befolgende Richtlinien möglichst nicht gebunden sehen will. In der Denkschrift war zwar anerkannt, daß die alsbaldige Zurückweisung dann als empfindliche Härte wirke, wenn der Antrag an einem leicht zu behebenden Mangel der Begründung leide. Aber ein Grundsatz dahin, daß nun leichte Behebbarkeit des Mangels stets zum Erlaß einer Zwischenverfügung führen müsse und die Härte einer alsbaldigen Zurückweisung für den Antragsteller nicht im einzelnen Fall durch überwiegende andere Interessen gefordert sein könne, war auch dort keineswegs aufgestellt. In den Ausführungen des Regierungsvertreters im Reichstagsausschuß ist die Grenze zutreffend gezogen, indem die Entscheidung zwischen alsbaldiger Zurückweisung und Zwischenverfügung darauf abgestellt wird, was bei Berücksichtigung der Umstände des einzelnen Falles und bei Abwägung der verschiedenen in Betracht kommenden Interessen die Billigkeit und die Abwendung unnötiger Härten erfordern. Zugrunde lag dabei die Auffassung, daß bei Mangelhaftigkeit des Antrags die alsbaldige Zurückweisung die Regel sei. Dementsprechend wird auch die Befugnis (nicht Verpflichtung) des Grundbuchrichters zum Erlaß einer Zwischenverfügung betont. Im Einklang damit steht es, wenn das Gesetz selbst die Zurückweisung voranstellt. Als Regel muß festgehalten werden, daß der dem Grundbuchamt eingereichte Antrag, mängelfrei und vollständig, die begehrte Eintragung alsbald rechtfertigen soll. Dem pflichtmäßigen Ermessen des Grundbuchamts wird jedoch anheimgegeben, von der alsbaldigen Zurückweisung mangelhafter Anträge dort abzusehen, wo die Vermeidung der sich daraus ergebenden Härten möglich und billig erscheint. Danach kann es auf der einen Seite nicht für richtig erachtet werden, wenn als Grund, der den Grundbuchrichter zu alsbaldiger Zurückweisung berechtige, schlechthin die Feststellung genügen soll, daß der Antragsteller bei Einreichung seines Antrags dessen Mangelhaftigkeit oder Unvollständigkeit gekannt habe. Es läßt sich nicht anerkennen, daß in solchem Falle der Gesichtspunkt billiger Vermeidung unnötiger Härten grundsätzlich versage, zumal wenn der Antragsteller selbst auf die Unvollständigkeit seines Antrags hinweist, zugleich aber die Nachlieferung des Fehlenden ankündigt. Die Grenze ist auch hier flüssig. Anderseits ist es ebenso unberechtigt, das Fehlen der Grunderwerbsteuer-Bescheinigung allgemein für einen Mangel zu erklären, der, weil er regelmäßig leicht und schnell behebbar sei, den Grundbuchrichter zum Erlaß einer Zwischenverfügung verpflichte. Hierfür den besonderen Charakter des § 24 des Grunderwerbsteuergesetzes als einer nur im Steuerinteresse gegebenen Vorschrift heranzuziehen, ist nicht angängig; denn das öffentlichrechtliche Eintragungserfordernis hat, solange es besteht, Anspruch auf Beachtung wie ein privatrechtliches. Ebensowenig kann dem Antragsteller beigetreten werden, wenn er aus dem Wortlaut des § 24 folgern will, daß nur die Eintragung des Erwerbers im Grundbuch, nicht aber die Einreichung des Umschreibungsantrags an das Grundbuchamt von der Beibringung der Steuerbescheinigung abhängig gemacht worden sei. Eintragungserfordernissen muß grundsätzlich bei Stellung des Eintragungsantrags genügt sein. Der Fassung des § 24 ist Gegenteiliges nicht zu entnehmen. Darauf, daß dem Antragsteller der § 17 des bremischen Ausführungsgesetzes zum Bürgerlichen Gesetzbuch nicht zur Seite steht, hat schon das Landgericht mit zutreffender Begründung hingewiesen.

Als Grundsatz läßt sich hiernach nur aufstellen, daß das Grundbuchamt die Wahl zwischen der alsbaldigen Zurückweisung des mangelhaften Antrags und der Fristgewährung zur Nachbesserung in jedem einzelnen Falle unter Abwägung der sich gegenüberstehenden Interessen nach verständigem Ermessen zu treffen hat. Je nach Lage der Umstände wird das Grundbuchamt im Hinblick darauf, daß das Gesetz unnötige Härte vermieden wissen will, das private, gegenüber dem Entwurf I vom Gesetz als beachtenswert anerkannte Interesse des

Antragstellers an alsbaldiger Einreichung seines (obschon als noch unvollständig oder sonst mangelhaft erkannten) Antrags berücksichtigen dürfen oder aber entgegengesetzten Interessen durch alsbaldige Zurückweisung den Vorrang zuerkennen müssen, sei es den besonderen schon bekannter oder zu erwartender anderer Antragsteller, sei es dem allgemeinen Interesse, das an der schnellen Abwicklung des Grundbuchverkehrs und an der Zuverlässigkeit der Grundbucheinsicht besteht.

Geht man hiervon aus, so kann man im vorliegenden Falle zur Zeit weder mit dem Landgericht schon zur Zurückweisung der Beschwerde gelangen, noch die vom Oberlandesgericht beabsichtigte Anweisung zum Erlaß einer Zwischenverfügung ohne weiteres als berechtigt erkennen. Nur so viel läßt sich von hier aus sagen, daß die bisherige allgemeine Begründung, die das Grundbuchamt der alsbaldigen Zurückweisung des Antrags gegeben hat, seine Entscheidung nicht trägt. Dies um so weniger, als es sich damit, wie es selbst ausspricht, zu seiner eigenen bisherigen Handhabung in scharfen Gegensatz gestellt hat. Denn nach der Absicht des Gesetzes ist die Kenntnis des Antragstellers von einem seinem Antrag noch anhaftenden Mangel kein Umstand, der für sich allein grundsätzlich die alsbaldige Zurückweisung rechtfertigen könnte. Auf der anderen Seite ist nicht ausgeschlossen, daß hier besondere Verhältnisse das Absehen vom Erlaß einer Zwischenverfügung zu begründen vermöchten. Es würde nichts im Wege stehen, hierbei auch Umstände und Erfahrungen zu berücksichtigen, die außerhalb des einzelnen, gerade zu prüfenden Antrags liegen. So könnten etwa gerichtsbekannte Nachlässigkeit oder Säumigkeit der Antragsteller in der Beibringung der Grunderwerbsteuer-Bescheinigung und daraus für den Grundbuchverkehr entstehende Schwierigkeiten zur Ausübung des pflichtmäßigen Ermessens durch Versagung der Zwischenverfügung berechtigte Veranlassung geben. Derartige dem Einzelfall entnommene Erwägungen sind aber in den Beschlüssen der Vorinstanzen nicht zugrunde gelegt.

Die hiernach gebotene anderweite Prüfung nötigte zur Zurückverweisung der Sache an das Grundbuchamt.

26. Ist der Ehemann, wenn er ein Grundstück im eigenen Namen, aber mit Mitteln des eingebrachten Gutes und nach seinem Willen für Rechnung des eingebrachten Gutes erworben hat, verpflichtet, das Grundstück der Frau zu übereignen? Gehört der Übereignungsanspruch zu denjenigen Ansprüchen, welche die Frau regelmäßig erst nach der Beendigung der ehemännlichen Verwaltung und Nutznießung gerichtlich geltend machen kann?

BGB. §§ 1381, 1394.

IV. Zivilsenat. Urt. v. 24. Oktober 1929 i. S. Ehem. E. (Bekl.) w. Ehefr. E. (Kl.). IV 8/29.

I. Landgericht Leipzig.
II. Oberlandesgericht Dresden.

Die Parteien sind seit mehr als 30 Jahren miteinander verheiratet. Für ihre Ehe gilt der gesetzliche Güterstand. Im Jahre 1906 kaufte der Beklagte ein Grundstück für 32000 M., wovon 10000 M. bis zur Auflassung bar gezahlt werden sollten und 22000 M. gegen hypothekarische Sicherstellung auf dem Kaufgrundstück gestundet wurden. Die Klägerin erklärte in der Kaufurkunde, daß sie sich wegen der von ihrem Mann übernommenen Geldzahlungen als Selbstschuldnerin verbürge. Der Beklagte zahlte die 10000 M. und die durch den Grundstückserwerb entstehenden Kosten aus Geldmitteln, die der Klägerin durch Erbschaften zugefallen waren, und wurde als Eigentümer des Grundstücks eingetragen.

Die Klägerin hat geltend gemacht: Der Beklagte habe das Grundstück zwar im eigenen Namen, aber für Rechnung des eingebrachten Gutes erworben. Er sei daher verpflichtet, ihr, unbeschadet seines Rechts zur Verwaltung und Nutznießung, das Eigentum am Grundstück zu übertragen, zumal da durch sein Verhalten in den letzten Jahren die Besorgnis einer erheblichen Verletzung ihrer Rechte am eingebrachten Gut begründet werde. Jedenfalls sei er zur Eigentumsübertragung auf sie bei Beendigung des Güterstandes der Verwaltung und Nutznießung verpflichtet. Demgemäß wurde mit der Klage in erster Linie beantragt, den Beklagten zur Auflassung des Grundstücks an die Klägerin zu verurteilen; in zweiter Linie, festzustellen, daß der Beklagte zur Auflassung bei Beendigung des zwischen den Parteien bestehenden gesetzlichen Güterstandes verpflichtet sei. Der

Beklagte widersprach beiden Anträgen mit der Begründung, daß er das Grundstück für eigene Rechnung erworben habe, nachdem ihm die Klägerin aus Mitteln ihres eingebrachten Gutes den zur Bezahlung des baren Teils des Kaufpreises sowie der Kosten erforderlichen Betrag als Darlehen überlassen habe. Nötigenfalls mache er wegen der von ihm eingegangenen Kaufpreisrestschuld ein Zurückbehaltungsrecht geltend.

Das Berufungsgericht hat auf einen richterlichen Eid für die Klägerin erkannt. Bei Leistung des Eides soll der Beklagte verurteilt werden, der Klägerin Zug um Zug gegen Befreiung von der persönlichen Schuld aus der Kaufpreisresthypothek das Grundstück aufzulassen. Bei Verweigerung des Eides soll die Klage abgewiesen werden. Die Revision des Beklagten wurde zurückgewiesen.

Gründe:

1. Die Grundlage der Entscheidung bildet der in ihr aufgestellte Satz: Wenn ein Ehemann ein Grundstück im eigenen Namen, aber mit Mitteln des eingebrachten Gutes und mit dem Willen erwirbt, es für Rechnung des eingebrachten Gutes zu erwerben, so wird er zwar nach außen hin Eigentümer; er ist aber im Verhältnis der Ehegatten zueinander verpflichtet, das Grundstück als Eigentum der Frau zu behandeln und es an sie aufzulassen. Die Begründung des Satzes wird an den § 1381 BGB. geknüpft. Dort ist bestimmt: Erwirbt der Mann mit Mitteln des eingebrachten Gutes bewegliche Sachen oder ein Recht an solchen Sachen oder ein anderes Recht, zu dessen Übertragung der Abtretungsvertrag genügt, so geht mit dem Erwerb das Eigentum oder das sonstige Recht auf die Frau über, es sei denn, daß der Mann nicht für Rechnung des eingebrachten Gutes erwerben will. Damit wird für bewegliche Sachen und für gewisse Rechte als Gegenstände des Erwerbs unter den angegebenen Voraussetzungen der Grundsatz der dinglichen Ersetzung (Surrogation) zur Durchführung gebracht, demzufolge das durch die Veräußerung von Gegenständen des eingebrachten Gutes Erlangte ohne weiteres an die Stelle des Veräußerten und in dessen rechtliche Bestimmtheit eintritt (RGZ. Bd. 105 S. 87). Der § 1381 bezweckt, die Frau vor Benachteiligung durch das Verwaltungsrecht des Mannes zu schützen. Die Verwaltung eines fremden Vermögens kann entweder in der Weise geführt werden, daß der Verwalter mit der Wirkung des § 164 BGB. im Namen desjenigen handelt, dessen Vermögen er verwaltet, oder in der Weise,

daß er die erforderlichen Rechtsgeschäfte im eigenen Namen vornimmt und zur gegebenen Zeit die durch die Rechtsgeschäfte erworbenen Rechte und Verbindlichkeiten auf den Herrn des Vermögens überträgt. Das Bürgerliche Gesetzbuch, das dem Mann in den §§ 1363, 1373 flg. das Recht zur Verwaltung des eingebrachten Gutes als ein eigenes Recht verleiht, enthält keine Vorschrift, durch die der Mann allgemein auf die eine oder die andere der beiden bezeichneten Arten der Verwaltung beschränkt wird. Der Mann kann daher in den Grenzen seines Verwaltungsrechts sowohl im Namen der Frau als auch im eigenen Namen handeln. Nimmt er ein auf den Erwerb eines Gegenstands für das eingebrachte Gut abzielendes Rechtsgeschäft im Namen der Frau vor, so fällt der Erwerb unmittelbar der Frau zu. Handelt er im eigenen Namen, so entspricht es den allgemeinen Vorschriften, daß sich der Erwerb in seiner Person vollzieht und ihm nur die Verpflichtung obliegt, das Erworbene durch ein weiteres Rechtsgeschäft auf die Frau zu übertragen. Derartige Rechtsgeschäfte sind aber unter Ehegatten nicht üblich. Häufig wäre sich der Mann des Erfordernisses besonderer rechtsgeschäftlicher Übertragung gar nicht bewußt. So würde die Frau der Gefahr ausgesetzt sein, daß sie im Laufe der Zeit an Stelle der von ihr eingebrachten Sachen und Rechte eine Reihe von schuldrechtlichen Übereignungs- oder Abtretungsansprüchen oder auch nur von Ersatzansprüchen gegen den Mann erhielte und dadurch namentlich im Konkurs des Mannes ihres Aussonderungsrechts verlustig ginge. Ein solches Ergebnis würde dem Zweck der Verwaltungsgemeinschaft widersprechen, daß der Frau der Stamm des eingebrachten Gutes möglichst erhalten werde. Um jener Gefahr vorzubeugen, soll daher nach § 1381 das, was der Mann mit Mitteln des eingebrachten Gutes erwirbt, in gewissem Umfang auch dann, wenn er im eigenen Namen gehandelt hat, ohne weiteres in das Vermögen der Frau übergehen. Dieser Übergang kraft Gesetzes soll nur dann nicht eintreten, wenn der Mann nicht für Rechnung des eingebrachten Gutes erwerben wollte (vgl. aus den Vorarbeiten zum Bürgerlichen Gesetzbuch die Protokolle der 2. Kommission Bd. 4 S. 184 flg. und die dem Reichstag vorgelegte Denkschrift, Heymannsche Ausg. S. 279 flg.).

Diese Betrachtung über die Zweckbestimmung des § 1381 BGB. und über den sich aus den allgemeinen Vorschriften ergebenden Rechtszustand, in den durch diese Sondervorschrift eingegriffen wird, zeigt die Berechtigung des an die Spitze des vorigen Absatzes gestellten Satzes. Auch bei Erwerb eines Grundstücks für Rechnung des eingebrachten Gutes kann der Ehemann als dessen Verwalter entweder im Namen der Frau oder im eigenen Namen handeln. Erwirbt er das Grundstück durch Auflassung und Eintragung auf seinen Namen, so geht es, wegen Unanwendbarkeit des § 1381 BGB. auf Grundstücke, nicht ohne weiteres in das Vermögen der Frau über. Das Eigentum daran ist aber spätestens bei Beendigung der ehemännlichen Verwaltung, und auf Verlangen der Frau schon früher, auf sie zu übertragen. Die Frau hat demnach einen Übereignungsanspruch, sofern der Mann den Grundstückserwerb a) mit Mitteln des eingebrachten Gutes und b), wofür bei Grundstücken keine gesetzliche Vermutung aufgestellt ist, mit dem Willen gemacht hat, für Rechnung des eingebrachten Gutes zu erwerben.

Die Revision wendet sich sowohl gegen die unbedingte Annahme der ersten als auch gegen die bedingte Annahme der zweiten Voraussetzung.

a) Es wird geltend gemacht: Der Beklagte habe das Grundstück keineswegs ganz, sondern nur im Verhältnis von 10000:32000, also zu 5/16 mit dem Gelde der Klägerin, zum größeren Teil dagegen mit dem von ihm im eigenen Namen in Anspruch genommenen, wenn auch durch die Bürgschaft der Klägerin gesicherten Kredit erworben. Die Klägerin könnte daher höchstens die Übertragung von Miteigentum zu 5/16 fordern.

Demgegenüber kann dahingestellt bleiben, wie der Fall zu beurteilen ist, daß der Mann ein Grundstück teilweise mit Mitteln des eingebrachten Gutes und zum anderen Teil mit eigenen Mitteln erworben hat. Denn dieser Fall liegt hier nicht vor. Ob ein Erwerb mit Mitteln des eingebrachten Gutes gemacht ist, entscheidet sich nicht nach juristischen, sondern nach wirtschaftlichen Anschauungen (RGUrt. v. 2. Oktober 1922 IV 791/21, Recht 1923 Nr. 354). Wirtschaftlich betrachtet wird aber ein Grundstückserwerb mit den Mitteln desjenigen gemacht, der die ganze an den Verkäufer zu leistende Barzahlung und die vom Käufer zu tragenden Kosten aus seinem Vermögen hergibt, mag der Käufer auch in Anrechnung auf das Restkaufgeld bereits eingetragene Hypotheken übernehmen oder, wie hier, für das ihm gestundete Restkaufgeld eine neue Hypothek am Kaufgrundstück bestellen. Dies gilt um so mehr dann, wenn der Geldgeber noch für die Restkaufgeldschuld des Käufers die selbstschuldnerische Bürgschaft übernimmt.

b) Die Revision führt weiter aus: Es sei „liquide", daß der Beklagte das Grundstück nicht für Rechnung des eingebrachten Gutes habe erwerben wollen, „liquide" dadurch, daß er das Grundstück nicht nur im eigenen Namen gekauft, sondern dies in Gegenwart und ohne Widerspruch der Klägerin, ja insofern unter ihrer Mitwirkung getan, als sie sich für seine Restkaufpreisschuld verbürgt habe. Unter diesen Umständen könne die Rechtslage auch im Verhältnis der Parteien zueinander nur dahin aufgefaßt werden, daß der Beklagte Eigentümer des Grundstücks habe werden und bleiben sollen. Für einen richterlichen Eid der Klägerin sei hiernach kein Raum gewesen. Das Eidesurteil verstoße gegen § 475 ZPO., da der Eid Gewißheit über das Gegenteil eines „liquiden" Sachverhalts habe schaffen sollen. Auch dieser Angriff ist unbegründet. Muß überhaupt die rechtliche Möglichkeit anerkannt werden, daß ein Ehemann bei der Verwaltung des eingebrachten Gutes auch dann im eigenen Namen tätig werden kann, wenn er für Rechnung des eingebrachten Gutes ein Grundstück erwerben will, so ist seine Befugnis zum Handeln im eigenen Namen nicht nur auf das dingliche Rechtsgeschäft, die Auflassung und Eintragung, zu beziehen, sondern auch auf das schuldrechtliche Grundgeschäft, den Kaufvertrag. Daß die Frau der gerichtlichen Beurkundung des vom Manne im eigenen Namen abgeschlossenen Vertrags ohne zu widersprechen angewohnt, diesen Vertragsschluß sogar durch ihre selbstschuldnerische Bürgschaft unterstützt hat, ist mit dem beiderseitigen Willen rechtlich sehr wohl vereinbar, also insbesondere auch mit dem Willen des Mannes, das Grundstück für Rechnung des eingebrachten Gutes zu erwerben. Die Ehegatten konnten darüber einig sein, daß die Stellung des Mannes, dem im Innenverhältnis nur die Eigenschaft eines Verwalters des für Rechnung des eingebrachten Gutes zu erwerbenden Grundstücks zukam, nach außen hin durch sein Auftreten als Käufer und seine Eintragung als Eigentümer gehoben, daß er nach außen hin zum Herrn des Hauses gemacht werden sollte. Das hatte allerdings zur Folge, daß zur Herstellung des dem Innenverhältnis entsprechenden äußeren Rechtszustands eine mit neuen Kosten verbundene neue Eigentumsübertragung erforderlich wurde. Aber eine solche „Umschreibung" lag, so stellt das Berufungsgericht tatsächlich fest, bei dem damaligen guten ehelichen Verhältnis in weitem

Felde und brauchte nach menschlichem Ermessen (während der Dauer der Ehe und z. B. bei entsprechender letztwilliger Regelung auch später) nie einzutreten.

Unter den Eid der Klägerin ist das gestellt, was das Berufungsgericht auf Grund der Aussage des Zeugen D. schon als wahrscheinlich ansieht, daß nämlich im Jahre 1906 zwischen den Parteien ausgesprochenes Einverständnis darüber geherrscht habe, die Erbgelder der Klägerin in der Weise anzulegen, daß damit das streitige Grundstück für sie angekauft werden sollte. Wird der Eid geleistet, so steht jenes Einverständnis zur Überzeugung des Berufungsgerichts fest. Das Gericht nimmt dann auch weiter an, daß der Beklagte bei dem im eigenen Namen vorgenommenen Erwerb das Grundstück für die Klägerin, d. h. für Rechnung ihres eingebrachten Gutes, erwerben wollte. Das ist eine mit der Revision nicht angreifbare Beweisannahme. Nach alledem kann nicht davon gesprochen werden, daß zum Inhalt der Eidesnorm das Gegenteil eines „liquiden" Sachverhalts gemacht worden sei.

2. Nach § 1394 BGB. kann die Frau Ansprüche, die ihr auf Grund der ehemännlichen Verwaltung und Nutznießung gegen den Mann zustehen, erst nach Beendigung der Verwaltung und Nutznießung gerichtlich geltend machen, es sei denn, daß die Voraussetzungen vorliegen, unter denen sie nach § 1391 BGB. Sicherheitsleistung verlangen kann. Das Berufungsgericht rechnet zu den von dieser Vorschrift betroffenen Ansprüchen auch den vorliegenden Übereignungsanspruch. Es bejaht die Möglichkeit der gerichtlichen Geltendmachung dieses Anspruchs während der Dauer der ehemännlichen Verwaltung und Nutznießung, weil die Voraussetzungen des § 1391 Abs. 1 gegeben seien, insofern durch das Verhalten des Mannes die Besorgnis begründet werde, daß die Rechte der Frau in einer das eingebrachte Gut erheblich gefährdenden Weise verletzt würden. Auf die von der Revision hiergegen erhobenen Einwendungen braucht nicht eingegangen zu werden. Denn es kann nicht anerkannt werden, daß der vorliegende Anspruch von § 1394 überhaupt betroffen werde.

Das Bürgerliche Gesetzbuch geht davon aus, daß die gerichtliche Geltendmachung der den Ehegatten gegeneinander zustehenden Ansprüche durch die Verwaltung und Nutznießung des Mannes nicht bis zu deren Beendigung hinausgeschoben wird, sondern schon während der Dauer der Verwaltung und Nutznießung erfolgen kann. Es macht eine Ausnahme hiervon für diejenigen Ansprüche, welche der Frau auf Grund der Verwaltung und Nutznießung gegen den Mann zustehen. Diese Ansprüche können regelmäßig erst nach Beendigung der Verwaltung und Nutznießung gerichtlich geltend gemacht werden. Über die Gründe, die im Gegensatz zu den §§ 1292, 1004, 1324 Abs. 2 des ersten Entwurfs (Mot. Bd. 4 S. 184 flg.) zu dieser Beschränkung der rechtlichen Stellung der Frau geführt haben, ist aus den Protokollen der 2. Kommission (Bd. 4 S. 202) zu entnehmen, daß man es mit der Selbständigkeit der Verwaltung des Mannes nicht für vereinbar erachtet hat, wenn die Frau den Mann wegen jeder angeblichen Verletzung seiner Verpflichtung zur ordnungsmäßigen Verwaltung und zur Auskunfterteilung nötigen könnte, die Meinungsverschiedenheit vor Gericht zum Austrag zu bringen. Welches die Ansprüche „auf Grund der Verwaltung und Nutznießung" sind, deren gerichtliche Geltendmachung durch § 1394 BGB. für die Regel bis zur Beendigung der Verwaltung und Nutznießung hinausgeschoben wird, ergibt sich aus den die Rechte und Pflichten in Ansehung der Verwaltung und Nutznießung bestimmenden §§ 1373 bis 1393 BGB. Ansprüche anderer Art gehören nicht hierher, nicht z. B. ein Anspruch der Frau aus § 1417 Abs. 2 BGB. auf Ausgleichung zwischen Vorbehaltsgut und eingebrachtem Gut oder ein Anspruch aus einem Rechtsgeschäft zwischen den Ehegatten. Hat daher die Frau dem Manne den Auftrag erteilt, das Grundstück eines Dritten für ihre Rechnung im eigenen Namen zu erwerben, so kann sie den ihr nach § 667 BGB. zustehenden Anspruch, daß der Mann das von ihm auftragsgemäß erworbene, auf ihn als Eigentümer eingetragene Grundstück an sie übereigne, ohne Beschränkung durch den § 1394 geltend machen. Nicht anders ist in dieser Beziehung der Fall zu beurteilen, daß der Mann, ohne von der Frau einen ihn rechtsgeschäftlich verpflichtenden Auftrag erhalten und angenommen zu haben, als gesetzlicher Verwalter des eingebrachten Gutes für dessen Rechnung ein Grundstück erworben und dadurch (gemäß der Darlegung unter Nr. 1) die Verpflichtung überkommen hat, das Grundstück an die Frau zu übereignen. Die Frau macht mit dem Verlangen dieser Übereignung keinen Anspruch geltend, der sich auf die Verletzung ehemännlicher Verwaltungspflichten gründet. Sie verlangt vielmehr nur, daß derjenige Rechtszustand, der ohnehin seit dem Erwerb des Grundstücks durch den Mann im Innenverhältnis zwischen den Eheleuten bestanden hat, nämlich die Zugehörigkeit des Grundstücks zum Frauenvermögen, auch nach außen hin zur rechtlichen Erscheinung gebracht werde. In die Selbständigkeit der Verwaltung des Mannes wird mit der Geltendmachung dieses Anspruchs nicht eingegriffen. Das Grundstück bleibt, auch nachdem es an die Frau übereignet worden ist, der Verwaltung und Nutznießung des Mannes bis zur Beendigung des gesetzlichen Güterstandes unterworfen. Deshalb handelt es sich hier auch nicht um einen Anspruch auf Herausgabe eingebrachten Gutes im Sinne des § 1421 BGB., einen Anspruch, der nicht nur, wie es für die unter § 1394 fallenden Ansprüche regelmäßig zutrifft, für die Dauer der Verwaltung und Nutznießung von der gerichtlichen Geltendmachung ausgeschlossen ist, sondern schon an sich erst nach Beendigung der Verwaltung und Nutznießung fällig wird.

---

27. Kann zur Gültigkeit des Bürgschaftsvertrags die Erteilung einer Abschrift der Bürgschaftserklärung genügen?

BGB. § 766.

VIII. Zivilsenat. Urt. v. 4. November 1929 i. S. B. (Bekl.) w. M. (Kl.). VIII 350/29.

I. Landgericht I Berlin.
II. Kammergericht daselbst.

Der Kläger war Vorstandsmitglied und Gläubiger der Th.schen Porzellanfabrik, einer Aktiengesellschaft; er besaß auch eine größere Anzahl von ihren Aktien. Diese verkaufte er an den Beklagten, der durch den Ankauf in den Besitz der Aktienmehrheit gelangen wollte. Am 20. Juni 1925 fand eine Aufsichtsratssitzung der Aktiengesellschaft statt, in welcher der Beklagte Vorsitzender des Aufsichtsrats wurde. In derselben Sitzung wurde dem Kläger Entlassung aus seiner Vorstandsstellung gewährt und mit ihm ein Abkommen über Verzinsung und Rückgabe seines der Gesellschaft gegebenen Darlehens getroffen. Über alles das wurde ein Protokoll aufgenommen, worin außerdem verlautbart ist:

„Der Aufsichtsrat übernimmt für die Forderungen des Herrn M. selbstschuldnerisch Bürgschaft."

Dieses Protokoll wurde vom Beklagten und von den übrigen anwesenden Mitgliedern des Aufsichtsrats unterschrieben und sodann vom Kläger M. mit dem Vermerk unterzeichnet:

„Mit diesem Protokoll bin ich einverstanden."

Der Kläger hat von seiner Schuldnerin keine Vollzahlung erlangt. Er hat deshalb vom Beklagten Zahlung des Schuldrestes begehrt und, als diese verweigert wurde, Klage erhoben. In allen Rechtszügen ist zu seinen Gunsten entschieden worden.

Gründe:

Das Berufungsgericht hat angenommen, daß der Beklagte für seine Person am 20. Juni 1925 dem Kläger gegenüber Bürgschaft übernommen habe. In der damals abgegebenen, schriftlich niedergelegten Erklärung sei, da auch der Kläger sie schriftlich angenommen habe, ein Bürgschaftsvertrag zu erblicken, durch den sich jedes der die Erklärung abgebenden und unterschreibenden Mitglieder des Aufsichtsrats, so auch der Beklagte, unmittelbar als Bürge verpflichtet habe; es sei nicht etwa nur die Bereitschaft zukünftiger Übernahme einer Bürgschaft erklärt und deren Festlegung einer demnächst abzugebenden weiteren Erklärung vorbehalten worden. Diese Auffassung des Berufungsgerichts beruht auf der im angefochtenen Urteil dargelegten, gegen Auslegungsgrundsätze nicht verstoßenden Beweiswürdigung. Sie ist rechtlich nicht zu beanstanden, insbesondere verstößt sie nicht gegen die von der Revision als verletzt bezeichneten §§ 133, 145flg., 157, 765 BGB.; auch handelsrechtliche Vorschriften stehen nicht entgegen.

Liegt aber Bürgschaft vor, so bedurfte sie nach § 766 BGB. zu ihrer Gültigkeit der schriftlichen Erteilung, es sei denn, daß ein deren Notwendigkeit rechtlich ausschließender Sonderfall vorlag. Einen solchen im Hinblick auf § 350 HGB. anzunehmen, hat das Berufungsgericht ohne Rechtsirrtum abgelehnt. Somit ist das Erfordernis des § 766 BGB. zu beachten. Die Schriftform ist gewahrt, wie das Berufungsgericht ohne Rechtsirrtum angenommen hat. Es fragt sich aber, ob die schriftlich vorliegende Erklärung auch dem Kläger „erteilt", mit Willen des Beklagten in seine Hand gelangt und ihm zur Verfügung gestellt worden ist (RGZ. Bd. 61 S. 414; JW. 1927 S. 38, 39). Das ist indessen nach den tatsächlichen Feststellungen des Berufungsgerichts geschehen. Denn nachdem dem Kläger die schriftliche Bürgschaftserklärung mitgeteilt worden ist und er auf dem ihm mitgeteilten Schriftstück sein Einverständnis erklärt hat, ist zwar die Urkunde selbst zu den Papieren der Aktiengesellschaft gegeben, ihm aber entsprechend dem Willen und der Absicht aller Beteiligten vom Vorstand der Aktiengesellschaft eine Abschrift erteilt worden. Ist sonach dem Gläubiger zwar nicht die Urschrift der Bürgschaftserklärung, aber eine — unbestritten richtige — Abschrift davon mit Wissen und Willen des Bürgen erteilt worden, so ist damit unter den obwaltenden Umständen der Vorschrift des § 766 BGB. Genüge geschehen. Die Gültigkeit der Bürgschaft ist daher nicht zu bezweifeln.

---

28. Zur Frage der Auskunftspflicht.

BGB. §§ 242, 510.

VII. Zivilsenat. Urt. v. 5. November 1929 i. S. A. Anzeigen-AG. (Kl.) w. Firma M. (Bekl.). VII 184/29.

I. Landgericht Leipzig.
II. Oberlandesgericht Dresden.

Die verklagte Verlagsfirma übertrug vertragsmäßig der klagenden Anzeigen-Gesellschaft vom 1. September 1925 bis zum 31. August 1928 das alleinige Recht zur Anzeigen-Annahme für vier von ihr verlegte Zeitschriften. Von dem im Vertrag vorgesehenen Kündigungsrecht machte die Beklagte Ende Januar 1928 für den 31. August 1928 Gebrauch. In § 7 des Vertrags war bestimmt: „Bei Ablauf des Vertrags darf der Verlag das Recht der alleinigen Inseratenannahme erst dann an eine andere Firma vergeben, wenn die A. die Übernahme der Inseratenannahme unter den von den anderen Bewerbern angebotenen Bedingungen ablehnt oder sich innerhalb 8 Tagen nach ihr zugegangener Mitteilung dieser Bedingungen zur Übernahme nicht bereit erklärt hat. Das Recht des Verlags, nach Beendigung des Vertrags die Inseratenannahme in eigener Regie weiter zu führen, wird hierdurch nicht beschränkt." Auf Anfrage teilte die Beklagte der Klägerin am 20. Februar 1928 mit, daß ihr, der Beklagten, nach Ablauf des Vertrags die Inserate durch die Dev. GmbH. zugewiesen werden würden. Unter Hinweis auf diesen § 7 bat die Klägerin um Mitteilung der Bedingungen, unter denen dies geschehen werde. Die Beklagte erklärte nunmehr, sie werde die Anzeigen-Verwaltung in eigene Regie übernehmen, und blieb bei dieser Erklärung auch in weiteren Schreiben stehen. Im Laufe des Rechtsstreits gab sie dann an, sie und die Dev. hätten nach einem Konzern-Abkommen ihren selbständigen Charakter eingebüßt und seien nur noch unselbständige Glieder der Uv. GmbH. Weiter erklärte sie, die Dev. sei von Anfang an als eine unselbständige Tochtergesellschaft der V. & Co. GmbH. gegründet worden und habe als solche die Anzeigen-Verwaltung dieser Firma gehabt; bei Erweiterung des Konzerns auch auf sie, die Beklagte, habe die Dev. ihre alten Aufgaben beibehalten, die sich nunmehr sinngemäß auch auf sie miterstreckt hätten.

Die Klägerin verlangt auf Grund dessen von der Beklagten Vorlegung der schriftlichen Abmachungen über die Inseraten-Annahme mit der Dev. und Auskunfterteilung über etwaige mündliche Abmachungen mit ihr darüber; hilfsweise begehrt sie das gleiche bezüglich der Firmen Uv. und V. & Co. Beide Vorinstanzen wiesen die Klage ab. Die Revision der Klägerin führte zur Aufhebung und Zurückverweisung.

Gründe:

Das Oberlandesgericht hat offen gelassen, in welchem Verhältnis die Firmen Dev., Uv. und V. & Co. zur Beklagten stehen. Es hat also mit der Möglichkeit gerechnet, und dies ist auch für die Nachprüfung in der Revisionsinstanz zu unterstellen, daß die Beklagte nach der an sich ordnungsmäßig für den 31. August 1928 erfolgten Aufkündigung des Vertrags die Anzeigen-Annahme für die vier Zeitschriften für die Folgezeit nicht in eigene Regie übernommen, sondern das Recht der alleinigen Anzeigen-Annahme an eine andere, fremde Firma vergeben hat. Hätte sie die Anzeigen-Annahme in eigene Regie übernommen, so ständen der Klägerin gemäß § 7 des Vertrags irgendwelche Ansprüche, besonders auch auf Vorlegung von Schriftstücken und auf Auskunfterteilung, sicher nicht zu. Dagegen hätte im anderen Falle die Beklagte im Widerspruch zu den Bestimmungen des § 7 gehandelt, und für diesen, eben als möglich unterstellten Fall bedarf das Berufungsurteil näherer Nachprüfung. Wie nebenbei bemerkt sein mag, ist entscheidend für die Frage, welcher der beiden Fälle vorliegt, nicht eine rechtliche Gleichheit oder Verschiedenheit zwischen der Beklagten und der anderen Firma, sondern ob sie wirtschaftlich als ein und dasselbe Unternehmen anzusehen sind. Dabei ist allerdings bei einer rechtlichen Verschiedenheit zunächst auch eine Verschiedenheit in wirtschaftlicher Beziehung anzunehmen, sodaß die Beklagte dafür beweispflichtig erscheint, daß sie und die Dev. doch wirtschaftlich zusammenfallen.

Bei Zugrundelegung der Sachgestaltung, daß die Beklagte die Anzeigen-Annahme an eine fremde Firma vergeben hat, sind aber die Ausführungen des Berufungsurteils nicht frei von Rechtsirrtum. Zwar läßt sich eine Verpflichtung zur Vorlegung von schriftlichen Abmachungen unter keinem rechtlichen Gesichtspunkt irgendwelcher Art feststellen, und dagegen hat auch die Revisionsklägerin nichts ausgeführt. Sie hat sich vielmehr dessen beschieden und sich dahin geäußert, daß ihr auch eine Auskunfterteilung über die schriftlichen und die etwaigen mündlichen Abmachungen in Sachen der Anzeigen-Annahme genügen würde. Ersteres würde auch von dem Begehren auf Vorlegung der schriftlichen Abmachungen als das mindere mitumfaßt sein. Eine solche Verpflichtung der Beklagten zur Auskunfterteilung wegen der Abmachungen über die Anzeigen-Annahme ist aber entgegen den Ausführungen des Berufungsgerichts als im Gesetz begründet anzusehen, und zwar ist sie aus § 242 BGB. in Verbindung mit den in § 7 des Vertrags getroffenen Vereinbarungen herzuleiten. Das Landgericht hat allerdings in Auslegung des § 7 Abs. 2 ausgeführt — und diese Ausführungen hat sich das Berufungsgericht gegen Ende seines Urteils ersichtlich zu eigen gemacht —: § 7 Abs. 2 bestimme nicht, daß es eine Vertragspflicht der Beklagten sei, die ihr von anderen Bewerbern angebotenen Bedingungen der Klägerin mitzuteilen; er besage vielmehr nur, daß die Beklagte das Recht der alleinigen Anzeigen-Annahme für ihre Zeitschriften nicht an eine andere Firma vergeben dürfe, wenn sie die ihr von anderen Bewerbern angebotenen Bedingungen der Klägerin nicht mitgeteilt habe, oder wenn sie sie zwar mitgeteilt, die Klägerin sich aber innerhalb gewisser Frist zum Eintritt in diese Bedingungen bereit erklärt habe. Es komme also jetzt höchstens in Frage, ob die Klägerin Schadensersatz oder sogar Fortsetzung des Vertragsverhältnisses fordern könne, während sie nicht verlangen könne, daß ihr jene Mitteilungen gemacht würden. Diese Auslegung ist aber unmöglich; sie verstößt in klarer Weise gegen § 133 BGB., indem sie am buchstäblichen Sinne des

Ausdrucks haftet und nicht den wirklichen Willen der Vertragschließenden erforscht. Denn wenn jemand einem anderen ein Recht einräumt, so räumt er ihm in aller Regel nach Treu und Glauben mit Rücksicht auf die Verkehrssitte auch die Mittel ein, um das Recht zu verwirklichen. Wenn insbesondere hier die Beklagte der Klägerin das Recht einräumte, in einen etwaigen Vertrag zwischen ihr und einem Dritten einzutreten, dann übernahm sie auch die Verpflichtung, der Klägerin den Inhalt des mit dem Dritten abzuschließenden oder bereits abgeschlossenen Vertrags mitzuteilen. So spricht auch der § 7 ganz zwanglos von der Mitteilung der von anderen Bewerbern angebotenen Bedingungen, und es ist unerheblich, ob dies nur im letzten Satzteil bei Erwähnung der Nichterklärung geschieht und nicht auch bei der vorher erwähnten Ablehnung der Bedingungen, die hierfür natürlich erst einmal mitgeteilt sein müssen. Auf derselben Erwägung beruht auch § 510 BGB., wonach dem Vorkaufsberechtigten vom Verpflichteten der Inhalt des mit dem Dritten geschlossenen Vertrags unverzüglich mitzuteilen ist. Daß das Bürgerliche Gesetzbuch nur den Vorkauf, nicht dagegen auch andere Eintrittsrechte (Einlösungsrechte, Optionsrechte) behandelt, liegt in der geschichtlichen Entwicklung und in der besonderen wirtschaftlichen Bedeutung des Vorkaufs begründet (RGRKomm. § 504 Anm. 1). Die Einzelvorschriften der §§ 504 flg. erscheinen aber — abgesehen höchstens von besonderen, gerade nur für den Kauf passenden Vorschriften — als der Ausdruck allgemeiner Rechtsgedanken für Fälle, in denen einem anderen, regelmäßig auf Grund eines Vertrags, das Recht zusteht, in einen mit einem Dritten geschlossenen Vertrag einzutreten (RGZ. Bd. 123 S. 268).

Eine bereits geschehene Erfüllung der hiernach der Beklagten obliegenden Auskunftspflicht kann keinesfalls in den von der Beklagten der Klägerin vor Einleitung des Rechtsstreits gemachten Mitteilungen über die Dev. und ihr Verhältnis zu dieser gefunden werden. Denn diese Mitteilungen betrafen höchstens die Voraussetzung für die Auskunftspflicht, nämlich die Frage nach dem Zusammenfallen oder Nichtzusammenfallen beider Firmen, dagegen stellten sie nicht die der Klägerin gebührende Auskunft selbst dar.

29. 1. Kann der Inhaber eines abhängigen Patents gegen den Verletzer dieses Patents auf Unterlassung klagen, obwohl letzterer schon auf die Klage des Inhabers des älteren Patents, von dem das jüngere abhängig ist, rechtskräftig zur Unterlassung verurteilt worden war?

2. Hat in diesem Falle der Inhaber des abhängigen Patents gegen dessen Verletzer auch einen Anspruch auf Schadensersatz, wenn ersterer auf die Klage des Inhabers des älteren Patents selber rechtskräftig zur Unterlassung der Benutzung seines abhängigen Patents verurteilt worden war?

PatG. § 4.

I. Zivilsenat. Urt. v. 6. November 1929 i. S. G. u. Gen. (Bekl.) w. S. u. Gen. (Kl.). I 45/29.

I. Landgericht I Berlin.
II. Kammergericht daselbst.

Die Kläger sind Inhaber des Patents 394733, erteilt mit Wirkung vom 26. Mai 1920; die Patentschrift ist am 2. Mai 1924 ausgegeben worden. Die ersten drei Patentansprüche lauten:

1. Wicklung für Transformatoren aus übereinandergeschichteten Einzelspulen, dadurch gekennzeichnet, daß auf jede Einzelspule, innerhalb oder außerhalb oder innerhalb und außerhalb des Spulenquerschnittes, bei der Anfertigung der Spule achsiale Stützringe gleicher oder etwas größerer Höhe als die Spule aufgebracht sind.
2. Spule nach Anspruch 1, dadurch gekennzeichnet, daß die außerhalb des Spulenquerschnittes angeordneten Stützringe durch Distanzstücke in Abstand von der Spule gehalten sind und zwischen Spule und Stützring Kühlkanäle bestehen bleiben.
3. Spule nach Anspruch 1 und 2, dadurch gekennzeichnet, daß zwecks Ausleitung der Spulenenden oder zum Übergang des Spulendrahtes aus einer Lage in die nächstfolgende der Stützring unterbrochen ist.

Die ursprünglich verklagte offene Handelsgesellschaft in Firma A. G. & Co. hat eine Anzahl von Großtransformatoren hergestellt und in Verkehr gebracht (wieviel und bis zu welcher Zeit, ist nicht festgestellt), bei denen gleichfalls die Spulenpakete vom Gewichts- und Verspannungsdruck entlastet sind. Nur benutzte sie dazu keine achsialen Stützringe, sondern eine Mehrzahl einzelner kurzer bogenförmiger Isolationsstücke aus hartem, druckbeständigem Stoff, die in die Spulen fest eingewickelt und etwas höher sind als die Spulenpakete.

Die Kläger erblicken hierin eine schuldhafte Verletzung ihres Patents und haben Klage erhoben auf Unterlassung, Rechnungslegung und Feststellung der Schadensersatzpflicht. Die Firma A. G. & Co. hat bestritten, daß die von ihr seinerzeit hergestellten, mit kurzen, aus dem Spulenpaket herausragenden Isolationsstücken ausgestatteten Hochspannungstransformatoren in das Klagepatent eingriffen. Weiter hat sie geltend gemacht, daß auch abgesehen hiervon die Klaganträge unbegründet seien. An dem Unterlassungsanspruch hätten die Kläger kein Interesse, weil sowohl die beanstandete Vorrichtung, für die ihr übrigens ein Patent erteilt sei, wie auch das Klagepatent vom S.schen Patent 251229 abhängig seien. In zwei Vorprozessen, die S. gegen sie und die jetzige Klägerin angestrengt habe, sei ihnen beiden untersagt worden, die Hochspannungstransformatoren ihres Systems zu benutzen. Ein abermaliges Verbot sei gegenstandslos. Wiederholungsgefahr bestehe auch deshalb nicht, weil die Firma A. G. & Co. ihre Transformatoren schon sei. einiger Zeit in anderer Art baue. Da ferner die Kläger selber ihr Patent wegen Abhängigkeit vom S.-Patent nicht ausführen dürften, hätten sie durch den angeblichen Eingriff in ihr Patent auch keinen Schaden erleiden können.

Das Landgericht erkannte nach dem Klagantrag und gab dabei, entsprechend der Art, wie die Firma A. G. & Co. die Transformatoren herstellte, der Verurteilung zur Unterlassung folgende Fassung:

> . . . gewerbsmäßig elektrische Transformatoren herzustellen usw., deren Wicklungen aus übereinander geschichteten Einzelspulen bestehen, in die bei ihrer Anfertigung achsiale Stützstücke eingefügt worden und die dann so aufeinander gelegt worden sind, daß die Stützstücke der übereinander liegenden Einzelspulen entweder unmittelbar übereinander oder oben und unten auf Zwischenstücken liegen, die zwischen die Einzelspulen gelegt worden sind, und so den Druck der Spulen voneinander abfangen.

Hiergegen legte die Firma A. G. & Co. Berufung ein mit dem Antrag auf Klagabweisung. Im Mai 1928 schloß die Firma A. G. & Co.

mit der A.E.G. (die hinter dem S.-Patent stand) einen Stillegungsvertrag ab, demzufolge jene ihren Betrieb einstellte. Die offene Handelsgesellschaft ist gelöscht worden. Die bisherigen Gesellschafter sind an die Stelle der bisherigen Beklagten getreten. Mit Rücksicht hierauf haben die Kläger nunmehr beantragt, die Berufung mit der Maßgabe zurückzuweisen, daß der Unterlassungsanspruch in der Hauptsache erledigt sei. Das Berufungsgericht hat in diesem Sinne erkannt und die Kosten des zweiten Rechtszugs den Beklagten auferlegt. Ihre Revision blieb erfolglos.

Gründe:

Der erkennende Senat hat sich über das Verhältnis des S.-Patents zum Patent der Kläger und zu der jetzt von diesen beanstandeten Bauart der Beklagten in zwei früheren Urteilen (das eine abgedruckt in M. u. W. Bd. 27/28 S. 276) ausgesprochen. Die Rechtslage war danach folgende. Das S.-Patent hatte sich zum ersten Male die Aufgabe gestellt, bei Hochspannungstransformatoren die Spulenpakete von dem Gewichts- und Verspannungsdruck vollständig zu entlasten. Sein Lösungsgedanke bestand darin, daß eine Mehrzahl von segmentartigen Tragstücken, aus mindestens zwei Teilen bestehend, die Spule auf den Segmentstrecken umgab und so den Druck abfing. Die Transformatoren der jetzigen Prozeßparteien dagegen gingen zwar von der gleichen Aufgabe aus, umgaben aber nicht die Spulen an mehreren Stellen mit druckfesten Hüllensegmenten, sondern versahen sie mit Abstützungen, die entweder in Ringform (so die Kläger) oder in Form kurzer bogenförmiger Isolationsstücke (so die Beklagten) beim Wickeln der Spulen mit diesen verbunden wurden und mindestens die gleiche Höhe wie die Spulenpakete hatten oder (so bei den Beklagten stets) etwas über die Spulenpakete hinausragten. Im Anschluß an das Gutachten des dort vernommenen Sachverständigen wurde die Herstellungsform des S.-Patents mit einem Weichtier verglichen, das zum Schutz einer äußeren Schale bedarf, dagegen die Abstützungen der jetzigen Prozeßparteien mit einem Knochengerüst. Durch dieses anschauliche Bild ist das Verhältnis der Bauart nach S. zu den Bauarten der Prozeßparteien gekennzeichnet. Es ist angenommen worden, daß die letzteren Bauarten von dem allgemeinen Erfindungsgedanken des S.-Patents (vollständige Druckentlastung). Gebrauch machen, möglicherweise unter Hinzufügung erfinderischer Verbesserungen.

Nunmehr war zu prüfen, ob die Bauweise der Beklagten von dem Erfindungsgedanken des Klagepatents (vollständige Abstützung mittels „Knochengerüsts") Gebrauch macht. Die Instanzgerichte haben die Frage bejaht. Das Kammergericht insbesondere führt dazu aus: Der neue Gedanke des Klagepatents bestehe darin, daß achsiale Stützstücke (von gleicher oder größerer Höhe als der des Spulenpakets) auf (d. h. zwischen) die einzelnen Spulen aufgebracht wurden, und zwar gleich beim Wickeln der Spulen. Nach Anspruch 3 des Klagepatents brauchten die Stützringe nicht geschlossen zu sein. Aber auch abgesehen hiervon sei der Lösungsgedanke nicht auf die Anbringung lückenloser Ringe beschränkt. Weder der Verlauf des Erteilungsverfahrens noch der damalige Stand der Technik nötigten zu solcher Einschränkung. Allerdings habe das S.-Patent nicht zugelassen, den Gedanken vollständiger Druckentlastung allgemein zu schützen. Aber auch der auf die Abstützung mittels „Knochengerüsts" gerichtete Erfindungsgedanke umfasse innerhalb dieses Bereichs die Äquivalente, und um ein solches handle es sich bei Anbringung segmentartiger Abstützungen von innen. Ob die Vorrichtung der Beklagten nebenbei noch eine erfinderische Zutat aufweise, sei für die Frage der Abhängigkeit belanglos.

Diesen Ausführungen ist im wesentlichen beizustimmen. Sollte allerdings die beanstandete Bauart der Beklagten eine erfinderische Verbesserung enthalten, so käme ein Äquivalent nicht in Frage. Das schlösse aber keinesfalls aus — und darauf will auch der Vorderrichter im Grunde hinaus —, daß der Erfindungsgedanke des Klagepatents eben die Abstützung durch Stützkörper war, welche die Spulen nicht von außen umgaben, sondern in oder an ihnen angebracht waren, und daß der nämliche Erfindungsgedanke auch der Bauweise der Beklagten zugrunde lag.

Ebenso hat das Kammergericht ohne Rechtsirrtum die Voraussetzungen der Unterlassungsklage, wie sie von der Rechtsprechung entwickelt worden sind, als gegeben erachtet. Daß auch der Inhaber eines abhängigen Patents die Eingriffe anderer verbieten kann, ist unbedenklich anzunehmen (vgl. Pietzcker PatG. § 3 Anm. 24). Das, was hier zweifelhaft erscheinen könnte, ist lediglich die Frage der Wiederholungsgefahr im Hinblick auf die bereits erfolgte Verurteilung der Beklagten zur Unterlassung auf die S.sche Klage. Allein wenn man überhaupt dem Inhaber eines abhängigen Patents das

Recht zubilligen muß, Eingriffe in sein Patent abzuwehren, auch wenn er es selbst ohne Einwilligung des Inhabers des grundlegenden Patents nicht ausüben darf, so braucht er sich nicht damit zu begnügen, daß dem Verletzer schon auf Grund des unabhängigen Patents die Benutzung der beanstandeten Bauweise untersagt ist. Darauf, daß S. an seinem Verbot festhält, haben die Kläger keinen Einfluß. Ferner sind die Laufzeiten beider Patente verschieden; das S.-Patent soll sogar inzwischen, am 12. September 1929, abgelaufen sein. Wenn endlich das Berufungsgericht es als belanglos für die Frage der Wiederholungsgefahr ansieht, daß die Firma A. G. & Co. die beanstandete Bauweise nicht mehr ausführt, so kann ihm darin aus Rechtsgründen nicht entgegengetreten werden. Denn diese Firma hat, worauf der Vorderrichter mit Recht Gewicht legt, bis zuletzt bestritten, daß sie damit in das Klagepatent eingreife. Und noch bis zum August 1927 hat sie, wie ebenfalls festgestellt wird, Werbeschriften mit der Verletzungsform verbreitet. Mit Recht haben daher die Kläger die Verurteilung der Beklagten zur Unterlassung begehrt. Ebenso trifft zu, daß dieser Anspruch erst durch den Stillegungsvertrag der Beklagten seine Erledigung gefunden hat. ... (Es folgt die Erörterung der Verschuldensfrage.)

Der letzte Einwand der Beklagten geht dahin, daß den Klägern kein Schaden entstanden sein könne, weil ihnen selbst die Ausführung ihres Patents wegen seiner Abhängigkeit vom S.-Patent nicht gestattet sei. Das Landgericht hatte dazu Stellung genommen, indes mit unhaltbarer Begründung. Es führte aus: In jedem Falle hätten die Beklagten den Klägern Schadensersatz für diejenigen Transformatoren zu leisten, die vor ihrer auf Grund des S.schen Patents ausgesprochenen Verurteilung zur Unterlassung hergestellt worden seien. Auf diesen Zeitpunkt kann es aber nicht ankommen. Die Kläger durften schon seit der Erteilung des S.-Patents und sogar wegen des einstweiligen Schutzes nach § 23 Abs. 1 Satz 2 PatG. noch früher, seit der Bekanntmachung der Anmeldung, ihre nachmals patentierte Bauweise nicht mehr ausführen. Als zweiten Grund gibt das Landgericht an, jede Patentverletzung habe eine „Diskreditierung" des verletzten Patents zur Folge. Ein Erfahrungssatz dieses Inhalts kann jedoch nicht anerkannt werden.

Indes schon die Kläger haben im zweiten Rechtszug darauf hingewiesen, daß der Patentinhaber bei Verletzung seines Patents den ihm entstandenen Schaden in verschiedener Weise begründen kann. Einmal so, daß er berechnet, was er weniger abgesetzt hat, ferner in der Art, daß er die ihm entgangenen Lizenzgebühren veranschlagt, endlich auch so, daß er den vom Verletzer erzielten Gewinn für sich beansprucht (RGZ. Bd. 84 S. 370 [376 a. E., 377]; RGZ. Bd. 95 S. 220). Die erste von diesen drei Arten fällt hier natürlich fort. Aber die Beklagten hätten, wenn sie erlaubterweise die Abstützungsvorrichtung benützt hätten, sowohl an S. wie an die Kläger Lizenzgebühr zu entrichten gehabt. Dies meint auch offenbar das Kammergericht, indem es, im Anschluß an die allgemeine Erörterung des Unterlassungsanspruchs bei abhängigen Patenten, sagt, die Abhängigkeit schließe auch einen Schadensersatzanspruch nicht aus, namentlich nicht „unter dem Gesichtspunkte der angemessenen Lizenzgebühr". Ferner würde an sich der von den Beklagten erzielte Gewinn sowohl von S. wie von den Klägern, je zu einem entsprechenden Teile, beansprucht werden können, weil die Beklagten von beiden Erfindungsgedanken Gebrauch gemacht haben. Der Umstand, daß im Vorprozeß von S. gegen die Firma A. G. & Co. die Annahme einer subjektiven Patentverletzung abgelehnt worden ist, spielt hier keine Rolle. Denn es genügt für die Feststellung des Schadensersatzanspruchs der Kläger, daß ihnen an den nach der zweiten oder dritten Berechnungsweise zustehenden Beträgen ein Anteil zusteht.

---

30. Kann die Genehmigung eines Kaufvertrags auf Grund der Bekanntmachung des Reichskanzlers vom 15. März 1918 (RGBl. S. 123) mit der Auflage verknüpft werden, daß die Auflassung nicht an den Käufer, sondern an einen Dritten zu erfolgen habe?

VI. Zivilsenat. Urt. v. 30. Oktober 1929 i. S. J. (Bekl.) w. S. (Kl.).
VI 69/29.

I. Landgericht Flensburg.
II. Oberlandesgericht Kiel.

I. In der notariellen Urkunde vom 1. Juni 1926 machte der Beklagte dem Kaufmann und Makler T. ein bis zum 1. Oktober 1926 bindendes Angebot zum Abschluß eines Kaufvertrags über seine in H. belegene Landstelle. In dem Angebot bevollmächtigten beide den Bürovorsteher B., die zur Auflassung erforderlichen Erklärungen für sie abzugeben. B. sollte auch befugt sein, das Grundstück an einen vom Erwerber bezeichneten Dritten aufzulassen.

In notarieller Urkunde vom 28. September 1926 nahm T. in Gegenwart des Beklagten das Angebot an. Den Kaufvertrag genehmigte der Landrat am 16. November 1926 mit der Maßgabe, daß

1. die Auflassung nicht an T., sondern an eine von ihm zu benennende dritte Person zu erfolgen habe,
2. auch der neue Vertrag, durch den der Dritte Ansprüche erwerbe, besonders genehmigungspflichtig sei.

Der Landrat erklärte hierzu in einem an den Kläger gerichteten Schreiben vom 20. April 1928, daß es sich bei der Maßgabe zu 1 um die Erteilung der Genehmigung unter einer Auflage gemäß der Bekanntmachung über den Verkehr mit landwirtschaftlichen Grundstücken vom 15. März 1918 handle.

II. Durch notariellen Vertrag vom 16. Oktober 1926 verkaufte T. einen Teil des ihm vom Beklagten verkauften Grundstücks an den Kläger. Dieser Vertrag wurde durch einen weiteren vom 24. November 1926 geändert. Der Vertrag vom 16. Oktober 1926 wurde am 7. Dezember 1926, der Nachtragsvertrag am 2. November 1928 vom Landrat genehmigt.

III. In notarieller Urkunde vom 23. Februar 1927 trat T. seine Ansprüche auf Eigentumserwerb und Auflassung gegenüber dem Beklagten, soweit es sich um die dem Kläger weiterverkauften Parzellen handelte, an den Kläger ab. Er bezeichnete diesen als denjenigen Dritten, an den die Auflassung erfolgen sollte, und erklärte, daß der im Vertrag vom 16. Oktober 1926 bestellte Auflassungsbevollmächtigte befugt sei, die Auflassung unmittelbar vom Beklagten für den Kläger entgegenzunehmen. Diese Urkunde wurde vom Kläger mitunterzeichnet. Die Abtretungserklärung wurde am 2. November 1928 vom Landrat genehmigt.

Der Beklagte hat die von T. dem Kläger verkauften Parzellen einem Dritten aufgelassen, der als Eigentümer eingetragen ist. Der Kläger verlangt im vorliegenden Rechtsstreit Auflassung der Parzellen, die er von T. erworben hat. Das Landgericht verurteilte den Beklagten nach dem Klagantrag, abgesehen von einer hier nicht interessierenden Parzelle. Das Oberlandesgericht wies die Berufung zurück. Die Revision des Beklagten führte zur Abweisung der Klage.

Gründe:

Nach § 1 der Bekanntmachung des Reichskanzlers über den Verkehr mit landwirtschaftlichen Grundstücken vom 15. März 1918 (RGBl. S. 123) bedarf die Auflassung eines Grundstücks sowie jede Vereinbarung, welche die Verpflichtung zur Übereignung eines Grundstücks zum Gegenstand hat, zu ihrer Wirksamkeit der Genehmigung der zuständigen Behörde; die Genehmigung kann auch unter Auflagen erteilt werden. Wie bereits in der Rechtsprechung des Reichsgerichts ausgesprochen ist, hat die Einführung dieser Genehmigung den Zweck, vom Standpunkt der öffentlichen Belange zu prüfen, ob die von den Beteiligten beabsichtigte Änderung in den Verhältnissen des Grundbesitzes mit dem öffentlichen Wohl vereinbar ist (RGZ. Bd. 123 S. 331). Die privaten Belange der Beteiligten kommen als solche für die Entscheidung der Genehmigungsbehörde nicht in Betracht, sondern nur insoweit, als durch sie zugleich das öffentliche Wohl berührt wird. Unter diesem Gesichtspunkt können beispielsweise die Bestimmungen des Vertrags über die Höhe des Kaufpreises oder auch über die Berufstüchtigkeit und Vertrauenswürdigkeit der Person des Käufers den Anlaß dazu geben, die Genehmigung zu versagen. In dieser Beziehung bieten die Vorschriften der Verordnung in § 3 Nr. 2 und 5 einen Anhalt, wonach die Genehmigung versagt werden kann, wenn das zum Betrieb der Landwirtschaft bestimmte Grundstück an jemand überlassen wird, der die Landwirtschaft nicht im Hauptberuf ausübt oder früher ausgeübt hat, oder wenn die Übereignung eines Grundstücks unter Ausnutzung der Notlage des Eigentümers zu unbilligen Bedingungen, insbesondere zu einem erheblich hinter dem Wert zurückbleibenden Preise, erfolgen soll. Aber die Bestimmungen des Vertrags selbst können durch die Entscheidung der Genehmigungsbehörde keine Änderung erfahren. Die Behörde hat im Rahmen und zur Erfüllung des angegebenen Zwecks nur die Befugnis, entweder den Vertrag zu genehmigen oder ihm die Genehmigung zu versagen. Sie kann der Genehmigung eine Auflage hinzufügen, wenn sie meint, den mit der Verordnung verfolgten Zweck auf diesem Wege zu erreichen. Sie kann nicht etwa in den Vertrag selbst eingreifen derart, daß sie ihr bedenklich erscheinende Teile des Vertrags, wie etwa die Höhe des Kaufpreises, von der Genehmigung ausschließt und den Vertrag im übrigen genehmigt. Die Frage, in welcher Weise die Vertragschließenden ihre Rechtsbeziehungen im einzelnen gestalten wollen, ist und bleibt unabhängig von der Genehmigung, die einen zur Willenseinigung der Parteien hinzutretenden Umstand betreffen muß. Die Vertragschließenden müssen im Zeitpunkt der Mitteilung der Entscheidung der Verwaltungsbehörde darüber im klaren sein, ob der von ihnen geschlossene Vertrag in vollem Umfang rechtswirksam und ob die Erfüllung aller darin enthaltenen Verpflichtungen erzwingbar ist. Entnimmt die Verwaltungsbehörde aus der Person des Käufers Bedenken gegen die Genehmigung im Sinne des § 3 Nr. 2 der Verordnung, so kann sie diesen nur durch Versagung der Genehmigung Rechnung tragen. Das gleiche gilt für Bedenken, die aus der Höhe des Kaufpreises gemäß § 3 Nr. 5 hergeleitet werden. In diesen Fällen bleibt nur der Weg einer anderweitigen, der Form des § 313 BGB. bedürfenden Willenseinigung übrig, für die dann wieder das Genehmigungsverfahren eröffnet ist.

In derselben Richtung bewegt sich das Beispiel einer Auflage, wie sie in den Grundsätzen vom 27. März 1918 für die Ausführung der Bekanntmachung vom 15. März 1918 erwähnt ist (MBl. für preuß. inn. Verw. S. 54). Dort wird ausgeführt: Von der Befugnis, die Genehmigung unter einer Auflage zu erteilen, werde namentlich dann Gebrauch zu machen sein, wenn die künftige Schädlichkeit oder Unschädlichkeit nach § 3 zur Zeit der Entscheidung nicht mit Sicherheit beurteilt werden könne; beispielsweise werde beim Erwerb eines Grundstücks zum Zwecke seiner Zerschlagung durch einen privaten Unternehmer auf Grund des Antrags nicht immer vorauszusehen sein, ob die Zerschlagung unwirtschaftlich sein werde; liege danach zur Versagung der Genehmigung kein ausreichender Grund vor, so könne es sich unter Umständen empfehlen, die zweckmäßige Ausführung der Aufteilung durch die Auferlegung bestimmter Verpflichtungen zu sichern; die Genehmigung erfolge dann unter der Auflage, daß die Verpflichtungen bei der Ausführung erfüllt würden. Die Begründung zur Bekanntmachung des Reichskanzlers vom 15. März 1918 (preuß. JMBl. 1918 S. 69) spricht von Erfüllung bestimmter Auflagen und führt als Beispiel einer solchen an, daß ein bisher als Ackerland genutztes Grundstück nicht aufgeforstet oder daß ein bisher einheitlich bewirtschaftetes Grundstück nicht in Trennstücke zerschlagen werde. Die Erfüllung der Auflage würde zwar — wie dort weiter gesagt wird — die Nichtigkeit des Rechtsgeschäfts nicht zur Folge haben;

indes würde sie die Bestrafung nach § 7 Nr. 2 der Bekanntmachung nach sich ziehen, sodaß auf diesem Wege die Erreichung der Ziele der Verordnung sichergestellt werden könne. Daß die Erfüllung des mit einer Auflage genehmigten Vertrags nach der Genehmigung nicht mehr zweifelhaft bleiben dürfe, wird hier offensichtlich vorausgesetzt. Das gleiche gilt von dem preuß. Gesetz über den Verkehr mit Grundstücken vom 10. Februar 1923. § 5 das. sieht als Auflage die Verpflichtung zur Bebauung eines Grundstücks und die Sicherung der Erfüllung der Auflage in der Weise vor, daß eine Geldzahlung als Strafe zugunsten des Staates im Verein mit der Eintragung einer Sicherungshypothek festgesetzt wird; vgl. auch § 10 des Gesetzes.

Nun ist im vorliegenden Falle die Genehmigung des Vertrags mit der Bestimmung verbunden, daß die Auflassung nicht an den Käufer, sondern an eine von ihm zu benennende dritte Person zu erfolgen habe und daß der neue Vertrag, durch den der Dritte Ansprüche erwerbe, besonders genehmigungspflichtig sei. Dadurch würde der von den Vertragsparteien geschlossene Vertrag in zwei Teile gespalten werden, von denen der eine wirksam, der andere unwirksam sein würde. Der Käufer wäre zwar zur Zahlung des Kaufpreises verpflichtet, aber nicht berechtigt, Verschaffung des Eigentums an der Sache zu verlangen; der Verkäufer wäre nicht berechtigt, Abnahme der Kaufsache und Entgegennahme der Auflassung durch den Käufer zu verlangen (§ 433 BGB.). Der Käufer wäre aber auch nicht verpflichtet, den Gegenstand an einen Dritten zu verkaufen; ein solcher Entschluß würde in seinem Belieben stehen. In Wahrheit enthält die von der Verwaltungsbehörde mit der Genehmigung verbundene Bestimmung nicht eine Auflage, sondern eine Bedingung, deren Erfüllung zum Abschluß eines neuen, dem Formzwang des § 313 BGB. unterliegenden Vertrags führen müßte. Eine wirksame Genehmigung des Vertrags ist daher noch nicht erfolgt. Da der Käufer keinen rechtswirksamen Anspruch auf Auflassung erworben hat, war die Abtretung dieses Anspruchs gegenstandslos. Der Anspruch auf Erfüllung des Kaufvertrags ist daher bei der jetzigen Rechtslage unbegründet und die Klage abzuweisen (§ 565 Abs. 3 Nr. 1 ZPO.).

Es sei aber noch auf folgendes hingewiesen: Gegenstand des Rechtsstreits ist ein Teil des verkauften Grundstücks. Es ist die Möglichkeit vorhanden, daß der Erwerb anderer Teile des Grundstücks durch andere Erwerber nicht oder nur zum Teil die Genehmigung der Verwaltungsbehörde findet. Würde die Rechtslage anders als hier dargelegt beurteilt, so würde sich ergeben, daß der Verkäufer verpflichtet ist, einen Teil des verkauften Grundstücks aufzulassen, während er bezüglich des Restgrundstücks einen Anspruch auf Abnahme und Entgegennahme der Auflassung nicht, insbesondere nicht gegen seinen Vertragsgegner, den Zedenten des Klägers, hätte und daß er selbst Eigentümer und mit den auf dem Grundstück ruhenden Lasten beschwert bliebe. Ein solches Ergebnis ist mit der Absicht der Vertragsparteien bei Abschluß des Vertrags nicht vereinbar.

---

31. 1. Liegt ein Unfall beim Betrieb der Eisenbahn vor, wenn ein Fahrgast auf dem Bahnsteig durch einen Postkarren verletzt wird?

2. Zur Haftung der Reichspost in einem solchen Falle.

3. Beweislast bei Verletzung der Pflichten aus einem Personenbeförderungsvertrag.

Haftpflichtgesetz § 1. BGB. §§ 823, 831.

VI. Zivilsenat. Urt. v. 30. Oktober 1929 i. S. K. (Kl.) w. Deutsche Reichspost und Deutsche Reichsbahn-Gesellschaft (Bekl.). VI 318/29.

I. Landgericht Hamburg.
II. Oberlandesgericht daselbst.

Die Klägerin fuhr am 4. November 1926 in dem von C. nach H. fahrenden Eisenbahnzug und stieg abends in der achten Stunde auf der Station O. aus. Sie behauptet, der von ihr benutzte Eisenbahnwagen habe außerhalb des Bahnsteigs gehalten; man habe sehr hoch heruntertreten müssen; es sei dunkel gewesen; sie habe ihren kleinen Handkoffer hingesetzt und einer älteren Dame beim Aussteigen geholfen. Sie habe dann ihren Handkoffer vom Boden aufgenommen und sich umgedreht, als sie einen heftigen Stoß in die Hüfte und unmittelbar darauf einen Stoß an die rechte Seite des rechten Knies erhalten habe. Die Stöße rührten, so behauptet die Klägerin, von einem gefüllten Postkarren des Amtes O. her, der die für diesen Eisenbahnzug bestimmten Postsendungen enthalten habe. Da der Zug eine ungewöhnliche Länge gehabt, der Bahnpostwagen aber weiter vorwärts gehalten habe, als die Postbeamten angenommen hätten, sei der Karren, der mit der Gabeldeichsel in der Fahrtrichtung gestanden habe, von den Beamten eiligst, ohne Rücksicht auf die aus dem Zug aussteigenden Fahrgäste und ohne Abgabe von Warnungszeichen, dem Zug entlang zu dem an dessen anderem Ende eingestellten Bahnpostwagen geschoben worden, und zwar nicht gewendet, sondern mit der Kastenseite in der Richtung nach vorn. Sie sei von der Kante des Kastens und vom Rad getroffen und erheblich verletzt worden.

Die Klägerin nimmt die Deutsche Reichspost und die Deutsche Reichsbahn-Gesellschaft auf Erstattung des ihr durch den Unfall entstandenen Schadens als Gesamtschuldner in Anspruch. Sie behauptet, daß der Unfall auf mehrere Ursachen zurückzuführen sei. Der Postkarren sei in eiligem Tempo und ohne Rücksicht auf das den Eisenbahnzug verlassende Publikum geschoben worden; er sei auch unbeleuchtet gewesen. Der Bahnsteig sei sehr mangelhaft beleuchtet, an der Unfallstelle fast dunkel gewesen. Der hier in Rede stehende Bahnsteig habe keine eigene Beleuchtung gehabt; von den auf dem nächsten Bahnsteig an dessen äußerster Grenze befindlichen Gaslampen habe die eine lange Zeit überhaupt nicht gebrannt; an der nächsten habe wochenlang der Glühstrumpf nur noch in Fetzen gehangen. Die Reichspost habe trotz der dauernden ungenügenden Beleuchtung des Bahnsteigs dort, wo die Fahrgäste aus den erleuchteten Wagenabteilen des Zuges ins Dunkle träten, anderseits die Postbeamten fast nichts sehen könnten, ihren Postkarren häufig in schnellem Tempo fahren lassen, ohne Vorkehrungen dafür zu treffen, daß die Reisenden den Postkarren und die Postbeamten die Reisenden sehen könnten. Der Zustand sei den Postbeamten allgemein bekannt gewesen.

Jede der beiden Beklagten bestreitet eigenes, für den Unfall ursächliches Verschulden, behauptet aber in bezug auf den Streitgenossen das Vorliegen von Umständen, die dieser zu vertreten habe.

Das Landgericht gab der Klage statt. Das Berufungsgericht wies sie ab. Die Revision der Klägerin führte zur Aufhebung und zur Zurückverweisung.

Gründe:

Gegenüber der Reichsbahn-Gesellschaft rügt die Revision in erster Linie Verletzung des Reichshaftpflichtgesetzes. Das Berufungsgericht hat im Gegensatz zum Landgericht, das die Darstellung der Klägerin von dem tatsächlichen Hergang für erwiesen erachtet hatte, keine Feststellung über die Art des Unfalls und die Umstände getroffen, unter denen er sich zugetragen hatte, insbesondere über die Unfallstelle. Es muß daher in der Revisionsinstanz die Darstellung der Klägerin als richtig unterstellt werden. Dann müssen aber die Entscheidungsgründe des Berufungsgerichts erheblichen rechtlichen Bedenken begegnen. Das Berufungsgericht beschränkt sich hinsichtlich des Reichshaftpflichtgesetzes auf die Ausführung, der Unfall habe sich nicht beim Betrieb der Eisenbahn ereignet; mit der Beförderungstätigkeit der Bahn stehe er nicht in einem unmittelbaren Zusammenhang, auch nicht in einem mittelbaren, da auf den Unfall keine dem Eisenbahnbetrieb eigentümliche Gefahr eingewirkt habe; insbesondere liege nichts dafür vor, daß die Klägerin auf dem Bahnsteig zu besonderer Eile genötigt gewesen sei, was eine Betriebsgefahr begründen könnte. Beim Betrieb der Bahn, soweit es sich um die eigentliche Beförderungstätigkeit der Bahn handelt, ist ein Unfall nach der Rechtsprechung des Reichsgerichts grundsätzlich nur dann eingetreten, wenn ein unmittelbarer (näherer) örtlicher und zeitlicher Zusammenhang mit einem bestimmten Betriebsvorgang oder mit bestimmten Betriebseinrichtungen besteht (RGZ. Bd. 55 S. 231, Bd. 56 S. 265, Bd. 68 S. 48, Bd. 69 S. 360, Bd. 75 S. 285; Recht 1924 Nr. 288). Es reicht aber aus, daß der Bahnbetrieb eine der mitwirkenden Ursachen des Unfalls ist; es darf nicht allgemein erfordert werden, daß der Unfall durch Gefahren verursacht ist, die dem Eisenbahnbetrieb eigentümlich und mit anderen Betriebsmitteln nicht verbunden sind. Nur wenn es an dem erwähnten äußeren Zusammenhang fehlt, ist der Nachweis erforderlich, daß der Unfall im inneren Zusammenhang mit einer dem Eisenbahnbetrieb eigentümlichen — nicht: ausschließlich eigentümlichen — Gefahr steht (WarnRspr. 1908 Nr. 83, 1912 Nr. 402; Recht 1924 Nr. 285; vgl. aus neuerer Zeit RGU. vom 9. Januar 1928 VI 235/27 und vom 22. März 1928 VI 474/27). Nun ist die Beförderung der Reisenden nach der neueren ständigen Rechtsprechung des Reichsgerichts nicht schon dann für abgeschlossen zu erachten, wenn der Zug still steht, sondern erst, wenn der Reisende den Wagen verlassen hat. Unfälle, die sich beim Aussteigen ereignen, sind auch ohne weiteren Nachweis des ursächlichen Zusammenhangs mit einer besonderen Betriebsgefahr zu den beim Betrieb vorkommenden Unfällen zu rechnen (WarnRspr. 1909 Nr. 8; JW. 1903 S. 403 Nr. 18, 1904 S. 484 Nr. 6, 1906

S. 575 Nr. 52). In der ersterwähnten Entscheidung (WarnRspr. 1909 Nr. 8) ist hervorgehoben, daß die einschränkende Fassung der Entscheidung in JW. 1907 S. 315 Nr. 19 auf den besonderen Umständen jenes Falles beruht, wonach der Reisende nach dem Verlassen des Abteils auf ein Gerüst gestoßen war. Ob im vorliegenden Falle der gesamte das Aussteigen umfassende Vorgang bereits beendet war, was jedenfalls nicht schon mit dem Berühren des Erdbodens durch die Klägerin geschehen zu sein braucht, bedarf sorgfältiger tatsächlicher Prüfung, die vom Berufungsgericht bisher nicht vorgenommen ist. Die Klägerin hatte nach ihrer Darstellung ihren Handkoffer auf den Bahnsteig gesetzt, um einer älteren Dame beim Aussteigen behilflich zu sein, weil der Eisenbahnwagen an einer Stelle stand, die sich außerhalb des eigentlichen Bahnsteigs befand und an welcher der Abstand zur Erde besonders groß war. Unter solchen Umständen ist der Sachverhalt besonders nach der Richtung aufzuklären, ob etwa das Aussteigen zweier Personen, von denen die eine der anderen mit Rücksicht auf die Gefährlichkeit des Aussteigens im einzelnen Falle behilflich ist, gleichsam als gemeinschaftlicher Akt angesehen werden kann und ob dieser beim Zusammenstoß schon beendet war. Auch die Abwicklung des Beförderungsgeschäfts kann den zeitlichen und örtlichen Zusammenhang mit dem Betrieb herstellen (RGZ. Bd. 55 S. 231). Die beklagte Reichspost hatte sogar vorgetragen, daß nach ihren Ermittlungen die Klägerin sich den Unfall beim Herabtreten von dem 55 cm vom Erdboden entfernten Trittbrett zugezogen habe. Dazu kommt, daß nach dem Vorbringen der Klägerin auch der innere Zusammenhang des Unfalls mit dem Bahnbetrieb sehr wohl gegeben sein kann. Der Eisenbahnwagen soll außerhalb des Bahnsteigs gestanden haben; die Postbeamten sollen den Karren eiligst und ohne Zuruf an den Eisenbahnwagen entlang vorwärts geschoben haben, um zu dem weit draußen stehenden Bahnpostwagen zu gelangen und dort die Verladung der Bahnpostsachen vor dem Weiterfahren des Zuges zu bewirken; die Beförderung des Karrens soll insofern unter besonderen Umständen stattgefunden haben, als dort der Bohlenbelag und dann eine leichte Kiesschüttung die Beförderung des Karrens erschwerte. Dann wäre die Rechtslage keine andere, als wenn eilig an den Zug — mit der Absicht einzusteigen — andrängende Personen mit aussteigenden Personen zusammenstießen. Das Berufungsgericht spricht bei Erörterung der Frage, ob der Postkarren hätte beleuchtet werden müssen, selbst von einem Gedränge auf dem Bahnhof. Unter solchen besonderen Umständen könnte der Unfall auf die Gefahr des Eisenbahnbetriebs ursächlich zurückgeführt werden, auch wenn Unfälle, die der Reisende nach dem Aussteigen erleidet, an sich noch keine Betriebsunfälle sind (WarnRspr. 1913 Nr. 431; OLG. Kiel in den Schleswig-Holsteinischen Anzeigen 1919 S. 108, 1921 S. 180). Damit steht im Einklang, daß das Fallen über einen Gepäckkarren auf dem Bahnsteig an sich noch keinen Betriebsunfall darstellt (JW. 1919 S. 316 Nr. 18). Es ist aber nicht außer acht zu lassen, daß nach dem Vortrag der verklagten Reichsbahn-Gesellschaft bei Anwendung der erforderlichen Sorgfalt seitens der Postbeamten die mit der eiligen Beförderung des Karrens verbundene Überstürzung und Belästigung des Publikums vermieden werden könnte. Auch der vom Berufungsgericht herangezogene Fall in WarnRspr. 1908 Nr. 184 liegt insofern anders, als es sich dort um den Zusammenstoß einer auf den einfahrenden Zug wartenden Person mit einem Gepäckwagen handelt. Das Berufungsgericht irrt, wenn es als entscheidend ansieht, ob die Klägerin auf dem Bahnsteig zu besonderer Eile genötigt war. Gewiß kann die Eile, mit der ein Reisender beim Umsteigen den Weg von einem Zug zum anderen zurücklegt, als eine Gefahrenquelle des Eisenbahnbetriebs in Betracht kommen und insofern kann die zurückzulegende Strecke in den Gefahrenbereich des Eisenbahnbetriebs fallen (WarnRspr. 1910 Nr. 290); aber die nach dieser Richtung gegebene Möglichkeit einer besonderen Gefahrenquelle des Eisenbahnbetriebs beschränkt sich nicht auf die etwaige Eile des verletzten Reisenden selbst.

Als Klagegrundlage des Anspruchs gegen die Reichsbahn-Gesellschaft kommt sodann die Vertragshaftung in Betracht. Wer einen Schadensersatzanspruch aus einer Vertragsverletzung ableitet, hat grundsätzlich zu beweisen, daß der Gegner den Vertrag nicht erfüllt und dadurch den Schaden verursacht hat. Dieser Beweis ergibt sich häufig aus dem unbestrittenen Sachverhalt. Der Ersatzpflichtige, der wegen schuldhafter Vertragsverletzung auf Schadensersatz in Anspruch genommen wird, hat dann nachzuweisen, daß er keine Schuld an dem Schaden trage. Dies gilt namentlich beim Personenbeförderungsvertrag, wie das Reichsgericht wiederholt ausgesprochen hat (RGZ. Bd. 86 S. 321, Bd. 66 S. 15; JW. 1919 S. 316 Nr. 17). Der Unternehmer hat kraft seiner Vertragspflicht dafür zu sorgen, daß die zu befördernden Personen unbeschädigt ans Reiseziel gelangen; er haftet für den Schaden, den sie auf der Reise durch Beförderungsvorgänge oder Beförderungseinrichtungen an ihrer Gesundheit erleiden, wenn er nicht nachweist, daß ihn kein Verschulden trifft. Diese Regelung der Beweislast bezieht sich jedoch nur auf Schäden, die der Reisende bei der Beförderung im eigentlichen Sinne erleidet (RGZ. Bd. 86 S. 322). Auf vertragliche Nebenleistungen, die der Beförderung vorangehen oder ihr nachfolgen, kann sie nicht angewendet werden. Es kommt also für den Klagegrund der Vertragshaftung darauf an, ob nach den Umständen des Falles anzunehmen ist, daß die Beförderung der Klägerin zur Zeit des Unfalls bereits abgeschlossen war. Nach dieser Richtung fehlt es, wie bereits früher bemerkt, an jeder tatsächlichen Feststellung. Besteht aber die Möglichkeit der Vertragshaftung, so kann die Ausführung des Berufungsgerichts, daß eine Verletzung der Beleuchtungspflicht der Reichsbahn, welche die Klägerin als eine der Ursachen ihres Unfalls bezeichnet, nicht als bewiesen angesehen werden könnte, die Entscheidung nicht stützen. Vielmehr ist die Möglichkeit der Verkennung der Beweislast gegeben. Zu rechtlichen Bedenken gibt in dieser Beziehung aber auch die Ausführung des Berufungsgerichts Anlaß, daß der Sachverhalt vom Gericht nicht mehr nachgeprüft werden könne, da jetzt die elektrische Beleuchtung eingeführt sei. Die Reichsbahn-Gesellschaft hatte selbst geltend gemacht, daß die hierauf bezügliche Anordnung vor dem Unfall getroffen worden sei, wenn auch die Ausführung erst nachträglich erfolgt sei. Die Notwendigkeit einer anderen Beleuchtungsart war hiernach anscheinend von der Reichsbahn-Gesellschaft bereits vor dem Unfall erkannt worden. Für die Frage, ob nach dieser Richtung die im Verkehr erforderliche Sorgfalt verletzt worden ist, könnte auch in Betracht kommen, ob die Ausführung als verspätet anzusehen ist. Dazu kommt, daß das Berufungsgericht dahingestellt läßt, ob diejenige Laterne gebrannt hat, auf deren Nichtbrennen die Klägerin den Unfall mit zurückführt; es spricht dem etwaigen Nichtbrennen nach der Örtlichkeit keine ursächliche Bedeutung zu, wiewohl es keine Feststellung darüber trifft, an welcher Stelle der Unfall sich ereignet hat, worüber — ebenso wie über den Unfall selbst — Streit besteht.

Aber auch soweit das angefochtene Urteil die Klage gegen die Reichspost abweist, ist es nicht frei von Rechtsirrtum. Zwar ist dem Berufungsgericht darin beizustimmen, daß eine Pflicht zur Beleuchtung des Postkarrens während der Beförderung auf dem

Bahnsteig nicht anzuerkennen ist. Es würde in der Tat eine Überspannung der im Verkehr erforderlichen Sorgfalt bedeuten, wenn eine solche Beleuchtung des Postkarrens gefordert würde, obgleich eine allgemeine und ausreichende Beleuchtung des Bahnsteigs für den gesamten Verkehr stattzufinden hat. Nun hat aber die Klägerin einen Verstoß der Reichspost gegen § 276 in Verbindung mit § 823 BGB. auch insofern behauptet, als die Postbeamten auf dem Bahnsteig in der Art der Verwendung des Postkarrens nicht sachgemäß verfahren sein sollen. Das Berufungsgericht hat diese Behauptung nur unter dem Gesichtspunkt des § 831 BGB. geprüft und angenommen, daß die Reichspost bei der Auswahl der zur Bedienung des Postkarrens bestimmten Beamten die im Verkehr erforderliche Sorgfalt beobachtet hat, wiewohl es annimmt und damit rechnet, daß der eine Postbeamte gelegentlich dem Alkohol stärker zuspreche. Es mag auch eine Aufsichts- und Leitungspflicht aus § 831 mit Rücksicht auf die Art der Dienstverrichtung nicht bestehen. Von § 831 BGB. abgesehen hat aber nach § 823 das. jeder Geschäftsführer eine von den Umständen abhängende allgemeine Pflicht der Aufsicht über seine Angestellten und ihre Dienstverrichtungen. Eine solche war hier nicht zu entbehren, weil die Beamten bei der in Rede stehenden Tätigkeit unmittelbar mit dem auf dem Bahnsteig verkehrenden Publikum in Berührung kommen und aus schuldhafter Ausübung dieser Tätigkeit erhebliche Gefahren für das Publikum entstehen (RGU. vom 8. März 1928 VI 245/27 und vom 9. Februar 1928 VI 373/27). Der Zeuge S., dessen Aussage das Berufungsgericht zugrunde legt, hat nach seiner Angabe seine Aufmerksamkeit, wenn er gelegentlich am Bahnhof war, auf die Tätigkeit der Postbeamten gerichtet. Ohne nähere Aufklärung des Umfangs dieser Aufsicht ist nicht zu ersehen, ob die nach § 823 gebotene Aufsichtspflicht erfüllt worden ist. Nach dem bisherigen Streitstand kommt nicht nur in Betracht, ob die Beamten ihren Postkarren nicht sachgemäß geführt und die erforderlichen Warnungszeichen nicht rechtzeitig gegeben haben, sondern auch, ob die Postbeamten regelmäßig an einer den Anforderungen des Verkehrs nicht entsprechenden Stelle mit dem Karren Aufstellung genommen und sich dadurch in die Zwangslage versetzt haben, das Publikum durch die nach Ankunft des Zuges im Gedränge zu bewirkende schnelle Bewegung des Karrens auf einer Strecke zu gefährden, die bei vorheriger sachgemäßer Aufstellung des Karrens ganz oder zum Teil nicht zu befahren gewesen wäre. Es würde in Frage kommen, ob von der Reichspost die erforderlichen allgemeinen Anordnungen in dieser Beziehung getroffen sind und ob auf deren Erfüllung geachtet worden ist.

Daneben ist folgendes zu erwägen: Da die Erörterung des Berufungsgerichts über die Frage, ob die der Reichsbahnverwaltung obliegende Pflicht zur Beleuchtung des Bahnsteigs erfüllt ist, bisher, wie dargelegt, rechtlich nicht einwandfrei ist, muß in der Revisionsinstanz mit der Möglichkeit einer Verletzung dieser Pflicht durch die Reichsbahn-Gesellschaft gerechnet werden. Liegt eine solche Verletzung vor, so bedarf die Frage der Prüfung, ob auch die Reichspost für einen solchen mit Mängeln verbundenen dauernden Zustand verantwortlich gemacht werden kann, wenn sie ihn beobachtet hat (wie sie selbst vorträgt), aber nicht um seine Beseitigung bemüht gewesen ist (wie die Klägerin behauptet); auch die Reichsbahn-Gesellschaft bestreitet, von der Reichspost zum Einschreiten auf diesem Gebiet aufgefordert worden zu sein. Da die Beleuchtung des Karrens selbst nicht erforderlich war, weil der Bahnsteig schon für den allgemeinen Verkehr zu beleuchten war, kann, wenn die letztere Maßnahme nicht sachgemäß getroffen war, eine Verletzung der im Verkehr erforderlichen Sorgfalt auch durch die Reichspost je nach den Umständen des Falles in Betracht kommen.

---

32. Sind die militärischen Befehlshaber verpflichtet, bei Laufübungen, die von Truppenteilen auf öffentlicher Landstraße während der Dunkelheit veranstaltet werden, entgegenkommende Fuhrwerke wegen der Gefahr des Scheuens der Pferde auf das Stattfinden der Übung aufmerksam zu machen?

RVerf. Art. 131.

III. Zivilsenat. Urt. v. 1. November 1929 i. S. Deutsches Reich (Bekl.) w. H. u. Gen. (Kl.). III 51/29.

I. Landgericht Stuttgart.
II. Oberlandesgericht daselbst.

Am 31. August 1926 fand von 4 Uhr 15 Min. bis 4 Uhr 40 Min. morgens ein Geländelauf der 1. Kompagnie der Cannstatter Nachrichtenabteilung V auf der nach Fellbach führenden Landstraße statt. Die Soldaten trugen dunkle, kurze Sporthosen, weiße Sporthemden und ungenagelte, absatzlose Laufschuhe. Einige Hundert Meter von der Kaserne entfernt, zwischen $4^1/_4$ und $4^1/_2$ Uhr, begegnete die Abteilung dem von Fellbach kommenden mit Gärtnereierzeugnissen beladenen Einspännerfuhrwerk des Erstklägers, das von dessen damals $17^1/_2$jährigem Sohne, dem Zweitkläger, gelenkt wurde. Links von ihm saß seine Mutter. Nach der Behauptung der Kläger scheute das Pferd vor den kurz vor ihm plötzlich aus der Dunkelheit auftauchenden Soldaten, sprang nach rechts über den Straßengraben und riß den Wagen derart mit sich, daß der Zweitkläger und seine Mutter herabstürzten und dabei verletzt wurden. Auch der Wagen und das Pferd sollen beschädigt worden sein. Die Kläger machen den Beklagten für den Unfall verantwortlich und verlangen Schadensersatz. Der Beklagte bestreitet, daß der Unfall mit dem Geländelauf oder gar mit einem Verschulden seiner Organe, für deren Pflichtwidrigkeiten er aufzukommen habe, in Verbindung stehe.

Das Landgericht wies die Klage ab; das Oberlandesgericht gab ihr statt. Die Revision des Beklagten führte zur Wiederherstellung des landgerichtlichen Urteils.

Gründe:

Das Berufungsgericht sieht auf Grund der Zeugenaussagen für erwiesen an, daß das Pferd vor den der Dunkelheit wegen erst in ganz kurzer Entfernung vor ihm sichtbar werdenden und sich fast lautlos fortbewegenden Läufern erschrak, infolgedessen einen Seitensprung machte und den Wagen umwarf. Nach diesen Feststellungen kann der ursächliche Zusammenhang zwischen dem Unfall und der militärischen Übung keinem Zweifel unterliegen (§ 287 ZPO.). Eine Haftung des Beklagten könnte aber nur dann eintreten, wenn bei Anordnung der Übung oder bei ihrer Durchführung eine schuldhafte Verletzung von Dienstpflichten durch die militärischen Befehlshaber oder andere an ihr beteiligte Militärpersonen untergelaufen wäre. Das bejaht das Oberlandesgericht. Es stellt zwar das Recht der Reichswehr, dem Gemeingebrauch dienende Landstraßen auch zu militärischen Märschen und ähnlichen Übungen zu benutzen und die Zeit ihrer Vornahme zu bestimmen, nicht in Abrede, legt ihr aber die Pflicht auf, die Übungen so zu gestalten, daß aus ihnen keine Gefahr für das Publikum erwachse. Diese Pflicht versteht sich von selbst, und ihr Außerachtlassen würde zweifellos eine Fahrlässigkeit im Sinne des § 276 BGB. bedeuten. Es fragt sich nur, welche Anforderungen an die Sorgfalt und Umsicht der Militärbehörden im Einzelfalle zu stellen sind und welche Maßnahmen vom objektiven Standpunkt aus zur Sicherung des Verkehrs bei der erwähnten Übung von ihr zu verlangen und zu treffen waren.

Das Berufungsgericht erwägt, daß der 31. August 1926 auf einen Dienstag gefallen sei und daß, wie der Militärverwaltung bekannt gewesen, an jedem Dienstag auf der in Rede stehenden Landstraße schon in frühen Morgenstunden ein reger Wagenverkehr herrsche, da auf ihr die Einwohner von Fellbach und Umgegend ihre Gartenerzeugnisse auf den Stuttgarter Wochenmarkt zu befördern pflegten. Mit Rücksicht hierauf und auf die bei pflichtmäßiger Aufmerksamkeit erkennbare angebliche Gefahr, die etwa 90 mit weißen Sporthemden bekleidete, in kurzer Entfernung vor Pferden plötzlich aus der Dunkelheit auftauchende Läufer durch ihr unerwartetes, ungewöhnliches Erscheinen für Fuhrwerke und ihre Insassen bildeten, hätten die militärischen Befehlshaber — so meint das Berufungsgericht — die beabsichtigte Übung vorher öffentlich bekannt machen oder die der Abteilung entgegenkommenden Wagenlenker durch vorgeschickte Radfahrer oder durch sachgemäß aufgestellte Posten warnen und auf den Geländelauf hinweisen müssen. Dieser Forderung kann nicht beigetreten werden. Sie bedeutet, wie die Revision zutreffend geltend macht, eine Überspannung der durch die Rücksicht auf den Verkehr gebotenen Sorgfalt. Die Sache liegt bei der Gefahr des Scheuens von Pferden nicht anders, als wenn ein in der Dunkelheit marschierender Festzug in der Nähe von Pferden plötzlich seine Fahnen entfaltet oder wenn die ihn begleitende Kapelle unvermutet mit der Musik eingesetzt oder wenn der Wind in der Nähe der Landstraße zum Trocknen aufgehängte Wäsche losgerissen und hinweggeweht hätte. In allen diesen Fällen wird niemand verlangen, daß der Umzug, die Möglichkeit der Fahnenentfaltung, die Musikbegleitung oder gar das Aufhängen von Wäsche in der Nähe der Landstraße den Fuhrwerkbesitzern vorher bekannt gemacht werde. Jeder Sportverein könnte in ähnlicher Kleidung wie die Soldaten die gleiche Laufübung veranstalten. Auch ihm wäre das Aufstellen von Posten oder das Vorschicken von Radfahrern nicht zuzumuten. Mit dem Scheuen von Pferden vor Gegenständen, die ihnen fremd sind oder plötzlich in ihren

Gesichtskreis treten — man denke an Krafträder, Kraftwagen und an ihre Laternen und Scheinwerfer — muß jeder Wagenlenker rechnen. Selbst ein plötzlich auffliegendes Stück Papier oder ein ähnliches an sich unbedeutendes, die Pferde aber überraschendes Ereignis kann sie zum Scheuen bringen. Diese Gefahr wird sich nie ganz vermeiden lassen. Ihr vorbeugen oder sie mildern kann der Kutscher nur dadurch, daß er die Pferde fest in seiner Gewalt hält. Eine nächtliche Laufübung ist, wie das Landgericht zutreffend betont, nicht etwas so Ungewöhnliches und Außerordentliches, daß sie im Verkehrsinteresse zu besonderen Vorsichtsmaßnahmen für entgegenkommende Fuhrwerke nötigte, und zwar auch dann nicht, wenn die Militärverwaltung wußte, daß zu der Zeit, als die Übung stattfand, die Landstraße von zahlreichen Wagen befahren wurde. Fehlt es aber an einem Verschulden der militärischen Führer, so entfällt auch die Schadensersatzpflicht des Reichs. . . .

33. 1. Worin bestehen die Unterscheidungsmerkmale zwischen öffentlichrechtlichem Beamtenverhältnis und bürgerlichrechtlichem Dienstvertragsverhältnis?

2. Sind durch § 1 Abs. 4 und § 2 des preuß. Gesetzes betr. vorläufige Regelung verschiedener Punkte des Gemeindebeamtenrechts vom 8. Juli 1920 und durch § 43 des preuß. Besoldungsgesetzes vom 17. Dezember 1927 nur die Besoldungs- oder auch die Anstellungsverhältnisse der ständig Angestellten preußischer Stadtgemeinden beeinflußt worden?

III. Zivilsenat. Urt. v. 1. November 1929 i. S. Stadtgemeinde W. (Bekl.) w. S. (Kl.). III 122/29.

I. Landgericht Wiesbaden.
II. Oberlandesgericht Frankfurt a. M.

Der Kläger, der mehrere Semester auf Universitäten studiert, jedoch keine die Studienzeit abschließende akademische oder staatliche Prüfung abgelegt hat, ist seit dem 1. September 1903 bei der Nassauischen Landesbibliothek in W. beschäftigt. Diese Bücherei ist im Dezember 1899 von der verklagten Stadtgemeinde durch Vertrag mit der Preußischen Staatsregierung übernommen worden. Zweck der Einstellung des Klägers bei der Nassauischen Landesbibliothek war ursprünglich allein die Hilfeleistung bei der Neukatalogisierung der Büchereibestände, die im Jahre 1903 ihren Anfang nahm und für die zunächst eine Dauer von sechs Jahren in Aussicht genommen war. Da sich jedoch dieser Zeitraum für die Durchführung des Planes als zu kurz erwies, wurde der Kläger auch nach Ablauf von sechs Jahren mit den gleichen Hilfeleistungen weiterbeschäftigt. Während der Kriegs- und Nachkriegszeit wurde er dann auch zu anderen Arbeiten in der Bücherei herangezogen. Seit Beginn des Jahres 1924 wurden ihm Dienstverrichtungen übertragen, die er mit seiner Stellung und wissenschaftlichen Vorbildung nicht als vereinbar erachtete, so namentlich das Einordnen und Ausschreiben der Kontrollabschnitte für die Ausleihung, die Führung der Aufsicht im Lesesaal sowie das Umschreiben von Katalogseiten des Realkatalogs. Seit ungefähr der gleichen Zeit verlangte man von ihm auch die Einhaltung von wöchentlich 48 Bürostunden, während er bis dahin den wissenschaftlich vorgebildeten Bibliothekaren auch insofern gleichgestellt war, als sein Dienst auf täglich 6 Stunden an der Dienststelle festgesetzt und er verpflichtet war, mindestens 2 weitere Stunden täglich auf häusliches Studium im Interesse der Bücherei zu verwenden.

Die Vergütung für die Dienstleistungen des Klägers stieg von anfänglich 150 M. im Monat bis zum Jahre 1920 allmählich auf monatlich 300 M. Mit Wirkung vom 1. April 1920 wurde er durch Beschluß des Magistrats der Beklagten vom 21. Juli 1920 als „Hilfsbibliothekar" in die Gehaltsgruppe 9 der damals von der Beklagten neu erlassenen Besoldungsvorschrift eingereiht.

Am 13. Januar 1925 erhielt der Kläger eine unter dem 21. März 1924 ausgestellte Urkunde des Magistrats, die im wesentlichen wie folgt lautet: „Auf Grund der Beschlüsse der städtischen Körperschaften sind Sie mit Wirkung vom 1. April 1920 ab als „ständig Angestellter" im Sinne der Besoldungsvorschrift der Stadt W. mit der Dienstbezeichnung „Hilfs-Bibliothekar" übernommen worden." Abs. 2 der Urkunde enthält die Befugnis, beiderseits mit einer Frist von 3 Monaten zu kündigen, jedoch mit der Einschränkung, daß vom Magistrat die „Kündigung des Dienstverhältnisses" nur aus einem wichtigen Grund erfolgen soll, und daß bezüglich der Frage, ob ein wichtiger Grund vorliegt, der Rechtsweg ausgeschlossen und nur eine Beschwerde an den Regierungspräsidenten zulässig sein soll. Abs. 3 der Urkunde lautet: „Die Dienstbezüge berechnen sich vom Tage Ihrer Überführung in das „Ständig-Angestelltenverhältnis" ab auf Grund der für die Beamten usw. der Stadt W. geltenden Besoldungsvorschrift nach Besoldungsgruppe 9."

In der Urkunde vom 21. März 1924 werden dem Kläger weiter noch Ruhegehalt und Hinterbliebenenbezüge zugesichert. Es wird bemerkt, daß er als ständig Angestellter weder der Kranken- noch der Angestelltenversicherungspflicht unterliege, und es wird schließlich ein Vorbehalt für die Zulässigkeit etwaiger sich nach dem Besoldungssperrgesetz vom 21. Dezember 1920 als notwendig erweisender Änderungen gemacht. Seit dem 1. Oktober 1927 wird der Kläger nach der Gruppe 4b der Besoldungsvorschriften der Beklagten vom 14. April 1928 entlohnt.

Seit April 1925 hat der Kläger Vorstellungen wegen der Höhe seiner Dienstbezüge erhoben, nachdem er schon vorher die Art seiner veränderten Beschäftigung in der Bücherei beanstandet und sich gegen die Auflage der Einhaltung von wöchentlich 48 Stunden an der Dienststelle verwahrt hatte. Mit der vorliegenden Klage erstrebt er die Feststellung:

1. daß er zur Verrichtung solcher Arbeiten, die für einen Bibliothekar mit wissenschaftlicher Vorbildung an den öffentlichen Bibliotheken Preußens nicht üblich sind, nämlich der oben einzeln aufgeführten, als ausschließlicher Beschäftigung oder als Hauptbeschäftigung nicht verpflichtet sei;

2. daß er nur zur Einhaltung derjenigen Bürostundenzahl verpflichtet sei, die für wissenschaftliche Bibliothekare der öffentlichen Bibliotheken in Preußen üblich sind;

3. daß ihm der Beklagten gegenüber seit dem 10. Januar 1925 ein Anspruch auf Vergütung nach Maßgabe der Gruppe 10 des preuß. Beamten-Diensteinkommengesetzes vom 17. Dezember 1920 in der Fassung vom 13. Mai 1924 und seit dem 1. Oktober 1927 ein Anspruch auf Vergütung nach Maßgabe der Besoldungsgruppe A 2b des preuß. Besoldungsgesetzes vom 17. Dezember 1927 zustehe.

Hilfsweise hat er die Feststellung beantragt, daß ihm seit 1. April 1925 ein Anspruch auf Vergütung nach Gruppe 10 des Tarifvertrags für Angestellte vom 4. Juni 1920, neu vereinbart am

30. Juni 1924, zustehe, nachdem er im ersten Rechtszug seinen Hauptantrag auf diesen Tarifvertrag gestützt hatte.

Die Beklagte hat die Unzulässigkeit des Rechtswegs geltend gemacht und zur Begründung ausgeführt, das zwischen den Parteien bestehende Rechtsverhältnis sei öffentlichrechtlicher Natur, was sich schon aus dem preuß. Gesetz betr. vorläufige Regelung verschiedener Punkte des Gemeindebeamtenrechts vom 8. Juli 1920 (GS. S. 383) sowie aus § 43 des preuß. Besoldungsgesetzes vom 17. Dezember 1927 (GS. S. 223) ergebe. Die Einstufung des Klägers in eine bestimmte Besoldungsgruppe unterliege ebensowenig der Nachprüfung durch die Gerichte wie die Gestaltung des inneren Dienstverhältnisses und namentlich die Art seiner Beschäftigung.

Das Landgericht hat den Feststellungsansprüchen des Klägers zu 1 und 2 entsprochen, die weitergehende Klage jedoch abgewiesen, von der Annahme ausgehend, daß sich der Kläger mit der ihm in der Urkunde vom 21. März 1924 bekanntgegebenen Besoldung einverstanden erklärt habe. Hiergegen haben beide Streitteile Berufung eingelegt. Das Rechtsmittel der Beklagten wurde zurückgewiesen, auf die Berufung des Klägers dagegen wurde unter Abweisung seiner weitergehenden Ansprüche festgestellt, daß ihm seit dem 1. Oktober 1927 ein Anspruch auf Vergütung nach Gruppe A 3a des preuß. Besoldungsgesetzes vom 17. Dezember 1927 zustehe, während für die vorausgehende Zeit eine Vereinbarung der Parteien über die Höhe der Vergütung als durch schlüssige Handlungen zustande gekommen angesehen wurde. Die Revision der Beklagten hatte keinen Erfolg.

Gründe:

Grundlegend für die Entscheidung des Rechtsstreits ist die Frage, ob die Rechtsbeziehungen zwischen den Streitteilen aus einem beamtenrechtlichen oder sonst öffentlichrechtlichen Verhältnis oder aus einem bürgerlichrechtlichen Dienstvertrag erwachsen sind. Denn danach entscheidet sich nicht nur die Zulässigkeit des Rechtswegs, sondern auch die Frage, ob die einzelnen Klagansprüche begründet sind. Handelt es sich um ein Beamtenrechtsverhältnis, dann ist es dem Kläger nach ständiger Rechtsprechung des erkennenden Senats grundsätzlich versagt, die Feststellung von Inhalt und Bedeutung seines Amtes, der Art und des Umfangs seiner Dienstverpflichtungen zum Gegenstand gerichtlicher Entscheidung zu machen, die Anordnungen der Anstellungsbehörde über die Gestaltung des inneren

Dienstverhältnisses und die dienstlichen Anforderungen gerichtlicher Nachprüfung zu unterbreiten und die Einstufung in bestimmte Besoldungsgruppen im Klageweg zu fordern (RGZ. Bd. 107 S. 326, Bd. 110 S. 97 u. a.). Das verkennt auch der Berufungsrichter nicht; er vertritt jedoch unter Bezugnahme auf Rechtsprechung und Schrifttum die Auffassung, daß das zwischen den Parteien bestehende Rechtsverhältnis kein öffentlichrechtliches, sondern ein aus einem Dienstvertrag im Sinne der §§ 611flg. BGB. entstandenes, rein privatrechtliches ist. Diese Ausführungen lassen keinen Rechtsirrtum erkennen. Daß das Rechtsverhältnis nach mehrfacher Richtung einen beamtenrechtlichen Charakter trägt und eine Reihe von Merkmalen aufweist, wie sie auch in den Rechtsbeziehungen zwischen den Beamten und der Anstellungsbehörde vorkommen, kann der Revision ohne weiteres zugegeben werden. Das Urteil des erkennenden Senats in RGZ. Bd. 110 S. 297 hat aber bereits darauf hingewiesen, daß solche Übereinstimmungen mit dem Bestehen eines Privatdienstvertrags durchaus vereinbar sind und in solchen Verträgen häufig festgelegt werden. Mit Unrecht will die Revision die Bezugnahme des Berufungsgerichts auf diese Entscheidung nicht gelten lassen mit der Begründung, in dem früher entschiedenen Falle habe es offenbar an einem einseitigen Hoheitsakt der Behörde gefehlt, das Dienstverhältnis sei in jenem Falle unstreitig ursprünglich ein privatrechtliches gewesen und nur durch späteren Beschluß einer Finanzkommission ergänzt worden. Dem ist entgegenzuhalten, daß die beiden in Betracht kommenden Tatbestände gerade in den wesentlichen, von der Revision als Unterscheidungsmerkmale angeführten Punkten vollständig übereinstimmen. Denn es kann auch in dem zur Entscheidung stehenden Falle keine Rede davon sein, daß die Rechtsbeziehungen zwischen den Parteien durch einen einseitigen Akt der Beklagten begründet worden wären. Dies würde auch durchaus der festgestellten Tatsache zuwiderlaufen, daß die Dienstleistungen des Klägers zunächst für einen ganz bestimmten, während der in Aussicht genommenen Dauer von 6 Jahren zu erreichenden, also nur vorübergehenden Zweck in Anspruch genommen wurden und daß sich erst nach Ablauf dieser Zeit das Bedürfnis ergab, von den Dienstleistungen des Klägers noch weiter Gebrauch zu machen. Das Berufungsgericht hätte sich zur Begründung seiner Annahme ferner auf das in RGZ. Bd. 82 S. 1 abgedruckte Urteil des erkennenden Senats beziehen können, das einen fast völlig gleichliegenden Sachverhalt behandelt und in dem gleichfalls ein bürgerlichrechtliches Dienstverhältnis angenommen wurde. Wenn der IV. Zivilsenat des Reichsgerichts im Urteil RGZ. Bd. 37 S. 225 gegenteilig entschieden und ein Beamtenrechtsverhältnis angenommen hat, so geschah dies nur aus dem Grunde, weil die dort vom Kläger geleisteten Dienste obrigkeitlicher Natur gewesen sind, was auf die Dienstverrichtungen des Klägers im vorliegenden Falle nicht zutrifft, jedenfalls nicht festgestellt ist.

Steht hiernach fest, daß der Kläger ursprünglich nur zu vorübergehenden Dienstleistungen auf Grund bürgerlichrechtlichen Dienstvertrags verpflichtet worden ist, so ist weiter zu untersuchen, ob sich diese Rechtsstellung des Klägers im Laufe der Jahre in ein Beamtenverhältnis umgewandelt hat und durch welche rechtlich erheblichen Tatsachen diese Rechtsänderung eingetreten ist. Das preuß. Gesetz betr. die Anstellung und Versorgung der Kommunalbeamten vom 30. Juli 1899 (GS. S. 141) war bereits in Geltung, als der Kläger von der Beklagten verpflichtet wurde. Aus diesem Gesetz ist nichts abzuleiten, was der Auffassung des Berufungsgerichts entgegenstehen könnte. Denn es bezieht sich, wie die Überschrift und der § 1 ergeben, nur auf die Rechtsverhältnisse der in den Dienst eines Kommunalverbandes tretenden Beamten und überläßt es daneben den Gemeinden, ihre Geschäfte, soweit sie nicht obrigkeitlicher Art sind, durch privatvertraglich Angestellte besorgen zu lassen. Auch das preuß. Gesetz betr. vorläufige Regelung verschiedener Punkte des Gemeindebeamtenrechts vom 8. Juli 1920 hat an der Rechtsstellung des Klägers gegenüber der Beklagten nichts geändert. Die Änderungen, zu denen dieses Gesetz die Gemeinden und Gemeindeverbände in § 1 Abs. 4 und in § 2 auch hinsichtlich der den Beamten gleichzuachtenden ständig Angestellten verpflichtete, waren auf solche Vorschriften beschränkt, die das Besoldungswesen betrafen. Sie erstreckten sich dagegen nicht auf solche ortsrechtlichen Bestimmungen, welche die Voraussetzung für die Anstellung bildeten; denn es war nicht der Zweck des Gesetzes, die allgemeinen Rechtsverhältnisse der Gemeindebeamten usw. zu ändern, sondern lediglich eine Angleichung der Bezüge der Gemeindebeamten, ständig Angestellten und Anwärter an die der Staatsbeamten herbeizuführen (RGUrt. vom 3. Februar 1928 III 211/27; RGZ. Bd. 110 S. 298/299). Es kann daher keine Rede davon sein, daß etwa durch das Gesetz vom 8. Juli 1920 eine

Umänderung des bürgerlichrechtlichen Vertragsverhältnisses in ein Beamtenverhältnis bewirkt worden wäre. Dies ergibt sich unzweifelhaft daraus, daß § 1 Abs. 4 des Gesetzes es den Beschlüssen der Gemeinde oder des Gemeindeverbandes überläßt, welche ständig Angestellten den Beamten gleichzuachten seien, und weiterhin aus den Ausführungsanweisungen des preuß. Ministers des Innern vom 2. August 1920 und 6. Oktober 1920 (MinBl. für die inn. Verw. S. 320 und S. 359).

Ebensowenig kann die Urkunde vom 21. März 1924 als rechtsändernder Akt angesehen werden. Denn in dieser Urkunde — mag man sie als Anstellungsurkunde oder als Vertragsurkunde bezeichnen — ist von einem Beamtenverhältnis mit keinem Wort die Rede. Der Kläger wird vielmehr ausdrücklich und wiederholt als „ständig Angestellter" bezeichnet, und seine dienstliche Benennung als „Hilfs-Bibliothekar" spricht in keiner Weise für die Begründung eines Beamtenverhältnisses, während der Vorbehalt des Kündigungsrechts auch für den Kläger selbst das Weiterbestehen eines bürgerlichrechtlichen Dienstverhältnisses zum Ausdruck bringt (RGZ. Bd. 82 S. 5/6). Daß die Art der vom Kläger zu leistenden Dienste keinen hoheitsrechtlichen Charakter trägt, wurde schon früher erwähnt. Auch der Umstand, daß der ständig Angestellte, wie der Kläger in der Urkunde vom 21. März 1924 bezeichnet wird, „den Beamten gleichzuachten" ist, läßt sich schon nach dem gewöhnlichen Sprachgebrauch nicht für den von der Beklagten im Prozeß eingenommenen Standpunkt verwerten. Denn wer den Beamten gleichzuachten ist, wird dadurch noch nicht zum Beamten, sondern ist — und zwar, wie dargelegt, lediglich für seine Besoldungsverhältnisse — so zu behandeln, als wäre er Beamter (vgl. die Auslegung des Begriffs „als Beamter oder in der Eigenschaft eines Beamten" in § 36 Abs. 2 des Mannschaftsversorgungsgesetzes vom 31. Mai 1906 und in § 24 Abs. 2 des Offizierspensionsgesetzes vom 31. Mai 1906 in RGZ. Bd. 84 S. 367 und Bd. 90 S. 260). Von einem Willen der Beklagten, den Kläger als Beamten anzustellen, kann bei dieser Sachlage keine Rede sein. Das Urteil des Senats RGZ. Bd. 114 S. 122 trifft auf den vorliegenden Fall nicht zu; denn nach dem damals zur Entscheidung stehenden Sachverhalt war der Kläger unzweifelhaft Beamter, und es hat sich damals nur darum gehandelt, ob der für 5 Jahre gemachte Vorbehalt einer Kündigung mit den Vorschriften der §§ 8 und 9 des Kommunalbeamtengesetzes in Einklang zu bringen sei. Dagegen setzt die Entscheidung des Senats RGZ. Bd. 121 S. 14, die sich mit den Rechtsverhältnissen eines sog. Dauerangestellten einer preuß. Stadtgemeinde befaßt, das Bestehen eines bürgerlichrechtlichen Vertragsverhältnisses zwischen dem Angestellten und der Stadtgemeinde als selbstverständlich voraus (a. a. O. S. 17). Den gleichen Standpunkt nimmt das Urteil des Reichsarbeitsgerichts vom 4. Mai 1929 RAG. 584/28 ein.

Endlich kann auch dem § 43 des preuß. Besoldungsgesetzes vom 17. Dezember 1927 keine das Anstellungsverhältnis des Klägers beeinflussende Wirkung beigemessen werden. Diese Vorschrift hat nur den Zweck, das durch die Aufhebung des Beamten-Diensteinkommengesetzes gegenstandslos gewordene Gesetz vom 8. Juli 1920 zu ersetzen. Der Abs. 1 des § 43 stimmt mit dem § 1 des Gesetzes vom 8. Juli 1920 im wesentlichen überein; Abs. 2 bestimmt wörtlich dasselbe wie § 1 Abs. 4 jenes Gesetzes. Schon hieraus ergibt sich, daß sich auch § 43 BesG. nur auf die Besoldungs-, nicht auf die Anstellungsverhältnisse bezieht, worüber auch der Runderlaß des preuß. Ministers des Innern und des Finanzministers vom 27. Januar 1928 (MinBl. für die inn. Verw. Sp. 72) keinen Zweifel läßt.

Da übrigens nach § 1 Abs. 4 des Gesetzes vom 8. Juli 1920 wie nach § 43 Abs. 2 BesG. vom 17. Dezember 1927 die Frage, wer ständig Angestellter und als solcher den Beamten gleichzuachten ist, durch Gemeindebeschluß geregelt wird, so ist die maßgebende Entscheidung im Grunde dem Ortsrecht, und zwar den Vorschriften für die Besoldung (Vergütung) der planmäßigen Beamten, Anwärter und ständig Angestellten der Stadt W. von 1924 und 1928 zu entnehmen. Die Auslegung, die das Berufungsgericht diesen örtlichen Bestimmungen gibt und die keinen Verstoß gegen Vorschriften des Reichsrechts oder des preußischen Landesrechts enthält, ist für das Revisionsgericht bindend (§§ 549, 562 ZPO.).

Kann hiernach die Annahme des Berufungsgerichts, daß die Rechtsbeziehungen des Klägers zur Beklagten während der ganzen Zeit des Dienstverhältnisses unverändert bürgerlichrechtlichen Vertragscharakter hatten, rechtlich nicht beanstandet werden, so ist es dem Kläger unbenommen, seine Ansprüche auf höhere Besoldung im ordentlichen Rechtsweg zu verfolgen, worauf die oben angeführte Ausführungsanweisung des preuß. Ministers des Innern vom 6. Oktober 1920 zum Gesetz vom 8. Juli 1920, und zwar zu § 2 Abs. 5, noch besonders hinweist. Im Gegensatz zu den Beamten muß es dem Kläger auch freistehen, als taxmäßige oder übliche Vergütung im Sinne des § 612 Abs. 2 BGB. die Einstufung in eine bestimmte Vergütungsgruppe zu verlangen, und dem ordentlichen Richter ist es nicht verwehrt, in eine Nachprüfung der von der Verwaltungsbehörde vorgenommenen Einstufung einzutreten. Durch die Behauptung, die Unterwerfung des Klägers unter die Regelung seiner Bezüge durch die Beklagte gelte auch für die Zeit nach dem 1. Oktober 1927, setzt sich die Revision in Widerspruch mit der Feststellung des Berufungsgerichts, es liege weder ein ausdrückliches Einverständnis des Klägers mit der neuen Einstufung vor, noch könne ein solches in seinen früheren Vereinbarungen mit der Beklagten gefunden werden. Auch das weitere Vorbringen der Revision, der Kläger habe nach dem 1. Oktober 1927 nur Anspruch auf ziffermäßige Weitergewährung des gleichen Gehalts, ist bereits vom Berufungsrichter durch rechtsirrtumfreie Auslegung des Vertrags und nicht nachprüfbare Auslegung der örtlichen Besoldungsvorschriften widerlegt. Das Berufungsgericht hat die Einreihung des Klägers in die seiner Stellung und seinen Leistungen entsprechende Gruppe für die Zeit nach dem 1. Oktober 1927 ohne rechtlichen Verstoß vorgenommen, und seine Erwägungen über die Höhe der dem Kläger zukommenden Vergütung werden von der Revision nur grundsätzlich, nicht aber im einzelnen bekämpft, sodaß sich ein Eingehen hierauf erübrigt.

Die weitere Rechtsfolge, die sich aus dem Bestehen eines bürgerlichrechtlichen Dienstvertrags zugunsten des Klägers ergibt, besteht darin, daß er im Gegensatz zum Beamten befugt ist, Umfang und Inhalt seiner Vertragspflichten und die Art der von ihm zu leistenden Dienste durch richterliche Entscheidung festsetzen zu lassen. Das Berufungsgericht hat nach Anhörung eines Sachverständigen, insoweit in Übereinstimmung mit dem ersten Richter, diese Entscheidung getroffen, und auch hier erhebt die Revision keinen Einzelangriff, abgesehen von ihrem grundsätzlichen Widerspruch gegen die Zulässigkeit einer gerichtlichen Entscheidung über diese Fragen. Auch die von Amts wegen vorzunehmende Nachprüfung der angefochtenen Entscheidung in sachlichrechtlicher Beziehung nötigt nicht zu rechtlichen Beanstandungen.

34. Inwieweit kann die Deutsche Reichsbahn-Gesellschaft die Aufwertung des Kaufpreises für ein Grundstück geltend machen, das der preußische Eisenbahnfiskus verkauft hat?

Staatsvertrag vom 31. März 1920 (RGBl. S. 774). Verordnung vom 12. Februar 1924 (RGBl. I S. 57). Reichsbahngesetz vom 30. August 1924 (RGBl. II S. 272) §§ 5, 6.

VI. Zivilsenat. Urt. v. 4. November 1929 i. S. Stadtgemeinde K. (Bekl.) w. Deutsche Reichsbahn-Gesellschaft (Kl.). VI 796/28.

I. Landgericht Königsberg i. Pr.
II. Oberlandesgericht daselbst.

Im Jahre 1913 verkaufte der preußische Eisenbahnfiskus ein Gelände von rund 28 ha an die verklagte Stadt K. zur Erweiterung von Hafenanlagen. Das Kaufgeld sollte in 9 zinsfreien Jahresraten von je 258000 M., von 1915 bis 1923, jeweils am 1. April, und der Rest von 224240 M. am 1. April 1924 gezahlt werden. Im März 1926 forderte die Deutsche Reichsbahn-Gesellschaft als Rechtsnachfolgerin des Verkäufers brieflich Aufwertung der 1918 bis 1923 geleisteten Raten unter Zugrundelegung der Tabelle des Aufwertungsgesetzes. Von dem so auf mehr als 1 Million RM. berechneten Wertunterschied wird mit der Klage ein Teilbetrag von 200000 RM. geltend gemacht. Die Beklagte beantragt mit der Widerklage die Feststellung, daß der Klägerin kein Aufwertungsanspruch zustehe. Sie bestreitet die Sachbefugnis der Klägerin, beruft sich auf Verwirkung und bekämpft die Höhe des Anspruchs. Beide Instanzen haben der Klage für die Jahresraten von 1919 bis 1923 stattgegeben und das Berufungsgericht hat der Widerklage in Höhe des die Summe von 400000 RM. nebst Zinsen übersteigenden Betrags entsprochen.

Die Revision der Beklagten erstrebt, daß die Klage abgewiesen und in vollem Umfang nach dem Widerklagantrag erkannt werde. Die Anschlußrevision der Klägerin ist auf Abweisung der Widerklage gerichtet. Beide Rechtsmittel blieben ohne Erfolg.

Der Einwand der mangelnden Sachbefugnis der Klägerin wurde vom Reichsgericht zurückgewiesen aus folgenden

Gründen:

Die Revision rügt Verletzung der §§ 5, 6 des Reichsbahngesetzes vom 30. August 1924, indem sie die Bedenken wiederholt, welche die Beklagte gegen die Klagebefugnis der Klägerin in der Berufungsinstanz vorgebracht hatte. Die Rüge ist unbegründet. Es war vielmehr insoweit den Erwägungen des angefochtenen Urteils im wesentlichen beizutreten. Die Frage ist, ob und inwieweit die Klägerin Rechtsnachfolgerin des preußischen Eisenbahnfiskus bezüglich der eingeklagten Aufwertungsforderung geworden und ob sie zur Einziehung und Einklagung dieser Forderung berechtigt ist. Das Reichsgericht hat zu der Frage, soweit ersichtlich, noch keine Stellung genommen (vgl. RGSt. Bd. 60 S. 139; RGZ. Bd. 109 S. 90, Bd. 114 S. 97, Bd. 121 S. 382, Bd. 124 S. 104).

Gemäß dem Grundstückskaufvertrag vom Jahre 1913 stand der Anspruch auf Zahlung der Kaufpreisraten dem preußischen Eisenbahnfiskus zu, und das gleiche hat mithin für den Anspruch auf Aufwertung der in entwertetem Gelde geleisteten Teilzahlungen zu gelten. Durch den in Ausführung der Art. 89 und 171 RVerf. geschlossenen Staatsvertrag vom 31. März 1920 § 1 Abs. 2 übernahm das Deutsche Reich das Eisenbahnunternehmen auch des Landes Preußen als ganzes nebst allem Zubehör und allen damit verbundenen Rechten und Pflichten mit der Wirkung, daß der Eintritt des Reiches in die laufenden Verträge auch gegenüber den bisherigen Vertragsgegnern der Länder Rechtswirkung hatte. Daß unter diese Bestimmung auch die Rechte und Pflichten aus Kaufverträgen fallen, welche Preußen über eisenbahnfiskalische Grundstücke abgeschlossen hatte, kann keinem Bedenken unterliegen (vgl. auch § 2 des Staatsvertrags). Durch die in Vollzug des Art. 92 RVerf. ergangene Verordnung vom 12. Februar 1924 schuf das Reich ein selbständiges, mit juristischer Persönlichkeit ausgestattetes Unternehmen unter der Bezeichnung „Deutsche Reichsbahn" (§ 1 Abs. 1), welches die Reichseisenbahnen mit allem Zubehör und allen damit verbundenen Rechten und Pflichten umfaßte (§ 3 Abs. 1) und auf das alle mit dem Reichseisenbahnunternehmen verbundenen Forderungsrechte und Schulden des Reiches mit unmittelbarer Wirkung gegenüber den bisherigen Vertragsgegnern des Reichs übergingen (§ 3 Abs. 2). Nach § 4 Abs. 1 blieb zwar das Reich Eigentümer der Reichseisenbahnen, die vorhandenen und die künftig erworbenen Geldbestände wurden jedoch Eigentum der Deutschen Reichsbahn und diese durfte innerhalb der Grenzen einer ordnungsmäßigen Wirtschaft über das Eigentum und die Rechte des Reiches verfügen. Hiernach hätte zweifelfrei die Deutsche Reichsbahn die streitige Aufwertungsforderung einklagen und einziehen dürfen und der erstrittene Geldbetrag wäre in ihr Eigentum übergegangen. Die Verordnung vom 12. Februar 1924 galt jedoch nur bis zum Erlaß eines Gesetzes über die Deutsche Reichsbahn (§ 10 Abs. 1 das.).

Dieses Gesetz erging am 30. August 1924 im Verfolg der vom Reich im Londoner Abkommen übernommenen Verpflichtungen. In § 5 Abs. 1 überträgt das Reich der nach § 1 errichteten „Deutschen Reichsbahn-Gesellschaft", einer öffentlichrechtlichen Anstalt in Form einer Aktiengesellschaft, unter den sich aus dem Reichsbahngesetz und der Gesellschaftssatzung ergebenden Bedingungen das ausschließliche Recht zum Betrieb der Reichseisenbahnen. Mit dem Betriebsrecht gehen nach § 5 Abs. 4 unbeschadet der Vorschriften des Gesetzes und der Satzung auf die Gesellschaft alle mit den Reichseisenbahnen und alle mit dem Unternehmen „Deutsche Reichsbahn" verbundenen Rechte und Pflichten einschließlich solcher aus Betriebsverträgen mit unmittelbarer Wirkung gegenüber den bisherigen Vertragsgegnern des Unternehmens über. Nach § 5 Abs. 6 gehen gleichzeitig die Betriebsvorräte, die jedoch in einer für Fortführung des ordnungsmäßigen Betriebs ausreichenden Menge vorhanden sein müssen, und die Kassenbestände sowie die Bankguthaben des Unternehmens „Deutsche Reichsbahn" unentgeltlich in das Eigentum der Gesellschaft über. Nach § 6 Abs. 1 bleiben die Reichseisenbahnen Eigentum des Reiches (Reichseisenbahnvermögen), und Grundstücke und alle Zubehörstücke einschließlich der Fahrzeuge fallen, wenn sie die Gesellschaft für Zwecke der Reichseisenbahnen erwirbt, mit dem Erwerb kraft Gesetzes in das Eigentum des Reiches. Nach § 6 Abs. 2 darf jedoch die Gesellschaft über Gegenstände, die zum Reichseisenbahnvermögen gehören, verfügen, soweit sie dies mit einer ordnungsmäßigen Betriebsführung für vereinbar hält; vor einer Verfügung über Gegenstände, deren Wert 250000 GM. übersteigt, muß sie — abgesehen von dem Fall des § 8 (hypothekarische Belastung) — die Einwilligung der Reichsregierung und bis auf weiteres des Treuhänders einholen, und der Erlös ist von der Gesellschaft nach den Grundsätzen zu verwenden, die zwischen ihr und dem Treuhänder vereinbart sind.

Bei dieser Rechtslage erscheint die Annahme unbedenklich, daß die streitige Aufwertungsforderung mit dem Betriebsrecht auf die Klägerin übergegangen ist (§ 5 Abs. 4 a. a. O.). Zweifelhaft kann dagegen die weitere Frage sein, ob die Forderung zum Reichseisenbahnvermögen gehört (§ 6 Abs. 1) — dann unterliegt sie den Beschränkungen des § 6 Abs. 2 und wird nur fiduziarisch von der Klägerin, wenn auch unter Ausschluß der Verfügungsbefugnis des Reiches, verwaltet (Sarter-Kittel Die Deutsche Reichsbahn-Gesellschaft 2. Aufl. Bem. I zu §§ 6, 7 ReichsbahnG. S. 132; Fritsch Das Deutsche Eisenbahnrecht 2. Aufl. § 63 unter B S. 412) —, oder ob die Forderung Eigentum der Klägerin geworden ist (§ 5 Abs. 6). Für die letztere Auffassung könnte geltend gemacht werden, daß der Zweck der §§ 5, 6 nur dahin gehe, dem Reiche für ein in seiner Gesamtheit betriebsfähiges Eisenbahnunternehmen Sicherheit zu gewähren, wozu Forderungsrechte nicht zu rechnen seien, daß ferner Forderungen bis zu dem für 1964 in Aussicht genommenen Erlöschen des Betriebsrechts der Klägerin (§ 5 Abs. 1 Satz 2 ReichsbahnG.) vermutlich eingezogen sein werden, daß endlich eine entsprechende Anwendung der in § 5 Abs. 6 gegebenen Vorschrift für die Bankguthaben auch auf sonstige Geldforderungen geboten sei. Allein diesen Erwägungen kann keine ausschlaggebende Bedeutung beigemessen werden. Denn einmal zählt der § 5 Abs. 6 die Gegenstände, die Eigentum der Gesellschaft werden sollen, abschließend auf; Kaufpreisforderungen, insbesondere aus Grundstücksverkäufen, lassen sich nicht unter die aufgezählten „Betriebsvorräte, Kassenbestände und Bankguthaben" bringen; was hier nicht aufgeführt ist, wird auf die Gesellschaft nicht zu Eigentum übertragen, bleibt vielmehr Bestandteil des Reichseisenbahn- und mithin des Reichsvermögens; es fehlt am Übertragungsakt. Für die Annahme einer Lücke im Gesetz mangelt es an einem genügenden Anhaltspunkt. Im Gegenteil deuten die allgemeinere Fassung des § 3 Abs. 2 Vo. vom 12. Februar 1924, der von Forderungsrechten schlechthin spricht, und die beschränktere Fassung des § 5 Abs. 6 ReichsbahnG. darauf hin, daß der Gesetzgeber einen Übergang aller mit dem Eisenbahnunternehmen verbundenen Forderungsrechte zu Eigentum auf die Gesellschaft nicht beabsichtigt hat. Diese Auffassung findet eine gewisse Bestätigung durch die Begründung zum Entwurf des Reichsbahngesetzes (Anlageband 383 zu den Verhandlungen des Reichstags 2. Wahlperiode 1920/24 Drucks. Nr. 452), wo es auf S. 15 heißt:

In das Eigentum der Gesellschaft gehen nur die Betriebsvorräte, Kassenbestände und Bankguthaben des Unternehmens

Deutsche Reichsbahn über. Grundstücke und Grundstückszubehör, das rollende Material und das sonstige Inventar, das von dem Unternehmen Deutsche Reichsbahn nur fiduziarisch verwaltet wird, wird auch von der Gesellschaft nur in der gleichen Weise verwaltet werden. Sie bleiben Eigentum des Reichs und bilden das sogenannte Reichseisenbahnvermögen.

Auch auf S. 19 a. a. O. wird auf den Unterschied zwischen den „Gegenständen", welche Eigenvermögen der Gesellschaft werden („Betriebsvorräte wie Kohlen, Schienen, Metalle u. dgl., Kassenbestände und Bankguthaben"), und solchen, die nur ihrer Verwaltung unterliegen, nochmals hingewiesen. Die §§ 5, 6 des Entwurfs sind unverändert Gesetz geworden; die Beratungen der gesetzgebenden Körperschaften haben sich, soweit ersichtlich, mit der hier zu entscheidenden Frage nicht befaßt.

Es kommt hinzu, daß nach der Ausnahmevorschrift des § 5 Abs. 6 die dort bezeichneten Gegenstände auf die Gesellschaft zu Eigentum nur übergehen, soweit sie Eigentum des Unternehmens Deutsche Reichsbahn, nicht aber soweit sie Eigentum des Reiches sind. In das Vermögen der Reichsbahn ist jedoch die streitige Aufwertungsleistung mangels Einziehung der Forderung durch die Reichsbahn nach dem oben Gesagten nicht gelangt.

Ist aber auch nach alledem der Aufwertungsanspruch nicht in das Eigentum der Klägerin übergegangen, so folgt daraus doch nicht, wie die Revision will, die Abweisung der Klage im Hinblick auf § 6 Abs. 2 Satz 2 ReichsbahnG. Denn wenngleich nach dieser Vorschrift die Klägerin zur Verfügung über „Gegenstände", wozu auch Forderungen zu rechnen sind (vgl. RGZ. Bd. 62 S. 321), im Werte von mehr als 250000 GM. der dort vorgesehenen Einwilligungen bedarf und diese anscheinend nicht eingeholt sind, so muß doch das wesentliche Merkmal eines Verfügungsgeschäfts in der unmittelbaren Einwirkung auf das Recht erblickt werden, durch das dieses eine Veränderung irgendwelcher Art erleidet (RGZ. Bd. 90 S. 399). Unter diesen Begriff fällt die Prozeßführung nicht (Komm. v. RGR. 6. Aufl. Vorbem. 7 vor § 104 Bd. 1 S. 135), wohl aber die Herbeiführung des Untergangs der Forderung durch die Annahme der geschuldeten Leistung (S. 134 a. a. O.). Demnach wäre es bedenklich, falls § 6 Abs. 2 Satz 2 ReichsbahnG. eingriffe, daß die Klägerin Zahlung an sich und nicht vielmehr an sich und das Reich begehrt hat. Allein die Voraussetzungen des § 6 Abs. 2 Satz 2 liegen nicht vor. Denn die Klägerin verlangt Zahlung einer ihrer Höhe nach unbestimmten und vom richterlichen Ermessen abhängenden Forderung ein Teilbetrag von 200000 RM. Täte sie dies in der Absicht, die ihrer uneingeschränkten Verfügungsmacht gesetzte Höchstgrenze von 250000 RM. zu umgehen, so würde ihr wohl der § 6 Abs. 2 Satz 2 entgegenstehen. Aber eine derartige Sachlage behauptet die Beklagte nicht. Die Einklagung eines Teilanspruchs ist vielmehr offensichtlich darauf zurückzuführen, daß die Klägerin das Risiko des Prozesses hat verringern wollen.

Demnach steht das von der Revision geltend gemachte formale Bedenken der Klage nicht entgegen (§ 6 Abs. 2 Satz 1 ReichsbahnG.) ...

---

35. Ist das Rentensperrgesetz vom 6. Juli 1929 (RGBl. I S. 131) rechtsgültig, soweit es die Aussetzung des Verfahrens vor Schiedsgerichten betrifft?

RVerf. Art. 105, 109, 153.

VI. Zivilsenat als Schiedsgericht. Schiedsspruch v. 30. November 1929 i. S. K.-Stiftung (Kl.) w. Staat Preußen (Bekl.). VI Tgb. 18/29.

Die Frage ist verneint worden aus folgenden

Gründen:

Bei der Ablehnung des in der Sitzung vom 9. Juli 1929 von Preußen gestellten Aussetzungsantrags ist das Schiedsgericht von folgenden Erwägungen ausgegangen.

Zur Entscheidung über den Antrag ist, was auch keine der Parteien in Zweifel gezogen hat, das Schiedsgericht zuständig, da es an einer Stelle fehlt, welche sonst zur Entscheidung über den Antrag berufen sein könnte.

Sachlich kann es dahingestellt bleiben, ob, wie die Gläubigerin meint, der Aussetzungsantrag gegen die Vertragstreue verstößt. Denn das Schiedsgericht erachtet den § 2 des Reichsgesetzes vom 6. Juli 1929 jedenfalls insoweit, als er sich gegen die bei Schiedsgerichten anhängigen Rechtsstreitigkeiten wendet, mit Art. 105 Satz 2 RVerf. für unvereinbar.

Der Art. 105 RVerf. (vgl. Anschütz RVerf. 10. Aufl. S. 425 flg.; Graf zu Dohna in Nipperdey, Grundrechte und Grundpflichten der Reichsverfassung Bd. 1 S. 110 flg., Kern Der gesetzliche Richter S. 154 bis 214, 235 bis 245, 335 bis 343) schreibt in den Sätzen 1 und 2 vor:

„Ausnahmegerichte sind unstatthaft. Niemand darf seinem gesetzlichen Richter entzogen werden."

Indem der Gesetzgeber diese mit § 16 Satz 1 und 2 GVG. wörtlich übereinstimmenden Sätze — ebenso wie bereits Art. 7 der preußischen Verfassungsurkunde vom 31. Januar 1850 — in die Reichsverfassung aufnahm, stellte er sie unter verfassungsrechtlichen Schutz; nur mit den in Art. 76 RVerf. vorgesehenen Zweidrittel-Mehrheiten können die Vorschriften des Art. 105 Satz 1 und 2 das. sei es allgemein aufgehoben, sei es für einzelne Arten von Rechtsstreitigkeiten durch ein Sondergesetz abgeändert werden. Das Reichsgesetz vom 6. Juli 1929 hat im Reichstag die erforderlichen Zweidrittel-Mehrheiten nicht gefunden; es ist ein einfaches Reichsgesetz. In § 2 Abs. 1 schreibt es vor:

„Die Rechtsstreitigkeiten, die zwischen dem Verpflichteten und Berechtigten bei deutschen Gerichten, Aufwertungsstellen oder Schiedsgerichten anhängig sind oder anhängig werden, sind auf Antrag einer Partei bis zum Inkrafttreten einer reichsgesetzlichen Regelung auszusetzen."

Das Gesetz gilt für die Zeit vom 9. Juli 1929 bis zum 31. März 1930.

Mit der Abgeltungs-Verordnung vom 4. Dezember 1919 (RGBl. S. 2146) und der Abgeltungserweiterungs-Verordnung vom 24. Oktober 1923 (RGBl. I S. 1010), deren Rechtsgültigkeit in der Rechtsprechung des Reichsgerichts anerkannt ist (vgl. u. a. den Beschluß der Vereinigten Zivilsenate in RGZ. Bd. 107 S. 320), ist das Reichsgesetz vom 6. Juli 1929 keineswegs auf eine Stufe zu stellen. Der wesentliche Unterschied besteht darin, daß jene beiden Verordnungen zulässigerweise den Aufgabenkreis der ordentlichen Gerichte einschränken und die Entscheidung über gewisse Arten von Ansprüchen anderen Stellen übertragen. Es wird also zwar der Rechtsweg ausgeschlossen, aber es wird dem Berechtigten als Ersatz die Anrufung einer Verwaltungsbehörde oder eines Verwaltungsgerichts ermöglicht. Das Gesetz vom 6. Juli 1929 dagegen versperrt dem, welcher die Zahlung einer älteren staatlichen Rente im Sinne des § 1 das. zu fordern hat, jede Möglichkeit, seinen Anspruch bei irgendeiner Stelle zur Durchführung zu bringen, solange das Gesetz in Kraft ist, und es entzieht zunächst auf eine bestimmte Zeit den Schuldner der Geltendmachung von Forderungen der bezeichneten Art. Diese Entziehung des Schuldners erfolgt in der ausgesprochenen Absicht, die nach Maßgabe des § 242 BGB. zur Zeit des Erlasses des Gesetzes begründeten Aufwertungsansprüche der Gläubiger, die sie damals noch vor den ordentlichen Gerichten hätten verfolgen können, als Aufwertungsansprüche nach § 242 BGB. zunichte zu machen und sie nach Maßgabe gesetzlicher Vorschriften, von denen noch nicht abzusehen ist, ob und inwieweit sie Aufwertungs- oder Enteignungscharakter haben werden, in anderweitige Ansprüche umzuwandeln, über welche Sondergerichte oder sonstige Stellen entscheiden sollen. Ein solches Verfahren läuft im Ergebnis auf eine zum mindesten zeitweilige und zum mindesten teilweise Rechtsenteignung hinaus, die vorgenommen wird, ohne daß das Vorliegen der Voraussetzungen des Art. 153 RVerf. geprüft wird. Während im übrigen der Grundsatz aufrechterhalten wird, daß es einem jeden Staatsbürger freisteht, seine Ansprüche sei es vor den Gerichten, sei es vor sonstigen Stellen, auch seine gegen den Staat sich richtenden Ansprüche, klageweise geltend zu machen, wird dieses Recht einer gewissen Gruppe von Gläubigern auf Zeit verschränkt (Art. 109 Abs. 1 RVerf.); vor allem aber wird der Schuldner dem Richter entzogen (Art. 105 Satz 2 das.), wenn auch zunächst nur auf eine gewisse Zeitdauer.

Der Senat läßt es jedoch unentschieden, ob diese Gründe dazu führen müssen, den § 2 des Gesetzes vom 6. Juli 1929 im ganzen Umfang für rechtsungültig zu erklären, oder ob andere Gründe zu einer abweichenden Beurteilung insbesondere für diejenigen Fälle führen, die bei den ordentlichen Gerichten anhängig sind. Denn im vorliegenden Falle bedarf nur die Frage einer Entscheidung, ob der § 2 des Gesetzes für die bei Schiedsgerichten anhängigen Rechtsstreitigkeiten rechtsgültig ist. Diese Frage ist zu verneinen. Durch privatrechtliche Verträge haben sich die Parteien zulässigerweise auf ein Schiedsgericht geeinigt, das mithin der gesetzliche Richter im Sinne des Art. 105 Satz 2 RVerf. geworden ist. Diesem Richter soll unter Eingriff in die Verträge der Schuldner Preußen endgültig entzogen werden unter Einfügung eines Zeitraums, in welchem den Rentenberechtigten die Anrufung jedes staatlichen Schutzes versagt ist. Insoweit richtet sich das Gesetz als ein Ausnahmegesetz gegen zwei bestimmte Personen. Denn wenn es sich auch der Form nach gegen alle Rentenberechtigten richtet, die sich vertraglich mit den Schuldnern auf Schiedsgerichte geeinigt haben, so kann es sich in Wirklichkeit doch nur auf die Schiedsverträge vom November 1925 beziehen, da unstreitig irgendwelche anderen Gläubiger von älteren staatlichen Renten keine Schiedsverträge geschlossen haben. Auf diesen Umstand ist während der Beratung des Gesetzes im Reichstag, in den Sitzungen vom 25. und 27. Juni 1929, ausdrücklich hingewiesen worden. Der Verlauf dieser Beratungen läßt die Annahme als begründet erscheinen, daß insoweit, als das Gesetz die Rechtsverfolgung vor Schiedsgerichten sperrt, es ausschließlich gerade auf die beiden hier in Frage kommenden Gläubiger, also auf zwei Einzelfälle, berechnet war. Dieses Verfahren ist mit den Vorschriften des Art. 105 Satz 2 und auch des Art. 109 Satz 1 RVerf. nicht in Einklang zu bringen.

---

36. Kann ein aus dem Landes- in den Reichsdienst übernommener Beamter im Rechtsweg einen Schadensersatzanspruch verfolgen, den er darauf stützt, daß das Reich seinen auf Grund der preußischen Wartegeld-Verordnung vom 26. Februar 1919 gestellten Antrag auf Versetzung in den Ruhestand abgelehnt und damit die Übernahmebedingungen verletzt habe?

III. Zivilsenat. Urt. v. 5. November 1929 i. S. S. (Kl.). w. Deutsches Reich (Bekl.). III 19/29.

I. Landgericht Stettin.
II. Oberlandesgericht daselbst.

Der Kläger, der früher Steuerbeamter im preußischen Staatsdienst war, trat im Jahre 1920 in den Reichsfinanzdienst über. Er beantragte aber schon am 20. Dezember gen. Jahres unter Bezugnahme auf § 13 der preußischen Verordnung betr. die einstweilige Versetzung der unmittelbaren Staatsbeamten in den Ruhestand vom 26. Februar 1919 (GS. S. 33), der sog. Wartegeld-Verordnung, seine Versetzung in den Ruhestand. Diese wurde von seiner vorgesetzten Dienstbehörde mit dem Hinweis darauf abgelehnt, daß Gründe, die seine Versetzung in den Ruhestand rechtfertigen könnten, in seiner Person nicht vorlägen. Später wurde er auf Grund der Reichs-Personal-Abbau-Verordnung vom 27. Oktober 1923 (RGBl. I S. 999) mit

Wirkung vom 1. April 1924 ab in den einstweiligen Ruhestand versetzt und es wurde ihm ein Wartegeld in Höhe von 64% seines ruhegehaltsfähigen Diensteinkommens zuerkannt. Der Kläger behauptet, bei Gewährung der im Jahre 1920 erbetenen Versetzung in den Ruhestand würde ihm ein Ruhegehalt in Höhe von 75% seines ruhegehaltsfähigen Diensteinkommens zugestanden haben, das Recht auf ein so bemessenes Wartegeld habe er infolge der ihm gegenüber bei seinem Übertritt in den Reichsdienst ausgesprochenen Gewährleistung auch nicht durch den Eintritt in diesen Dienst verloren; durch die Ablehnung seiner Versetzung in den Ruhestand habe seine vorgesetzte Behörde ihn geschädigt und habe schuldhaft gegen klare Gesetzesbestimmungen verstoßen. Er sei daher berechtigt, Schadensersatz zu fordern.

In dem vom Kläger erwirkten Vorbescheid der Verwaltungsbehörde wurde der Anspruch abgelehnt. Seine Klage wurde in allen Rechtszügen abgewiesen.

Gründe:

Die Revision wirft dem Berufungsgericht vor, es habe verkannt, daß nach den für den Übertritt aus dem Landesfinanzdienst in den Reichsdienst aufgestellten Bedingungen die Rechtslage des Klägers gegenüber der Rechtslage zur Zeit der Übernahme nicht habe verschlechtert werden dürfen. Da zu diesem Zeitpunkt im Reich und in Preußen Abbaubestimmungen nicht in Geltung gestanden hätten, so habe das Reich mit der auf Grund der Reichs-Personal-Abbau-Verordnung erfolgten Versetzung des Klägers in den einstweiligen Ruhestand gegen seine Pflichten verstoßen. Mit diesen Ausführungen verläßt die Revision den Boden der im ersten und zweiten Rechtszug vorgetragenen Klagbegründung. Diese ließ den Abbau des Klägers als solchen unbeanstandet und wollte lediglich in der Ablehnung des Gesuchs um Versetzung in den dauernden Ruhestand die Zuwiderhandlung gegen die Übernahmebedingungen und die Amtspflichtverletzung des sie verfügenden Beamten erblickt wissen, aus denen sie die Klagansprüche ableitet. Auf der wesentlich veränderten Grundlage, von der nach der Revision jetzt ausgegangen werden soll, stellt sich die Klagforderung als ein neuer Anspruch dar, für dessen Geltendmachung im Revisionsverfahren kein Raum ist.

Auch soweit sich die Revision gegen die dem Anspruch in seiner bisherigen Gestalt vom Berufungsgericht zuteil gewordene Beurteilung richtet, kann sie nicht zum Erfolg führen. Der Kläger ist der

Meinung, daß kraft der Übernahmebedingungen der durch § 13 Wartegeld-Vo. geschaffene Rechtszustand auch für die Zeit nach seiner Übernahme in den Reichsdienst aufrechterhalten worden und daß seine Dienstbehörde daher verpflichtet gewesen sei, dem Pensionierungsgesuch vom 20. Dezember 1920 stattzugeben. In dessen Ablehnung ist nach seiner Ansicht die Verletzung einer in den Bedingungen enthaltenen Zusage zu finden, die ihn zur Geltendmachung der mit der Klage verfolgten Ersatzansprüche berechtige. Bei diesen Darlegungen übersieht der Kläger, daß der § 13, wie er die zusammengehörigen Vorschriften in §§ 21, 22 und 23 des preußischen Pensionsgesetzes vom $\frac{\text{27. März 1872 (GS. S. 268)}}{\text{27. Mai 1907 (GS. S. 95)}}$ nicht berührte, auch für die Anwendung des mit ihnen übereinstimmenden, nach der Rechtsprechung des erkennenden Senats (RGZ. Bd. 110 S. 264) durch Art. 129 Abs. 1 Satz 4 RVerf. nicht beseitigten § 155 RBG. Raum ließ. Die Entscheidung darüber, ob der Kläger in den endgültigen Ruhestand zu versetzen sei, gehörte daher auch nach seinem Übertritt in den Reichsdienst zur ausschließlichen Zuständigkeit der Dienstbehörde und blieb nach wie vor der Nachprüfung durch den Richter entzogen. Diese Regelung der Zulässigkeit des Rechtswegs war einer abweichenden Vereinbarung nicht zugänglich, und es hätte an ihr auch die vom Kläger den Übernahmebedingungen entnommene Zusage nichts ändern können, wenn sie etwa dem Kläger ein klagbares Recht auf Versetzung in den Ruhestand hätte einräumen wollen. Wie aber hiernach ein preußischer Beamter die Frage, ob sein Pensionierungsgesuch aus § 13 Wartegeld-Vo. mit Recht abgelehnt sei, nicht in Gestalt eines Anspruchs auf Ruhegehalt der Entscheidung des Richters unterbreiten kann (RGZ. Bd. 101 S. 328), ebensowenig kann es ein in den Reichsdienst übernommener preußischer Beamter in Gestalt eines Anspruchs auf Schadensersatz wegen Nichterfüllung einer ihm vom Reich erteilten Zusage tun, daß ihm die Vergünstigung aus § 13 gewahrt bleiben solle.

Nur soweit sich der Ersatzanspruch des Klägers auf die vermeintliche Amtspflichtverletzung des über das Pensionierungsgesuch entscheidenden Beamten stützt, steht nach Art. 131 Abs. 1 Satz 3 RVerf. der Rechtsweg offen. Da jedoch die Frage, ob eine Versetzung in den Ruhestand gemäß § 13 Wartegeld-Vo. zu erfolgen hat, allein dem pflichtmäßigen Ermessen der Dienstbehörde anheim gegeben ist (vgl. RGZ. Bd. 101 S. 328), so würde der Kläger mit der Klage aus diesem Gesichtspunkt nur zum Ziel gelangen können, wenn er zu behaupten und nachzuweisen vermöchte, daß die Behörde aus reiner Willkür oder unter mißbräuchlicher, die Grenzen einer sorgfältigen und verständigen Ausübung überschreitender Anwendung des Ermessens seinen Antrag auf Versetzung in den Ruhestand zurückgewiesen habe. Eine solche Behauptung hat der Kläger nicht aufgestellt. Die im Tatbestand des Landgerichts wiedergegebene Begründung der ablehnenden Verfügung, daß nämlich in der Person des Klägers keine die Versetzung in den Ruhestand rechtfertigenden Gründe vorlägen, weist darauf hin, daß die Dienstbehörde sich davon überzeugt hielt, der Kläger beantrage die Versetzung in den Ruhestand nicht „infolge der Umgestaltung des Staatswesens", wie es in § 13 Wartegeld-Vo. heißt. Für einen Sachverhalt der bezeichneten Art ist sonach kein Anhalt gegeben. Unerörtert kann daher bleiben, ob der Beklagte dem Kläger auch mit Recht entgegenhält, daß er nach den Übernahmebedingungen die durch § 14 Nr. 5 des preußischen Beamtendiensteinkommens-Gesetzes vom 7. Mai 1920 (GS. S. 191) erfolgte Änderung des § 13 gegen sich gelten lassen müsse und daß er demnach bei Berücksichtigung seiner ruhegehaltsfähigen Dienstzeit durch die Ablehnung des Pensionierungsgesuchs nicht geschädigt sei.

---

37. Findet die Vorschrift des § 21 Abs. 2 AufwG. nur dann Anwendung, wenn einer der Fälle des § 21 Abs. 1 vorliegt? Gehört zu den gleichstehenden oder nachgehenden Rechten im Sinne des § 21 Abs. 2 auch eine auf Grund des § 1163 Abs. 1 Satz 1 BGB. entstandene Eigentümergrundschuld?

V. Zivilsenat. Urt. v. 6. November 1929 i. S. Sch. u. Gen. (Bekl.) w. Städt. Sparkasse in F. (Kl.). V 391/28.

I. Landgericht Frankfurt a. O.
II. Kammergericht Berlin.

Für die Klägerin waren auf dem Grundbuchblatt des dem Tischlermeister Sch. gehörenden Grundstücks mehrere Hypotheken im Gesamtbetrag von 45000 M. eingetragen. Der Beklagte zu 2 zahlte am 20. März 1923 in Sch.s Namen die Hypotheken im Nennbetrag an die Klägerin. Diese erteilte löschungsfähige Quittung und Sch.

trat sodann die Posten an den Beklagten zu 2 ab. Am 15. Januar 1924 wurden die Hypotheken gelöscht; gleichzeitig wurde für den Beklagten zu 2 eine Hypothek wegen eines Darlehens von 83000 GM. eingetragen, das Sch. von diesem erhalten zu haben bekannte. Die Klägerin hat Wiedereintragung ihrer Hypotheken mit den entsprechenden Aufwertungsbeträgen erwirkt, aber nur im Rang hinter der Hypothek des Beklagten zu 2. Sie erstrebt im vorliegenden Rechtsstreit den Vorrang vor dieser Hypothek und verlangt von den Beklagten die Abgabe der erforderlichen Grundbucherklärungen, und zwar von den Beklagten zu 1 und 3 als den Erben des im Jahre 1927 verstorbenen Sch. und jetzigen Eigentümern des belasteten Grundstücks. Der Beklagte zu 1 hat die verlangten Erklärungen abgegeben. Die Beklagten zu 2 und 3 sind in den Vorinstanzen zu ihrer Abgabe verurteilt worden. Ihre Revision führte zur Abweisung der Klage ihnen gegenüber aus folgenden

Gründen:

Die Klage ist auf zwei selbständige Klagegründe gestützt. Einmal macht sie geltend, die Goldmarkhypothek des Beklagten zu 2 könne unmöglich valutiert sein, sei vielmehr von diesem im bewußten und gewollten Zusammenwirken mit Sch. lediglich zu dem Zweck geschaffen worden, um den Zugriff der aufwertungsberechtigten Gläubiger auf das Grundstück zu vereiteln. Weiter stützt sich die Klägerin auf § 6 AufwG., indem sie die Anwendbarkeit der §§ 20 und 21 dieses Gesetzes verneint. Das Berufungsgericht hat zu der ersten Klagbegründung angenommen, der Tatbestand des hierfür allein in Frage kommenden § 826 BGB. sei nicht erwiesen; es sei nicht dargetan, daß Sch. und der Beklagte zu 2 seinerzeit überhaupt an die Möglichkeit des Wiederauflebens der dinglichen Rechte der Klägerin gedacht hätten und daß ihr Vorsatz auch nur bedingt auf Vermögensbeschädigung der Gläubiger gerichtet gewesen sei. Dagegen meint das Berufungsgericht, die Regel des § 6 AufwG. werde im vorliegenden Fall weder durch § 20 noch durch § 21 AufwG. ausgeschlossen. Die Hypothek des Beklagten zu 2 sei in Wahrheit von Anfang an Eigentümergrundschuld gewesen, weil die Forderung, zu deren Sicherung sie bestellt worden, nicht rechtswirksam entstanden sei (§ 1163 Abs. 1 Satz 1 BGB.). Das Darlehensanerkenntnis sei nämlich von Sch. dem Beklagten zu 2 ganz oder doch zum weit überwiegenden Teile schenkweise erteilt worden und sei daher ungültig, weil es nur öffentlich beglaubigt, nicht aber gerichtlich oder notariell beurkundet worden sei (§ 518 Abs. 1 Satz 2 BGB.). Ein Erwerb, der kraft Gesetzes eintrete, genieße nicht den Schutz des öffentlichen Glaubens des Grundbuchs; die nach § 20 AufwG. zu beachtenden Vorschriften über gutgläubigen Erwerb ständen also der Hypothek nicht zur Seite. § 21 Abs. 2 AufwG. dagegen sei deshalb nicht anwendbar, weil keiner der im ersten Absatz dieses Paragraphen bezeichneten Tatbestände gegeben sei, namentlich die von der Klägerin im März 1923 erteilte löschungsfähige Quittung nicht den in § 1155 BGB. bezeichneten Urkunden gleichzustellen sei. § 21 Abs. 2 gelte nur unter den Voraussetzungen des Abs. 1. Das ist jedoch nicht richtig. Sinn und Zweck der Vorschrift des § 21 Abs. 2, wie sie sich aus dem Zusammenhang und der Entstehungsgeschichte des Gesetzes ergeben, führen vielmehr zu der Auslegung, daß diese Vorschrift neben der des § 21 Abs. 1 durchaus selbständige Bedeutung hat, daß der Aufwertungsanspruch des früheren Gläubigers in allen Fällen, in denen ein Recht zugunsten mehrerer zeitlich aufeinander folgender Gläubiger aufgewertet wird, in der in § 21 Abs. 2 bestimmten Weise im Rang zurücksteht und daß es für die Rangfolge nicht darauf ankommt, ob der spätere Inhaber des Rechts im Grundbuch eingetragen worden ist oder sich gemäß § 1155 BGB. ausweisen kann.

Der ursprüngliche Entwurf zum Aufwertungsgesetz kannte, abgesehen vom Fall der sog. unechten Abtretung, noch keine Aufwertung zugunsten eines früheren Gläubigers. Die Aufwertung kam grundsätzlich nur dem letzten Gläubiger zugute, sei es daß er noch im Grundbuch eingetragen oder durch Briefbesitz und Abtretungserklärungen ausgewiesen war, sei es daß schon Löschung im Grundbuch stattgefunden hatte. Nach § 2 Abs. 5 des Entwurfs sollte das aufgewertete Recht seinen bisherigen Rang behalten. War es noch eingetragen, so sollte einfach die erfolgte Aufwertung dazu vermerkt werden. War es gelöscht, so sollte nach § 11 Abs. 4 die Wiedereintragung an der bisherigen Rangstelle erfolgen, allerdings vorbehaltlich der Rechte gutgläubiger Dritter. War es zwar noch nicht gelöscht, aber nicht mehr für „den" Gläubiger eingetragen, oder ergab sich die Berechtigung eines Dritten aus § 1155 BGB., so sollten nach § 11 Abs. 5 die Vorschriften des § 11 Abs. 4 entsprechende Anwendung finden. Die im § 11 Abs. 5 hierzu weiter vorgesehenen Maßgaben sind für die hier zu entscheidende Frage ohne Belang. Daß an dieser

Stelle des Entwurfs der Tatbestand des § 1155 BGB. verlangt wurde, also der Fall der Abtretung mittels privatschriftlicher Abtretungserklärung nicht einbegriffen war, hat einmal darin seinen Grund, daß eine Eintragung der Aufwertungsansprüche des Abtretungsempfängers nur dann ohne weiteres angängig erschien, wenn dieser entweder im Grundbuch eingetragen war oder doch nach § 1155 BGB. als eingetragen galt, ferner aber auch darin, daß eine Berufung auf die Vorschriften über den öffentlichen Glauben des Grundbuchs nur unter denselben Voraussetzungen denkbar ist, nämlich wenn das Recht des in Frage kommenden Gläubigers entweder aus dem Grundbuch ersichtlich oder in der dem Grundbucheintrag gleichgestellten Weise (§ 1155 BGB.) dargetan ist.

Im Ausschuß des Reichstags ist dann die rückwirkende Aufwertung zugunsten des Abtretenden für alle Fälle beschlossen worden. (Bericht Seite 18 Spalte 2 unter C.) Die Rangordnung der nunmehr an der Aufwertung desselben Rechts beteiligten mehreren Gläubiger sollte nach dem Willen des Ausschusses in der Weise geregelt werden, daß die wiedererstehenden Rechte der früheren Gläubiger stets im Rang zurücktreten sollten (Bericht Seite 20 Spalte 1 zu Abs. 5). Nach den Beschlüssen der ersten Ausschußlesung sollte diese Rangvorschrift dem ersten Satz des § 11 Abs. 5 des ersten Entwurfs als zweiter Satz nachfolgen, und zwar schon genau in derselben Wortfassung, die jetzt § 21 Abs. 2 AufwG. hat (Bericht S. 64 Spalte 2). Daß man dabei beabsichtigt haben könnte, dem Abtretungsempfänger den Vorrang vor dem Abtretenden nur dann einzuräumen, wenn der erstere im Grundbuch eingetragen war oder sich nach § 1155 BGB. ausweisen konnte, ist nicht ersichtlich. Dafür fehlt es nicht nur an jedem Anhalt im Bericht des Ausschusses, sondern auch an jedem verständigen inneren Grund. Das Recht aus einer Briefhypothek geht nach § 1154 Abs. 1 BGB. schon durch Erteilung einer privatschriftlichen Abtretungserklärung und durch Übergabe des Briefs wirksam auf den Abtretungsempfänger über. Die öffentliche Beglaubigung der Abtretungserklärung ist nur von Bedeutung für die Möglichkeit, die Abtretung, d. h. den schon außerhalb des Grundbuchs vollwirksam vollzogenen Rechtsübergang, im Grundbuch eintragen zu lassen, und ferner für die Anwendung der Vorschriften der §§ 891 bis 899 BGB. Die Rangbenachteiligung des Aufwertungsanspruchs des Abtretenden tritt aber ohne Rücksicht auf guten oder bösen Glauben ein; der Abtretende soll — abweichend vom ursprünglichen Gesetzentwurf — allgemein am Aufwertungsbetrag mitbeteiligt werden, aber erst hinter dem Recht des Abtretungsempfängers und hinter den ihm gleich- oder nachstehenden Rechten. Es hat keinen vernünftigen Sinn, ihn vor diesem Rangverlust zu bewahren, wenn er die Abtretungserklärung nur in privatschriftlicher, nicht in öffentlich beglaubigter Form erteilt hat, ihn dagegen im Rang zurücktreten zu lassen, wenn er seine Abtretungserklärung hat öffentlich beglaubigen lassen. Daß durch die späteren Fassungsänderungen, die schließlich zu dem jetzigen § 21 des Gesetzes führten, am Sinn der in Rede stehenden Vorschrift etwas hätte geändert werden sollen, ist ebensowenig anzunehmen. Im Gegenteil könnte man vermuten, daß durch die Zerlegung des aus der ersten Ausschußlesung hervorgegangenen § 11 Abs. 5 in zwei besondere Absätze — nachmals § 21 Abs. 1 und § 21 Abs. 2 AufwG. — die selbständige Bedeutung des nunmehrigen § 21 Abs. 2 des Gesetzes habe angedeutet werden sollen.

Nun ist freilich die Klägerin nicht Zedentin der Hypotheken, sondern sie hat löschungsfähige Quittung erteilt und der Grundstückseigentümer Sch. hat die auf diese Weise in seiner Hand zu Eigentümergrundschulden gewordenen Posten an den Beklagten zu 2 abgetreten. Daß aber auch in solchen Fällen die Vorschrift des § 21 Abs. 2 AufwG. anzuwenden ist, hat der erkennende Senat schon im Beschluß vom 25. Februar 1928 (RGZ. Bd. 120 S. 211) entschieden. Zwar war dort nicht eine schlichte löschungsfähige Quittung erteilt, sondern die Gläubigerin hatte die Löschung der Hypothek oder die Umschreibung auf den Eigentümer bewilligt, indem sie zugleich den Empfang der Hypothekensumme bescheinigte. Für den Fall einer schlichten löschungsfähigen Quittung kann aber nichts anderes gelten. Es kann für die — von den Vorschriften über den öffentlichen Glauben des Grundbuchs völlig losgelöste — Frage der Rangstellung des früheren Gläubigers auch keinen Unterschied machen, daß in dem RGZ. Bd. 120 S. 211 entschiedenen Fall die Veränderungen im Grundbuch eingetragen worden waren, während sie sich hier außerhalb des Grundbuchs vollzogen haben.

Ohne Bedeutung für die Anwendung des § 21 Abs. 2 AufwG. ist es auch, daß die Hypotheken der Klägerin im Zeitpunkt des Inkrafttretens des Aufwertungsgesetzes im Grundbuch gelöscht waren (RGZ. Bd. 125 S. 19).

Der Aufwertungsanspruch der Klägerin steht sonach im Rang sowohl hinter dem des Beklagten zu 2 als auch hinter den diesem Anspruch gleichstehenden oder nachgehenden Rechten. Zu den letzteren gehört die Goldmarkhypothek von 83000 GM., die am 15 Januar 1924 für den Beklagten eingetragen worden ist. Sie stellt ein solches Recht dar, auch wenn sie in Wahrheit für den Grundstückseigentümer Sch. entstanden sein und jetzt als Eigentümergrundschuld den Beklagten zu 1 und 3 zustehen sollte. Ein „gleichstehendes oder nachgehendes Recht" im Sinne des § 21 Abs. 2 AufwG. kann auch eine Eigentümergrundschuld sein. In welcher Weise sie entstanden ist, ob sie bewußt als solche begründet worden oder kraft Gesetzes entstanden ist, etwa im Wege des § 1163 Abs. 1 Satz 1 BGB., kann keinen Unterschied machen. Es genügt, daß sie beim Inkrafttreten des Aufwertungsgesetzes (vgl. RGZ. Bd. 125 S. 23) vorhanden war und dem Rechte des „gegenwärtigen" Gläubigers gleichstand oder nachging.

Kann sonach die zweite Klagbegründung — entgegen der Annahme des Berufungsgerichts — die Klage nicht stützen, so wird die Nachprüfung notwendig, ob das Berufungsgericht rechtlich geirrt hat, wenn es den ersten Klaggrund verworfen hat. Hier beruht jedoch die Entscheidung im wesentlichen auf tatsächlicher Würdigung des Sachverhalts, und es ist nicht zu ersehen, daß ihr insoweit ein beachtlicher Rechtsirrtum zugrunde läge.

Das Berufungsgericht hat auch die Frage erwogen, ob etwa die Klage auf Grund einer sinngemäßen Anwendung des § 14 AufwNov. begründet sein könnte. Es meint, wenn nach der eigenen Darstellung der Beklagten die Bestellung der Goldmarkhypothek denselben wirtschaftlichen Erfolg habe herbeiführen sollen, wie die — aus gewissen Gründen nicht gewünschte — Eigentumsübertragung, so liege es nahe, dem Beklagten zu 2, der die Hypotheken der Klägerin selbst abgelöst gehabt habe, als die Goldmarkhypothek für ihn eingetragen wurde, die Berufung auf seinen guten Glauben an das Erlöschen der klägerischen Rechte in derselben Weise zu versagen, wie sie ihm hätte versagt werden müssen, wenn er wirklich das Eigentum am Grundstück erworben hätte. Das Berufungsgericht hat die Frage unentschieden gelassen. Eine entsprechende Anwendung des § 14 AufwNov. kommt aber hier schon deshalb nicht in Frage, weil der Beklagte zu 2 den Vorrang seiner Goldmarkhypothek nicht mit Berufung auf seinen guten Glauben in Anspruch nimmt, sondern auf Grund der besonderen Vorschrift des § 21 Abs. 2 AufwG., die den früheren Gläubiger hinter den „gegenwärtigen" und die diesem gleich- oder nachstehenden Rechte zurücktreten läßt, ohne daß es auf guten oder bösen Glauben ankommt.

Schon aus diesem Grunde ist auch die vom Berufungsgericht an letzter Stelle berührte Frage zu verneinen, ob der Klaganspruch etwa aus der entsprechenden Anwendung des § 816 BGB. zu begründen sei. Das Gesetz will die Aufwertungsansprüche früherer Gläubiger gegenüber denen der gegenwärtigen und der ihnen gleich- oder nachstehenden hintanstellen. Ob die so begünstigten Rechte entgeltlich oder unentgeltlich erworben worden sind, ist ohne Bedeutung.

Da dem Sachverhalt auch kein sonstiger rechtlicher Gesichtspunkt entnommen werden kann, welcher der Klage zum Sieg verhelfen könnte, war die Sache zur Endentscheidung im Sinne der Abweisung der Klage reif.

---

38. Zur Frage der Ehescheidung wegen Vernachlässigung der Hauswirtschaft und der Kinder.

BGB. § 1568.

VII. Zivilsenat. Urt. v. 8. November 1929 i. S. Ehem. L. (Kl.) w. Ehefr. L. (Bekl.). VII 341/29.

I. Landgericht Glogau.
II. Oberlandesgericht Breslau.

Die Parteien haben am 3. Juni 1913 die Ehe geschlossen, aus der zwei Kinder hervorgegangen sind. Der Kläger hatte aus einer früheren Ehe drei damals noch unerwachsene und zum ehelichen Hausstand gehörige Kinder. Im Juni 1917 wurde er zum Heeresdienst einberufen. Als er im Dezember 1917 mit Urlaub zurückkehrte, hob er die häusliche Gemeinschaft mit der Beklagten, die damals zu ihrer Mutter zog, auf, und zwar — nach seiner Behauptung — aus dem Grunde, weil sie während seiner Abwesenheit die Wirtschaft und die Kinder in erheblicher Weise vernachlässigt habe. Die Parteien leben seitdem getrennt. Im Dezember 1927 erhob der Mann Klage auf Ehescheidung, indem er jenes Verhalten der Beklagten im Jahre 1917 und ähnliche Vernachlässigungen aus der Zeit vor seiner Einberufung zum Heere als Scheidungsgrund nach § 1568 BGB. geltend machte. Das Landgericht gab seinem Antrag statt und schied die Ehe aus alleiniger Schuld der Frau. Diese legte Berufung ein und beantragte im zweiten Rechtsgang Abweisung der Klage, hilfsweise Mitschuldigerklärung des Klägers wegen eines ehebrecherischen Liebesverhältnisses. Das Oberlandesgericht wies die Klage ab. Die Revision des Klägers führte zur Aufhebung und Zurückverweisung.

Gründe:

Der Berufungsrichter geht davon aus, daß etwaige Eheverfehlungen der Beklagten aus der Zeit vor Anfang Juni 1917, dem Zeitpunkt der Einberufung des Klägers zum Heeresdienst, durch den bis dahin fortgesetzten ehelichen Verkehr verziehen seien, und nimmt für die spätere Zeit an, daß keine Eheverfehlungen der Beklagten vorlägen, die allein oder in Verbindung mit den vorausgegangenen verziehenen das Scheidungsverlangen des Klägers rechtfertigen könnten. Soweit anzunehmen wäre, daß die Beklagte nach seiner Einziehung zum Heere in der von ihm geschilderten Weise unsauber gewesen sei und ihre Hauswirtschaft sowie die Landwirtschaft des Klägers vernachlässigt habe, könnte darin ein Scheidungsgrund nach § 1568 BGB. nur dann gefunden werden, wenn der Kläger der Beklagten dieses Verhalten ernstlich verwiesen und sie zu dessen Änderung ernstlich ermahnt, sie dann aber trotzdem ihr bisheriges Verhalten fortgesetzt hätte. Dies habe jedoch — so erwägt der Vorderrichter weiter — der Kläger nicht getan, sondern er habe, als er im Dezember 1917 auf Urlaub nach Hause zurückkehrte und hierbei die Verschmutzung der Wohnung und die Verwahrlosung des Haushalts wahrnahm, sofort die Trennung herbeigeführt, indem er die Beklagte aus dem Hause gewiesen habe. Bei dieser Sachlage habe er sich des Rechts begeben, jenes angebliche Verhalten der Beklagten als Scheidungsgrund zu verwerten. Er hätte sie zur Änderung ihres bisherigen Verhaltens ermahnen und zunächst die häusliche Gemeinschaft mit ihr fortsetzen müssen und hätte erst dann einen Grund zur Trennung und ein Recht auf Scheidung gehabt, wenn sie trotz ernstlicher Ermahnungen sich nicht bemüht hätte, den Haushalt und die Wirtschaft in Ordnung zu bringen und in Ordnung zu halten. Die Abmahnung sei auch nicht deshalb überflüssig gewesen, weil eine solche schon vor der Einberufung des Klägers zum Heer erfolgt wäre; denn auch eine derartige frühere Abmahnung sei seinem Vorbringen nicht zu entnehmen. Die angebliche Vernachlässigung der Wirtschaft vor jenem Zeitpunkt sei nach der eigenen Darstellung des Klägers noch nicht so gröblich gewesen wie später und von ihm offenbar gar nicht als ehezerrüttend empfunden worden, was sich daraus ergebe, daß er noch bis Anfang Juni 1917 mit der Beklagten geschlechtlich verkehrt habe.

Diese Stellungnahme kann nicht gebilligt werden. Zwar hat sich das Reichsgericht in ständiger Rechtsprechung dahin ausgesprochen, daß wegen Vernachlässigung der Hauswirtschaft durch die Frau der Mann Scheidung nach § 1568 BGB. nur dann verlangen kann, wenn es sich um eine besonders arge Vernachlässigung handelt, wenn ferner der Mann versucht hat, durch ernstliche Ermahnungen auf die Frau im Sinne einer Änderung ihres Verhaltens einzuwirken, und wenn sie trotzdem beharrlich ihre nachlässige Wirtschaftsführung fortgesetzt hat (WarnRspr. 1908 Nr. 525, 1911 Nr. 39; JW. 1912 S. 352 Nr. 18; Urteile vom 17. Dezember 1914 IV 390/14, vom 16. September 1915 IV 75/15, vom 11. Juni 1923 IV 782/22, vom 4. Februar 1924 IV 198/23, vom 7. März 1927 IV 751/26, vom 13. Juli 1928 VII 154/28). Die Erwägungen, die dieser Rechtsprechung zugrunde liegen, sind dahin zusammenzufassen: Ordnungsmäßige Führung der Hauswirtschaft gehört für die Frau zu den durch die Ehe begründeten Pflichten. Deshalb kann eine arge Vernachlässigung der Wirtschaftsführung eine schwere Verletzung jener Pflichten im Sinne des § 1568 BGB. ergeben. Auch erscheint ein solches Verhalten der Frau im allgemeinen als geeignet, eine tiefe Zerrüttung des ehelichen Verhältnisses zu verursachen, wie sie § 1568 voraussetzt. Da es aber daneben noch der Feststellung bedarf, daß im besonderen Falle der Mann das Verhalten der Frau seinerseits als ehezerrüttend empfunden hat, ist als Merkmal hierfür die ernstliche Abmahnung durch ihn aufzustellen. Durch eine solche gibt der Mann deutlich kund, daß er die ungünstige Einwirkung der liederlichen Wirtschaftsführung auf das eheliche Verhältnis empfindet und daß er bei Erfolglosigkeit seiner Mahnung die Ehe als zerrüttet ansehen wird, während anderseits ein Ehemann, der Unsauberkeit und sonstige Nachlässigkeit der Frau ohne Widerspruch hinnimmt, zu erkennen gibt, daß seine eheliche Gesinnung davon nicht berührt wird.

Wie schon diese Gegenüberstellung ergibt, zielt die Aufstellung des Erfordernisses der Abmahnung auf den Regelfall ab, daß sich der Mann selbst im ehelichen Hausstand befindet und so seine täglichen Wahrnehmungen über die Wirtschaftsführung der Frau machen kann. Für Fälle, die insofern anders liegen, kann das Erfordernis nicht gemeint sein. So hat auch der IV. Zivilsenat des Reichsgerichts bereits in seinem Urteil vom 18. Dezember 1916 IV 207/16 darauf hingewiesen, daß es sich bei der die Abmahnung fordernden Rechtsprechung stets um Fälle gehandelt hat, in denen die Verfehlungen vor den Augen des anderen Ehegatten geschehen waren, sodaß in dessen Nichteinschreiten ein stillschweigendes Hinnehmen zu finden war, während in dem damals zur Beurteilung stehenden Falle, wobei der IV. Senat eine Abmahnung nicht für nötig erachtete, die Frau hinter dem Rücken des Mannes Schulden gemacht und dieser ein Einverständnis damit auch nicht stillschweigend erklärt hatte. Ebensowenig kann der hier vorliegende Fall der für die Regelfälle gebotenen Würdigung unterstellt werden. Wenn der Kläger im Felde abwesend war, konnte er die Wirtschaftsführung der Beklagten nicht beobachten und hatte daher zu Ermahnungen weder Veranlassung noch Gelegenheit. Wollte man bei schematischer Anwendung der für einen solchen Fall nicht gedachten Rechtsprechung vom Kläger fordern, daß er trotzdem erst die Abmahnung hätte aussprechen und das eheliche Zusammenleben einstweilen hätte fortsetzen müssen, so käme man zu einem unbilligen Ergebnis. Dies wäre namentlich deshalb unannehmbar, weil aus dem Verhalten des Klägers während seiner Abwesenheit keineswegs geschlossen werden könnte, daß er bis zu seiner Heimkehr mit der mangelhaften Wirtschaftsführung seiner Frau zufrieden gewesen wäre. Wenn er dann seinen Haushalt in dem argen Zustande der Verschmutzung und Verwahrlosung vorfand, wie er dies geschildert und der Berufungsrichter als wahr unterstellt hat, so würde kein rechtliches Bedenken dem entgegenstehen, daß ohne weiteres eine durch die Schuld der Beklagten herbeigeführte Zerrüttung des ehelichen Verhältnisses festgestellt und ferner angenommen würde, der Kläger habe die Zerrüttung auch als solche empfunden. In letzterer Hinsicht bildet einen deutlichen Anhaltspunkt gerade die Tatsache, daß er alsbald dazu schritt, die Beklagte wegen der Vernachlässigung der Wirtschaft aus dem Haushalt zu entfernen. Anders wäre der Fall vielleicht zu beurteilen, wenn schon in der Zeit vor der Einberufung des Klägers zum Heere die Beklagte die Wirtschaft nachlässig geführt, der Kläger aber ohne jede Abmahnung das Zusammenleben mit ihr fortgesetzt hätte, bis er ins

Feld rückte. Nach dieser Richtung hat jedoch das Berufungsgericht noch keine Feststellungen getroffen, die dazu ausreichen könnten, seine Entscheidung unter diesem Gesichtspunkt aufrechtzuerhalten.

Sonach ist schon auf Grund vorstehender Erörterung die Aufhebung des angefochtenen Urteils geboten. Dieses wird aber auch insoweit von der Revision mit Recht angegriffen, als es sich mit dem Verhalten der Beklagten gegenüber den Kindern beschäftigt, die — auch soweit sie aus der ersten Ehe des Klägers stammen — während seiner Abwesenheit ihrer Fürsorge und Erziehung anvertraut waren. Hier meint der Vorderrichter, eine gröbliche Vernachlässigung der Kindererziehung durch die Beklagte sei nicht bewiesen und nicht beweisbar. Seine weiteren Darlegungen ergeben, daß er zu dieser Auffassung deshalb gelangt ist, weil nicht erhelle, daß die gröbliche Unsauberkeit der Beklagten — bezüglich deren die ins einzelne gehenden Behauptungen des Klägers teils als richtig festgestellt, teils als wahr unterstellt werden — nachteilig auf die Kinder eingewirkt habe. Bei Erörterung dieser Einwirkung setzt sich der Berufungsrichter mit dem allgemein anerkannten Erfahrungssatz in Widerspruch, daß eine so arge Verschmutzung des Haushalts und der Wohnung, wie sie hier zu unterstellen ist, auf den Ordnungssinn und auch auf die Sittlichkeit von Kindern stets ungünstig einzuwirken pflegt, und zwar auch schon bei Kindern von vier und sieben Jahren. Aber auch abgesehen von dieser Erwägung ist die Würdigung des Berufungsgerichts deshalb zu beanstanden, weil die hier in Rede stehende Pflicht der Frau dem Manne gegenüber nicht klar erfaßt ist. Die Beklagte war während der durch zwingenden Grund bedingten Abwesenheit des Klägers und seiner dadurch geschaffenen Behinderung bei Auffassung der Ehe als einer höheren sittlichen Ordnung ihm gegenüber als verpflichtet anzusehen, die Kinder so zu versorgen und zu erziehen, daß ihr geistiges und leibliches Wohl gefördert wurde. Hat sie durch Vernachlässigung des Haushalts und Unsauberkeit diese Pflicht schuldhaft verletzt, so muß eine Eheverfehlung auch dann angenommen werden, wenn eine nachteilige Wirkung ihres Verhaltens auf die Kinder nicht nachweisbar sein sollte. Um so mehr ist dies anzunehmen, als die Dinge häufig so liegen werden, daß derartige ungünstige Wirkungen nicht sofort, sondern erst später hervortreten. Ob die Verfehlung so schwer zu werten ist, wie sie § 1568 BGB. für einen Scheidungsgrund erfordert, dies zu ermessen ist Sache des Tatrichters. Im gegebenen Falle sind dabei auch die übrigen Vorwürfe zu berücksichtigen, die der Kläger gegen die Beklagte erhebt. Anderseits wird die von ihr geltend gemachte Eheverfehlung des Klägers tatsächlich zu würdigen und schließlich zu der Zumutungsfrage Stellung zu nehmen sein.

---

39. Darf die Staatskasse, die einem für die arme Partei bestellten Rechtsanwalt Gebühren und Auslagen nach Maßgabe des Gesetzes vom 6. Februar 1923/14. Juli 1925 erstattet hat, den Rechtsübergang der Gebührenforderung auf sie zum Nachteil des Anwalts geltend machen?

III. Zivilsenat. Urt. v. 12. November 1929 i. S. P. (Kl.) w. Preuß. Staat (Bekl.). III 155/29.

I. Landgericht Breslau.

In einem Rechtsstreit, den im Jahre 1925 der Kaufmann F. gegen den Kaufmann P. beim Landgericht B. anhängig gemacht hatte, wurde der jetzt klagende Rechtsanwalt dem damals verklagten P. als Armenanwalt beigeordnet. Dem damaligen Kläger F., der bei Einreichung der Klage bereits 112,50 RM. als Gerichtskostenvorschuß gezahlt hatte, wurde, da er Ausländer war, auf Verlangen seines Prozeßgegners die Leistung einer Prozeßkostensicherheit in Höhe von 259,50 RM. auferlegt. Sein Anwalt reichte diesen Betrag in Kostenmarken unter Bezeichnung als Ausländersicherheit bei Gericht ein. Darauf nahm der Rechtsstreit seinen Fortgang; er endete in erster Instanz mit einem dem Klagantrag entsprechenden Urteil. Nach Erlaß dieses Urteils stellte der Gerichtsschreiber des Landgerichts eine Kostenrechnung auf. Er berechnete die von F. zu zahlenden Gebühren auf 193,10 RM. Den als Prozeßkostensicherheit gezahlten Betrag von 259,50 RM. behandelte er ebenso als Gerichtskostenvorschuß wie den Betrag von 112,50 RM., der wirklich als solcher entrichtet worden war. Er rechnete also dem F. 372 RM. zugute und zahlte den sich danach zu dessen Gunsten ergebenden Überschuß von 188,10 RM. an seinen Anwalt aus. Im zweiten Rechtszug wurde die Klage abgewiesen; die Kosten des Rechtsstreits sind rechtskräftig dem damaligen Kläger F. auferlegt. Als Anwaltsgebühren und -auslagen erhielt aus der Staatskasse der jetzige Kläger 107,83 RM., der zweitinstanzliche Prozeßbevollmächtigte des P. 141,85 RM. Die dem letzteren auf Grund des oberlandesgerichtlichen Urteils von F. zu erstattenden Kosten wurden auf 371,75 RM. festgesetzt. Hierin waren 121,10 RM. enthalten, die dem Kläger über den ihm aus der Staatskasse gewährten Betrag hinaus noch weiter als Gebühren zustanden. Die Vollstreckung gegen F. blieb erfolglos.

Der Kläger macht den Preußischen Staat für den Ausfall verantwortlich, den er an seiner Gebührenforderung erlitten hat. Er führt diesen Verlust auf ein Verschulden von Gerichtspersonen zurück. Er vertritt die Ansicht, daß die Prozeßkostensicherheit durch Hinterlegung der geforderten Summe habe geleistet werden müssen. Die einfache Einreichung von Gerichtskostenmarken zu diesem Betrag habe den Vorschriften der Zivilprozeßordnung nicht entsprochen. Es sei eine fahrlässige Amtspflichtverletzung des Richters, daß er die Ordnungsmäßigkeit der Sicherheitsleistung nicht nachgeprüft habe. Ebenso habe der Gerichtsschreiber schuldhaft gehandelt, indem er die Sicherheit vor rechtskräftiger Erledigung des Rechtsstreits an F. zurückgezahlt habe. Ohne dieses Versehen hätte sich der Kläger an die Sicherheit halten können. Er hat deshalb beantragt, den Beklagten zu verurteilen, ihm 121,10 RM. nebst 8% Zinsen seit dem 1. Januar 1928 zu zahlen, abzüglich von 9,80 RM., die am 12. Oktober 1928 gezahlt worden seien.

Der Beklagte wendet in erster Reihe ein überwiegendes Mitverschulden des damals durch den Kläger vertretenen Beklagten des Vorprozesses ein. Dieser habe selbst prüfen müssen, ob die von ihm geforderte Sicherheit ordnungsmäßig gestellt worden sei. Außerdem würde aber die Sicherheit, falls sie noch vorhanden gewesen wäre, auch der Staatskasse für die Beträge von insgesamt 249,68 RM. gehaftet haben, die sie den beiden Anwälten des P. als Gebühren und Auslagen entrichtet habe. In dieser Höhe seien die Ansprüche der Anwälte auf sie übergegangen, sodaß sie sich insoweit auch aus der Sicherheit hätte befriedigen können. Von der Sicherheit wäre dann nur ein Überschuß von 9,80 RM. verblieben, der dem Kläger gezahlt worden sei.

Das Landgericht hat die Klage abgewiesen. Der Kläger hat mit Zustimmung des Beklagten unmittelbar Revision eingelegt, die zur Aufhebung und Zurückverweisung führte.

Gründe:

Das Landgericht hat die Klage deshalb abgewiesen, weil der Kläger aus der im Vorprozeß dem damaligen Kläger F. auferlegten Sicherheit auch dann keine Befriedigung für seine restliche Gebührenforderung erlangt hätte, wenn die Sicherheit ordnungsmäßig geleistet und nicht vorzeitig zurückgezahlt worden wäre. Denn die Staatskasse könne sich kraft Übergangs der Kostenforderung des von ihr befriedigten Armenanwalts auf sie gleichfalls an eine derartige Sicherheit halten, ohne daß sie dabei dem Anwalt für seinen restlichen Gebührenanspruch den Vorrang einräumen müsse. Das Landgericht vermißt für das vom Kläger geforderte Zurücktreten der Staatskasse hinter seine noch unbefriedigte Gebührenforderung eine gesetzliche Grundlage. Es ist ihm zuzugeben, daß es an einer ausdrücklichen Vorschrift dieses Inhalts fehlt. Gleichwohl muß dem Anwalt ein derartiges Vorrecht zugebilligt werden.

Eine nach § 110 ZPO. vom ausländischen Kläger geleistete Sicherheit haftet dem verklagten Teil für seine Prozeßkosten. Er besitzt für sie ein Pfandrecht an der Forderung gegen die Stelle, bei der die Sicherheit geleistet worden ist. Einen Teil der Prozeßkosten bilden die Gebühren und Auslagen seines Anwalts. Daraus folgt, daß das in § 124 ZPO. dem Armenanwalt eingeräumte Recht, seine Gebühren und Auslagen von dem in die Prozeßkosten verurteilten Gegner beizutreiben, die Geltendmachung des Pfandrechts an der von diesem gestellten Sicherheit mitumfaßt. Der Armenanwalt kann auf Grund eines Kostenfestsetzungsbeschlusses für seine Gebühren und Auslagen, den er im eigenen Namen zu erwirken berechtigt ist, Befriedigung aus der Sicherheit suchen. Nach dem Gesetz über die Erstattung von Rechtsanwaltsgebühren in Armensachen vom 6. Februar 1923 (RGBl. I S. 103)/14. Juli 1925 (RGBl. I S. 136) — die Gesetze vom 14. Juli 1928 (RGBl. I S. 197) und vom 20. Dezember 1928 (RGBl. I S. 411) kommen für den vorliegenden Rechtsstreit noch nicht in Betracht — werden dem Armenanwalt seine Gebühren und Auslagen bis zu einer gewissen Grenze aus der Staatskasse erstattet. Nach § 4 das. geht mit dieser Erstattung der Anspruch auf die Staatskasse über, der dem Rechtsanwalt wegen seiner Gebühren und Auslagen gegen die von ihm vertretene Partei oder einen ersatzpflichtigen Gegner zusteht. Zugleich erwirbt die Staatskasse alle mit diesem Anspruch verbundenen Nebenrechte des Anwalts (§§ 412, 401 BGB.), insbesondere also das ihm zur Seite stehende Pfandrecht an der vom Gegner geleisteten Sicherheit. Übersteigt der Gebührenanspruch des Armenanwalts den ihm aus der Staatskasse gezahlten Betrag, so haftet die Prozeßkostensicherheit beiden, der Staatskasse in Höhe der erstatteten Gebühren und Auslagen, dem Rechtsanwalt in Höhe des überschießenden Betrags.

Fälle dieser Art, in denen ein Anspruch kraft Gesetzes auf einen den ursprünglichen Gläubiger befriedigenden Dritten in Höhe dieser Befriedigung übergeht, sind dem bürgerlichen Recht nicht fremd. Das Bürgerliche Gesetzbuch ordnet mehrfach einen derartigen Rechtsübergang an, regelmäßig aber mit der Einschränkung, daß er nicht zum Nachteil des Gläubigers geltend gemacht werden kann. Diese Einschränkung findet sich in § 268 Abs. 3 Satz 2 (für entsprechend anwendbar erklärt in §§ 1150 und 1249 Satz 2), in § 426 Abs. 2 Satz 2, § 774 Abs. 1 Satz 2 (für entsprechend anwendbar erklärt in § 1143 Satz 2 und § 1225 Satz 2), in § 1164 Abs. 1 Satz 2, §§ 1176, 1607 Abs. 2 Satz 3, § 1709 Abs. 2 Satz 2 BGB. Die Vorschriften dienen dem Schutze des Gläubigers (vgl. Motive zum BGB. zu § 337 des Entw., § 426 des Ges.; Mugdan Bd. 2 S. 94), der durch den Forderungsübergang nicht beeinträchtigt werden soll. Ihm soll gegenüber seinem Schuldner der erste Zugriff verbleiben.

Eine solche bevorzugte Stellung muß auch dem Rechtsanwalt gewährt werden, wenn sein Anspruch gegen die von ihm vertretene Partei oder gegen den ersatzpflichtigen Gegner gemäß § 4 des Ges. vom 6. Februar 1923/14. Juli 1925 auf die Staatskasse übergeht. Die Erstattungspflicht der Staatskasse soll dem Rechtsanwalt sichere Befriedigung wenigstens für einen Teil seiner Gebühren und Auslagen gewähren. Der Übergang seiner durch die Staatskasse getilgten Forderung auf diese bezweckt, ihr (der Staatskasse) die Möglichkeit zu verschaffen, Ersatz für ihre Aufwendungen vom eigentlichen Zahlungspflichtigen zu erlangen. Eine Ausnutzung dieser Möglichkeit zum Nachteil des Armenanwalts würde ihm, der bereits kraft seiner Berufspflicht der armen Partei seine Dienste geleistet hat, ein weiteres Opfer auferlegen. Er würde, indem er für einen Teil seiner Gebühren und Auslagen mit Sicherheit Zahlung erhielte, Gefahr laufen, in der Befriedigungsmöglichkeit für den nicht gesicherten Teil seiner Forderung beeinträchtigt zu werden. Der Vorteil begrenzter Erstattung der Gebühren und Auslagen durch die Staatskasse, die dem Armenanwalt nach dem Gesetz für die von ihm im Interesse einer armen Partei entwickelte Tätigkeit an sich zusteht, würde in solchem Falle geschmälert werden. Unter Umständen könnte die ursprüngliche Begünstigung sogar wieder völlig wettgemacht werden. Eine solche Folge ist mit dem Zweck des Gesetzes vom 6. Februar 1923/14. Juli 1925 unvereinbar. Sie wird vermieden, wenn der in den angeführten Vorschriften des Bürgerlichen Gesetzbuchs zum Ausdruck gelangte Rechtsgedanke, daß ein Forderungsübergang kraft Gesetzes nicht zum Nachteil des Gläubigers geltend gemacht werden kann, auch auf den vorliegenden, völlig entsprechenden Fall angewendet wird. Vielleicht ließe sich sogar die Meinung vertreten, daß die Staatskasse als Gesamtschuldnerin mit der armen Partei und gegebenenfalls mit dem zahlungspflichtigen Gegner (§ 421 BGB.) anzusehen sei. Dann könnte § 426 Abs. 2 Satz 2 BGB. unmittelbar zur Anwendung gelangen. Doch bedarf dies keiner Erörterung. Die Rechtsstellung der Staatskasse ist derjenigen eines Gesamtschuldners oder auch eines Bürgen jedenfalls so ähnlich, daß der für die Gesamtschuld in § 426 Abs. 2 Satz 2 BGB., für die Bürgschaft in § 774 Abs. 1 Satz 2 das. ausgesprochene Satz auch der Staatskasse in Fällen der in Rede stehenden Art entgegengehalten werden muß: der Gläubiger darf durch die Rechtsnachfolge des befriedigenden Dritten nicht geschädigt werden. Für den vorliegenden Fall, in dem die Staatskasse für sich Befriedigung beansprucht aus einem Pfandrecht, das dem von ihr teilweise befriedigten Kläger haftet, mag außerdem auf § 1249 Satz 2 BGB. (in Verbindung mit § 268 Abs. 3 Satz 2 das.) hingewiesen werden. Dort ist gerade auch der Vorrang des teilweise befriedigten Pfandgläubigers vor dem ihn befriedigenden Dritten ausgesprochen worden. Die Vorschrift betrifft zwar unmittelbar nur den Fall, daß dieser Dritte ein Ablösungsrecht hat, weil er durch die Veräußerung des Pfandes ein Recht am Pfand verlieren würde. Immerhin zeigt sie, daß auch im Pfandrecht der fragliche Rechtsgedanke Anerkennung gefunden hat. Er muß deshalb hier ebenso gelten.

Mit dem § 4 des Gesetzes vom 6. Februar 1923 hat sich die Rechtsprechung des Reichsgerichts schon zu beschäftigen gehabt bei Entscheidung der — inzwischen durch § 3 des Gesetzes vom 20. Dezember 1928 zugunsten der Anwälte gelösten — Frage, ob Teilzahlungen, welche die Parteien dem ihnen beigeordneten Armenanwalt geleistet haben, dessen Erstattungsanspruch gegen die Staatskasse mindern. Das Reichsgericht (RGZ. Bd. 111 S. 36; JW. 1927 S. 520 Nr. 10) hat eine verhältnismäßige Tilgung der Gebührenforderung des Anwalts und damit auch seines Erstattungsanspruchs durch solche Zahlungen angenommen. Mit diesen Entscheidungen tritt das für den vorliegenden Fall gewonnene Ergebnis nicht in Widerspruch. Damals handelte es sich darum, wie hoch der Erstattungsanspruch des Anwalts gegen die Staatskasse war, jetzt dagegen darum, welche Wirkung der Übergang dieses Anspruchs auf die Staatskasse hat.

Aus dem Gesagten ergibt sich, daß der für die angefochtene Entscheidung angeführte Grund nicht gebilligt werden kann. Sie verneint eine Schädigung des Klägers deshalb, weil der Beklagte befugt gewesen sei, sich in Höhe der verauslagten Armenanwaltsgebühren an die vom erstattungspflichtigen Gegner geleistete Ausländersicherheit zu halten, ohne dem Armenanwalt wegen seiner Mehrforderung den Vorrang einräumen zu müssen. Das trifft nicht zu. Der Beklagte durfte die Sicherheit zur eigenen Befriedigung nur benutzen, sofern das dem Kläger für seine weitere Gebührenforderung keinen Nachteil brachte. Das geschah hier aber, da der Kläger nach seiner zurzeit als richtig zu unterstellenden Angabe keine andere Befriedigungsmöglichkeit hatte. Es muß also mit der Möglichkeit gerechnet werden, daß er durch die von ihm behaupteten Amtspflichtverletzungen Schaden erlitten hat.

---

40. Muß der abtretende Gläubiger die dem Schuldner vom Abtretungsempfänger durch Vorlegung der Abtretungsurkunde angezeigte Abtretung auch dann gegen sich gelten lassen, wenn die Abtretung gar nicht erfolgt oder nicht wirksam ist und dem Schuldner die Unwirksamkeit bei Vorlegung der Urkunde bekannt ist?

BGB. § 409.

VII. Zivilsenat. Urt. v. 12 November 1929 i. S. B.er Versicherungs-AG. (Bekl.) w. K. (Kl.). VII 188/29.

I. Landgericht Bremen.
II. Oberlandesgericht Hamburg.

Der Kläger hat auf Grund einer Auto-Einheitsversicherung, die er mit der in die verklagte Aktiengesellschaft übergegangenen Versicherungsgesellschaft W. geschlossen hatte, wegen Beschädigung seines Lastkraftwagens durch Brand Schadensersatz in Höhe von 8000 RM. verlangt. Durch rechtskräftiges Urteil des Oberlandesgerichts vom 27. September 1927 wurde der Klaganspruch dem Grunde nach für gerechtfertigt erklärt. Im Nachverfahren vor dem Landgericht machte die Beklagte u. a. geltend: Der Kläger habe einige Zeit nach dem Brand einen neuen Lastzug von der Firma E. & Co. gekauft und dieser Firma zur Zahlung des Kaufpreises seine Ersatzforderung gegen die Beklagte in Höhe von 5000 RM. abgetreten, ihr auch eine Urkunde darüber ausgehändigt. Die Beklagte, die zu der Abtretung die nach § 5 Abs. 3 der Allgemeinen Versicherungsbedingungen erforderliche Zustimmung zunächst nicht erteilt gehabt, habe dies nunmehr nachgeholt und sich am 7. September 1927 von der Firma E. & Co. die dieser vom Kläger abgetretene Forderung von 5000 RM. weiter abtreten lassen. Der Klaganspruch stehe also, wenn er überhaupt begründet sei, der Beklagten zu; sie rechne damit gegen die Klagforderung auf. Der Kläger entgegnete, der mit der Firma E. & Co. im Dezember 1924 abgeschlossene Kauf eines Lastzugs sei kurze Zeit später wieder rückgängig gemacht worden. Das räumte die Beklagte ein.

Das Landgericht sprach dem Kläger unter Abweisung des Mehrbetrags 5550 RM. mit Zinsen zu. Das Oberlandesgericht wies die Berufung der Beklagten zurück. Ihre Revision führte zur Aufhebung und Zurückverweisung.

Aus den Gründen:

... Den Einwand aus der Abtretung des Schadensanspruchs von der ersten Abtretungsempfängerin, der Firma E. & Co., an die Beklagte weist der Berufungsrichter mit folgender Begründung zurück: Zwar habe der Kläger den Schadensanspruch aus dem Versicherungsvertrag aus Anlaß des Kaufs eines neuen Lastzuges an die Firma E. & Co. abgetreten, aber dieser Kauf sei rückgängig gemacht, der neue Wagen sei zurückgegeben worden; einen Vorbehalt wegen etwaiger Ansprüche aus dem Kauf habe die Firma E. & Co. dem Kläger gegenüber nicht gemacht. Unter solchen Umständen könne das einfache Rückgängigmachen des Vertrags nach Treu und Glauben nur dahin verstanden werden, daß sämtliche Wirkungen des Kaufvertrags aufgehoben werden sollten und daß damit auch die einen Teil des Kaufgeschäfts bildende Abtretung erledigt sein sollte. Damit habe die Firma E. & Co. den ihr abgetretenen Anspruch gegen die Beklagte stillschweigend an den Kläger zurückabgetreten. Daß diese Firma die Sache damals selbst so aufgefaßt habe, ergebe sich daraus, daß sie jahrelang wegen der ihr angeblich abgetretenen Rechte nicht an die Beklagte herangetreten sei. Da der Firma E. & Co. am 7. September 1927 kein abtretbarer Anspruch mehr zugestanden, habe die Beklagte aus der Abtretung keine Rechte erworben.

Diese Stellungnahme des Berufungsrichters ist insofern von Rechtsirrtum beeinflußt, als er den § 409 BGB. nicht beachtet hat, auf den die Beklagte hingewiesen hatte. Nach dieser Vorschrift (Abs. 1 Satz 2) muß, wenn der Gläubiger eine Urkunde über die Abtretung dem in der Urkunde bezeichneten neuen Gläubiger ausgestellt hat und dieser sie dem Schuldner vorlegt, der ursprüngliche Gläubiger dem Schuldner gegenüber die angezeigte Abtretung gegen sich gelten lassen, auch wenn sie nicht erfolgt oder nicht wirksam ist. Das gilt, wie der V. Zivilsenat im Urteil vom 24. Februar 1926 (WarnRspr. 1926 Nr. 88, auch JW. 1926 S. 2529 Nr. 5) ausgeführt hat, selbst dann, wenn dem Schuldner die Unwirksamkeit der Abtretung bei Vorlegung der Abtretungsurkunde bekannt war. Nun hat der Kläger der Firma E. & Co. eine solche Urkunde über 5000 RM. ausgehändigt, und nach der hier als wahr zu unterstellenden Behauptung der Beklagten hat ihr die Firma E. & Co. diese Urkunde anläßlich der Weiterabtretung der 5000 RM. vorgelegt. Wäre das richtig, so würde die Beklagte trotz etwaiger Rückgängigmachung der ersten Abtretung die Klagforderung in Höhe von 5000 RM. erworben haben und der Anspruch wäre insoweit infolge Vereinigung von Schuldner und Gläubiger in einer Person untergegangen. Dieses dem Kläger ungünstige Ergebnis, das er selbst dadurch verschuldet hätte, daß er sich bei der behaupteten Rückgängigmachung der Abtretung an E. & Co. die Abtretungsurkunde nicht zurückgeben ließ, wäre nur dann — und zwar durch Heranziehung des § 826 BGB. — abzuwenden, wenn die Beklagte in einem die guten Sitten verletzenden Zusammenwirken mit E. & Co. die ihr als erledigt bekannte Abtretungsurkunde des Klägers vorsätzlich zu dessen Nachteil ausgenutzt hätte, wenn also insoweit der Einwand der Arglist durchschlüge

(JW. 1925 S. 1635 Nr. 7; RGZ. Bd. 53 S. 420, Bd. 70 S. 89, Bd. 90 S. 279). Für die Entscheidung darüber ist möglicherweise der Umstand von Bedeutung, daß die Beklagte, die noch im Verfahren über den Grund des Anspruchs vor dem Berufungsgericht erklärt hatte, sie wolle aus der Abtretung des Klaganspruchs nichts gegen die Aktivlegitimation des Klägers herleiten, das Abtretungsgeschäft mit der Firma E. & Co. erst abschloß, nachdem durch die Eidesleistung des Klägers ihr Unterliegen im Grundverfahren feststand.

Der Berufungsrichter hätte also zunächst noch feststellen müssen, ob die Firma E. & Co. bei der Abtretung vom 7. September 1927 der Beklagten die Abtretungsurkunde vom 18. Dezember 1924 vorgelegt hat. Bejahendenfalls hätte er weiter erörtern müssen, ob etwa die Beklagte in einer die Einrede der Arglist begründenden Weise mit der Firma E. & Co. behufs Schädigung des Klägers sittenwidrig zusammengewirkt hat.

Das Urteil war daher insoweit aufzuheben, als der zuerkannte Betrag von der Abtretung betroffen wird. In diesem Umfang war die Sache zurückzuverweisen.

---

41. Zur Frage der Umwertung von Ersatzansprüchen eines Gesellschafters wegen Aufwendungen.

BGB. §§ 256, 670, 713.

II. Zivilsenat. Urt. v. 12. November 1929 i. S. Dr. D. (Kl.) w. von B. (Bekl.). II 76/29.

I. Landgericht München I.
II. Oberlandesgericht daselbst.

Der Beklagte kaufte am 14. April 1898 einen Bauplatz in München und zahlte dafür einschließlich der Nebenkosten 101930,50 M. Am 18. April 1898 schlossen die Parteien miteinander einen schriftlichen Vertrag, wonach das Grundstück im Innenverhältnis als gemeinsames Eigentum gelten, jeder Teil sich mit gleicher Einlage beteiligen und Gewinn und Verlust jeden zur Hälfte treffen sollte; auch die Aufwendungen für den Erwerb sollten hälftig getragen werden. In der Folge zahlte der Kläger an den Beklagten: am 20. April 1898

10000 M., am 1. Dezember 1919 10000 M. und am 1. Mai 1920 30000 M. Der Kläger ist der Auffassung, daß er damit seiner Verpflichtung zur Tragung der hälftigen Erwerbskosten vollständig nachgekommen sei. Auf sein Verlangen stellte ihm auch der Beklagte am 5. März 1924 eine Bestätigung dahin aus, daß der Kläger durch die letzte Zahlung von 30000 M. seine Verpflichtungen erfüllt habe und „hiermit" zur Hälfte als Mitbesitzer des Grundstücks anerkannt werde. Diese Erklärung focht jedoch der Beklagte mit Schreiben vom 15. April 1924 wegen Irrtums an. Er erhob dann im Februar 1926 gegen den jetzigen Kläger Klage auf Zahlung von 5000 RM. mit der Begründung, daß die Papiermarkzahlungen vom 1. Dezember 1919 und vom 1. Mai 1920 mit einem Wert von 994,27 GM. und 2199,04 GM. nur als Teilleistungen gelten könnten und der Kläger daher zur Aufwertung verpflichtet sei; zunächst wurde nur der Teilbetrag von 5000 RM. gefordert. Durch rechtskräftig gewordenes Urteil des Landgerichts vom 30. April 1926 wurde diese Klage abgewiesen. Der Beklagte verkaufte nun im Herbst 1927 das Grundstück um 90000 RM., wovon 2990 RM. für Grundwechselabgabe und Kosten abgingen, sodaß noch 87010 RM. verblieben. Davon zahlte er an den Kläger als dessen angebliches Auseinandersetzungs-Guthaben 25000 RM. Dieser will sich damit nicht zufrieden geben und verlangt nunmehr vom Beklagten Zahlung weiterer 18651,96 RM. nebst Zinsen. Er berechnet diesen Anspruch wie folgt:

Anteil am Reinerlös	43504,65 RM.
hierzu nicht verrechnete Pachteinnahme des Beklagten	147,31 „
zusammen	43651,96 RM.
davon ab die Teilzahlung von	25000,— „
bleiben	18651,96 RM.

Der Kläger bestreitet, daß der Beklagte wegen der Zahlungen vom 1. Dezember 1919 und 1. Mai 1920 irgendwelche Aufwertungsansprüche habe oder daß er deswegen einen Abzugsposten einstellen könne. Der Beklagte will den Reinerlös, von dem noch weitere 114 RM. Anwaltskosten abgingen, im Verhältnis des Goldmarkwerts der Einlagen verteilen; vorsorglich rechnet er mit Aufwertungsansprüchen wegen der bezeichneten Papiermarkzahlungen auf.

Das Landgericht verurteilte den Beklagten zur Zahlung von 18447,65 RM. nebst Zinsen und wies im übrigen die Klage ab.

Das Oberlandesgericht erkannte auf Klagabweisung in vollem Umfang. Die Revision des Klägers hatte keinen Erfolg.

Gründe:

Die Entscheidung des Rechtsstreits hängt davon ab, ob und welche Ansprüche dem Beklagten um deswillen zustehen, weil er wegen der Einlagerückstände des Klägers in Höhe von 40000 M. im Jahre 1898 zur Bereinigung von Gesellschaftsschulden auf eigene Mittel zurückgreifen mußte.

Zutreffend gehen beide Vorinstanzen davon aus, daß durch das Urteil im Vorprozeß auf alle Fälle nur wegen der damals als Teilbetrag geforderten 5000 RM. Rechtskraft geschaffen worden sei. Das Berufungsgericht schließt sich sodann der Rechtsauffassung des Beklagten an, daß es sich bei dem streitigen Anspruch um einen solchen aus einem Gesellschaftsverhältnis — nicht aus einem Darlehensverhältnis — handle und daß demgemäß nach § 63 Abs. 2 Nr. 1 AufwG. die Grundsätze der freien Aufwertung und nicht diejenigen für Vermögensanlagen zur Anwendung kommen müßten, der Kläger sich also nicht auf die nur für Vermögensanlagen entsprechend anwendbare Vorschrift des § 14 AufwG. berufen könne. Zur Begründung der Ansicht, daß der Anspruch ein solcher aus Gesellschaft sei, führt das Berufungsgericht aus: Das durch den Vertrag vom 18. April 1898 zwischen den Parteien begründete Rechtsverhältnis sei eine Gelegenheitsgesellschaft im Sinne der §§ 705 flg. BGB. gewesen und der Anspruch der Gesellschafter untereinander auf Leistung der vertragsmäßigen Einlagen sei als Anspruch aus dem Gesellschaftsvertrag anzusehen. Die rechtliche Natur dieses Anspruchs habe sich nicht dadurch verändert, daß die dem Kläger obliegende Einlage vom Beklagten in Höhe von 40000 M. vorgeschossen, dem Kläger also in dieser Höhe gestundet worden sei. Es lägen auch keine Anhaltspunkte dafür vor, daß die Parteien damit den Einlageanspruch des Beklagten durch einen Darlehensanspruch hätten ersetzen wollen.

Die Revision rügt zunächst Verletzung der §§ 62 flg. und des § 14 AufwG. Sie ist der Meinung, wenn der Beklagte dem Kläger einen Teil der Einlage vorgestreckt habe, so habe er dadurch eine Darlehensforderung gegen ihn erlangt, die nach den für Vermögensanlagen geltenden Grundsätzen aufzuwerten sei. Da die Rückzahlung lange vor dem 15. Juni 1922 geschehen sei, könne der Beklagte gemäß

§ 14 AufwG. keine Geldentwertungsansprüche mehr erheben. Dieser Revisionsangriff ist nicht begründet. Es kann dahingestellt bleiben, ob nicht selbst dann freie Aufwertung gelten müßte, wenn die Ansprüche des Beklagten an sich Darlehenseigenschaft hätten, weil es sich um ein sog. Gefälligkeitsdarlehen gehandelt hätte. Denn dem Berufungsgericht ist darin zuzustimmen, daß sich jene Ansprüche rechtlich als solche aus Gesellschaft darstellen. Der Fall liegt insoweit eigenartig, als der Beklagte nach außen alleiniger Käufer und Schuldner des Kaufpreises für das Grundstück war und blieb und es auch nach dem Gesellschaftsvertrag bleiben sollte. Kam er seinen Käuferpflichten nach außen nicht nach, so erwuchsen dem Verkäufer die Rechte aus Schuldnerverzug, durch deren Geltendmachung die Verwirklichung der Gesellschaftszwecke (nutzbringende Verwertung des gekauften Grundstücks) wesentlich beeinträchtigt, möglicherweise vereitelt werden konnte. Die Kaufpreis-Restschuld betrug zur Zeit der Schließung des Gesellschaftsvertrags noch rund 60000 M.; im Innenverhältnis der Parteien zueinander handelte es sich um eine echte Gesellschaftsschuld. Soweit der Beklagte, der damals schon 40000 M. auf den Preis des Grundstücks gezahlt und damit rund $^4/_5$ des ihn treffenden Erwerbsaufwands und seiner Gesellschaftseinlage geleistet hatte, infolge des Einlagerückstands des Klägers zur Zahlung aus Gesellschaftsmitteln außerstande war und aus eigenen Mitteln zahlen mußte, stand ihm nach § 713 in Verb. mit §§ 256, 670 BGB. gegen die Gesellschaft ein Ersatzanspruch zu, der bei der Auseinandersetzung vorweg zu berichtigen war (§§ 733, 735 das.).

Diese Betrachtungsweise wird dem tatsächlichen Hergang und dem mutmaßlichen Willen der Parteien am ehesten gerecht. Die Annahme, sie hätten etwa vereinbart, der Beklagte solle dem Kläger die Gelder zur Leistung der Einlage als Darlehen vorstrecken und so dessen Einlageverbindlichkeit decken mit der Maßgabe, daß der Beklagte nunmehr seinerseits den entsprechenden Betrag als Darlehensgläubiger zu fordern haben solle, wäre so ungewöhnlich und künstlich, daß es hierzu der Darlegung einer besonderen, unzweideutigen Abmachung bedürfte. Mit Recht erachtet das Berufungsgericht eine solche nicht als dargetan, indem es jeden Anhaltspunkt dafür vermißt, daß die Streitteile den „Einlage-Anspruch des Beklagten", d. h. dessen gesellschaftsrechtlichen Anspruch gegen den Kläger auf Leistung seiner Einlage und damit auch den Erstattungsanspruch für Aufwendungen hätten durch einen Darlehensanspruch ersetzen wollen. Der Erstattungsanspruch des Beklagten für Aufwendungen war eine Wertschuld, für deren Umwertung überhaupt nicht Aufwertungsgrundsätze gelten. Einem solchen Anspruch gegenüber kann sich der Kläger insbesondere auch nicht auf die Beschränkungen des Aufwertungsgesetzes in Ansehung der rückwirkenden Aufwertung bei Vermögensanlagen berufen. Wenn und soweit die vom Kläger nachmals in die Gesellschaft eingeschossenen Mittel zur Deckung des Ersatzanspruchs des Beklagten für Aufwendungen wegen des wesentlich geringeren inneren Geldwertes nicht ausreichten, blieb dessen Erstattungsanspruch an die Gesellschaft unverändert weiter bestehen, mochte dies auch den Parteien nach dem zur Zeit der Zahlung allgemein herrschenden Satze „Mark gleich Mark" zunächst verborgen geblieben sein. Damit erledigt sich dieser Revisionsangriff ohne weiteres.

Auch die weitere Rüge — einer Verletzung des § 812 BGB. — ist nicht gerechtfertigt. Das Berufungsgericht geht davon aus, daß die Zahlungen des Klägers vom 1. Dezember 1919 und 1. Mai 1920 wegen des gegenüber dem Jahr 1898 weit gesunkenen Geldwertes nur Teilleistungen gewesen seien. Dies ist schon aufwertungsrechtlich nicht zu beanstanden, noch viel weniger aber unter dem Gesichtspunkt einer Werterſatzforderung des Beklagten an die Gesellschaft. Betrug doch am 1. Dezember 1919 die Kaufkraft der Mark, am Dollar oder an der Tabelle des Aufwertungsgesetzes gemessen, nur noch rund $^1/_{10}$ und nach dem Lebenshaltungsindex $^1/_6$; für den 1. Mai 1920 aber sind die entsprechenden Zahlen rund $^1/_{14}$ und $^1/_{11}$. Überdies handelt es sich, aufwertungsrechtlich betrachtet, um weit zurückliegende Zahlungen. Darüber, ob im Anschluß an solche Zahlungen Geldentwertungsansprüche erhoben werden könnten, herrschte Anfang März 1924 entfernt noch keine Klarheit. Die Frage der Aufwertung kraft Rückwirkung bei Ansprüchen, die von der Dritten Steuernotverordnung nicht geregelt waren, lag noch völlig im Ungewissen, insbesondere soweit es sich um vorbehaltlos angenommene Leistungen aus der Frühzeit der Geldentwertung handelte. Dies gilt in erhöhtem Maße für die Behandlung von Werterſatzansprüchen. Wenn deshalb das Berufungsgericht für das negative Schuldanerkenntnis des Beklagten (im Brief vom 5. März 1924) die Voraussetzungen einer

Zurückforderung nach den Grundsätzen über die Herausgabe einer ungerechtfertigten Bereicherung als dargetan ansieht (§ 812 Abs. 2, § 814 BGB.), so kann dem vom Rechtsstandpunkt aus nicht entgegengetreten werden.

Auch der sog. Verwirkungseinwand greift nicht durch. Er wurzelt, wie alle Ansprüche der freien Aufwertung, im § 242 BGB. und bedeutet in diesem Rahmen, daß gegebenenfalls in billiger Abwägung der Interessen beider Teile und unter Würdigung der Gesamtumstände des Falles dem Aufwertungsgegner wegen der Länge der zwischen der scheinbaren Tilgung der Schuld und dem Aufwertungsverlangen des Gläubigers verstrichenen Zeit nach Treu und Glauben keine weiteren Zahlungen mehr zugemutet werden können. Der Wertersatzanspruch gründet sich dagegen überhaupt nicht auf § 242; die Verpflichtung zur Umwertung ergibt sich hier vielmehr unmittelbar aus der Eigenschaft der Schuld als einer Wertschuld. Diesem Anspruch können daher Umstände nicht entgegengehalten werden, denen möglicherweise nach Aufwertungsgrundsätzen rechtliche Bedeutung beizumessen wäre. Im übrigen ist der Beklagte, als es sich im Herbst 1927 um die Abwicklung des Gesellschaftsverhältnisses handelte, gleich Anfang November 1927 wiederum auf seine Ansprüche wegen Geldentwertung zurückgekommen.

Nach alledem scheitert auch die Rüge aus § 242 BGB. Dann muß es aber auf alle Fälle bei dem angefochtenen Urteil bleiben, gleichgültig, wie gerechnet wird. Denn dann konnte der Beklagte, der 40000 M. zum vollen Friedenswert über seine eigene Einlageschuld hinaus für die Gesellschaft verauslagt und dafür aus den Einlagezahlungen des Klägers von 1919 und 1920 dem Werte nach bestenfalls 6000 bis 8000 GM. zurückerhalten hat, selbst unter Absetzung der 5000 RM., die Gegenstand des Vorprozeßurteils waren, aus dem Gesellschaftsvermögen vorab noch weitere 25000 bis 30000 RM. beanspruchen. Dann würden jedoch dem Kläger keinesfalls mehr als 25000 RM. zukommen, die er schon längst ausgezahlt erhalten hat.

---

42. Findet die Vorschrift des § 20 Abs. 2 AufwG. auch dann Anwendung, wenn der Gläubiger dem zahlenden Eigentümer statt einer Löschungsbewilligung oder löschungsfähigen Quittung eine grundbuchmäßige Abtretungserklärung erteilt hat?

V. Zivilsenat. Urt. v. 13. November 1929 i. S. M.-Bank (Bekl.) w. Städt. Sparkasse in Sch. (Kl.). V 354/28.

I. Landgericht Schwerin.
II. Oberlandesgericht Rostock.

Die Klägerin betreibt auf Grund des § 15 AufwG. die dingliche Aufwertung mehrerer Grundschulden, die für sie im Grundbuch für Schwerin Bl. 704 eingetragen waren und die am 19. Juni 1923 im Nennbetrag an sie heimgezahlt und am 10. März 1924 im Grundbuch gelöscht worden sind. Die Beklagte, seit 1927 Eigentümerin des belasteten Grundstücks, bestreitet ihre Aufwertungspflicht unter Berufung auf die Vorschriften über den öffentlichen Glauben des Grundbuchs. Das Landgericht hat die auf Feststellung der Aufwertungspflicht gerichtete Klage abgewiesen, das Oberlandesgericht hat ihr stattgegeben. Die Revision der Beklagten wurde zurückgewiesen.

Gründe:

Da die Beklagte das Eigentum des Grundstücks erst 1927 erworben hat, kann sie sich nach § 22 Abs. 2 AufwG. nicht auf eigenen gutgläubigen Erwerb berufen. Es kommt also darauf an, ob ihre Vorgängerin im Eigentum, die Heimstätten-GmbH., die auf Grund Auflassung und Umschreibungsantrags vom 6. September 1923 im November dess. Jahres als Eigentümerin eingetragen worden ist, gemäß § 20 Abs. 2 AufwG. das Grundstück frei von den Grundschulden der Klägerin erworben hat. Die Beklagte behauptet das und will es damit begründen, daß am maßgebenden 6. September 1923 dem damaligen Eigentümer P. bereits eine dem § 29 GBO. entsprechende Urkunde wegen der streitigen Grundschulden erteilt gewesen sei, die entweder geradezu als löschungsfähige Quittung angesehen oder doch einer solchen im Sinne des § 20 Abs. 2 AufwG. gleichgestellt werden müsse. Die Urkunde hat folgenden Wortlaut:

Abtretung.

Die im Grundbuch von Schwerin Bl. 704 ... für die ... (Klägerin) eingetragenen Kapitalien ... treten wir zu vollem Recht ... hierdurch ab an den Grundstückseigentümer P., bekennen, den Wert der Abrede gemäß empfangen zu haben, und bewilligen die Umschreibung im Grundbuch sowie die Auslieferung der Grundschuldbriefe an den neuen Gläubiger.

Zusammen mit dieser Urkunde hat die Klägerin dem Eigentümer P. die Grundschuldbriefe ausgehändigt.

Die Beklagte meint, die Urkunde enthalte mindestens auch das Bekenntnis des Empfangs der Grundschuldsummen, denn die Worte: „bekennen den Wert der Abrede gemäß empfangen zu haben," bezögen sich nicht auf die Gewährung eines Abtretungsentgelts, sondern auf die Zahlung der aus den Grundschulden an die Klägerin geschuldeten Beträge. Diese „Quittung" könne für die Frage, ob die Heimstätten-GmbH. das Eigentum des Grundstücks in gutem Glauben an das Erloschensein der klägerischen Rechte erworben habe, nicht dadurch unwirksam gemacht worden sein, daß daneben eine Abtretung der Grundschulden erklärt worden sei. Wolle man aber die Urkunde als reine Abtretungserklärung auffassen, so müsse sie doch den in § 20 Abs. 2 AufwG. genannten Urkunden gleichgestellt werden. Denn es sei in Mecklenburg allgemein üblich und namentlich bei der Klägerin damals üblich gewesen, dem zahlenden Grundstückseigentümer, wenn er es nicht anders wünschte, an Stelle einer Löschungsbewilligung oder löschungsfähigen Quittung eine Abtretungserklärung jenes Inhalts zu erteilen.

Das Berufungsgericht ist der Beklagten in der letzteren Richtung gefolgt und meint, grundsätzlich müsse eine im Einverständnis der Beteiligten dem Grundstückseigentümer an Stelle einer Löschungsbewilligung gegebene Abtretung nach Sinn und Zweck des § 20 Abs. 2 AufwG. einer Löschungsbewilligung gleichgestellt werden. Denn es sei nicht einzusehen, warum eine Abtretung, in der eine Quittung enthalten sei, für die Frage, ob ein Dritter auf den Rechtszustand nach den vorhandenen Unterlagen vertrauen könne, anders behandelt werden sollte als eine ausdrückliche Löschungsbewilligung. Immerhin könne eine Abtretungserklärung, im Gegensatz zur Löschungsbewilligung und zur löschungsfähigen Quittung, nur dann Grundlage gutgläubigen Erwerbes sein, wenn sie dem Erwerber erteilt sei, nicht aber dann, wenn die Abtretung, wie hier, dem Grundstückseigentümer erklärt sei. Aus diesem Grund sei im vorliegenden Fall der Beklagten der Schutz der Vorschrift des § 20 Abs. 2 AufwG. zu versagen.

Dem Berufungsgericht ist schon darin nicht beizutreten, daß die in Rede stehende Urkunde ein Bekenntnis der Klägerin über den Empfang der ihr aus den Grundschulden zustehenden Leistungen enthalte. Nach Überschrift und Inhalt der Urkunde können sich die Worte: „bekennen, den Wert der Abrede gemäß empfangen zu haben" nur auf ein gezahltes Abtretungsentgelt beziehen. Die Urkunde stellt danach eine reine Abtretungserklärung dar. Der Fall der Abtretungserklärung ist aber im § 20 Abs. 2 AufwG. nicht genannt, auch nicht in der besonderen Gestaltung, daß die Abtretung an den Eigentümer des Grundstücks an Stelle einer Löschungsbewilligung erklärt ist. Bei der Häufigkeit der Fälle, in denen der Hypotheken- oder Grundschuldgläubiger dem zahlenden Schuldner auf seinen Wunsch statt einer löschungsfähigen Quittung oder Löschungsbewilligung eine Abtretungserklärung gibt, wäre es ein schwer zu verstehendes Versehen des Gesetzgebers, wenn er auch in diesen Fällen dem gutgläubigen Erwerber den Schutz des § 20 Abs. 2 AufwG. hätte zubilligen wollen. Es liegen aber auch innere Gründe vor, diesen Schutz nicht auf solche Fälle auszudehnen. Zwar ist der Grundstückseigentümer materiell Inhaber der Post, gleichviel ob er den Gläubiger ausgezahlt hat oder ob er sich, was auch bei einer Hypothek rechtlich möglich ist (JW. 1929 S. 178 Nr. 10), von ihm die Post gegen Entgelt hat abtreten lassen. Der Erwerber kann also in beiden Fällen darauf vertrauen, daß der Gläubiger sein Recht verloren oder aufgegeben hat, muß sich aber anderseits auch in beiden Fällen bewußt sein, daß die Post als Grundschuld des bisherigen Eigentümers besteht. Wenn es sich also um einen Eigentumswechsel handelt, muß sich der Erwerber sagen, daß die Post nicht ohne weiteres mit dem Eigentum auf ihn übergeht, sondern in diesem Augenblick zunächst als fremdes Recht sein Eigentum belastet. Handelt es sich um den Erwerb eines dinglichen Rechts am Grundstück, etwa einer Hypothek, so muß der Erwerber wissen, daß die Post seinem neuerworbenen Recht im Rang vorgeht. Aber es besteht doch zwischen den beiden in Rede stehenden Fällen ein gerade für die Frage des öffentlichen Glaubens des Grundbuchs entscheidender Unterschied.

Nicht ausschlaggebend kann es allerdings sein, daß im Falle der Löschungsbewilligung zur Löschung der Post die Zustimmung des Eigentümers im Sinne des § 27 Abs. 1 GBO., dagegen im Fall der Abtretungserklärung eine Löschungsbewilligung des Eigentümers nach § 19 GBO. erforderlich ist. Hier wie dort hängt die Löschung noch von einer in grundbuchmäßiger Form abzugebenden Erklärung des Eigentümers ab, und ob sie erfolgt, steht noch dahin, auch wenn der Eigentümer dem Erwerber gegenüber schuldrechtlich zur Abgabe der Erklärung verpflichtet sein sollte. Ob sich diese Erklärung rechtlich als Zustimmung nach § 27 oder als Bewilligung nach § 19 GBO. darstellt, macht für die hier in Betracht kommende Frage nur einen rein äußeren Unterschied.

Wohl aber ist folgendes zu beachten. Nach der Regel des § 20 Abs. 1 AufwG. in Verbindung mit § 892 BGB. wird der gutgläubige Erwerber gegen die rückwirkende Aufwertung gelöschter Hypotheken geschützt. Die Erweiterung dieses Schutzes, die durch § 20 Abs. 2 geschaffen worden ist, besteht darin, daß es — spätere wirkliche Löschung vorausgesetzt — genügen soll, wenn im entscheidenden Zeitpunkt die Löschung schon so weit vorbereitet ist, daß der Gläubiger seinerseits alles dazu Erforderliche getan hat. Nicht geschützt gegen die rückwirkende Aufwertung zugunsten früherer Gläubiger ist hingegen der Erwerber dann, wenn zur Zeit seines Erwerbs die Post im Grundbuch auf den Namen eines neuen Gläubigers oder auf den des Eigentümers eingetragen war. Eine Erweiterung des Erwerberschutzes etwa für den Fall, daß der bisherige Gläubiger alles von seiner Seite Erforderliche getan hat, um seine Grundbuchstellung zugunsten eines neuen Gläubigers seines Rechts oder des Eigentümers aufzugeben, kann daher nicht in Frage kommen. Hat also der frühere Gläubiger sein Recht an den Eigentümer abgetreten, so kann § 20 Abs. 2 AufwG. nur dann angewendet werden, wenn etwa im Zeitpunkt des § 892 Abs. 2 BGB. der Eigentümer grundbuchmäßige Löschungsbewilligung erteilt hatte. Daraus, daß eine Umschreibung der Post auf den Eigentümer — oder, was dem gleichsteht, die Erteilung einer ihn nach § 1155 BGB. als Gläubiger ausweisenden Urkunde — den Erwerber nicht gegen die Aufwertungsansprüche des früheren Gläubigers schützt, folgt zugleich, daß die in § 21 AufwG. vorgeschriebene entsprechende Anwendung des § 20, also auch des § 20 Abs. 2, in Fällen der hier vorliegenden Art den Erwerber nicht schützen kann. Dem steht auch nicht die Erwägung entgegen, daß nicht nur die Erteilung einer Löschungsbewilligung und einer löschungsfähigen Quittung, sondern auch die Abtretung der Post an den Eigentümer bei entsprechendem Verhalten des letzteren zu einer Löschung führen kann und daß der Erwerber in allen diesen Fällen jedenfalls vom bisherigen Gläubiger keinen Widerstand gegen die Löschung mehr zu befürchten braucht. Leitender Gedanke beim Erlaß der Vorschrift des § 20 Abs. 2 AufwG. war, daß der Gläubiger, wenn die Löschung der Post bis zu einem gewissen Grad vorbereitet war, in seinem Vertrauen darauf geschützt werden sollte, daß die vorbereitete Löschung demnächst auch wirklich erfolgen werde. Ein solches Vertrauen ist dann nicht gerechtfertigt, wenn sich der Eigentümer die Post hat abtreten lassen, damit also einen Schritt getan hat, der, wenigstens nach dem regelmäßigen Verlauf der Dinge, seine Absicht kundtut, die Post zu erhalten und gegebenenfalls weiterzuverwerten. Wie zu entscheiden wäre, wenn der Gläubiger sein Recht im maßgebenden Zeitpunkt an den Grundstückserwerber abgetreten hätte, braucht nicht erörtert zu werden.

Lagen sonach für die Heimstätten-GmbH. beim Erwerb des Grundstücks die Voraussetzungen des § 20 Abs. 2 AufwG. nicht vor, so ist die Aufwertungspflicht der Beklagten gegeben.

---

43. Werden durch die alternative Währungsklausel in Schuldverschreibungen die im Inland begründeten und im Ausland in dortiger Währung zu erfüllenden Gläubigeransprüche unabhängig gemacht von späteren, im Heimatland des Anleiheschuldners erfolgten Eingriffen der Gesetzgebung in den Bestand der alternativen Währungsklausel?

IV. Zivilsenat. Urt. v. 14. November 1929 i. S. Stadtgemeinde Wien (Bekl.) w. B. H. (Kl.). IV 665/28.

I. Landgericht I Berlin.
II. Kammergericht daselbst.

Der Kläger ist Inhaber von 10 Schuldverschreibungen über je 500 Kronen eines Investitionsanlehens der Beklagten vom Jahre 1902. Der Kopf der Anleihestücke lautet: „Investitionsanlehen der K. K. Reichshaupt- und Residenzstadt Wien im Betrage von Kronen 285000000, gleich Mark 242250000, gleich Francs 299250000, gleich Gulden holländische 143355000, gleich Pfund Sterling 11827500, gleich Vereinigte Staaten-Münze Golddollars 57000000, rückzahlbar innerhalb 90 Jahren. Schuldverschreibung lautend auf den Überbringer über 500 Kronen, gleich 425 Mark, gleich 525 frcs., gleich 20 Pfund Sterling 15 Sh., gleich 251,50 fl. holl., gleich 100 Vereinigte Staaten-Münze Golddollars."

Die Anleihe war mit 4% jährlich verzinslich und in längstens 90 Jahren rückzahlbar. Sie war bestimmt zur Beschaffung von Mitteln für die Verstadtlichung von Straßenbahnen, für den Ausbau des städtischen Straßenbahnnetzes, für den Bau einer zweiten Wasserleitung, für sonstige öffentliche Bauten und andere Gemeindezwecke im Betrag von 285 Millionen Kronen.

Der Kläger verlangt, im Urkundenprozeß klagend, Rückzahlung des Kapitalbetrags seiner Anleihestücke in Schweizer Währung mit 5250 Franken in Zürich. Vorsorglich begründet er seinen Klaganspruch auch aus der Verpflichtung der Beklagten zur Einlösung von 500 Zinsscheinen der genannten Anleihe aus der Zeit vom 1. Januar 1924 bis 1. Januar 1927 über je 10,50 Franken = 5250 Franken. Er stellt der Beklagten frei, die Leistung auch in Berlin zu erbringen, oder in Zürich oder in Berlin den Gegenwert der Leistung auch in Reichsmark zu zahlen.

Die Beklagte hat zunächst die Einrede der Unzuständigkeit des angegangenen Gerichts erhoben, die rechtskräftig verworfen worden ist, und hat jetzt die Abweisung der Klage beantragt. Das Landgericht hat die Klage abgewiesen.

Das Kammergericht hat die Beklagte verurteilt, an den Kläger nach ihrer Wahl 5250 Franken Schweizer Währung in Zürich oder deren Gegenwert in deutscher Reichswährung nach ihrer Wahl in Zürich oder in Berlin zu zahlen, und zwar Zug um Zug gegen Rückgabe der entsprechenden Schuldverschreibungen samt dazu gehörigen seit dem 1. Januar 1923 verfallenen Kupons und Talons. Es hat der Beklagten die Ausführung ihrer Rechte im ordentlichen Verfahren vorbehalten. Die Revision der Beklagten hatte keinen Erfolg, jedoch wurde die Verurteilung, soweit sie die Wahl der Zahlungsweise betrifft, dahin gefaßt, daß die Beklagte berechtigt sei, die Frankenleistung auch in Berlin zu erbringen oder nach ihrer Wahl in Zürich oder Berlin den Gegenwert in deutscher Reichswährung nach dem Kurswert des schweizerischen Franken zu bezahlen, der zur Zeit der Zahlung für den Zahlungsort Zürich maßgebend ist.

Gründe:

Nach dem Text der auf den Überbringer lautenden Schuldverschreibungen findet sowohl die Zahlung der Zinsen als auch die Rückzahlung des Kapitals bei der Hauptkasse der Stadt Wien sowie bei den sonstigen, durch besondere Kundmachung zu bezeichnenden Stellen statt, und zwar im Inland in Kronenwährung, im Ausland nach Wahl des Überbringers in Berlin, Frankfurt a. M., Paris, Lyon, Amsterdam, Brüssel, Zürich, Basel, Genf, London und New York in der Währung des Zahlungsorts zu den festen Umrechnungssätzen von 100 Kr. = 85 M. = 105 Franken = 4 Lstg. 3 Sh. = 50,30 fl. holl. = 20 Vereinigte Staaten-Münze Golddollars. Die Rückzahlung des mit 4% jährlich verzinslichen Kapitals soll durch eine bis zum Jahr 1992 laufende Auslosung der Schuldverschreibungen nach Maßgabe eines beigedruckten Tilgungsplans erfolgen.

Die Stadt Wien hat sich jedoch das Recht vorbehalten, vom 1. Jänner 1912 angefangen, in dem einen oder anderen Jahre im Lauf der planmäßigen Tilgungsperiode, wann immer auch, eine größere Anzahl von Schuldverschreibungen auszulosen, als nach dem Tilgungsplan nötig wäre, oder auch sämtliche noch nicht ausgelosten Schuldverschreibungen mit mindestens dreimonatiger Frist auf einen Kuponzahlungstermin, 2. Januar oder 1. Juli, aufzukündigen.

Der Kläger behauptet die vorzeitige Fälligkeit des Kapitals und klagt auf Zahlung von 5250 Schweizer Franken, und zwar verlangt er, daß diese Leistung nicht da, wo er klagt (in Berlin), sondern im Ausland, und zwar in Zürich, erbracht werde. Nur entgegenkommenderweise will er, wie er in den Vorinstanzen wiederholt erklärt hat, die ihm zukommende Leistung, wenn die Beklagte dies vorziehen sollte, statt in Zürich auch in Berlin entgegennehmen und der Beklagten zur Wahl stellen, den Gegenwert auch in deutscher Währung nach dem Umrechnungskurs der in Zürich geschuldeten Summe in Zürich oder Berlin zu leisten. So ist daher auch der auf wahlweise Leistung gerichtete Klagantrag zu verstehen. Vorsorglich verlangt er für den Fall, daß die Fälligkeit des Kapitals aus rechtlichen Gründen nicht eingetreten sein sollte, die Einlösung von 500 Zinsscheinen der Anleihe aus der Zeit vom 1. Januar 1924 bis zum 1. Januar 1927 zu je 10,50 Franken, im Gesamtbetrag von 5250 Franken.

In dem Streit über die Zuständigkeit des angegangenen deutschen Gerichts hat das Kammergericht die Einrede der örtlichen Unzuständigkeit verworfen, weil die Beklagte in Berlin Vermögen besitze und daher gegen sie der Gerichtsstand des Vermögens gegeben sei. Die Revision gegen dieses Urteil ist vom erkennenden Senat auf Grund des § 549 Abs. 2 ZPO. als unzulässig verworfen worden.

In dem jetzt angefochtenen Urteil des Kammergerichts wird erwogen, daß die Zulässigkeit einer Klage gegen einen Ausländer auf Leistung im Ausland Bedenken weder aus § 13 GVG. noch aus § 23 ZPO. begegne, daß sich insbesondere die deutsche Gerichtsbarkeit gegen Ausländer nicht auf Ansprüche beschränke, die von Deutschen erhoben würden oder auf Leistung im Inland gingen. Der Berufungsrichter erwägt, das Vorbringen der Beklagten sei vielleicht dahin zu verstehen, daß zufolge einer aus dem Schuldverhältnis zu entnehmenden Vereinbarung der Anspruch eines Gläubigers auf Kapital- oder Zinszahlung nur der Gerichtsgewalt des Staates habe unterworfen werden sollen, in dessen Gebiet und Währung die Zahlung verlangt werde. Aber dieser Standpunkt finde in dem vorliegenden Sachverhalt keine zureichende Stütze und könne überdies nach Verwerfung der Unzuständigkeitseinrede nicht mehr nachträglich geltend gemacht werden. Dabei komme es auf die Staatszugehörigkeit des Klägers — der nach Behauptung der Beklagten Österreicher sein soll — nicht an.

Die Revision macht geltend, es handle sich nicht um die örtliche Zuständigkeit, sondern um die Frage, ob es zulässig sei, den Prozeß vor deutschen Gerichten zu führen. Die deutsche Gerichtshoheit sei angezweifelt worden und mit dieser Frage habe sich das Kammergericht nicht auseinandergesetzt.

Dieses Bedenken ist unbegründet. Die Vorschriften der Zivilprozeßordnung über die örtliche Zuständigkeit regeln die Gerichtsgewalt der deutschen Gerichte nicht nur im Verhältnis zueinander, sondern sie ziehen auch mittelbar dem Ausland gegenüber die Grenze für die Ausübung der deutschen Gerichtsbarkeit. Die Vorschrift des § 549 Abs. 2 ZPO. schließt deshalb die Rüge gesetzwidriger Bejahung der örtlichen Zuständigkeit auch für den Fall aus, daß behauptet wird, nur ein ausländisches Gericht sei zuständig. Demgemäß ist der Nachprüfung des Revisionsgerichts auch die Frage entzogen, ob die deutsche Gerichtsbarkeit ausgeübt werden durfte. Da durch die rechtskräftige Entscheidung des Kammergerichts die örtliche Zuständigkeit des angegangenen Gerichts bejaht worden ist, so steht unangreifbar fest nicht nur, daß das Berliner Landgericht örtlich zuständig war, sondern auch, daß die deutsche Gerichtshoheit nicht mehr angezweifelt werden kann.

Eine andere Frage ist, ob der Klage nicht ein sachlichrechtlicher Einwand entgegensteht, insofern behauptet wird, der Kläger könne, wenn er in Berlin klage, nach dem Inhalt des Schuldverhältnisses nicht Schweizer Franken verlangen, und zwar auch nicht als eine in der Schweiz zu erbringende Leistung. Ihre Beantwortung hängt jedoch von anderen, vorweg zu erörternden Fragen ab.

Die Beklagte vertritt in erster Linie den Standpunkt, daß unter Zugrundelegung des von ihr für maßgebend erachteten österreichischen Rechts keine alternative Währungsklausel vereinbart, daß vielmehr nur die österreichische Krone als die Schuldwährung zu betrachten sei, während die ausländischen Währungen nur „informationis causa“ in den Schuldverschreibungen hinzugefügt worden seien und im übrigen der Erleichterung des Zahlungsgeschäfts im Ausland hätten dienen sollen.

Die Frage, welchem Recht die schuldrechtlichen Beziehungen der Parteien zu unterwerfen sind, beantwortet das Kammergericht nach deutschem internationalem Privatrecht, wonach im Zweifel das Recht des Erfüllungsorts maßgebend sei. Es bejaht sodann die Eigenschaft sämtlicher auf den Anleihestücken genannter Zahlungsorte als selbständiger Erfüllungsorte, zieht daraus aber nicht die Folgerung, daß die Rechte der Schuldverschreibungsinhaber in allen Richtungen nach jedem der ausländischen Rechte zu beurteilen seien. Es unterwirft vielmehr — vom mutmaßlichen Parteiwillen ausgehend — dem am Wohnsitz des Ausstellers geltenden, also dem österreichischen Recht, nicht nur den formalen Begründungsakt der Obligation, sondern auch die Auslegung des Inhalts der Schuldverschreibungen. Denn insoweit habe sich der Aussteller unmöglich sechs verschiedenen Rechtsordnungen unterwerfen wollen; auch habe die Umlaufsfähigkeit der Stücke die Einheitlichkeit der Auslegung des in ihnen verbrieften Rechtes bedingt. Ebenso unzweifelhaft aber, so wird fortgefahren, erstrecke sich die Geltung des Rechts des jeweiligen Erfüllungsorts „zum mindesten“ auf alle mit dem Erfüllungsgeschäft „zusammenhängenden“ Rechtsfragen.

Soweit hiernach das Kammergericht österreichisches Recht anwendet, steht nicht die Verletzung einer revisiblen Rechtsnorm in Frage. In der Rechtsprechung des Reichsgerichts besteht Übereinstimmung (vgl. RGZ. Bd. 118 S. 374) darüber, daß nach internationalem Privatrecht in Schuldverhältnissen in erster Linie stets eine ausdrückliche oder eine aus den Umständen zu entnehmende stillschweigende Vereinbarung für das anzuwendende Recht maßgebend ist. Dem widerspricht auch die Revision nicht. Was sie gegen das Kammergericht ausführt, nämlich daß weitergehend das ganze Schuldverhältnis österreichischem Recht zu unterstellen und nur Wien Erfüllungsort sei, bestätigt nur — mag die Revision darin Recht haben oder nicht — die Auffassung des Kammergerichts, daß für die Auslegung des Inhalts der Schuldverschreibungen und für den formalen Begründungsakt der Obligation österreichisches Recht anzuwenden ist.

Nach diesem Recht beurteilt daher das Kammergericht die streitige Frage, ob sich die Schuldverbindlichkeit der Beklagten auf die Zahlung österreichischer Kronenbeträge beschränkt und der Nennung der ausländischen Währungsbeträge auf den Anleihestücken nur informatorische Bedeutung zukommt, oder ob darin eine alternative Währungsklausel zu finden ist und mithin der Gläubiger Befriedigung in jeder beliebigen der mehreren Währungen fordern darf. Dabei hält sich der Vorderrichter für befugt, die Rechtsprechung des österreichischen Obersten Gerichtshofs — welche die Beklagte für ihre Auffassung anruft — nur nach dem Gewicht der gegebenen Begründungen zu würdigen. Er meint sodann, bei einer internationalen Anleihe, wie der vorliegenden, spreche von vornherein eine starke Vermutung für die alternative Währungsklausel, die der Börsenübung entspreche und das gegebene Mittel zur Gewinnung des internationalen Kapitalmarktes sei. Ausschlaggebend seien aber Kopf und Text der Anleihestücke und Zinsabschnitte, insbesondere die hier überall durchgeführte Gleichsetzung der angegebenen heimischen und Fremdwährungs-Beträge und die in das Belieben der Gläubiger gestellte Wahl der Währung, in der die Zahlung der Zinsen und die Rückzahlung des Kapitals erfolgen solle. Diese auf der Anwendung österreichischen Rechts beruhende Auslegung — wonach als in obligatione befindlich die Leistung in jeder der mehreren versprochenen Währungen nach Wahl des Gläubigers anzusehen, mithin eine alternative Währungsklausel vereinbart worden sei — ist für das Reichsgericht bindend (§ 549 Abs. 1, § 562 ZPO.).

Die Revision rügt, es sei widersinnig und ein Denkfehler, verstoße auch gegen maßgebende Grundsätze des internationalen Rechts, wenn das Kammergericht bei Auslegung der Schuldverschreibungen der Rechtsprechung des österreichischen Obersten Gerichtshofs, die in der Währungsgleichung keine alternative Währungsklausel erblicke, nur nach dem Gewicht der gegebenen Begründungen Bedeutung beigemessen habe. Die Rüge ist unbegründet.

Ein Verstoß gegen Grundsätze des internationalen Rechts steht nicht in Frage. Es handelt sich um die Ermittlung des im Ausland, in Österreich, geltenden Rechts durch den deutschen Richter (§ 293 ZPO.), wobei dieser nicht nur befugt, sondern auch verpflichtet ist, von den ihm zugänglichen Erkenntnisquellen Gebrauch zu machen (RGZ. Bd. 39 S. 346; Stein-Jonas 13. Aufl. § 293 Anm. 13); der Verstoß gegen diese Pflicht bildet eine Gesetzesverletzung nach §§ 549, 559 ZPO. Ein solcher Verstoß fällt aber dem Berufungsrichter nicht zur Last. Denn er hat die Rechtsprechung des österreichischen Obersten Gerichtshofs nicht unbeachtet gelassen; er hat auch nicht, was ebenso fehlerhaft wäre, ihre Benutzung als Erkenntnisquelle abgelehnt, sondern hat nur das Recht für sich in Anspruch genommen, sie bei Ermittlung und Auslegung des österreichischen Rechts nach dem Gewicht ihrer Begründungen zu würdigen. Ihr zu folgen war er nicht verpflichtet. Hat ihn seine Würdigung dahin geführt, daß die Schuldverschreibungen nach Maßgabe des österreichischen Rechts anders auszulegen seien, als der österreichische Oberste Gerichtshof bei ähnlichen Schuldverschreibungen die Währungsgleichung bisher ausgelegt hat, so betrifft dies immer nur die Frage der Anwendung und Auslegung ausländischen Rechts durch den deutschen Richter, die das Revisionsgericht nicht nachzuprüfen hat. Damit erledigen sich die insoweit erhobenen weiteren Rügen.

In Anwendung österreichischen Rechts hat der Berufungsrichter ferner die Staatszugehörigkeit des Inhabers der Schuldverschreibungen für belanglos erklärt, da grundsätzlich alle Inhaber die gleichen Rechte haben müßten und eine Beschränkung bestimmter Gläubigerrechte mit Rücksicht auf den jeweiligen Zahlungsort hier nicht erfolgt sei. Damit ist ausreichend und für das Revisionsgericht bindend gesagt, daß nach dem Inhalt der Schuldverschreibungen der Kläger, wenn er Österreicher war, nicht darauf beschränkt war, Zahlung in Wien und in österreichischen Kronen zu verlangen, sondern daß er ebenso wie jeder andere Gläubiger verlangen konnte, es müsse ihm auch an den in den Schuldverschreibungen genannten ausländischen Plätzen Zahlung geleistet werden, und zwar in Fremdwährung.

Auf dem gleichen Gebiet liegt ein weiterer Angriff der Revision, der dahin geht, das Berufungsgericht habe dem Kläger um deswillen zu Unrecht Schweizer Franken zugesprochen, weil in den Schuldverschreibungen zwischen den verschiedenen Gattungen der Franken (schweizerischen, französischen, belgischen) kein Unterschied gemacht werde, sodaß die Forderung des Klägers auf Zahlung von Schweizer Franken nach den Anleihebedingungen von vornherein grundlos sei. Wie der Berufungsrichter festgestellt hat, ist im Text der Schuldverschreibungen an jedem der ausländischen Plätze die Zahlung in der dort geltenden Währung angeboten worden. Er steht daher auf dem Standpunkt — und dies betrifft wiederum die Auslegung des Inhalts der Schuldverschreibungen —, daß durch die Gleichsetzung von 100 Kronen = 105 Franken in der alternativen Währungsklausel demjenigen, der Zahlung in Zürich wähle, das Recht auf eine entsprechende Anzahl Schweizer Franken eingeräumt worden sei.

Gegen diesen Anspruch verteidigt sich die Beklagte in zweiter Linie damit, daß sie auf Grund des österreichischen Gesetzes vom 27. Jänner 1922 die noch nicht ausgelosten Schuldverschreibungen zur Rückzahlung zum Nennwert in österreichischen Kronen vorzeitig aufgerufen habe, und daß sie durch die Hinterlegung der entsprechenden Kronenbeträge von jeder etwaigen Verbindlichkeit in fremder Währung kraft Gesetzes frei geworden sei.

Zu dieser Frage hat das Kammergericht folgendermaßen Stellung genommen: Die der Beklagten im Gesetz vom 27. Jänner 1922 erteilte Ermächtigung lasse sich rechtlich beurteilen entweder als eine Ermächtigung zur Leistung an Erfüllungsstatt, nämlich zur Befriedigung der Gläubiger in österreichischen Kronen und in Wien an Stelle der gleichfalls geschuldeten Zahlung in den an den jeweiligen ausländischen Plätzen geschuldeten Fremdwährungen, oder als Aufhebung der Verpflichtung zur Zahlung in ausländischer Währung und im Ausland. Im ersteren Sinne verstanden, so meint das Kammergericht, beträfe das Gesetz ausschließlich das Erfüllungsgeschäft und wäre mithin für die im Ausland zu erhebenden Ansprüche auf Zahlung in der Währung des Zahlungsorts ohne Geltung. Im letzteren Sinne verstanden, könne es um deswillen nicht angewendet werden, weil es gegen den Zweck eines deutschen Gesetzes, nämlich des Art. 153 RVerf. verstoße (Art. 30 EG. z. BGB.).

Es braucht nicht untersucht zu werden, ob der letzteren Auffassung beigepflichtet werden könnte, zu welcher der Berufungsrichter im Gegensatz zum Landgericht unter Außerachtlassung der Behauptung gelangt ist, daß das aus Anlaß der damaligen Währungsnot erlassene Gesetz vom 27. Jänner 1922 der Beseitigung eines Notstandes der Stadt Wien und daher dem österreichischen Allgemeinwohl zu dienen bestimmt und geeignet gewesen sei. Denn im Vordergrund steht die Frage, ob dieses Gesetz den Ansprüchen der Gläubiger auf Zahlung in fremder Währung überhaupt entgegengehalten werden kann, sofern sie im Ausland und an ausländischen Erfüllungsorten zu befriedigen sind. Ist diese Frage zu verneinen, so kommt es nicht darauf an, ob die Anwendung jenes Gesetzes gegen Art. 30 EG. z. BGB. verstoßen würde. Sie ist aber zu verneinen.

Das österreichische Gesetz vom 27. Jänner 1922 ist ein öffentlichrechtlicher Eingriff des Staates in ein einzelnes Schuldverhältnis der Beklagten zu einer Reihe in- und ausländischer Gläubiger, der den Schuldner ermächtigt, seine Schuld, auch insoweit als die Leistung in fremder Währung und an ausländischen Plätzen zu erbringen ist, in österreichischen Kronen zum Nennwert und in Wien mit befreiender Wirkung zu tilgen. Es gestattet die Zahlung in einem Gelde, das schon damals gegenüber dem tatsächlich Geschuldeten völlig entwertet war. Es beschränkt seine Wirkung, wie auch das Kammergericht annimmt, nicht auf die im Machtbereich des österreichischen Staates zu erbringenden Leistungen, sondern will die Obligation gerade da treffen, wo sie an ausländischen Plätzen zahlbar gemacht worden ist. Es bedarf hier keiner Untersuchung, ob nicht ein solcher Eingriff in ein bestehendes privatrechtliches Schuldverhältnis, wenn er nach österreichischem Verfassungsrecht zulässig ist, doch aus öffentlichrechtlichen Gesichtspunkten an den Grenzen des österreichischen Staates enden müßte (vgl. RGZ. Bd. 121 S. 337, 344), und ob daher von vornherein anzunehmen wäre, daß eine Einwirkung auf die Fortdauer der Schuldverpflichtung dem gesetzgeberischen Machtbereich des Schuldnerstaates entzogen wäre, soweit sich der Schuldner verpflichtet hat, an ausländischen Plätzen in dortiger Währung zu leisten. Denn zu dem vom Kläger erstrebten Ergebnis führen schon die Grundsätze des internationalen Privatrechts.

Die rein konstruktive Begründung, mit der das Kammergericht die Möglichkeit einer verschiedenen Auslegung des österreichischen Gesetzes einräumt, hat allerdings sachlich keine Bedeutung. Bei der einen wie bei der andern Auslegung wird, was auch das Kammergericht nicht bezweifelt, die Beklagte, wenn das Gesetz anwendbar ist, durch einen Akt der Staatsgewalt von ihren Verbindlichkeiten in fremder Währung durch Hinterlegung in österreichischen Kronen beim Bezirksgericht der Stadt Wien — die erfolgt ist — befreit (§ 1 Abs. 2 des Gesetzes).

Das ist, wie die Revision mit Recht geltend macht, eine eindeutige Einwirkung auf den Bestand der nach österreichischem Recht begründeten Obligation. Es kann sich daher nur darum handeln — und das ist die entscheidende Frage — ob das Gesetz insoweit keine Macht hat, als nach internationalem Privatrecht ein von Österreich unternommener Eingriff in den Bestand des Gläubigerrechts wirkungslos wäre. Von diesem Standpunkt aus, der die vom Gesetz ausgesprochene Befreiung des Schuldners von seinen Verbindlichkeiten in fremder Währung als die eindeutige Gesetzeswirkung betrachtet, führt kein Weg zurück zu der Frage, ob je nach der Auslegung des Gesetzes der Gesetzesbefehl als Ermächtigung zur Leistung an Erfüllungsstatt oder als Aufhebung der Verbindlichkeiten in fremder Währung betrachtet werden und ob aus diesem Gesichtspunkt verschiedenerlei Recht angewendet werden könnte. Verschieden kann sich vielmehr die Rechtsanwendung nur gestalten, je nachdem auf Grund des internationalen Privatrechts die Frage nach der Fortdauer der verpflichtenden Wirkung der Währungsgleichung dem österreichischen Recht zu unterstellen ist oder nicht. Es fragt sich daher, ob die einmal rechtswirksam und nach österreichischem Recht begründete Verbindlichkeit, soweit sie an ausländischen Plätzen zahlbar gemacht ist, nicht nur für das Erfüllungsgeschäft dortigen Gesetzen folgt, sondern ob sie auch unabhängig geworden ist von späteren Eingriffen des österreichischen Gesetzgebers in ihren Bestand.

Diese Frage hat das Kammergericht nicht eindeutig entschieden; es hat sie abgeschnitten mit der Erwägung, daß die Anwendung des österreichischen Gesetzes gegen Art. 30 EG. z. BGB. verstoßen würde. Seine Feststellungen geben aber einen genügenden Anhalt zur Lösung der Frage.

Die Anleihebedingungen enthalten keine ausdrücklichen Bestimmungen über das anzuwendende Recht. Die Ankündigungen der emittierenden Banken, die als Hilfsmittel in Betracht kommen könnten, sind nicht vorgelegt worden. In Übereinstimmung mit der reichsgerichtlichen Rechtsprechung geht aber das Kammergericht davon aus, daß es sich bei Beurteilung des mutmaßlichen Parteiwillens nicht sowohl um die Feststellung eines vorhandenen Willens handelt als vielmehr um die Ermittlung dessen, was die Parteien bei vernünftiger und billiger Berücksichtigung aller Umstände über das anzuwendende Recht bestimmt haben würden. Daß dieses so zu ermittelnde Recht, wie die Revision geltend macht, nur ein einheitliches — und zwar das österreichische — sein könne, ist nicht zuzugeben. Die Parteien können die Anwendbarkeit eines bestimmten Rechts entweder nur für diese oder jene einzelne Wirkungsfrage oder für sämtliche Wirkungen des Geschäfts gewollt haben. Das hat der erkennende Senat schon in seiner Entscheidung RGZ. Bd. 118 S. 370 für die dort in Frage stehende Anleihe der K. K. privilegierten österreichisch-ungarischen Staatseisenbahnen angenommen, und der ständige Internationale Gerichtshof im Haag hat sich in seiner Entscheidung vom 12. Juli 1929 bei Beurteilung der Frankenklausel in der Serbenanleihe auf den gleichen Standpunkt gestellt (Toutefois l'état serbe aurait pu vouloir soumettre ses emprunts à une autre loi, soit en général, soit sous certains rapports; si cela était prouvé, rien ne pourrait s'y opposer. Publications de la cour permanente de justice internationale, Série No. 20/21 S. 42.) Es kann auch nicht zugegeben werden, daß sich eine solche Unterscheidung im mutmaßlichen Parteiwillen nach der hier in Frage kommenden Richtung mit den Bedürfnissen des Anleiheverkehrs in Widerspruch setzen würde. Wie das Kammergericht mit Recht betont, kann von einer verschiedenen Rechtsanwendung insoweit nicht die Rede sein, als es sich um den Begründungsakt der Obligation und um die Auslegung des Inhalts der Schuldverschreibungen handelt, und daher wendet es insoweit das Recht am Wohnsitz des Ausstellers, also österreichisches Recht an. Eine Anwendung verschiedenen Rechts verbietet sich hier aus den vom Kammergericht dargelegten Gründen. Sie würde sich auch deshalb verbieten, weil, wie das Kammergericht angenommen hat, allen Inhabern der Schuldverschreibungen untereinander gleiche Rechte eingeräumt worden sind. Diese Gleichstellung würde gefährdet sein, wenn der Begründungsakt der Obligation und die Auslegung der Schuldverschreibungen nicht einheitlich bei allen Gläubigerrechten nach der gleichen Rechtsordnung zu beurteilen wären. Bei Erforschung des mutmaßlichen Parteiwillens in der hier zu entscheidenden Frage steht aber — entgegen der Meinung der Revision — diese Gefahr nicht der Annahme entgegen, daß die nach österreichischem Recht wirksam begründeten und im Ausland zahlbaren Ansprüche von der Einwirkung der späteren österreichischen Gesetzgebung auf die Währungsgleichung unabhängig gemacht werden sollten. Denn beeinträchtigt würde dadurch nur die Rechtsstellung der Beklagten, unberührt bliebe aber in bezug auf die Rechte der Gläubiger deren Gleichstellung im Verhältnis zueinander. Dies gilt auch dann, wenn der Kläger Österreicher sein sollte. Sind dem Österreicher, ebenso wie jedem anderen Gläubiger ohne Rücksicht auf Staatszugehörigkeit, die Rechte aus den Schuldverschreibungen eingeräumt, und sind diese Rechte, soweit sie an ausländischen Plätzen zu erbringende Leistungen in fremder Währung zum Gegenstand haben, nach dem Parteiwillen nicht vom Einfluß der späteren österreichischen Gesetzgebung abhängig, so handelt auch der Österreicher, der sie einklagt, nicht dem österreichischen Gesetz zuwider, weil auch seine Ansprüche durch die spätere österreichische Gesetzgebung nicht berührt werden. Daß die Gläubiger in Ansehung des Erfüllungsgeschäfts verschiedenen Rechten unterworfen sein können, wie das Kammergericht bedenkenfrei annimmt, ist dem Grundsatz der Gleichstellung nicht zuwider, sondern beruht auf dem allen Gläubigern gleichmäßig zustehenden Recht der Wahl der Währung.

Im allgemeinen wird man nach internationalem Privatrecht, wenn nichts anderes erhellt, davon auszugehen haben, daß weder ein Staat noch eine Stadtgemeinde die schuldrechtlichen Beziehungen zu ihren Anleihegläubigern einem anderen Recht unterwerfen will als dem des eigenen Landes (vgl. hierzu auch die angeführte Entscheidung des internationalen Gerichtshofs im Haag a. a. O.). Daß dies auch hier zutrifft, ist schon erörtert. Es wird aber, wenn es an bestimmten gegenteiligen Anhaltspunkten fehlt, weiterhin anzunehmen sein, daß — ohne Rücksicht auf außerösterreichische Zahlungsorte — das österreichische Recht, auf dem die verpflichtende Wirkung der Obligation beruht, mit Wirkung gegen alle Gläubiger, auch die ausländischen, darüber entscheidet, ob die verpflichtende Wirkung der Währungsgleichung fortdauert. Zwingende Umstände sprechen hier jedoch für einen mutmaßlichen gegenteiligen Parteiwillen.

Die Unterbringung einer internationalen Anleihe, die auf eine Reihe von ausländischen Währungen verschiedener Länder gestellt ist und an den Hauptbörsen dieser Länder zur Börsennotierung zugelassen werden soll, beruht auf dem Vertrauen des internationalen Kapitalmarktes. Soll dieser gewonnen werden, so müssen die Anleihebedingungen den Anschauungen und Bedürfnissen im internationalen Kredit- und Zahlungsverkehr entgegenkommen. Dazu dient vornehmlich die alternative Währungsklausel, die, wie auch das Kammergericht sagt, das gegebene Mittel zur Gewinnung des internationalen Kapitalmarktes ist. Die in ihr enthaltene Zusicherung, wodurch nach einer Währungsgleichung neben der heimischen Währung des Schuldners nach Wahl des Gläubigers Fremdwährung, zahlbar an ausländischen Plätzen, versprochen wird, muß, da sie sich an den internationalen Verkehr wendet, im Punkte des anzuwendenden Rechts so verstanden werden, wie sie an den vertraglich festgelegten Zahlungsorten aufgefaßt wird (vgl. Nußbaum Vertraglicher Schutz gegen Schwankungen des Geldwerts 1928 S. 72). Die Beklagte brachte die Anleihe im Verein mit führenden Banken (Deutsche Bank und K. K. Priv. Österreichische Länderbank) heraus, denen die Anschauungen im internationalen Zahlungs- und Kreditverkehr bekannt sind und deren Angebot an die Beklagte die Aufnahme der alternativen Währungsklausel in den Text der Schuldverschreibungen vorschrieb. Es kam für die Beklagte darauf an, die Gewähr für die Rückzahlung durch die Klausel sicherer erscheinen zu lassen, als sie erscheinen könnte, wenn die Rückzahlung nur in der heimischen Währung versprochen worden wäre. Daneben spielte für die Sicherheit der Anleihe im internationalen Verkehr weder die damalige Kapitalkraft und Kreditwürdigkeit der Beklagten noch die Tatsache eine ausschlaggebende Rolle, daß der Gegenwert der Anleihe für bleibende Gemeindezwecke nutzbringend verwendet werden sollte. Daß die österreichische Währung, wie das Kammergericht annimmt, damals als gefestigt gegolten hat und die Krone nur geringen Schwankungen gegenüber dem ausländischen Währungsgeld unterlag, sieht das Kammergericht als Anzeichen dafür an, daß die Beklagte eine Verpflichtung zur Zahlung in bunter Währung um so unbedenklicher habe übernehmen können, als sie nach der damaligen Lage der Dinge über die Rückgewähr des Empfangenen nicht hinausgegangen sei. Die Meinung aber, daß — angesichts der politischen Verhältnisse der Donaumonarchie und der Nachwirkungen der österreichischen Kuponprozesse der 70er und 80er Jahre — die damaligen Währungsverhältnisse Österreichs als Anreiz zur Beteiligung fremden Kapitals an einer erst im Verlaufe von 90 Jahren rückzahlbaren reinen Kronenanleihe von 285 Millionen Kronen hätten ausreichen können, wird durch das Vorhandensein der Klausel widerlegt. Es kommt daher hier nicht darauf an, wie die Beklagte das Risiko einschätzte, das sie mit der alternativen Währungsklausel lief, sondern darauf, welche Zugeständnisse sie machen mußte, um den Bedürfnissen des internationalen Kapitalmarktes nach einer währungsrechtlichen Sicherung der im Verlaufe von 90 Jahren fällig werdenden Rückzahlungsforderungen zu genügen. Dabei ist von Bedeutung, daß die Währungsgleichung im Kopf der Anleihestücke zweimal gesperrt gedruckt aufgeführt ist und im Text zweimal wiederkehrt, daß sie auf die Währungen besonders kapitalstarker Länder abgestellt ist und daß die Zahlung an den ausländischen Plätzen zu den festen Umrechnungssätzen von **100** Kr. = 105 Franken usw. angeboten wird. Daß diese Sätze fest seien, bedeutet, wenigstens für die Vorstellung des Publikums, nichts Überflüssiges. Gewiß wären die Sätze, auch wenn das Wort „fest" fehlen würde, trotzdem nicht einseitig abänderbar und daher insofern zugleich fest. Immerhin war die Zusicherung geeignet, die Vorstellung zu erwecken oder das Vertrauen darauf zu stärken, daß es sich um währungsrechtlich unbedingt gesicherte Ansprüche handle. Wem unter solchen Umständen die Klausel Rechte verheißt, der will sich darauf verlassen können, daß ihm, wenn eine der in Betracht kommenden Währungen, insbesondere diejenige im Heimatland des Schuldners, ins Schwanken gerät oder notleidend wird, nach Maßgabe der Währungsgleichung und nach seiner Wahl der Zugriff auf die andern Schuldwährungen offen steht. Er will aber nicht in Kauf nehmen, daß die Klausel dann versagen könnte, wenn die Währungsverschlechterung im Heimatland des Schuldners einen Grad erreicht hat, der dort gesetzgeberische Eingriffe in den Bestand der Währungsgleichung herbeiführt. Es mag sein, daß im Jahr **1902**, also in einer Zeit wirtschaftlicher Blüte und gefestigter Verhältnisse, der Gedanke an Ereignisse dieser Art im allgemeinen fernlag. Die Fälle, denen die Verträge nicht ausdrücklich Rechnung tragen und an die nicht gedacht ist, sind es gerade, die Raum lassen für die Ermittlung des mutmaßlichen vernünftigen Parteiwillens. Denkbar ist, daß eine alternative Währungsklausel den Gläubiger nur gegen Kursschwankungen sichern will und daß sie im übrigen bezweckt, den Zahlungsverkehr an den ausländischen Plätzen zu erleichtern, sodaß dort kein Erfüllungsort begründet wird. Das Kammergericht sieht indessen die ausländischen Plätze, an denen die Zahlung versprochen ist, nicht als Zahlungsorte, sondern als Erfüllungsorte an. Es begründet dies damit, daß im Text der Schuldverschreibungen zwischen der Zahlstelle in Wien und den Zahlstellen im Ausland nicht unterschieden werde, daß namentlich nicht die Geltung der ausländischen Einlösungsstellen auf einen bestimmten Zeitraum von den Fälligkeitsterminen ab beschränkt werde, daß an jeder Zahlstelle die Zahlung in der dort geltenden Währung angeboten werde, und bemerkt schließlich, daß die Absicht der Beklagten auf die Gewinnung des ausländischen Kapitals gerichtet gewesen sei.

Diese Auffassung ist rechtlich nicht zu beanstanden. Die Revision meint, nach den Anleihebedingungen sei den Gläubigern nur für die Zahlung die Möglichkeit gegeben worden, solche in der Währung desjenigen Landes, in dem sie ansässig gewesen seien und die Schuldverschreibungen zur Einlösung vorgelegt hätten, bei der bekannt gegebenen Zahlstelle zu begehren; trotzdem sei der Erfüllungsort lediglich Wien geblieben. Mit diesen Ausführungen setzt sich die Revision zu dem Grundsatz der Gleichstellung aller Gläubiger in Widerspruch. Diese waren nicht darauf beschränkt, Zahlung in der Währung desjenigen Ortes zu verlangen, in dem sie ansässig waren, sondern es stand ihnen ohne Rücksicht auf Wohnsitz und Staatszugehörigkeit frei, die Währung zu wählen, und zwar mit der für alle Gläubiger gleichmäßig geltenden Beschränkung, daß die Zahlung dort, wo sie verlangt wurde, in der Landeswährung zu erfolgen hatte. Diese Gleichstellung würde aber durchbrochen, wenn die Gläubiger an die am Orte ihres Domizils geltende Währung gebunden wären, obwohl ihnen die Wahl der Währung freistand. Die am Orte ihres Wohnsitzes maßgebende Währung zu fordern, wären auch diejenigen Gläubiger nicht imstande, die in keinem der Länder wohnten, wo die vereinbarten Währungen galten.

Wenn aber nach alledem der räumliche Schwerpunkt der Obligation für die Ansprüche in fremder Währung ins Ausland verlegt worden ist, so hat der Standpunkt keine Berechtigung mehr, daß sich die Beklagte, wie für den Begründungsakt der Obligation, so auch für die Frage nach der Fortdauer ihrer verpflichtenden Wirkung nur österreichischem Recht habe unterwerfen wollen. Es entsprach dann vielmehr dem mutmaßlichen vernünftigen Parteiwillen, daß die Klausel die Gläubiger nicht nur vor einer Währungsverschlechterung im Heimatland des Schuldners schützen, sondern ihnen den Zugriff auf die Fremdwährungen an den ausländischen Erfüllungsorten auch dann offen halten sollte, wenn sich dem die spätere österreichische Gesetzgebung durch einen Eingriff in den Bestand der Währungsgleichung aus Gründen der Verschlechterung der österreichischen Währung versagte. Das bedeutet aber, daß die Obligation, die dem österreichischen Recht in Ansehung des Begründungsaktes und der Auslegung der Schuldverschreibung unterworfen ist, durch das spätere österreichische Gesetz vom 27. Jänner 1922 nicht berührt wird, sondern, einmal rechtswirksam begründet, dem Recht der Erfüllungsorte folgt (vgl. auch RGZ. Bd. 108 S. 243). Damit ist dem Einwand der Boden entzogen, daß das bezeichnete österreichische Gesetz dem Klaganspruch im Wege stehe.

Nun meint die Revision weiter, die Gleichung der Währungen könne nicht dahin ausgelegt werden, daß die Beklagte verpflichtet sei, an jedem der ausländischen Zahlungsorte in jeder der angegebenen Währungen Zahlung zu leisten; denn sie habe sich doch nur verpflichtet, bei **jeder** ausländischen Zahlungsstelle, wo im einzelnen Fall Zahlung verlangt werde, in der Landeswährung des Zahlungsortes Zahlung zu leisten. Sonst müßte folgerichtig ein Gläubiger auch in Wien Zahlung in englischen Pfunden oder in nordamerikanischen Dollars fordern können; das sei zweifellos niemals der Inhalt des Schuldverhältnisses. Selbst wenn eine alternative Währungsklausel vorliegen sollte, so könne der Sinn doch nur der sein, daß die Verpflichtung der Beklagten, in ausländischer Währung zu zahlen, sich auf die Währung desjenigen Zahlungsortes beschränke, an dem der Gläubiger das Papier zur Einlösung vorlege. Daher sei der Anspruch des Klägers auf Zahlung von Franken in Deutschland und im besonderen in Berlin von vornherein unbegründet gewesen.

Insoweit hatte das Landgericht angenommen, der Wille der Parteien sei dahin gegangen, daß an dem gewählten Zahlungsort nur Valuta des Landes gefordert werden dürfe, und daraus sei weiter zu schließen, es habe nicht im Sinne der Parteien gelegen, daß vor einem außerösterreichischen Gericht andere Valuta als die des angerufenen Gerichts gefordert werden dürfe. Somit könne der Kläger nicht in Berlin auf Zahlung von Schweizer Franken klagen.

Es ist nicht richtig, wenn die Revision sagt, das Kammergericht habe sich mit dieser Frage nicht auseinandergesetzt. Die Revision geht zutreffend davon aus, daß der Gläubiger an den Zahlungsorten nur Zahlung in der dort geltenden Währung verlangen, daß er also nicht in Wien Zahlung in Pfunden oder Dollars fordern kann. Etwas Gegenteiliges nimmt auch das Kammergericht nicht an. Der Kläger könnte also auch in Berlin nur Zahlung in der Währung des Landes und nicht dort zu zahlende Schweizer Franken verlangen. Er verlangt sie auch nicht, sondern klagt auf eine am Zahlungsort Zürich zu erbringende Leistung in dortiger Währung. Diesem Anspruch steht nach Erledigung der Unzuständigkeitseinrede verfahrensrechtlich nichts mehr im Wege.

Und sachlichrechtlich sieht das Kammergericht — in Auslegung der Schuldverschreibung — keine Vereinbarung des Inhalts als erwiesen an, daß der Anspruch eines Gläubigers auf Kapital- oder Zinszahlung nur der Gerichtsgewalt des Staates habe unterworfen werden sollen, in dessen Gebiet und Währung die Zahlung verlangt werde. Dem liegt kein Rechtsirrtum zugrunde. Der Kläger verlangt nicht die Einlösung seiner Papiere in Berlin, sondern in Zürich, und die Beklagte ist nur verurteilt, dort gegen Rückgabe der Papiere Schweizer Franken zu zahlen. Zu dieser Zug um Zug-Leistung im Ausland ist sie verpflichtet und — unbeschadet der noch zu erörternden Einwendungen — mit Recht verurteilt, sofern nur in Berlin ein Gerichtsstand begründet ist.

Die Revision macht ferner geltend, daß durch die Aufhebung der Zahlstellen im Ausland auch die Verpflichtung der Beklagten beseitigt worden sei, das Zahlungsgeschäft in der auswärtigen Währung abzuwickeln. Nur solange die ausländischen Zahlungsstellen unterhalten worden seien, habe auch die Währungsgleichung gegolten. Seit der Aufhebung der Zahlstellen beschränke sich das Schuldverhältnis auf den Erfüllungsort Wien und auf österreichische Kronen. Die Rüge geht fehl. Der Wegfall der Zahlstellen ist, wie das Kammergericht mit Recht annimmt, ohne Bedeutung, weil die Beklagte sich nicht durch einseitige Maßnahmen ihren übernommenen Verpflichtungen entziehen konnte.

Auch die Behauptung, daß der Kläger Österreicher sei und die Papiere in spekulativer Absicht erworben habe, steht dem Klaganspruch nicht entgegen. Die Revision behauptet dies aus dem Gesichtspunkt der Arglist, aber vergebens. Daß diese Einrede dem Kläger als Österreicher nicht entgegensteht, ergibt sich aus den bisherigen Darlegungen. Die spekulative Absicht allein begründet die Einrede nicht.

Endlich rügt die Revision, das Kammergericht habe verkannt, daß, wenn das österreichische Gesetz vom 27. Jänner 1922 nicht angewendet werden könne, auch die vorzeitige Fälligkeit des Kapitals nicht eingetreten sei. Denn aus der gesetzlichen Ermächtigung zur vorzeitigen Kündigung der Anleihe sei ihre Fälligkeit abzuleiten. Der Kläger habe also höchstens Auslosung der Anleihe nach dem ursprünglichen Tilgungsplan verlangen können.

Auch diese Rüge kann nicht zum Erfolg führen. Der Kläger hat sich in der Vorinstanz darauf berufen, daß die Beklagte schon nach den ursprünglichen Anleihebedingungen vom Jahr 1912 anfangend das Recht zur Kündigung sämtlicher bis dahin nicht ausgeloster Stücke mit dreimonatiger Frist gehabt habe. Daß dies der Fall ist, hat das Kammergericht festgestellt. Zu dieser Frage wird ausgeführt: Obwohl die Kundmachung des Bürgermeisters in Wien vom 28. Januar 1922, mit der die Teilschuldverschreibungen zur Rückzahlung aufgerufen worden seien, auf das Bundesgesetz vom 27. Jänner 1922 Bezug nehme und sich der dort erteilten Ermächtigung anpasse, müßten als von der Aufkündigung betroffen sämtliche dort bezeichnete Anleihestücke erachtet werden, ohne Rücksicht auf die Bereitschaft des Gläubigers, die angebotenen Rückzahlungsbedingungen anzunehmen. Denn einmal werde die Aufkündigung ohne Beschränkung auf die bereitwilligen Gläubiger allgemein ausgesprochen und für alle aufgerufenen Schuldverschreibungen die Verzinsung vom 1. Juli 1922 an eingestellt. Weiter müsse bei einer solchen rein einseitigen Kündigung die Hinzufügung einer Bedingung, sofern eine solche in der Bezugnahme auf das Gesetz vom 27. Jänner 1922 zu finden wäre, überhaupt als unzulässig angesehen werden. Endlich könne die Unanwendbarkeit des Gesetzes die Kundmachung des Wiener Bürgermeisters nicht gänzlich zu Fall bringen, da dessen etwaigem Irrtum über die Gültigkeit des Gesetzes nur die Bedeutung eines unbeachtlichen Irrtums im Beweggrund zukäme.

Diese Darlegungen gehen stillschweigend von dem der Beklagten in den Anleihebedingungen eingeräumten Recht vorzeitiger Kündigung aus. Andernfalls wären sie unverständlich. Denn wenn der Beklagten ein Recht zur vorzeitigen Kündigung der nicht ausgelosten Stücke zunächst überhaupt nicht zugestanden hätte, sie vielmehr ein solches erst durch die gesetzliche Ermächtigung erworben hätte, so könnte, wenn diese gesetzliche Ermächtigung hinfällig ist, auch die Kündigung nicht wirksam sein, sodaß die vorzeitige Fälligkeit nicht eingetreten wäre. Der Gedanke des Kammergerichts, daß der Hinweis auf das Gesetz in der Kundmachung möglicherweise als Bedingung, der Irrtum des Bürgermeisters über die Gültigkeit des Gesetzes als Irrtum im Beweggrund zu betrachten sei, hat nur dann Sinn, wenn die Ermächtigung zur vorzeitigen Kündigung schon in den ursprünglichen Anleihebedingungen begründet lag und nicht erst durch das Gesetz erteilt wurde.

Nach welchem Recht der Berufungsrichter die vorzeitige Fälligkeit als vorhanden annimmt, darüber hat er sich nicht ausdrücklich ausgesprochen; es ergibt sich aber aus seinen sonstigen Darlegungen. Für ihn kommt nur österreichisches Recht oder das an den verschiedenen Erfüllungsorten geltende Recht in Betracht. Dem letzteren unterstellt er das Zahlungsgeschäft. Da aber die Frage nach der vorzeitigen Fälligkeit der Rückzahlungsforderungen nicht mit dem Zahlungsgeschäft zusammenhängt, so scheidet für die Auffassung des Kammergerichts das Recht des schweizerischen Erfüllungsorts ohne weiteres aus. Dagegen ist die Kündigung von einem rechtswirksam begründeten Recht und die Frage, ob vorzeitig gekündigt werden konnte, von der Auslegung des Inhalts der Schuldverschreibung abhängig. Beide Fragen, den Begründungsakt der Obligation und die Auslegung, beurteilt aber der Berufungsrichter, wie nicht zu beanstanden ist, nach österreichischem Recht. Ob eine zulässigerweise vorzeitig erfolgte Kündigung als Kündigung im Sinne der Schuldverschreibung gelten kann, ist begriffsnotwendig nach keinem anderen Recht zu entscheiden. Auch die Revision kann die Verletzung einer revisiblen Rechtsnorm nicht behaupten. Die Entscheidung des Berufungsrichters ist daher insoweit für das Reichsgericht bindend.

Danach ist die Revision unbegründet, soweit die Beklagte zur Zahlung von Schweizer Franken in Zürich verurteilt worden ist.

Über die Berechtigung des weitergehenden Klagantrags, mit

dem der Kläger der Beklagten freistellen will, auch in Berlin Franken zu zahlen oder die Leistung in Zürich oder in Berlin auch in deutscher Reichswährung zum Umrechnungskurs des Franken in Zürich zu erbringen, hat sich das Kammergericht nicht ausgesprochen. Soweit die Beklagte nach dem Wortlaut der Schuldverschreibungen Zahlung in deutscher Währung zu leisten hätte, käme das Recht des deutschen Erfüllungsortes und die deutsche Mark des Jahres 1902 in Frage. Der Kläger könnte sich daher, wenn er nicht Zahlung von Franken in Zürich, sondern von Reichsmark in Berlin verlangt hätte, entweder des Umrechnungsmaßstabes in § 5 Abs. 3 des Münzgesetzes vom 30. August 1924 bedienen, wobei eine Billion Mark = 1 RM. zu setzen wäre, oder er könnte Aufwertung seiner Markforderung verlangen (RGZ. Bd. 118 S. 374). Da der Kläger aber Zahlung in Zürich gewählt hat, steht eine obligationsmäßige Zahlung in deutscher Währung überhaupt nicht in Frage. Was der Kläger der Beklagten neben der Wahl der Zahlungsorte Berlin und Zürich freistellt, wenn sie dies vorziehen sollte, ist die Zahlung in Reichsmark zu demjenigen Kurse, der am Tag der Zahlung in Zürich 5250 Schweizer Franken entspricht. Es wird also, was die Revision verkennt, vom Kläger keineswegs der Beklagten die Wahl zwischen der in den Obligationen zugesagten Züricher und Berliner Leistung gelassen, sondern es wird ihr nach Art einer facultas alternativa (§ 244 BGB.) überlassen, die Züricher Leistung, wenn sie will, auch in Reichsmark nach dem Züricher Umrechnungskurs zu erbringen. Um eine Wahlschuld handelt es sich dabei überhaupt nicht. Es kann also nicht davon die Rede sein, daß die Beklagte, wenn auch nach ihrer Wahl, zur Zahlung in Reichsmark verpflichtet wäre, in welchem Falle ja bei nicht rechtzeitiger Vornahme der Wahl das Wahlrecht auf den Gläubiger überginge (§ 264 BGB.). Nach dem richtig verstandenen Klagantrag handelt es sich für die Beklagte nicht um eine Pflicht, sondern um eine ihr freigestellte Ersatzleistung. Insoweit war das angefochtene Urteil, das mißverstanden werden könnte, richtig zu stellen. Die Revision war dagegen in vollem Umfang zurückzuweisen.

44. Hat der von der Enteignung Betroffene auch dann keinen Anspruch gegen den Unternehmer auf Erstattung der von ihm im Enteignungsverfahren aufgewendeten Anwaltskosten, wenn der Enteignungsantrag zurückgenommen wird?

Preuß. Enteignungsgesetz vom 11. Juni 1874 §§ 42, 43.

VII. Zivilsenat. Urt. v. 15. November 1929 i. S. von F. (Kl.) w. Landlieferungsverband S. (Bekl.). VII 170/29.

I. Landgericht Halle a. S.
II. Oberlandesgericht Naumburg a. S.

Auf Antrag des Beklagten wurde am 9. Oktober 1922 auf Grund des Reichssiedlungsgesetzes die Enteignung des Rittergutes G. eingeleitet. Das Gut ist Fideikommiß, derzeitiger Fideikommißbesitzer ist der Kläger. Der Beklagte hat von der Durchführung des Enteignungsverfahrens später Abstand genommen. Die Parteien schlossen hierüber einen Vergleich, in dem sich der Beklagte zur Zurücknahme des Enteignungsantrags verpflichtete und der Kläger auf Ersatz des Schadens verzichtete, der ihm durch die Einleitung des Enteignungsverfahrens bei der Bewirtschaftung des Gutes entstanden war. Der Kläger war im Enteignungsverfahren durch den Rechtsanwalt M. vertreten und schuldet ihm dafür an Gebühren den Betrag von 32000 RM. Er meint, daß ihm diese Kosten vom Beklagten ersetzt werden müßten, und hat in Höhe eines Teilbetrags von 5000 RM. in erster Instanz entsprechende Feststellung verlangt; in der Berufungsinstanz hat er aber Verurteilung des Beklagten dahin beantragt, daß dieser ihn in Höhe von 5000 RM. von der Gebührenschuld gegenüber dem Rechtsanwalt M. zu befreien habe. Der Beklagte hält sich nach den Vorschriften des preußischen Enteignungsgesetzes nicht für verpflichtet, diese Kosten zu tragen.

Die Klage ist in den Vorinstanzen abgewiesen worden. Die Revision des Klägers blieb ohne Erfolg.

Gründe:

Der erkennende Senat hat in der Entscheidung RGZ. Bd. 58 S. 422 die Vorschrift in § 43 des preußischen Enteignungsgesetzes, wonach der Entschädigungsberechtigte keinen Ersatz für Wege und Versäumnisse fordern kann, auch auf die von ihm aufgewendeten Anwaltskosten bezogen. Daran wird festgehalten.

Die Revision glaubt bei einer Gegenüberstellung des § 42 mit § 43 des genannten Gesetzes zu dem Ergebnis kommen zu können, daß der im § 43 enthaltene Ausschluß des Ersatzanspruchs für außergerichtliche Kosten im Falle des § 42 nicht Platz greife (vgl. auch Koffka Enteignungsgesetz 2. Aufl. S. 289, Note 4 zu § 42; Eger Enteignungsgesetz 3. Aufl. Bd. 2 S. 479). Aber aus der Vergleichung beider Vorschriften ergibt sich die Richtigkeit dieser Auffassung nicht. Denn sie betreffen ganz verschiedene Fragen, sodaß es für die Auslegung der einen Vorschrift nur unter besonderen Umständen einen Fingerzeig geben kann, wenn ein Satz der anderen nicht auch in ihr ausdrücklich ausgesprochen ist. Hier ist dies jedoch schon deshalb ausgeschlossen, weil § 43 a. a. O. ganz allgemein und ausschließlich die Kostenfrage im Enteignungsverfahren regelt und deshalb auch für den Fall des § 42 die Entscheidung über die Kostenerstattungspflicht nur aus ihm zu entnehmen ist. Die Meinung der Revision, daß § 42 gegenüber dem ihm nachfolgenden § 43 eine Sondervorschrift wegen Erstattung der dem Entschädigungsberechtigten erwachsenen außergerichtlichen Kosten enthalte, hat im Gesetz keine Stütze. Dies wäre auch der Fassung nach richtiger durch eine entsprechende Einschränkung des § 43 in diesem Paragraphen selbst, nicht aber durch Stillschweigen hierüber in der voranstehenden Vorschrift des § 42 erkennbar gemacht worden.

An sich könnten zu den Nachteilen, die dem Entschädigungsberechtigten durch das Enteignungsverfahren erwachsen, zwar auch die ihm entstandenen Anwaltskosten zu rechnen sein. Da aber durch § 43 a. a. O. die Pflicht zu ihrem Ersatz grundsätzlich ausgeschlossen ist, so fallen unter die im § 42 erwähnten Nachteile die Kostenaufwendungen nicht, sondern nur Schädigungen, die in der Einwirkung des Enteignungsverfahrens auf den Besitz und die Ausnutzung des Grundstücks, besonders auf seine Bewirtschaftung und die Verfügung darüber durch Veräußerung und Belastung, ihren Grund gehabt haben. Es wäre auch nicht einzusehen, warum der Entschädigungsberechtigte im Falle der Durchführung der Enteignung keinen Anspruch auf Erstattung der ihm infolge des Enteignungsverfahrens erwachsenen Anwaltskosten haben soll, wohl aber dann, wenn der Unternehmer von der Enteignung Abstand nimmt. Es mag vielleicht unbillig aussehen, wenn besonders im letzteren Fall der Entschädigungsberechtigte seine Kosten selbst tragen muß, zumal wenn sie, wie hier, sehr hoch gewesen sind und nach Lage der Sache auch eine zweckentsprechende Aufwendung nicht in Abrede gestellt werden könnte. Aber für Kosten, die ein Beteiligter in einem Verwaltungsverfahren aufgewendet hat, besteht auch sonst kein Anspruch auf Erstattung. Da es dem Kläger mit Hilfe seines Anwalts gelungen ist, die Enteignung des Fideikommißgutes vergleichsweise von sich abzuwenden, so liegt hier auch nicht einmal darin eine besondere Unbilligkeit, daß er die Kosten des Anwalts allein tragen muß, über deren Erstattung sich der Vergleich nach der Feststellung des Berufungsgerichts nicht verhält.

---

45. Über die satzungsmäßige Verpflichtung einer eingetragenen Baugenossenschaft m. beschr. Haftpfl. zur Übertragung eines von ihr bebauten Grundstücks an einen Genossen. Voraussetzungen einer solchen Verpflichtung.

BGB. § 313.

II. Zivilsenat. Urt. v. 15. November 1929 i. S. J. (Bekl.) w. Eigenheim-Siedlung Kölner Vororte, eingetr. Gen. m. beschr. Haftpfl. (Kl.). II 123/29.

I. Landgericht Köln.
II. Oberlandesgericht daselbst.

Der Beklagte war seit November 1920 Genosse der am 8. September 1920 in das Genossenschaftsregister eingetragenen klagenden Genossenschaft. Gegenstand ihres Unternehmens ist nach der Satzung u. a. die Erleichterung des gemeinsamen Ankaufs von Grundstücken und der gemeinsamen Errichtung von Ein- und Mehrfamilienhäusern auf diesen Grundstücken, sowie die Errichtung von Wohnungen für minderbemittelte Familien und Personen, und zwar nach den Grundsätzen für die Gewährung von städtischen und staatlichen Baukostenzuschüssen im Bereich des Stadtbezirks Köln zu möglichst billigen Preisen. Nach § 11 Nr. 3 der Satzung sind die Genossen u. a. berechtigt:

„Soweit sie minderbemittelt sind, im Rahmen der Bedingungen des Kölner Wohnungsamtes und in Gemeinschaft mit den anderen

Genossen sich ein Reihenhaus erstellen zu lassen, das im Innern möglichst ihren Bedürfnissen angepaßt ist; jedoch sind vorher die vom Vorstand und Aufsichtsrat festzusetzenden Rest-Baugelder zu zahlen."

Die Satzung enthält auch Bestimmungen über die Ausschließung von Genossen.

Durch Beschluß des Aufsichtsrats der Klägerin vom 17. September 1926 ist der Beklagte wegen angeblichen Verzugs mit seinen Zahlungsverpflichtungen und wegen Zuwiderhandlungen gegen die Interessen der Genossenschaft ausgeschlossen und es ist daraufhin sein Ausscheiden zum 31. Dezember 1926 in der gerichtlichen Liste der Genossen vermerkt worden. Er hat deswegen zunächst die Generalversammlung angerufen; diese hielt jedoch mit Beschluß vom 2. April 1927 die Ausschließung aufrecht. Der Beklagte bewohnt das von der Klägerin auf ihrem Grundbesitz erbaute Wohnhaus Markusplatz Nr. 18 in Köln-Radertal, das ihm durch gemeinsamen Beschluß des Vorstands und des Aufsichtsrats vom 3. August 1923 zugewiesen worden war und bei dessen Erbauung er selbst auf seine Kosten Bauarbeiten hat ausführen lassen. Er hat ferner während und nach der Zeit der Geldentwertung an die Klägerin Zahlungen geleistet, deren Höhe jedoch streitig ist. Wegen der Restbaugelder hat er von der Klägerin verschiedene Abrechnungen erhalten. So forderte sie unter dem 10. August 1923 als vorläufiges Restbaugeld 500000 M. und und weitere 15000000 M., die der Beklagte alsbald zahlte. Anfang 1925 erhielt er eine neue Abrechnung mit einer Nachforderung von 549 GM., am 28. Januar 1926 eine Nachforderung von 2399,55 RM., am 1. Mai 1926 eine solche von 4575,61 RM. mit der Aufforderung zur Übernahme einer inzwischen eingetragenen Hypothek von 2051,15 RM., und am 24. Juni 1926 verlangte die Klägerin von ihm die Übernahme einer weiteren Hypothek von 3300 RM. und Zahlung von 1275,61 RM. Der Beklagte ließ sich auf diese Nachforderungen nicht ein und stellte im Jahr 1926 seine regelmäßigen monatlichen Zahlungen, die von der Klägerin auf 60 RM. für den Monat festgesetzt waren, ganz ein.

Das vom Beklagten bewohnte Haus hat die Klägerin in der Folge an einen anderen Genossen verkauft und aufgelassen. Mit der jetzigen Klage verlangte sie ursprünglich Räumung dieses Anwesens. Der Beklagte forderte widerklagend Verurteilung der Klägerin zur

Auflassung des Grundstücks Markusplatz Nr. 18 an ihn. Er bestritt die Gültigkeit der Ausschließungsbeschlüsse aus formellen und sachlichen Gründen und stützte den Auflassungsanspruch in erster Linie auf die Satzung und den Zuweisungsbeschluß des Vorstands und des Aufsichtsrats der Klägerin.

Das Landgericht wies durch Teilurteil die Widerklage ab. Die Berufung des Beklagten wurde zurückgewiesen. Seine Revision hatte keinen Erfolg.

Aus den Gründen:

Das Berufungsgericht ist in Übereinstimmung mit dem Landgericht zur Abweisung des widerklageweise geltend gemachten Auflassungsanspruchs gelangt, weil es an einer der Form des § 313 BGB. entsprechenden Verpflichtung der Klägerin zur Eigentumsübertragung fehle. Die Beachtung dieser Vorschrift erübrige sich — so führt das angefochtene Urteil aus — auch nicht um deswillen, weil etwa durch die Satzung ohnehin schon eine Verpflichtung der Genossenschaft zur Eigentumsübertragung auf den Beklagten begründet sei. In letzterer Hinsicht sagt das Berufungsgericht: Der Zweck der klagenden Genossenschaft sei allerdings, wie sich u. a. aus ihrer Firma und aus § 3 Abs. 2 der Satzung ergebe, den einzelnen Genossen ein eigenes Haus zu verschaffen; daraus folge aber nicht ohne weiteres, daß nun jeder Genosse einen unmittelbaren satzungsmäßigen Anspruch auf Übereignung eines solchen habe. Während im Falle RGZ. Bd. 110 S. 241 satzungsmäßiger Gegenstand des Unternehmens die Erbauung von Häusern zum Verkauf an die Genossen gewesen sei, nenne die Satzung der Klägerin als solchen Gegenstand „die Erleichterung des gemeinsamen Ankaufs von Grundstücken, der gemeinsamen Errichtung von Ein- und Mehrfamilienhäusern und der Einrichtung von Wohnungen für minderbemittelte Genossen". Die Satzung gebe danach den Genossen nur einen Anspruch des soeben bezeichneten Inhalts, nicht aber einen solchen auf käufliche Übereignung; ebensowenig sei ein Anspruch der letzteren Art aus sonstigen Satzungsbestimmungen herzuleiten. In der Sache RGZ. Bd. 110 S. 241 habe die Satzung ins einzelne gehende Bestimmungen darüber enthalten, wann ein Genosse zum Erwerb berechtigt sei und wann das Eigentum übergehe, sowie welches Rechtsverhältnis zwischen der Genossenschaft und dem einzelnen Genossen bis zum Eigentumsübergang bestehe. Über alle diese Punkte enthalte die Satzung der Klägerin nichts. § 11 Nr. 3 führe unter den Rechten der Genossen nur ganz allgemein das Recht auf, „sich im Rahmen der Bedingungen des Kölner Wohnungsamtes und in Gemeinschaft mit anderen Genossen ein Reihenhaus errichten zu lassen". Von Übertragung des Eigentums sei hier nicht die Rede. Ebensowenig sei in § 25 der Satzung, der die von Vorstand und Aufsichtsrat gemeinsam zu erledigenden Geschäfte behandle, etwas von Beschlüssen betreffend Übereignung von Häusern auf die Genossen erwähnt. Zur Begründung einer Auflassungsverpflichtung bedürfe es demnach der Wahrung der Form des § 313 BGB.

Die Revision wirft dem Berufungsgericht unrichtige Auslegung der Satzung der Klägerin vor. Der Angriff ist nicht begründet. Der Sachverhalt ist hier nach der Satzung der Genossenschaft in ihrer bis zum Frühjahr 1924 in Geltung gewesenen Fassung in der Tat ein anderer als der, welcher dem Urteil RGZ. Bd. 110 S. 241 und den weiteren Urteilen des erkennenden Senats vom 5. Februar 1926 II 148/25 und vom 1. November 1927 II 101/27 zugrunde lag. In allen diesen Fällen war in der Satzung selbst als Gegenstand des gemeinschaftlichen Unternehmens der Verkauf des von der Genossenschaft erworbenen Geländes und der von ihr darauf errichteten Häuser an die Genossen aufgeführt. Die Satzungen befaßten sich ferner mit den näheren Voraussetzungen eines solchen Verkaufs, insbesondere auch in der Richtung, welches genossenschaftliche Organ über die Veräußerung an einen bestimmten Genossen und die Höhe des Kaufpreises und dergl. mehr zu bestimmen habe. Die Satzung gab so den Tatbestand, auf Grund dessen sich die allgemeine Anwartschaft des einzelnen Genossen in einen Übereignungsanspruch umsetzen konnte und sollte. Zutreffend weist das Berufungsgericht darauf hin, daß die Satzung der Klägerin in der ursprünglichen, bis Frühjahr 1924 in Geltung gewesenen Fassung von alledem nichts enthält. Ihr § 2, der sich mit dem Gegenstand des Unternehmens befaßt, zählt darunter den Verkauf des „gemeinsam" erkauften Geländes und der „gemeinsam" errichteten Wohnhäuser an die Genossen nicht auf. Aus der Firma der Klägerin und aus § 3 Abs. 2 der Satzung, der bestimmte, daß als Genossen nur Personen aufgenommen werden sollen, welche die Absicht haben, ein „Eigenheim" in einer der Genossenschaftssiedlungen zu erwerben, läßt sich ebenfalls noch kein satzungsmäßiger Übereignungsanspruch herleiten. Auch § 11 Nr. 3 der Satzung alter Fassung gab den Genossen nur das Recht, sich „im Rahmen der Bedingungen des Kölner Wohnungsamtes und in Gemeinschaft mit den anderen Genossen ein Reihenhaus errichten zu lassen". Daraus folgt nur eine mehr oder weniger unbestimmte allgemeine Anwartschaft. Irgendwelche sonstige Vorschriften, die sich mit der Veräußerung der von der Genossenschaft errichteten Häuser an die Genossen befaßt hätten, fehlten in der ursprünglichen Satzung. Dann läßt sich aber auf die Satzung ein genossenschaftlicher Anspruch auf Übereignung nicht gründen. Da hiernach die Satzung insofern jeden ausreichenden Anhalt vermissen läßt, reichen auch die angeblichen Maßnahmen und Rechtshandlungen des Vorstands und des Aufsichtsrats zur Stützung eines im Genossenverhältnis wurzelnden Auflassungsanspruchs nicht aus.

Nun ist allerdings § 11 Nr. 3 der Satzung durch den Generalversammlungsbeschluß vom 30. März 1924 dahin geändert worden, daß ihm noch der Satz beigefügt wurde: „jedoch sind vorher die vom Vorstand und Aufsichtsrat festzusetzenden Restbaugelder zu bezahlen". Diese Satzungsänderung ist auch im Genossenschaftsregister eingetragen und damit wirksam geworden. Das Berufungsgericht hat diese Änderung in den Urteilsgründen nicht berücksichtigt, obwohl die Satzung auch in der neuen Fassung Gegenstand der Verhandlung war. Es ist nicht zu verkennen, daß durch diesen Zusatz die Rechtslage eine andere geworden ist. Denn der nunmehrige § 11 Nr. 3 kann unbedenklich in dem Sinne ausgelegt werden, daß derjenige Genosse, der die ihm für ein bestimmtes Haus von Vorstand und Aufsichtsrat angesetzten Restbaugelder gezahlt habe, damit einen satzungsmäßigen Anspruch auf Auflassung des Hauses erwerben solle. Die Feststellung des Restbaugelds, die durch das nunmehr satzungsgemäß berufene Organ (Vorstand und Aufsichtsrat) für ein einzelnes Genossenschaftshaus gegenüber einem Einzelgenossen vorgenommen wird, und die Zahlung des bezeichneten Betrags durch ihn verwandeln kraft der Satzung die allgemeine Anwartschaft in einen Rechtsanspruch auf Übereignung des betreffenden Anwesens. All dies vermag indessen der Revision nicht weiterzuhelfen. Denn der Beklagte hat die von Vorstand und Aufsichtsrat festgesetzten Restbaugelder nicht gezahlt. Die Zahlung der im August 1923, also lange vor der Satzungsänderung nur vorläufig festgesetzten Restbausumme reicht nicht aus. Denn nach der jetzt geltenden Satzung wäre volle Zahlung der Restbausumme erforderlich, um einen satzungsmäßigen Übereignungsanspruch des Beklagten zu begründen. Auf die Vorgänge vom August 1923 kann der Beklagte einen solchen Anspruch nicht stützen, weil die damalige Satzung über einen solchen Anspruch nichts enthielt, und auf den § 11 Nr. 3 neuer Fassung kann er sich um deswillen nicht mit Erfolg berufen, weil er dem satzungsmäßigen Erfordernis der Zahlung der von Vorstand und Aufsichtsrat angesetzten Restbaugelder nicht genügt hat. Demgemäß muß es dabei verbleiben, daß der Beklagte aus der Satzung der Klägerin keinen Auflassungsanspruch herleiten kann. . . .

---

46. Kann bei einem vom Akzeptanten durch nachträgliche Erhöhung der Wechselsumme verfälschten Wechsel der Indossatar dem Avalisten die Einrede der Arglist entgegenhalten, wenn dieser bei Übernahme der Avalverpflichtung mit der Möglichkeit der bezeichneten Verfälschung des Wechsels gerechnet hat und nunmehr vom Indossatar verlangt, daß er sich mit der ursprünglichen Wechselsumme begnüge?

WO. Art. 75, 81, 82.

II. Zivilsenat. Urt. v. 15. November 1929 i. S. Firma K., U. & Co. (Bekl.) w. Ländl. Centralkasse eingetr. Gen. m. beschr. Haftpfl. (Kl.). II 271/29

I. Landgericht Münster i. W., Kammer für Handelssachen.
II. Oberlandesgericht Hamm.

Die verklagte Bankfirma ist Inhaberin von 11 Wechseln, die von den R.er Kristall-Glassandwerken GmbH. in D., gezeichnet von deren Geschäftsführer Sch., Holzhändler in M., auf eben diesen Sch. an eigene Order gezogen und von Sch. als Akzeptanten, von der Klägerin aber als Bürgin (per aval) angenommen worden sind. Die Beklagte will sie dem Sch. diskontiert haben. Diese Wechsel, einer vom 20. Juli und je 5 vom 1. und 10. August 1926 und mit Ausnahme derjenigen vom 10. August als „Depotwechsel" bezeichnet, sind von Sch. verfälscht worden, der Ende 1926 einen Vermögenszusammenbruch erlitten hat und nach Einleitung einer gerichtlichen Voruntersuchung wegen Urkundenfälschung und Betrugs gestorben ist. Dies geschah dadurch, daß Sch. die Summenangaben in Zahlen durch nachträgliche Beifügung einzelner Ziffern je um rund 10000 bis

17000 RM. erhöhte und dementsprechend die Buchstabenbezeichnung selbst einsetzte. Die so verfälschten Wechsel wurden an die Beklagte begeben, die sie nicht weiterübertragen hat. Die Klägerin, die dem Sch. beträchtliche Kredite eingeräumt hatte, zahlte an die Beklagte die ursprünglichen Wechselbeträge von insgesamt 18400 RM. Im übrigen klagte sie auf Feststellung, daß die Beklagte aus diesen Wechseln keinerlei Ansprüche mehr gegen sie habe. Die Beklagte verlangte widerklagend Zahlung von weiteren 117100 RM. nebst Zinsen.

Das Landgericht gab der Klage statt und wies die Widerklage ab. Die Berufung der Beklagten wurde zurückgewiesen. Ihre Revision führte zur Aufhebung und Zurückverweisung.

Gründe:

(Zunächst wird ausgeführt: Die Klägerin sei, wie sich aus den Feststellungen des Berufungsgerichts ergebe, überzeugt gewesen, daß sich Sch. mit Wechselfälschungen befasse, und sie habe auch bei Ausstellung der Avale mit der Möglichkeit gerechnet, daß die hier in Rede stehenden Wechsel von ihm verfälscht seien und daß Dritte, an welche sie gelangen würden, dadurch zu Schaden kommen könnten. Trotzdem habe die Klägerin nichts gegen Sch. unternommen; sie habe sogar dahin gewirkt, daß die Absicht eines Dritten, Strafanzeige gegen ihn zu erstatten, nicht ausgeführt worden sei. Dieses Verhalten habe seinen Grund in der Befürchtung der Klägerin gehabt, das Bekanntwerden der Fälschungen des Sch. werde seinen vermögensrechtlichen Zusammenbruch und die Uneinbringlichkeit ihrer Forderungen an ihn zur notwendigen Folge haben. — Dann wird fortgefahren:)

Nach alledem hat die Klägerin die Verfälschung der Wechsel zwar nicht gebilligt, aber sie hat die Möglichkeit der Verfälschung durch Sch. zum Schaden Dritter erkannt und bei Übernahme der Avalverpflichtung mit in Kauf genommen. Als Kaufmann — denn als solcher gilt nach § 17 Abs. 2 GenG. in Ansehung der hier fraglichen Geschäfte auch die Genossenschaft — hätte sie die Pflicht gehabt, zur Aufrechterhaltung eines redlichen Geschäftsgebarens und zur Reinhaltung des strenger Ordnung bedürftigen Wechselverkehrs die den Fälschungen Raum und Unterlage bietenden Geschäfte mit Sch. abzubrechen und, wenn nicht selbst ihn der verdienten Strafe zuzuführen, so doch jedenfalls die dahingehende Absicht eines andern nicht zu hintertreiben. Die Klägerin hat aber das Gegenteil getan, in dem rücksichtslosen Bestreben, sich vor einem Zusammenbruch des Sch. noch Deckung für ihre Forderungen zu verschaffen, und in voller Erkenntnis der Gefahr, daß dadurch Dritte zu dem erheblichen Betrag der im Wege der Verfälschung bewirkten Erhöhung der Wechselsummen zu Schaden kommen können. Ein solches Verhalten verstößt grob gegen das Anstandsgefühl aller billig und gerecht Denkenden und namentlich gegen die Auffassung der Kaufmannschaft von einem redlichen Geschäfts- und Wechselverkehr. Der Vorderrichter hat die für den Wechselverkehr zu stellenden Anforderungen viel zu niedrig gehalten. Auf Grund dieser Sittenwidrigkeit kann die Beklagte der Berufung der Klägerin auf die Verfälschung der Wechsel, die nichts anderes ist als ein Leugnen des Klagegrunds der wechselmäßigen Haftung, den Vorwurf der Arglist entgegenstellen. Die Klägerin muß sich bei solchem Verhalten ebenso behandeln lassen, wie wenn sie der Verfälschung der Wechsel zugestimmt hätte; sie haftet wechselmäßig. Auf die Frage, ob die Klägerin aus unerlaubter Handlung auf Schadensersatz haftet, braucht bei der Fassung der gestellten Anträge nicht eingegangen zu werden.

Bei solcher Haftung der Klägerin kann es nicht darauf ankommen, ob die Beklagte Schaden erlitten hat; sie hat eben den Wechselanspruch. Ebenso ist unerheblich, ob sich die Beklagte beim Nehmen der verfälschten Wechsel eine Fahrlässigkeit (ungenügende Achtsamkeit auf Verfälschungen) hat zuschulden kommen lassen, wie der Vorderrichter annimmt. Die wechselmäßige Haftung und natürlich auch eine Schadensersatzpflicht der Klägerin würde nur dann entfallen, wenn, wie die Klägerin vorgebracht hat, die Beklagte gleichfalls von der Fälschertätigkeit des Sch. Kenntnis gehabt und deshalb in der Annahme einer vollzogenen Fälschung die Wechsel nicht diskontiert, nichts auf sie gezahlt, sondern sie nur zum Depot als Deckung für bereits gewährten Kredit hereingenommen hätte. Im Falle der Diskontierung wäre bestimmt nicht anzunehmen, daß sie mit einer Verfälschung gerechnet hat. Nach dieser Richtung ist das beiderseitige Vorbringen bisher nicht geprüft worden.

---

47. Wie gestalten sich nach der Verordnung über die Aufwertung von Versicherungsansprüchen vom 22. Mai 1926 die Ansprüche der Haftpflichtversicherten auf Erstattung von Kosten aus Rechtsstreitigkeiten mit Dritten?

Verordnung vom 22. Mai 1926 (RGBl. I S. 249) Art. 2, 8. Versicherungsvertragsgesetz § 150.

VII. Zivilsenat. Urt. v. 15. November 1929 i. S. M. (Kl.) w. V. Allg. Versicherungs-AG. (Bekl.). VII 124/29.

I. Landgericht Düsseldorf.
II. Oberlandesgericht daselbst.

Der praktische Arzt Dr. von G. war bei der Beklagten durch Vertrag vom März 1903 für seine ganze Lebenszeit bis zum Höchstbetrag von 180000 M. gegen Haftpflichtschäden aus Tötung oder Verletzung anderer Personen bei Ausübung seiner ärztlichen Tätigkeit versichert. Die Klägerin wurde bei ihrer Geburt am 18. Juni 1906 durch sein Verschulden bei der Geburtshilfe erheblich an den Augen verletzt. Durch rechtskräftiges Urteil des Landgerichts Düsseldorf vom 18. Juni 1907 wurde die Verpflichtung des von G. festgestellt, der Klägerin allen durch dieses Versehen entstehenden Schaden zu ersetzen. Dr. von G. ist kurz danach gestorben. Auf eine von der Klägerin im März 1924 erhobene Klage wurde seine Witwe, jetzige Frau R., als seine Rechtsnachfolgerin durch rechtskräftiges Urteil des Oberlandesgerichts Düsseldorf vom 26. März 1926 zur Zahlung von 50000 RM. verurteilt. Auf Grund dieses Urteils ließ die Klägerin die Ansprüche der Frau R. gegen die Beklagte aus der Haftpflichtversicherung pfänden und sich überweisen. Sie begehrt nunmehr unter Berufung auf Art. 2 der Verordnung vom 22. Mai 1926 die Verurteilung der Beklagten zur Zahlung von 10000 RM. (20% von den 50000 RM.).

Wegen der Führung von Haftpflichtprozessen und der Erstattung von Kosten solcher Prozesse ist in § 5 Abs. 3 der Allgemeinen Versicherungsbedingungen der Beklagten bestimmt, daß bei einem Haftpflichtfall zunächst eine gütliche Einigung zu versuchen sei, und es wird dann in den Absätzen 4 bis 6 fortgefahren: „Gelingt eine Einigung nicht oder wird sie von der Direktion der Gesellschaft nicht genehmigt, so hat der Versicherungsnehmer die Ansprüche zu bestreiten und es auf gerichtliche Entscheidung ankommen zu lassen. Die Gesellschaft übernimmt die Führung des Rechtsstreits im Namen des Versicherungsnehmers, welcher verpflichtet ist, dem ihm von der Gesellschaft zu bezeichnenden Rechtsanwalt Prozeßvollmacht zu erteilen. Die Kosten, welche dem Versicherungsnehmer aus der Führung des Prozesses entstehen, werden von der Gesellschaft voll ersetzt." Auf Grund der letzten Bestimmung hat die Beklagte an Frau R., abgesehen von einem Papiermarkbetrag, zusammen annähernd 22000 RM. an Kosten für die Führung des Rechtsstreits der Klägerin gegen sie gezahlt.

Die Beklagte macht gegenüber der Klageforderung geltend, daß der Frau R. auf Grund der Verordnung vom 22. Mai 1926 nur ein einheitlicher Anspruch auf Zahlung von 10000 RM. Haftpflichtsumme und 4400 RM. Prozeßkosten zustehe, daß dieser Anspruch aber durch die Zahlung der annähernd 22000 RM. bereits getilgt sei. Die Klägerin will dies nicht gelten lassen. Sie wurde aber mit ihrer Klage in beiden Vorinstanzen abgewiesen. Auch ihre Revision hatte keinen Erfolg.

Gründe:

Die Klägerin klagt aus den für Dr. von G. durch sein Versicherungsverhältnis mit der Beklagten begründeten Rechten, die durch Erbgang auf seine Witwe und durch gerichtliche Pfändung und Überweisung von dieser weiter auf die Klägerin übergegangen sind. Bei dem im März 1903 zwischen von G. und der Beklagten begründeten Vertragsverhältnis handelt es sich um einen lebenslänglichen Haftpflichtversicherungs-Vertrag mit begrenzter Deckung gegen Haftung für Personenschäden (Versicherungssumme von 180000 M. für die Gesamtheit der etwaigen Haftpflichtfälle). Der Vertrag kann auch in Ansehung der Kosten von Haftpflichtprozessen, die nach § 5 Abs. 6 der Allg. Vers. Bed. von der Beklagten voll ersetzt werden sollten, soweit die Prozesse auf ihre Weisung geführt wurden, nicht als ein Versicherungsvertrag mit unbegrenzter Deckung angesehen werden. Zwar ist dieser „volle Ersatz" als Deckung aller Prozeßkosten ohne Rücksicht auf die Höhe der Haftpflichtschuld des einzelnen Falles und ebenso auch auf die Höhe der Versicherungssumme zu verstehen, wie in gleicher Weise der Punkt auch später in § 150 Abs. 2 VVG. geregelt worden ist (RGZ. Bd. 124 S. 237/38); aber bei dieser Regelung handelt es sich immerhin nur um eine Nebenbestimmung des Vertrags, die seinen Gesamtcharakter nicht zu ändern vermag.

Die Haftpflichtschuld des von G. gegenüber der Klägerin und damit auch sein Versicherungsvertrags-Anspruch gegen die Beklagte sind beide schon im Jahre 1906, bei Verletzung der Klägerin durch von G., entstanden, und zwar als Forderung in der damals geltenden Währung des Reiches, die später zur Papierwährung wurde. Daran wird auch dadurch nichts geändert, daß es erst nach Eintritt der Reichsmarkwährung zur Bezifferung des Anspruchs gekommen ist. Solche Ansprüche gehören vielmehr, und zwar einschließlich des Kostenerstattungsanspruchs, nach wie vor zu den vor der Neubefestigung der Währung begründeten Schulden, deren Abtragung den Versicherungsgesellschaften wegen der ihnen durch die Geldentwertung erwachsenen Verluste durch die Aufwertungsgesetzgebung erleichtert werden soll (vgl. Urteil des erkennenden Senats vom 8. Februar 1929 VII 360/28, abgedr. JW. 1929 S. 2259 Nr. 6). Von den auf Grund der § 59 Abs. 2 und § 61 AufwG. erlassenen Ausführungsbestimmungen hat aber das Berufungsgericht mit Recht die Verordnung vom 22. Mai 1926 angewendet, die sich insbesondere auch auf die durch Art. 95 DurchfVo. von der Regelung nach dem Aufwertungsgesetz und nach der Durchführungsverordnung selbst ausgenommenen lebenslänglichen Haftpflichtversicherungs-Verträge bezieht.

Die Klägerin geht nun selbst davon aus, daß sich nach dem maßgebenden Art. 2 jener Verordnung der Betrag von 50000 RM., zu dessen Zahlung an sie Frau R. verurteilt worden ist, gegenüber der Beklagten auf 10000 RM. mindert; eine Ersatzpflicht bezüglich der Haftpflichtschuld des von G. in dieser Höhe wird von der Beklagten an sich auch nicht bestritten. Streit herrscht aber darüber, ob gegenüber der Klagforderung die bereits erfolgte Erstattung der annähernd 22000 RM. Prozeßkosten zu berücksichtigen ist.

Gegenüber dem vom Berufungsgericht gebilligten Standpunkt der Beklagten, daß sie hiervon nur einen dem Art. 2 Abs. 2 Vo. vom 22. Mai 1926 entsprechenden Teil (die Höhe des Betrags zunächst einmal dahingestellt) zu erstatten schuldig gewesen sei, macht die Revision in erster Linie geltend, daß Frau R. die Erstattung der vollen Prozeßkosten zu verlangen gehabt habe. Das ist aber nicht zutreffend. Allerdings ist das Vorbringen der Klägerin als richtig zu unterstellen, daß die Beklagte die Frau R. angewiesen hat, es auf die Entscheidung in dem von der Klägerin anzustrengenden Prozesse ankommen zu lassen, sodaß sie also an sich gemäß § 5 Abs. 6 der Allg. Vers. Bed. die

Prozeßkosten völlig uneingeschränkt zu ersetzen hätte. Dagegen wurde ein besonderes Auftragsverhältnis durch die Weisung der Beklagten und ihre Befolgung von seiten der Frau R. nicht begründet. Vielmehr hat die Beklagte damit, wie auch das Berufungsgericht annimmt, ersichtlich nur von ihrem nach dem Versicherungsvertrag ihr zustehenden Rechte Gebrauch machen wollen. Dann schlägt aber der Abs. 2 des Art. 2 ein, wonach die aus dem Versicherungsvertrag sich ergebende Verpflichtung des Versicherers zur Tragung der Kosten eines Haftpflichtprozesses auch einer Minderung unterliegt, und zwar entsprechend dem Verhältnis der ihm nach Abs. 1 obliegenden Leistungen zur Gesamthöhe der Haftpflichtschuld. Diese Vorschrift ist auch auf diejenigen Kosten zu beziehen, die an sich nach dem Versicherungsvertrag ohne Rücksicht auf die vereinbarte Versicherungssumme voll zu ersetzen gewesen wären. Besonders da die Bestimmung in § 5 Abs. 6 der Allg. Vers. Bed. inhaltlich nur das später in § 150 Abs. 2 VVG. Bestimmte wiedergibt, kann nicht angenommen werden, daß der Art. 2 Abs. 2 nicht auch den Fall einer solchen Abmachung habe treffen wollen. Wieweit Frau R. bei der Führung des Prozesses mit in ihrem eigenen Interesse handelte oder ob sie nur im Interesse der Beklagten tätig wurde, ist hiernach unerheblich.

Das Ergebnis ist zwar hart, aber es ist durch die Aufwertungsgesetzgebung begründet, die auch sonst vielfach Härten aufweist. Auf wieviel sich der von der Beklagten nach Art. 2 Abs. 2 zu tragende Teil der gesamten Prozeßkosten beläuft, hat das Berufungsgericht nicht ziffermäßig genau festgestellt. Wohl aber hat es diesen Teil entsprechend dem Parteivorbringen mit einem Höchstbetrag von weniger als 11000 RM. angenommen, sodaß also die von der Beklagten gezahlten annähernd 22000 RM. an sich sowohl den Ersatzanspruch zur Hauptsache als auch diesen Kostenerstattungsanspruch decken.

In zweiter Linie ist die Revision, entsprechend dem Vorbringen der Klägerin in den Vorinstanzen, der Ansicht, daß, wenn selbst die Zahlung auf die Prozeßkosten zu hoch gewesen sei, die Beklagte doch daraus nichts gegen den an sich unzweifelhaft begründeten Klaganspruch herleiten könne. Und zwar stützt sie sich hierfür einesteils auf § 366 BGB., anderenteils auf Art. 8 Vo. vom 22. Mai 1926. Nun ist allerdings unstreitig, daß die Zahlungen von der Beklagten nur auf die Prozeßkosten geleistet und in diesem Sinn auch von Frau R. angenommen worden sind, und es mag auch sein, daß die gesamten

Zahlungen noch vor dem Inkrafttreten jener Verordnung stattgefunden haben. Demnach wäre schon eine Rückforderung durch die Beklagte unter dem Gesichtspunkt der ungerechtfertigten Bereicherung an sich nicht möglich, weil die bloße nachträgliche Gesetzesänderung gegenüber einer nach der früheren Rechtslage gerechtfertigten Leistung noch keinen späteren Wegfall des rechtlichen Grundes bedeutet. Aber hierauf kommt es nicht entscheidend an. Denn der Art. 8 schlägt, wie das Berufungsgericht mit Recht annimmt, nicht zugunsten der Klägerin, sondern zugunsten der Beklagten durch. Diese Vorschrift ist vom Berufungsgericht zutreffend auf die Gesamtheit der Verpflichtungen der Beklagten bezogen worden, wie sie sich aus den sämtlichen Bestimmungen der Verordnung zusammengenommen ergeben; dagegen ist es nicht möglich, sie dahin zu verstehen, daß, soweit die Beklagte auf eine einzelne Verpflichtung mehr geleistet habe, es dabei sein Bewenden habe, daß sie aber die übrigen Verpflichtungen doch noch voll, entsprechend der Verordnung, erfüllen müsse. Das ist auch nicht dadurch geboten, daß die Ansprüche zur Hauptsache und wegen der Prozeßkosten in Art. 2 in verschiedenen Absätzen behandelt werden, noch auch dadurch, daß Art. 8 nur die Besserstellung des Versicherungsnehmers erstrebt. Dies zwingt, entgegen der Ansicht der Revision, noch keineswegs zu der Folgerung, daß es deutlicher hätte gesagt werden müssen, wenn die Vorschrift durch Zusammenrechnung von Hauptanspruch und Kostenschuld eine Erleichterung für den Versicherer hätte bringen sollen. Denn die Fassung des Art. 8 spricht deutlich gegen eine getrennte Behandlung.

48. Wann beruht eine Forderung im Sinne des § 10 Abs. 1 Nr. 2 AufwG. auf den Beziehungen aus der Auseinandersetzung unter Miterben?

V. Zivilsenat. Urt. v. 16. November 1929 i. S. D. u. Gen. (Kl.) w. G. (Bekl.). V 418/28.

I. Landgericht Münster.
II. Oberlandesgericht Hamm.

Für die drei Kläger waren auf dem Gute ihres Vaters je 10000 M. Abfindung vom mütterlichen Vermögen aus dem notariellen Schichtungsvertrag vom 31. Juli 1907 unverzinslich eingetragen. Am

21. März 1916 verkaufte der Vater das Gut an die Ehefrau St., wobei die Käuferin die Abfindungshypotheken der Kläger übernahm. Frau St. verkaufte am 6. August 1917 den größten Teil der verhafteten Grundstücke weiter an die Beklagte; hierbei fand keine Übernahme der Hypotheken statt.

Nachdem der Vater der Kläger verstorben war und als Erbin seine zweite Frau hinterlassen hatte, überreichte am 27. August 1917 der Ehemann der Erstkäuferin, Rechtsanwalt St., zu den Vormundschaftsakten der Kläger die Löschungsbewilligung ihres Vormunds und den Löschungsantrag der Grundstückseigentümerin, Witwe D., über die drei Abfindungshypotheken von je 10000 M. Er bat um Genehmigung der Löschung, indem er unter Bezugnahme auf eine beigefügte Eintragungsbewilligung der Witwe D., womit die Forderungen (zugunsten seiner Ehefrau) verzinslich gemacht werden sollten, erklärte:

„Gemäß anliegender Eintragungsbewilligung werden diese 30000 M. Abfindung dadurch getilgt, daß für jedes der Minderjährigen eine mit $4^1/_2$% verzinsliche Darlehenshypothek eingetragen wird."

Nach Erteilung der vormundschaftsgerichtlichen Genehmigung wurden die Löschungsurkunden mit der neuen Eintragungsbewilligung dem Grundbuchamt eingereicht; von der Bewilligung der Witwe D. wurde jedoch demnächst kein Gebrauch gemacht. Sie wurde vielmehr ersetzt durch eine gleichlautende Eintragungsbewilligung der Beklagten, welche diese an demselben Tage — 3. September 1917 — erklärte, als sie von der Witwe D. unmittelbar die Auflassung der ihr von der Ehefrau St. weiterverkauften Grundstücke erhielt. Die Löschung der Abfindungshypotheken und die Umschreibung der Grundstücke auf die Beklagte fand am 4. September, die Eintragung der drei neuen Darlehenshypotheken von je 10000 M. am 13. September 1917 statt. Am 4. April 1923 zahlte die Beklagte alle drei Hypotheken zum Nennbetrag aus; sie wurden daraufhin im Grundbuch gelöscht.

Nach Erlaß des Aufwertungsgesetzes forderten die Gläubiger von der Beklagten persönliche und dingliche Aufwertung. Gegen die dingliche Aufwertung zu 25% hat die Beklagte schließlich keine Einwendungen mehr erhoben. Dagegen hat sie eine höhere persönliche Aufwertungspflicht mit der Begründung bestritten, daß sie nicht Schuldnerin von Abfindungsforderungen sei. An das Prozeßgericht verwiesen, haben die Kläger um die Feststellung gebeten, daß die Beklagte verpflichtet sei, die Darlehenshypotheken nach Maßgabe des § 10 AufwG. als persönliche Schuldnerin aufzuwerten. In den Vorinstanzen sind sie unterlegen. Ihre Revision hatte Erfolg.

Gründe:

(Es wird zunächst die Einrede der Unzulässigkeit des Rechtswegs widerlegt und sodann fortgefahren:)

In der Sache selbst geht der Streit der Parteien um die Anwendbarkeit der Vorschrift des § 10 Abs. 1 Nr. 2 AufwG. Die Beklagte erkennt die persönliche Aufwertungspflicht an sich an, leugnet aber die Zulässigkeit einer vom regelmäßigen Höchstsatz des § 9 abweichenden Aufwertung der persönlichen Forderungen nach allgemeinen Vorschriften. Sie führt dazu aus, daß sie ausschließlich Darlehensschuldnerin, nicht auch Schuldnerin von ursprünglichen Abfindungsforderungen sei. Hierin ist ihr das Berufungsgericht beigetreten. Unter Würdigung der Vorgänge von 1917 im Sinne einer Umschaffung der ursprünglichen Abfindungsforderungen in Darlehensforderungen zieht es daraus die rechtliche Folgerung der Unzulässigkeit einer Aufwertung nach allgemeinen Vorschriften. Diese Folgerung ist aber rechtsirrig. In den Fällen des § 10 Abs. 1 Nr. 2 AufwG. muß der Frage, ob eine Umschaffung (Umwandlung, Novation) der ursprünglichen Forderung in eine Darlehensforderung stattgefunden hat, die Erheblichkeit überhaupt abgesprochen werden. Entscheidend ist nach dieser Vorschrift (in ihrem hier in Betracht kommenden Teil) lediglich, ob für die Forderung, deren Aufwertung nach allgemeinen Vorschriften beansprucht wird, zutrifft, daß sie auf den Beziehungen aus der Auseinandersetzung unter Miterben „beruht". Auf das „Beruhen" im Sinne des § 10 Abs. 1 Nr. 2 AufwG. kommt es an. Wie nun die Entstehungsgeschichte des Gesetzes (im wesentlichen mitgeteilt bei Mügel 5. Aufl. Anm. 4 zu § 10 AufwG. S. 601) ergibt, war mit den Vorschriften des § 10 Abs. 1 Nr. 1 bis 5 AufwG. eine weitgehende Bevorzugung der dort bezeichneten Forderungen durch Befreiung von der Bindung an den normalen Höchstsatz des § 9 beabsichtigt, und zwar auch dann, wenn eine Umwandlung in Darlehensforderungen stattgefunden hatte. Auf Zweifel, die in dieser Beziehung laut geworden waren, wurde im Reichstagsausschuß erwidert: alle umgewandelten Darlehensforderungen der bezeichneten Art würden gleichbehandelt; die aus Restkaufgeldern entstandenen, weil dies in Nr. 5 ausdrücklich bestimmt sei, die aus Forderungen der in Nr. 1 bis 3 bezeichneten Art entstandenen Darlehensforderungen, weil es hier auf das Ursprungsverhältnis ankomme, was im Gesetz dadurch zum Ausdruck gebracht sei, daß alle Forderungen, die auf diesen Verhältnissen „beruhten", einer Sonderregelung unterworfen seien. In der Tat hat der auf das Ursprungsverhältnis abstellende Wille des Gesetzgebers im Gesetze selbst durch die absichtlich dehnbar gewählte Fassung der Vorschrift deutlichen Ausdruck gefunden. Denn es wird nicht verlangt, daß sich die Forderung etwa noch jetzt als eine solche aus einer Auseinandersetzung unter Miterben usw. rechtlich darstelle. Es wird auch nicht unmittelbares Beruhen auf solcher Auseinandersetzung gefordert. Vielmehr wird ein Beruhen auf den Beziehungen aus einer Auseinandersetzung unter Miterben usw. für ausreichend erklärt und damit klargelegt, daß hier keineswegs das Erfordernis eines rechtlichen Zusammenhangs aufgestellt werden, sondern ein auch nur geschichtlicher oder wirtschaftlicher Zusammenhang genügen soll. Die hiernach auch im Wortlaut des Gesetzes selbst festgelegte Maßgeblichkeit des Ursprungsverhältnisses erfordert, daß bei der Prüfung des „Beruhens" an die Stelle der rechtlichen Betrachtung die geschichtliche und wirtschaftliche tritt. Somit ist, wie dies auch der überwiegenden Ansicht des Schrifttums entspricht, entgegen der Meinung des Berufungsgerichts eine den rechtlichen Zusammenhang unterbrechende Umschaffung nicht geeignet, das „Beruhen" im Sinne des § 10 Abs. 1 Nr. 2 AufwG. auszuschließen.

Prüft man aber den vorliegenden Sachverhalt unter Absehen von dem Erfordernis, daß sich die Forderung rechtlich nicht verändert hat, so ist geschichtlich und wirtschaftlich der Zusammenhang zwischen den gegenwärtigen Darlehensforderungen der Kläger gegen die Beklagte mit ihren ursprünglichen Abfindungsforderungen gegen ihren Vater nicht zweifelhaft. Das objektive „Beruhen" hat weder die vom Berufungsgericht vermißte Übernahme der alten, 1907 begründeten Schuld durch die Beklagte zur Voraussetzung, noch erfordert es negativ, daß keine Umschaffung im Rechtssinn dazwischengetreten sei. Auch ist subjektiv nicht Erfordernis, daß sich die Beklagte bei ihrem Bekenntnis als Darlehensschuldnerin des Zusammenhangs mit alten Abfindungsforderungen der Kläger bewußt gewesen sei. Es genügt, daß sich geschichtlich und wirtschaftlich diese alten Forderungen in den neuen Darlehensforderungen gegen die Beklagte fortsetzen. Daß dies der Fall ist, folgt aus dem unstreitigen Hergang, wonach wirtschaftlich niemals eine Tilgung der alten Forderungen stattgefunden hat, den Klägern vielmehr für ihre alten Abfindungshypotheken an dem der Frau St. verkauften Gute neue Darlehenshypotheken auf den an die Beklagte weiterveräußerten Grundstücken gewährt worden sind. Die rechtliche Einkleidung dieses Vorgangs in die Form einer Vereinbarungstilgung der alten und Neuschaffung anderer Forderungen gegen eine neue Schuldnerin hebt den geschichtlichen und wirtschaftlichen Zusammenhang nicht auf. Zu den Darlehensforderungen der Kläger gegen die Beklagte ist es nur gekommen, weil den Klägern Abfindungsforderungen zustanden, die auf den von der Beklagten erworbenen Grundstücken hypothekarisch sichergestellt waren. Jene Abfindungsforderungen rührten aus der Auseinandersetzung der Kläger mit ihrem Vater über den mütterlichen Nachlaß her. Sie bestehen geschichtlich und wirtschaftlich fort in den Darlehensforderungen, als deren Schuldnerin sich die Beklagte bekannt hat. Daher beruhen sie im Sinne des § 10 Abs. 1 Nr. 2 AufwG. auf den Beziehungen aus einer Auseinandersetzung unter Miterben, die vorliegendenfalls zugleich im Eltern- und Kindesverhältnis standen. Der Anspruch der Kläger auf Aufwertung nach allgemeinen Vorschriften ist sonach begründet.

---

49. Ist Inzident-Feststellungswiderklage zulässig über einen bestimmten Lieferungsanspruch, von welchem der aus dem gleichen Vertragsverhältnis erhobene Klaganspruch auf Zahlung von Kaufpreis und der Widerklageanspruch auf Leistung von Schadensersatz abhängig sind?

ZPO. § 280.

II. Zivilsenat. Urt. v. 19. November 1929 i. S. M. (Kl.) w. B. (Bekl.). II 72/29.

I. Landgericht Bremen.
II. Oberlandesgericht Hamburg.

Der Kläger hat den Beklagten auf Zahlung von 30472,78 RM. nebst Zinsen verklagt. Diesen Betrag fordert er für Lieferung von Metalldrahtlampen, die er nach den Vorschriften über den Verkauf von Altstoffen von der Deutschen Reichsbahn-Gesellschaft gekauft hatte. Der Beklagte hat die Klagforderung bestritten und Widerklage auf Schadensersatz in Höhe von 31788,09 RM. nebst Zinsen erhoben. Er behauptet, er habe Anspruch auf Lieferung der in den eisenbahnamtlichen Listen verzeichneten Lampen, und zwar nicht nur der Stückzahl nach, sondern auch nach den in den Listen verzeichneten Typen, sodaß er neben billigeren Stücken auch besonders wertvolle zu fordern habe; dafür habe er den nach diesen Listen berechneten Durchschnittspreis zu zahlen. Wegen Nichtlieferung der ihm verkauften wertvollen Lampentypen berechnet er einen Schadensbetrag von 55508,83 RM., den er in Höhe der Klagforderung gegen diese aufrechnet, soweit er ihre Entstehung anerkennt; den überschießenden Betrag fordert er mit der Widerklage.

Im landgerichtlichen Verfahren hat der Beklagte Inzident-Feststellungswiderklage dahin erhoben, daß der Kläger nach dem Vertrag der Parteien vom 28. Februar/3. März 1927 an die eisenbahnamtlichen Listen gebunden und demgemäß verpflichtet gewesen sei, nicht nur die in den Stücklisten genannte Mindestzahl vom Lampen zu liefern, sondern auch die daselbst verzeichneten Typen. Das Landgericht hat diese Widerklage durch Teilurteil als sachlich unbegründet abgewiesen. Auf die Berufung des Beklagten hat das Oberlandesgericht dem Widerklageantrag stattgegeben. Die Revision des Klägers führte zur Wiederherstellung des ersten Urteils.

Aus den Gründen:

Das Berufungsgericht hält die Inzident-Feststellungswiderklage für zulässig und für sachlich begründet. Die Revision bekämpft das angefochtene Urteil in diesen beiden Richtungen.

Der Vorderrichter ist der Ansicht, die Frage, ob der Kläger nur die Stückzahl oder auch die Typen der Lampen entsprechend den Listen der Reichsbahn zu liefern gehabt habe, sei für die weitere Entwicklung des Rechtsstreits von grundlegender Bedeutung; es sei zweckmäßig und dem Sinne des § 280 ZPO. entsprechend, diese Frage vor Erörterung der übrigen Streitpunkte zu entscheiden. Von diesen übrigen Streitpunkten wird gesagt, sie bezögen sich nicht nur auf die Höhe der beiderseitigen Forderungen, sondern auch darauf, ob etwa der Beklagte durch nicht rechtzeitige Ausübung der Rügepflicht die Lieferungen genehmigt habe. An anderer Stelle des Urteils wird als offenbleibender Streitpunkt angeführt, ob der Beklagte Anspruch auf Lieferung nach den sämtlichen vorgelegten Listen habe oder ob etwa einzelne (andere) Listen an die Stelle von solchen getreten seien, die in Wegfall gekommen waren. Diese beiden Streitpunkte gehören als Einwendungen des Klägers wider die gegenüber dem Klaganspruch zur Aufrechnung gestellte, in der Haupt-Widerklage als Klagegrund geltend gemachte Schadensersatzforderung des Beklagten zum Grund sowohl des Klaganspruchs als auch des Widerklageanspruchs, und damit war vor ihrer Erledigung die Erlassung eines Zwischenurteils über den Grund der Klage wie der Hauptwiderklage nach § 304 ZPO. ausgeschlossen. Auf dem anderen Wege der Inzident-Feststellungswiderklage nach § 280 ZPO. erstrebt aber der Beklagte eine selbständiger Anfechtung zugängliche und eigener Rechtskraft fähige Vorentscheidung über einen Streitpunkt.

Hiergegen wendet die Revision ein, der § 280 ZPO. setze voraus, daß es sich um ein im Laufe des Prozesses streitig gewordenes Rechtsverhältnis handle, von dessen Bestehen oder Nichtbestehen die Entscheidung des Rechtsstreits ganz oder zum Teil abhänge. Das Rechtsverhältnis, um das sich der vorliegende Rechtsstreit drehe, sei aber der zwischen den Parteien geschlossene Vertrag, und sein Bestehen sei nicht streitig. Streit herrsche vielmehr nur über Inhalt und Umfang der aus diesem Vertrag dem Beklagten erwachsenen Rechte und dem Kläger obliegenden Pflichten, also nur über die Rechtsfolgen aus jenem Rechtsverhältnis. Das sei nicht der Fall des § 280. Über die Rechtsfolgen hätte vielleicht nach § 304 ZPO. entschieden werden können, wenn nur noch der Betrag der beiderseitigen Forderungen offen gelassen worden wäre, und vielleicht wäre früher der § 303 das. in seiner alten Fassung anwendbar gewesen, sofern man hätte annehmen können, es handle sich um ein selbständiges Angriffsmittel für die vom Beklagten erhobene Gegenforderung. Die jetzige Fassung des § 303 schließe aber ein solches Zwischenurteil aus.

Die Frage nach der Zulässigkeit einer Inzident-Feststellungsklage nach § 280 ZPO., die eine Parteihandlung, nämlich eine Erweiterung des Klagantrags durch den Kläger, oder die Erhebung einer Widerklage durch den Beklagten erfordert, beantwortet sich indessen nach anderen Gesichtspunkten als die Zulässigkeit von Zwischenurteilen im Rechtsstreit aus richterlicher Machtvollkommenheit. Für sie ist neben dem angeführten, hier erfüllten Erfordernis der Parteihandlung maßgebend: 1. ob ein im Laufe des Prozesses streitig gewordenes Rechtsverhältnis zum Gegenstand der richterlichen Feststellung gemacht werden soll, mag darüber auch schon vor dem Prozeß Streit unter den Parteien bestanden haben (RGZ. Bd. 73 S. 272, Bd. 113 S. 410), 2. ob von der Entscheidung hierüber die Entscheidung des Rechtsstreits ganz oder zum Teil abhängt. Ein besonderes Feststellungsinteresse, wie im Falle der selbständigen Feststellungsklage nach § 256 ZPO., ist daneben nicht erforderlich (RGZ. Bd. 9 S. 339, Bd. 29 S. 361, Bd. 73 S. 274, Bd. 95 S. 39, Bd. 113 S. 413). Daß hier von der Entscheidung über den zum Gegenstand der richterlichen Feststellung gemachten Streitpunkt das Schicksal der Klage- und der Widerklageforderung (ersteres vermöge der Aufrechnungseinrede) abhängt, wird von der Revision nicht beanstandet und ist nicht zweifelhaft. Es fragt sich daher nur noch, ob es sich dabei um ein Rechtsverhältnis im Sinne des § 280 ZPO. handelt. Begrifflich besteht in dieser Hinsicht keine Abweichung von dem „Rechtsverhältnis" des § 256 das. Die Revision faßt aber diesen Begriff zu eng auf, indem sie ihn dem Gesamtbestand des zwischen den Parteien eingetretenen Vertragsverhältnisses gleichsetzt. Ein „Rechtsverhältnis" sind auch Forderungsrechte und Ansprüche, die als Ausfluß eines umfassenderen Rechtsverhältnisses erwachsen, wie es ein Vertrag mit sich bringen kann.

Für den § 280 folgt aus der Abhängigkeit, in der die Hauptentscheidung von dem im Laufe des Prozesses streitig gewordenen Rechtsverhältnis stehen muß, nur eine Einschränkung: das festzustellende Rechtsverhältnis darf nicht derart auch den Gegenstand der Hauptentscheidung bilden, daß darüber schon mit dieser eine in Rechtskraft übergehende Entscheidung zu erlassen ist. Die Inzident-Feststellungsklage des § 280 soll nach dem Gang der Gesetzgebung einen Ersatz dafür bieten, daß nach der Vorschrift des § 322 ZPO. die sog. Elemente des Urteils nicht in Rechtskraft übergehen (vgl. Mot. zur ZPO. S. 205 flg. [207]; Prot. S. 107/108; RGU. vom 17. März 1908 III 328/07). Mit den Zahlungsansprüchen, die den Gegenstand der Klage und der Hauptwiderklage bilden, ginge aber nach § 322 Abs. 1 a. a. O. die Entscheidung darüber, welcherlei Lampen der Kläger dem Beklagten zu liefern gehabt hat, nicht in Rechtskraft über, sondern nur der typische Rechtsgrund des Anspruchs (Kauf oder Gesellschaft), über den die Parteien streiten, und in Ansehung der aufrechnungsweise geltend gemachten Gegenforderung wäre nach § 322 Abs. 2 ZPO. die Entscheidung, daß sie nicht bestehe, der Rechtskraft nur fähig bis zur Höhe des Betrags, für den die Aufrechnung geltend gemacht war. Im Falle des Urteils des III. Zivilsenats vom 14. Juni 1927 III 94/27, in dem nur über den Wert des Beschwerdegegenstands wegen der Zulässigkeit der Revision entschieden ist, handelte es sich lediglich um die rechtliche Feststellung der Vertragsart, ob Miete oder Pacht. Wenn dort eine Feststellungsklage darauf, daß das Rechtsverhältnis Miete und nicht Pacht sei, nicht sowohl für unzulässig erklärt, als vielmehr für gar nicht vorliegend erachtet worden ist, so stünde das der Bestätigung des angefochtenen Urteils nicht entgegen. Die Berechtigung der Unzulässig-Erklärung hätte sich daraus ergeben, daß sich die Entscheidung über den Klaganspruch auf Zahlung gerade auch auf diesen Anspruchsgrund erstreckte und insoweit Rechtskraft zu schaffen geeignet war. Das jetzt angefochtene Urteil trifft aber eine Feststellung, auf die sich die Rechtskraft des Urteils über die Zahlungsansprüche nicht erstrecken würde. Dementsprechend sind Inzident-Feststellungswiderklagen wegen Vorliegens eines präjudiziellen Rechtsverhältnisses als zulässig anerkannt worden gegenüber einem Leistungsanspruch aus dem Vertragsverhältnis der Parteien, z. B. bei Streit über die örtlichen Grenzen eines Geschäftsbezirks (RGZ. Bd. 50 S. 399 [403]). Dort ist als Hinderungsgrund für ein weiteres Feststellungs-Zwischenurteil nur der besondere Umstand erklärt worden, daß in jenem Rechtsstreit bereits ein das Gericht nach § 318 ZPO. bindendes und den Streit der Parteien hierüber ausschaltendes Zwischenurteil nach § 303 (a. F.) ZPO. über den Streitpunkt ergangen war. Ferner wurde die Zulässigkeit einer Inzident-Feststellungsklage anerkannt bei Streit über die Dauer des Vertragsverhältnisses (RGZ. Bd. 113 S. 410 [413]). Endlich wird sie in ständiger Rechtsprechung auch bei Einklagung von Teilforderungen als Widerklage auf das Nichtbestehen der Gesamtforderung zugelassen (JW. 1893 S. 306 Nr. 5; WarnRspr. 1918 Nr. 193), wiewohl es sich hierbei vom Standpunkt der Revision aus um dasselbe Rechtsverhältnis wie beim Klaganspruch handeln würde.

Demnach war es nicht unstatthaft, daß das Berufungsgericht das Inzident-Feststellungsurteil über einen für die Zahlungsansprüche präjudiziellen Lieferungsanspruch des Beklagten erlassen hat.

(In den folgenden Ausführungen wird dargelegt, daß die Inzident-Feststellungswiderklage sachlich unbegründet sei.)

---

50. 1. Kann ein rechtskräftiges Urteil, durch das wegen unbestrittener Erwerbsminderung eine Schadensersatzrente zugesprochen ist, mit der Abänderungsklage für die Zeit nach deren Erhebung angegriffen werden, weil nach neuerer Erkenntnis die Erwerbsfähigkeit nicht gemindert gewesen sei?

2. Was ist unter den maßgebenden Verhältnissen im Sinne des § 323 ZPO. zu verstehen?

3. Unter welchen Voraussetzungen begründet das Gebrauchmachen von einem unrichtigen Urteil die Einrede der Arglist?

ZPO. §§ 322, 323. BGB. § 826.

VI. Zivilsenat. Urt. v. 21. November 1929 i. S. Deutsche Reichsbahn-Gesellschaft (Bekl.) w. G. (Kl.). VI 103/29.

I. Landgericht Erfurt.
II. Oberlandesgericht Naumburg a. S.

Der Kläger erstritt wegen eines Eisenbahnunfalls, den er am 10. Juli 1915 erlitten hatte, beim Oberlandesgericht Naumburg am 28. Juni 1922 ein Urteil, durch das der Reichseisenbahnfiskus, abgesehen von einmaligen Leistungen, zu einer lebenslänglichen Rentenzahlung verurteilt wurde. Zugrunde lag die Annahme einer um 75% verminderten Erwerbsfähigkeit. Die Rente wurde auf 75% des Einkommens, vom 65. Lebensjahr ab des Ruhegehalts, bemessen, das der — nach dem Unfall aus seinem Amt entlassene — Kläger bezogen hätte, wenn er als Steuersekretär in den Reichsdienst übernommen worden wäre. Das Urteil wurde insoweit dadurch rechtskräftig, daß der Beklagte es unangefochten ließ. Die Revision des Klägers wegen seiner weitergehenden Ansprüche wurde durch Urteil des Reichsgerichts vom 19. Februar 1923 zurückgewiesen.

Im gegenwärtigen Rechtsstreit verlangte der Kläger wegen veränderter Verhältnisse auf Grund des § 323 ZPO. eine Erhöhung der Rente, verfolgte aber die Klage nicht weiter, nachdem er mit ihr vom Landgericht abgewiesen worden war. Die Beklagte hatte bereits im ersten Rechtszug, ebenfalls auf Grund des § 323 ZPO., Widerklage erhoben mit der Behauptung, daß der Kläger völlig wiederhergestellt sei. Dieser Widerklage gab das Landgericht statt, indem es feststellte, daß der Kläger voll erwerbsfähig sei und keinen Rentenanspruch mehr habe, und indem es ihn zur Zurückzahlung der seit Erhebung der

Widerklage empfangenen Beträge verurteilte. Auf die Berufung des Klägers wies das Oberlandesgericht auch die Widerklage ab. Die Revision der Beklagten blieb erfolglos.

Gründe:

Das Berufungsgericht ist auf Grund des Beweisergebnisses nicht zu der Überzeugung gelangt, daß sich die Verhältnisse, welche für die Verurteilung der Reichsbahn (Urteil vom 28. Juni 1922) maßgebend gewesen sind, seit der mündlichen Verhandlung vom gleichen Tage wesentlich geändert hätten. Der Gesundheitszustand des Klägers ist nach der Feststellung des Berufungsrichters der gleiche wie früher. Zwar schließt sich das Gericht dem Gutachten des Professors St. an, der im Gegensatz zu den im Vorprozeß vernommenen Sachverständigen keine durch traumatische Neurose verursachte Minderung der Erwerbsfähigkeit annimmt, sondern der Ansicht ist, daß der Kläger niemals, auch nicht bis zum 28. Juni 1922, in seiner Erwerbsfähigkeit wirklich beschränkt, sondern ständig nur von einem auf psychopathischer Veranlagung beruhenden Rentenbegehren beherrscht gewesen sei, was nach der Meinung des Sachverständigen seine subjektiven Klagen erklärt. Das Berufungsgericht nimmt daher an, daß das Urteil vom 28. Juni 1922 auf einem durch den damaligen Stand der ärztlichen Wissenschaft hervorgerufenen Irrtum über die Folgen des Unfalls beruht habe. Ebendarum hält es aber den Umstand, daß der Kläger nach dem Gutachten seit Erhebung der Widerklage erwerbsfähig ist, wie er es immer gewesen war, nicht für geeignet, eine Abänderung des Urteils nach § 323 ZPO. herbeizuführen, weil es an der darin vorausgesetzten Veränderung der Verhältnisse fehle.

Vergeblich wird diese Rechtsansicht von der Revision angegriffen. Sie meint, es müsse davon ausgegangen werden, daß der Kläger am 28. Juni 1922 zu 75% erwerbsunfähig gewesen sei. Das sei damals nicht bestritten gewesen und stehe rechtskräftig fest; die gegenteilige Annahme des Berufungsgerichts verstoße gegen die Rechtskraft. Schon das trifft nicht zu. Rechtskräftig erkannt ist über den damals erhobenen Anspruch (§ 322 ZPO.); die Entscheidungsgründe nehmen an der Rechtskraft nicht teil. Die Annahme einer um 75% geminderten Erwerbsfähigkeit des Klägers war aber nur Entscheidungsgrund. Ob diese Annahme auf Würdigung des Beweisergebnisses beruhte oder gemäß § 138 ZPO. darauf, daß die damalige Beklagte diese Minderung der Erwerbsfähigkeit unbestritten gelassen und nur eine noch weitergehende Minderung bestritten hatte, wie es hier der Fall gewesen ist, kann dabei keinen Unterschied machen. War der Kläger damals in Wahrheit erwerbsfähig, so war die dem Urteil zugrunde liegende Annahme unrichtig. Die Rechtskraft des Urteils hinderte das jetzt erkennende Gericht nicht, diese Unrichtigkeit und den wahren Sachverhalt festzustellen. Wohl aber war das jetzt erkennende Gericht durch die Rechtskraft gehindert, das im Vorprozeß ergangene Urteil, das dem Kläger einen Anspruch zuerkannt hatte, in anderen als den gesetzlich zugelassenen Fällen abzuändern. Etwas davon Abweichendes enthält auch die von der Revision angeführte Entscheidung (RGZ. Bd. 74 S. 123) nicht. Dem Kläger steht ein Rentenanspruch, gegründet auf die Annahme der Verminderung seiner Erwerbsfähigkeit um 75%, rechtskräftig zu.

Nun meint freilich die Revision, der Fall des § 323 ZPO. liege vor. Die damals „maßgebend gewesenen Verhältnisse" seien eben die gewesen, die das damalige Gericht angenommen habe, und diese seien nicht mehr vorhanden, denn der Kläger sei erwerbsfähig; also hätten sich die maßgebenden Verhältnisse geändert. Darunter seien immer nur diejenigen zu verstehen, die das Gericht annehme oder nach der Verfahrensvorschrift anzunehmen genötigt sei, nicht die wirklichen Verhältnisse. Das zeige sich schon darin, daß das Gericht bei der Zuerkennung von Renten auch künftige Verhältnisse berücksichtigen müsse, wobei dann beispielsweise das Ausbleiben der mit zunehmendem Alter erwarteten Verminderung der Leistungsfähigkeit, also eine Nichtveränderung des Zustands, im Sinne des § 323 ZPO. als Veränderung erscheine, eben weil die Annahme des Gerichts nicht eingetroffen sei.

Hierbei wird aber Richtiges mit Unrichtigem vermengt. Die maßgebenden Verhältnisse, die der § 323 ZPO. meint, sind die wirklichen Verhältnisse der Gegenwart und die voraussichtlichen der Zukunft. Sind die zur Zeit der letzten mündlichen Verhandlung wirklich bestehenden Verhältnisse unrichtig beurteilt worden — sei es durch Irrtum des Gerichts, sei es infolge Nichtbestreitens einer unrichtigen Behauptung — und wird dies in einem neuen Urteil festgestellt, so haben sich nicht die Verhältnisse, sondern es hat sich ihre Beurteilung geändert (vgl. Urteile des erkennenden Senats vom 27. Februar 1928 VI 423/27 und vom 18. Juni 1928 VI 525/27). Es hieße dem Sprachgebrauch Gewalt antun, wenn man von einer

Veränderung der gesundheitlichen Verhältnisse sprechen wollte, wo bei gleichgebliebenem Gesundheitszustand nur die ärztliche und infolgedessen auch die richterliche Beurteilung sich geändert hat. Es würde auch dem Wesen der Rechtskraft widersprechen und kann daher nicht der Sinn des § 323 ZPO. sein, daß der Fortbestand rechtskräftiger Verurteilungen zu künftigen wiederkehrenden Leistungen von der jeweiligen Ansicht der Wissenschaft über das, was von vornherein richtig gewesen wäre, abhängig sein sollte. Darauf läuft aber das Verlangen der Beklagten hinaus. Denn der Sachverständige und, ihm folgend, das Berufungsgericht haben nicht festgestellt, daß der Kläger erwerbsfähig geworden sei, was eine Abänderung des rechtskräftigen Urteils rechtfertigen würde, sondern sie haben festgestellt, daß er immer erwerbsfähig gewesen sei, was an dem rechtskräftig zuerkannten Anspruch nichts ändern kann. Soweit das Gericht bei der Zuerkennung von Renten genötigt ist, auch künftige Verhältnisse nach dem gewöhnlichen Verlauf der Dinge vorausschauend zu berücksichtigen (RGZ Bd. 83 S. 65, 67), kann es sich freilich, auch bei richtiger Beurteilung der gegenwärtigen Verhältnisse, der Natur der Sache nach nur um Annahmen des Gerichts handeln. Und hier erscheint, wie der Revision zuzugeben ist, eine von der Annahme des Gerichts abweichende Entwicklung als Veränderung der Verhältnisse. Dieser Fall liegt aber nicht vor. Das Gericht hat im Vorprozeß angenommen, daß der Gesundheitszustand des Klägers im wesentlichen unverändert bleiben werde. Das ist auch eingetroffen, wie jetzt festgestellt ist. Also hat sich an den Verhältnissen nichts geändert.

Wenn die Revision endlich meint, dem Kläger könne die Einrede der Arglist entgegengehalten werden, weil er sich auf die Rechtskraft eines unrichtigen Urteils berufe, so liegt nichts dafür vor, daß der Kläger selbst jenes Urteil für unrichtig hält. Das Berufungsgericht hat nur festgestellt, daß er stets erwerbsfähig gewesen sei, nicht aber, daß er sich selbst dafür halte. Schon daran müßte die Einrede der Arglist scheitern, sodaß dahingestellt bleiben kann, ob sich das Gebrauchmachen von einem unrichtigen, aber nicht arglistig erwirkten Urteil überhaupt mit dieser Einrede bekämpfen läßt (vgl. RGZ. Bd. 67 S. 151). Daß der Kläger das Urteil im Vorprozeß arglistig erwirkt habe, ist von der Beklagten in keiner Weise dargelegt worden.

51. Kann ein auf seinen Antrag entlassener Beamter dann nachträglich Fortzahlung seines Gehalts verlangen, wenn sowohl er wie die öffentliche Körperschaft, in deren Dienst er stand, bei der Entlassung unrichtigerweise davon ausgegangen sind, daß er Kündigungsbeamter sei, während er tatsächlich lebenslänglich angestellter Beamter war?

BGB. § 242.

III. Zivilsenat. Urt. v. 22. November 1929 i. S. W. (Kl.) w. Stadtgemeinde O. (Bekl.). III 171/29.

I. Landgericht Osnabrück.
II. Oberlandesgericht Celle.

Der Kläger war seit 1913 im Dienste der verklagten Stadtgemeinde zunächst als Polizeisergeant, dann als Stadtassistent tätig. Im April 1925 wurde entdeckt, daß er eine Unterschlagung im Amte begangen hatte, wegen der er später im Strafverfahren rechtskräftig zu drei Monaten Gefängnis verurteilt wurde. Am 25. April 1925 erklärte er zu Protokoll des Senators S., er habe sich entschlossen, am 1. Mai 1925 aus dem Dienste der Beklagten auszuscheiden, und verzichte ausdrücklich auf alle Ansprüche aus seinem bisherigen Amte, wie Gehalt, Ruhegehalt, Hinterbliebenenversorgung, Abfindungssumme usw. Jetzt hält er diesen Verzicht für rechtsunwirksam und verlangt deshalb mit der Klage Fortzahlung seines Gehalts. Er behauptet, er habe bei Abgabe seiner Erklärung angenommen, daß er Kündigungsbeamter sei, während er tatsächlich mit seiner Ernennung zum Stadtassistenten lebenslänglich angestellter Beamter geworden sei. Er habe daher nur im Wege des Disziplinarverfahrens entfernt werden können. Hätte er dies gewußt, so würde er nicht auf seine Beamtenrechte verzichtet haben.

Die Beklagte hat bestritten, daß der Kläger lebenslänglich angestellter Beamter geworden sei, und hat geltend gemacht, der Kläger könne die einmal abgegebene Erklärung nicht anfechten. Landgericht und Oberlandesgericht haben die Entscheidung des Rechtsstreits von zwei vom Senator S. zu leistenden Eiden abhängig gemacht. Die Revision des Klägers führte zur Aufhebung und Zurückverweisung.

Gründe:

Das Oberlandesgericht stellt fest, daß der Kläger lebenslänglich angestellter Beamter der Beklagten geworden ist. Die Feststellung beruht auf einer Auslegung der ortsstatutarischen Vorschriften der Stadtgemeinde O. Sie ist daher der Nachprüfung in der Revisionsinstanz entzogen.

Das Oberlandesgericht ist der Auffassung, daß der Kläger den aus dem Beamtenverhältnis fließenden Gehaltsanspruch dann verloren habe, wenn auf seinen Antrag seine ordnungsmäßige Entlassung aus dem Beamtendienst erfolgt sei. Es geht davon aus, daß der Antrag des Klägers auf Entlassung rechtsverbindlich gestellt sei, und erklärt es für unwesentlich, daß beide Teile damals der irrigen Ansicht gewesen seien, der Kläger sei nur Kündigungsbeamter. Der Vorderrichter hält den Irrtum des Klägers für rechtlich bedeutungslos, da er nur den Grund betreffe, der ihn zu seinen Erklärungen bewogen habe, und ein solcher Irrtum auf dem Gebiete des öffentlichen Rechts keine Grundlage für eine wirksame Anfechtung der durch ihn hervorgerufenen Erklärungen biete. Diese Rechtsansicht kann nicht gebilligt werden.

Es kann dahingestellt bleiben, ob der Irrtum des Klägers über seine Eigenschaft als lebenslänglich angestellter Beamter ihn nicht zur Anfechtung seines Entlassungsantrags berechtigen würde. Denn sein Gehaltsanspruch ist schon um deswillen rechtlich begründet, weil sowohl der Kläger wie die verklagte Stadtgemeinde bei der Entlassung des Klägers unzutreffenderweise annahmen, er sei Kündigungsbeamter, und weil sich die Beklagte jetzt nicht zur Abwehr des Klaganspruchs auf die Entlassung berufen kann, die unter einem übereinstimmenden Irrtum über das ihr zugrunde liegende Rechtsverhältnis zustande gekommen ist. Wenn man nicht aus dem Umstand, daß beide Streitteile das Vorliegen eines kündbaren Verhältnisses angenommen haben, die Ungültigkeit des Entlassungsaktes überhaupt herleiten will, so muß ihm doch jedenfalls die Bedeutung beigemessen werden, daß es gegen Treu und Glauben verstößt, wenn die Beklagte den Kläger an einem Entlassungsantrag festhalten will, den er unter einem von ihr geteilten Irrtum über die objektive Grundlage der Entlassung gestellt hat. Die Grundsätze von Treu und Glauben haben, wie der erkennende Senat wiederholt ausgesprochen hat, im öffentlichen Recht ebenso Geltung wie im bürgerlichen. Für bürgerlichrechtliche Rechtsverhältnisse hat der Senat im Anschluß an das Urteil des IV. Zivilsenats RGZ. Bd. 108 S. 105 (110) bereits entschieden, daß es bei einem Vertragsabschluß, bei dem beide Vertragschließende übereinstimmend von unrichtigen Voraussetzungen ausgegangen sind, keiner Irrtumsanfechtung bedarf, daß vielmehr für die rechtliche Beurteilung schlechthin § 242 BGB. maßgebend ist (Urteil vom 2. November 1926 III 2/26, abgedr. Gruch. Bd. 69 S. 216). Die Entlassung eines Beamten, selbst wenn sie auf seinen besonderen Antrag geschieht, ist allerdings kein Vertrag, auch nicht im Sinne des öffentlichen Rechts. Sie ist aber immerhin ein zweiseitiger Verwaltungsakt, indem auf der Seite des Beamten eine Willenserklärung, die Stellung des Entlassungsantrags, erfolgen muß, damit dann auf der anderen Seite, durch die öffentlichrechtliche Körperschaft, die Entlassungserklärung, der Staatshoheitsakt, ausgesprochen werden kann. Es bestehen daher keine rechtlichen Bedenken, auf ein solches öffentlichrechtliches Verhältnis den in § 242 BGB. enthaltenen Rechtsgedanken zu übertragen und ihn für den vorliegenden Fall dahin zu bestimmen, daß die Beklagte, die bei Vornahme der Entlassung mit dem Kläger darüber einig war, daß nur ein kündbares Beamtenverhältnis vorliege, jetzt dem Klaganspruch gegenüber nicht geltend machen kann, durch die Entlassung sei das Beamtenverhältnis beendigt, obwohl sich nachträglich herausgestellt hat, daß der Kläger lebenslänglich angestellter Beamter war.

---

52. 1. Wann darf das dienstälteste Mitglied eines Senats den Vorsitz führen, ohne daß dadurch gegen §§ 62, 117 GVG. verstoßen wird?

2. Wird die Klage geändert, wenn der Kläger statt der ursprünglich als angemessen bezeichneten Vergütung später eine vereinbarte Vergütung fordert?

3. Zur Frage der Begründung von Prozeßrügen nach § 554 Abs. 3 Nr. 2b ZPO.

VII. Zivilsenat. Urt. v. 26. November 1929 i. S. Schw. (Kl.). w. H. (Bekl.). VII 256/29.

I. Landgericht Osnabrück.
II. Oberlandesgericht Celle.

Für den Beklagten ist in D. eine größere Gartenanlage hergestellt worden. Auch der Kläger ist dabei tätig gewesen, es ist aber im einzelnen streitig, inwieweit er mitgewirkt hat. Nachdem er schon vorher 5050 RM. gezahlt erhalten hatte, erhob er im August 1926 Klage mit dem Antrag, der Beklagte solle ihm noch 6426,19 RM. nebst Zinsen zahlen. Das Landgericht sprach ihm nur noch 370 RM. mit Zinsen zu und wies die Klage im übrigen ab. Die Berufung des Klägers wurde zurückgewiesen. Auch seine Revision blieb ohne Erfolg.

Aus den Gründen:

1. Nicht durchgreifen kann zunächst die Rüge einer Verletzung des § 551 Nr. 1 ZPO. Das angefochtene Urteil ist vom VIII. Zivilsenat des Oberlandesgerichts in Celle erlassen worden. Als Vorsitzender ist dabei ein Oberlandesgerichtsrat tätig gewesen, während der nach der Geschäftsverteilung bestimmte Vorsitzende der Senatspräsident H. war. Die Revision behauptet, daß der Oberlandesgerichtsrat stets den Vorsitz führe, und findet darin einen Verstoß gegen die §§ 62, 117 GVG.; danach seien nur der Oberlandesgerichtspräsident und die Senatspräsidenten zu ordentlichen Vorsitzenden der Senate berufen. Zuzugeben ist der Revision, daß der dienstälteste Oberlandesgerichtsrat des Senats den Vorsitz nur vorübergehend und aushilfsweise führen darf, nicht dauernd und jedenfalls nicht für unabsehbare Zeit. Durch eine gegenteilige Übung würden die oben genannten Vorschriften tatsächlich ausgeschaltet werden, und das ist unzulässig. Diese Sätze hat der III. Zivilsenat des Reichsgerichts in RGZ. Bd. 119 S. 280 entwickelt und der jetzt erkennende Senat ist ihnen ebenda S. 284 nicht entgegengetreten, wenn er auch die tatsächlichen Verhältnisse, um die es sich damals handelte, anders gewürdigt hat als der III. Senat.

Auch im gegenwärtigen Falle läßt sich eine unzulässige Übung beim Oberlandesgericht Celle nicht feststellen. Nach der Auskunft des Oberlandesgerichtspräsidenten hat der Senatspräsident H. seit Anfang 1928 den Vorsitz im VII. und im VIII. Zivilsenat zu führen. Den Vorsitz im VII. Zivilsenat hat er regelmäßig wahrgenommen, den Vorsitz im VIII. Zivilsenat anfangs monatlich einmal, später gar nicht mehr, weil ihm die zunehmende Geschäftslast im VII. Senat das nicht gestattete. Ende März 1929 lagen die Verhältnisse aber derart, daß die Eingänge im VII. Senat seit einiger Zeit geringer geworden waren und nunmehr Aussicht bestand, der Senatspräsident H. werde bei andauernden Mindereingängen im VII. Senat wieder einen Teil der Geschäfte des VIII. Senats übernehmen können. Danach ist es unrichtig, daß er nie den Vorsitz im VIII. Senat geführt hätte. Es stand auch bei Erlaß des jetzt angefochtenen Urteils, das auf die Verhandlung vom 20. März 1929 erging und am 10. April 1929 verkündet wurde, keineswegs fest, daß der Senatspräsident H. dauernd und jedenfalls auf unabsehbare Zeit verhindert sein werde, im VIII. Senat den Vorsitz — mindestens zeitweise — zu führen. Mit einer Wiederaufnahme seiner Tätigkeit im VIII. Senat wurde gerechnet und durfte gerechnet werden. Der vorsitzende Oberlandesgerichtsrat ist also bei Erlaß des Urteils vom 10. April 1929 nur zur Aushilfe und als vermutlich nur vorübergehender Vertreter tätig gewesen. Das verstößt nicht gegen das Gesetz.

In Betracht kommt auch, daß der Oberlandesgerichtspräsident nach seiner Auskunft schon zum Stellenplan für 1928 und auch zum Staatshaushalt für 1929 eine neue Senatspräsidentenstelle angemeldet hat, die auch in den dem preußischen Landtag vorgelegten Haushaltsentwurf aufgenommen worden ist. Danach bestand im Frühjahr 1929 Aussicht, daß dem Mangel an Senatspräsidenten beim Oberlandesgericht Celle demnächst abgeholfen werden würde. Das konnte auch für den VIII. Zivilsenat und seine Besetzung von Bedeutung sein, sodaß auch hiernach nicht mit einem dauernden Vorsitz des ältesten Oberlandesgerichtsrats zu rechnen war.

2. In der Sache selbst hat das Landgericht angenommen, die Höhe der dem Kläger gebührenden Vergütung sei von den Parteien nicht vertraglich bestimmt worden. Es hat ihm deshalb gemäß § 632 Abs. 2 BGB. die übliche Vergütung zugesprochen. Als der Kläger in der Berufungsinstanz behauptete, daß die Höhe der Vergütung — mindestens in erheblichem Umfang — vertraglich vereinbart sei, fand der Beklagte darin eine Klagänderung und widersprach ihr. Der Berufungsrichter schloß sich der Ansicht des Beklagten an und durfte daher bei dessen Widerspruch die Klagänderung nach § 527 ZPO. nicht zulassen.

Die Revision bestreitet das Vorliegen einer Klagänderung. In erster Reihe meint sie, Klagegrund sei nur die Behauptung des abgeschlossenen Werkvertrags; ob die Vergütung als vereinbarte oder als angemessene gefordert werde, sei ohne Belang, beides bewege sich innerhalb des Klagegrundes. Indes bildet den Klagegrund nicht das Rechtsverhältnis, woraus der Klaganspruch abgeleitet wird, sondern die Summe der Tatsachen, die vom Kläger vorgebracht werden und die seinen Anspruch als im Rechte begründet dartun sollen. Der rechtliche Gesichtspunkt, der den auf Grund der Klagetatsachen gestellten Klagantrag als gerechtfertigt erscheinen lassen soll, ist dabei kein Bestandteil des Klagegrundes (vgl. RGZ. Bd. 63 S. 269; JW. 1912 S. 872 Nr. 36, S. 876 Nr. 44). Wer statt der ursprünglich als üblich geforderten Vergütung später eine vereinbarte Vergütung verlangt, ändert die Klagetatsachen und damit die Klage (Seuff. Arch. Bd. 47 Nr. 162).

In zweiter Reihe vertritt die Revision den Standpunkt, daß schon die Klageschrift dahin ausgelegt werden müsse, es werde auch eine vereinbarte Vergütung gefordert. Der Berufungsrichter hat aber mit Recht dargelegt, daß ihr Text dafür keinen Anhalt biete, weil sie die in die Klagerechnung eingesetzten Preise unter Berufung auf das Gutachten Sachverständiger ausdrücklich als angemessen bezeichne. In der Klagerechnung heißt es beim ersten Posten „Modell zu Teehaus und Terrasse angefertigt 450 RM." zwar „lt. Offerte und Übertragung", der Berufungsrichter kann aber darauf hinweisen, daß der Kläger gerade hier nicht den angeblich vereinbarten Preis von 400 RM. fordert, sondern einen höheren Betrag, der im Sinne der Klageschrift wiederum nur die angemessene Vergütung darstellen kann.

Die Revision hat sich endlich noch auf die „späteren Schriftsätze" erster Instanz berufen, in denen die angebliche Vereinbarung über die Höhe der Vergütung noch im einzelnen erläutert worden sei. Wenn man hierin überhaupt eine selbständige Rüge sehen darf, so scheitert sie daran, daß die Vorschrift des § 554 Abs. 3 Nr. 2b ZPO. nicht beachtet ist. Die Revision will nachweisen, daß das Gesetz in bezug auf das Verfahren verletzt sei, daß der Berufungsrichter den § 281 das. nicht beachtet habe. Danach wäre ein im Laufe des Rechtsstreits erhobener Anspruch auf Zahlung der vereinbarten Vergütung mit dem Zeitpunkt rechtshängig geworden, in dem der Anspruch in der mündlichen Verhandlung geltend gemacht oder der betreffende Schriftsatz zugestellt wurde, der dann aber den Erfordernissen des § 253 Abs. 2 Nr. 2 das. entsprechen mußte. Nach § 554 ZPO. wäre es Sache der Revision gewesen, die einzelnen Schriftsätze zu bezeichnen, die sie heranziehen will, und darzulegen, daß und wann sie zugestellt oder in einer mündlichen Verhandlung vorgetragen worden seien. In der Schlußverhandlung vor dem Landgericht sind sie nicht vorgetragen worden, wie das Berufungsgericht nach dem Tatbestand des erstinstanzlichen Urteils feststellt. Die vorstehend als erforderlich bezeichneten Angaben fehlen indessen in der schriftlichen Revisionsbegründung. Auf Nachforschungen des Reichsgerichts in den Akten, die über die Zustellung von Schriftsätzen nicht einmal etwas ergeben würden, darf sich der Revisionskläger nicht verlassen. Der § 554 Abs. 3 Nr. 2b ZPO. zielt auf eine Entlastung des Reichsgerichts ab und ist diesem Zweck entsprechend streng auszulegen. Deshalb kann die Revision auch mit dieser Rüge nicht gehört werden. ... (Folgt die Zurückweisung weiterer Angriffe der Revision.)

---

53. 1. Wann werden Steuerbeträge fällig, die auf Grund des endgültigen Vermögensteuerbescheids über die im Laufe des Steuerjahrs erfolgten Vorauszahlungen hinaus zu entrichten sind?

2. Fallen Verzugszuschläge unter die öffentlichen Abgaben im Sinne des § 61 Nr. 2 KO.?

KO. § 61 Nr. 2, § 65. RAbgO. §§ 81, 104. Vermögensteuergesetz vom 8. April 1922 (RGBl. I S. 335) § 29. Vermögensteuergesetz vom 10. August 1925 (RGBl. I S. 233) § 15. Zweite Steuernotverordnung vom 19. Dezember 1923 (RGBl. I S. 1205) Art. XVIII § 1.

VII. Zivilsenat. Urt. v. 26. November 1929 i. S. W. H.-AG. im Konkurs (Bekl.) w. Deutsches Reich (Kl.). VII 213/29.

I. Landgericht Hamburg.
II. Oberlandesgericht daselbst.

Die W. H.-Aktiengesellschaft wurde, nachdem durch den vorläufigen Vermögensteuerbescheid vom 6. August 1924 die von ihr für das Kalenderjahr 1924 zu entrichtende Vermögensteuer nach einem veranlagten Vermögen von 226000 GM. auf 1359 GM. festgesetzt worden war, im endgültigen „Vermögensteuerbescheid für 1924" vom 18. Juni 1925, zugestellt am 19. dess. Monats, nach einem Vermögen von 1709000 GM. veranlagt. Die von ihr für 1924 zu entrichtende Vermögensteuer wurde in diesem Bescheid auf 11108,50 GM. festgesetzt, wovon 1548,86 GM. bezahlt seien. In dem Bescheid heißt es weiter: „Hiervon waren oder werden fällig:

a) am 29. Februar 1924 679,50 GM.

. . . .

c) am 15. August 1924 und 15. November 1924 je 5214,50 GM.

. . . .

Wird der Bescheid erst nach dem 15. November 1924 zugestellt, so sind die auf den 15. August und 15. November 1924 entfallenden Teilbeträge binnen zwei Wochen nach Zustellung zu entrichten."

Über das Vermögen der Gesellschaft wurde am 27. April 1926 das Konkursverfahren eröffnet. Der Kläger meldete zur Konkurstabelle von der festgestellten Vermögensteuerforderung einen Restbetrag von 6393,54 GM. nebst einem für die Zeit vom 1. Juli 1925 bis zum 15. April 1926 auf 958 RM. berechneten Verzugszuschlag an mit Anspruch auf Vorrecht gemäß § 61 Nr. 2 KO. Der verklagte Konkursverwalter erkannte die Forderungen an, bestritt aber das Vorrecht. Die angemeldete Forderung verminderte sich durch Verrechnung und Zahlung auf 5726,94 RM.

Der Kläger klagt auf Feststellung, daß ihm für die angemeldete Forderung von restlichen 5726,94 RM. nebst 958 RM. Zuschlag das Vorrecht gemäß § 61 Nr. 2 KO. zustehe. Das Landgericht wies die Klage ab, das Oberlandesgericht gab ihr statt. Die Revision des Beklagten wurde zurückgewiesen aus folgenden

Gründen:

Der Berufungsrichter hat im Gegensatz zum Landgericht angenommen, daß der im Vermögensteuerbescheid vom 18. Juni 1925 festgesetzte Steuerbetrag, soweit er nicht nach der Zweiten und Dritten Steuernotverordnung vorauszuzahlende Beträge umfaßt, nicht schon an den gesetzlichen Zahlungsterminen des Jahres 1924, sondern erst zwei Wochen nach der am 19. Juni 1925 erfolgten Zustellung des Bescheids, also im letzten Jahre vor der Konkurseröffnung (27. April 1926) fällig geworden sei. Ferner geht das angefochtene Urteil davon aus, daß auch die Verzugszuschläge unter die öffentlichen Abgaben im Sinne des § 61 Nr. 2 KO. zu rechnen seien. Daß letzteres zutreffend ist, leuchtet ohne weiteres ein (vgl. Mentzel Komm. zur KO. § 61 Anm. 4 Abs. 2; Becker Komm. zur RAbgO. § 104 Anm. 4), wird auch von der Revision nicht beanstandet. Aber auch im ersten Punkt ist dem Berufungsrichter beizutreten. Bevorrechtigt gemäß § 61 Nr. 2 KO. sind die im letzten Jahre vor der Konkurseröffnung fällig gewordenen Steuerbeträge. Nach dem Vermögensteuerbescheid vom 18. Juni 1925 handelt es sich im vorliegenden Fall um die endgültige Festsetzung der für das Kalenderjahr 1924 zu entrichtenden Vermögensteuer. Das Vorrecht nach § 61 Nr. 2 KO. kann also nur Platz greifen, wenn der noch ungedeckte Steuerbetrag nach dem 27. April 1925 fällig geworden ist. Entstanden ist die Steuerschuld — darüber kann nach § 81 Abs. 1 und 2 RAbgO. kein Zweifel sein (vgl. auch Mentzel a. a. O. S. 324) — bereits im Jahre 1924. Aus der Entstehung der Schuld folgt aber noch nicht ihre Fälligkeit. Über die Fälligkeit enthält die Reichsabgabenordnung in § 81 Abs. 3 nur die Vorschrift, daß, wenn eine Frist für die Zahlung einer Steuerschuld gesetzt wird, diese mit Ablauf der Frist fällig wird, soweit nicht ein anderes vorgeschrieben ist. Offen gelassen ist im Gesetz die Frage, wann eine Steuer fällig wird, deren Höhe an den gesetzlichen Zahlungsterminen noch nicht feststand, insbesondere auch die Frage, wann diejenigen Beträge fällig werden, die erst festgesetzt werden nach Ablauf des Kalenderjahrs, für das sie zu entrichten sind. In § 29 des Vermögensteuergesetzes vom 8. April 1922 heißt es zwar — ähnlich wie in § 15 des Vermögensteuergesetzes vom 10. August 1925 —: „Die Vermögensteuer für ein Kalenderjahr wird mit je einem Viertel ihres Jahresbetrags am 15. Februar, 15. Mai, 15. August und 15. November fällig." Aber aus dieser — durch Art. II § 15 der Zweiten Steuernotverordnung in einem hier nicht in Betracht kommenden Punkt abgeänderten — Vorschrift folgt nicht, daß auch die Fälligkeit derjenigen Beträge, die erst durch einen im Jahre 1925 zugestellten Vermögensteuerbescheid festgesetzt worden sind, schon an den Zahlungsterminen des Jahres 1924 eingetreten war. Das ergibt sich auch nicht aus dem Satz des Vermögensteuerbescheids: „Hiervon waren oder werden fällig: . . . am 15. August

1924 und 15. November 1924 je 5214,50 GM." Denn es heißt dort weiter: „Wird der Bescheid erst nach dem 15. November 1924 zugestellt, so sind die auf den 15. August und 15. November 1924 entfallenden Teilbeträge binnen zwei Wochen nach Zustellung zu entrichten." Hierin kann nicht — soweit es sich nicht um Beträge handelt, die schon im Jahre 1924 der Höhe nach feststanden und demzufolge vorauszuzahlen waren — die Gewährung einer Stundung gefunden, sondern es muß darin die Setzung einer Zahlungsfrist im Sinne des § 81 Abs. 3 RAbgO. erblickt werden, mit deren Ablauf erst der 1925 festgesetzte, nicht durch die Vorauszahlungen von 1924 gedeckte Steuerbetrag fällig wurde. So werden denn auch die Verzugszuschläge, die nach Art. XVIII § 1 der Zweiten Steuernotverordnung für jeden „auf den Zeitpunkt der Fälligkeit folgenden angefangenen halben Monat" zu zahlen sind, vom Ablauf von zwei Wochen nach Zustellung des endgültigen Vermögensteuerbescheids ab berechnet, nicht schon seit den Zahlungsterminen des Jahrs, für das die Vermögensteuer gezahlt wird. Es geht auch nicht wohl an, eine Schuld als fällig anzusehen, die der Schuldner noch gar nicht tilgen kann. Eine solche Leistungsunmöglichkeit liegt aber so lange vor, als noch nicht feststeht, ob der Schuldner noch etwas über das schon Geleistete hinaus zu zahlen hat, gegebenenfalls wieviel.

Aus dem Urteil des erkennenden (damals noch als der VI. bezeichneten) Zivilsenats vom 18. März 1927 (RGZ. Bd 116 S. 368) ist nichts zugunsten des Beklagten herzuleiten. Dieses Urteil betrifft einen Fall, wo ein bereits durch Zustellung des Steuerbescheids fällig gewordener Steuerbetrag gestundet worden war. In einem solchen Fall erachtet das Reichsgericht den ersten Eintritt der Fälligkeit als maßgebend für den Beginn der Jahresfrist im Sinne des § 61 Nr. 2 KO. Um eine Stundung handelt es sich aber im gegenwärtigen Falle nicht, wo an den gesetzlichen „Fälligkeitsterminen" noch gar nicht feststand, ob oder wieviel der Schuldner über die an diesem Termin geleisteten Vorauszahlungen hinaus noch zu zahlen haben würde.

Auch § 65 KO. spricht nicht für den Beklagten. Diese Vorschrift besagt nur, daß Ansprüche, die zur Zeit der Konkurseröffnung betagt, also noch nicht fällig sind, im Sinne des § 61 Nr. 2 als fällig gelten sollen. Aus ihr folgt aber nicht, daß Ansprüche, deren Fälligkeit zur

Zeit der Konkurseröffnung bereits eingetreten war, nun rückwärts über den Zeitpunkt der Fälligkeit hinaus schon für den Zeitpunkt des Entstehens als fällig gelten sollen. . . .

---

54. 1. Enthält eine gegen eine Ehefrau begangene Amtspflichtverletzung ohne weiteres eine solche auch gegen ihren Ehemann, sodaß er uneingeschränkt Ersatz des ihm dadurch erwachsenen Schadens verlangen kann?

2. Begründet die Aufnahme einer von der Polizei als geisteskrank eingelieferten Person in eine staatliche Irrenanstalt dann ein Vertragsverhältnis zwischen dem Eingelieferten und dem Staate, wenn für seine Verpflegung und Behandlung Gebühren zu entrichten sind?

BGB. §§ 839, 844, 845.

III. Zivilsenat. Urt. v. 26. November 1929 i. S. W. (Kl.) w. Hamb. Staat (Bekl.). III 499/28.

I. Landgericht Hamburg.
II. Oberlandesgericht daselbst.

Im Jahre 1923 begab sich die Ehefrau des Klägers, der englischer Staatsangehöriger ist und in Kapstadt wohnt, zur Regelung einer Erbschaftsangelegenheit nach Hamburg. Dort wurde sie am 22. Juni 1924 von der Polizei in das Hafenkrankenhaus eingeliefert, da sie geisteskrank sei. Wenige Tage später wurde sie in die Staatskrankenanstalt F. überführt, wo sie bis zu ihrer am 23. August 1924 erfolgten Entlassung blieb.

Der Kläger behauptet, seine Ehefrau habe sich, als sie von der Polizei aufgegriffen worden sei, lediglich in einem vorübergehenden hypnotischen Zustand befunden, der nach wenigen Tagen abgeklungen sei. Geisteskrank sei sie nie gewesen; das hätten die beamteten Ärzte in F. bei sorgfältiger Untersuchung des Zustands der bei ihnen Eingelieferten erkennen müssen. Die weitere grundlose Festhaltung seiner Ehefrau in der staatlichen Krankenanstalt beruhe deshalb auf schuldhafter Amtspflichtverletzung der behandelnden Ärzte. Als alle Versuche von befreundeter Seite, ihre Entlassung aus dem Krankenhaus herbeizuführen, gescheitert seien, sei er, Kläger, von Kapstadt nach Hamburg gereist, um seiner Ehefrau die Freiheit wieder zu verschaffen. Auf seine Vorstellungen hin sei sie dann aus der Anstalt entlassen worden. Für die Unkosten der Fahrt nach Hamburg und seines Aufenthalts dort, sowie für die ihm dadurch sonst noch erwachsene Vermögenseinbuße müsse der verklagte Hamburgische Staat Ersatz leisten. Von seinem auf 8—10000 RM. bezifferten Schaden hat der Kläger zunächst einen Teilbetrag von 3000 RM. eingeklagt. Der Beklagte hat Widerklage erhoben mit dem Antrag, festzustellen, daß dem Kläger aus der Unterbringung und der Behandlung seiner Ehefrau in der Staatskrankenanstalt F. keinerlei Ansprüche gegen den Beklagten zuständen. Er bestreitet jedes Verschulden der beteiligten Ärzte.

Die Vorinstanzen haben die Klage abgewiesen und der Widerklage stattgegeben. Die Revision des Klägers wurde zurückgewiesen.

Gründe:

Der Kläger legt den beamteten Ärzten, die seine Ehefrau in der Hamburgischen Staatskrankenanstalt F. behandelt haben, schuldhafte Amtspflichtverletzung zur Last, stützt seine Klage also auf Art. 131 RVerf. in Verbindung mit § 839 BGB. und § 27a des Hamb. AG. z. BGB. vom 14. Juli 1899 in der Fassung des Gesetzes vom 26. Januar 1920 (Hamb. GS. S. 13). Letzteres Gesetz gewährt Ausländern Ansprüche gegen den Hamburgischen Staat auf Grund seiner Haftung für seine Beamten ohne Rücksicht auf die Verbürgung von Gegenseitigkeit.

Das Berufungsgericht hat den Klaganspruch deshalb für unbegründet erklärt, weil den Ärzten dem Kläger als Ehemann gegenüber keine Amtspflicht zur ordnungsmäßigen Behandlung seiner Ehefrau obgelegen habe. Der beamtete Arzt, der eine Kranke in einer öffentlichen Krankenanstalt behandle, sei nur dem Kranken, nicht dessen Ehegatten gegenüber amtlich verpflichtet. Belange des Ehemanns würden durch unrichtige Behandlung seiner Ehefrau nur mittelbar verletzt. Hiergegen sind vom Standpunkt des Reichsrechts aus keine Bedenken zu erheben. Das Bürgerliche Gesetzbuch gewährt einen Ersatzanspruch aus unerlaubter Handlung grundsätzlich nur den unmittelbar Verletzten (RGZ. Bd. 55 S. 30, Bd. 64 S. 345 und S. 360 u. a.). Unmittelbar verletzt ist im Falle des § 839 BGB.

lediglich der Dritte, dem gegenüber der Beamte seine Amtspflicht außer acht gelassen hat (RGZ. Bd. 78 S. 247). Der Kreis der Personen, denen der Beamte durch seine Amtstätigkeit dienen soll, kann allerdings über den Kreis der Personen hinausgehen, die bei seiner Tätigkeit unmittelbar beteiligt sind, braucht es aber nicht (RGZ. Bd. 78 S. 244). Hier decken sich beide Kreise. Das Oberlandesgericht nimmt, wie sich aus seinen Ausführungen mit genügender Deutlichkeit ergibt, für die an der Staatskrankenanstalt F. angestellten Hamburger Medizinalbeamten an, daß sie Amtspflichten nur gegenüber den ihrer Pflege anvertrauten Kranken, nicht auch gegenüber deren Angehörigen zu erfüllen haben. Insbesondere seien sie zur ordnungsmäßigen Behandlung einer in die Anstalt eingelieferten Ehefrau nicht auch dem Ehemann gegenüber amtlich verpflichtet. Diese Beurteilung des Aufgaben- und Pflichtenkreises der Hamburger beamteten Ärzte gründet sich auf irrevisibles Landesrecht. Nach diesem bestimmen sich die Pflichten der Landesbeamten auf dem insoweit reichsrechtlich nicht geregelten Gebiete des Medizinalpolizeiwesens. Es kann dahingestellt bleiben, ob dieser, die angefochtene Entscheidung im letzten Grunde tragende Teil der Begründung vom Revisionsgericht überhaupt nachgeprüft werden kann oder ob das Reichsrecht maßgebend ist für die Frage, wem gegenüber die aus dem Landesrecht zu entnehmenden Pflichten der Beamten bestehen. Denn auch im zweiten Fall ist der Standpunkt des Berufungsgerichts zu billigen.

Die Revision beruft sich auf die rechtliche Ausgestaltung, die das Verhältnis des Ehemanns zu seiner Ehefrau erfahren habe. Ihre Ausführungen lassen zunächst außer acht, daß sich das Rechtsverhältnis zwischen dem Kläger und seiner Ehefrau überhaupt nicht nach deutschem Recht und nach den diesem Recht zugrunde liegenden Anschauungen bemißt. Im übrigen gipfeln sie in dem Satz, daß der Ehemann hinsichtlich seiner Rechte und Pflichten in fast allen Lebensbeziehungen mit seiner Frau gleichgestellt werde. Daraus folgert die Revision, daß eine Amtspflicht, die der Ehefrau gegenüber besteht, auch dem Ehemann gegenüber begründet sei. Dieser allgemeine Satz trifft aber für das Gebiet der unerlaubten Handlungen nicht zu, sodaß auch die daraus gezogene Schlußfolgerung abzulehnen ist. Aus den §§ 844 und 845 BGB. erhellt unzweideutig, daß eine gegen eine Ehefrau begangene unerlaubte Handlung nicht zugleich eine solche gegen den Ehemann darstellt. Nur in den in diesen beiden Vorschriften bezeichneten Fällen und in dem dort näher begrenzten Umfang kann der Ehemann Schadensersatzansprüche auf Grund einer gegen seine Ehefrau verübten unerlaubten Handlung erheben; in weiterem Umfang stehen sie ihm als nur mittelbar Verletztem nicht zu. Die §§ 844, 845 gelten auch für den Fall des § 839 BGB. (RGZ. Bd. 94 S. 103, 104). Das Gesetz hat mithin Vorsorge getroffen für den Fall, daß ein Beamter eine Amtspflicht verletzt, die ihm nur einer Ehefrau, nicht zugleich auch ihrem Ehemann gegenüber obliegt. Nach den Regeln des Bürgerlichen Gesetzbuchs über unerlaubte Handlungen muß also eine Amtspflichtverletzung gegenüber der Frau nicht schon ohne weiteres auch eine solche gegen den Mann enthalten; sie kann es nur. Ob das der Fall ist, bestimmt sich nach dem Inhalt der Amtspflicht, insbesondere nach dem mit ihr verfolgten Zweck (RGZ. Bd. 78 S. 243). Aus den Feststellungen, die das Berufungsgericht über den Umfang der Amtspflichten der Hamburger beamteten Ärzte getroffen hat, ergibt sich keine Amtspflicht der an der Behandlung seiner Ehefrau beteiligten Amtspersonen gegenüber dem Kläger.

Auch die weitere Begründung des Berufungsurteils begegnet keinen durchgreifenden Bedenken.

Die Ehefrau des Klägers ist auf Grund von § 22 des Hamb. Verhältnisgesetzes vom 23. April 1879 durch die Polizei aufgegriffen und zunächst in das Hafenkrankenhaus, dann in die Staatskrankenanstalt F. gebracht worden. Dieser § 22 ermächtigt die Polizeibehörde und ihre Beamten und Angestellten, Personen in Verwahrung zu nehmen, wenn deren eigener Schutz die Maßregel erforderlich macht. Bei der Festnahme der Ehefrau des Klägers handelte es sich also um eine polizeiliche Maßnahme, ebenso aber auch bei der sich daran anschließenden Verbringung in ein Krankenhaus und bei ihrer Festhaltung und Behandlung dort. Ein Vertragsverhältnis liegt mithin nicht vor, selbst wenn der Ehemann Verpflegungskosten hat zahlen müssen. Solche Zahlungen können auch bei einer rein polizeilichen Maßnahme gefordert werden. Eine polizeiliche Unterbringung im Krankenhaus vermag daher keinesfalls vertragliche Beziehungen zu begründen. . . .

55. 1. Muß im Patentstreitverfahren der Berufungsschriftsatz handschriftlich unterzeichnet sein?

2. Unter welchen Umständen liegt in der Einreichung einer nicht unterzeichneten Berufungsschrift durch das Patentbüro einer größeren Firma ein unabwendbarer Zufall?

3. Kann bei Stellung eines Wiedereinsetzungs-Antrags im Patentstreitverfahren die Berufungsschrift unmittelbar beim Reichsgericht eingereicht werden, wenn diese Einreichung die nachzuholende Prozeßhandlung ist?

PatG. § 33. Verordnung betr. das Berufungsverfahren beim Reichsgericht in Patentsachen vom 6. Dezember 1891 (RGBl. S. 389) § 1. Gesetz betr. eine verlängerte Schutzdauer bei Patenten und Gebrauchsmustern usw. vom 27. April 1920 (RGBl. S. 675) Art. II.

I. Zivilsenat. Urt. v. 27. November 1929 i. S. R. GmbH. (Kl.) w. D. GmbH. u. Gen. (Bekl.). I 195/29.

I. Reichspatentamt.

Die Klägerin hat beantragt, die beiden Ansprüche des DRP. 233938 der Beklagten gemäß § 10 Abs. 1 Nr. 1 PatG. für nichtig zu erklären. Die Beklagten haben dem widersprochen. Durch Entscheidung der Nichtigkeitsabteilung des Reichspatentamts vom 21. Februar 1929 ist das Patent teilweise für nichtig erklärt worden. Am 30. April 1929 ging beim Reichspatentamt ein Schriftsatz vom 29. dess. Mts. ein, der am Kopf die Firmenbezeichnung der Klägerin und am Ende einen Vollmachtsstempel, jedoch keine Unterschrift aufweist. Er enthält die mit Begründung versehene Erklärung, daß gegen die Entscheidung des Reichspatentamts Berufung eingelegt und völlige Nichtigerklärung des angegriffenen Patents beantragt werde. Auf den Hinweis des Reichsgerichts vom 13. Juli 1929, daß die Berufungsschrift nicht unterzeichnet sei, hat die Klägerin erwidert, daß den Anforderungen des § 33 PatG. genügt sei; sie hat dann aber in einem am 18. August 1929 bei der Geschäftsstelle des Senats eingegangenen Schriftsatz beantragt, ihr Wiedereinsetzung in den vorigen Stand gegen die Versäumung der Berufungsfrist zu erteilen, und ein unterzeichnetes Doppel des Berufungsschriftsatzes beigefügt. Die Verhandlung wurde auf die Frage der Zulässigkeit der Berufung beschränkt. Dem Wiedereinsetzungsantrag wurde entsprochen.

Gründe:

Ob die Berufung fristgemäß eingelegt worden war, ist davon abhängig, ob der Schriftsatz der Klägerin vom 29. April 1929 dem in § 33 Abs. 1 Satz 3 PatG. aufgestellten Erfordernis schriftlicher Einlegung und Begründung der Berufung genügt, obwohl er nicht unterzeichnet ist. Die Klägerin meint, daß den Anforderungen des Gesetzes bereits durch die Einreichung eines nichtunterzeichneten Schriftsatzes genügt werde. Ihr kann jedoch nicht beigepflichtet werden.

Daß der Berufungsschriftsatz von der Klägerin herrührt, ist nicht im Streit. ... (Wird ausgeführt.) Wollte man daher annehmen, daß die Unterzeichnung des Berufungsschriftsatzes entbehrlich sei, wenn aus seinem sonstigen Inhalt zweifelsfrei erkennbar sei, daß er von der das Rechtsmittel in Anspruch nehmenden Partei oder ihrem Vertreter ausgehe, so könnte man zu dem Ergebnis gelangen, daß der Berufungsschriftsatz den Formvorschriften genüge. Diesen Standpunkt hat das Reichspatentamt eingenommen, da es den Mangel der Unterschrift nicht gerügt, sondern die Akten zur Entscheidung über die Berufung dem Reichsgericht vorgelegt hat. Für das Gebiet der Zivilprozeßordnung hat die Rechtsprechung des Reichsgerichts jedoch ständig angenommen, der Berufungsschriftsatz oder zum mindesten seine in beglaubigter Form gleichzeitig eingereichte Abschrift müsse handschriftlich unterzeichnet sein, um jeden Zweifel auszuschließen, daß er vom Unterzeichner herrühre und daß dieser die Verantwortung für ihn übernehme (RGZ. Bd. 31 S. 375 [378], Bd. 46 S. 375; Bd. 65 S. 81; Bd. 119 S. 62; JW. 1910 S. 338 Nr. 20, 1914 S. 98 Nr. 28 und S. 834 Nr. 11). Es sei, so wird diese Stellungnahme im wesentlichen begründet, nicht vom Ergebnis einer vom Gericht anzustellenden Prüfung abhängig zu machen, ob ein Schriftsatz, mit dessen Einreichung eine den Gang des Rechtsstreits bestimmende Prozeßhandlung vorgenommen werde, von der in Betracht kommenden Person herrühre, sondern dies müsse sich aus ihm ohne weiteres in zweifelsfrei schlüssiger Weise ergeben (RGZ. Bd. 31 S. 378 in Verb. mit JW. 1910 S. 338 Nr. 20).

Gegen die Anwendung dieser Grundsätze auch im Patentstreitverfahren bestehen weder formelle, aus der Fassung des Gesetzes, noch grundsätzliche, aus der Eigenart dieses Verfahrens zu entnehmende Bedenken. Daß die handschriftliche Unterzeichnung nicht ausdrücklich in § 33 PatG. oder in der weiter in Betracht kommenden Vorschrift des § 1 der Vo. vom 6. Dezember 1891 erwähnt ist, gibt keine Veranlassung zu gegenteiligen Schlüssen. Die Anwendung jener Grundsätze ist daher auch im Patentstreitverfahren geboten. Maßgebend sind dafür die gleichen Erwägungen wie im bürgerlichen Rechtsstreit. Diese Auffassung beruht somit nicht auf inhaltlosem Formalismus, sondern findet ihre innere Begründung darin, daß sie die Grundlage schafft für einen glatten, durch unnötige Zwischenprüfungen formeller Art nicht beschwerten Gang des Verfahrens; sie liegt demnach im Sinne einer dem Bedürfnis des Rechtsverkehrs gerecht werdenden und somit gesunden Prozeßökonomie. Für das preußische Verwaltungsstreitverfahren, das in mancher Hinsicht Ähnlichkeit mit dem Patentstreitverfahren zeigt, neigt allerdings die Rechtsprechung in neuerer Zeit anscheinend zu anderer Auffassung hin (vgl. Urt. des preußischen Oberverwaltungsgerichts vom 21. März 1910, DJZ. 1910 S. 1414 = preuß. Verw. Bl. Bd. 32 S. 57, im Gegensatz zu den Urteilen vom 7. Juli 1903, preuß. Verw. Bl. Bd. 25 S. 197 und vom 23. April 1908, a. a. O. Bd. 30 S. 559; vgl. ferner v. Brauchitsch Die preußischen Verwaltungsgesetze, zu § 63 des preuß. LVG.); aber das kann keinen Grund zur Abweichung von der bisherigen Auffassung des Reichsgerichts bieten. Das patentrechtliche Schrifttum erörtert die Frage zum Teil nicht. Kent (Kommentar zum PatG. Bd. II § 33 Nr. 13, § 28 Nr. 10, § 20 Nr. 2) fordert handschriftliche Unterzeichnung. Lutter (Kommentar zum PatG. 9. Aufl. § 33 Anm. 3 § 20 Vorbem.) und Seligsohn (Kommentar zum PatG. 6. Aufl. Vorbem. vor § 20 Anm. 5 und § 20 Anm. 2) halten sie nicht für notwendig; doch kann ihnen aus den dargelegten Gründen nicht gefolgt werden. Danach ist die Berufung nicht innerhalb der gesetzlichen Frist formgerecht eingelegt worden.

Weiter ist zu prüfen, ob der Berufungsklägerin gemäß der Verordnung vom 10. September 1914 in der Fassung von Art. II PatentVerlG. Wiedereinsetzung in den vorigen Stand gegen die Versäumung der Berufungsfrist erteilt werden kann. Den Formerfordernissen, auch denen des § 236 ZPO., ist genügt. Zur Entscheidung über den Antrag auf Wiedereinsetzung ist das Reichsgericht nach § 237 das. zuständig, nachdem das Reichspatentamt durch Übersendung der Akten zu erkennen gegeben hat, daß es die Berufung für form- und fristgerecht hält. Gemäß § 236 hat der Wiedereinsetzungsantrag auch die Nachholung der versäumten Prozeßhandlung zu enthalten. Es ist darum nicht zu beanstanden, daß die Berufung erneut beim Reichsgericht und nicht beim Reichspatentamt eingelegt worden ist. Auch in diesem Teil des Verfahrens nach § 33 PatG., § 1 der Vo. vom 6. Dezember 1891 die Einreichung des Berufungsschriftsatzes beim Reichspatentamt zu fordern, liefe lediglich auf eine rein formelle Bemühung des Patentamts um Weitergabe des Schriftsatzes hinaus.

Zur sachlichen Begründung ihres Wiedereinsetzungs-Antrags hat sich die Klägerin darauf berufen, daß der Leiter ihrer Patentabteilung den Berufungsschriftsatz einer in dieser Abteilung ständig mit den dort einschlägigen Verrichtungen befaßten und als zuverlässig und gewissenhaft erwiesenen Hilfskraft zur Vornahme von Verbesserungen ununterzeichnet herausgegeben und daß die Hilfskraft ihn versehentlich, ohne die Unterschrift einzuholen, beim Reichspatentamt eingereicht habe. Diese Angaben erscheinen auf Grund einer eingereichten eidesstattlichen Versicherung glaubhaft.

Bei einem Betrieb von der Bedeutung desjenigen der Klägerin ist eine Arbeitsteilung zulässig, bei welcher mechanische Arbeiten, wie die Fertigmachung und Absendung von Schriftsätzen, der Fürsorge von Hilfskräften überlassen bleiben. Ein Versehen der letzteren ist in solchem Falle nicht dem Abteilungsleiter oder Geschäftsführer zur Last zu legen, wenn diese ihrer Überwachungs- und Sorgfaltspflicht nachgekommen sind (vgl. WarnRspr. 1928 Nr. 141 und die dort angeführten Entscheidungen). Als Maßnahme, die im vorliegenden Fall voraussichtlich den Formfehler ausgeschlossen hätte, kommt die Einrichtung einer alle ausgehenden Schreiben nochmals überprüfenden Stelle in Betracht. Billige Rücksicht auf die Wirtschaftlichkeit und Vereinfachung des Geschäftsverkehrs läßt es jedoch als geboten erscheinen, solche Anforderungen, welche die Gefahr einer Überorganisation mit sich bringen, nicht zu überspannen. Die Sorgfaltspflicht wird, von besonderen Fällen abgesehen, in erster Linie ihren Ausdruck darin finden, daß nur eine in solcher Tätigkeit erprobte und als zuverlässig befundene Person ständig mit ihr betraut wird, selbstverständlich ohne daß damit eine Überwachung dieser Tätigkeit wegfiele, wie sie sich im täglichen Verkehr ohne weiteres als möglich ergibt. Für Geschäftsbetriebe, in denen die Beachtung von Formalien ständig eine besondere Rolle spielt (z. B. bei Rechtsanwaltskanzleien), mögen die Anforderungen zu erhöhen sein. Im vorliegenden Fall fehlt es an hinreichenden Anhaltspunkten für die Notwendigkeit, eine derartige Überwachungsstelle einzuschalten.

Danach beruht die Nichtunterzeichnung der Berufungsschrift nicht auf einem Verschulden leitender Stellen der Klägerin, sondern auf dem als unabwendbarer Zufall zu bezeichnenden Versehen einer an sich erprobten Hilfskraft.

---

56. 1. Kann eine Partei im Ehescheidungsstreit durch einen Abwesenheitspfleger vertreten werden?

2. Inwieweit kann in der Revisionsinstanz den Mangel gesetzmäßiger Vertretung nicht nur die in ungesetzlicher Weise vertreten gewesene Partei, sondern auch ihr Gegner rügen?

3. Kann der Mangel gesetzmäßiger Vertretung noch während der Revisionsinstanz durch ausdrückliche oder stillschweigende Genehmigung geheilt werden?

BGB. § 1911. ZPO. § 551 Nr. 5.

IV. Zivilsenat. Urt. v. 28. November 1929 i. S. Ehefr. R. (Bekl.) w. Ehem. R. (Kl.). IV 255/29.

I. Landgericht Duisburg.
II. Oberlandesgericht Düsseldorf.

Die Parteien sind Eheleute. Der Mann hat Klage, die Frau Widerklage auf Scheidung der Ehe wegen ehezerrüttender Pflichtverletzungen des andern Teils erhoben. Das Landgericht wies die Klage ab und schied die Ehe auf die Widerklage aus alleinigem Verschulden des Klägers. Der Kläger legte Berufung ein mit dem Ziele, daß die Widerklage abgewiesen und die Ehe auf die Klage aus alleinigem Verschulden der Beklagten geschieden werde. Sein Anwalt trug laut Schriftsatz vom 4. Juni 1928 vor, daß der Kläger wegen des ihm unerträglich gewordenen ehelichen Verhältnisses auf und davon gegangen und daß ihm daraufhin ein Abwesenheitspfleger bestellt worden sei. Gleichzeitig überreichte er eine von A. als Abwesenheitspfleger unterschriebene Prozeßvollmacht. In einem Beweisaufnahmetermin vor dem ersuchten Gericht ist aber der Kläger laut Protokoll vom 7. November 1928 persönlich erschienen. In dem auf die mündliche

Verhandlung vom 15. Februar 1929 ergangenen Urteil des Berufungsgerichts ist er wiederum als durch den Abwesenheitspfleger A. vertreten angeführt. Durch dieses Urteil wurde das erste Urteil dahin abgeändert, daß die Ehe auf die Klage und die Widerklage aus beiderseitigem Verschulden geschieden werde.

Die Beklagte legte gegen das Berufungsurteil Revision ein und begründete sie damit, daß die Vertretung einer Partei im Scheidungsprozeß durch einen Abwesenheitspfleger nicht zulässig und daher der Kläger im Berufungsverfahren nicht nach Vorschrift der Gesetze vertreten gewesen sei. Der Kläger legte Anschlußrevision ein und begründete sie mit einer Rüge der Verletzung sachlichen Rechts. Er macht geltend, daß der für ihn im zweiten Rechtszug aufgetretene Anwalt seine Vollmacht von ihm selbst oder dem von ihm bevollmächtigten Anwalt erster Instanz erhalten und mit der Überreichung der Vollmacht des Abwesenheitspflegers etwas Überflüssiges und Unbeachtliches getan habe. Für den Fall, daß eine Prozeßführung durch den Abwesenheitspfleger angenommen werden sollte, erklärt er, dessen Prozeßführung zu genehmigen.

Das Reichsgericht wies die Revision und die Anschlußrevision zurück.

Aus den Gründen:

Eine Abwesenheitspflegschaft ist nach § 1911 BGB. einzuleiten, wenn ein Fürsorgebedürfnis in Ansehung der Vermögensangelegenheiten des Abwesenden besteht. Der Wirkungskreis des Pflegers erstreckt sich, wenn ihn das Vormundschaftsgericht nicht beschränkt hat, auf die Besorgung aller Vermögensangelegenheiten, aber immer nur auf die Besorgung von Vermögensangelegenheiten. In persönlichen Angelegenheiten, insbesondere in einem Ehescheidungsstreit, kann der Pfleger den Abwesenden nicht vertreten. Eine Partei, die einen Ehescheidungsstreit durch einen Abwesenheitspfleger führt, ist daher nicht nach Vorschrift der Gesetze vertreten.

Das vorliegende Berufungsurteil ist für und gegen den Kläger als eine durch einen Abwesenheitspfleger vertretene Partei erlassen. Daß der Kläger, nachdem der Anwalt zweiter Instanz zu seiner Legitimation eine vom Abwesenheitspfleger ausgestellte Prozeßvollmacht überreicht hatte, in einem Beweisaufnahmetermin persönlich erschienen war, ändert nichts daran, daß er laut dem Berufungsurteil den Prozeß zur Zeit der maßgebenden letzten mündlichen Verhandlung durch einen Abwesenheitspfleger, also durch einen angeblichen gesetzlichen Vertreter geführt hat, dem die Vertretungsmacht fehlte. Ob der Anwalt zweiter Instanz vom Kläger selbst oder von dessen Prozeßbevollmächtigtem erster Instanz Vollmacht erhalten hatte und dadurch in den Stand gesetzt worden war, ohne Rücksicht auf die eingeleitete Abwesenheitspflegschaft als Vertreter des Klägers zu handeln, kann auf sich beruhen, da er laut dem in der Schlußverhandlung vorgetragenen Schriftsatz vom 4. Juni 1928 und dem Kopf des Berufungsurteils nicht als in dieser Weise bevollmächtigt, sondern als vom Abwesenheitspfleger bevollmächtigt aufgetreten ist.

Den Mangel einer gesetzmäßigen Vertretung mit der Revision nach § 551 Nr. 5 ZPO. zu rügen, steht nicht nur der in ungesetzlicher Weise vertreten gewesenen Partei, sondern auch ihrem Gegner frei, und zwar diesem selbst dann, wenn er vor dem Berufungsgericht obgesiegt hat; denn er ist der Gefahr ausgesetzt, noch nach Eintritt der Rechtskraft des Berufungsurteils von der anderen Partei auf Grund des § 579 Abs. 1 Nr. 4 ZPO. mit der Nichtigkeitsklage überzogen zu werden. Um so mehr kann hier die mit ihrer Widerklage durchgedrungene, aber gegenüber der Klage unterlegene Beklagte den Revisionsgrund des § 551 Nr. 5 geltend machen. Der Revisionsgrund entfällt indessen, sofern die Partei, die nicht nach Vorschrift der Gesetze vertreten war, die Prozeßführung ausdrücklich oder stillschweigend genehmigt hat. Die Genehmigung ist gemäß § 56 ZPO. (RGZ. Bd. 86 S. 15, 17) auch dann von Amts wegen zu berücksichtigen, wenn sie erst während der Revisionsinstanz erteilt wird. Hier hat der Kläger, der in diesem Rechtszug als selbst handelnde Partei auftritt, ohne seinerseits den aus dem Berufungsurteil ersichtlichen und mit der Revision geltend gemachten Verfahrensmangel zu rügen, nicht nur in der Anschlußrevisionsschrift, sondern auch in der mündlichen Verhandlung mit sachlicher Begründung beantragt, in anderem Sinne als im Berufungsurteil geschehen auf Scheidung zu erkennen. In dieser Fortführung des von dem angeblichen gesetzlichen Vertreter betriebenen Verfahrens könnte eine stillschweigende Genehmigung seiner Prozeßführung gefunden werden (RGZ. Bd. 47 S. 413, 415; JW. 1915 S. 36 Nr. 20). Dazu kommt, daß der Kläger die Genehmigung in der mündlichen Verhandlung auch ausdrücklich erklärt hat.

Die Verfahrensrüge der Beklagten, mit der allein sie ihre Revision begründet hat, ist somit hinfällig geworden. Daraus folgt aber noch nicht, daß die Revision zurückzuweisen ist. Denn da die Verfahrensrüge rechtzeitig in zulässiger Form erhoben ist, hat das Revisionsgericht nach § 559 ZPO. das angefochtene Urteil von Amts wegen auch daraufhin zu prüfen, ob es nicht etwa Verstöße gegen sachliches Recht enthält (RGZ. Bd. 87 S. 5; JW. 1928 S. 1139 Nr. 10).

In der Sache selbst ist weder die mit der Revision angefochtene Entscheidung auf die Klage noch die mit der Anschlußrevision angefochtene Entscheidung auf die Widerklage rechtlich zu beanstanden. (Wird ausgeführt.)

---

57. Inwieweit wird durch § 616 ZPO. die Geltendmachung von Tatsachen im neuen Prozeß ausgeschlossen?

VII. Zivilsenat. Urt. v. 29. November 1929 i. S. Ehefr. W. (Bekl.) w. Ehem. W. (Kl.). VII 362/29.

I. Landgericht Halle a. S.
II. Oberlandesgericht Naumburg a. S.

Die Parteien, die am 14. Mai 1920 geheiratet haben, leben seit Mitte 1923 getrennt. Im Januar 1925 erhob der Kläger Klage auf Scheidung; auch die Beklagte begehrte widerklagend Scheidung der Ehe. Beide Klagen wurden durch rechtskräftig gewordenes Urteil des Landgerichts abgewiesen. Nunmehr klagte der Kläger erneut auf Scheidung, hilfsweise auf Herstellung der Ehe. Das Landgericht wies auch die neue Scheidungsklage ab und gab dem Herstellungsverlangen statt. In der Berufungsinstanz beantragte die Beklagte, die Herstellungsklage abzuweisen und auf die von ihr erhobene Widerklage die Ehe aus alleinigem Verschulden des Klägers zu scheiden, indem sie u. a. behauptete, der Kläger habe mit einer Frau X. die Ehe gebrochen. Der Kläger erklärte hierzu: sein Ehebruch mit der X. sei schon 1924 erfolgt; die Beklagte habe schon damals davon Kenntnis gehabt, denn sie habe ihm, als er die alten, vor seiner Eheschließung mit der Beklagten unterhaltenen Beziehungen zur X. wieder aufgenommen habe, gesagt: „Wie kannst Du Dich nur mit so einer Person sehen lassen". Die Beklagte erwiderte: sie habe zwar schon damals geahnt, daß der Kläger intime Beziehungen zu der X. unterhalte, habe aber keine Beweise dafür gehabt und wirkliche

Kenntnis erst jetzt durch das Zugeständnis der X. erhalten. Der Kläger schob der Beklagten den Eid zu, sie habe schon vor Beendigung des Vorprozesses gewußt, daß er mit der X. geschlechtlich verkehrt habe. Die Beklagte nahm den Eid an. Daß der Kläger nach Beendigung des Vorprozesses mit der X. Ehebruch getrieben habe, behauptete die Beklagte nicht.

Das Oberlandesgericht wies die Berufung der Beklagten zurück. Ihre Revision führte zur Aufhebung und Zurückverweisung.

Gründe:

Nach der Ansicht des Berufungsrichters kann die Beklagte ihr Scheidungsbegehren nicht mehr auf den an sich bewiesenen Ehebruch des Klägers mit der X. vom Jahre 1924 stützen, weil sie nach ihrem eigenen Zugeständnis schon damals erfahren habe, daß der Kläger seine früheren Beziehungen zur X., die von ihm zwei uneheliche Kinder hatte, wieder aufgenommen habe, und weil es ihr deshalb habe klar sein müssen, daß beide auch wieder geschlechtlich verkehrten, wie sie das nach ihrer eigenen Angabe „geahnt" habe. Auf Grund dieser starken, der Kenntnis gleichzustellenden Vermutung hätte die Beklagte den Ehebruch des Klägers mit der X. schon im Vorprozeß vorbringen können; der Geltendmachung im vorliegenden Prozeß stehe die Vorschrift des § 616 ZPO. entgegen. Da die Beklagte ferner die Tatsachen, auf die sie ihr Scheidungsbegehren nach § 1568 BGB. stütze, bereits im Vorprozeß vorgebracht und sonstige Gründe, aus denen sie Scheidung fordern oder das Herstellungsverlangen des Klägers abwehren könnte, nicht dargelegt habe, hält der Berufungsrichter ihre Berufung für unbegründet.

Der Revision war stattzugeben. Die Vorschrift in § 616 ZPO. kann nur auf Tatsachen bezogen werden, die der Partei in der Art bekannt waren, daß sie im früheren Rechtsstreit mit Aussicht auf Erfolg hätten geltend gemacht werden können; das Bestehen bloßer Vermutungen genügt nicht (RGZ. Bd. 35 S. 344; OLG. Hamburg in SeuffArch. Bd. 39 Nr. 65; Stein-Jonas Bem. II zu § 616). Es reicht daher zur Anwendung des § 616 im vorliegenden Fall nicht aus, daß die Beklagte das Bestehen intimer Beziehungen des Klägers zur X. „geahnt" hat oder daß sie es den Umständen nach hätte kennen müssen. Dafür, daß die Beklagte schon während des Vorprozesses volle Kenntnis von dem Ehebruch gehabt habe, war der Kläger beweispflichtig (Warn-

Rspr. 1918 Nr. 102, 211; Höchstr. Rspr. 1928 Nr. 916, unter Aufgabe der abweichenden Ansicht in RGZ. Bd. 42 S. 384). Nur wenn der Berufungsrichter hätte feststellen können, daß die Beklagte schon während des Vorprozesses sichere Kenntnis von dem Ehebruch erlangt habe, durfte er ihr den § 616 ZPO. entgegenhalten.

War hiernach das Urteil aufzuheben und die Sache zurückzuverweisen, so ist dem Berufungsrichter auch Gelegenheit gegeben, die weiterhin von der Revision noch angeregten Fragen nachzuprüfen, ob die Beklagte alle Tatsachen, die sie zur Begründung des Scheidungsverlangens aus § 1568 BGB. vorgebracht hat, schon im Vorprozeß geltend machen konnte und ob etwa die Art der gegenwärtigen Prozeßführung des Klägers als Scheidungsgrund nach § 1568 zu werten war.

---

58. 1. Grundsätze für die Erteilung einer Zwangslizenz an einer Bäckereimaschine.

2. Zur Bemessung der Höhe der Zwangslizenz-Gebühr und der Sicherheitsleistung.

PatG. § 11 Abs. 1.

I. Zivilsenat. Urt. v. 30. November 1929 i. S. N. Maschinenbau-GmbH. (Kl.) w. B. (Bekl.). I 76/29.

I. Reichspatentamt.

Die Klägerin ist Generallizenznehmerin des Ingenieurs H. auf dessen Patent 461363, das vom 15. Februar 1927 ab wirksam ist und sich auf eine Messerstern-Teigteil- und -Wirkmaschine bezieht. Diese ist nach dem Patentanspruch dadurch gekennzeichnet, daß die die auswechselbare Wirkplatte aufnehmende Auflageplatte in einem Kugelgelenk allseitig beweglich im Maschinenuntergestell gelagert ist und daß die Wirkplatte als Kugelkalotte mit dem Radius der Kugel ausgebildet ist, deren Mittelpunkt in der Achsenkreuzung des Kugelgelenks liegt. An der Ausführung von Maschinen nach diesem Patent sieht sich die Klägerin dadurch gehindert, daß der Beklagte und seine Generallizenznehmerin, die Nebenintervenientin, die Auffassung vertreten, die Klägerin würde damit das dem Beklagten vom 2. Mai 1914 ab zustehende Patent 348994 verletzen. Der von den vier Ansprüchen dieses Patents allein in Betracht kommende Anspruch 1 bezieht sich auf eine Teigteil- und -Wirkmaschine, dadurch gekennzeichnet, daß die zerteilten Teigstücke durch die angetriebene auswechselbar eingerichtete und mit Mitnehmerflächen versehene Teigauflageplatte gewirkt werden. Unter Beschränkung auf diesen Anspruch beantragt die Klägerin nach vergeblichem Versuch, auf gütlichem Wege eine Lizenz zu erhalten, die Erteilung einer Zwangslizenz auf Benutzung des Patents des Beklagten. Zur Begründung macht sie geltend, es bestehe ein öffentliches Interesse an der durch ihre Maschine erweiterten Möglichkeit, auf maschinellem Wege Backwaren herzustellen. Die nach dem Patent 461363 angefertigten Maschinen seien leistungsfähig, dabei billig herzustellen und besäßen eine besonders leichte Beweglichkeit, die sie gerade für den Handbetrieb kleiner Bäckereien geeignet erscheinen ließe. Der Beklagte und die Nebenintervenientin bestreiten diese Vorzüge der neuen Maschine und behaupten, daß die nach Patent 348994 gebauten Maschinen dem gegenwärtigen Bedarf der Bäckereien voll genügten und, wo ein Bedürfnis danach bestehen sollte, auch für den Handbetrieb eingerichtet werden könnten.

Das Reichspatentamt hat der Klägerin eine Zwangslizenz an dem Patent 348994 in der Weise erteilt, daß ihr gestattet sein soll, beim Bau von Teigteil- und Wirkmaschinen nach dem Patent 461363 eine gemäß Anspruch 1 des Patents 348994 angetriebene Teigauflageplatte zu verwenden. Es hat die Lizenzgebühr auf 8% des Verkaufspreises, die von der Klägerin zu leistende Sicherheit auf 15000 RM. festgesetzt und ferner bestimmt, daß die Abrechnung am 2. Januar jedes Jahres zu erfolgen habe.

Gegen diese Entscheidung haben beide Parteien Berufung eingelegt.

Das Reichsgericht hat die Entscheidung des Reichspatentamts bis auf eine Änderung der Abrechnungs- und Zahlungszeiten bestätigt.

Gründe:

1. Das Reichspatentamt geht zutreffend davon aus, daß die Abhängigkeit der von der Klägerin geplanten Maschine von dem Patent 348994 zu unterstellen und die Zwangslizenz dann zu erteilen sei, wenn die Erfindung des H., des Lizenzgebers der Klägerin, für die Belange der Allgemeinheit einen erheblichen Fortschritt bedeute.

Es bedarf keiner Ausführung, daß es im öffentlichen Interesse liegt, wenn eine neue Maschine hergestellt und in den Verkehr gebracht werden kann, durch welche die Möglichkeit, Backwaren auf maschinellem Wege herzustellen, erweitert wird. Das behauptet die Klägerin von der H.schen Maschine nach dem Patent 461363.

Maschinen, welche die Teilung und das Wirken des Teiges zusammen besorgen, bestehen grundsätzlich aus einem Untergestell mit der Teigauflageplatte und einem das Teilmessernetz enthaltenden Kopfe. Der Wirkvorgang kann nur so vor sich gehen, daß die einzelnen Teilstücke innerhalb der Messerabteilungen in eine rollende Bewegung versetzt werden. Das geschah früher durch kreisende Bewegung des Teilkopfes. Das Patent 348994 beruht auf der neuen Erkenntnis, daß es zum Wirken genügt, die Teigauflageplatte unter dem stehenbleibenden Messerkopf exzentrisch kreisend zu bewegen. Dadurch ist ein bedeutend leichterer Bau der ganzen Maschine ermöglicht und auf diese Weise die Technik des Backens erheblich bereichert worden. Der Bewegungsvorgang bleibt dabei, wie bisher, wagerecht.

Nach dem Patent 461363 wird die Bewegung der Teigauflageplatte beibehalten. Neu ist aber die Lagerung dieser Platte in einem Kugelgelenk mittels eines langen Hebelarms und die durch sie bedingte Bewegung der Platte auf einer Kugelfläche, ferner die wiederum daraus folgende kugelförmige Ausgestaltung der Plattenoberfläche und (entsprechend) der unteren Fläche des Teilkopfes. Als Nebenerscheinung ergibt sich dabei, daß die Wirkplatte auch völlig am Hebelarm herausgeklappt werden kann, sodaß es möglich ist, den Teig innerhalb der Maschine zu walzen. Ob dies einem praktischen Bedürfnis entspricht, bleibe jedoch dahingestellt.

Daß durch die H.sche Erfindung eine erhebliche Verminderung der Herstellungskosten einträte, läßt sich nach dem Gutachten des Sachverständigen nicht sagen. Nur der Zusammenbau wird bei sauberer Serienherstellung etwas verbilligt. Die Maschine kann aber so hergestellt werden, daß der Bewegungsmechanismus einfacher wird. Auch kann er bei Handmaschinen im entscheidenden Zeitpunkt, nämlich bei Beginn des Wirkens, leichter gestaltet werden, weil hier die Möglichkeit besteht, den Pendelausschlag durch engeres Kreisen der Hand zunächst etwas zu verkleinern, ohne doch damit die (durch gleichmäßigen Pendelausschlag geförderte) Wirkhautbildung zu gefährden.

Gewisse Vorteile ergeben sich also bei der H.schen Maschine in erster Linie für den Handbetrieb, den zu fördern die Allgemeinheit insofern ein Interesse hat, als in kleineren Bäckereien, die nicht in der Lage sind, mit Motoren zu arbeiten, durch Anschaffung von Handmaschinen das Wirken mit den Händen vermieden werden kann. Aber auch für den Motorantrieb fällt die durch Vereinfachung des Mechanismus zu erzielende Kraftersparnis immerhin ins Gewicht. Eine erhöhte Leistungsfähigkeit der H.schen Maschine gegenüber der nach Patent 348994 ist jedoch nicht ohne weiteres festzustellen; der Sachverständige erklärt die Leistung beider Maschinen für theoretisch gleich, während praktisch nur Versuche entscheiden könnten. Auch läßt sich auf der anderen Seite nicht verkennen, daß H. bei der eigenartigen Lagerung der Wirkplatte auf den Unterbau seiner Maschine nicht verzichten und deshalb zur Zeit eine Maschine von so geringen Maßen nicht herstellen kann wie die in der Verhandlung vorgeführte Handmaschine der Nebenintervenientin, die sich auf einen beliebigen Tisch stellen läßt. Das spielt insbesondere bei der Ausfuhr unter dem Gesichtspunkt der Frachtkosten eine Rolle. Ferner ist eine alte Maschine mit Schüsselformteigplatte nicht so verhältnismäßig einfach in eine Maschine mit kugelförmiger Platte und entsprechend gestaltetem Preßstempel umzuarbeiten, wie in eine Maschine der Nebenintervenientin.

Bei der Abwägung all dieser Vor- und Nachteile gegeneinander läßt sich kein zwingender Schluß dahin ziehen, daß die Gewährung der Zwangslizenz im öffentlichen Interesse läge. Es kommt aber darauf nicht endgültig an. Entscheidend ist vielmehr, daß die über das Patent 348994 hinausreichenden Gedankengänge des Patents 461363 einen völlig neuen Weg für die maschinelle Herstellung von Backwaren eröffnen, den für die Technik freizumachen die Allgemeinheit unter Berücksichtigung der nach dem H.schen Patent gegebenen weiteren Entwicklungsmöglichkeiten das größte Interesse hat. Solche Entwicklungsmöglichkeiten sieht der Sachverständige in dem Patent 461363, ganz abgesehen von der Einzelausgestaltung, die H. durch das Zusatzpatent 472862 und durch die in die Erörterung der Parteien mit hineingezogenen Patentanmeldungen bereits vorgenommen hat. Mit Recht erklärt er die neue Idee für allein entscheidend, an deren praktischer Ausführbarkeit im Wege rein konstruktioneller Ausgestaltung des Patents nach seinem Gutachten kein Zweifel bestehen kann. Und es kommt deshalb auch nicht darauf an, welche Sonderart der

Maschine von der Klägerin bereits ausgeführt worden ist und ob sie mit ihrer Ausführung etwa andere Patente verletzt hat. Die angeblichen Verletzungen beziehen sich nur auf Einzelheiten, nicht auf die grundlegende Idee des Patents 461363. Übrigens wäre auch der Erwerb von Lizenzen auf die verletzten Patente nicht ausgeschlossen, sodaß die Frage dieser Patentverletzungen in jedem Fall aus dem Streit der Parteien völlig ausscheiden muß. Ebensowenig kann es darauf ankommen, ob die Klägerin etwa bei Einzelausführung auch schon einmal wieder Vorteile aufgegeben hat, wie sie sich z. B. vielleicht aus der Möglichkeit ergeben möchten, den Pendelausschlag zu verkleinern oder die Wirkplatte herauszuklappen. Dadurch wird an der grundlegenden Idee des Patents 461363 nichts geändert.

Welcher von den beiden Wegen, den die Patente 348994 und 461363 gehen, sich schließlich in der Entwicklung als der bessere erweisen wird, läßt sich zur Zeit noch nicht beurteilen; das kann deshalb augenblicklich für die Frage der Erteilung einer Zwangslizenz auch nicht ausschlaggebend sein. Für die Allgemeinheit ist es von wesentlicher Bedeutung, daß jede Möglichkeit, die maschinelle Herstellung von Backware zu steigern, ausgenutzt und auf ihre Vorzüge hin gründlich geprüft wird. Es kann also auch nicht maßgebend sein, ob die B.sche Maschine dem gegenwärtigen Bedarf der Bäckereien genügt, und ob eine gewisse „Rationalisierung" der Industrie geboten erscheinen möchte. Wenn Verbesserungen, die auf einem neuen Weg erzielt werden, erst einen erhöhten Bedarf an Maschinen erzeugen, so wird damit hier zugleich der unhygienische Handwirkbetrieb in den Bäckereien eingeschränkt.

Hiernach hat das Reichspatentamt mit Recht der Klägerin gestattet, gerade beim Bau von Maschinen nach dem Patent 461363 — mögen diese im übrigen auch verschieden ausgestaltet sein — die Teigauflageplatte nach Anspruch 1 des Patents 348994 zu verwenden. Es lag auch keine Veranlassung vor, diese Berechtigung etwa auf Maschinen mit Handbetrieb zu beschränken. Denn über diese Maschinen hinaus hat H.s Erfindung auch für Maschinen mit motorischem Antrieb und ihre Ausbaumöglichkeit eine erhebliche — wenn auch vielleicht immerhin etwas geringere — Bedeutung.

2. Was die Höhe der Lizenzgebühr anlangt, so kann dafür die Gebühr nicht vorbildlich sein, welche die Nebenintervenientin als Generallizenznehmerin zahlt (6%). Der Sachverständige weist mit

Recht darauf hin, daß der Generallizenznehmer in der Regel günstiger gestellt sein wird als der Inhaber einer Einzellizenz. Auf der anderen Seite ist der Klägerin darin zuzustimmen, daß das Bestehen einer Generallizenz auch nicht als lizenzerhöhender Umstand bewertet werden kann. Die Frage der Zwangslizenzerteilung ist davon völlig unabhängig. Und es ist Sache des Patentinhabers, der Tatsache der Erteilung einer Zwangslizenz durch Umgestaltung seiner Vertragsbeziehungen zum Generallizenznehmer, wenn dieser es verlangen sollte, Rechnung zu tragen, etwa auch die Zwangslizenzgebühr, die ihm zugesprochen wird, zu dessen Entschädigung mitzuverwerten.

Unabhängig von der Generallizenz und der für sie gezahlten Gebühr kann vielmehr mit dem Sachverständigen als maßgebend nur angesehen werden, daß die Klägerin zwar nicht vollständig nach dem Patent 348994 zu bauen gedenkt, daß sie aber doch den Grundgedanken, den Kern des Patents aus dessen Anspruch 1, benutzen will. Deshalb ist es richtig, die Gebühr mehr nach dem Höchstsatz der nach dem Sachverständigengutachten hier zwischen 5 und 10% schwankenden Lizenzgebühren hin zu bemessen. Aber es besteht doch kein ausreichender Anlaß, über den Satz von 8% hinauszugehen, den das Reichspatentamt festgesetzt hat.

Den Abrechnungszeitraum von einem Jahre bemängeln der Beklagte und die Nebenintervenientin nicht unmittelbar. Sie wünschen nur Zahlung ein Vierteljahr nach jedem Verkauf. Das würde auch eine häufigere Abrechnung zur Folge haben. Da die Klägerin gegen eine Vierteljahrsabrechnung nichts einzuwenden hat, so erschien es angemessen, durch deren Anerkennung zugleich dem Wunsch der Gegenseite nach schnellerer Zahlung bis zu einem gewissen Grad entgegenzukommen und Abrechnung und Zahlung bis zum zehnten des ersten Monats jedes Kalendervierteljahrs stattfinden zu lassen. Deshalb an der Höhe der vom Reichspatentamt festgesetzten Sicherheit etwas zu ändern, bestand jedoch keine Veranlassung. Die Sicherheit soll den Patentinhaber davor schützen, daß ihm Nachteile erwachsen, wenn die Lizenznehmerin ihre gesamten Verpflichtungen irgendwie schuldhaft nicht erfüllen sollte (vgl. Pietzcker Anm. 22 zu § 11 PatG.). Danach erscheint unter Berücksichtigung der vom Sachverständigen genannten, im Laufe der Jahre über die vom Reichspatentamt angenommenen 15000 RM. hinausgehenden Sätze (8000 bis 25000 RM.) ein einheitlicher Durchschnittssatz von 15000 RM. angemessen.

59. Kann eine Höchstbetragshypothek zur Sicherung von Forderungen gegen verschiedene Schuldner ins Grundbuch eingetragen werden?

BGB. §§ 1113, 1190.

V. Zivilsenat. Beschl. v. 4. Dezember 1929 in einer preußischen Grundbuchsache. V B 21/29.

I. Amtsgericht Spandau.
II. Landgericht III Berlin.

Der Sachverhalt und die Entscheidung ergeben sich aus den

Gründen:

In einer notariell beurkundeten Erklärung vom 24. Dezember 1928 haben 1. Herbert B., 2. seine Frau Hertha geb. G., 3. der Rentner G. bekannt, von der offenen Handelsgesellschaft Paul E. in Berlin als Gesamtschuldner ein verzinsliches, bis spätestens 20. März 1929 rückzahlbares Darlehen von 1500 GM. erhalten zu haben. G. hat weiter erklärt, zur Sicherheit für dieses Darlehen sowie für die Forderungen der Firma Paul E. aus beabsichtigten Warenlieferungen an Herbert B. bewillige und beantrage er die Eintragung einer Sicherungshypothek zum Höchstbetrag von 4000 GM. auf seinem näher bezeichneten Grundstück. Das Grundbuchamt, dem die Urkunde vom Notar eingereicht war, hat den Antrag auf Eintragung der Hypothek auf Kosten des Antragstellers zurückgewiesen. Das Wesentliche bei einer Höchstbetragshypothek sei, daß die Feststellung der Forderung vorbehalten, die Forderung also unbestimmt sei; wenn der Antragsteller einen Teilbetrag der Forderung in bestimmter Höhe angebe, so könne wegen dieses Betrags nur eine gewöhnliche Hypothek eingetragen werden, der Eintrag einer Höchstbetragshypothek für die ganze Forderung sei inhaltlich unzulässig.

G. hat Beschwerde eingelegt und ausgeführt, die Parteien hätten gerade eine einheitliche Hypothek beabsichtigt, damit im Falle der Abtragung des baren Darlehens die Hypothek im entsprechenden Maß für den Warenkredit frei werde und nicht etwa eine Eigentümerhypothek entstehe. Die Eintragung sei so, wie beantragt, zulässig. Denn für eine Höchstbetragshypothek sei es keineswegs erforderlich, daß die Forderung dem Grunde nach noch unbestimmt sei; wesentlich sei nur, daß der Betrag späterer Festsetzung vorbehalten bleibe. Wenn auch zur Zeit der Antragstellung schon eine Darlehensforderung entstanden gewesen sei, so habe doch der Betrag der Gesamtforderung nicht festgestanden, auf den allein es ankomme.

Das Landgericht hat die Beschwerde zurückgewiesen. Zwar könne nach KGJ. Bd. 34 S. A 320 eine Höchstbetragshypothek auch für eine an sich feststehende Forderung bestellt werden, wenn die Höhe der dinglichen Belastung des Grundstücks von den Parteien nicht unzweifelhaft festgestellt werden solle. Anderseits sei in der späteren Entscheidung ROLG. Bd. 29 S. 373 die Eintragung einer Höchstbetragshypothek für unzulässig erklärt worden, wenn die zu sichernde Forderung zur Zeit der Eintragung ihrem Umfang nach schon feststehe. Doch brauche dieser Streit nicht entschieden zu werden. Denn im vorliegenden Fall hätten die Parteien nicht eine Darlehenshypothek gewollt; sie hätten auch nicht den Weg gewählt, formell eine Darlehenshypothek eintragen zu lassen, deren zugrundeliegende Forderung wechseln könne und solle, sodaß im Erfolg doch eine Art von Sicherungshypothek habe geschaffen werden sollen. Die Parteien hätten vielmehr eine einheitliche Behandlung der gesamten Forderungen der Firma Paul E. gewollt. Sowohl die schon entstandene, vielleicht nur infolge von Novation als Darlehen bezeichnete Forderung von 1500 GM., als auch die durch die beabsichtigten Warenlieferungen künftig entstehenden Forderungen hätten als einheitliches Ganzes aufgefaßt und dinglich gesichert werden sollen. In diesem Fall sei die Eintragung einer Höchstbetragshypothek, wie beantragt, an sich möglich. Daß die Forderung der Höhe nach teilweise schon feststehe, hindere nicht die Eintragung der Hypothek. Aber die Zurückweisung des Antrags sei aus anderem Grunde geboten. Eine einheitliche Hypothek könne zwar auch zur Sicherung mehrerer selbständiger Forderungen bestellt werden, aber doch nur dann, wenn sich die verschiedenen Forderungen sämtlich gegen einen und denselben Schuldner richteten, oder gegen mehrere Schuldner, die unter sich in einer Rechtsgemeinschaft ständen. Im vorliegenden Falle richte sich die Darlehensforderung gegen die Eheleute B. und den Rentner G. als Gesamtschuldner, die künftigen Warenforderungen dagegen nur gegen Herbert B., allenfalls zugleich auch gegen G., keinesfalls aber gegen Frau B. Es handle sich also um verschiedene Forderungen gegen ganz verschiedene Gruppen von Schuldnern. In solchem Falle könne nur dann eine einheitliche Hypothek eingetragen werden, wenn die Gruppen von Schuldnern in irgendeiner Rechtsgemeinschaft ständen, oder dann, wenn die Schuldner bei beiden in Frage kommenden Gruppen in gleicher Weise als Schuldner beteiligt seien und in entsprechender Rechtsgemeinschaft ständen (RGZ. Bd. 75 S. 245; KGJ. Bd. 35 S. 279; Güthe 4. Aufl. II S. 1837; RGR-Komm. § 1190 Anm. 1; ROLG. Bd. 45 S. 238).

Die weitere Beschwerde führt aus: Es sei nicht richtig, daß nur dann eine einheitliche Hypothek für Forderungen gegen mehrere Schuldner bestellt werden könne, wenn diese in einer Rechtsgemeinschaft ständen. Das Gesetz enthalte keine ausdrückliche dahingehende Vorschrift. Auch Unklarheiten könnten nicht herbeigeführt werden durch Eintragung einer Hypothek zur Sicherung mehrerer Forderungen gegen eine Mehrheit von Schuldnern, die nicht in Rechtsgemeinschaft stehen, wenn nur die Schuldner und die Forderungen genügend klar bezeichnet würden. Aber auch vom Standpunkt des Landgerichts beständen gegen die beantragte Eintragung keine Bedenken, denn es handle sich um eine Forderung gegen einen Schuldner, nämlich Herbert B. Der Umstand, daß neben ihm für einen Teil der Forderungen auch noch andere Personen hafteten, schade nicht, zumal da sie für diesen Teil Gesamtschuldner mit ihm seien. Beim Gesamtschuldverhältnis, wo nach § 422 BGB. der Stand der Schuld stets gegen alle Schuldner gleich sei, könne bei dieser Mehrheit von Schuldnern keinerlei Unklarheit entstehen.

Das Kammergericht hält das Rechtsmittel für begründet. Es meint, der Umstand, daß die Darlehensforderung von 1500 GM. schon entstanden sei, hindere nicht die Eintragung einer Höchstbetragshypothek für einen Kreis von Forderungen, zu dem diese Darlehensforderung gehöre. Es solle hier ein Kreditverhältnis gesichert werden, die Hypothek solle also nicht die einzelnen bestimmten Forderungen, sondern das Schlußguthaben der Gläubigerin sichern, das sich bei Beendigung des Kreditverhältnisses aus den zur Zeit der Hypothekenbestellung schon entstandenen und den künftig entstehenden Forderungen ergeben werde. Auch der Umstand, daß sich die zu sichernden Forderungen teilweise gegen verschiedene Personen richteten, schade im vorliegenden Falle nicht. Das Kammergericht habe an solcher Mehrheit von Schuldnern schon in seinem Beschluß I X 814/26 (JW. 1927 Nr. 364) keinen Anstoß genommen. Dort habe eine Höchstbetragshypothek für die Forderungen eines Kreditgebers gegen den Inhaber eines Handelsgeschäfts und gegen einen etwaigen späteren Erwerber des Handelsgeschäfts eingetragen werden sollen. Der gegenwärtige Fall unterscheide sich von jenem nur dadurch, daß dort eine Mehrheit von Schuldnern und ein Nebeneinandertreten von Gesamtschulden aller und von Sonderschulden eines von ihnen erst für die Zukunft vorgesehen gewesen sei, während hier dieses Verhältnis von vornherein bestehe. Der Umstand, daß im vorliegenden Fall eine Verpflichtungsgemeinschaft für einen Teil der zu sichernden Forderungen (hier der Ansprüche aus den Warenlieferungen) fehle, stehe der Zulässigkeit der beantragten Eintragung nicht entgegen. Das Kammergericht möchte deshalb der weiteren Beschwerde stattgeben. Es glaubt aber daran durch die Entscheidungen des Reichsgerichts RGZ. Bd. 75 S. 245 und Bd. 118 S. 354 gehindert zu sein, und hat die weitere Beschwerde gemäß § 79 Abs. 2 GBO. dem Reichsgericht zur Entscheidung vorgelegt. Das Reichsgericht habe — so führt das Kammergericht aus — gegen die Zulässigkeit einer einheitlichen Höchstbetragshypothek das Bedenken, daß die Bestellung einer solchen Hypothek im Gesetz keine Stütze finde, auch unklare Verhältnisse geschaffen werden könnten, zumal wenn die Persönlichkeiten der verschiedenen in Betracht kommenden Schuldner noch nicht festständen, sondern ihre Feststellung vom Eintritt in ein gewisses Verhältnis abhängig gemacht werde, und endlich, daß auch in der Zwangsversteigerung unüberwindliche Schwierigkeiten zu befürchten seien. Das Kammergericht läßt dahingestellt, ob die hiergegen namentlich von Kretzschmar Bankarchiv Bd. 21 S. 324, Cammerer Bay. NotZ. 1924 S. 222, Güthe-Triebel 5. Aufl. S. 1938 und von Rosenberg JW. 1928 S. 2449 geltend gemachten Gesichtspunkte allgemein durchschlügen. Für Fälle, in denen es, wie hier, nur für einen Teil der zu sichernden Forderungen an einer Verpflichtungsgemeinschaft fehle, seien die Bedenken des Reichsgerichts jedenfalls nicht begründet. Eine Unbestimmtheit der Person der Schuldner liege nicht vor. Unklarheiten oder Vollstreckungsschwierigkeiten seien nicht in höherem Maße zu befürchten, als wenn für alle Forderungen eine Gesamthaft bestehe, zumal da auch bei Gesamtschulden die einzelnen Schuldner nach § 425 BGB. verschiedene Einreden gegen die Forderungen haben könnten.

Durch Erklärung gegenüber dem Grundbuchamt vom 2. Mai 1929 hat der Rentner G. seinen Antrag vom 24. Dezember 1928 zurückgenommen. Demnächst hat er unter Hinweis auf diese Zurücknahme gebeten, nur noch über die Kosten zu entscheiden.

Der Fall der Vorlegungspflicht nach § 79 GBO. ist gegeben. Der erkennende Senat hat in seinem — ebenfalls auf Grund des § 79 GBO. ergangenen — Beschluß vom 1. März 1911 (RGZ. Bd. 75 S. 245) ausgesprochen, daß eine ungeteilte Hypothek für mehrere Forderungen gegen verschiedene, nicht in einer Verpflichtungsgemeinschaft stehende Schuldner nicht eingetragen werden könne. Dieser Satz ist dann im Urteil vom 1. Oktober 1927 V 544/26 ausdrücklich bestätigt worden. Und im Urteil vom 5. November 1927 (RGZ. Bd. 118 S. 354) hat der Senat diese Rechtsansicht unter Zurückweisung der im Schrifttum dagegen geltend gemachten Bedenken aufrechterhalten. In den beiden letzten Fällen handelte es sich allerdings um die Rechtswirksamkeit von bereits eingetragenen Höchstbetragshypotheken, während im gegenwärtigen Fall, wie auch in dem in RGZ. Bd. 75 S. 245 entschiedenen, die Hypothek erst eingetragen werden soll. Gleichwohl stehen auch die beiden jüngeren Entscheidungen dem vom Kammergericht in seinem Vorlegungsbeschluß eingenommenen Standpunkt entgegen. Denn wenn, wie in RGZ. Bd. 118 S. 354 ausgesprochen ist, eine Hypothek der in Rede stehenden Art ein rechtlich unmögliches Verhältnis darstellt und trotz ihrer Eintragung unwirksam ist, so liegt es auf der Hand, daß ihre Eintragung vom Grundbuchrichter abgelehnt werden muß (vgl. RGZ. Bd. 118 S. 164).

In der Sache selbst ist dem Landgericht und dem Kammergericht darin beizutreten, daß der vom Grundbuchamt angeführte Grund die Ablehnung des Eintragungsantrags nicht rechtfertigt. Denn der Umstand, daß zu einem Kreis gesicherter Forderungen eine Forderung gehört, deren Betrag schon als feststehend hingestellt ist, steht der Eintragung einer Höchstbetragshypothek nicht entgegen, die den Betrag jener einen Forderung übersteigt. Fraglich kann nur sein, ob nicht die Eintragung der Höchstbetragshypothek deshalb abzulehnen war, weil es sich um Forderungen gegen mehrere, nicht in einer Verpflichtungsgemeinschaft stehende Schuldner handelt. Zwar hat die weitere Beschwerde — hilfsweise — geltend gemacht, es handle sich hier gar nicht um eine Hypothek, die für mehrere Forderungen gegen verschiedene Schuldner haften solle. Es solle vielmehr nur eine Forderung gegen einen Schuldner gesichert werden, nämlich der Schlußsaldo aus der Geschäftsverbindung der Gläubigerin mit

Herbert B. Er sei der Schuldner sowohl aus dem schon gegebenen Darlehen als auch aus den künftigen Warenlieferungen. Der Umstand, daß neben ihm für einen Teil der Forderung (das Darlehen) noch zwei andere Schuldner hafteten, ändere nichts daran, daß die ganze Forderung sich gegen einen Schuldner richte. Damit kann indessen dem Konflikt nicht aus dem Weg gegangen werden. Denn das Landgericht hat die Eintragungsbewilligung ersichtlich — und sachentsprechend — dahin verstanden, daß die Darlehensforderung durch die Hypothek auch insoweit gesichert sein sollte, als sie sich gegen Frau B. und den Beschwerdeführer richtet, daß die Hypothek also auch dann in Anspruch genommen werden sollte, wenn etwa Herbert B. für seine Person als Schuldner des Darlehens ausscheiden und für dieses nur noch seine Frau und der Beschwerdeführer — oder auch nur eines dieser beiden — haften würde. Auch die weitere Beschwerde will offensichtlich der Eintragungsbewilligung keinen anderen Sinn beilegen.

Der Umstand, daß die drei Schuldner — worauf die weitere Beschwerde schließlich noch hinweist — wenigstens in bezug auf das Darlehen in einer Verpflichtungsgemeinschaft stehen, kann die beantragte Hypothek — wenn man sich auf den Standpunkt der bisherigen Rechtsprechung des Senats stellt — ebenfalls nicht zulässig machen. Denn die übrigen Forderungen gehen eben nur gegen Herbert B. allein, nicht auch gegen die beiden anderen Darlehensschuldner. Und in dem eben gedachten Fall, wenn die Haftung des Herbert B. für das Darlehen etwa wegfallen sollte, ohne daß zugleich seine beiden Mitschuldner befreit würden — einem Fall, für den, wie gesagt, die Hypothek ebenfalls gelten soll — würde durch die Hypothek eine Mehrheit selbständiger Forderungen gegen mehrere selbständige Schuldner gesichert, ohne daß auch nur für einen Teil der Forderungen eine Verpflichtungsgemeinschaft der mehreren Schuldner bestände.

Es kommt somit darauf an, ob an dem Grundsatz festzuhalten ist, daß eine Hypothek für mehrere Forderungen gegen verschiedene, nicht in einer Verpflichtungsgemeinschaft stehende Schuldner nicht bestellt werden kann. Eine erneute Prüfung hat den Senat dazu geführt, diesen Grundsatz aufzugeben. Die Bedenken, die ihn bisher von der Zulassung einer Hypothek der bezeichneten Art abgehalten haben, erweisen sich bei nochmaliger Prüfung nicht als so erheblich, daß dem

Bedürfnis des Verkehrs nach Begründung solcher Sicherheiten noch weiterhin Widerstand entgegengesetzt werden müßte.

Wenn in RGZ. Bd. 75 S. 247 gesagt ist, eine Hypothek für mehrere Forderungen gegen verschiedene, nicht in einer Verpflichtungsgemeinschaft stehende Schuldner finde im Gesetz keine Stütze, so ließe sich, wie schon Rosenberg JW. 1928 S. 2449 bemerkt hat, der Einwand, daß das Gesetz durchgehend nur von „der" durch die Hypothek gesicherten Forderung spricht, auch gegen eine Hypothek für eine einzige, wider mehrere Gesamtschuldner gerichtete Forderung erheben, ebenso aber auch gegen eine einheitliche Hypothek zur Sicherung mehrerer, wider einen und denselben persönlichen Schuldner gerichteter Forderungen. Trotz dieser Gesetzesfassung, die erkennbar nur den Regelfall im Auge hat, bestehen keine Bedenken, eine Hypothek zur Sicherung einer gegen mehrere Gesamtschuldner gerichteten Forderung und eine Hypothek für mehrere Forderungen gegen einen und denselben persönlichen Schuldner zu bestellen.

Ausschlaggebend war für den Senat bisher die Besorgnis, daß durch die Bestellung einer Hypothek der fraglichen Art unklare Verhältnisse geschaffen würden, besonders angesichts der Möglichkeit, daß den mehreren Schuldnern verschiedenartige Einreden gegen die Forderung zustehen und dann gemäß § 1137 BGB. auch der Grundstückseigentümer diese verschiedenen Einreden gegen die Hypothek geltend machen könnte, ferner das Bedenken, es könnten unentwirrbare Verhältnisse bei der Zwangsvollstreckung eintreten. Auch diese Bedenken erscheinen nunmehr dem Senat nicht als so schwerwiegend, daß eine solche Hypothek inhaltlich unzulässig wäre oder auch nur wegen Besorgnis der Verwirrung aus dem Grundbuch fern gehalten werden müßte. Zwar ist daran festzuhalten, daß das Grundbuch keine unklaren Verhältnisse schaffen darf, daß namentlich bei einer Hypothek der Umfang der Grundstückshaftung für alle in Betracht kommenden Fälle genau bestimmt oder doch bestimmbar sein muß, und daß Eintragungen nicht erfolgen sollen, deren Fassung dunkel oder mehrdeutig ist. In allen Fällen ist das Vorhandensein der erforderlichen Klarheit und Deutlichkeit besonders im Hinblick auf die Möglichkeit einer Zwangsvollstreckung zu prüfen, die sich als das letzte und entscheidende Ziel jedes Hypothekeneintrags darstellt. Aber nicht jede Möglichkeit, daß sich bei einer Zwangsvollstreckung oder auch sonst Schwierigkeiten bei der Bestimmung des Umfangs der Grundstückshaftung herausstellen könnten, macht die Eintragung einer Hypothek unzulässig.

Gegenüber dem Regelfall, daß nur eine einzige Forderung wider einen einzigen Schuldner durch die Hypothek gesichert wird, ergeben sich schon dann gewisse Schwierigkeiten, wenn für die eine gesicherte Forderung mehrere Schuldner haften. Wie aus § 425 BGB. zu entnehmen ist, können den einzelnen Schuldnern verschiedene Einwendungen gegen die Forderung zustehen, und bei dem Abhängigkeitsverhältnis zwischen Hypothek und persönlicher Forderung können sich daran Verwicklungen für die Hypothek knüpfen. Die Bestimmung der Rechtslage im Fall einer Mehrheit persönlicher Schuldner für eine durch Hypothek gesicherte Forderung kann, wie Biermann (Arch. BürgR. Bd. 40 S. 318flg.) gezeigt hat, mit erheblichen Schwierigkeiten verbunden sein. Gleichwohl kann, wie auch in der bisherigen Rechtsprechung des Senats anerkannt ist, die Eintragung einer Hypothek nicht deshalb abgelehnt werden, weil für die zu sichernde Forderung mehrere Schuldner haften.

Unbedenklich zuzulassen ist die Eintragung einer Hypothek zur Sicherung mehrerer selbständiger Forderungen gegen einen und denselben Schuldner. Hier entstehen nicht notwendig entsprechend viele selbständige Teilhypotheken, wie das etwa in den in RGZ. Bd. 113 S. 233 gedachten Fällen angenommen worden ist, wo verschiedene Teilbeträge einer und derselben Forderung auf verschiedenen Grundstücken eingetragen werden oder eine Gesamthypothekenforderung nachträglich auf die einzelnen Grundstücke verteilt wird. Die Hypothek kann vielmehr als einheitliches dingliches Recht bestehen. Auch bei solcher Mehrheit von Forderungen können gegenüber dem vom Gesetz ins Auge gefaßten Regelfall gewisse Schwierigkeiten entstehen, etwa dann, wenn dem Schuldner wider einzelne Forderungen besondere Einwendungen zustehen oder wenn ein Bürge nur für einzelne der mehreren Forderungen haftet. Aber diese Schwierigkeiten sind nicht wesentlich anders, als wenn der Schuldner gegen einen Teil der einzigen durch die Hypothek gesicherten Forderung besondere Einwendungen geltend zu machen hat, oder wenn der Bürge nur für einen Teilbetrag der Forderung haftet.

Für Fälle nun, in denen die Hypothek nicht nur mehrere selbständige Forderungen sichert, sondern diese Forderungen auch gegen verschiedene selbständige Schuldner gerichtet sind, läßt sich nicht von vornherein und grundsätzlich sagen, daß wegen dieser Mehrheit von Forderungen und Schuldnern unklare Verhältnisse geschaffen oder unentwirrbare Verwicklungen hervorgerufen werden müßten. Das Zusammentreffen beider Abweichungen vom Regelfall — Mehrheit von selbständigen Forderungen und zugleich Mehrheit selbständiger Schuldner — muß nicht notwendig Verwicklungen schaffen oder besorgen lassen, die mit der Forderung klarer Gestaltung der Grundstücksverhältnisse nicht zu vereinbaren wären. Solche Besorgnisse kann auch nicht die im vorliegenden Fall gegebene Besonderheit begründen, daß der einzige persönliche Schuldner eines Teils der zu sichernden Forderungen zugleich Gesamtschuldner für den übrigen Teil ist.

Dazu kommt, daß — worauf Güthe-Triebel 5. Aufl. S. 1938 hingewiesen hat — im Fall des § 2060 BGB., d. h. dann, wenn Miterben nur für den ihren Erbteilen entsprechenden Bruchteil einer ursprünglich gegen ihren Erblasser gerichteten hypothekarisch gesicherten Forderung haften, von Gesetzes wegen ein Tatbestand der hier in Rede stehenden Art eintritt, und daß nicht angenommen werden kann, beim Eintritt dieser Voraussetzungen solle etwa die hypothekarische Sicherung erlöschen.

Der Senat tritt sonach in der Konfliktsfrage dem vom Kammergericht im Vorlegungsbeschluß eingenommenen Standpunkt bei. Das führt dazu, daß die beantragte Eintragung von den Vorinstanzen rechtsirrig abgelehnt worden ist. Dem Eintragungsantrag hätte stattgegeben werden müssen, wenn er nicht nach Erhebung der weiteren Beschwerde zurückgenommen worden wäre. Dem Antragsteller können also für die Zurückweisung seines Antrags und für das Beschwerdeverfahren keine Kosten auferlegt werden. Unberührt bleibt seine Kostenpflicht, die sich auf die Zurücknahme seines Antrags gründet.

---

60. 1. Was gehört zur Verschaffung eines verkauften Rechts?

2. Gehört es beim Patentverkauf zur Vorleistung des Verkäufers, daß er dem Käufer eine beglaubigte Abtretungserklärung über die Rechte an dem Patent aushändigt?

3. Ausschließung des Verzugs durch das bloße Bestehen eines Einrederechts, auch ohne dessen Geltendmachung.

BGB. §§ 284, 320, 398, 403, 413, 433. PatG. § 19 Abs. 2.

I. Zivilsenat. Urt. v. 14. Dezember 1929 i. S. K. u. Gen. (Bekl.) w. A. & F. (Kl.). I 214/29.

I. Landgericht Hanau.
II. Oberlandesgericht Kassel.

Dem Installateur B. in H. ist das DRP. 448499, wirksam vom 16. April 1926 an, auf einen verstellbaren Lampenschirm erteilt worden. Durch Vertrag vom 3. Mai 1927 veräußerte er seine sämtlichen Rechte daran für 6500 RM. an K. (den jetzigen Erstbeklagten). Der Preis sollte verzinst und vom 1. Oktober 1927 an in vierteljährlichen Teilen von 250 RM. entrichtet werden; wenn eine Rate länger als einen Monat unbezahlt bliebe, sollte der ganze Betrag fällig sein. Am 2. Mai 1927 bewilligte E. (der Zweitbeklagte) in notarieller Urkunde zugunsten des B. die Eintragung von 6500 RM. Sicherungshypothek auf seinen H.er Grundstücken für alle Forderungen, die dem B. gegen K. aus dem Kaufvertrage vom 3. Mai 1927 erwüchsen. Die Hypothek wurde sogleich eingetragen. Am 13. Januar 1928 trat B. die Sicherungshypothek nebst der ihr zugrunde liegenden Forderung gegen K. an die Klägerin ab; die Hypothek wurde am 24. Februar 1928 auf die Klägerin umgeschrieben. Inzwischen hatten am 28. Dezember 1927 K. und E. das DRP. 448499 an den Metallwarenfabrikanten Jakob M. in H. verkauft. — Im März 1928 erhob die Klägerin die vorliegende Klage auf Zahlung des Kaufpreisrestes nebst Zinsen. Zur Begründung behauptete sie, daß bis zum 1. April 1928 auf den Kaufpreis nichts bezahlt worden, mithin die erste Teilzahlung länger als einen Monat rückständig geblieben und nach dem Vertrage deshalb der ganze Rest fällig geworden sei.

Die Beklagten bestritten die Fälligkeit des Preisrestes; sie behaupteten, die späteren Teilbeträge seien nicht rückständig geworden und machten geltend, daß gewisse am 1. Oktober 1927 und 1. Januar 1928 geleistete Zahlungen darauf anzurechnen seien. . . .

Das Landgericht wies die Klage aus einem hier nicht interessierenden Grunde ab. Die Klägerin legte Berufung ein. In der letzten Verhandlung des zweiten Rechtszuges brachten die Beklagten vor: B. habe trotz wiederholter Aufforderung die — zur Umschreibung des Patents in der Patentrolle verlangte — notariell beglaubigte Abtretungserklärung verweigert; sie machten geltend, daß ihnen deshalb ein Zurückbehaltungsrecht zustehe. Die Klägerin bestritt, daß

B. von den Beklagten jemals um eine notariell beglaubigte Abtretung angegangen worden sei. Doch erklärte sie sich bereit, eine solche Urkunde zu beschaffen, und bemerkte, daß sie mit einer entsprechenden Zug-um-Zug-Verurteilung einverstanden sei. Das Oberlandesgericht verurteilte die Beklagten in beantragter Weise zur Zahlung unter Anrechnung der von ihnen bereits gezahlten Teilbeträge Zug um Zug gegen Erteilung einer notariell beglaubigten Erklärung des B. über die Abtretung seiner Rechte aus dem Patent an den Erstbeklagten. Die Revision der Beklagten blieb erfolglos.

Aus den Gründen:

I. ... Als einziger Streitpunkt verbleibt im gegenwärtigen Rechtsgang die Frage, ob der eingeklagte Kaufpreisrest fällig geworden ist.

Das angefochtene Urteil erachtet im Anschluß an den unstreitigen Sachvortrag und das Beweisergebnis für dargetan, daß auf die 6500 RM. Kaufpreis am 31. Januar, 30. April und 8. November 1928 je 250 RM. gezahlt worden sind. Schon mit dem ersten Teilbetrag, der vertraglich am 1. Oktober 1927 zu entrichten gewesen wäre, sei demnach — so folgert das Berufungsgericht — ein Verzug von mehr als einem Monat eingetreten. Damit sei nach dem Vertrag der ganze Rest des Preises fällig geworden.

Den Einwand der Beklagten, daß B. dem Vertrage zuwidergehandelt habe, erklärt das Berufungsgericht insofern für unbegründet, als behauptet wird, B. habe die Umschreibung des Patents auf Jakob M., an den es weiterveräußert worden sei, „gesperrt". Solche Sperre des an K. verkauften und übereigneten Patents sei nach geltendem Rechte nicht möglich. Also bleibe von allen Einwendungen bloß die eine übrig, daß sich B. trotz Aufforderung geweigert habe, bei der Umschreibung des Patents auf K. mitzuwirken und zu diesem Zweck eine gerichtlich oder notariell beglaubigte Urkunde über die Abtretung des Patents zu erteilen. Die Behauptung der Beklagten, daß das Patent schon auf K. umgeschrieben worden sei, trifft, wie das Berufungsurteil vermerkt, ausweislich der patentamtlichen Akten nicht zu. Die von B. abzugebende Erklärung ist, wie das Oberlandesgericht weiter hervorhebt, nicht dadurch gegenstandslos geworden, daß der Kaufvertrag selbst in notarieller Form geschlossen worden ist; denn diese notarielle Urkunde verhält sich nur über den schuldrechtlichen Vertrag, nicht über die mit ihm zugleich vorgenommene Abtretung des Patentrechts. Eine öffentlich beglaubigte Urkunde über diese auszustellen, ist der frühere Gläubiger dem neuen auf dessen Verlangen verpflichtet (BGB. §§ 403, 413). Da die Klägerin sich ausdrücklich bereit erklärt hat, diese — nach § 19 Abs. 2 PatG. schon zur Umschreibung in der Patentrolle erforderliche — Urkunde zu beschaffen, so macht das Berufungsgericht die Verurteilung der Beklagten davon abhängig, daß die Klägerin jene Abtretungserklärung des B. beibringe. Und zwar verurteilt es Zug um Zug, weil den Beklagten ein Zurückbehaltungsrecht zustehe, das sie mit ihrer Einwendung geltend machen.

II. Die Revision sucht in der Begründung des Berufungsurteils eine Lücke aufzuzeigen, infolge deren der Schluß, welcher der Verurteilung Zug um Zug zugrunde liegt, fehlerhaft sei.

Das Urteil gründet sich darauf, daß nach dem Vertrage vom 3. Mai 1927 die erste vom Käufer zu leistende Teilzahlung am 1. Oktober 1927 fällig geworden, aber erst am 31. Januar 1928, somit mehr als einen Monat zu spät entrichtet worden, also die vertraglich vorgesehene Folge eingetreten sei: Fälligkeit des ganzen Kaufpreisrestes. Die Beklagten verfechten dawider die Auffassung: „B. hätte als Verkäufer vorleisten müssen. Zu seiner Vorleistung gehörte, daß er dem Käufer (K.) eine öffentlich (gerichtlich oder notariell) beglaubigte Urkunde über die Abtretung der Rechte am Patent 448 499 aushändigte. Tat er das nicht, so wurde der vom 1. Oktober 1927 ab in Teilbeträgen zu entrichtende Kaufpreis nicht fällig; Verspätung der ersten Teilzahlung über den 1. November 1927 hinaus bewirkte mithin keine Fälligkeit des ganzen Restes. Übrigens wäre Verzug, soweit eingetreten, dadurch geheilt worden, daß der Gläubiger, ohne ihn geltend zu machen, die Forderung an die jetzige Klägerin veräußert hat. Und die geleisteten drei Teilzahlungen sind sämtlich nicht länger als einen Monat nach dem Vierteljahrsanfang erfolgt." Ausführungen hiergegen enthält allerdings das Berufungsurteil nicht. Aber eine auf Rechtsirrtum beruhende Lücke seiner Begründung liegt darin um so weniger, als die Beklagten größtenteils erst in der Revisionsverhandlung diese Darlegung ihres Rechtsstandpunktes unternommen haben. Ihrer Ansicht ist nicht beizutreten.

1. Wer, wie es im Vertrage vom 3. Mai 1927 geschah, ein Recht verkauft, ist verpflichtet, dem Käufer dieses Recht zu verschaffen und, wenn das Recht zum Besitz einer Sache befugt, die Sache zu übergeben (BGB. § 433 Abs. 1 Satz 2). Der Vertrag bezeichnet sich in der Überschrift ausdrücklich als Kaufvertrag und spricht im ersten

Satze aus, daß B. seine sämtlichen ihm aus dem Patent Nr. 125069 IX/B4 des Patentamts (nachher Nr. 448499) zustehenden Rechte betr. den „in sich verstellbaren Reflektor" an K. verkaufe. Da nach diesem Vertragsinhalt auch die Verfügung über das Patent an K. übertragen wurde, so liegt unbedenklich ein Verkauf vor.

a) Die dem Verkäufer (kraft schuldrechtlichen Vertrags) obliegende (dingliche) Verschaffung des Rechts am Patent vollzieht sich dadurch, daß es auf den Käufer übertragen und er in den Stand gesetzt wird, darüber zu verfügen. Das Verkehrsleben pflegt zwischen der Abtretung des Patents (Übertragung, Verschaffung) und ihrer schuldrechtlichen Vertragsgrundlage nicht scharf zu unterscheiden. Meistens geschieht — bei Sachen wie bei Rechten — mit dem Verkauf oder der sonstigen Veräußerung zugleich unmittelbar und stillschweigend alsbald die Abtretung. Auch bei der Veräußerung von Patenten werden deshalb regelmäßig mit dem Abschluß des Veräußerungsgeschäfts Anspruch und Recht sogleich auf den Erwerber übergehen, ohne daß es außer dem Vertrage noch einer besonderen Übertragungshandlung bedarf (Dernburg BürgR. II § 134 Nr. II; Kisch Handb. d. PatR. S. 212 bei Anm. 24 bis 27; Kent PatG. I S. 583/84 Anm. 1 und 2 zu § 6; Seligsohn PatG. 6. Aufl. § 6 Nr. 3, S. 168; Pietzcker PatG. S. 338 Anm. 2 zu § 6). Patentrechte werden nach den allgemeinen Vorschriften des Bürgerlichen Gesetzbuchs (§§ 398, 413) durch bloßen formfreien Vertrag übertragen. Die Lehrmeinung, daß es dazu der Eintragung in die Patentrolle (§ 19 Abs. 2 PatG.) bedürfe, wird von der Rechtsprechung abgelehnt (RGZ. Bd. 75 S. 227 gegen Kohler Lehrb. PatR. [1909] S. 178, auch bei Dernburg BürgR. VI S. 275/76 § 93, und Isay PatG. 4. Aufl. S. 418flg. Anm. 5 zu § 19). Allerdings gehört bei Rechten, über die man nur verfügen kann, wenn man eine bestimmte Urkunde in Händen hat, zur Verschaffung auch die Übergabe dieser Urkunde (RGZ. Bd. 63 S. 424/25). Aber die beglaubigte Abtretungserklärung bei Patentveräußerungen ist keine solche Urkunde. Denn für den Übergang des Patentrechts ist — auch Dritten gegenüber — das Übertragungsgeschäft allein erforderlich und ausreichend. Nur bleibt „nach Maßgabe des Patentgesetzes" der bisherige Patentinhaber berechtigt oder verpflichtet, solange der neue nicht in der Patentrolle vermerkt ist. Um diese Kundmachung herbeizuführen, muß die geschehene Änderung in beweisender Form zur Kenntnis des Patentamts gebracht werden (§ 19 Abs. 2 PatG.; JW. 1902 S. 97 Nr. 36 und S. 98 Nr. 37, 1908 S. 53 Nr. 32, 1911 S. 374 Nr. 40). Demnach umfaßt die Vorleistung des Patentverkäufers nicht notwendig die Aushändigung einer beglaubigten Abtretungserklärung. Abweichendes kann allerdings bedungen werden. Eine solche Abrede muß jedoch, sofern sie nicht klar aus den Vertragsworten erhellt, aus dem besonderen Zweck oder aus den begleitenden Umständen des Vertrags zu erkennen sein. Im vorliegenden Fall ist dergleichen nicht ersichtlich. Dem Vertrage kann man nicht entnehmen, daß der Preis zur vereinbarten Zeit nur dann fällig sein solle, wenn B. vorher dem Käufer eine öffentlich beglaubigte Abtretungserklärung ausgehändigt und ihm dadurch die sicheren Unterlagen zur Umschreibung in der Patentrolle gewährt habe. Auch die — am Schlusse des zweiten Rechtsganges — in B.s Zeugnis gestellte Behauptung der Beklagten hat keinen solchen Inhalt. Sie geht laut Tatbestand nur dahin, daß B. trotz wiederholter Aufforderung die zur Umschreibung des Patents in der Rolle verlangte notariell beglaubigte Abtretungserklärung verweigert habe. Darüber, wann und unter welchen besonderen Umständen das geschehen sei, ist nichts angegeben. Es erhellt also nicht, ob dergleichen Weigerung schon vor der für die erste Teilzahlung bedungenen Zeit erfolgt sein soll. Daß es etwa verkehrsüblich sei, alsbald eine beglaubigte Einwilligung zur Umschreibung in der Patentrolle an den Erwerber auszuhändigen, ist ebenfalls nicht geltend gemacht worden; es bestand also keine Veranlassung, diese Möglichkeit und ihre rechtlichen Folgen zu erörtern. Verstoß gegen § 139 ZPO. ist nicht gerügt.

b) Nach herrschender Gesetzesauslegung wird allerdings Eintritt des Verzugs regelmäßig schon durch das tatsächliche Bestehen eines Einrederechts ausgeschlossen. Daß dieses Recht geltend gemacht wird, ist nicht nötig. Bei gegenseitigen Verträgen gerät daher der Schuldner nicht in Verzug, so lange der Gläubiger zur Erfüllung der ihm obliegenden Leistung nicht bereit und imstande ist; und zwar auch dann nicht, wenn er mit Rücksicht auf die noch ausstehende Leistung des andern Teils (§ 320 BGB.) die eigene Leistung noch nicht ausdrücklich verweigert hat (RGZ. Bd. 59 S. 24/25; Seuff. Arch. Bd. 76 Nr. 48 = JW. 1921 S. 523 Nr. 2 = WarnRspr. 1921 Nr. 42). Daraus ließe sich für den gegenwärtigen Fall folgern: Wenn B. schon vor dem 1. Oktober 1927 die Aushändigung einer beglaubigten Abtretungserklärung verweigert hätte, so wäre in diesem Zeitpunkte der Käufer befugt gewesen, die erste Teilzahlung zu verweigern, und es wäre, Fortdauer solcher Rechtslage vorausgesetzt, der Verzug nicht eingetreten, bei dessen mehr als einmonatiger Dauer der ganze Kaufpreisrest fällig sein sollte. In dieser Hinsicht fehlt es jedoch wiederum an Behauptungen der Beklagten. Der unstreitige oder von der Vorinstanz festgestellte Sachverhalt gewährt keinen Anhalt. Vielmehr liegt es nahe anzunehmen, erst bei der Ende Dezember 1927 erfolgten Weiterveräußerung des Patents an Jakob M. habe die Frage nach einer beglaubigten Abtretungserklärung praktischen Wert gewonnen; weder aus dem überreichten Schriftwechsel noch aus anderen Belegen geht hervor, daß bis dahin die Beklagten mit dem Verlangen nach einer solchen Urkunde an B. herangetreten seien. War das aber nicht geschehen, gehörte somit B.s Weigerung (vorausgesetzt, sie sei erfolgt) erst einer späteren Zeit an, so war schon vorher durch mehr als einmonatigen Verzug mit der ersten Teilzahlung, also Anfang November 1927, die vertragliche Folge eingetreten, daß der ganze Kaufpreisrest fällig wurde.

c) Die Meinung der Beklagten, ihr etwa eingetretener Zahlungsverzug sei dadurch geheilt, daß B. ihn nicht geltend gemacht habe, findet in den begleitenden Umständen keine ausreichende Stütze. (Wird dargelegt.)

War aber vor dem 31. Januar 1928 nichts auf den Kaufpreis entrichtet, also der am 1. Oktober 1927 fällige Teil erst am 31. Januar 1928 bezahlt worden, so bezog sich die nächstfolgende Zahlung vom 30. April 1928 auf den schon am 1. Januar und die Zahlung vom 8. November auf den am 1. April 1928 fällig gewordenen Betrag; jedesmal war demnach eine Verzögerung von weit mehr als einem Monat eingetreten, und es geht nicht an, diese Zahlungen, wie die Beklagten wollen, jeweils auf den nächstvorangegangenen Vierteljahrstag zu beziehen.

Hiernach hat das Berufungsgericht mit Recht angenommen, daß die Beklagten schon mit der ersten Teilzahlung mehr als einen Monat lang in Verzug gewesen sind und nach dem Vertrage daher der ganze Rest des Kaufpreises fällig geworden ist. Das Verlangen der Beklagten, eine beglaubigte Urkunde über die Abtretung des DRP. 448499 zu erhalten, führt somit nur zu der Verurteilung Zug um Zug, welche das Oberlandesgericht ausgesprochen hat. . . .

61. 1. Über das Konsortialverhältnis zwischen Industriegesellschaften.

2. Haftet der Bürge, der sich für den einem Dritten gewährten Kredit verbürgt hat, auch im Falle der nachträglichen Verlängerung oder Umwechslung dieses Kredits?

BGB. §§ 677, 683, 705flg., 765.

VIII. Zivilsenat. Urt. v. 5. Dezember 1929 i. S. G.er Bergwerks-AG. (Kl.). w. K.er Zellstoff-Fabriken u. Chem. Werke K. AG. (Bekl.). VIII 335/29.

I. Landgericht II Berlin.
II. Kammergericht daselbst.

Die streitenden Aktiengesellschaften haben in früheren Jahren unter dem Einfluß von Hugo St. d. Ä., später unter dem seiner Söhne gestanden, und zwar die Beklagte für die hier in Frage kommende Zeit in größerem, die Klägerin und die ursprünglich klagende, jetzt mit ihr verschmolzene D.-Lux.-AG. in geringerem Maße.

Im Sommer und Herbst 1923 kam es zur Gründung der (inzwischen liquidierten) M.-AG., die dazu bestimmt war, im Flußgebiet der Mologa auf Grund von Konzessionen der Sowjet-Regierung weite Forstgebiete auszubeuten und zu diesem Zweck in sehr bedeutendem Maße Einrichtungen wie Eisenbahnen und Sägewerke zu schaffen. Wenige Tage nach der Gründung, an der eine größere Zahl deutscher Industrie-Unternehmungen beteiligt war, übernahm ein Fünftel des Aktienkapitals mit (damals) 6 Milliarden Mark die „St.-Gruppe", bestehend aus den früheren Teilgesellschaften der Klägerin, D.-Lux. und G., die einander auch damals schon nahestanden, aus der Beklagten und der AG. E., deren Aktien ebenso wie die der Beklagten damals schon zum großen Teil und später ganz überwiegend im Besitz unmittelbarer St.-Unternehmungen waren. Jede Gesellschaft der St.-Gruppe übernahm ein Viertel des der Gruppe zugeteilten Aktienkapitals.

Im Verhältnis zum Vorhaben der M.-AG. war das auf die Aktien einzuzahlende Kapital und waren auch die von den Beteiligten ihr zur Verfügung gestellten unmittelbaren Valuta-Kredite gering. Die Befriedigung des ständig wachsenden Kapitalbedarfs geschah deshalb durch Aufnahme von Großkrediten, für welche einige der Teilhaber durch Bürgschaftsübernahme oder Wechselzeichnung Gewähr leisteten. Gegen Ende des Jahres 1924 hatten die D.-Lux.-AG., die G.er AG. sowie die Aktionärin H.-AG. folgende Kredite: bei Blankart in Zürich 1000000 $, fällig am 31. März 1925, bei Mendelssohn in Berlin 1000000 $, fällig in der Zeit vom 1. Februar bis 15. Juni 1925, bei Kuczinski in Berlin 1000000 RM., fällig am 25. Juli 1925, und einen Vorschuß auf Holzlieferungen bei Brandt Sons & Co. in London in Höhe von 200000 £, fällig am 15. Dezember 1925, durch Wechselzeichnung garantiert. Und zwar sollte im inneren Verhältnis der Garanten die Firma H.-AG. die Gefahr der Heranziehung zur einen Hälfte tragen, zur anderen Hälfte D.-Lux.-AG. und G.er AG. zusammen. Die Beklagte (ebenso wie die E.-AG.) erklärte durch Schreiben ihres Vorstands vom 24. Dezember 1924 gegenüber der D.-Lux.-AG. und der G.er AG. (nicht gegenüber der H.-AG.) die „Rückbürgschaft" dahin, daß die Beklagte sich verpflichtete, die Beträge, die jene Firmen (D.-Lux. und G.) als Bürgen der M.-AG. zu zahlen hätten, bis zur Höhe eines Viertels zu tragen. Zu den vorgenannten Krediten kam Anfang 1925 ein bei der W. Handelsmaatschappij in Amsterdam aufgenommener Kredit von 3462000 RM., fällig am 1. Oktober 1925.

Im Laufe der Jahre 1925 und 1926 wurden die Kredite umgestellt, durchweg natürlich in Ansehung der Fälligkeit, großenteils auch in der Person des Gläubigers und zum Teil in den Valuten. Überall sicherten D.-Lux.-AG. und die G.er AG. die Kredite durch ihre Wechselzeichnung, und zwar, nachdem ihre ursprüngliche Mitgarantin zur Hälfte, die Firma H.-AG., ausgeschieden war, in voller Höhe. Sie mußten diese Gewähr auch durch Zahlung an die Gläubiger decken bis auf diejenigen Beträge, die aus der Masse der im Jahre 1927 liquidierten M.-AG. mit etwa 4650000 RM. zur Ausschüttung an die Klägerin (D.-Lux.-AG. und G.er AG.) gelangt sind.

Die Klägerin nahm sodann die Beklagte auf Ersatz von $^1/_8$ der einzelnen von ihr geleisteten Zahlungen, unter Abzug der vorbezeichneten Ausschüttungen aus der M.-AG., in Anspruch. Sie stützt ihre Forderung einmal auf die Behauptung, die Beklagte habe im Jahre 1925 zu verschiedenen Zeiten die Rückbürgschaft auch für die verlängerten und umgewechselten oder umzuwechselnden Kredite besonders übernommen, dann aber auch darauf, daß die Beklagte aus dem von den Parteien in Verbindung mit der M.-AG. eingegangenen „Beteiligungs- und Konsortialverhältnis" zur Deckung in dem von der Klägerin beanspruchten Maße verpflichtet sei. Das Landgericht erkannte nach dem Klagantrag; das Kammergericht wies die Klage ab. Die Revision der Klägerin führte zur Aufhebung und Zurückverweisung.

Gründe:

Die Rüge, das Berufungsurteil entbehre zum Klagegrund der Beteiligung und des Konsortialvertrags völlig der Begründung und verstoße deshalb gegen § 551 Nr. 7 ZPO., ist in diesem Sinne nicht gerechtfertigt. (Wird ausgeführt.) Wenn es sich in diesem Zusammenhang darum handelt, ob schon durch das Zusammenwirken der Parteien in der St.-Gruppe der M.-AG. eine Verpflichtung der Beklagten zum Aushalten der notwendigen Kredite begründet werden kann, so ist die nächstliegende Frage, ob und inwieweit eine solche Verpflichtung etwa schon nach Bürgschaftsrecht aus der am 24. Dezember 1924 von der Beklagten geleisteten Rückbürgschaft folgt. Die Kammer für Handelssachen hat sich (im Gegensatz zum Berufungsrichter) diese Frage vorgelegt und hat sie dahin beantwortet, daß Ersatzkredite, die an Stelle der ursprünglichen Kredite getreten seien, ohne weiteres unter die Bürgschaftsverpflichtung fielen, sofern sie inhaltlich und wirtschaftlich nicht ungünstigere Bedingungen enthielten als der ursprüngliche Kredit. Diese Auffassung geht zu weit, ist aber immerhin nicht unbeachtlich. In der Rechtsprechung des Reichsgerichts ist anerkannt, daß nicht jede Veränderung in der Hauptschuld, die durch Vereinbarung des Hauptschuldners mit dem Gläubiger eintritt, dem Bürgen gegenüber unwirksam ist, geschweige denn ihn befreit. Es kommt vielmehr in der Tat grundsätzlich darauf an, ob sie seine Lage verschlechtert (RGZ. Bd. 53 S. 356, Bd. 56 S. 310, Bd. 93 S. 91; WarnRspr. 1913 Nr. 52, 1922 Nr. 97). Das Landgericht hat aber nicht beachtet, daß es sich, jedenfalls soweit Bürgschaftsrecht in Frage kommt, um dasselbe Schuldverhältnis, also zunächst (von dem Fall der Rechtsnachfolge abgesehen) um denselben Gläubiger handeln muß. Von diesem Standpunkt aus wäre für die erste Umstellung nicht nur zwischen den alten Krediten und denen, die unter Vermehrung der Last neu aufgenommen worden sind, zu unterscheiden, sondern auch danach, ob eine Neuschaffung des Schuldverhältnisses oder nur eine Prolongation der Kredite (bei Blankart, Mendelssohn und Brandt Sons & Co.) stattgefunden hat.

Indes greift hier zugunsten und zu Lasten der Parteien der von der Revision vorangestellte Gesichtspunkt ein, daß sich die zwischen ihnen im Zusammenhang mit der Bürgschaft entstandenen Bindungen nicht auf die Haftung nach Maßgabe der Bürgschaft beschränken können. Die Klägerin hatte behauptet, zwischen den Gesellschaften der St.-Gruppe in der M.-AG. habe ein Konsortium bestanden, dessen Zweck gewesen sei, durch ein System von Verbürgungen der M.-AG. Kredithilfe zu leisten, um ihr das nötige Betriebskapital bis zur endgültigen Finanzierung zu verschaffen. Beweggrund für den Abschluß dieses Konsortialvertrags, der sich aus dem Gesamtvorgehen der Gesellschaften der St.-Gruppe, insbesondere aus dem seit Gründung der M.-AG. entstandenen Schriftwechsel ergebe, sei die **Beteiligung** der vier St.-Gesellschaften bei der M.-AG. gewesen. Diesem Vorbringen gegenüber reicht die Erwägung des Berufungsrichters nicht aus, die Beklagte und die E.-AG. hätten nicht zu den Gründern der M.-AG. gehört, sondern seien ihr nur nachträglich beigetreten, um den hauptbeteiligten Gesellschaften der Gruppe, der Klägerin und der D.-Lux.-AG., die Kreditlast zu erleichtern. (Wird ausgeführt.) Sodann läßt aber die Beurteilung des Berufungsrichters auch eine hinreichende Prüfung der wirtschaftlichen Vorgänge auf ihren rechtlichen Gehalt vermissen. Die M.-AG. war eine als „Dachgesellschaft" hingestellte Interessenteilgemeinschaft der sie bildenden Industriefirmen. Es ist unstreitig und ergibt sich auch ohne weiteres aus der Lebenserfahrung, daß ein Unternehmen von solchen Maßen, um zu rentieren, einer recht erheblichen Aufbauperiode und sehr bedeutender Mittel bedurfte. Bei dem verhältnismäßig geringen Aktienkapital lag der Schwerpunkt in der künftigen Kapitalhilfe der großen Aktionäre, und es war klar, daß das Abspringen jedes einzelnen von dieser Hilfe die Aussichten des Unternehmens und damit das hineingesteckte Kapital gefährden mußte.

Unentschieden kann bleiben, ob diese Umstände allein gerade in so großen Verhältnissen und zwischen Gesellschaften, die einander sonst geschäftsfremd waren, weitergehende Bindungen erzeugen konnten als eben solche, die sich aus der Teilnahme an der Dachgesellschaft und aus der jeweilig besonders übernommenen Verpflichtung ergaben. Denn die Klägerin stützt sich gerade darauf, daß innerhalb der großen M.-Interessengemeinschaft die St.-Gesellschaften eine besondere, in sich wirtschaftlich verbundene Gruppe waren. Unstreitig ist, daß ihre

Gemeinschaft innerhalb der M.-AG. durch die gleichzeitige und gleichteilige Übernahme von Aktienkapital zum Ausdruck kam, daß sie einen gemeinsamen Vertrauensmann in der Person des Direktors F. in der Leitung der Dachgesellschaft hatten und daß sie untereinander schriftlich und mündlich laufend über den Fortgang des Unternehmens verhandelt haben. Unter diesen Umständen mußte der Berufungsrichter die einzelnen Vorgänge und die Zwecke der Parteien, nötigenfalls unter Ausübung des Fragerechts, eingehend daraufhin prüfen, ob das langzeitig betätigte Zusammengehen in der Finanzierung der M.-AG. nach Treu und Glauben nicht weitergehende Bindungen in sich schloß, als in den einzelnen Akten der Kredithilfe durch Leistung von Rückbürgschaft zum Ausdruck kam. Dabei ist nicht entscheidend, ob dieses Zusammenwirken im Sinne eines allgemeinen Gesellschaftsvertrags gewürdigt werden muß und ob der Zweck einer solchen gesellschaftlichen Zusammenfassung so weit ging, daß sich die beteiligten Gesellschaften ohne Rücksicht auf ihre eigene Lage zu jeder notwendigen Kredithilfe bis zur endgültigen Finanzierung der M.-AG. verbanden. Rechtlich könnte auch ein nur gesellschaftsähnliches Verhältnis in Frage kommen, wie es aus einer längeren gewollten Interessenverknüpfung auch ohne ausdrückliche Inhaltsbestimmung und ohne bestimmte zeitliche Begrenzung erwachsen kann (Komm. v. RGR. vor § 705 Anm. 2), ganz besonders bei wirtschaftlichen Zusammenschlüssen der hier in Frage kommenden Art innerhalb eines der Teilnehmerzahl nach beschränkten und durch wechselseitiges Vertrauen verbundenen Personenkreises. Welche Grenze sich für die Finanzhilfe zeitlich und dem Maße nach aus dem Zusammenwirken ergibt, kann nur nach eingehender Aufklärung der mit dem Zusammengehen einverständlich verfolgten Zwecke beurteilt werden.

Für die weitere Entwicklung dieses Verhältnisses ist auch das Vorbringen der Beklagten zu beachten, daß ihre Beteiligung am Aktienkapital der M.-AG. und an den anfänglichen Valutadarlehen zu einem Viertel noch keinen Schluß auf ihren Willen gestatte, zu eben diesem Anteil unversicherte Millionenkredite als Bürgin zu decken, zumal da die Beklagte bis zum Herbst 1924 für die M.-Kredite nach einem anderen Maßstab (als Proportionalbürgin) eingetreten ist. Auf der anderen Seite ist die Bedeutung gerade dieser Vorgänge vom Herbst und von Ende 1924 für die Frage eines gesellschaftlichen oder gesellschaftsähnlichen Verhältnisses der Parteien zu erörtern, da nach dem Schlußsatz der Bürgschaftsurkunde vom 24. Dezember 1924 und nach dem der Bürgschaftserklärung vorangegangenen Schriftwechsel mit der Neugestaltung der Kredithilfe auch Abreden über die Gestaltung der inneren Beteiligung verbunden waren.

Soweit sich aus dieser Prüfung ergibt, daß ein gesellschaftliches oder gesellschaftsähnliches Rechtsverhältnis zwischen den Parteien bestanden hat, das zur laufenden Finanzierung der M.-AG. oder doch zum Aushalten der einmal eingegangenen Kredite verpflichtete, ist für die Frage der Loslösung aus diesem Verhältnis der Interessenverknüpfung zunächst unter dem Gesichtspunkt der Zweckbeendigung (§ 726 BGB.) zu beachten, ob und wann sich die verbundenen Interessen voneinander getrennt haben. Und ferner wird es sich um die zum mindesten entsprechende Anwendung des § 732 BGB. handeln. Für den Fall einer auch ohne bestimmte Zeitgrenze übernommenen Finanzierungspflicht weist das Urteil des I. Zivilsenats vom 21. Mai 1927 I 15/27 unter Heranziehung der gleichen Gesichtspunkte noch darauf hin, daß für die Frage des Rechts zur Aufkündigung unter den gesamten Umständen des Falles auch die Frage des eigenen Unvermögens zur weiteren Tragung der Kreditlast im Sinne der Unzumutbarkeit des Aushaltens entscheidend ins Gewicht fallen kann (so auch WarnRspr. 1917 Nr. 289).

Ob im Sinne der Zweckbeendigung ein Abgehen der Beklagten von der Beteiligung bei der M.-AG. oder eine sonstige Lösung ihres Verhältnisses zu den anderen Gesellschaften der St.-Gruppe in Betracht kommt, muß aus der Klärung der Zwecke des Zusammengehens hervorgehen. Bei Annahme einer Auflösung des etwaigen Konsortialverhältnisses bedarf weiter der Erwägung, inwieweit aus dem Gedanken der Auseinandersetzung nach §§ 730 flg. BGB. ein weiteres Eintreten für Kredite folgt, die schon auf den Konsorten lasten.

Endlich kann die Pflicht zum Durchhalten einmal unterstützter Kredite — auch wenn man vom Vorliegen eines gesellschaftlichen oder gesellschaftsähnlichen Verhältnisses absieht — aus dem rechtlichen Gesichtspunkt der Geschäftsführung ohne Auftrag (§§ 677 flg. BGB.) in Frage kommen. Die Beklagte hatte der Klägerin auf Grund ihrer Verpflichtung vom 24. Dezember 1924 als Rückbürgin einzustehen, wenn jene Kredite fällig wurden und die Klägerin zahlen mußte. Solche Fälligkeiten sind von den am 24. Dezember 1924 durch die Beklagte verbürgten Krediten im Laufe des Jahres 1925 eingetreten:

bei Blankart am 31. März 1925, bei Mendelssohn zu verschiedenen Zeiten vom 1. Februar 1925 bis 15. Juni 1925, bei Kuczinski am 25. Juli 1925, bei Brandt Sons & Co. am 1. und 15. Dezember 1925. Die Klägerin hat wiederholt darauf hingewiesen, daß die Beklagte bei Fälligkeit dieser Kredite in einer Zwangslage gewesen sei, da sie ihre Bürgschaft angesichts ihrer finanziellen Lage nicht hätte einlösen können; sie hätte deshalb die Verbürgung von Ersatzkrediten annehmen müssen. In gleichem Sinne hat die Klägerin auf ein Schreiben der Beklagten vom 25. April 1925 und endlich darauf verwiesen, daß Edmund St. seine Bereitschaft, das Obligo für die Beklagte weiter zu übernehmen, in der Verhandlung vom 28. April 1925 erklärt hat, nachdem der Vertreter der Klägerin aus der Verweigerung weiteren Eintretens die Folgerung gezogen hatte, dann werde die M.-AG. liquidiert werden müssen und die Bürgschaften würden fällig werden.

Eine solche Lage könnte den Schluß rechtfertigen, die Klägerin habe bei Verlängerung oder Ersetzung der Kredite auch die Interessen der Beklagten wahrgenommen und sie habe bis zur Erklärung eines Widerspruchs annehmen können, daß diese Geschäftsführung dem Willen der Beklagten entspreche. Nach der Rechtsprechung des Reichsgerichts steht dieser Annahme nicht entgegen, daß die Klägerin gleichzeitig und sogar vornehmlich ihre eigenen Interessen wahrgenommen hat (Komm. v. RGR. § 677 Anm. 2). Die Revisionsbeklagte macht in dieser Hinsicht geltend, daß die am 24. Dezember 1924 von ihr verbürgten Kredite im Gegensatz zu den Ersatzkrediten alle durch Kreditversicherung gedeckt gewesen seien. Diese erhebliche Behauptung ist nicht Gegenstand der Feststellung des Berufungsrichters. Ob der von diesem aus dem Schriftwechsel geschlossene Wille der Beklagten, die ihr durch die Schreiben vom 29. April und 10. Juni 1925 nahegelegte Rückbürgschafts-Verpflichtung nicht zu übernehmen, etwa auch gegen die nach § 683 BGB. erforderliche Willensrichtung auf Gestattung des Hauptgeschäfts — hier der Krediterſetzung — spricht, bedarf gleichfalls noch der Prüfung in tatsächlicher Richtung.

Könnte sich aus diesem Gesichtspunkt eine Heranziehung der Beklagten gemäß § 683 für Ersatzkredite der am 24. Dezember 1924 verbürgten Hereinnahmen ergeben, so kommt der gleiche rechtliche Gesichtspunkt für zusätzliche Kredite, wie den Anfang 1925 bei der W.-Maatschappij aufgenommenen, in anderem Zusammenhang in Frage, nämlich in dem der Beteiligung der Beklagten bei der M.-AG.

Die Klägerin hat sich darauf berufen, daß die Beklagte im Laufe des Jahres 1925 am Fortbestehen der M.-AG. in ihrer Eigenschaft als holzverarbeitender Betrieb noch positiv interessiert war und daß sie selbst im Schreiben vom 11. März 1926, durch das sie die Rückbürgschaft endgültig verweigerte, noch wesentlichen Wert auf die Fortdauer der Beteiligung an der M.-AG. legte. Aus diesem Gesichtspunkt könnte auch wegen der gegenüber dem Stand vom 24. Dezember 1924 zusätzlich aufgenommenen Kredite eine Haftung der Beklagten nach § 683 BGB. folgen. In dem Zeitpunkt allerdings, wo für die Klägerin erkennbar wurde, daß die Beklagte die Übernahme der Rückbürgschaft endgültig verweigere, konnte sie entsprechend den §§ 677, 683 das. weder neue Kredite als Geschäftsführerin der Beklagten aufnehmen, noch alte Kredite durch neue Schuldverhältnisse ersetzen. War aber die Beklagte in jenem Zeitpunkt aus einem der vorbezeichneten Gründe verpflichtet, ihre Unterstützung als Rückbürgin fortzugewähren, so kommt ihre Inanspruchnahme für weitere notwendige Kreditumwechslung aus den Gesichtspunkten des Verzugs und des vertraglichen Verschuldens in Betracht. ...

---

62. Wann endet die Hemmung der Verjährung von Ansprüchen aus einem Eisenbahnbetriebsunfall, wenn die Beteiligten in der Inflationszeit über diese Ansprüche einen Kapitalabfindungsvergleich geschlossen haben?

BGB. § 202 Abs. 1, § 242. Reichshaftpflichtgesetz § 8.

VI. Zivilsenat. Urt. v. 9. Dezember 1929 i. S. M. u. Gen. (Kl.) w. Deutsche Reichsbahn-Gesellschaft (Bekl.). VI 172/29.

I. Landgericht Frankfurt a. M.
II. Oberlandesgericht daselbst.

Im Jahre 1917 erlitt der Ehemann und Vater der Kläger beim Aussteigen aus einem Eisenbahnzug einen Unfall, an dessen Folgen er starb. Die Kläger nahmen daher in einem Vorprozeß den preußischen Eisenbahnfiskus, den Rechtsvorgänger der Beklagten, auf Erstattung der Heilungskosten und Zahlung von Unterhaltsrenten auf Grund des § 1 RHaftpflG., der §§ 823flg. BGB. und des

Beförderungsvertrags in Anspruch. Das Oberlandesgericht erklärte die Klagansprüche zu drei Vierteln dem Grunde nach für gerechtfertigt, jedoch nur nach den Vorschriften des Reichshaftpflichtgesetzes. Die Revisionen beider Parteien gegen dieses Urteil wurden zurückgewiesen. Darauf schlossen die Parteien am 12. Juli 1922 vor dem Landgericht einen Vergleich, wonach der Eisenbahnfiskus an die Kläger „zur Abfindung" 96125 M. zu zahlen hatte. Dieser Betrag wurde am 11. August 1922 an sie überwiesen. Mit Schreiben vom 8. Februar 1928 verlangten die Kläger von der Beklagten Aufwertung ihrer Schadensersatzansprüche und erhoben nach erfolglosen Vergleichsverhandlungen Ende Juni 1928 Klage mit dem Antrag auf Verurteilung der Beklagten zur Zahlung einer nach richterlichem Ermessen festzusetzenden Aufwertungssumme. Diese berechnen sie, soweit der Anspruch auf verzögerte Erfüllung des Vergleichs vom 12. Juli 1922 gestützt ist, auf 463,32 RM., und soweit Aufwertung der ursprünglichen Schadensersatzforderungen begehrt wird, auf rund 27000 RM. Die Beklagte wendete unter anderem Verjährung ein.

Das Landgericht hat die Beklagte zur Zahlung von 469,09 RM. als Aufwertungsbetrag der Vergleichssumme verurteilt, im übrigen aber auf Grund der Verjährungseinrede die Klage abgewiesen. Aus dem gleichen Grunde hat das Oberlandesgericht die Berufung der Kläger zurückgewiesen.

Die Revision der Kläger blieb erfolglos.

Gründe:

In der Revisionsinstanz ist nur noch der Anspruch der Kläger auf Aufwertung ihrer ursprünglichen, durch die Vergleichssumme nicht abgegoltenen Schadensersatzforderung im Streit.

Das Berufungsgericht ist im Anschluß an die Urteile des Reichsgerichts vom 20. September 1927 (RGZ. Bd. 118 S. 59) und vom 7. Oktober 1927 (Zeiler Aufwertungsfälle Nr. 902) entgegen der in den Urteilen des Kammergerichts vom 4. Mai 1927 (Eger Eisenbahn- und verkehrsrechtliche Entscheidungen Bd. 46 S. 205) und des Oberlandesgerichts München vom 22. Juni 1926 (Ring AufwRspr. Bd. 1926 Nr. 345 S. 690) dargelegten Auffassung der Meinung, daß durch den Kapitalabfindungsvergleich vom 12. Juli 1922 nur eine Teilschuld der Beklagten ihre Erledigung gefunden habe und daß daher der Vergleich der jetzigen Geltendmachung der Restforderung der Kläger an sich nicht entgegenstehe. Diese den Klägern günstige Rechtsauffassung läßt keinen Rechtsirrtum erkennen.

Dagegen erachtet das angefochtene Urteil die zweijährige Verjährungsfrist des § 8 RHaftpflG., die kraft der entsprechend anwendbaren Vorschrift des § 202 Abs. 1 BGB. (RGZ. Bd. 111 S. 147; JW. 1926 S. 154 Nr. 4, ferner u. a. Zeiler a. a. O. Nr. 499, 500, 931, 1041, 1073, 1241, vgl. auch schon RGZ. Bd. 102 S. 143) bis zur Anerkennung des Aufwertungsgedankens in der höchstrichterlichen Rechtsprechung gehemmt gewesen sei, seit Mitte des Jahres 1926 für abgelaufen. Es könne zwar fraglich erscheinen, ob die Hemmung der Verjährung schon in dem Zeitpunkt weggefallen sei, in welchem die Zulässigkeit von Aufwertungsansprüchen im allgemeinen festgestanden habe, oder erst in dem Zeitpunkt, in dem bezüglich der Aufwertungsansprüche gerade der hier in Frage stehenden Art die Aufwertbarkeit in der reichsgerichtlichen Rechtsprechung anerkannt worden sei. Diese Frage sei in ersterem Sinne zu entscheiden und mithin der bis dahin gehemmte Lauf der Verjährung spätestens seit Mitte 1924 in Gang gekommen, wie unter Berufung insbesondere auf das Urteil in RGZ. Bd. 120 S. 355 näher dargelegt wird.

Demgegenüber vertritt die Revision die Auffassung, daß die Kläger, wenn sie vor dem Bekanntwerden der Reichsgerichtsentscheidungen vom 20. September 1927 und 7. Oktober 1927 die Klage erhoben hätten, ohne Zweifel abgewiesen worden wären, da bis dahin die Rechtsprechung auf dem Standpunkt gestanden habe, daß durch Vergleich erledigte Ansprüche jeder Aufwertung entzogen seien. Dies ergebe sich aus den Urteilen des Kammergerichts vom 4. Mai 1927 und des Oberlandesgerichts München vom 22. Juni 1926, sowie aus den in RGZ. Bd. 106 S. 396 und in JW. 1925 S. 350 Nr. 3 abgedruckten Urteilen des Reichsgerichts vom 23. März 1923 und vom 16. Juni 1924. Mit Rücksicht auf diese Stellungnahme der Rechtsprechung müsse für Fälle der hier vorliegenden Art in entsprechender Anwendung des § 202 Abs. 1 BGB. Hemmung der Verjährung bis zum Herbst 1927 angenommen werden.

Dieser Revisionsangriff kann keinen Erfolg haben; vielmehr ist dem Vorderrichter im Ergebnis und in der Begründung beizutreten.

Es handelt sich im vorliegenden Fall nicht um die Frage der sog. Verwirkung des Aufwertungsanspruchs, bei deren Entscheidung keineswegs der Zeitablauf allein maßgebend ist, sondern die Umstände des Einzelfalls unter Berücksichtigung der Belange beider Teile nach Maßgabe der Grundsätze des § 242 BGB. abzuwägen sind (RGZ. Bd. 116 S. 317, Bd. 118 S. 377, Bd. 119 S. 235, Bd. 120 S. 361; Ring a. a. O. 1929 S. 320 Nr. 137, Zeiler a. a. O. Nr. 1376). In diesen Fällen ist Billigkeitserwägungen in weitem Umfang Raum zu geben. Erwägungen dieser Art haben aber hier auszuscheiden. Denn im vorliegenden Falle steht die Anwendbarkeit der positiven Vorschriften des § 8 RHaftpflG. und der § 194 Abs. 1, § 222 Abs. 1 BGB. zur Entscheidung, wonach der Haftpflichtige die Leistung jeglichen Schadensersatzes verweigern darf, sofern der Berechtigte nicht binnen 2 Jahren seit dem Unfall oder dem Tode des Verunglückten seine Ansprüche gerichtlich geltend gemacht hat. Letzteres war hier durch die Erhebung der Klage im Vorprozeß geschehen. Aber jener Rechtsstreit hatte durch den Abschluß des gerichtlichen Vergleichs vom 12. Juli 1922 sein Ende gefunden. Nach der angeführten reichsgerichtlichen Rechtsprechung war die von da an an laufende neue Verjährungsfrist gehemmt, bis der Aufwertungsgedanke — etwa Mitte des Jahres 1924 — sich allgemein durchgesetzt hatte. Erst Anfang Februar 1928 sind die Kläger mit ihren Aufwertungsansprüchen an die Beklagte herangetreten und erst Ende Juni 1928 haben sie nach erfolglosen Vergleichsverhandlungen, welche die Klagerhebung hinausgezögert haben mögen und daher bei der Beurteilung der Verjährungsfrage an sich zugunsten der Kläger in Betracht kommen könnten, ihren Aufwertungsanspruch im Klageweg geltend gemacht.

Zu Anfang des Jahres 1928 war aber dieser Anspruch längst verjährt. Der III. Zivilsenat des Reichsgerichts hat in der Entscheidung RGZ. Bd. 120 S. 355 mit ausführlicher und überzeugender Begründung dargelegt, daß grundsätzlich seit spätestens 1. Juli 1924 die Rechtsprechung den Satz „Mark gleich Mark" aufgegeben hatte und daß seitdem die Bahn für die Geltendmachung von Aufwertungsansprüchen frei war; das der Durchführung von Aufwertungsansprüchen entgegenstehende Hemmnis sei von da ab weggefallen und folgeweise laufe die Verjährungsfrist für Aufwertungsansprüche vom 1. Juli 1924 ab. Dieser Auffassung haben sich der VII. Zivilsenat des Reichsgerichts (Zeiler a. a. O. Nr. 1467, 1486), der I. Zivilsenat (daselbst Nr. 1657) und insbesondere auch der erkennende Senat (RGZ. Bd. 122 S. 327, Urteil vom 23. September 1929 VI 737/28) angeschlossen. An dieser Rechtsprechung ist grundsätzlich festzuhalten. Zu der Frage Stellung zu nehmen, ob eine Ausnahme für die Fälle zu machen wäre, in denen Aufwertungsansprüche einer bestimmten Art in einer früheren höchstrichterlichen Rechtsprechung abgelehnt, in der späteren aber zugebilligt worden sind, bietet der gegenwärtige Rechtsstreit keinen Anlaß. Denn ein solcher Fall ist hier entgegen der Ansicht der Revision nicht gegeben.

Die von der Revision in Bezug genommenen Urteile des Kammergerichts vom 4. Mai 1927 und des Oberlandesgerichts München vom 22. Juni 1926 haben hierbei von vornherein auszuscheiden. Denn es kann nicht anerkannt werden, daß, wenn einzelne Oberlandesgerichte einen Aufwertungsanspruch gewisser Art ablehnen, dieser Umstand ein solcher sei, der den Leistungspflichtigen vorübergehend zur Verweigerung der Leistung berechtige (§ 202 Abs. 1 BGB.). Überdies ist das erstere Urteil erst nach dem Ablauf der Verjährungsfrist und das letztere erst so kurz vor ihrem Ablauf ergangen, daß es auf die Befugnisse und Pflichten der Prozeßparteien und auf ihre Entschließungen schwerlich von Einfluß hat sein können. Die beiden von der Revision angeführten Urteile des Reichsgerichts ergeben nichts zu ihren Gunsten. Das Urteil RGZ. Bd. 106 S. 396 (vgl. Bd. 107 S. 218) ist am 23. März 1923, mithin zu einer Zeit ergangen, als noch der Grundsatz „Mark gleich Mark" die Rechtsprechung beherrschte; abgesehen hiervon wurde in diesem Falle die Abfindungssumme im August 1918, also zu einer Zeit gezahlt, als ein Sinken der Kaufkraft der Mark auf dem Inlandsmarkt noch kaum fühlbar war. Das Urteil JW. 1925 S. 350 Nr. 3 ferner hatte einen Fall zum Gegenstand, in dem die Zahlung der Abfindungssumme schon im Jahre 1916 erfolgt war. Urteile, in denen das Reichsgericht den Aufwertungsanspruch versagt hätte in Fällen, wo sich der Gläubiger in der Inflationszeit im Vergleichsweg durch eine Kapitalzahlung für alle seine Ansprüche durch den Schuldner für abgefunden erklärt hatte, haben sich nicht ermitteln lassen; auch in den Urteilen vom 20. September und vom 7. Oktober 1927 hat der VII. Zivilsenat nichts davon erwähnt, daß er etwa von der bisherigen reichsgerichtlichen Rechtsprechung abweiche. Anderseits war schon lange vor dem 1. Juli 1926 in der reichsgerichtlichen Rechtsprechung anerkannt, daß in der Inflationszeit geleistete Papiermarkzahlungen nur Teilleistungen darstellen (Urteile vom 3. Dezember 1924 und vom 27. Januar 1925 in RGZ. Bd. 109

S. 113 und Bd. 110 S. 132, vgl. RGZ. Bd. 114 S. 403 und Bd. 118 S. 62), daß ferner in der Inflationszeit erlassene, zur Zahlung von Papiermark verurteilende Erkenntnisse der nachträglichen Geltendmachung weiterer Ansprüche des Gläubigers nicht entgegenstehen (Urteile aus Ende 1924 und Anfang 1925 in RGZ. Bd. 109 S. 154, 197, 290, 346, 376, Bd. 110 S. 130, 148, 390, vgl. Bd. 111 S. 363, Bd. 113 S. 55 und S. 326, Bd. 119 S. 363, Bd. 123 S. 66). Endlich war bereits durch das Urteil des VI. (VII.) Zivilsenats des Reichsgerichts vom 5. Februar 1926 (Zeiler a. a. O. Nr. 188, vgl. auch schon RGZ. Bd. 106 S. 233) ausgesprochen, daß die Aufwertung einer Unfallrente, zu deren Zahlung sich die Eisenbahnverwaltung im Jahre 1920 durch Vergleich verpflichtet hatte, gefordert werden dürfe. Allerdings ließ diese höchstrichterliche Rechtsprechung keinen zwingenden Schluß darauf zu, daß das Reichsgericht die Ansprüche auf Aufwertung von Forderungen, die durch einen in der Inflationszeit abgeschlossenen Kapitalabfindungsvergleich getilgt werden sollten, trotz des Vergleichs insoweit anerkennen werde, als sie in Wirklichkeit durch den Vergleich nicht erledigt waren; diese Frage ist vielmehr erst durch die Urteile vom 20. September und 7. Oktober 1927 zugunsten der Gläubiger entschieden worden. Allein davon kann jedenfalls keine Rede sein, daß — wie die Revision meint — die höchstrichterliche Rechtsprechung eine schon vor dem 1. Juli 1926 erfolgende Geltendmachung des eingeklagten Aufwertungsanspruchs hätte als aussichtslos erscheinen lassen. Die Aussichten des Prozesses waren vor dem Herbst 1927 zweifelhaft, aber die Zweifelhaftigkeit einer Rechtsfrage kann nicht dahin führen, daß dem Gläubiger gestattet werden dürfte, sich gegenüber der Verjährungseinrede darauf zu berufen, die betreffende Rechtsfrage habe noch keine oder keine genügende Klärung in der Rechtsprechung erfahren (RGZ. Bd. 120 S. 361). Eine gegenteilige Stellungnahme würde eine bedenkliche Gefährdung des Zweckes bedeuten, den der Gesetzgeber mit der Einführung der Verjährung verfolgt hat. Insbesondere müßte man, erginge das gegenwärtige Urteil zugunsten der Kläger, den Gläubigern ähnlicher Forderungen folgerichtig gestatten, solche noch jetzt einzuklagen und die Einrede der Verjährung durch den Hinweis zu bekämpfen, erst durch dieses Urteil sei die Unbegründetheit des Verjährungseinwands festgestellt worden, bis zum Bekanntwerden des Urteils sei die Verjährungsfrist gehemmt gewesen. Ein solches Ergebnis würde aber den Bedürfnissen des Wirtschaftslebens nicht minder zuwiderlaufen als dem Ziel der Rechtsordnung, den Rechtsfrieden herbeizuführen und zu erhalten.

---

63. 1. Zur Rechtsnatur des Vorschusses im Sinne des § 84 der Rechtsanwaltsgebührenordnung.

2. Muß der nachträglich als Armenanwalt beigeordnete Prozeßbevollmächtigte einen früher empfangenen Vorschuß insoweit zurückzahlen, als er zur Deckung der nach seiner Beiordnung erwachsenen Verhandlungsgebühr bestimmt ist?

Gesetz über die Erstattung von Rechtsanwaltsgebühren in Armensachen vom 6. Februar 1923. ZPO. § 115.

VI. Zivilsenat. Beschl. v. 9. Dezember 1929 i. S. H. u. Gen. (Bekl.) w. M. (Kl.). VI 210/27.

I. Landgericht Nordhausen.
II. Oberlandesgericht Naumburg a. S.

Der Sachverhalt und die Entscheidung ergeben sich aus den

Gründen:

Der Rechtsanwalt Justizrat G. ist den Revisionsklägern als Armenanwalt beigeordnet worden, nachdem er die Revision bereits eingelegt und begründet hatte. Während seiner Tätigkeit als Wahlanwalt hat er einen Vorschuß von 200 RM. erhalten. Der Streitwert ist auf 2100 RM. festgesetzt worden. Justizrat G. will 104,45 RM. auf die Prozeßgebühr und die Nebenkosten verrechnen und meint verpflichtet zu sein, den Rest des Vorschusses von 95,55 RM. an die arme Partei zurückzuzahlen, weil er die erst nach seiner Beiordnung erwachsene Verhandlungsgebühr nicht fordern dürfe. Er bittet deshalb um Gewährung der für die Verhandlung berechneten Gebühren und Auslagen mit 46,99 RM. aus der Staatskasse. Die Geschäftsstelle hat die Erstattungspflicht abgelehnt, weil der beigeordnete Rechtsanwalt bereits erhaltene Beträge nicht noch einmal aus der Staatskasse verlangen könne, auch nicht etwa, um der armen Partei Vorschüsse zurückzuerstatten.

Die hiergegen erhobene Erinnerung ist unbegründet. Der Ansicht, daß der gezahlte Vorschuß seine Natur als bloßes Sicherungsmittel überhaupt nicht verlieren könne, ist nicht beizutreten. Wenn auch der Vorschuß zunächst als Sicherungsmittel dient, so bildet er doch zugleich eine Vorauszahlung des Auftraggebers auf seine noch nicht entstandene oder noch nicht fällige Schuld (Friedländer Bem. 3 zu § 84 RAGebO.). Abgesehen von der Hoffnung auf die Erstattungspflicht des Gegners wird eine Partei, die ihrem Rechtsanwalt Vorschüsse zahlt, regelmäßig nicht auf deren Rückzahlung bei Durchführung des Rechtsstreits rechnen. Die Vereinbarung über die Einforderung und Zahlung des Vorschusses ist, sofern nicht Sonderabreden zu einer abweichenden Beurteilung nötigen, nach Treu und Glauben mit Rücksicht auf die Verkehrssitte dahin auszulegen, daß der Zahlende seinem Vertrauensanwalt die Verrechnung des Vorschusses überläßt und, soweit Kostenforderungen erwachsen, von vornherein auf die Rückzahlung des Vorschusses verzichtet. Eine Verpflichtung des Rechtsanwalts auf Rückzahlung des Vorschusses, obgleich inzwischen Kostenforderungen mindestens in gleicher Höhe fällig geworden sind, würde unbillig sein und den Rechtsanwalt der bevorzugten Rechtsstellung berauben, die ihm durch § 84 RAGebO. eingeräumt ist.

An dieser rechtlichen Beurteilung wird durch die nachträgliche Bestellung des Justizrats G. zum Armenanwalt nichts geändert. Die Bewilligung des Armenrechts hat, wenn im Beschlusse nicht ausnahmsweise etwas anderes erklärt ist (JW. 1929 S. 3188, 3190), keine rückwirkende Kraft (RGZ. Bd. 111 S. 35, vgl. JW. 1927 S. 520 Nr. 10, S. 847 Nr. 12). Für die Gerichtskosten ergibt sich dies schon aus dem Wortlaut des § 115 Nr. 1 ZPO., der bestimmt, daß die Bewilligung des Armenrechts die Befreiung von der Berichtigung (nur) der rückständigen und künftigen Gerichtskosten herbeiführt. Die bereits bezahlten Kosten, auch Vorschüsse, können nach der ständigen Rechtsprechung bei nachträglicher Bewilligung des Armenrechts nicht zurückgefordert werden (Busch-Krantz Bem. 1, Stein-Jonas Bem. II zu § 115 ZPO.). Es fehlt an jedem Rechtsgrunde, den Rechtsanwalt in dieser Richtung schlechter zu stellen. Vorschußzahlungen, die er in seiner Eigenschaft als Wahlanwalt von seinem Auftraggeber rechtmäßig erlangt hat (§ 84 RAGebO.), darf er unbeschränkt behalten, auch wenn er nachträglich zum Pflichtanwalt bestellt wird. Daraus folgt, daß der Rechtsanwalt die einmal empfangenen Beträge in derselben Weise zu verrechnen hat, wie es ohne die Bewilligung des Armenrechts und ohne seine Beiordnung zu geschehen hätte. Im vorliegenden Fall ist der Justizrat G. für seine Kosten bis auf einen geringfügigen Betrag gedeckt, sodaß eine Erstattung nach den noch maßgebenden oben angeführten Entscheidungen des Reichsgerichts nicht in Betracht kommt; § 3 des neuen Armenrechtsgebühren-Gesetzes vom 20. Dezember 1928 findet, wie der Antragsteller anerkennt, auf den gegenwärtigen Fall keine Anwendung. Es mag darauf hingewiesen werden, daß die Partei, da sie in der Lage war, ihren erwählten Anwalt im voraus nahezu völlig zu bezahlen, auf Beiordnung eines Rechtsanwalts beim Fehlen eines Bedürfnisses nach § 114 ZPO. überhaupt keinen Anspruch hatte; dem hätte es entsprochen, die Bewilligung des Armenrechts auf die Gerichtskosten zu beschränken, von denen die Partei übrigens die angeforderte Prozeßgebühr von 100 RM. ebenfalls schon bezahlt hatte. Auch diese Erwägung spricht gegen die Meinung des Antragstellers, daß es gerechtfertigt oder billig oder gar geboten sei, den die Prozeßgebühr übersteigenden Vorschuß an die Partei zurückzuzahlen.

---

64. Darf das Berufungsgericht eine Widerklage auf Ehescheidung abweisen, wenn in erster Instanz auf Klage und Widerklage geschieden war und nur die verklagte Partei Berufung (mit dem Antrag auf Abweisung der Klage) eingelegt hat?

ZPO. §§ 525, 537, 622.

VII. Zivilsenat. Urt. v. 10. Dezember 1929 i. S. Ehem. A. (Kl.) w. Ehefr. A. (Bekl.). VII 227/29.

I. Landgericht Magdeburg.
II. Oberlandesgericht Naumburg a. S.

Das Landgericht hatte die Ehe der Parteien auf Klage und Widerklage geschieden und beide Teile für schuldig erklärt. Die Beklagte legte Berufung ein mit dem Antrag auf Abweisung der Klage und erstritt das Urteil des Oberlandesgerichts, durch das unter Abweisung der Klage die Ehe nur auf die Widerklage geschieden wurde. Die Revision des Klägers hatte keinen Erfolg.

Aus den Gründen:

... Gegen die Scheidung zur Widerklage hat der Kläger keine Berufung eingelegt. Das Berufungsgericht hat angenommen, daß es gemäß § 525 ZPO. bei dieser Scheidung zu verbleiben habe, und befindet sich damit im Einklang mit der reichsgerichtlichen Rechtsprechung (RGZ. Bd. 64 S. 315). Die Revision meint, das Berufungsgericht habe das zweitinstanzliche Vorbringen des Klägers, soweit es sich auf die Widerklage bezogen habe, berücksichtigen und gegebenenfalls anderweit zur Widerklage Stellung nehmen müssen. Sie begründet diese Ansicht mit der Ausführung, § 622 ZPO. gehe als Sondergesetz dem § 525 vor. Dem kann nicht zugestimmt werden. Die nach § 622 gestattete Berücksichtigung von Tatsachen, die von den Parteien nicht vorgebracht sind, zum Zwecke der Aufrechterhaltung der Ehe enthält eine Ausnahme vom Verhandlungsgrundsatz, wonach die Parteien die tatsächlichen Behauptungen dem Gericht abschließend zu unterbreiten haben. Das Gericht kann demgemäß eine Scheidungsklage abweisen, auch wenn der Beklagte der Scheidung nicht widersprochen hat (RGZ. Bd. 23 S. 143). Aber eine solche Entscheidung setzt voraus, daß das Gericht mit dem abgewiesenen Scheidungsanspruch befaßt war. Das trifft nicht zu für die Widerklage, wenn, nachdem in erster Instanz die Ehe auf Klage und Widerklage geschieden worden ist, die Berufungsinstanz lediglich vom verklagten Teil beschritten wird, um die Abweisung der Klage zu erzielen, der Kläger aber sich bei der Scheidung auf die Widerklage beruhigt. In einem solchen Fall ist das Berufungsgericht nicht mit dem Scheidungsanspruch des verklagten Teils befaßt; vielmehr gelten die §§ 525, 537 ZPO. und das Berufungsgericht ist danach nicht in der Lage, die Widerklage abzuweisen. Wenn also im vorliegenden Fall der Kläger, wie die Revision behauptet, vor dem Berufungsgericht Tatsachen vorgetragen hat, die an sich geeignet waren, das erstinstanzliche Scheidungsbegehren der Beklagten zu Fall zu bringen, so durfte das Berufungsgericht nicht in diesem Sinne darauf eingehen, weil der Kläger unterlassen hat, seinen Anspruch auf Abweisung der Widerklage durch Einlegung der Berufung an das Gericht zweiter Instanz zu bringen. Die Rüge ist also unbegründet.

Der Sachantrag der Revision erweist sich hiernach als unzulässig, soweit er die in erster Instanz erledigte Widerklage betrifft, weil er insoweit gegenüber dem Sach- und Streitstand der Berufungsinstanz einen neuen Antrag darstellt, der in der Revisionsinstanz nicht vorgebracht werden kann (§ 561 ZPO.).

65. Zur rechtlichen Stellung des Absonderungsberechtigten als Anfechtungsgegners.

KO. §§ 4, 30, 31, 47, 64.

VII. Zivilsenat. Urt. v. 13. Dezember 1929 i. S. Kreiskommunalverband F. (Bekl.) w. L. als Verwalter im Konkurs K. (Kl.). VII 169/29.

I. Landgericht Landsberg a. d. W.
II. Kammergericht Berlin.

Der Kaufmann K. hatte in L. zwei Grundstücke — Blatt Nr. 760 und Nr. 1789 des Grundbuchs — erworben, auf denen er umfangreiche Baulichkeiten zu Geschäftszwecken aufführen ließ. Hierbei nahm er seit April 1924 bei der vom verklagten Kreiskommunalverband betriebenen Kreissparkasse Kredit in Anspruch. Zu ihrer Sicherheit bewilligte er die Eintragung von Sicherungshypotheken über 45000 GM. und 80000 GM. auf dem Grundstück Bl. 1789 an erster und zweiter Stelle; die Eintragungen im Grundbuch erfolgten am 5. September und 6. Oktober 1924. Ferner trat K. der Kreissparkasse eine für seine Ehefrau auf dem Grundstück Bl. 760 an erster Stelle eingetragene Hypothek von 7,2 kg Feingold = 20000 GM. sowie eine auf demselben Grundstück für ihn selbst eingetragene Grundschuld von 7,2 kg Feingold ab; die Abtretungen wurden am 6. Oktober 1924 ins Grundbuch eingetragen. Wegen weiterer von K. erbetener Kreditgewährungen kam keine Einigung mit dem Beklagten zustande. Infolgedessen geriet er in Zahlungsschwierigkeiten und sah sich am 28. Oktober 1925 veranlaßt, ein Rundschreiben an seine sämtlichen Gläubiger zu richten, durch das er um ein Moratorium nachsuchte und eine Gläubigerversammlung auf den 2. November 1925 einberief. In dieser Versammlung, der auch ein Vertreter des Beklagten beiwohnte, wurde bekanntgegeben, daß K. seine Zahlungen eingestellt habe und seinen Gewerbebetrieb den Gläubigern zur Verfügung stelle.

Am 5. November 1925 beantragte der Beklagte den Erlaß eines Urkunden- und Wechsel-Zahlungsbefehls gegen K., durch den ihm aufgegeben werden sollte, dem Antragsteller 50000 RM. mit Zinsen und Kosten zu zahlen und wegen dieser Forderungen die Zwangsvollstreckung in das Grundstück Bl. 1789 aus den eingetragenen

Sicherungshypotheken zu dulden. Der Zahlungsbefehl wurde am 6. November 1925 antragsgemäß erlassen. K. erhob dagegen Widerspruch, ließ sich aber nach weiteren Verhandlungen mit dem Beklagten am 24. November 1925 zur Errichtung einer notariellen Urkunde bereit finden, wodurch das Mahnverfahren erledigt wurde. In dieser Urkunde erkannte er an, dem Beklagten 145650,93 RM. nebst Bankzinsen zu schulden, und unterwarf sich wegen dieser Schuld der sofortigen Zwangsvollstreckung in die Grundstücke Bl. 760 und Bl. 1789 sowie in sein sonstiges Vermögen. Der Beklagte beantragte am 21. Dezember 1925 die Zwangsversteigerung der beiden Grundstücke, die am 8. Januar 1926 angeordnet und am 14. Januar ins Grundbuch eingetragen wurde. Im Versteigerungstermin vom 17. April 1926 blieb der Beklagte mit 5000 RM. Meistbietender auf das Grundstück Bl. 1789. Am 24. April 1926 wurde ihm der Zuschlag erteilt und am 4. März 1927 wurde er als Eigentümer eingetragen. Das Grundstück Bl. 760 gelangte erst im Termin vom 20. Oktober 1928 zur Zwangsversteigerung. Dabei wurde ein Meistgebot eines Dritten von 45100 RM. erzielt; über die Erteilung des Zuschlags ist aber bisher noch nicht rechtskräftig entschieden.

Bereits am 12. April 1926 war auf Antrag des K. vom Amtsgericht D. das Konkursverfahren über sein Vermögen eröffnet und der Kläger zum Verwalter bestellt worden. In dem Verfahren meldete der Beklagte am 3. Mai 1926 seinen vermutlichen Ausfall bei der Zwangsversteigerung des Grundstücks Bl. 1789 mit 120000 RM. als Konkursforderung an; der Kläger bestritt diese Forderung.

Durch die im September 1926 eingereichte Klage verfolgte der Kläger gemäß §§ 30, 31 KO. die Anfechtung der vollstreckbaren Urkunde vom 24. November 1925 und der auf Grund der Urkunde vom Beklagten vorgenommenen Zwangsvollstreckungshandlungen. Das Landgericht wies die Klage ab. Auf die Berufung des Klägers erkannte das Kammergericht nach den zuletzt von ihm gestellten Anträgen, indem es die Zwangsvollstreckung aus der gedachten Urkunde für unzulässig erklärte und den Beklagten verurteilte, das Grundstück Bl. 1789 an den Gemeinschuldner zurückaufzulassen, und zwar in dem Zustand, in dem es sich vor der Versteigerung befand, Zug um Zug gegen Wiedereintragung der in Abteilung III unter Nr. 1 und 2 eingetragen gewesenen Sicherungshypotheken von 45000 RM. und 80000 RM.

Die Revision des Beklagten führte zur Wiederherstellung des landgerichtlichen Urteils.

Gründe:

Die im September und Oktober 1924 für den Beklagten vorgenommene Eintragung der beiden Sicherungshypotheken von 45000 GM. und 80000 GM. auf dem Grundstück Bl. 1789 ist nicht angefochten worden, ebensowenig die am 6. Oktober 1924 eingetragene Abtretung der Hypothek und der Grundschuld von je 7,2 kg Feingold, die auf dem Grundstück Bl. 760 hafteten. Demnach kam der Beklagte im Falle der Eröffnung des Konkursverfahrens über das Vermögen des Eigentümers K. als absonderungsberechtigter Gläubiger in Betracht, der sich gemäß § 47 KO. aus den Grundstücken befriedigen durfte. Der Einwand, den er aus dieser rechtlichen Stellung herleitet, ist nach der Meinung des Berufungsgerichts nicht geeignet, die Anfechtung des Klägers zu hindern, die es aus den sämtlichen Fällen des § 30 KO. wie auch aus § 31 Nr. 1 das. für begründet erachtet. Der Vorderrichter bescheidet die Einwendung, indem er erwägt, der Beklagte sei nicht nur Absonderungsberechtigter, sondern auch Konkursgläubiger, da er eine zur Zeit der Eröffnung des Verfahrens begründete persönliche Darlehensforderung an den Gemeinschuldner gehabt und diese auch durch Anmeldung eines Anspruchs von 120000 RM. zur Konkursmasse geltend gemacht habe; überdies habe sich K. in der Urkunde vom 24. November 1925 nicht nur der Zwangsvollstreckung in die Grundstücke, soweit daran dem Beklagten ein Absonderungsrecht zustand, sondern der Vollstreckung in sein gesamtes Vermögen unterworfen; demnach liege keine Rechtshandlung vor, die ausschließlich die Befriedigung eines Absonderungsberechtigten aus den ihm haftenden Gegenständen bezweckt habe.

Diese Erörterung des Kammergerichts wird von der Revision mit Recht angegriffen. Die Rechtslage des Absonderungsberechtigten, dem der Gemeinschuldner auch persönlich haftet, ist in § 64 KO. geregelt. Er kann danach nur für denjenigen Betrag verhältnismäßige Befriedigung als Konkursgläubiger verlangen, zu dem er auf abgesonderte Befriedigung verzichtet oder mit dem er bei dieser ausgefallen ist. Das Gesetz verweist also den Absonderungsberechtigten darauf, zunächst — und zwar unabhängig vom Konkursverfahren (§ 4 Abs. 2 KO.) — aus den zu seiner abgesonderten Befriedigung dienenden Gegenständen diese Befriedigung zu suchen, und gestattet ihm, abgesehen von dem hier belanglosen Falle des Verzichts, nur, den Betrag seiner persönlichen Forderung, mit dem er bei der Ausübung des Absonderungsrechts ausgefallen ist, als Konkursforderung geltend zu machen. Der sein Absonderungsrecht verfolgende Gläubiger ist für die diesem Recht zugrunde liegende Forderung zunächst nur als Absonderungsberechtigter und nicht als Konkursgläubiger anzusehen. Wollte man dem Umstand, daß er später bei Wahrung seiner Rechte wegen der Ausfallforderung als Konkursgläubiger aufzutreten hat, für die Beurteilung seiner Rechtsstellung während des Laufes des die abgesonderte Befriedigung bezweckenden Verfahrens Gewicht einräumen, so würde die gesetzliche Ordnung für die häufigen Fälle durchbrochen werden, wo die Forderung in jenem Verfahren ganz oder teilweise ungedeckt bleibt. Dies wäre um so weniger annehmbar, als es während des Absonderungsverfahrens oft noch ungewiß sein wird, ob ein Ausfall eintritt und ob mithin der Berechtigte überhaupt eine Konkursforderung geltend machen wird. Die Erwägung des Berufungsgerichts, der Beklagte sei deshalb von vornherein auch als Konkursgläubiger anzusehen, weil er später seine Ausfallforderung im Konkursverfahren angemeldet hat, ist sonach rechtsirrig.

Auch der Inhalt der vollstreckbaren Urkunde vom 24. November 1925 rechtfertigt nicht die Ansicht des Vorderrichters. Er hat an anderer Stelle des Urteils das Wesen derjenigen Rechtshandlung, deren Anfechtbarkeit zu untersuchen ist, zutreffend dahin klargestellt, daß die Handlung nicht in der Ausstellung jener Urkunde allein zu sehen sei, sondern in der Verbindung der Ausstellung mit der Vornahme von Vollstreckungshandlungen auf Grund der Urkunde. Der Beklagte hat aber nur gegen die ihm als Absonderungsberechtigten haftenden Grundstücke des K. Vollstreckungsmaßnahmen eingeleitet; deshalb kann er im Rahmen der mit der Klage angefochtenen Rechtshandlung nur als absonderungsberechtigter Gläubiger gelten. Hätte er auch eine Zwangsvollstreckung in das übrige Vermögen des Gemeinschuldners auf Grund jener Urkunde erwirkt, so würde insoweit eine Anfechtung des Klägers möglicherweise durchgreifen. Der Kläger hat aber nicht behauptet, daß dies geschehen sei.

Da hiernach der Beklagte nicht als Konkursgläubiger in Betracht kommt, so entfällt zunächst ohne weiteres die Anfechtung aus § 30 Nr. 1 Fall 2 und aus § 30 Nr. 2 KO. (vgl. Mentzel Komm. zur

Konkursordnung 3. Aufl. Anm. 9 zu § 30 S. 174). Aber auch die Anfechtung nach § 30 Nr. 1 Fall 1 und nach § 31 Nr. 1 muß scheitern, weil eine Benachteiligung der Konkursgläubiger nicht dadurch hat eintreten können, daß der Beklagte aus den ihm haftenden Grundstücken seine abgesonderte Befriedigung suchte, und weil deshalb auch von einer Benachteiligungsabsicht des Gemeinschuldners und von deren Kenntnis auf seiten des Beklagten keine Rede sein kann. Allerdings bedurfte der Beklagte eines vollstreckbaren dinglichen Titels. Ob er sich diesen durch ein gerichtliches Urteil oder durch eine Urkunde der im § 794 Abs. 1 Nr. 5 ZPO. vorgesehenen Art verschaffte, ist aber entgegen der Ansicht des Kammergerichts unerheblich. Da K. in dem gegen ihn eingeleiteten Rechtsstreit die Verteidigung aufgegeben und sich zur Ausstellung einer vollstreckbaren Urkunde bereit erklärt hatte, besteht kein Anlaß, an den Beklagten die Anforderung zu stellen, daß er trotzdem das Prozeßverfahren bis zum Ende hätte durchführen müssen. Im Gegenteil rechtfertigte schon die Kostenersparnis, die auch den Belangen der künftigen Konkursgläubiger entsprach, sein Eingehen auf den von K. ihm gemachten Vorschlag. Ein Fall arglistigen Zusammenwirkens des Gemeinschuldners mit dem Gläubiger zum Zwecke der Begünstigung dieses Gläubigers gegenüber den anderen Gläubigern liegt nicht vor. Denn der Beklagte hatte durch die unangefochten gebliebene Hypothekenbestellung bereits das Absonderungsrecht erworben und hatte somit auf den dinglichen Vollstreckungstitel einen Anspruch, den er auch nach der Eröffnung des Konkursverfahrens gegen den Verwalter hätte geltend machen können.

Nach alledem lassen sich die Klagansprüche unter keinem Gesichtspunkt des Anfechtungsrechts begründen.

---

66. 1. Ist die Anwendbarkeit der Vorschriften über den Wiederkauf davon abhängig, daß das Wiederkaufsrecht im Kaufvertrag selbst vorbehalten wird?

2. Inwieweit können die Vorschriften über den Wiederkauf auf die Vereinbarung eines Wiederverkaufsrechts angewendet werden?

BGB. §§ 497, 498.

VI. Zivilsenat. Urt. v. 21. November 1929 i. S. Ch. W.-V. AG. (Bekl.) w. J., B. & K. (Kl.). VI 126/29.

I. Landgericht Bremen.
II. Oberlandesgericht Hamburg.

Die Beklagte schuldete der Klägerin am 29. September 1924 23000 RM. Die Parteien schlossen an diesem Tage zwei notarielle Verträge. Im einen verkaufte die Beklagte der Klägerin ein Grundstück für 23000 RM.; es wurde verabredet, daß der Kaufpreis durch Tilgung der Schuld beglichen werden sollte. In besonderer notarieller Urkunde räumte die Beklagte der Klägerin ein Wiederverkaufsrecht ein, das innerhalb dreier Monate nach Ablauf von drei Jahren ausgeübt werden mußte. In diesem Falle sollte die Beklagte an die Klägerin 11000 RM. in bar zahlen, und es sollte für die Klägerin eine Hypothek von 12000 RM. auf dem Grundstück eingetragen werden. Der Beklagten wurde jedoch das Recht eingeräumt, jederzeit schon vorher das Grundstück zum Preise von 23000 RM. zu übernehmen und die Auflassung zu verlangen. Falls die Beklagte dieses Verlangen vorzeitig stellen würde, sollte die Klägerin das Recht haben, die Übertragung und die Auflassung abzulehnen; jedoch mußte sie dann gleichzeitig die Beklagte von der Rückkaufsverpflichtung freistellen. Der Klägerin wurde die Verpflichtung auferlegt, das Grundstück im jetzigen Zustand zu erhalten und es beim Rückkauf in einem nicht höher belasteten Zustand zurückzugewähren, als sie es jetzt bekam, mit Ausnahme inzwischen etwa darauf gelegter gesetzlicher Hypotheken. Innerhalb der im Vertrag vom 29. September 1924 gesetzten Frist, nämlich am 29. November 1927, erklärte die Klägerin der Beklagten, daß sie von ihrem Recht Gebrauch mache, und forderte sie auf, anzugeben, an welchem Tag die Auflassung stattfinden solle. Die Beklagte lehnte es ab, dieser Aufforderung zu entsprechen. Sie wendet ein, die Erklärung der Klägerin, durch die sie von dem Wiederverkaufsrecht Gebrauch mache, hätte notariell erfolgen müssen. Die Klägerin habe ferner ihre Verpflichtung, das Grundstück in demselben Zustand zu erhalten, nicht erfüllt; wiewohl sie bereits im Jahre 1927 auf den verwahrlosten Zustand des Hauses hingewiesen worden sei, habe sie den vertragsmäßigen Zustand nicht innerhalb der Frist von drei Monaten (bis zum 29. Dezember 1927) hergestellt. Ferner sei das seinerzeit der Beschlagnahme zu Mietzwecken nicht unterworfen gewesene Grundstück später an vier Zwangsmieter vermietet worden. Die Klägerin verlangte mit der Klage Verurteilung der Beklagten: 1. zur Auflassung des Grundstücks von der Klägerin an die Beklagte mitzuwirken, 2. Zug um Zug gegen die Auflassung der Klägerin 11000 RM. nebst Zinsen zu zahlen und der Klägerin an dem Grundstück eine Hypothek von 12000 RM. zu bestimmtem Zinsfuß zu bestellen.

Im Laufe des ersten Rechtszugs wurde das Grundstück im Einverständnis beider Parteien an einen Dritten für den Preis von 17200 RM. verkauft. Die Parteien waren darüber einig, daß die Klagforderung auf den Unterschied zwischen dem ursprünglichen Übernahmepreis von 23000 RM. und dem zu erzielenden Kaufpreis umzustellen sei und daß die Entscheidung über den neu zu stellenden Klagantrag von der Entscheidung über den ursprünglichen Klagantrag abhängig sein sollte. Die Klägerin will den Unterschied von 5800 RM. um hier nicht interessierende Beträge einerseits erhöhen, anderseits mindern.

Das Landgericht wies die Klage ab. Das Berufungsgericht sprach der Klägerin durch Teilurteil den Betrag von 5087,73 RM. zu. Die Revision der Beklagten hatte keinen Erfolg.

Gründe:

Die Revision rügt in erster Linie, daß das Berufungsgericht der Erklärung der Klägerin, sie mache von dem Wiederverkaufsrecht Gebrauch, Rechtswirksamkeit beigemessen habe, obwohl die Erklärung nicht der Form des § 313 BGB. entsprochen habe. Eine entsprechende Anwendung des § 497 Abs. 1 Satz 2, wonach die Erklärung des Verkäufers im Falle der Vereinbarung eines Wiederkaufsrechts nicht der für den Kaufvertrag bestimmten Form bedürfe, komme schon deshalb nicht in Betracht, weil Absatz 1 Satz 1 dieser Vorschrift voraussetze, daß das Wiederkaufsrecht in dem Kaufvertrag vorbehalten werde. Im vorliegenden Falle sei ein Wiederverkaufsrecht im Kaufvertrag nicht erwähnt; der Vertrag enthalte auch nicht eine Verweisung auf den Sondervertrag. Aber selbst wenn man die Anwendbarkeit der §§ 497 flg. auch auf ein nachträglich eingeräumtes Wiederkaufsrecht ausdehnen wolle, so sei es doch nicht zulässig, die Befreiung von der Formvorschrift auf den Fall des Wieder**ver**kaufsrechts zu übertragen. Der Wiederkäufer verfüge nicht über Eigentum im Sinne des § 313; die Verpflichtung des Wiederverkäufers müsse aber bereits im Kaufvertrag enthalten sein. Beim vorliegenden Vertrag handle es sich nur um die Bindung zum Wiederkauf auf seiten der Beklagten, die sich insofern nicht als Grundstückseigentümerin, sondern als demnächstige Nichteigentümerin verpflichtet habe. Die Klägerin als demnächstige Grundstückseigentümerin sei keinerlei vertragliche Bindung zum Verkauf eingegangen; ihr sei vielmehr das Recht vorbehalten worden, einen von der Beklagten angeregten Wiederverkauf abzulehnen.

Dieser Auffassung kann nicht beigetreten werden. Zunächst ist aus dem Bürgerlichen Gesetzbuch kein Anhaltspunkt dafür zu entnehmen, daß diejenigen Vorschriften, die in dem mit „Wiederkauf" überschriebenen Abschnitt enthalten sind, nur auf solche Vereinbarungen eines Wiederkaufsrechts Anwendung finden sollen, die im Kaufvertrag selbst getroffen sind. Der innere Grund dafür, daß die Tatbestände, die ein Wiederkaufsrecht zum Gegenstand haben, unter den „besonderen Arten des Kaufs" besonders gesetzlich geregelt wurden, ist offenbar der Inhalt dieser Tatbestände, ohne daß auf die äußere Verbindung eines solchen Wiederkaufsrechts mit dem ursprünglichen Kaufvertrag selbst ein irgendwie erkennbares Gewicht gelegt worden ist. Offenbar ist die im Verkehrsleben regelmäßige Erscheinung hervorgehoben worden; damit ist aber die Anwendung der Vorschriften über Wiederkauf auf solche Fälle nicht ausgeschlossen, in denen das Wiederkaufsrecht nachträglich vereinbart wird. Auf diesem Standpunkt steht auch das Schrifttum; vgl. Planck Erl. 1 zu § 497 BGB.; Enneccerus § 339 I; RGRKomm. Bem. 2 zu § 497. Im vorliegenden Falle ist die auf den Wiederkauf bezügliche Vereinbarung im unmittelbaren Anschluß an den Kaufvertrag getroffen worden, wenn auch in besonderer notarieller Urkunde; diese verweist aber auf den Kaufvertrag. Es braucht deshalb nicht erörtert zu werden, ob es Fälle geben kann, in denen aus dem Mangel des zeitlichen Zusammenhangs mit dem Kaufvertrag Bedenken gegen die Anwendbarkeit der Vorschriften über den Wiederkauf entnommen werden könnten.

Eine andere Frage ist, ob diese Vorschriften über den Wiederkauf im vorliegenden Falle deshalb nicht angewendet werden können, weil im zweiten Vertrag dem früheren Käufer das Recht eingeräumt wurde, den Kaufgegenstand wieder an den früheren Verkäufer zu verkaufen. Zwar ist in diesem Vertrag auch dem früheren Verkäufer das Recht eingeräumt, das Grundstück wieder zurückzuerwerben; aber dieses Verlangen kann der frühere Käufer nach dem Inhalt des Vertrags ablehnen. Er muß dann freilich auf sein Recht, das Grundstück zurückzuverkaufen, für die Zukunft verzichten. Im Vordergrund steht also das Recht des Wiederverkaufs, das Recht des Käufers, zu verlangen, daß der frühere Verkäufer das Grundstück zurückerwerbe. Die Motive zum Entwurf des BGB. Bd. 2 S. 342 führen hierüber aus: Der Kauf unter dem Vorbehalt des Wiederverkaufsrechts sei so selten, daß für das Gesetz kein Anlaß bestehe, ihn besonders hervorzuheben. Zudem werde sich das Geschäft, wenn es vorkomme, meist als Kauf unter Vorbehalt des Reurechts darstellen. Die in der Gesetzgebung (vgl. z. B. im ALR. I, 11 §§ 327, 328) sich findende Vorschrift, daß vorkommendenfalls auf den Vorbehalt des Wiederverkaufs die Vorschriften über den Vorbehalt des Wiederkaufs Anwendung fänden, sei so allgemein und unbestimmt, daß damit schwerlich mehr erreicht werde, als sich von selbst verstehe. Man wird allerdings annehmen müssen, daß der vom Gesetz ausdrücklich geregelte Tatbestand dem hier in Rede stehenden in einem Umfang rechtsähnlich ist, der die entsprechende Anwendung der §§ 497 flg. BGB. auch auf diesen Sachverhalt gebietet, soweit das nach der Natur der einzelnen Vorschrift angängig ist. Im Gegensatz zur Annahme der Revision ist in Wirklichkeit die Rechtslage im entscheidenden Punkt in beiden Fällen keine andere. Entscheidend ist für die rechtliche Beurteilung des Wiederkaufs, daß das Recht des Verkäufers auf Rückauflassung infolge der Wiederkaufsabrede schon mit dem Abschluß begründet und nur bedingt ist durch die Ausübung des Wiederkaufsrechts. Weil bereits mit dem Abschluß des Kaufvertrags die Bindung des Käufers gegeben ist, sein Eigentum auf den Verkäufer zurückzuübertragen, sobald dieser es verlangt, bedarf es nur noch einer einseitigen Erklärung, um den zweiten Kaufvertrag endgültig zum Abschluß zu bringen (RGZ. Bd. 121 S. 369, 370), und deshalb ist diese Erklärung nicht an die Form des § 313 BGB. gebunden, deren Zweck, den Eigentümer vor Übereilungen zu schützen, hier eben nicht mehr in Betracht kommt, sondern bereits mit der formbedürftigen Vereinbarung des Wiederkaufsrechts erreicht wird. Dem Recht des Wiederkäufers, die Übertragung des Eigentums zu verlangen, steht die Verpflichtung des Wiederverkäufers gegenüber, die Übertragung des Eigentums vorzunehmen. Die Bindung, Eigentum zu übertragen, ist bereits mit der Vereinbarung des Wiederkaufsrechts gegeben, wenn auch nicht in der

Person desjenigen, der das Wiederkaufsrecht ausübt. Ähnlich ist die Rechtslage bei der Vereinbarung des Wiederverkaufsrechts. Eine bedingte Bindung zur Übertragung des Eigentums ist auch hier gegeben; es besteht nur der Unterschied, daß die endgültige Abschließung des Kaufvertrags durch die Erklärung desjenigen herbeigeführt wird, der sich bedingt — nämlich durch seine Erklärung — zur Übertragung des Eigentums verpflichtet hat (vgl. auch RGZ. Bd. 94 S. 297). Die entsprechende Anwendbarkeit des § 497 Abs. 1 Satz 2 über die Formfreiheit der den zweiten Kaufvertrag endgültig zum Abschluß bringenden Erklärung auf den Fall des Wiederverkaufs ist daher unbedenklich (vgl. auch von Seuffert in LZ. 1907 Sp. 20).

Die Beklagte hat dem Klaganspruch das Recht der Wandlung des Kaufvertrags entgegengesetzt. Das Berufungsgericht hat ein solches Recht mit Rücksicht auf die in § 498 BGB. enthaltenen Vorschriften verneint. Wie diese Vorschriften auszulegen sind, ist nicht unzweifelhaft. Unbedenklich ist zunächst, daß von dem Zeitpunkt ab, in dem auf Grund der Erklärung des hierzu Berechtigten der neue Kaufvertrag endgültig abgeschlossen wird, dem Käufer die Rechte zustehen, wie sie jedem Käufer auf Grund eines rechtswirksam geschlossenen Kaufvertrages zukommen (JW. 1925 S. 1993 Nr. 5). Die Frage ist, was für Ansprüche dem Käufer aus einer Verschlechterung, einer Veränderung — sei es nun eine wesentliche oder eine unwesentliche — oder aus dem Untergang der Kaufsache in der Zeit zwischen der Vereinbarung des Wiederkaufsrechts und dem endgültigen Zustandekommen des Vertrags erwachsen, ob die Gewährleistungsansprüche des Käufers nach dieser Richtung in § 498 Abs. 2 abschließend geregelt werden oder ob daneben noch andere Rechte des Bürgerlichen Gesetzbuchs unter dem Gesichtspunkt der Gewährleistung bestehen. Die Frage ist im ersten Sinne zu beantworten. Es handelt sich beim Wiederkauf um eine besondere Art des Kaufs. Von vornherein mußte die Frage entstehen, wie es mit der Regelung des erwähnten Zwischenzustands gehalten werden sollte. Bei der zweiten Lesung des Entwurfs eines Bürgerlichen Gesetzbuchs — Prot. Bd. II S. 86 — wurde erwogen, daß der Wiederkäufer, der die Aussicht auf einen Gewinn durch zufällige Verbesserung der Sache habe, z. B. bei Erhöhung des Wertes eines Grundstücks durch Anlegung einer Straße, auch die Gefahr einer zufälligen Verschlechterung tragen müsse. Dies sei um so weniger bedenklich, als es ihm ja freistehe, nach Prüfung des jetzigen Zustands der Sache das Wiederkaufsrecht nicht auszuüben. Wolle er sich den Wiedererwerb sichern, ohne die Gefahr einer zufälligen Verschlechterung zu tragen, so bleibe es ihm unbenommen, als Wiederkaufspreis den Schätzungswert zur Zeit des Wiederkaufs zu vereinbaren (jetziger § 501). Demgemäß wurde es für zweckmäßig gehalten, den Absatz 1 in § 498 beizubehalten, obgleich er an sich selbstverständlich sein könne. Danach ist der Wiederverkäufer verpflichtet, dem Wiederkäufer den gekauften Gegenstand nebst Zubehör „herauszugeben", also mit dem jetzt vorhandenen Zubehör und in dem Zustand, in dem er sich jetzt befindet. Es ist nicht von einer Verpflichtung zur Übergabe die Rede, wie bei sonstigen Kaufverträgen. Das kennzeichnet die Besonderheit des Rechtsgebildes (vgl. auch Windscheid-Kipp zu § 498 Bd. 2a S. 644, 645). Im Anschluß hieran wurde zur Vermeidung der Härten, die mit der im Absatz 1 getroffenen Regelung verbunden sein können, im Absatz 2 die Verpflichtung zum Schadensersatz festgesetzt. Sie wurde für den Fall gegeben, daß der Wiederverkäufer die Verschlechterung oder den Untergang der Sache vor der Ausübung des Wiederkaufsrechts verschuldet hat, und für den weiteren Fall, daß er die Sache — auch ohne Verschulden — wesentlich verändert hat. Keine Haftung auf Schadensersatz würde hiernach bestehen, wenn eine Verschlechterung eingetreten ist, die nicht vom Wiederverkäufer verschuldet ist, und wenn die Veränderung nur unwesentlich ist. Vom Gesetz wird noch hinzugefügt, daß in diesen beiden Fällen keine Minderung des Kaufpreises verlangt werden kann. Im Zusammenhang wird man die letztere Vorschrift dahin verstehen, daß sie nur besagen will: auch ein Minderungsanspruch ist in solchen Fällen nicht gegeben. Für eine Beweisführung durch Umkehrschluß, dem Oertmann zuneigt (Schuldverhältn. Ic zu § 498), besteht kein Anhaltspunkt; sie würde um so bedenklicher sein, als die vorhergehenden Vorschriften genaue Unterscheidungen treffen. Man kann annehmen, daß der Gesetzgeber es zum Ausdruck gebracht hätte, wenn er den in Absatz 2 umschriebenen Tatbestand, welcher zur Milderung der in Absatz 1 des § 498 gegebenen Regel dienen sollte, noch durch einen anderen auf Gewährleistung gerichteten Rechtsbehelf schützen wollte als den in Absatz 2 bezeichneten Schadensersatzanspruch. Das Schrifttum steht fast ausnahmslos auf diesem Standpunkt: Planck Bem. 3 zu § 498; Staudinger Bem. 3a zu § 498; Windscheid-Kipp a. a. O. Nur

Oertmann spricht sich mit erheblichen Zweifeln für die entgegengesetzte Annahme aus.

Allerdings trifft im Falle des Wiederverkaufsrechts nicht die oben wiedergegebene Erwägung der Kommission für die zweite Lesung zu (vgl. auch Motive a. a. O. S. 343), daß es dem Wiederkäufer freistehe, nach Prüfung des jetzigen Zustands der Sache das Wiederkaufsrecht nicht auszuüben; denn es handelt sich eben beim Wiederverkauf um die Ausübung des Vorbehalts des früheren Käufers, sich der Kaufsache wieder zu entledigen. Aber diese Erwägung war nur beiläufiger Art; sie kann die aus den entscheidenden anderen Gesichtspunkten entnommene Auslegung des Gesetzes nicht beeinflussen.

Die dargelegte Rechtsähnlichkeit der beiden Rechtsgebilde muß vielmehr dazu führen, auch den § 498 Abs. 1 und Abs. 2 Satz 1 auf den Fall des Wiederverkaufs entsprechend anzuwenden. Crome System des deutschen bürgerlichen Rechts § 227 a. Schl. meint zwar, von einer entsprechenden Anwendung der §§ 498 Abs. 2 bis 501 BGB. könne keine Rede sein, weil beim Wiederkauf die Interessen der Parteien umgekehrt seien gegenüber der Interessenlage beim Wiederverkauf. Auch Klemp Der Kauf auf Wiederverkauf (Rechtswissenschaftliche Studien, herausgegeben von Ebering, Heft 25 S. 1 flg., S. 10), verneint in Übereinstimmung mit Reichel (Geleitwort zu der Schrift von Klemp) die entsprechende Anwendbarkeit des § 498 Abs. 2 in vollem Umfang auf den Fall des Wiederverkaufsrechts aus den gleichen Gründen. Allein damit wird der Rechtsauffassung nicht Rechnung getragen, daß bereits mit der Vereinbarung des Wiederkaufsrechts wie des Wiederverkaufsrechts die Bindung der Parteien gegeben ist, aus der in § 498 Abs. 1 und 2 eine Folgerung gezogen wird, und diese Bindung ist bei beiden Rechtsgebilden die gleiche. Wird freilich diese Rechtsauffassung verworfen, wie von Reichel, so mag allerdings auch die hier gezogene Folgerung nicht statthaft sein. Für diese Folgerung spricht aber auch der Anlaß, der zur Vereinbarung eines Wiederverkaufsrechts regelmäßig, wie auch im vorliegenden Falle, führt. Dieser Anlaß besteht darin, daß ein Schuldner nicht in der Lage ist, eine Geldforderung zu tilgen, und deshalb dem Gläubiger einen Gegenstand mit der Abrede übereignet, daß mit der Kaufpreisforderung des Schuldners die Forderung des Gläubigers getilgt wird; dabei soll aber dem letzteren die Möglichkeit gegeben sein, den Gegenstand wieder abzustoßen. Wirtschaftlich läuft diese Übereignung mit der Hinzufügung des Wiederverkaufsrechts darauf hinaus, daß der Gläubiger eine Sicherung erhält. Von diesem Gesichtspunkt aus betrachtet entbehrt die Anwendung der durch § 498 Abs. 2 Satz 1 gezogene Folgerung auch auf den Fall des Wiederverkaufs nicht der inneren Berechtigung. Es erscheint dann erklärlich, daß in den Fällen der vom Gläubiger verschuldeten Verschlechterung und der von ihm veranlaßten wesentlichen Veränderung des Gegenstands das Recht zur Wandlung dem Wiederkäufer verschlossen und daß er auf die Geltendmachung eines Schadensersatzanspruchs beschränkt ist. Ob die Vorschrift des § 498 Abs. 2 Satz 2 auch im Falle des Wiederverkaufs anwendbar ist, bedarf im vorliegenden Rechtsstreit keiner Entscheidung.

Denn nach der von Rechtsirrtum freien Feststellung des Berufungsgerichts wies das den Gegenstand des Wiederverkaufs bildende Haus eine Verschlechterung auf, die von der Klägerin vor der Ausübung des Wiederverkaufsrechts verschuldet worden war. Da der Beklagten das Recht der Wandlung nicht zusteht, wäre hiernach nur ein Schadensersatzanspruch in Betracht gekommen, der Zug um Zug mit der Übergabe des Grundstücks zu erfüllen gewesen wäre (RGR-Komm. Bem. 3 zu § 498). Daß eine Übergabe an die Klägerin durch die Beklagte nicht stattgefunden hat und insbesondere aus dem von der Beklagten geschilderten Vorgang nicht zu entnehmen ist, hat das Berufungsgericht rechtlich bedenkenfrei festgestellt. Eine Wandlung würde auch aus diesem Grunde nicht gegeben sein. Ebenso konnte auch ein Annahmeverzug der Klägerin nicht festgestellt werden. Inzwischen ist das Grundstück, worüber die Parteien nach der Feststellung des Berufungsgerichts einig waren, durch die Klägerin in einen der Vereinbarung entsprechenden Zustand gebracht worden, sodaß auch kein Schadensersatzanspruch der Beklagten mehr gegeben ist.

Es ist rechtlich auch nichts dagegen einzuwenden, daß das Berufungsgericht ein Recht der Beklagten, wegen positiver Vertragsverletzung der Klägerin vom Vertrag zurückzutreten, verneint hat; daß der Vertragszweck durch die Handlungsweise der Klägerin gefährdet gewesen sei, ist nicht ersichtlich.

Die Revision rügt ferner, daß das Berufungsgericht die Behauptung der Beklagten, die Klägerin habe die ihr obliegende vertragliche Verpflichtung zur Instandhaltung nicht erfüllt, nicht unter dem Gesichtspunkt geprüft habe, ob nicht die Ausübung des Wiederverkaufsrechts an die Voraussetzung gebunden gewesen sei, daß sich das Grundstück zur Zeit der Ausübung des Wiederverkaufsrechts in dem früheren vertragsmäßigen Zustand befinde. Selbst wenn man annehmen wollte, die Beklagte habe früher behauptet, daß die Ausübung des Wiederverkaufsrechts an die Bedingung der Innehaltung dieser Verpflichtung geknüpft worden sei, so kann man nach dem Zusammenhang der Entscheidungsgründe des Berufungsgerichts doch mit Sicherheit annehmen, daß es eine solche Bedingung nicht als vereinbart angesehen hat.

---

67. Unterliegt ein für die Zeit vom 1. Januar 1924 bis 30. September 1927 rückständiger Wohnungsmietzins der freien Aufwertung, wenn von keiner Partei eine Erklärung gemäß § 1 des Reichsmietengesetzes abgegeben worden ist?

BGB. § 242. RMG. § 1.

VIII. Zivilsenat. Urt. v. 25. November 1929 i. S. Sp. u. Gen. (Bekl.) w. Sch. & v. d. Br. GmbH. (Kl.). VIII 343/29.

I. Landgericht Düsseldorf.
II. Oberlandesgericht daselbst.

Die Beklagten, die schon seit der Zeit vor 1921 in D. zur Miete wohnen, haben seit Ende 1921 keinen Mietzins mehr gezahlt. Die Aufwertung der für die Monate Januar 1924 bis September 1927 rückständigen Mietzinsen, für welche Zeit keine der Parteien eine Erklärung gemäß § 1 RMG. abgegeben hatte, in Höhe der gesetzlichen Miete verlangend, hat die Klägerin als Rechtsnachfolgerin des Vermieters entsprechende Leistungsklage erhoben. Das Landgericht wies die Klage ab; das Oberlandesgericht dagegen erklärte den Klaganspruch dem Grunde nach für gerechtfertigt. Die Revision der Beklagten wurde zurückgewiesen aus folgenden

Gründen:

Die Entscheidung hängt von der Beantwortung der Frage ab, ob unter der Herrschaft des Reichsmietengesetzes eine Aufwertung rückständiger Mietbeträge nach § 242 BGB. zulässig ist. Während das Landgericht diese Frage in bewußter Anlehnung an die Entscheidung des Kammergerichts vom 28. März 1928 (JW. 1928 S. 1414 Nr. 2) verneint, wird sie vom Berufungsgericht unter Hinweis auf das ältere Urteil des Kammergerichts vom 1. Februar 1926 (ROLG. Bd. 45 S. 148) bejaht, weil es den Grundsätzen von Treu und Glauben widersprechen würde, wollten sich die Mieter heute noch darauf zurückziehen, daß ja nur eine Papiermarkmiete vereinbart sei; diese könne gegenüber der Leistung des Vermieters überhaupt nicht mehr als Leistung in Betracht kommen.

Der letzteren Ansicht war im Ergebnis beizutreten.

Aus der Entwicklung des Mietwesens nach dem Kriege ergibt sich schon die Verschiedenartigkeit der Mittel, die der Gesetzgeber, noch beeinflußt von dem Grundgedanken Mark gleich Mark, anwandte, um einerseits unbillige Belastungen des Mieters zu verhindern, anderseits den Vermietern einen Ersatz für die gestiegenen Selbstkosten zu verschaffen. Sein Weg führt vom billigen Ermessen des Mieteinigungsamtes, also von weitgehender Ausschaltung der Vertragsfreiheit, zur Wiederherstellung einer, wenn auch beschränkten, Vertragsfreiheit der Parteien im Reichsmietengesetz.

Die sich aus dem Gedanken der Vertragsfreiheit notwendigerweise ergebende grundsätzliche Anwendbarkeit der allgemeinen Vorschriften findet nur diejenigen Schranken, die ihr der Gesetzgeber auferlegt hat. Das geschah zuletzt durch das Aufwertungsgesetz, das jedoch in seinem § 1 Abs. 2 Sondergesetzen ausschließende Wirkung eingeräumt hat. Ein solches Sondergesetz ist das Reichsmietengesetz. Sein § 1 hat aber nicht, wie das Aufwertungsgesetz, die Höhe der in ihm behandelten Aufwertungsansprüche dem Einfluß des Willens der Vertragsparteien gänzlich entzogen. Es hat vielmehr die in ihm verordnete Art der Mietzinsfestsetzung von einer einseitigen Willenserklärung abhängig gemacht, die abzugeben es jeder der Parteien gestattet. Dadurch hat es, wie die Erfahrung zeigt und wie es auch dem vom Gesetzgeber verfolgten Zweck entsprach, die Anpassung der Mieten an die jeweiligen Verhältnisse zum allergrößten Teil erreicht. Das schließt aber keineswegs aus, daß es da nicht eingreift, wo aus irgendwelchem Anlaß keine der Vertragsparteien die ihr gebotene besondere Handhabe benutzt. Da das Gesetz für diesen Fall weder in seiner ältesten noch in einer späteren Fassung, nicht einmal für die von ihm selbst von der gesetzlichen

Miete ausgeschlossene Kündigungszeit, irgendwelche Richtlinien gibt, so liegt kein Anlaß vor, insoweit das Bestehenbleiben des ursprünglichen Vertragsinhalts und damit die Anwendbarkeit der allgemeinen Grundsätze zu verneinen, wie sie sich in Wahrung von Treu und Glauben bei der Auslegung des Parteiwillens allmählich aus § 242 BGB. entwickelt haben. Die „Aufwertung" nach diesen Vorschriften muß da einsetzen, wo der Wirkungsbereich der Sonderregelung mangels Eintritts ihrer Voraussetzungen seine gesetzliche Grenze findet.

Wenn daher, wie hier, gleichgültig aus welchem Grunde, keine Erklärung einer Vertragspartei nach § 1 RMG. abgegeben worden ist, wenn deshalb mangels dieser Voraussetzungen das Reichsmietengesetz keine Anwendung finden kann und wenn dadurch insoweit die Geltung der Parteiabreden bestehen geblieben ist, dann muß für die Anpassung der in Papiermark vereinbarten Mietzinsen das gelten, was Treu und Glauben erfordern, d. h. es hat eine Aufwertung aus § 242 BGB. stattzufinden. Das hat das Landgericht verkannt, wenn es annimmt, das Reichsmietengesetz als ein Sondergesetz schließe schlechthin jede Aufwertung nach allgemeinen Grundsätzen aus. Das Gegenteil ist nach Wortlaut und Sinn anzunehmen. Insbesondere kann dem nicht entgegengehalten werden, die bisherige Rechtsprechung habe nur dann eine freie Aufwertung gewährt, wenn andere Rechtsbehelfe versagt hätten; hier sei aber der Rechtsbehelf des Reichsmietengesetzes gegeben gewesen. Seine Anwendbarkeit ist gerade dadurch bedingt, daß es von irgendeiner Seite in Wirksamkeit gesetzt wird. Die Frage, worauf diese Unterlassung zurückzuführen sei, ist ohne Einfluß auf die Rechtsfolgen, die aus der Unterlassung hervorgehen.

Daß die verspätete Geltendmachung von Ansprüchen unter besonderen Umständen ein Verhalten darstellen kann, das gegen Treu und Glauben verstößt und damit selbst den auf Treu und Glauben fußenden Anspruch vernichtet, ist allgemein anerkannt. Hier kann jedoch eine solche „Verwirkung" nicht angenommen werden. Zu betonen ist, daß bis in die jüngste Zeit die Rechtslage ungeklärt geblieben ist, sodaß die Klägerin die Folgen der Nichtausübung ihres Rechts aus § 1 RMG. bis Ende 1927 nicht übersehen konnte. Aber auch sachlich kann darin, daß die Klägerin von ihrer Befugnis keinen Gebrauch gemacht, sondern nach wie vor den Mietvertrag für die alleinige Grundlage ihrer Rechtsbeziehungen zu den Mietern gehalten hat, kein „illoyales" Verhalten der Klägerin gegenüber den Beklagten erblickt werden (Zeiler Aufwertungsfälle Nr. 1712). Mit demselben Recht könnte man den Beklagten deshalb einen Verstoß gegen Treu und Glauben zum Vorwurf machen, weil sie die Herbeiführung der Abstellung auf gesetzliche Miete unterlassen und dadurch die Klägerin darüber in Sicherheit gewiegt haben, daß vertragsmäßig ein der Sachleistung entsprechender Zins gezahlt werde. Tatsächlich ist während all der Jahre überhaupt nichts gezahlt worden. Die Annahme aber, daß ein Vermieter, der seine vertraglichen Leistungen immer weiter bewirkt, ein solches Verhalten ruhig hinnehmen werde, ist im vorliegenden Falle um so mehr ausgeschlossen, als sich die Beklagten selbst in den Vorinstanzen nicht ausdrücklich auf eine Verwirkung berufen haben.

Die Frage, ob die gesetzliche Miete die Höchstgrenze für die Aufwertung bilden muß, bedarf keiner näheren Erörterung, da die Klägerin lediglich die Zahlung der gesetzlichen Miete fordert.

---

68. Ist ein erst nach Rechtskraft des Scheidungsurteils erklärter Unterhaltsverzicht der Frau nichtig, wenn er einen Teil eines die Scheidung erleichternden Abkommens bildet?

BGB. § 138. ZPO. §§ 617, 622.

IV. Zivilsenat. Urt. v. 28. November 1929 i. S. Ehem. Kr. (Bekl.) w. Ehefr. Kr. (Kl.). IV 81/29.

I. Landgericht III Berlin.
II. Kammergericht daselbst.

Die Streitteile waren Eheleute. Durch rechtskräftiges Urteil des Landgerichts vom 1. Juni 1927 ist die Ehe aus Verschulden des Beklagten geschieden worden. Das Urteil beruht auf der im Verhandlungstermin abgegebenen Erklärung des damaligen Beklagten, daß er seine Widerklage nicht vortrage und zugebe, seit dem Jahr 1923 der Klägerin ohne gesetzlichen Grund die Leistung der ehelichen Pflicht verweigert zu haben. Im Anschluß an die Verkündung dieses Urteils haben die damaligen Parteien auf Rechtsmittel verzichtet. Schon vor der Scheidung hatten sie über eine Auseinandersetzung verhandelt. Es wurde ein Vertrag entworfen, der nach dem Rechtsmittelverzicht von beiden Parteien unterschriftlich vollzogen worden ist. In diesem Vertrag hat die Klägerin unter anderem auf Unterhaltsansprüche verzichtet. Sie will das Abkommen nicht gelten lassen, vor allem, weil es der Erleichterung der Scheidung gedient habe; sie verfolgt daher mit der Klage ihre vermögensrechtlichen Ansprüche und beantragte in erster Linie, das Abkommen für nichtig zu erklären. Das Landgericht wies die Klage ab, das Kammergericht gab ihr statt. Die Revision des Beklagten hatte keinen Erfolg.

Gründe:

Das Kammergericht nimmt an, daß der zwischen den Parteien am 1. Juni 1927 nach Rechtskraft des Scheidungsurteils geschlossene Auseinandersetzungsvertrag, worin die schuldlos geschiedene Klägerin unter anderem auf Unterhaltsansprüche gegen den Beklagten verzichtet hat, sittenwidrig und daher nichtig sei, weil er der Erleichterung der Scheidung und der Vorspiegelung eines falschen Tatbestands im Scheidungsprozeß gedient habe.

Die Revision hat hauptsächlich zwei Rügen erhoben. Sie meint, wenn das Unterhaltsabkommen erst nach Rechtskraft des Scheidungsurteils zustande gekommen sei, so könne es die Scheidung nicht erleichtert haben. Eine solche Erleichterung liege aber auch dann nicht vor, wenn der Unterhaltsvertrag, wie hier, nur der Beschleunigung und Abkürzung des Scheidungsverfahrens gedient habe. Beide Rügen sind unbegründet.

Richtig ist, daß nach der Rechtsprechung des Reichsgerichts von einem der Erleichterung der Scheidung dienenden Abkommen unter Eheleuten und daher von einem sittenwidrigen Verstoß gegen den in den §§ 617, 622 ZPO. aufgestellten Grundsatz des Eheschutzes nur dann die Rede sein kann, wenn es sich darum handelt, die Scheidung selbst erst zu ermöglichen oder auf ihren Erfolg hinzuwirken, nicht aber schon dann, wenn nur auf den Gang des Verfahrens beschleunigend eingewirkt werden soll (zuletzt Urt. vom 8. Mai 1929 IV 827/28). Wenn sich daher Eheleute, um das Verfahren abzukürzen, dahin einigen, daß sie dem Gericht nur einen, nach ihrer Auffassung wahren, Scheidungsgrund vortragen, andere Scheidungsgründe aber beiseitelassen wollen, so kann darin, wie die Revision mit Recht sagt, weder etwas Gesetzwidriges noch etwas sittlich Verwerfliches gefunden werden. Nach den Feststellungen des Kammergerichts liegen indessen die Dinge hier anders. Nach dessen auf tatsächlichem Gebiete liegender Annahme würde der Beklagte sein Zugeständnis, daß er seit 1923 der Klägerin ohne gesetzlichen Grund die Leistung der ehelichen Pflicht verweigert habe, nicht abgegeben haben, wenn dem nicht eine auf den Verhandlungen beruhende Abrede über die Scheidung vorangegangen wäre. Ursprünglich, so meint das Kammergericht, habe er die Scheidungsgründe der Klägerin bestritten und seinerseits die später nicht vorgetragene Widerklage erhoben, um der Klägerin die Alleinschuld aufzubürden. Hierauf und auf den alsbaldigen, sich unmittelbar an die Scheidung anschließenden Rechtsmittelverzicht gründet das Kammergericht die Feststellung, daß die Scheidung mittels Vorspiegelung eines falschen Tatbestandes habe durchgesetzt werden sollen und daß der Auseinandersetzungsvertrag diesem Zweck gedient habe.

Die Meinung der Revision, daß es sich nur um die Beschränkung des Rechtsstreits auf einen einzigen wahren Scheidungsgrund gehandelt habe, steht sonach mit den tatsächlichen Feststellungen im Widerspruch. Unter diesen Umständen könnte die Absicht der Scheidungserleichterung nur dann verneint werden, wenn nach der Vorstellung der Parteien ihre anderen Scheidungsgründe oder auch nur einer davon zur Scheidung geführt hätte, falls sie weiterverfolgt worden wären. Eine dahingehende Feststellung hat das Kammergericht nicht getroffen; es nimmt im Gegenteil an, daß mit der Vorspiegelung eines falschen Tatbestands „Weiterungen" für die Parteien hätten vermieden werden sollen, womit ausreichend gesagt ist — was auch schon aus der Bezugnahme auf RGZ. Bd. 118 S. 117 erhellt —, daß angesichts des beiderseitigen Bestreitens der Scheidungsgründe der schließliche Erfolg der Scheidung ohne das Scheidungsabkommen für ihre Vorstellung — auf die es dabei allein ankommt — ungewiß gewesen wäre.

Hiernach ist nur zu prüfen, ob es etwas ausmacht, daß der Auseinandersetzungsvertrag erst nach Rechtskraft des Scheidungsurteils durch Unterzeichnung des schon vor der Scheidung fertiggestellten Entwurfs zustandegekommen ist. Die Frage ist mit dem Berufungsrichter zu verneinen.

Es bedarf keiner Erörterung, daß ein nach Rechtskraft eines Scheidungsurteils geschlossener Auseinandersetzungsvertrag nicht als scheidungserleichternd angesehen werden kann, wenn die vor der

Scheidung gepflogenen unverbindlichen Vorverhandlungen über eine Unterhaltsregelung für den Fall der Scheidung entweder das Ziel der Erleichterung der Scheidung überhaupt nicht verfolgt oder doch nicht erreicht haben. So liegt aber hier die Sache nicht.

Die Scheidung war zwischen den Parteien vereinbart. Sie sollte nach dieser Vereinbarung durch Vorspiegelung eines falschen Tatbestands durchgesetzt werden und ist auch auf diesem Wege durchgesetzt worden. Die Vereinbarung beruhte auf den vor der Scheidung gepflogenen Unterhaltsverhandlungen. Diese waren damals schon so weit gediehen, daß der Entwurf des Vertrags fertig vorlag. Er entsprach dem, was der Beklagte erreichen wollte und was er als genügend ansah, um die Schuld auf sich zu nehmen. Auch die Klägerin stimmte vor der Scheidung dem Entwurf zu und gab ihrem Anwalt unwiderrufliche Vollmacht, den Vertrag für sie zu unterzeichnen. Diesen Abmachungen gemäß wurde gehandelt. Im Eheprozeß bekannte sich der Beklagte als schuldig und nach Rechtskraft des dem entsprechenden Scheidungsurteils wurde der Auseinandersetzungsvertrag unterzeichnet.

Hiernach kann es nicht darauf ankommen, daß die rechtliche Bindung erst durch die Unterzeichnung erzielt werden sollte. Denn die gesamten Verhandlungen standen in untrennbarem Zusammenhang mit dem Scheidungsabkommen und sind daher nichtig, gleichviel ob der Vertrag vor der Scheidung oder erst nach Rechtskraft unterzeichnet worden ist. Sie sind, wie der Berufungsrichter mit Recht annimmt, Teil einer einheitlichen Abmachung, und daher hat der Auseinandersetzungsvertrag keine selbständige Bedeutung, auch wenn er erst nach Rechtskraft in juristischem Sinne zum vollendeten Abschluß gekommen ist.

Wollte man selbst diesen Vertrag, als juristisch erst nach Rechtskraft des Scheidungsurteils zustande gekommen, von der Scheidungsvereinbarung trennen, so wäre er gleichwohl nichtig. Denn mit ihm wurde bezweckt, das zu erfüllen, was die Klägerin dem Beklagten mündlich eingeräumt hatte (insbesondere Verzicht auf Unterhalt), wenn er die Schuld auf sich nehmen würde.

Was der Vertrag dem Beklagten verhieß, war die ausgesprochene Gegenleistung dafür, daß er durch Vorspiegelung eines falschen Tatbestands sich schuldig bekannt hatte. Der Vertrag wäre daher auch unter diesem Gesichtspunkt nichtig.

---

69. 1. Kann der Schleppunternehmer seine Schlepp-Bedingungen auch gegenüber einem geschleppten Kahn geltend machen, wenn sich der Kahneigner im Frachtvertrag dem Absender gegenüber, der die Schleppkraft stellen mußte, diesen Schlepp-Bedingungen unterworfen hatte?

2. Sind die in RGZ. Bd. 98 S. 123 aufgestellten Grundsätze auch dann anwendbar, wenn der Schleppunternehmer bei dem Unfall des geschleppten Schiffes nicht zugegen war?

3. Unter welchen Umständen kann der Kahneigner gegenüber der Berufung auf § 12 Nr. 1 der Elbe-Schlepp-Bedingungen (Versäumung unmittelbarer Schadensanzeige) die Einrede der Arglist erheben?

BGB. §§ 157, 242, 328.

I. Zivilsenat. Urt. v. 30. November 1929 i. S. S. N. D.-B. Elbschiffahrt AG. u. Gen. (Bekl.) w. Sch. (Kl.). I 132/29.

I. Landgericht Hamburg, Kammer für Handelssachen.
II. Oberlandesgericht daselbst.

Am 4. Dezember 1925 morgens $5\frac{1}{2}$ Uhr geriet der Kahn des Klägers „M. H. 9903" bei der Kilometermarke 500 auf einem Blossensand auf Grund. Der Kahn war erster Anhang des Dampfers „Württemberg" der Erstbeklagten, der unter Führung des Zweitbeklagten 9 Kähne elbaufwärts schleppte. Abschleppversuche, bei denen sich auch der Dampfer „Deutschland" der Erstbeklagten beteiligte, blieben zunächst vergeblich. Erst am 14. Dezember gelang es mit Hilfe eines anderen Dampfers, den beschädigten Kahn nach Werfen eines Teils der Ladung freizubekommen. Der Kläger klagt auf Schadensersatz. Der Anspruch gegen den Zweitbeklagten ist durch landgerichtliches Teilurteil rechtskräftig abgewiesen worden. Die Erstbeklagte hat den Klaganspruch nach Grund und Höhe bestritten und widerklagend Vergütung ihrer Hilfeleistung gefordert. Das Landgericht hat dann auch den Anspruch gegen die Erstbeklagte (weiterhin lediglich als „Beklagte" bezeichnet) abgewiesen und der Widerklage entsprochen. Das Oberlandesgericht hat dagegen durch Zwischen- und Teilurteil unter Abweisung der Widerklage den Klaganspruch dem Grunde nach für berechtigt erklärt. Die Revision der Beklagten blieb erfolglos.

Gründe:

Das Berufungsgericht gelangt zu dem Ergebnis, der Schlepperführer habe das Auflaufen des Kahns verschuldet. Die Revision hat insoweit keine Beanstandungen erhoben. Ein Grund zu solchen ist auch nicht ersichtlich.

Die Schlepp-Bedingungen der Beklagten verpflichten in § 12 Nr. 1 den Eigner eines geschleppten Schiffs, falls wegen eines Schadens ein Anspruch erhoben werden soll, davon selbst oder durch den Schiffer den Kapitän des Schleppdampfers sofort und die nächstgelegene Geschäftsstelle der Gesellschaft innerhalb 48 Stunden nach Entstehung des Schadens in Kenntnis zu setzen; andernfalls soll der Anspruch auf Schadensersatz entfallen. Im vorliegenden Falle unterstellt das Berufungsgericht, daß solche Anzeige erst am 13. Januar 1926 durch die Versicherer des Klägers in dessen Auftrag erstattet worden ist, nachdem der Kahn am 4. Dezember 1925 festgeraten und am 14. dess. Monats wieder abgebracht worden war. Das Berufungsurteil versagt jedoch der Berufung der Beklagten auf diese Bestimmung mit Rücksicht auf die Lage des Falls die vorgesehene Wirkung. Ausgehend von der diese Vertragsklausel behandelnden Entscheidung in RGZ. Bd. 98 S. 123 führt es aus: Die Vertragsbestimmung dürfe nur in einem auf die Interessen **beider** Vertragsparteien Rücksicht nehmenden Sinne ausgelegt werden, nicht aber über das sachliche Interesse einer Partei hinaus dieser eine Handhabe bieten, Rechte der Gegenseite auf formalem Wege unter Verletzung der Verkehrstreue zu Fall zu bringen. Die Klausel sei bestimmt, die Schleppunternehmung vor Schadensansprüchen zu schützen, deren Nachprüfung auf Grund und Höhe wegen Zeitablaufs unbillig erschwert sei. Das komme hier nicht in Betracht. Gemeinsame Feststellung der Höhe des am Kahn verursachten Schadens sei gesichert durch die Bestimmung in Nr. 2 des § 12 (Verletzung dieser Bestimmung ist nicht behauptet). Daß es sich bei dem Auflaufen des Kahns um einen erheblichen Unfall handle, sei den Schlepperführern der Beklagten erkennbar gewesen. Der Kläger habe danach auch annehmen dürfen, daß diese der Beklagten pflichtgemäß über den Unfall berichten würden; endlich habe es als regelmäßige und selbstverständliche Folge solchen Unfalls erachtet werden müssen und daher auch keiner besonderen Hervorhebung gegenüber den Schlepperführern und der Beklagten bedurft, daß der Unfall zu Ersatzansprüchen des Geschädigten, insbesondere auf Veranlassung seiner Versicherungsgesellschaft Anlaß geben würde. Der Ersatzanspruch sei in voller Höhe erst nach der Abbringung zu übersehen und daher auch erst an diesem Tag als entstanden im Sinne der streitigen Vertragsbestimmung anzusehen gewesen. Vorher sei dem Kläger unter den obwaltenden Umständen nicht zuzumuten gewesen, während der dringenden Abbringungsarbeiten eine rein formelle Anzeige zu erstatten; zu jener Zeit habe er die Anzeige als gänzlich überflüssige Formalität betrachten dürfen. Schließlich habe die Unterlassung der Anzeige keinerlei tatsächliche oder rechtliche Nachteile für die Beklagte zur Folge gehabt.

Die Revision weist zunächst darauf hin, daß in der angezogenen reichsgerichtlichen Entscheidung vor allem insofern ein anderer Sachverhalt vorgelegen habe, als sich dort der Unfall unter den Augen des Schlepperreeders abgespielt habe. Das Interesse des Reeders erschöpfe sich auch nicht, wie das Reichsgericht angenommen habe, darin, alsbald bei der Feststellung des Schadens Gelegenheit zur Mitwirkung zu haben, sondern erstrecke sich auch darauf, möglichst sofort an Ort und Stelle die für die Frage der Haftung in Betracht kommenden Umstände nachprüfen zu können. In dieser Beziehung seien im vorliegenden Fall die Interessen der Beklagten verletzt worden, da eine Reihe von Feststellungen, die für die Schuldfrage ausschlaggebend geworden seien — die Feststellung der Lage des Kahns durch einen Strommeister und die durch einen Zeugen vorgenommene Prüfung, ob der Kahn einen Eisboden gehabt habe —, ohne die Mitwirkung der Beklagten getroffen worden seien. Daß Schadensansprüche erhoben würden, habe der Schlepperführer nicht annehmen können, da er überzeugt gewesen sei, daß das Festkommen des Kahns durch die Bildung eines Eisbodens verursacht worden sei. Rechtsirrtümlich seien auch die Erwägungen des Berufungsgerichts darüber, wann der Schaden im Sinne der angezogenen Bestimmung als entstanden zu betrachten sei. Der Kläger sei zur rechtzeitigen Anzeige sehr wohl imstande gewesen, da er seiner Versicherungsgesellschaft an dem auf den Unfall folgenden Tage von D. aus eine Anzeige erstattet habe.

Die Ausführungen der Revision sind indes nicht geeignet, das Ergebnis des Berufungsgerichts als rechtsirrig erscheinen zu lassen. Auszugehen ist mit dem angefochtenen Urteil davon, daß sich die Beklagte dem Kläger gegenüber auf ihre Schlepp-Bedingungen berufen kann. Unmittelbare Vertragsbeziehungen bestehen allerdings zwischen beiden nicht, sondern nur — auf Grund des Frachtvertrags — zwischen dem Kläger und dem Absender. Nach den Bedingungen des Frachtvertrags hat sich jedoch der Kläger den Schlepp-Bedingungen der Reederei unterworfen, welcher der zur Gewährung der Schleppgelegenheit („frei Schleppen") verpflichtete Absender den Kahn überwiesen hat. Davon aber, daß damit nach den Umständen des Falles auch der Schlepperreederei die Berechtigung gegeben werden sollte, sich gegenüber dem Kahneigner, mit dem sie an sich keine Vertragsbeziehungen verknüpften, auf ihre Schlepp-Bedingungen zu berufen (§ 328 Abs. 1 BGB.), geht offenbar das Oberlandesgericht aus. Das ist rechtlich unbedenklich; der Kläger hat es, zum mindesten im zweiten Rechtszug, nicht mehr bekämpft.

Der Bestimmung des § 12 Nr. 1 der Schlepp-Bedingungen ist gemäß § 157 BGB. der Inhalt zu geben, der einer gesunden Verkehrsanschauung entspricht. Eine sich hieraus ergebende Begrenzung seiner Tragweite darf sich allerdings nicht zu einem unzweideutig erklärten Vertragswillen in Widerspruch setzen, dem gegenüber nur eine Prüfung gemäß §§ 134, 138 BGB. Platz greifen kann. Die streitige Bestimmung ist jedoch, zwar nicht was Form und Frist der Anzeige, wohl aber was ihre Voraussetzungen angeht, so allgemein gehalten, daß sie für eine Auslegung nach den Gesichtspunkten gesunder Verkehrsanschauung Raum bietet. Nur insoweit, als dies dem berechtigten Interesse der Schleppunternehmung entspricht, ist es mit Treu und Glauben im Verkehr und dem daraus zu entnehmenden Vertragswillen der Parteien zu vereinen, die Verfolgbarkeit eines begründeten Anspruchs in so einschneidender Weise von der Erfüllung einer formellen Vorschrift abhängig zu machen, wie dies in der streitigen Bestimmung geschehen ist. Dies war bereits die Auffassung des Urteils in RGZ. Bd. 98 S. 123. Der Senat hält an ihr fest. Er erachtet aber weiter auch gegenüber der Berufung auf eine Vertragsvorschrift dieser Art die Einrede der Arglist für gegeben, falls der Schlepperreederei durch die Nichteinhaltung der Anzeigepflicht keinerlei Nachteil entstanden ist und sie die Fristversäumnis im Widerspruch mit Treu und Glauben nur benutzt, um einen wohlberechtigten Anspruch der Gegenseite zu vereiteln.

Von beiden Gesichtspunkten aus erscheint das Ergebnis, zu dem das Berufungsgericht gelangt ist, nicht rechtsirrtümlich. Der Revision ist allerdings zuzugeben, daß der Schlepperreeder an einer frühzeitigen Anzeige im Sinne der erörterten Bestimmung nicht nur zur Ermöglichung einer Beteiligung bei Feststellung des Schadens ein Interesse hat, wie dies die erwähnte Entscheidung hervorhebt; von besonderer Bedeutung ist vielmehr für ihn auch die durch die Anzeige zu ermöglichende Gelegenheit zu rechtzeitiger Nachprüfung der für seine Haftung an sich maßgebenden Umstände. Das Berufungsgericht hat jedoch diesen Gesichtspunkt nicht übersehen, sondern ihn bei Würdigung des Sachverhalts — im allgemeinen nach den Rechtsgrundsätzen in RGZ. Bd. 98 S. 123 — berücksichtigt.

Betrachtet man von diesem Gesichtspunkt aus die zur Erörterung stehende Vorschrift, so wird allerdings nicht der Auffassung des Berufungsgerichts beigepflichtet werden können, daß der Schaden erst dann als entstanden im Sinne der Vorschrift zu betrachten sei, wenn er sich in voller Höhe übersehen lasse. Vielmehr wird im allgemeinen die Anzeigefrist als von dem Zeitpunkt an laufend betrachtet werden müssen, in dem die Entstehung eines zur Erhebung von Ersatzansprüchen Anlaß gebenden Schadens als Folge eines Verhaltens des Schleppers erkannt werden kann. Nur diese Auffassung wird dem offenbaren Zweck der Vorschrift, dem Schutz der Interessen des in Anspruch genommenen Reeders zu dienen, gerecht und daher durch Treu und Glauben erfordert. Anderseits wird aber die Anzeige nach den erörterten Gesichtspunkten dann als überflüssig erscheinen müssen, wenn der Geschädigte damit rechnen durfte, es könne bei der Gegenseite keine Unklarheit bestehen über die Art des Unfalls, über die Sicherheit oder hohe Wahrscheinlichkeit schadenbringender Folgen und über die bei verständiger Betrachtung nach den Erfahrungen des Verkehrslebens nicht von der Hand zu weisende Möglichkeit, daß Ersatzansprüche erhoben würden. Die tatsächlichen Feststellungen des angefochtenen Urteils genügen, um diese Voraussetzungen im vorliegenden Fall als erfüllt zu betrachten. Daß es sich um einen schweren Unfall mit schadenbringenden Folgen handelte, lag für die Führer des Schleppers, die einen ganzen Tag vergeblich am Abbringen des Kahns gearbeitet haben, auf der Hand. Bei dieser Sachlage war sofortiger eingehender Bericht an eine Geschäftsstelle des Reeders ihre Pflicht und konnte vom Kläger als geschehen unterstellt werden, wie das angefochtene Urteil mit Recht annimmt. Es ist daher insoweit nicht von ausschlaggebender Bedeutung, daß im vorliegenden Falle nicht der Schlepperreeder selbst, wie in der früher entschiedenen Sache, bei dem Unfall zugegen gewesen ist. Mit Erhebung von Schadensansprüchen mußte die Geschäftsstelle der Beklagten auf Grund der Erfahrung des Verkehrslebens rechnen, insonderheit deshalb, weil die Versicherer in der Regel bestimmenden Einfluß auf die Verfolgung solcher Ansprüche gegenüber den Schadensträgern haben und auf deren Durchführung drängen. Dies muß aus den soeben angeführten Gründen selbst für den Fall gelten, daß der Kahneigner zunächst bis zur Entfernung des Schleppers die Schuld an dem Unfall in einem Eisboden seines Kahns und nicht in unvorsichtiger Navigierung des Schleppers gesucht haben sollte. Die Erfahrung des geschäftlichen Verkehrs gebot auch unter solchen Umständen, den Sachverhalt für den Fall der Erhebung von Haftungsansprüchen umgehend nachzuprüfen. Keiner Prüfung bedarf danach die Frage, welche Bedeutung im allgemeinen der Vorschrift des § 12 Nr. 1 der Schlepp-Bedingungen im Fall einer zunächst bestehenden Unklarheit des Geschädigten über die Schuldfrage beizumessen ist.

Das Berufungsgericht hat ferner festgestellt, daß die Verspätung der Anzeige keine sachlichen Nachteile für die Beklagte gehabt habe. Hiernach steht dem Kläger auch die Einrede der Arglist gegenüber der durch berechtigte Interessen nicht getragenen Berufung der Beklagten auf die Verletzung der formellen Anzeigepflicht zur Seite.

Diese Erwägungen rechtfertigen es, der Beklagten die Berufung auf die erörterte Bestimmung ihrer Bedingungen zu versagen. Ohne Bedeutung ist daher, ob es dem Kläger tatsächlich möglich gewesen wäre, die Anzeige in der vorgeschriebenen Weise vorzunehmen.

---

70. Welche Anforderungen sind an die Sorgfaltspflicht des Unternehmers bei Beförderung von Fahrgästen auf einem Binnenschiff zu stellen?

BinnenschiffG. §§ 3, 4, 7. BGB. § 276.

I. Zivilsenat. Urt. v. 7. Dezember 1929 i. S. F. (Kl.) w. de H. Erben GmbH. (Bekl.). I 192/29.

I. Landgericht Duisburg.
II. Oberlandesgericht Düsseldorf.

Die Klägerin machte mit dem der Beklagten gehörigen Vergnügungsdampfer „Stadt Orsoy" eine Fahrt auf dem Rhein. Als sie während Drehens des Dampfers in der Türöffnung des Deckshauses stand, wurde ihr durch einen zuschlagenden Flügel der Pendeltür ein Finger der linken Hand gequetscht, mit der sie sich am Türrahmen festhielt. Sie verlangte Schadensersatz, unterlag aber in allen drei Rechtszügen.

Gründe:

Die Klägerin hat die Verletzung dadurch erlitten, daß die den Zugang vom Deck zum Deckshaus vermittelnde zweiflügelige und bis zum Winkel von 180° zu öffnende Pendeltür während eines Drehens des Schiffs bei unruhigem Wetter zuschlug und ihr einen Finger der den Türrahmen umfassenden linken Hand quetschte. Das Berufungsgericht stellt fest, daß beide Türflügel mittels starker Haken, die in kräftige Ösen tief eingriffen, in einer Weise befestigt werden konnten, die ein sicheres Festhalten der Türen auch bei starken Schwankungen des Schiffs gewährleistete, daß auch von Zeit zu Zeit überprüft worden ist, ob die Türen richtig eingehakt seien. Nach den weiteren Feststellungen des angefochtenen Urteils sind beide Türen ganz kurz vor dem Unfall festgehakt gewesen, woraus geschlossen wird, es sei anzunehmen, daß ein Fahrgast sich an der Tür zu schaffen gemacht und dabei den Haken gelöst oder doch gelockert habe. Danach hat das Berufungsgericht eine Haftung der Beklagten verneint.

Diese Erwägungen lassen keinen Rechtsirrtum ersehen. Der Schiffseigner haftet dem Fahrgast aus dem Beförderungsvertrag dafür, daß alle zur sicheren Beförderung des Fahrgastes gebotenen Einrichtungen und Maßnahmen getroffen sind und sachgemäßer Aufsicht und Überprüfung unterliegen (RGUrt. vom 21. Dezember 1917 VII 348/17, Hansa 1918 S. 128; RGZ. Bd. 116 S. 213, Bd. 124 S. 49). Die allgemeine Rechtspflicht, für die Sicherheit des Verkehrs auf dem Schiff zu sorgen, fügt neben diese vertragliche Haftung die außervertragliche auf Grund von § 823 BGB. Die von der Revision angezogene Bestimmung des § 3 Abs. 1 der Rheinschiffahrts-Polizeiordnung enthält denselben Rechtsgedanken als öffentlich-rechtliche Vorschrift. Daß das Berufungsgericht sie nicht ausdrücklich erwähnt, ist schon deshalb ohne Bedeutung, weil es auch den in ihr verlautbarten Rechtsgedanken zur Grundlage seiner Erwägungen gemacht hat. Soweit die Erfüllung der erwähnten Verpflichtungen zu den Dienstverrichtungen des Schiffers gehört, z. B. zur Fürsorge für die gehörige Einrichtung des Schiffs (§ 8 Abs. 1 BinnenschiffG.), oder zu den Dienstverrichtungen einer anderen Person der Schiffsbesatzung, ergibt sich die Haftung des Schiffseigners auch aus §§ 3 und 4 BinnenschiffG. Die Haftung wird in den genannten Fällen begründet durch ein Verschulden des Schiffseigners, ferner bei vertraglicher Haftung durch ein Verschulden seiner Erfüllungsgehilfen, im Falle des § 3 BinnenschiffG. durch Verschulden eines Angehörigen der Schiffsbesatzung. Die Beweislast für das schadensursächliche Verschulden trifft in allen diesen Fällen grundsätzlich den Schadensersatz Fordernden. Rechtfertigt sich jedoch aus der Sachlage, z. B. aus dem Versagen einer Einrichtung, zunächst der Schluß, daß die pflichtmäßige Sorgfalt verletzt worden ist, so ist der erste Anschein eines Verschuldens gegeben; dann muß dem Unternehmer überlassen bleiben, diesen Beweis des ersten Anscheins zu entkräften (RGZ. Bd. 124 S. 49). Soweit Fahrlässigkeit in Frage kommt, bestimmt sich das Maß der im Verkehr erforderlichen Sorgfalt nach den berechtigten Anforderungen dieses Verkehrs. Grundsätzlich ist es dabei geboten, Rücksicht zu nehmen auf die Verhältnisse des in Betracht kommenden engeren Verkehrskreises und auf das Maß von Umsicht und Sorgfalt, das danach gemäß dem Urteil besonnener und gewissenhafter Angehöriger dieses Kreises von den in seinem Rahmen Handelnden zu erfordern ist (RGZ. Bd. 68 S. 423, Bd. 95 S. 17, Bd. 119 S. 400; JW. 1906 S. 681 Nr. 2). Die Schiffahrt erheischt bei ihrem Betrieb eine besondere Rücksichtnahme auf die mit ihr der Natur der Sache nach verbundenen Gefahren. In diesem Sinne kann von einer in ihrem Betrieb gebotenen erhöhten Sorgfaltspflicht die Rede sein. Für das Tätigkeitsfeld des Schiffsführers ist dies durch die Gesetzesworte (§ 7 BinnenschiffG.) ausgedrückt, daß er die Sorgfalt eines ordentlichen Schiffers anzuwenden habe. Es ist nicht ersichtlich, daß das Berufungsgericht diese Grundsätze nicht beobachtet hätte.

In der grundsätzlichen Regelung der Beweislast steht es auf dem Boden von RGZ. Bd. 124 S. 49. Ob nach der gegebenen Sachlage ein Beweis des ersten Anscheins zuungunsten der Beklagten anzunehmen gewesen wäre, kann dahingestellt bleiben. Denn nach den Feststellungen des Berufungsgerichts, die Schiffseinrichtung sei ordnungsmäßig gewesen und die Schiffsbesatzung sei ihrer Sorgfalts- und Obhutspflicht nachgekommen, ist dieser Beweis als widerlegt anzusehen.

Auch hinsichtlich der Anforderungen, die an die Sorgfaltspflicht der Beklagten und der Besatzung zu stellen waren, ist das Berufungsgericht nicht von den dargelegten Grundsätzen abgewichen. Es handelt sich im wesentlichen um die Frage, ob die Türen zur Deckskabine mit den nötigen Einrichtungen versehen waren, um sie (unter Berücksichtigung der Kräfte, die durch die Eigenbewegung des Schiffs und den auf einer Wasserfläche möglichen stärkeren Einsatz des Windes entstehen), vor einem die Fahrgäste gefährdenden Zuschlagen zu sichern. Das Berufungsgericht bejaht dies und bejaht auch, daß für eine ausreichende Überwachung der ordnungsmäßigen Befestigung der Türen in dem zuzumutenden Umfang Sorge getragen gewesen sei. Der besonderen Sorgfalt, welche die Verhältnisse der Schiffahrt erfordern, ist dabei ersichtlich Rechnung getragen. Die Revisionsklägerin hat darauf hingewiesen, durch Verwendung von Karabinerhaken oder Anbringung der Befestigungsvorrichtung außerhalb gewöhnlicher Reichweite habe eine bessere Sicherung erreicht werden können. Die durch solche Einrichtungen unzweifelhaft erschwerte Lösbarkeit der Befestigung bringt jedoch unter Umständen eine unerwünschte Belästigung der Fahrgäste und eine Erschwerung rechtzeitigen Schutzes vor Witterungseinflüssen mit sich, ohne gleichzeitig völlige Sicherheit gegen unbefugte Handhabung zu gewähren. Es ist daher nicht anzuerkennen, daß solche Einrichtungen von einem vernünftig bemessenen Verkehrsinteresse gefordert würden. Außerdem handelt es sich bei der Entscheidung, ob die vorhandenen Einrichtungen ausreichend gewesen seien, um eine Würdigung tatsächlicher Verhältnisse.

Die Revision macht ferner geltend, daß die Befestigungsvorrichtung durch die Art ihrer Anbringung in keiner Weise gegen den Zugriff von Kindern gesichert gewesen sei. Sie fußt hierbei auf der Annahme des Berufungsgerichts, die Befestigung der Tür müsse unbefugterweise durch einen Fahrgast gelockert oder gelöst worden sein. Nach den tatsächlichen Feststellungen des Berufungsgerichts ist allerdings nicht auszuschließen, daß die Lösung der Tür auch durch Kinder erfolgt sein mag. Nach den Anforderungen des gesunden Verkehrs ist jedoch auch den Fahrgästen eine gewisse Rücksicht und Umsicht zuzumuten. Danach durfte die Beklagte davon ausgehen, daß sich mitfahrende Kinder unter der Aufsicht von Erwachsenen befinden würden, die gefährdendem spielerischem Treiben Einhalt tun würden. Es war daher zwar ihre Pflicht, durch geeignete Maßnahmen auch Kinder wegen ihrer Unüberlegtheit und ihres Mangels an Erfahrung vor Gefährdung zu schützen; es ist ihr aber nicht zuzumuten, alle Möglichkeiten spielerischen Tuns nicht genügend beaufsichtigter Kinder zu prüfen und Vorkehrungen gegen daraus möglicherweise zu erwartende Unfälle Dritter zu treffen. Sie genügte in dieser Beziehung ihrer Sorgfaltspflicht durch die festgestellte häufiger wiederholte Überwachung ordnungsmäßiger Befestigung der Türen. Weitergehende Anforderungen, wie z. B. auch die von der Revision erhobene eines besonderen ständigen Sicherheitsdienstes, würde das der Unternehmerin nach vernünftigem Verkehrsbedürfnis zuzumutende Maß an Sicherheitsvorkehrungen übersteigen.

---

71. 1. Unter welchen Umständen befindet sich ein stillstehendes Kraftfahrzeug im Betrieb?

2. Liegt ein Unfall „bei dem Betriebe" des Kraftfahrzeugs vor, wenn dessen Führer beim Absteigen Schaden stiftet?

Kraftfahrzeug-Gesetz §§ 7, 18. Reichshaftpflichtgesetz § 1.

VI. Zivilsenat. Urt. v. 9. Dezember 1929 i. S. W. (Bekl.) w. M. (Kl.). VI 217/29.

I. Landgericht Hamburg.
II. Oberlandesgericht daselbst.

Am 7. April 1926 fuhr die Klägerin auf einem Fahrrad durch die S.-Straße in H. Als sie einen an der rechten Straßenseite haltenden Lastkraftwagen an dessen linker Seite überholte, stieg dessen Führer, der Beklagte, aus dem gedeckten Führersitz, der nach der rechten Seite keine Tür hat, nach links aus. Hierbei kam es zu zu einem Zusammenprall der Parteien. Beide stürzten zu Boden. Die Klägerin zog sich Verletzungen zu. Sie behauptet, daß den Beklagten die alleinige Schuld an dem Unfall treffe, und hat ihn daher auf Grund des § 823 Abs. 1 BGB., im zweiten Rechtszug auch auf

Grund des § 18 Abs. 1 Satz 1 KFG. auf Zahlung eines Schmerzensgeldes und einer monatlichen Rente in Anspruch genommen.

Das Landgericht hat die Klage abgewiesen. Dagegen hat das Oberlandesgericht den Klaganspruch im Rahmen des Kraftfahrzeuggesetzes dem Grunde nach zur Hälfte für gerechtfertigt erklärt.

Die Revision des Beklagten hatte keinen Erfolg.

Aus den Gründen:

Das Oberlandesgericht hat im wesentlichen folgendes erwogen. Die Klägerin sei beim Betrieb des vom Beklagten geführten Kraftwagens verletzt worden. Der Wagen diene zur Lieferung und Abholung von Waren. Unmittelbar vor dem Unfall habe ihn der Beklagte zu einem kurzen Halten gebracht. Der Unfall sei beim Absteigen des Führers geschehen. Dieses gehöre zum Betrieb des Kraftfahrzeugs. Das Verlassen des gedeckten Führersitzes, der keinen Ausblick nach rückwärts erlaubt habe, sei nur an der linken Seite auf die Fahrbahn möglich, wo sich der überholende Verkehr bewege; an der rechten Seite, wo das Aussteigen auf die Bordschwelle sonst allein ohne Gefahr möglich sei, sei der Führersitz geschlossen. Der Unfall sei daher als ein Ergebnis der Gefahren anzusehen, die durch den Betrieb eines Kraftwagens vom Typ des fraglichen Lieferwagens dem Straßenverkehr erwüchsen. Angesichts dieser großen, dem Beklagten bekannten Gefahr lasse sich nicht zu seinen Gunsten feststellen, daß er jede nach den Umständen des Falles gebotene Sorgfalt beobachtet habe (§ 7 Abs. 2 KFG.) oder daß der Unfall nicht durch sein Verschulden verursacht worden sei (§ 18 Abs. 1 das.). Denn aus seiner eigenen Angabe sei nicht mit Sicherheit zu entnehmen, daß er sich während des Absteigens umsichtig genug verhalten habe.

Mit Unrecht werden diese Ausführungen von der Revision beanstandet.

Zunächst ist unbegründet der Revisionsangriff, daß der Kraftwagen sich deshalb nicht im Betrieb befunden habe, weil der Motor abgestellt gewesen sei. Denn das Reichsgericht hat mit Grund an seiner ständigen Rechtsprechung festgehalten, daß eine Außerbetriebsetzung des Kraftfahrzeugs nicht schon dann anzunehmen ist, wenn, wie im vorliegenden Falle, die Fahrt nur auf kurze Zeit unterbrochen wird, sondern erst dann, wenn das Fahrzeug in völlige Betriebsruhe versetzt ist oder wenigstens infolge Fehlens von Betriebsstoffen erst nach geraumer Zeit wieder in Gang gesetzt werden kann (RGZ. Bd. 122 S. 270; JW. 1929 S. 2055 Nr. 7 mit Nachweisungen).

Fehl geht auch die weitere Rüge, der Berufungsrichter habe zu Unrecht angenommen, daß der Unfall sich beim Betrieb des Kraftfahrzeugs ereignet habe. Für die Haftung des Halters wird in § 7 Abs. 1 KFG. nicht mehr vorausgesetzt, als daß „bei dem Betriebe" eines Kraftfahrzeugs Schaden gestiftet ist; das gleiche gilt nach § 18 KFG. auch für die Haftung des Führers, nur mit dem Unterschied, daß sich dieser — anders als der Halter (§ 7 Abs. 2 das.) — schon durch den Nachweis entlasten kann, der Unfall sei nicht auf sein Verschulden zurückzuführen. Die Frage ist nun, ob das Absteigen des Führers in den Bereich des Betriebs gehört. Sie ist zu bejahen.

Da die Worte „bei dem Betriebe" eines Kraftfahrzeugs in § 7 KFG. dem Wortlaut des § 1 des Reichshaftpflichtgesetzes „bei dem Betriebe einer Eisenbahn" offenbar nachgebildet sind, liegt es nahe, daß der Gesetzgeber die Worte „bei dem Betriebe" in beiden Gesetzen in dem gleichen Sinne verstanden hat. Obwohl ihm die Auslegung, welche die Rechtsprechung, insbesondere des Reichsgerichts, den Worten „bei dem Betriebe einer Eisenbahn" in § 1 RHaftpflG. gegeben hat, zweifellos bekannt war, hat er keinen Anlaß genommen, dem Wortlaut des § 7 Abs. 1 eine andere Fassung zu geben. Demnach erscheint die Annahme begründet, daß nach dem Willen des Gesetzgebers der Bereich der Betriebsvorgänge nach beiden Gesetzen — wenigstens im allgemeinen — in gleicher Weise umgrenzt werden soll. Nun darf nach der ständigen Rechtsprechung des Reichsgerichts für das Anwendungsgebiet des § 1 RHaftpflG. keineswegs allgemein erfordert werden, daß der Unfall durch Gefahren verursacht worden ist, die dem Eisenbahnbetrieb eigentümlich und mit anderen Beförderungsmitteln nicht verbunden sind; vielmehr genügt es, daß ein örtlicher, zeitlicher, innerer und äußerer Zusammenhang mit Betriebsvorgängen oder Betriebseinrichtungen der Eisenbahn vorliegt, und nur dann, wenn es an einem solchen Zusammenhang mit der Beförderungstätigkeit fehlt, muß der Unfall durch eine dem Eisenbahnbetrieb eigentümliche Gefahr herbeigeführt worden sein. In jenem Zusammenhang mit Betriebsvorgängen stehen Eisenbahnunfälle, die sich beim Aussteigen der Fahrgäste und des Beförderungspersonals der Eisenbahnverwaltung ereignen (RGZ. Bd. 126 S. 137 [139]; RGUrt. in Eger Eisenbahn- und verkehrsrechtliche Entscheidungen Bd. 25 S. 288

und S. 308, Bd. 27 S. 443, Bd. 30 S. 225; JW. 1916 S. 122 Nr. 9; RGUrt. vom 22. März 1928 VI 474/27; Seligsohn Haftpflichtgesetz S. 27, 36; Eger Haftpflichtgesetz 7. Aufl. S. 20, 27, 28).

Aber auch wenn man von der vergleichenden Heranziehung des § 1 RHaftpflG. und der hierzu ergangenen Rechtsprechung absieht, läßt sich nicht wohl in Abrede stellen, daß das Absteigen des Führers zum Betrieb eines Kraftfahrzeugs gehört. Denn ein solches Absteigen stellt einen notwendigen Betriebsvorgang dar, der sich aus dem Gesamtbetrieb nicht herauslösen läßt. Gegen die Auslegung, daß das Aussteigen des Führers dem Betrieb des Kraftfahrzeugs zuzurechnen sei, kann nicht daraus ein Bedenken entnommen werden, daß der Gesetzgeber zur Einführung der strengen und eine Umkehr der Beweislast anordnenden Haftung des Führers (und des Halters) nach dem Kraftfahrzeuggesetz durch die Erwägung veranlaßt worden sein mag, die Kraftfahrzeuge bildeten vermöge ihrer gegenüber anderen Fuhrwerken erhöhten Geschwindigkeit eine Quelle der Gefährdung für den übrigen Verkehr und es erscheine deshalb, ähnlich wie bei den Eisenbahnen, geboten, die Halter und die Führer grundsätzlich für die Gefährdung haften zu lassen (JW. 1919 S. 104 Nr. 4). Denn dafür, daß diese Gefährdungshaftung etwa auf solche Unfälle hätte beschränkt werden sollen, die auf die Schnelligkeit der Fortbewegung des Kraftfahrzeugs zurückzuführen sind, bietet das Gesetz keinen Anhalt. Vielmehr bedeutet das Wort „Betrieb" in § 7 Abs. 1 KFG. keineswegs die Wirkung der besonderen Gefährlichkeit des Kraftfahrzeugverkehrs (Müller Automobilgesetz 4. Aufl. Bem. B I a 3 zu § 7 S. 208). Ein etwaiger Wille des Gesetzgebers, die Gefährdungshaftung des Halters und Führers auf die Schäden zu beschränken, die mit den gerade dem Kraftfahrzeug und seinem maschinellen Betrieb eigentümlichen Gefahren im Zusammenhang stehen, hätte im Gesetz keinen erkennbaren Ausdruck gefunden. Wäre man aber in diesem Punkt anderer Auffassung, so würde dies im vorliegenden Falle doch nicht zu einem dem Beklagten günstigen Ergebnis führen können. Denn der Führersitz der Kraftwagen — und insbesondere des hier fraglichen Wagens — gestattet im Gegensatz zu Fuhrwerken anderer Art dem Führer fast ausnahmslos das Aussteigen vom Führersitz nur nach der einen Seite, weil das Steuer und andere Vorrichtungen des Wagens der Anbringung einer Tür an der anderen Seite hinderlich sind. Hierauf hat bereits das Berufungsgericht mit Recht hingewiesen. Auch aus diesem Grunde müßte der Hinweis der Revision darauf, daß sich der Unfall der Klägerin beim Aussteigen des Kutschers aus einem beliebigen anderen Fuhrwerk in ebenderselben Weise ereignet haben könnte wie beim Absteigen des Beklagten vom Kraftwagen, selbst dann versagen, wenn es überhaupt darauf ankäme, daß der Unfall auf die Verwirklichung einer gerade dem Kraftfahrzeugverkehr eigentümlichen Gefahr zurückgeführt werden müßte (vgl. RGZ. Bd. 122 S. 273). Vergeblich macht die Revision noch auf das ihrer Meinung nach unannehmbare Ergebnis aufmerksam, daß der Beklagte nicht nach Maßgabe des § 18 KFG. haften würde, wenn er an der linken Straßenseite gehalten hätte und daher aus der links befindlichen Tür auf den Bürgersteig ausgestiegen wäre. Denn selbst wenn in H. nach Lage der örtlichen Polizeivorschriften (vgl. jetzt § 21 Abs. 1 Satz 1 KFVo. vom 16. März 1928, RGBl. I S. 91) das Anhalten von Kraftfahrzeugen an der links der Fahrtrichtung gelegenen Straßenseite zulässig sein sollte, wäre der Beklagte nach § 18 KFG. für den Schaden, den er etwa einem auf dem Bürgersteig befindlichen Fußgänger beim Aussteigen zugefügt hätte, in derselben Weise haftbar wie der Klägerin, die sich auf dem Straßendamm bewegt hat. Endlich kommt es auch darauf nicht an, daß die Klägerin mit dem Kraftwagen selbst gar nicht in Berührung gekommen ist, sondern nur mit dem absteigenden Führer. Denn das Gesetz stellt nur darauf ab, ob sich der Schaden „bei dem Betriebe" des Kraftfahrzeugs ereignet hat.

---

72. Steht § 66 AufwG. der Aufwertung eines Bankguthabens entgegen, wenn das Guthaben nur zu dem Zweck geschaffen worden ist, einem Dritten wegen seiner Forderungen gegen den aus dem Guthaben Berechtigten eine pfandrechtliche Sicherheit zu verschaffen?

II. Zivilsenat. Urt. v. 1. November 1929 i. S. Deutsche Bank AG. (Bekl.) w. A. K. u. Gen. (Kl.). II 85/29.

I. Landgericht Hildesheim.
II. Oberlandesgericht Celle.

Der Vater der Kläger, der am 15. Oktober 1923 verstorbene Bankier Moritz K., Inhaber der Bankfirma M. K. in D., übertrug im Jahre 1896 sein Bankgeschäft auf seine beiden Söhne Max und Alfred K. Im Jahre 1907 wurde die Firma in eine Kommanditgesellschaft mit Max und Alfred K. als Komplementaren und der H.er Bank als Kommanditistin mit 200000 M. Einlage umgewandelt. Auf Grund Vertrags vom 11. Mai 1909 schied Alfred K. als Komplementar aus, verblieb aber Kommanditist mit dem Kapitalbetrag, den er nach der letzten Bilanz zu beanspruchen hatte, wobei er jedoch mit seinen Ansprüchen aus der Kommanditbeteiligung hinter die H.er Bank zurücktreten sollte. Der frühere Geschäftsinhaber Moritz K. übernahm nach § 4 jenes Vertrags zur weiteren Sicherheit der H.er Bank wegen ihrer Ansprüche aus der Kommanditeinlage eine Ausfallsbürgschaft bis zum Betrag von 50000 M. Gleichzeitig verpflichtete sich Moritz K., für die Dauer des Kommanditverhältnisses mit der H.er Bank entweder bei der Firma M. K. oder bei der H.er Bank ein Guthaben von mindestens 50000 M. zu unterhalten, das der H.er Bank wegen ihrer Ansprüche aus der genannten Bürgschaft verpfändet werden sollte. Gemäß dieser Verabredung unterhielt Moritz K. seitdem ein entsprechendes Guthaben bei der Firma M. K.

Am 1. April 1913 machte die H.er Bank bekannt, daß sie im Hause der Firma M. K. unter dem Namen „H.er Bank Filiale D." eine Zweigstelle errichtet habe. Deren Geschäftsleiter war bis zu seiner im September 1925 erfolgten Entlassung Max K. Zur Übernahme der Firma M. K. kam es nicht, wohl aber wurden durch ein Rundschreiben der H.er Bank vom 1. April 1913 die Bankkunden der Firma M. K. auf Grund einer vom Komplementar Max K. ihr erteilten Ermächtigung dahin verständigt, daß die Schuldner der Firma bis zum 15. April 1913 ihre Konten ausgleichen oder sich wegen Übernahme der einzelnen Konten mit der H.er Bank in Verbindung setzen sollten. Da eine Übernahme als ganzes nicht erfolgte, bestanden die Firma M. K. und die Filiale der H.er Bank nebeneinander, bis die einzelnen Konten der ersteren abgewickelt waren. Die stillschweigende Liquidation der Firma M. K. durch die H.er Bank erfolgte in der Weise, daß zur Abdeckung ihrer Verbindlichkeiten bei dieser die Hälfte des Gewinns der neuerrichteten „Filiale D." Verwendung finden und daß am 31. Dezember 1922 über die Verbindlichkeiten der Firma M. K. abgerechnet werden sollte. Buchmäßig traten die zwischen den beiden Firmen sowie zwischen Moritz und Alfred K. getroffenen Vereinbarungen dadurch in die Erscheinung, daß fünf Konten angelegt wurden, von denen für diesen Prozeß jedoch nur drei von Belang sind, nämlich

1. das Konto „M. K. in D." zur Verbuchung der einzelnen diese Firma betreffenden Kapitalbewegungen;

2. ein besonderes Konto „M. K. in D., Konto W." mit einem Debetsaldo von 123876 M., zu welchem Betrag sich die Firma M. K. an der Sanierung der Firma W. GmbH. beteiligt hatte; diese Verbindlichkeit war von der H.er Bank übernommen worden;

3. das Konto „Moritz K. in D."; auf ihm wurden am 1. April 1913 jene 50000 M. gutgebracht, die Moritz K. bei der Firma M. K. noch stehen hatte und die von der H.er Bank übernommen worden sind; dieser Betrag sollte, wie oben bemerkt, der H.er Bank vereinbarungsgemäß für etwaigen Verlust haften.

Bei der Schlußabrechnung vom 31. Dezember 1922 wurden die beiden erstgenannten Konten abgedeckt, sodaß mit diesem Zeitpunkt die 50000 M. auf dem Konto „Moritz K." für diesen frei verfügbar wurden. Abgehoben wurde jedoch der Betrag nicht; das Konto fiel der Entwertung anheim.

Moritz K. ist von seinen drei Söhnen, den beiden Klägern und Max K., beerbt worden; der letztere hat seinen Erbteil an die beiden Kläger übertragen.

Die Kläger verlangen nun von der H.er Bank und, nachdem sie aufgelöst worden und ihr gesamtes Vermögen unter Ausschluß der Liquidation auf die Deutsche Bank übergegangen ist, von dieser als der jetzigen Beklagten Aufwertung der 50000 M. auf den Betrag von 37500 RM. Die Beklagte wandte u. a. ein: Der Aufwertungsanspruch sei durch §§ 65 und 66 AufwG. ausgeschlossen.

Das Landgericht wies die Klage ab, das Oberlandesgericht erklärte den Klaganspruch dem Grunde nach für gerechtfertigt. Die Revision der Beklagten blieb erfolglos.

Aus den Gründen:

Die Revision rügt zunächst, der Vorderrichter habe die Sache insofern mangelhaft aufgeklärt, als unklar geblieben sei, auf welcher Rechtsgrundlage die Forderung des Moritz K. gegen die Firma M. K. beruht habe, obwohl sich doch erst aus der rechtlichen Natur dieser Forderung ergebe, ob und wieweit aufgewertet werden könne. Ebensowenig sei aufgeklärt worden, aus welchen Gründen die H.er Bank bei Übernahme der stillen Liquidation für die Firma M. K. die Schuld an Moritz K. als eigene übernommen habe und auf welche Weise dessen Guthaben bei der Firma M. K. zu einem solchen bei der H.er Bank geworden sei.

Um darzutun, daß dieser Vorwurf unbegründet ist, muß auf den Sachverhalt näher eingegangen werden. In der Klage hatten die Kläger behauptet, bei Übertragung des Geschäfts auf die Söhne des Moritz K., im März 1896, sei zwischen ihnen und Moritz K. vereinbart worden, der Verkäufer Moritz K. solle 200000 M. im Geschäft stehen lassen und dafür sollten ihm die Käufer gewisse Unterhaltsbeträge zahlen; das im Jahr 1909 begründete Bankguthaben des Moritz K. bei der Firma M. K. sei der Rest der Einlage von jenen 200000 M. gewesen. Aus diesem Grunde wollten die Kläger das Guthaben als aus einem Beteiligungsverhältnis (AufwG. § 63 Abs. 2 Nr. 1) herrührend angesehen und daher dem § 62 AufwG. unterstellt wissen. Demgegenüber hatte das Landgericht angenommen, es handle sich bei den 200000 M. um eine Kaufpreisforderung, welche die Söhne des Moritz K. für den Erwerb des Handelsgeschäfts zu zahlen gehabt hätten, die Moritz K. zunächst kreditiert habe und von denen die 50000 M. den Kaufpreisrest gebildet hätten. Hiergegen hatte die Beklagte wiederum geltend gemacht, es sei nicht dargetan, daß im Jahre 1909 überhaupt noch ein Guthaben des Moritz K., geschweige denn ein solches von 50000 M., bei der Firma M. K. bestanden habe.

Dem allem gegenüber legt der Berufungsrichter in eingehender Begründung dar, daß ein Zusammenhang der Ende 1909 bei der Firma M. K. als Schuld an Moritz K. gebuchten 50000 M. mit den angeblich ursprünglich stehen gelassenen 200000 M. überhaupt nicht nachweisbar sei. Nach seiner Auffassung kommt es aber hierauf und auf die Vorgänge, die sich vor dem 31. Dezember 1909 abgespielt haben, gar nicht an. Denn er stellt fest, daß dem Bankier Moritz K. jedenfalls schon ausgangs Dezember 1909 eine Forderung in Höhe von 50000 M. gegen die Firma M. K. zugestanden habe und daß dieses Guthaben des Moritz K. schon damals der H.er Bank als Sicherheit für eine Bürgschaftsforderung gegen ihn habe dienen sollen. Und ferner nimmt der Vorderrichter an, daß diese Schuld der Firma M. K. im Jahre 1913 im Weg der Schuldübernahme auf die Filiale D. der H.er Bank übergegangen sei. Gegen diese Feststellungen kann die Revision keinen rechtlichen Angriff geltend machen. Im besonderen folgert der Berufungsrichter den Willen der H.er Bank zur Schuldübernahme aus der Umbuchung und der dauernden Zinszahlung der Bank in Verbindung mit der Bestimmung in § 4 des Vertrags vom 11. Mai 1909, wonach Moritz K. bei der Firma M. K. oder bei der H.er Bank ein Guthaben von 50000 M. zu unterhalten hatte. Weiter wird in dieser Hinsicht der Umstand herangezogen, daß die H.er Bank dadurch eine Sicherheit für ihre Ansprüche aus der Bürgschaft habe erlangen wollen. Diese Darlegung läßt klar erkennen, daß der Berufungsrichter, wie dies ohne weiteres auch aus der gesamten Sachlage erhellt, angenommen hat, die Einlage des Moritz K. bei der Firma M. K. in Höhe von 50000 M. stehe mit dem § 4 des Vertrags in untrennbarem Zusammenhang, es habe sich also um das Guthaben von 50000 M. gehandelt, das Moritz K. bei der Firma M. K. oder bei der H.er Bank zu unterhalten hatte und das der letzteren wegen ihrer Ansprüche aus der von ihm übernommenen Bürgschaft pfandrechtliche Sicherheit gewähren sollte. Ist das aber der Fall, dann kann es keinen Unterschied machen, ob Moritz K. schon vor dem Vertrag vom 11. Mai 1909 bei der Firma M. K. ein Guthaben hatte, von dem er nunmehr 50000 M. für den gedachten Vertragszweck als dauernde, der H.er Bank verpfändete Kontoeinlage bestimmte, oder ob er erst jetzt eine solche Kontoeinlage neu schuf als Sicherheit für die H.er Bank.

Der Vorwurf, das Berufungsgericht habe den Sachverhalt mangelhaft aufgeklärt, ist also unbegründet. Die Gründe anzugeben, welche die H.er Bank zur Schuldübernahme bestimmt haben, wäre Sache der Parteien gewesen. Der Berufungsrichter hatte um so weniger Anlaß, diese Frage in den Bereich seiner Erörterungen zu ziehen, als die Parteien sie gar nicht weiter berührt hatten. Abgesehen hiervon war es nach den Vereinbarungen zwischen der Firma M. K. und der H.er Bank ganz in das Ermessen der letzteren gestellt, welche Kreditoren der Firma M. K. sie übernehmen wollte. Daß diese für die Schuldübernahmen von Kreditoren durch die H.er Bank entsprechend belastet worden ist, ergibt das Konto Nr. 1 „M. K.". Daß aber die H.er Bank an der Übernahme des Kontoguthabens des Moritz K. in Höhe von 50000 M. ein sehr wesentliches Interesse hatte, war naheliegend, weil sie ihr eine bequeme Deckung für ihre Bürgschaftsforderung gegen Moritz K. gewährte.

Der Berufungsrichter legt sodann einwandfrei dar, daß sich die Verzichtserklärung des Max K. bei seiner Entlassung aus seiner Stellung bei der D.er Filiale der H.er Bank im Jahre 1925 nicht auf den hier fraglichen Anspruch bezieht und daß dieser mit der gegenwärtigen Klage nicht verspätet geltend gemacht worden ist. In dieser Richtung erhebt die Revision keine Rüge.

Der Aufwertung steht auch nicht § 66 AufwG. entgegen. (Der von der Beklagten gleichzeitig angezogene § 65 scheidet schon deshalb aus, weil es sich hier weder um eine laufende Rechnung noch um ein Kontokorrentverhältnis handelt.) Der Berufungsrichter führt hierzu folgendes aus: Der Rechtsgrund des Anspruchs, der am 31. Dezember 1909 unstreitig gegen die Firma M. K. bestanden habe, sei unerheblich, weil, wie der übereinstimmende Vortrag der Parteien ergebe, der Anspruch mindestens schon damals vom Gläubiger und von der Schuldnerin „als zur Sicherheit dem Zugriff der Firma M. K. unterstellt" angesehen worden sei. Dabei sei es belanglos, daß demnach die Firma M. K. und ihre Nachfolgerinnen auf der Schuldnerseite zu gleicher Zeit Gläubiger und Schuldner in ihrem Verhältnis zu Moritz K. und seinen Rechtsnachfolgern gewesen seien. Tatsächlich hätten die Beteiligten die am 31. Dezember 1909 und in der Folgezeit bestehende Forderung in Höhe von 50000 M. als den am 11. Mai 1909 zugesagten Sicherungsgegenstand behandelt. Schon dies schließe die Annahme aus, daß es sich dabei um eine Vermögensanlage gehandelt habe, was jedenfalls für das Maß der Aufwertung von Bedeutung wäre. Dieser Umstand stehe auch der Ansicht der Beklagten entgegen, es handle sich um ein der Firma M. K. gewährtes Darlehen — wofür nichts vorgebracht sei —, oder um einen unregelmäßigen Verwahrungsvertrag im Sinne des § 700 BGB. Ein solcher Vertrag hätte zum Inhalt haben müssen, daß die Empfängerin das Geld nur auf Zeit und mit der Verpflichtung zur Rückgabe auf Anforderung des anderen Teils erhalten habe. Die H.er Bank habe sich vielmehr aus dem Anspruch Deckung verschaffen sollen; dieser Anspruch habe also zur

Sicherstellung ihrer Befriedigung für etwa ihr erwachsene Forderungen dienen sollen. Wie nicht zu verkennen, liege die Sache hier insofern besonders, als sich ursprünglich die Rechtsbeziehungen nicht nur zwischen dem Gläubiger Moritz K. und der Firma M. K. abgespielt hätten, die H.er Bank vielmehr damals dem Verhältnis zwischen Moritz K. und der Firma M. K. im wesentlichen als Dritte gegenübergestanden habe. So habe sich allerdings die Natur des Anspruchs auf Rückzahlung der 50000 M. nicht nach der Art der Beziehungen der H.er Bank zu Moritz K. bestimmt, sondern nach dem Inhalt des insoweit zwischen Moritz K. und der Firma M. K. bestehenden Rechtsverhältnisses. Es könne dahingestellt bleiben, ob an und für sich die in § 4 des Vertrags vom 11. Mai 1909 getroffene Sicherungsabrede für die Beurteilung des Anspruchs gegen die Firma M. K. von Bedeutung sei. Entscheidend sei, daß man jedenfalls hier mit der Übernahme der Schuld durch die H.er Bank das gleiche Ergebnis erreicht habe, wie wenn Moritz K. den Betrag bei der H.er Bank eingezahlt hätte. Diese habe damit — und nach den gegebenen Umständen mit Recht — die Forderung des Moritz K. als eine solche auf Zahlung vollwertiger 50000 M. anerkannt. Als eine solche sei sie auch bestehen geblieben und in den Büchern der H.er Bank fortgeführt worden. Zu einer Umwandlung der Schuld in eine Darlehensschuld oder in eine Bankeinlage sei es in der Folgezeit auch durch die Unterlassung ihrer Einforderung nicht gekommen. Warum die Einforderung unterblieben, sei belanglos. Zu einer Umwandlung hätte es einer wenn auch stillschweigenden (von der Beklagten jedoch weder behaupteten noch klargestellten) Vereinbarung bedurft. Danach finde die Ausnahmevorschrift des § 66 AufwG. keine Anwendung und ein Anspruch aus laufender Rechnung komme nach der Sachlage überhaupt nicht in Betracht; vielmehr ergebe sich aus dem allem die Aufwertbarkeit des unstreitig noch nicht getilgten Anspruchs.

Daß die Ausführungen des Berufungsrichters über die Natur der auf Sparkonto bei der H. er Bank gebuchten Forderung in einzelnen Punkten der wünschenswerten Klarheit ermangeln, ist zuzugeben. So ist z. B. die Wendung, der hier fragliche Anspruch sei von vornherein vom Gläubiger und von der Schuldnerin „als zur Sicherheit dem Zugriff der Firma M. K. unterstellt“ angesehen worden, nicht recht verständlich, und die weitere Ausführung, daß die Firma M. K. zu gleicher Zeit Gläubiger und Schuldner in ihrem Verhältnis zu Moritz K. und zu seinem Rechtsnachfolger gewesen sei, trifft auf die H.er Bank und auf die jetzige Beklagte als Rechtsnachfolgerin der Firma M. K. im Schuldverhältnis, nicht aber auf die Firma M. K. selbst zu. Dies kann jedoch auf sich beruhen, da sich die Darlegungen des Berufungsrichters ihrem wesentlichen, die Entscheidung tragenden Inhalt nach als zutreffend erweisen. Diese Darlegungen sollen die Unanwendbarkeit der Grundsätze des § 66 AufwG. begründen. Insoweit ist aber dem angefochtenen Urteil als wesentlich zu entnehmen, daß Moritz K. bei der Firma M. K. das Guthaben von 50000 M. von vornherein zu dem ausgesprochenen, aus § 4 des Vertrags ersichtlichen Zwecke begründet hat, daß es der H.er Bank als Pfand für eine etwaige Bürgschaftsschuld des Moritz K. haften solle. Es war also weder ein Darlehen noch ein Vertrag im Sinne des § 700 BGB. beabsichtigt, sondern allein ausschlaggebend war bei der ganzen Schuldbegründung der Charakter der Schuld als Gegenstand pfandrechtlicher Sicherheit. Dieser Zweck überwog alles andere, namentlich auch, seit infolge der Schuldübernahme der H.er Bank das Rechtsverhältnis die Gestaltung annahm, daß die letztere als mögliche Bürgschaftsgläubigerin zugleich Deckung an dem Guthaben erhielt, das sie selbst dem Bürgen schuldete.

Wie Mügel zu § 66 AufwG. auf S. 950 zutreffend ausführt, werden Gelder, die man bei einer Bank zum Zweck der Sicherstellung einzahlt, keine Bankguthaben, auch wenn sie als solche gebucht werden. Bleibt eine solche Kaution stehen, obwohl der Kautionssteller die Möglichkeit der Abhebung hatte, so wird ihr auch für die Zukunft die Eigenschaft einer Kaution nicht entzogen, es sei denn, daß das Guthaben in eine gewöhnliche Bankeinlage umgewandelt worden wäre. So RGUrt. vom 26. April 1927 VI 41/27 (Zeiler Nr. 665 = SeuffArch. Bd. 81 Nr. 147 = JW. 1927 S. 1689 Nr. 16 = DRZ. 1927 Nr. 546 = JRsch. 1927 Nr. 1234 = Ring AufwRspr. 1927 S. 404). Diese Ausnahme vom Grundsatz des § 66 rechtfertigt sich dadurch, daß das in Rede stehende Geschäft durch seine Eigenart vollständig aus dem gewöhnlichen Bankbetrieb herausgenommen wird, der im § 66 vorausgesetzt wird. Denn das Wesentliche bei einem solchen Geschäft besteht nicht darin, daß durch die Hingabe des Geldes an die Bank deren Schuldnerschaft entstehen soll, sondern in dem Zweck der Verschaffung einer Sicherheit für einen Dritten. Dazu machte Moritz K. bei der Firma M. K. die Einzahlung; nicht um Gläubiger dieser Firma zu werden, sondern um auf diese Weise der H.er Bank einen Pfandgegenstand zur Verfügung zu stellen, sie durch ein Pfandrecht an der Forderung zu sichern, leistete er die Einzahlung und nahm die Firma M. K. sie entgegen. Eine andere Beurteilung hätte auch dann nicht einzutreten, wenn Moritz K. schon vor dem Vertrag vom 11. Mai 1909 auf Grund irgendwelcher sonstiger Beziehungen eine Einlage bei der Firma M. K. gehabt und nunmehr mit Bezug auf diese Einlage in Höhe von 50000 M. diejenigen Vereinbarungen getroffen hätte, zu denen er nach § 4 des Vertrags verpflichtet war. Denn auch in diesem Fall wäre die Einlage nunmehr nach Art einer Kaution zu beurteilen. An die Stelle der bisherigen rechtlichen Beziehungen zwischen Moritz K. und der Firma M. K., die nach den Grundsätzen des gewöhnlichen Bankguthabens zu beurteilen waren, wäre nun die Beziehung getreten, daß die Kontoeinlage pfandrechtliche Sicherheit der H.er Bank werden und daß alles so gehalten werden sollte, als wenn von vornherein die Einzahlung der 50000 M. zu diesem Zweck erfolgt wäre. Auch wenn die Einzahlung von Anfang an gemäß § 4 des Vertrags bei der H.er Bank statt bei der Firma M. K. gemacht worden wäre, hätte der Schwerpunkt des Geschäfts nicht sowohl darin gelegen, daß eine Schuldnerschaft der Bank nach Art eines Bankguthabens des Moritz K. bei ihr begründet werden sollte, als vielmehr darin, daß ihr nach Art der Kaution (vgl. Mügel S. 309) Geld ausgeantwortet wurde mit dem Recht, darin wegen ihrer möglichen Bürgschaftsforderung Sicherung oder Deckung zu finden. Zutreffend nimmt die Rechtsprechung (vgl. z. B. Urteil des Kammergerichts vom 10. Juni 1926, JW. 1926 S. 2217 Nr. 4) an, daß in solchem Falle die Hingabe des Geldes nicht Vermögensanlage, sondern Bestandteil eines gegenseitigen Vertrags ist, sodaß unbeschränkte Aufwertung möglich ist.

Der Umstand, daß die H.er Bank auf dem Wege der Schuldübernahme die aus der Einzahlung bei der Firma M. K. dieser erwachsenen Pflichten übernommen hat, kann auf die Beurteilung der rechtlichen Beziehungen keinen Einfluß ausüben und führt jedenfalls nicht dazu, daß sich die H.er Bank auf § 66 AufwG. berufen könnte. Lag der Schwerpunkt des Geschäfts nach dem Parteiwillen von vornherein darin, daß die H.er Bank durch das Guthaben bei der ursprünglichen Schuldnerin eine Sicherheit für ihre Bürgschaftsforderung erhalten sollte, so änderte sich durch den Eintritt der H.er Bank als neuer

Schuldnerin nichts daran, daß sie nun ihrerseits die Rückzahlung der Einlage an Stelle der Firma M. K. bewirken mußte. Diese Verpflichtung trat übrigens nur in dem Fall ein, in dem allein die Rückzahlung des Guthabens in Frage kam, nämlich wenn aus der von Moritz K. übernommenen Bürgschaft keine Ansprüche gegen den Bürgen mehr geltend gemacht werden konnten oder wenn die Bürgschaft selbst erlosch.

Die Vorschrift des § 66 AufwG. steht daher dem Aufwertungsverlangen der Kläger nicht entgegen.

---

73. Unter welchen Umständen genügt bei der Pfändung einer Reihe von Sachen gleicher oder ähnlicher Art, die im Gewahrsam des Schuldners belassen werden, die Anbringung einer Pfandanzeige durch den Gerichtsvollzieher?

ZPO. § 808 Abs. 2.

VI. Zivilsenat. Urt. v. 7. November 1929 i. S. R. (Kl.) w. H. (Bekl.). VI 152/29.

I. Landgericht Lyck.
II. Oberlandesgericht Königsberg.

Die Beklagte verkaufte und lieferte eine Anzahl Kisten mit Morchelkonserven in Dosen an eine Firma in B., bei der sie der Kläger pfänden ließ. Mit der Behauptung, daß der Kauf gewandelt sei, erwirkte die Beklagte eine einstweilige Verfügung, auf Grund deren sie durch einen andern Gerichtsvollzieher die Kisten aus dem Gewahrsam der Käuferin wegholen ließ und zu ihrem Nutzen verwendete. Der Kläger verlangt unter dem Gesichtspunkt der unerlaubten Handlung und der Bereicherung Ersatz des Wertes der Morcheln. Der Streit der Parteien dreht sich namentlich um die Frage, ob die Pfändung rechtswirksam war.

Das Landgericht wies die Klage ab; die Berufung des Klägers blieb ohne Erfolg. Seine Revision führte zur Aufhebung und Zurückverweisung.

Aus den Gründen:

Der Obergerichtsvollzieher H. hat im Auftrag des Klägers die Pfändung der im Lagerraum der Käuferin neben anderen Waren, aber gesondert von diesen in einem besonderen Stapel lagernden Kisten mit Morchelkonservendosen in der Weise vorgenommen, daß er an einer Kiste in der Mitte des Stapels einen Zettel weißen Papiers in der Größe eines viertel bis halben Bogens mit einer von ihm unterzeichneten und untersiegelten Pfandanzeige anbrachte. Diese lautete dahin, daß der Gerichtsvollzieher „die hier lagernden, im Stapel zusammengesetzten 60 Kisten von der Größe 90 × 30, je enthaltend 50 Dosen mit Morchelkonserven", in Sachen .... gepfändet und in Besitz genommen habe.

Das Berufungsgericht erörtert und bejaht zunächst die Frage, ob die Pfändung überhaupt durch Anbringung einer Pfandanzeige rechtswirksam habe erfolgen können, obwohl es, wie festgestellt wird, möglich gewesen sei, ein Pfandsiegel an jeder Kiste anzubringen. Dieser Ansicht ist beizutreten. § 808 Abs. 2 ZPO. sagt ausdrücklich: bei der Pfändung von Sachen, die im Gewahrsam des Schuldners belassen werden, sei die Wirksamkeit der Pfändung dadurch bedingt, daß die Pfändung durch Anlegung von Siegeln oder auf sonstige Weise ersichtlich gemacht sei. Es werden also hier das Anbringen von Siegeln und das sonstige Ersichtlichmachen gleichwertig nebeneinander gestellt. Die Motive — Bd. 4 S. 427 — sagen dazu, daß „außer der Anbringung von Siegeln andere Maßnahmen, wenn sie den Zweck der Pfändungskennzeichnung erfüllen, nicht ausgeschlossen sind". Das Gesetz verlangt also nur, daß sich die Pfändung der einzelnen Gegenstände deutlich aus dem Pfandzeichen ergibt. Das ist aber, wenn eine größere Anzahl gleicher oder ähnlicher Sachen gesondert oder in besonderen Behältnissen lagert, auch dadurch mit hinreichender Sicherheit möglich, daß nicht jede einzelne Sache als gepfändet besonders gekennzeichnet wird, sondern daß eine gemeinsame Pfandanzeige angebracht wird. Es kann daher der vielfach im Schrifttum vertretenen Ansicht, daß Pfandanzeigen nur gestattet seien, wenn sich die Anbringung von Siegeln als untunlich erweise (vgl. z. B. Förster-Kann ZPO. § 808 Anm. 3; a. A. Falkmann Zwangsvollstreckung 2. Aufl. S. 708) nicht beigetreten werden, wenn ihr auch die preußische Geschäftsanweisung für Gerichtsvollzieher in ihrem § 71 Abs. 2 und Anweisungen anderer Länder gefolgt sind. Bindende Vorschriften für die Rechtswirksamkeit der Pfändungen können diese nicht geben, da sich die Rechtswirksamkeit allein nach den Vorschriften der Zivilprozeßordnung richtet; sie enthalten vielmehr nur eine für den inneren

Dienst maßgebende Regelung. Nun hat sich allerdings auch der II. Zivilsenat des Reichsgerichts in einer in JW. 1910 S. 116 Nr. 23 veröffentlichten Entscheidung der vorstehend bekämpften Ansicht angeschlossen. Der Anrufung der Vereinigten Zivilsenate bedarf es aber nicht, da dort die Entscheidung zunächst auf andere Erwägungen gestützt ist und dann die hier in Frage kommenden Erörterungen nur hilfsweise angestellt sind. Übrigens hat offenbar auch schon der VII. Zivilsenat im Urteil vom 19. Februar 1915 VII 318/14 (JW. 1915 S. 523 Nr. 20 = Gruch. Bd. 59 S. 1078 = WarnRspr. 1915 Nr. 190) Bedenken gegen die Ansicht des II. Zivilsenats gehabt; er hat aber die Frage nicht entschieden. . . .

---

74. 1. Erwirbt eine Bank, für welche nach ihren Geschäftsbedingungen an allen in ihren Besitz gelangenden Werten ihrer Kunden ein Pfandrecht entsteht, gemäß § 1292 BGB. an den ihr vom Bankkunden zur Diskontierung übergebenen Wechseln auch dann ein Pfandrecht, wenn sie die Diskontierung ablehnt?

2. Streitet eine Vermutung dafür, daß ein Bankkunde, der seiner Bank Wechsel zur Diskontierung übersendet, auch für den Fall der Ablehnung der Diskontierung mit der Verpfändung der Wechsel nach Maßgabe der Geschäftsbedingungen einverstanden ist?

BGB. §§ 1205, 1292. WO. Art. 9 flg.

II. Zivilsenat. Urt. v. 12. November 1929 i. S. von P. u. Gen. (Bekl.) w. Deutsche Bank u. Diskontogesellschaft (Kl.). II 279/29.

I. Landgericht III Berlin.
II. Kammergericht daselbst.

Die Deutsche Bank, die Rechtsvorgängerin der jetzigen Klägerin (im folgenden Klägerin genannt), ist legitimierte Inhaberin von 10 Wechseln an eigene Order über den Gesamtbetrag von 15000 RM. Hiervon ist ein Wechsel über 1300 RM. am 6. August 1926 mangels Zahlung protestiert worden. Bezogene und Akzeptantin sämtlicher Wechsel ist die nicht eingetragene „H"-Kaffee-Vertriebs- und Handelsaktiengesellschaft, für welche die Beklagten

v. P. und H. als Vorstandsmitglieder gezeichnet haben. Ausstellerin und Girantin sämtlicher Wechsel ist die Transatlantische Handelskompagnie mbH., und zwar girierte sie am 30. März 1926 diese Wechsel durch zwei gemeinsam vertretungsberechtigte Prokuristen an die Klägerin mit folgendem Begleitschreiben: „Belieben Sie uns auf Girokonto Wert heute gutzuschreiben." Einen von den Wechseln, über 1100 RM., hat die Klägerin gegen die Beklagten v. P. und H. eingeklagt; in zwei Instanzen hat sie ein obsiegendes Urteil erstritten.

Für die Einlösung sämtlicher Wechsel hat der Drittbeklagte Ph. der Trassantin gegenüber selbstschuldnerische Bürgschaft übernommen. Die Trassantin hat durch ihren Generalbevollmächtigten Dr. Gr. die Rechte aus der Bürgschaft am 6. Mai 1926 an die Klägerin abgetreten. Die zunächst gegen die drei Beklagten erhobene Klage ist von der Klägerin nur gegen H. und Ph. weiter verfolgt worden, weil der Beklagte von P. nicht vertreten war. Sie verlangt gesamtschuldnerische Verurteilung der beiden zur Zahlung von 13900 RM. nebst Zinsen, ferner Verurteilung des Beklagten Ph., als Gesamtschuldner mit den beiden bereits rechtskräftig verurteilten Beklagten v. P. und H. weitere 1100 RM. nebst Zinsen und 14,50 RM. Wechselunkosten zu zahlen.

Die Beklagten H. und Ph. bestritten die Sachlegitimation der Klägerin, indem sie geltend machten, die Wechsel seien ihr zur Diskontierung übergeben, diese sei jedoch von ihr abgelehnt worden, es fehle also an einem Begebungsvertrag. Hilfsweise behaupten sie, die Girantin habe die Wechsel der Klägerin zum Inkasso gegeben, und leiten daraus ihr Recht her, alle gegen die Girantin ihnen zustehenden Einreden auch der Klägerin gegenüber geltend zu machen. Die Klägerin gibt zu, daß sie die Diskontierung der Wechsel abgelehnt habe, sie will jedoch auf Grund ihrer Geschäftsbedingungen nach § 1292 BGB. ein Pfandrecht an den Wechseln erworben haben für eine ihr gegen die Indossantin zustehende Forderung; auch habe sich Dr. Gr. am 10. April 1926 namens der Indossantin mit der Inpfandnahme der Wechsel ausdrücklich einverstanden erklärt.

Das Landgericht verurteilte die Beklagten H. und Ph. nach dem Klagantrag. Berufung und Revision dieser Beklagten hatten keinen Erfolg.

Aus den Gründen:

Die Haftung des Beklagten H. aus den Klagewechseln ergibt sich aus Art. 95 WO. in Verb. mit § 200 Abs. 1 HGB.

Die Klägerin hat nur dann ein Pfandrecht an den Wechseln gemäß § 1292 BGB. erworben, wenn bei Übergabe der indossierten Wechsel Einigung über die Pfandbestellung geherrscht hat, oder mit anderen Worten, wenn ein Begebungsvertrag zu Pfandzwecken abgeschlossen worden ist. Einen solchen Begebungsvertrag zwischen der Transatlantischen Handelskompagnie und der Klägerin folgert der Berufungsrichter daraus, daß sich die Indossantin als Bankkundin der Klägerin deren Geschäftsbedingungen unterworfen habe und daß diese Bedingungen die Bestimmung enthielten, die Klägerin erwerbe ein Pfandrecht an allen Werten ihrer Kunden, in deren Besitz sie gelange. Der Berufungsrichter meint zwar, trotz solcher Unterwerfung unter die Geschäftsbedingungen könne im Einzelfall etwas anderes vereinbart werden, aber immerhin spreche eine Rechtsvermutung dafür, daß sämtliche Rechtsgeschäfte zwischen der Bank und dem Bankkunden unter die Geschäftsbedingungen fielen. Hiernach soll auch eine Vermutung dafür streiten, daß ein Bankkunde, der seiner Bank Wechsel zur Diskontierung übersendet, dann, wenn letztere von der Bank abgelehnt wird, ohne weiteres mit einer Verpfändung der Wechsel gemäß den Geschäftsbedingungen einverstanden sei, sofern er nicht bei Hingabe der Wechsel ausdrücklich einen anderen Willen zu erkennen gebe.

Dem kann der erkennende Senat nicht beitreten. In der Übersendung von Wechseln zum Diskontieren liegt gegenüber der Bank ein Angebot zum Abschluß eines Wechselbegebungsvertrags unter der Bedingung, daß die Bank zum Diskontieren bereit ist. Der hierbei klar zum Ausdruck gekommene Wille des Bankkunden geht in einem solchen Falle dahin, daß die Wechsel der Bank nur für den Fall übergeben werden sollen und daß sie durch die Begebung nur dann Eigentümerin der indossierten Wechsel werden soll, wenn sie dem Bankkunden die Diskontsumme zur Verfügung stellt, daß aber bei Ablehnung der Diskontierung kein Begebungsvertrag abgeschlossen, sondern der Wechsel an den Indossanten zurückgegeben werden soll. Es liegt hier also ein typischer Fall vor, wo — was ja auch der Berufungsrichter mit Recht für zulässig erachtet — die Geschäftsbedingungen für ein einzelnes Geschäft durch die Willenserklärung des Bankkunden außer Kraft gesetzt werden; dann kann aber auf Grund der Geschäftsbedingungen kein Pfandrecht nach § 1292 BGB. entstehen. Der Bankkunde erklärt ja bei der Hingabe der Wechsel, daß die Bank bei Nichtdiskontierung die Wechsel mangels Zustandekommens eines Begebungsvertrags zurückgeben soll. Wenn die Bank auf Grund ihrer Geschäftsbedingungen die Rückgabe verweigern würde, obwohl der Kunde die Bedingungen für den erwähnten Fall außer Kraft gesetzt und ihr die Wechsel mit jener Maßgabe ausgefolgt hat, so läge hierin ein grober Verstoß gegen Treu und Glauben mit Rücksicht auf die Verkehrssitte und ein offenbarer Mißbrauch des vom Kunden der Bank entgegengebrachten Vertrauens. Möglich und durchaus zulässig ist zwar, daß die Bank bei Ablehnung der Diskontierung dem Bankkunden unter Hinweis auf ihre von ihm angenommenen Geschäftsbedingungen den Vertragsantrag macht, ob er ihr den Wechsel als Pfand belassen wolle; ein Pfandrecht entsteht aber in diesem Falle erst mit der Annahme eines solchen Vertragsantrags durch den Kunden. Die bloße Tatsache, daß die hier fraglichen Geschäftsbedingungen bestehen, vermag einen solchen Vertragsantrag nicht zu ersetzen. Auch ist im Zurückbehalten der Wechsel durch die Bank noch kein stillschweigendes Angebot zum Abschluß eines Wechselbegebungsvertrags im Sinne des § 1292 BGB. zu erblicken, da dies s Zurückbehalten zu Unrecht geschieht und vom Bankkunden angesichts seiner klar hervorgetretenen gegenteiligen Willensmeinung nach Treu und Glauben nicht als neuer Vertragsantrag der Bank gedeutet werden kann. Wohl aber kann die Annahme eines erkennbaren Vertragsantrags der Bank gegebenenfalls auch stillschweigend erfolgen und aus den gesamten Umständen gefolgert werden. Dies entspricht dem für stillschweigende Willenserklärungen geltenden Grundsatz, wonach jedermann sich gefallen lassen muß, daß sein Verhalten vom andern Teil so beurteilt wird, wie es nach Treu und Glauben mit Rücksicht auf die Verkehrssitte zu deuten ist. Es fragt sich jedoch, ob schon in der einfachen Berufung der Bank auf ihre Geschäftsbedingungen und in der Tatsache, daß der Bankkunde trotz Ablehnung der Diskontierung die hingegebenen Wechsel nicht zurückverlangt, stets eine derartige stillschweigende Willenserklärung zu erblicken ist. Das muß verneint werden. Der erkennende Senat hat schon im Urteil vom 13. November 1925 II 394/25 (SeuffArch. Bd. 80 Nr. 47) ausgeführt, daß in der Untätigkeit des Indossanten nicht unter allen Umständen ein stillschweigendes Einverständnis mit der Verpfändung zu erblicken sei, insbesondere dann nicht, wenn dem Indossanten nur an der Erlangung baren Geldes und nicht an der Verpfändung des Wechsels gelegen gewesen und die Rückforderung des Wechsels nur deshalb unterblieben sei, weil er die Bank auf Grund der Geschäftsbedingungen zu ihrem Vorgehen für befugt gehalten und sich lediglich dem „Zwange gefügt" habe (vgl. hierzu Urteil des Oberlandesgerichts München vom 20. März 1925 in LZ. 1925 Sp. 884).

Wenn daher nicht noch sonstige Umstände dazutreten, kann aus der Untätigkeit des Indossanten für sich allein nicht gefolgert werden, daß er sich nach Ablehnung der Diskontierung mit dem Abschluß eines Begebungsvertrags über Verpfändung des Wechsels einverstanden erklärt hat, und erst recht nicht vermag das Vorhandensein derartiger Geschäftsbedingungen ohne alles weitere einen Vertragsantrag der Bank zu ersetzen, der dahin geht, daß ihr die Wechsel zu Pfandzwecken nach § 1292 BGB. belassen werden sollen. Es besteht keinerlei Vermutung, wie sie der Berufungsrichter annimmt; vielmehr trifft in einem solchen Falle die Bank die Beweislast für das Zustandekommen eines Begebungsvertrags zu Pfandzwecken. Das entspricht der herrschenden Meinung (vgl. KommRGR. 6. Aufl. § 1292 Anm. 1 a. E.; Staudinger 13. Aufl. § 1292 Anm. 5).

Allein für den vorliegenden Fall hat diese Frage überhaupt keine entscheidende Bedeutung. Denn nach den Feststellungen des Berufungsrichters ist ein Begebungsvertrag zu Pfandzwecken dadurch zustande gekommen, daß die Indossantin, die Transatlantische Handelskompagnie, durch ihren Generalbevollmächtigten Dr. Gr. der Inpfandnahme der auf die Klägerin indossierten Wechsel ausdrücklich zugestimmt und dies in der Urkunde vom 10. April 1926 noch besonders erklärt hat. Diese Feststellung hat der Berufungsrichter auf Grund der beeidigten Aussage des Dr. Gr. getroffen, der er vollen Glauben beimißt.

Der Abschluß eines Begebungsvertrags nach § 1292 BGB. wird nicht dadurch ausgeschlossen, daß die Einigung über die Belassung der Wechsel als Pfand der Übergabe zur Diskontierung nachgefolgt ist. Dies ergibt sich aus § 1205 Abs. 1 Satz 2 in Verbindung mit § 929 Satz 2 BGB. . . .

75. Genügt der Vorschrift des § 606 Abs. 4 ZPO. die Feststellung, daß das ausländische Recht fremde (d. h. nicht dem ausländischen Staat angehörige) Gerichte nicht ausschließe?

VIII. Zivilsenat. Urt. v. 21. November 1929 i. S. Ehem. St. (Bekl.) w. Ehefr. St. (Kl.). VIII 212/29.

I. Landgericht II Berlin.
II. Kammergericht daselbst.

Der Beklagte ist nordamerikanischer Staatsangehöriger; er ist geboren im Staate Iowa. Die Parteien haben im Staate New-York die Ehe geschlossen. Der Ehemann hält sich in Berlin auf. Die Ehefrau war nur vorübergehend in Berlin; sie wohnt in Dänemark.

Im Dezember 1927 erhob die Klägerin Klage auf Scheidung der Ehe, welcher der Beklagte entgegentrat. Das Landgericht wies die Klage als unbegründet ab. Das Kammergericht gab ihr statt unter Schuldigerklärung des Beklagten, der im Berufungsverfahren die Zuständigkeit des deutschen Gerichts bestritten hatte. Die Revision des Beklagten führte zur Aufhebung und Zurückverweisung.

Aus den Gründen:

Nach der Vorschrift des § 606 Abs. 4 ZPO. mußte das Berufungsgericht prüfen, ob das inländische Gericht für die von der Ehefrau erhobene Scheidungsklage auch nach den Gesetzen des Staates zuständig ist, dem der Ehemann zur Zeit der Klagerhebung angehörte. Diese Prüfung ist nicht mit der vom Berufungsgericht ausgesprochenen rein negativen Entscheidung erledigt, das amerikanische Recht schließe ausländische Gerichte nicht aus. Zu entscheiden war vielmehr außerdem, ob nach amerikanischem Recht das Gericht des Wohnsitzes des Ehemanns oder, da der Ehemann hier Beklagter ist, etwa das Gericht des Wohnsitzes des Beklagten für die Scheidungsklage zuständig ist, oder schließlich das Gericht des Wohnsitzes der klagenden Partei. Ferner war zu erörtern, ob der Ehemann nach amerikanischem Recht in Berlin seinen Wohnsitz gehabt hat, und, sofern nach amerikanischem Recht der Wohnsitz der klagenden Partei maßgebend ist, ob etwa die Ehefrau in Berlin einen vom Wohnsitz des Ehemanns abgeleiteten Wohnsitz hatte. Dieser Prüfung muß überdies die Erörterung zweier Vorfragen vorausgehen. Einmal, welches amerikanische Staatenrecht zugrunde zu legen ist, ob das des Geburtsorts oder das des

Wohnsitzes (der „residence“). Anderseits, ob das amerikanische internationale Privatrecht auf ein anderes Recht verweist, etwa auf das deutsche oder das dänische. Diese Fragen bedürfen nach § 293 ZPO. der Klärung. (Es wird sodann auf einige Zweifel hingewiesen, zu denen die bisherige Erörterung der Sache Anlaß gibt.)

---

76. Kann eine Hemmung des Laufes der Frist des § 519 Abs. 6 ZPO. dadurch herbeigeführt werden, daß gegen einen das Armenrecht versagenden Beschluß eine bewußt unzulässige Beschwerde eingelegt wird?

VIII. Zivilsenat. Beschl. v. 28. November 1929 i. S. Ehefr. B. (Kl.) w. Ehem. B. (Bekl.). VIII B 25/29.

I. Landgericht Zweibrücken.
II. Oberlandesgericht daselbst.

Der Sachverhalt und die Entscheidung ergeben sich aus den

Gründen:

Die Klägerin hatte gegen ein Urteil des Landgerichts vom 21. März 1929 — zugestellt am 27. dess. Mon. — durch Schriftsatz vom 27. April 1929 Berufung eingelegt. Nachdem ihr am 1. Mai 1929 eine Frist von zwei Wochen zum Nachweis der Zahlung der Prozeßgebühr gesetzt worden war, hat sie am 6. Mai ein Gesuch um Bewilligung des Armenrechts eingereicht, das durch Beschluß vom 17. Mai 1929 — zugestellt am 22. dess. Mon. — abschlägig beschieden worden ist. Danach wäre die Frist am 15. Juni abgelaufen gewesen. Sie wurde aber auf Antrag der Klägerin bis zum 13. Juli 1929 verlängert; ihr Antrag von diesem Tage auf weitere Verlängerung wurde abgelehnt. An demselben Tage hat die Klägerin gegen den das frühere Armenrechtsgesuch ablehnenden Beschluß vom 17. Mai die an sich unzulässige Beschwerde erhoben. Das Oberlandesgericht hat angenommen, daß hierdurch keine weitere Hemmung der Frist eingetreten sei. Dem ist beizutreten.

Das Oberlandesgericht geht davon aus, daß der die Beschwerde einlegende Rechtsanwalt sie in Erkenntnis ihrer Unzulässigkeit eingereicht hat, und mißt ihr im ausgesprochenen Gegensatz zum Beschluß des Reichsgerichts vom 30. November 1925 IV B 55/25 keine fristhemmende Wirkung bei.

In der genannten Entscheidung ist gesagt, daß die Auffassung, die Frist könne durch Einlegung einer unzulässigen Beschwerde nicht gehemmt werden, dem Wortlaut des § 519 Abs. 6 ZPO. widerspreche und daß zwingende Gründe eine Einschränkung der Vorschrift nicht notwendig machten. Der bloßen Möglichkeit, daß sie für Zwecke ausgenutzt werden könne, denen zu dienen sie nicht bestimmt sei, könne keine ausschlaggebende Bedeutung beigemessen werden. Es sei auch zu berücksichtigen, daß die Partei selbst das Gesuch um Bewilligung des Armenrechts und die Beschwerde gegen seine Versagung anbringen könne. Eine Einengung würde einer Partei, die im Glauben an die Zulässigkeit der Beschwerde und ihre hemmende Wirkung nicht gezahlt habe, die Berufung entziehen.

Ein weiterer Beschluß des Reichsgerichts vom 22. Oktober 1927 — V B 28/27 — betrifft einen Fall, wo der Rechtsanwalt die Beschwerde im Bewußtsein der Aussichtslosigkeit eingelegt hatte zu dem Zweck, die Verschleppung des Verfahrens zu erreichen. Für diesen Fall einer nicht ernstlich gemeinten Beschwerde hat der V. Zivilsenat ihr die hemmende Wirkung versagt. Falls die vorgenannte Entscheidung des IV. Zivilsenats das Gegenteil ausgesprochen haben sollte, so beruhe sie jedenfalls nicht darauf, denn eine Feststellung der Nichternstlichkeit sei nicht erfolgt. Im Gegenteil verweise der IV. Zivilsenat gerade auf den guten Glauben der Partei an die Zulässigkeit.

Der vorliegende Fall deckt sich tatsächlich mit dem vom V. Zivilsenat entschiedenen. Auch dort hat die Klägerin die Berufung am letzten Tage der Frist eingelegt. Sie hat nach Mitteilung der Nachweisfrist ein Gesuch um Bewilligung des Armenrechts eingereicht und dann nach Ablauf der so erstreckten Frist eine weitere Verlängerung beantragt und erzielt. Am letzten Tage dieser Frist hat sie um eine nochmalige Verlängerung nachgesucht und nunmehr, nach mehr als 7 Wochen, auch noch eine Beschwerde gegen den das Armenrechtsgesuch ablehnenden Beschluß vom 17. Mai 1929 erhoben. Dabei war sich der Rechtsanwalt, der diese Beschwerde eingelegt hat, ihrer Unzulässigkeit bewußt. Er wollte, wie das Oberlandesgericht feststellt, nur Frist gewinnen.

Mit Rücksicht auf diese Feststellungen tritt der beschließende Senat der Entscheidung des V. Zivilsenats bei, wonach einer nicht ernstlich gemeinten Beschwerde keine hemmende Wirkung zukommt. Er teilt auch die Auffassung des V. Senats, daß diese Entscheidung von der des IV. Zivilsenats nicht abweiche, da die letztere nicht auf das Moment der Nichternstlichkeit abstelle, daß sich also eine Anrufung der Vereinigten Zivilsenate erübrige. Es handelt sich eben hier um denjenigen Sonderfall, der auch die Rechtsfolge aus § 102 ZPO. hervorzurufen vermag. Wer angesichts des klaren Wortlauts des Gesetzes bewußt eine unzulässige Beschwerde einlegt, der darf sich ebensowenig über die Wirkungslosigkeit wie über die Kostenlast beschweren. Anders wäre es, wenn die Beschwerde als ein ernstlich in Betracht kommendes erneutes Armenrechtsgesuch zu betrachten wäre, ein Fall, den der angefochtene Beschluß ebenfalls berührt und den der VII. Zivilsenat am 19. Juni 1928 in VII 25/28 (JW. 1928 S. 2132 Nr. 17) im Auge hatte. Ein solcher Fall liegt aber, wie bereits erörtert, hier nicht vor.

---

77. Nach welchen rechtlichen Gesichtspunkten haftet eine preußische Stadtgemeinde dem Grundstückseigentümer wegen Versagung einer von diesem nachgesuchten Bauerlaubnis?

RVerf. Art. 131, 153. BGB. § 839. Einl. zum preuß. ALR. § 75. Preuß. Fluchtliniengesetz vom 2. Juli 1875 § 8.

III. Zivilsenat. Urt. v. 6. Dezember 1929 i. S. Stadtgemeinde B. (Bekl.) w. K. u. Gen. (Kl.). III 27/29.

I. Landgericht München-Gladbach.
II. Oberlandesgericht Düsseldorf.

Die klagenden Eheleute leben im Güterstand der übergeleiteten Fahrnisgemeinschaft des rheinischen Rechts. Sie sind die beiden Teilhaber der Drittklägerin, einer offenen Handelsgesellschaft. Die klagende Ehefrau ist Eigentümerin gewisser in B. Ecke Bahnhof- und Krefelder Straße belegenen Grundstücke, auf denen sich eine Walzenmühle und ein Wohn- und Geschäftshaus befinden. Die Drittklägerin betrieb die Mühle. Im Sommer 1924 beabsichtigten die Kläger bauliche Veränderungen, insbesondere eine Aufstockung des

Mühlennebengebäudes. Darüber führten sie Verhandlungen mit der beklagten Stadtgemeinde. Diese hat mit zwei Bescheiden vom 20. Oktober und 1. Dezember 1924 die baupolizeiliche Genehmigung zu dem Bauvorhaben der Kläger versagt, weil die Gebäude zum Teil vor der festgesetzten Baufluchtlinie lägen. Die Drittklägerin erhob hiergegen Beschwerde an den Regierungspräsidenten zu Düsseldorf. Die Beklagte berief sich in ihrem hierzu erstatteten Bericht vom 13. Dezember 1924 auf eine Fluchtlinienfestsetzung, die in einem am 15. Januar 1912 aufgestellten, am 9. Juni 1914 geprüften und in der Folge genehmigten Plan für den Umbau der Bahnanlage in B. vorgesehen sei. Das war nicht richtig, wie später unstreitig wurde; der Plan für den Umbau der Bahnanlage berührte die Grundstücke der Kläger nicht. Nachdem im Januar 1925 eine amtliche Ortsbesichtigung stattgefunden hatte, stellte die Beklagte in einem Bericht vom 17. Juli 1925 jene Unrichtigkeit richtig, berief sich aber nunmehr auf einen Baufluchtlinienplan vom 23. Januar 1918. Damals hatte es sich, im Zusammenhang mit einer Verlegung des Bahnhofs, darum gehandelt, die Casinostraße von der früheren Bahnhof-, jetzt Parkstraße bis zur Krefelder Straße zu verlängern. So war der Plan auch öffentlich bekanntgemacht worden. Die Grundstücke der Kläger liegen im Zug dieser neuen Straße, aber jenseits der Krefelder Straße; im Plan selbst ist jedoch die Fluchtlinie über die Krefelder Straße hinaus dergestalt eingezeichnet, daß sie auf der Strecke M—N die Grundstücke der Kläger noch anschneidet. Dem entspricht das damals angefertigte Vermessungsregister; es führt gleichfalls die Grundstücke der Kläger als von dem Plan betroffen auf. Mit Bescheid vom 14. September 1925 hat der Regierungspräsident die Beschwerde der Drittklägerin abschlägig beschieden, weil dem Bauvorhaben die Fluchtlinienfestsetzung entgegenstehe. Gegen diesen Beschwerdebescheid erhob die Drittklägerin weitere Beschwerde an den Oberpräsidenten. Zur Begründung machte sie geltend, daß die Fluchtlinienfestsetzung von 1918 nur bis zur Krefelder Straße gereicht habe. Dieser Begründung stattgebend, hat der Regierungspräsident am 15. November 1925 seinen früheren Bescheid aufgehoben. Damit erachtete der Oberpräsident das Beschwerdeverfahren für erledigt. Im Laufe des Jahres 1926 hat die Beklagte das Verfahren wegen der Fluchtlinienfestsetzung auf die Grundstücke der Kläger ausgedehnt. Die Kläger wollen schon zum 1. Januar 1925 den Mühlenbetrieb stillgelegt haben, weil er ohne die Umbauten unwirtschaftlich gewesen sei. Mit der Klage verlangen sie an erster Stelle Verurteilung der Beklagten dahin: den Klägern allen Schaden zu ersetzen, der dadurch entstanden ist und noch entsteht, daß die Beklagte ihnen die Bauerlaubnis zur Aufstockung ihres Maschinenhauses versagt und hierdurch die Einstellung ihres Gewerbebetriebs verursacht und die Benützung ihrer Grundstücke und Einrichtungen unmöglich gemacht hat. Sie beantragen weiter, diesen Schaden durch Sachverständige festsetzen zu lassen und die Beklagte zu verurteilen, den Klägern diesen Betrag nebst Zinsen zu zahlen. (Ein Hilfsantrag der Kläger kommt für den gegenwärtigen Rechtszug nicht in Betracht.) Die Beklagte ist dem Klagantrag entgegengetreten. Das Landgericht hat durch rechtskräftig gewordenes Zwischenurteil die Einrede der Unzulässigkeit des Rechtswegs verworfen und dann die Klage abgewiesen. Auf die Berufung der Kläger hat das Oberlandesgericht das landgerichtliche Urteil abgeändert und den Klaganspruch im Rahmen des § 75 Einl. zum preuß. ALR. und des Art. 153 RVerf. dem Grunde nach für gerechtfertigt erklärt, sowie die Sache zur Verhandlung über den Betrag an das Landgericht zurückverwiesen. Gegen dieses Urteil haben beide Teile Revision eingelegt. Die beiderseitigen Rechtsmittel sind zurückgewiesen worden.

Gründe:

Die Kläger stützen ihr Verlangen nach Schadensersatz in erster Reihe auf § 839 BGB. und Art. 131 RVerf., in zweiter Linie auf § 75 Einl. z. ALR. und Art. 153 RVerf. Daß für den ersten Klagegrund der Rechtsweg zulässig ist, erhellt aus Art. 131 RVerf. und steht zudem unter den Parteien rechtskräftig fest. Auch hinsichtlich der zweiten Klagebegründung hält der Berufungsrichter den Rechtsweg für gegeben. Dem ist beizutreten. Die Revision der Beklagten bittet insoweit um Nachprüfung; sie hat aber nichts angeführt, was geeignet wäre, das Ergebnis des Berufungsrichters zu erschüttern.

Auch die Sachbefugnis der Kläger hat der Berufungsrichter ohne Rechtsverstoß bejaht. Die Zweitklägerin ist die Eigentümerin der Grundstücke; die Versagung der Erlaubnis, auf den Grundstücken zu bauen, hat daher diese Klägerin unmittelbar in ihrem Eigentum betroffen. Dem Erstkläger als Ehemann der Zweitklägerin stehen an den Grundstücken die ehemännlichen Rechte der Verwaltung und Nutznießung nach Maßgabe der §§ 1551, 1550 Abs. 2, § 1525 Abs. 2,

§§ 1373 flg. BGB. zu. Die Drittklägerin ist eine offene Handelsgesellschaft, bestehend aus den ersten beiden Klägern; zu ihrer Vertretung sind diese berufen. Denn daß einer von ihnen durch Gesellschaftsvertrag von der Vertretung ausgeschlossen wäre (§ 125 Abs. 1 HGB.), ist nicht festgestellt. Die Drittklägerin ist es, die den Bau hatte ausführen wollen, die die Baugenehmigung nachgesucht hat und der, nach dem Klagevorbringen, derjenige Schaden erwachsen ist, dessen Erstattung die Klage verlangt. Bei dieser Sachlage konnten Zweifel entstehen, ob die beiden ersten Kläger für ihre eigene Person oder die Drittklägerin, vertreten durch jene, zur Geltendmachung des Schadens berufen waren. Ersichtlich um derlei Zweifeln zu begegnen, haben die Kläger die Klage so wie geschehen erhoben; sie wollten der Möglichkeit vorbeugen, infolge einer etwaigen Beanstandung der Sachbefugnis noch einen zweiten Rechtsstreit führen zu müssen. Dagegen ist nichts zu erinnern. Die Rechtsregeln über die Prozeßführung der offenen Handelsgesellschaft stehen dem nicht im Wege. Eher ließe sich bezweifeln, ob es nötig war, daß alle klagten; aber wenn insoweit etwas Überflüssiges geschehen sein sollte, beschwert das die Beklagte nicht, da die Kläger durch den nämlichen Prozeßbevollmächtigten vertreten waren und nennenswerte Mehrkosten nicht entstanden sind.

Den Klagegrund des § 839 BGB. in Verb. mit Art. 131 RVerf. hat der Berufungsrichter verworfen. Er nimmt an, daß für das Grundeigentum der Kläger eine Fluchtlinie damals nicht festgesetzt und demgemäß die Versagung der Bauerlaubnis aus dem Grunde der Fluchtlinienfestsetzung nicht gerechtfertigt gewesen sei, daß aber den Beamten der Beklagten kein erweisliches Verschulden zur Last falle. In der ersten Annahme ist dem Berufungsrichter beizutreten. Nach dem festgestellten Sachverhalt war auf dem Fluchtlinienplan vom 23. Januar 1918 die Linie M—N eingezeichnet; sie durchschnitt die Grundstücke der Kläger, und ebenso war im Vermessungsregister ein Teil des Grundeigentums der Kläger als von der Fluchtlinie betroffen eingetragen. Danach ist damals mindestens bei gewissen Stellen der verklagten Stadtgemeinde mit der Absicht umgegangen worden, die Fluchtlinie so zu gestalten, daß sie das Eigentum der Kläger anschnitt. Anderenteils ist der Fluchtlinienplan nach den vorgelegten Urkunden von den städtischen maßgebenden Stellen damals nur „bis zur Krefelder Straße" beschlossen und auch nur mit dieser Beschränkung öffentlich ausgelegt worden (§ 8 des preuß. Fluchtliniengesetzes vom 2. Juli 1875, GS. S. 561). Die Grundstücke der Kläger liegen jenseits der Krefelder Straße; sie wurden demgemäß von der damals beschlossenen und veröffentlichten Fluchtlinie nicht mehr betroffen. Bei dieser Sach- und Rechtslage fällt dem Berufungsrichter kein rechtlicher Verstoß zur Last, wenn er annimmt, eine festgesetzte Fluchtlinie habe damals für die Mühlengrundstücke der Kläger nicht bestanden.

Gleichwohl liegt in der Versagung der Bauerlaubnis, welche die Beklagte mit dem Schreiben vom 1. Dezember 1924 den Klägern gegenüber ausgesprochen hat, in der Sache keine Amtspflichtverletzung. Die Beklagte war zu der Versagung aus einem anderen Grunde berechtigt, auf den freilich die Parteien bis jetzt nicht eingegangen sind und den auch der Berufungsrichter nicht angeführt hat. Zu der ablehnenden Bescheidung eines Baugesuchs ist die Gemeinde anerkanntermaßen auch dann befugt, wenn das Verfahren über die Festsetzung der Fluchtlinien noch nicht eingeleitet ist; die Gemeinde (Baupolizeibehörde) handelt auch dann im öffentlichen Interesse, wenn sie nur im Hinblick auf eine für die Zukunft in Aussicht genommene Fluchtlinie zu deren Sicherung vorsorglich die Baugenehmigung versagt. Nur ist dann der Rechtsgrund der Versagung nicht mehr im Fluchtliniengesetz zu finden, sondern in der allgemein der Polizei zustehenden vorbeugenden Machtbefugnis zur Wahrnehmung der öffentlichen Belange (vgl. RGZ. Bd. 28 S. 276). Schon diese Erwägung läßt den Klagegrund des § 839 BGB. als ungerechtfertigt erscheinen. Eines Eingehens auf die Frage eines Verschuldens der Beamten der Beklagten bedarf es daher nicht. Die Maßregel war formell rechtmäßig, weil, wie aus dem oben Ausgeführten erhellt, die Weiterführung der Fluchtlinie über die Krefelder Straße hinaus auf die Strecke M—N und damit auf das Eigentum der Kläger übergreifend mindestens für die Zukunft ernstlich in Aussicht genommen war und die Beamten der Beklagten in der Absicht handelten, diese künftige Fluchtlinie sicherzustellen.

Aus diesen Erwägungen ergibt sich die Zurückweisung der Revision der Kläger, zugleich aber auch die Zurückweisung des Rechtsmittels der Beklagten. Denn wie in der angeführten Entscheidung des Reichsgerichts eingehend dargelegt wird, ist im Falle eines derartigen vorbeugenden Eingriffs der Polizeibehörde in das private Grundeigentum der betroffene Eigentümer berechtigt, zwar nicht nach den Grundsätzen und Vorschriften des Fluchtliniengesetzes, wohl aber nach den sonstigen allgemeinen Rechtsgrundsätzen, insonderheit nach dem hier zur Anwendung zu bringenden § 75 Einl. z. ALR., Entschädigung zu verlangen (vgl. auch RGZ. Bd. 26 S. 265 und Bd. 6 S. 295 sowie die hier S. 298 angeführten Entscheidungen des vormaligen Preuß. Obertribunals). Der Rechtsgedanke des § 75 Einl. z. ALR. gilt auch in der Rheinprovinz (RGZ. Bd. 64 S. 184). Der Anspruch aus § 75 geht nicht nur gegen den Staat, sondern auch gegen andere öffentliche Körperschaften, jedenfalls gegen Gemeinden, wenn der Eingriff in das Eigentum zum Besten der Gemeinde geschah (RGZ. Bd. 64 S. 184, Bd. 112 S. 95).

Ohne rechtlichen Verstoß hat demnach der Berufungsrichter den Entschädigungsanspruch der Kläger „im Rahmen des §75 Einl. z. ALR. und des Art. 153 RVerf." für berechtigt erklärt. Offensichtlich geht der Berufungsrichter dabei von der Erwägung aus, daß die Rechtsgedanken des § 75 Einl. z. ALR. und des Art. 153 RVerf. die nämlichen sind und daß insbesondere beide Gesetzesvorschriften in dem Grundgedanken zusammentreffen, der betroffene Grundeigentümer oder sonst Berechtigte könne nicht die Wiederherstellung des früheren Zustands (§§ 249 flg. BGB.) und gegebenenfalls volle Wiedergutmachung fordern, sondern sei auf einen angemessenen Ausgleich für die erfahrene Beeinträchtigung beschränkt. Von diesem Standpunkt aus konnte der Berufungsrichter die Frage, ob schließlich die eine oder die andere der beiden angeführten Vorschriften maßgebend ist, ohne rechtlichen Verstoß dem Betragsverfahren überlassen, wie es offenbar seine Absicht war.

Nach alledem bedarf es keines Eingehens auf das weitere beiderseitige Parteivorbringen. Mitwirkendes eigenes Verschulden der Kläger kommt gegenüber ihrem Anspruch aus § 75 Einl. z. ALR. nicht in Betracht; es entfällt daher die auf Verletzung des § 254 BGB. und des § 551 Nr. 7 ZPO. gegründete Revisionsrüge der Beklagten. Auf den Hilfsantrag der Kläger brauchte der Berufungsrichter schon deshalb nicht einzugehen, weil er dem Hauptantrag entsprochen hat, wennschon in beschränktem Umfang. Daraus, daß nach dem eigenen Vorbringen der Kläger die Beklagte nachträglich das förmliche Verfahren wegen der Fluchtlinienfestsetzung in bezug auf die Strecke M—N eingeleitet hat, haben die Parteien für den gegenwärtigen Rechtsstreit keine Folgerungen gezogen. Insbesondere hat die Beklagte nicht geltend gemacht, daß die Kläger damit nachträglich auf die Ansprüche aus dem Fluchtliniengesetz beschränkt worden seien. Damit hat die Beklagte richtig gehandelt. Denn mit der Klage machen die Kläger ja nur den Schaden geltend, der ihnen aus der Versagung der Bauerlaubnis im Herbst 1924 erwachsen sein soll, mithin einen Schaden, der schon vor der neuerlichen Einleitung des Fluchtlinienverfahrens entstanden sei.

---

78. Kann der Staat, der aus Dienstverfehlungen eines Beamten gemäß Art. 131 RVerf. auf Schadensersatz in Anspruch genommen worden ist, sich seinerseits an dem Beamten schadlos halten, wenn dessen Amtspflichtverletzung eine Folge seiner Arbeitsüberbürdung ist?

RVerf. Art. 131. Pr. ALR. §§ 88, 89 II 10. BGB. §§ 276, 839.

III. Zivilsenat. Urt. v. 10. Dezember 1929 i. S. Preuß. Staat (Kl.) w. R. (Bekl.). III 107/29.

I. Landgericht Lyck.
II. Oberlandesgericht Königsberg.

Der Beklagte, der seit dem 1. Januar 1926 als Gerichtsvollzieher kraft Auftrags in L. tätig war, ließ einen am 26. Februar 1926 bei ihm eingegangenen Zwangsvollstreckungsauftrag der Firma van D. & Co. gegen die Firma K. in L. — ungeachtet der Erinnerung der Gläubigerin vom 15. März 1926 — unbearbeitet und sandte ihn am 19. März 1926, unmittelbar nachdem die Schuldnerin die Anordnung der Geschäftsaufsicht beantragt hatte, unerledigt an die Gläubigerin zurück. Der Kläger, der diese wegen ihres Ausfalls beim Zwangsvergleich in Höhe von 244,35 RM. schadlos gehalten hat, nimmt den Beklagten auf Ersatz dieser Summe nach Maßgabe der §§ 88, 89 II 10 Pr. ALR. in Anspruch. Der Beklagte bestritt ein Verschulden seinerseits unter Hinweis auf seine dauernde, seiner vorgesetzten Dienststelle bekannt gewesene Überlastung.

Das Landgericht gab der Klage im wesentlichen statt; das Oberlandesgericht wies sie ab. Die Revision des Klägers blieb erfolglos.

Gründe:

Gegen die Firma K. sind im Februar 1926 insgesamt 11 und im folgenden Monat 8 Vollstreckungsaufträge beim Beklagten eingegangen. Bis zum 19. März 1926 hatte er von den Februar-Aufträgen 7, von den März-Aufträgen dagegen keinen erledigt. Am 13. März suchte er zur Durchführung eines am 24. Februar erhaltenen Vollstreckungsauftrags die Geschäftsräume der genannten Schuldnerin auf, ohne zu berücksichtigen, daß in seinem Büro noch verschiedene andere gegen sie gerichtete Vollstreckungsaufträge, darunter ein schon am 20. Februar eingegangener, ihrer Erledigung harrten. Alles das hat das Landgericht zu der Feststellung veranlaßt, daß der Beklagte planlos und nachlässig gearbeitet habe und deshalb, da ihm Überlastung als Entschuldigungsgrund für diese Planlosigkeit nicht zur Seite stehe, für den durch seine Fahrlässigkeit der Firma van D. & Co. entstandenen und ihr vom Kläger ersetzten Schaden diesem gegenüber aufkommen müsse.

Ganz anders hat das Oberlandesgericht die Sachlage beurteilt. Es hält die Säumnisse des Beklagten durch seine geschäftliche Überlastung für entschuldigt. Der Berufungsrichter rechnet es dem Beklagten zunächst zugute, daß er am 1. Januar 1926 als Neuling ohne praktische Erfahrung auf diesem Gebiete die Geschäfte eines Gerichtsvollziehers übernommen habe und daß seine Zeit daher vielfach durch die Notwendigkeit der Einarbeitung und der Schulung seines gleichfalls noch ungeübten Büropersonals in Anspruch genommen worden sei. Für sich allein würde das freilich zur Entschuldigung des Beklagten nicht ausreichen. Denn wer ein Amt übernimmt, muß im allgemeinen die zu seiner Ausübung erforderlichen Fähigkeiten, Kenntnisse und Erfahrungen besitzen. Unter einem nach diesen Richtungen hervortretenden, die pflichtmäßige Amtsführung hemmenden Mangel darf das recht- und hilfesuchende Publikum nicht leiden. Immerhin können aber auch diese Umstände im Zusammenwirken mit einer etwaigen Dienstüberbürdung des Beklagten zu seiner Entlastung mitverwendet werden (RGZ. Bd. 77 S. 428). Über seine dienstliche Beschäftigung stellt das Oberlandesgericht folgendes fest. Das Tätigkeitsgebiet des Beklagten erstreckte sich nicht nur auf einen Teil der Stadt L., sondern auch auf einen nicht unbedeutenden ländlichen Bezirk, dessen Bearbeitung allein für Abhaltung von Versteigerungsterminen 2 Tage in der Woche beanspruchte und infolge der ungünstigen Lage der einzelnen Ortschaften, der schlechten Wegverhältnisse und der durch die Jahreszeit hervorgerufenen Erschwernisse hohe Anforderungen an den Körper und die Arbeitszeit des Beklagten stellte. Der Beklagte übernahm bei seinem Amtsantritt 161 unerledigte Vollstreckungsaufträge. Dazu traten an solchen in der Zeit vom 1. Januar bis zum 19. März 1926 noch weitere 905. Im gleichen Zeitraum wiesen das Dienstregister I des Beklagten 232 Zustellungsaufträge, die Beitreibungsliste 239 und die Vollstreckungsliste 42 Nummern auf. Unter den geschilderten Umständen bedeuteten diese Aufträge, wie das Oberlandesgericht weiter ausführt, eine derartige Überlastung, daß sie auch mit der äußersten Anspannung aller Kräfte im ordnungsmäßigen Geschäftsgang nicht zu erledigen waren, daß sie eine sorgfältige Überwachung des Büropersonals unmöglich machten und eine sachgemäße Bearbeitung aller Dienstgeschäfte schlechthin ausschlossen.

Wie der Staat einerseits von seinen Beamten erwarten kann und muß, daß sie der Erfüllung ihrer Amtspflicht die genaueste und gewissenhafteste Aufmerksamkeit und Sorgfalt widmen und jedes, auch das kleinste vermeidbare Versehen vertreten (§§ 88, 89 II 10 Pr. ALR.), so folgt anderseits aus seiner Treu- und Fürsorgepflicht den Beamten gegenüber, daß er von ihnen nicht Leistungen verlangen darf, deren Größe und Umfang eine pflichtmäßige Geschäftsführung nicht zulassen, die an normale Kraft und Arbeitsfähigkeit zu stellenden Anforderungen bei weitem übersteigen und die körperliche und geistige Spannkraft der Beamten hemmen und lähmen. Geschieht es doch und kommt der Staat der Bitte um Abhilfe nicht nach, so kann bei einer dienstlichen Verfehlung, die in der Überlastung ihre Ursache und Wurzel hat, von einem Verschulden des Beamten — wenigstens der Regel nach — nicht gesprochen werden.

Im vorliegenden Fall haben nicht nur das Berufungsgericht, sondern auch der Aufsichtsrichter des Amtsgerichts L. und der Landgerichtspräsident daselbst die außerordentlich schwere Überlastung des Beklagten anerkannt. Der letztere hat in seinem Bescheid vom 26. Mai 1926 ausgeführt, daß die Nichterledigung sämtlicher gegen die Firma K. eingegangenen Zwangsvollstreckungsaufträge mit dem außergewöhnlichen Andrang der Dienstgeschäfte zu entschuldigen sei. Nun können freilich die dazu berufenen Organe des Staates nicht in jedem Augenblick den Geschäftsbetrieb jedes einzelnen Gerichtsvollziehers übersehen und überwachen. In L. war aber infolge der Währungsfestigung und der dadurch hervorgerufenen Wirtschaftskrise die Zahl der Zwangsvollstreckungen im Jahre 1925 derart angeschwollen, daß sie von den damals im Amt befindlichen Gerichtsvollziehern nicht mehr bewältigt werden konnten und eine Stellenvermehrung unbedingt nötig machten. Infolgedessen wurde der damalige Assistent R., der Beklagte, mit der Wahrnehmung von Gerichtsvollzieher-Geschäften betraut. Schon sehr bald erkannte er jedoch, daß diese auch ihm über den Kopf wuchsen und eine ordnungsmäßige Erledigung nicht mehr zuließen. Er tat nunmehr das, was seine Pflicht ihm gebot (vgl. RGZ. Bd. 96 S. 147) und was zugleich das einzige war, das er tun konnte: er wandte sich bereits im Februar 1926 an den Aufsichtsrichter, stellte ihm vor, daß er mit seinen Geschäften nicht fertig werden könne, und ersuchte um Abhilfe. Ihm wurde aber der Bescheid, er, der Aufsichtsrichter könne nach so kurzer Zeit nicht schon wieder um Abhilfe wegen Geschäftsüberhäufung bitten; der Beklagte möge daher mit verstärkter Kraft die Geschäfte weiterführen und, wenn erforderlich, später wieder vorstellig werden. Der Aufsichtsrichter hat auch der Überzeugung Ausdruck gegeben, daß der Beklagte in der kritischen Zeit um eine sorgfältige Erledigung seiner Amtspflichten eifrig bemüht gewesen sei.

Nun ist es zwar an sich denkbar, daß eine Amtspflichtverletzung trotz der Arbeitsüberhäufung des Beamten nicht als deren Folge, sondern nach Lage des Falles doch als schuldhafte Unaufmerksamkeit angesehen werden muß. Eine solche findet die Revision darin, daß der Beklagte, als er am 13. März 1926 einen Vollstreckungsauftrag wider die Firma K. aus- und durchführte, andere Vollstreckungsaufträge gegen sie, darunter den der Firma van D. & Co., unberücksichtigt ließ, obschon deren Miterledigung keine nennenswerte Mühe und Mehrarbeit verursacht hätte. Das letztere verkennt aber der Berufungsrichter nicht; er läßt auch nicht außer acht, daß das Verhalten des Beklagten unverständig und pflichtwidrig gewesen wäre, wenn er — was die Revision unterstellt — seinen Betrieb und seine Eingänge einigermaßen gekannt und an die anderen wider die Firma K. noch schwebenden Vollstreckungsaufträge gedacht hätte. Gerade aber ihre Nichtbeachtung sowie die mangelnde Übersicht über die Dienstregister und die Kopf- und Planlosigkeit bei der Arbeitseinteilung führt er lediglich auf die durch übermäßige Inanspruchnahme des Beklagten verursachte

Herabsetzung seiner körperlichen und geistigen Spannkraft, also mittelbar auf die geschilderte Überlastung in Verbindung mit der Zuweisung städtischer und schwer zu bearbeitender ländlicher Bezirke zurück. Diese ganz auf tatsächlichem Gebiete liegenden Feststellungen rechtfertigen die Verneinung eines Verschuldens des Beklagten. Diese Verneinung ist den Angriffen der Revision nicht zugänglich und kann auch nicht erschüttert werden durch die Erwägungen, aus denen die Revision schließen will, daß das Verhalten des Beklagten eine von seiner Überlastung unabhängige Nachlässigkeit darstelle.

Unbegründet ist auch der Vorwurf, der Beklagte hätte dem Aufsichtsrichter genau darlegen müssen, welche Geschäfte er nicht erledigen könne. Nachdem der Beklagte seine Geschäftsüberbürdung einmal amtlich gemeldet hatte, war es Pflicht des Aufsichtsrichters, sie sich näher erläutern und begründen zu lassen, wenn er sachlich auf sie eingehen wollte. Das wollte er aber damals nicht, wie aus seinem dem Beklagten erteilten Bescheid erhellt. Deshalb war es auch, im Gegensatz zu der Annahme der Revision, dem Beklagten nicht zuzumuten, sich vor Ablauf einiger Wochen, insbesondere vor Eintritt des Schadens der Firma van D. & Co., nochmals an den Aufsichtsrichter zu wenden und die Bitte um Entlastung zu wiederholen. Dem Berufungsrichter fällt somit kein rechtlicher Verstoß zur Last.

---

79. Zur Auslegung der Tarifstelle 7 Abs. 5 des preuß. Stempelsteuergesetzes vom 27. Oktober 1924.

VII. Zivilsenat. Urt. v. 13. Dezember 1929 i. S. Sch. (Kl.) w. Preuß. Staat (Bekl.). VII 228/29.

I. Landgericht Kiel.
II. Oberlandesgericht daselbst.

In der Zeit vom 28. März bis 16. November 1925 verkaufte die klagende Firma an 31 verschiedene Personen je einen Kraftwagen. Die dabei ausgestellten 31 Urkunden hielt der Beklagte für stempelpflichtig. Er forderte einen Stempelbetrag von insgesamt 1036,50 RM. Darauf zahlte die Klägerin am 14. April 1926 100 RM., am 21. Juni 1927 300 RM., am 24. Januar 1928 150 RM., am 20. März 1928

150 RM. und am 26. April 1928 150 RM. Der Rest von 186,50 RM. ist noch unbezahlt. Nachdem die Vorstellungen und Beschwerden der Klägerin im Verwaltungsverfahren erfolglos geblieben waren, erhob sie Klage auf Zurückzahlung der drei im Jahre 1928 gezahlten Raten von zusammen 450 RM. nebst Zinsen und auf Feststellung, daß sie die restlichen 186,50 RM. nicht mehr zu zahlen brauche. Das Landgericht wies die Klage ab. In der Berufungsinstanz erkannte der Beklagte an, daß eine von den 31 Urkunden, deren Fassung von der der anderen abweicht, nicht stempelpflichtig sei. In Höhe der entsprechenden Beträge gab das Oberlandesgericht gemäß dem Anerkenntnis des Beklagten dem Klagantrag statt; im übrigen wies es die Berufung der Klägerin zurück. Ihre Revision blieb ohne Erfolg.

Gründe:

1. Bei den im Streit verbliebenen Urkunden sind Formblätter folgenden Inhalts verwendet worden:

„Wagenfabrik Automobile.
H. A. Sch.; Flensburg
Kom. Nr. Flensburg, den ...
Bestellung

von Herrn ... Wohnort ... Eisenbahnstation ... auf 1 ... PS $\frac{\text{Motor Nr. ...}}{\text{Fahrgestell Nr. ...}}$ zu dem vereinbarten Preise von Mark ..., wobei Mark 4,20 bei Zahlung den Wert eines U.S.A.-Dollar ausgleichen müssen, netto Kasse ab ... exklusive Verpackung. Die Bezahlung versteht sich, wie nachstehend angegeben, in bar, $^1/_3$ des Kaufpreises bei Bestellung und der Restbetrag vor Ablieferung des Wagens. Der Wagen geht erst nach voller Bezahlung in das Eigentum des Käufers über, wenn Akzepte gegeben werden, erst nach Bareinlösung der letzteren.

Anzahlung ..., Voraussichtliche Lieferzeit ..., Form des Wagenkastens ..., Lackierung ..., Polsterung ..., Pneumatiks ..., Lieferungsbedingungen (... es folgen Einzelheiten über Erfüllungsort, Garantie, Lieferungen, Allgemeines).

Unter Berechnung sind mitzuliefern ...

Weitere Vereinbarungen, insbesondere mündliche Vereinbarungen sind nicht getroffen, ...

Flensburg, den ...

Käufer ... Verkäufer ...“

Die Formblätter sind jeweils nach Abschluß der mündlichen Kaufverträge den getroffenen Abreden entsprechend ausgefüllt, von den Käufern unterschrieben und an die Klägerin zurückgegeben worden. Ob auch sie, wie der Beklagte behauptet, nach jedem Kaufabschluß ein ausgefülltes Formblatt unterschrieben und dem Käufer übergeben hat und ob die in den Händen eines der Käufer befindliche Urkunde die Unterschrift beider Vertragsteile trägt, hat der Berufungsrichter offen gelassen. Er nimmt auch für den Fall, daß diese Behauptungen nicht zutreffen sollten, die Anwendbarkeit der Tarifstelle 7 Abs. 5 des preuß. Stempelsteuergesetzes auf die ausgefüllten Formblätter an. Dort heißt es im ersten Satze:

> „Beurkundungen von Veräußerungen beweglicher Sachen unterliegen dem Stempel dieser Tarifstelle auch dann, wenn sie nur von einem der Vertragschließenden im Sinne des zweiten Absatzes des § 1 dieses Gesetzes unterzeichnet und dem anderen Vertragschließenden ausgehändigt sind."

Die Revision hält diese Vorschrift nicht für anwendbar, weil nur einseitige Vertragsangebote beurkundet worden seien. Das ist aber nicht richtig.

2. Das Reichsgericht hat sich schon wiederholt mit der streitigen Vorschrift zu beschäftigen gehabt. Sie greift immer dann und nur dann ein, wenn „wirklich die Veräußerung, also der Abschluß des betreffenden Umsatzgeschäfts schriftlich verlautbart ist" (RGZ. Bd. 83 S. 222), wenn „aus der Urkunde zu ersehen ist, daß auch der andere Teil, d. h. derjenige, dem das Angebot gemacht worden ist, sein Einverständnis bereits erklärt hat" (RGU. vom 28. Juni 1921 VII 17/21 und RGZ. Bd. 124 S. 338), wenn „auch die Annahme des Angebots beurkundet ist" (RGZ. Bd. 117 S. 90). In Übereinstimmung damit hat die Klägerin in erster Instanz selbst ausgeführt, die Anwendung der Tariffst. 7 Abs. 5 StStG. setze voraus, daß die Abrede in Vertragsform gefaßt sei und daß zum Vorliegen einer Kaufvertragsurkunde nur die zweite Unterschrift fehle.

3. In dem RGZ. Bd. 83 S. 221 entschiedenen Falle war ein Formblatt benutzt worden, das mit den Worten begann: „Hiermit kaufe ich . . .". Da niemand eine Sache kaufen kann, wenn sie ihm nicht ein anderer verkauft, so war hier mit dem Kaufen des einen Teils gleichzeitig auch das Verkaufen des anderen Teils beurkundet und damit der Abschluß des betreffenden Umsatzgeschäfts schriftlich ver-

lautbart. In den Fällen, die in den Urteilen vom 28. Juni 1921 VII 17/21 und RGZ. Bd. 117 S. 89 entschieden sind, waren „Bestellungen" beurkundet. Das Wort „Bestellung" bedeutet regelmäßig nur ein einseitiges Angebot, das von dem anderen Teil angenommen, aber auch abgelehnt werden kann. Es kam also darauf an, ob aus dem sonstigen Inhalt der Urkunde die bereits geschehene Annahme des Angebots ersichtlich war. Außerhalb der Urkunde liegende Umstände durften nicht berücksichtigt werden, da nach § 3 Abs. 1 StStG. — von besonders zugelassenen Ausnahmen abgesehen — über die Stempelpflichtigkeit einer Urkunde ihr Inhalt und nur ihr Inhalt entscheidet. Da sich in jenen beiden Fällen die Annahme des Angebots aus der Urkunde nicht nachweisen ließ, so war dort die Stempelpflichtigkeit zu verneinen. Dasselbe mußte auch von dem sog. „Pattbergschen Muster" gelten, das der Entscheidung RGZ. Bd. 124 S. 338 zugrunde lag.

4. Im gegenwärtigen Falle handelt es sich auch um eine „Bestellung", aber um eine Bestellung zu bereits vereinbartem Preise, bei der am Schlusse noch hervorgehoben wird, daß weitere Vereinbarungen nicht getroffen sind. Damit wird anerkannt, daß alles das, was in der Urkunde enthalten ist, auf den Vereinbarungen der Vertragsparteien beruht. Hier sind also Angebot und Annahme in einer der Auslegung weder bedürftigen noch auch nur zugänglichen Weise schriftlich verlautbart, und wenn die Klägerin ihre in dem Formblatt vorgesehene Unterschrift noch hinzugefügt hätte, so läge sogar ein schriftlicher Vertrag vor. Die Anforderungen, welche die Klägerin in erster Instanz für die Stempelpflichtigkeit der Urkunde aufgestellt hat (vgl. oben Nr. 2 a. E.), sind also erfüllt. In zweiter Instanz hat sie ihren Standpunkt allerdings gewechselt. Sie hat ausgeführt, es komme darauf an, ob der Vertrag „durch die Urkunde geschlossen worden sei". Von diesem Erfordernis sieht indessen Tarifst. 7 Abs. 5 StStG. gerade ab. Eine einzelne Urkunde mit nur einer Unterschrift stellt keinen schriftlichen Vertrag dar; trotzdem wird sie für stempelpflichtig erklärt. Der innere Grund ist offenbar der, daß eine solche Urkunde den Abschluß eines mündlichen Kaufvertrags zu beweisen geeignet ist. Deshalb wird sie ausgestellt und deshalb kann sie, was die Revision zu Unrecht bestreitet, auch im Urkundenprozeß als Beweismittel verwendet werden, wenn nur die sonstigen Voraussetzungen des Urkundenprozesses gegeben sind.

5. Das Oberlandesgericht hat die streitigen Urkunden trotz ihres eindeutigen Wortlauts, der eine Bestellung auf Grund vorgängiger Vereinbarungen klar ergibt, noch für auslegungsbedürftig erachtet und hat bei seiner Auslegung auch Umstände herangezogen, die es als außerhalb der Urkunden liegend ansah. Wirklich außerhalb der Urkunde liegende Umstände, d. h. solche, die in den Urkunden selbst nicht irgendwie erkennbar zum Ausdruck gekommen sind, hätte der Berufungsrichter nach dem oben wiedergegebenen Grundsatz des preußischen Stempelrechts (§ 3 Abs. 1 StStG.) nicht heranziehen dürfen. Da aber der vorgängige Abschluß des Vertrags und der Wille der Besteller, der Klägerin ein Beweismittel in die Hand zu geben, schon aus den Urkunden ersichtlich sind, so ist der Rechtsirrtum des Berufungsgerichts ohne Einfluß auf seine Entscheidung geblieben.

---

80. In welchem Umfang stehen demjenigen, der auf Grund einer privatrechtlichen Dienstbarkeit an einem Grundstück ein Durchfahrtsrecht besitzt, wegen Beeinträchtigung seiner Dienstbarkeit und auch des Straßenanliegerrechts Ansprüche gegen den Unternehmer zu, auf dessen Antrag das Enteignungsverfahren zum Zweck der Tieferlegung der an dem Grundstück vorbeiführenden Straße eingeleitet worden ist?

Preuß. Enteignungsgesetz vom 11. Juni 1874 § 11.

VII. Zivilsenat. Urt. v. 13. Dezember 1929 i. S. Firma R. & L. (Kl.) w. Deutsche Reichsbahn-Gesellschaft (Bekl.). VII 218/29.

I. Landgericht Bochum.
II. Oberlandesgericht Hamm.

Die Klägerin betreibt auf den ihr gehörigen Grundstücken Lindenstraße 28 bis 30 in B. eine Drahtflechterei und -weberei, für welche die Drähte aus ihrem Werke in W. herangefahren werden. Zugunsten ihrer in der Lindenstraße gelegenen Grundstücke ist auf dem an sie angrenzenden Grundstück Querstraße 13 eine Grundgerechtigkeit eingetragen, wonach der Eigentümer der Grundstücke Lindenstraße 28 bis 30 u. a. berechtigt ist, die Durchfahrt des Grundstücks Querstraße 13 zum Befahren und Begehen zu benutzen. Durch den Umbau des an der Querstraße gelegenen Bahnhofs wurde im Jahre 1922 teilweise eine

Tieferlegung der Querstraße erforderlich, die auch Veränderungen an dem damals der Witwe A. gehörigen Grundstück Querstraße 13 notwendig machte. Auf Antrag der Reichsbahn, der Rechtsvorgängerin der Beklagten, wurde deshalb ein Enteignungsverfahren zum Zweck der Durchführung der Tieferlegung eingeleitet. In diesem Verfahren verzichtete die Witwe A. auf die vorgeschriebene Planfeststellung. Nach mehrfacher Verhandlung kam am 11. Februar 1925 zwischen ihr und der Unternehmerin ein Vergleich dahin zustande, daß Frau A. es übernahm, die notwendigen Umbauten auf ihrem Grundstück selbst auszuführen, und die Reichsbahn sich verpflichtete, ihr eine Entschädigung von 12500 RM. zu zahlen. Diese Summe wurde ihr auch ausgezahlt.

Die Klägerin, die in den vor dem Enteignungskommissar gepflogenen Verhandlungen ihr Durchfahrtsrecht geltend gemacht hatte, zum Termin vom 11. Februar 1925 aber nicht zugezogen war, hat wegen der ihr durch die Tieferlegung der Straße angeblich erwachsenen Nachteile im Enteignungsverfahren eine Entschädigung von der Unternehmerin verlangt, die der zuständige Regierungspräsident durch Beschluß vom 27. Juli 1926 abgelehnt hat, weil durch den Vergleich mit der Grundstückseigentümerin auch die Rechte der Klägerin betroffen seien und sie deshalb etwaige Ansprüche nur gegen die Erben der inzwischen verstorbenen Witwe A. erheben könne, wenn sie einen Schaden erlitten habe, was aber tatsächlich nicht der Fall sei. Gegen diesen Bescheid hat die Klägerin rechtzeitig Klage erhoben und auf Grund ihrer Dienstbarkeit an dem Grundstück Querstraße 13 wegen Erschwerung und teilweiser Vereitelung ihres Durchfahrtsrechts eine Entschädigung von 5000 RM. von der Beklagten gefordert. Sie hat ihren Entschädigungsanspruch außerdem auch auf die Beeinträchtigung ihres Straßenanliegerrechts gestützt. Nach ihrer Behauptung erleidet sie dadurch, daß sie infolge der Tieferlegung der Durchfahrt und der Verengerung der Straße die Durchfahrt nicht mehr in der bisherigen Weise benutzen kann, eine Beeinträchtigung ihrer Produktionsmöglichkeiten.

In den Vorinstanzen wurde die Klage abgewiesen. Die Revision der Klägerin führte zur Aufhebung und Zurückverweisung.

Gründe:

Das auf Antrag der Reichsbahn eingeleitete Enteignungsverfahren hat sich, soweit das Grundstück Querstraße 13 in Betracht kam, zwar nur gegen die damalige Eigentümerin des Grundstücks, die Witwe A. gerichtet. Da aber die Klägerin eine Dienstbarkeit an diesem Grundstück auf Benutzung der Durchfahrt besaß, so hat die Beklagte auch ihr für die Beeinträchtigung ihres Durchfahrtsrechts Entschädigung zu leisten, soweit diese nicht schon in der an die Grundstückseigentümerin gezahlten Entschädigungssumme inbegriffen war (§ 11 des preuß. Enteignungsgesetzes vom 11. Juni 1874). Das zwischen der Witwe A. und der Beklagten geschlossene Abkommen hat nach der Feststellung des Berufungsgerichts die Belange der Klägerin nicht betroffen, sodaß durch die an Frau A. gezahlte Entschädigung, die vornehmlich die Kosten des durch die Tieferlegung der Querstraße notwendig gewordenen Umbaues decken sollte, der Nachteil der zu dem Abkommen nicht hinzugezogenen Klägerin tatsächlich nicht mitabgegolten ist. Es mag sein, daß sich diese wegen der Beeinträchtigung ihrer Grunddienstbarkeitsrechte an sich auch an die ihr aus der Dienstbarkeit verpflichteten Grundstückseigentümer, d. h. an die Erben der Witwe A. halten könnte. Aber darauf kann sich die Beklagte zur Abwendung ihrer Entschädigungspflicht nicht berufen, da es ihr nicht zugute kommt, wenn die Klägerin wegen ihres Schadens auch Ansprüche gegen einen Dritten erheben kann.

Der Berufungsrichter weist die auf Grund der Dienstbarkeit erhobenen Entschädigungsansprüche der Klägerin zurück, weil ihre Rechte durch die Tieferlegung der Straße nicht beeinträchtigt worden seien. Wenn er dies damit begründet, daß die Anlage der Durchfahrt, abgesehen von der Anpassung ihres Niveaus an die Veränderung des Niveaus der Straße, nicht verändert worden sei, so ist dies insofern unrichtig, als die Frage der Beeinträchtigung des Durchfahrtsrechts nicht bloß von der Beschaffenheit der Durchfahrt allein, sondern auch von der Neugestaltung des Straßenbildes abhängt. Denn die gesamten Veränderungen waren Folgen des Unternehmens der Reichsbahn und müssen deshalb für die Einwirkung auf das Durchfahrtsrecht der Klägerin auch zusammen in Betracht gezogen werden.

Nach den Feststellungen, die das Berufungsgericht bei den Erörterungen über das Straßenanliegerrecht getroffen hat, ist zwar die Ausfahrt mit einem Lastkraftwagen ohne Anhängewagen auch bei der jetzigen Gestaltung der Durchfahrt und der Straße ausführbar; die Einfahrt stößt aber zufolge der Tieferlegung der Durchfahrt und der Verengerung der Fahrstraße auf Schwierigkeiten, weil bei nicht genau berechneter Lenkung des Kraftwagens die Gefahr besteht, daß er an die Rampen und an den rechten Prellstein der Durchfahrt anstößt. Für einen mit Anhänger versehenen Lastkraftwagen ist ihre Benutzung überhaupt nicht mehr möglich. Das Berufungsgericht führt zwar aus, daß die Klägerin ein Recht, die Durchfahrt mit einem angekoppelten Anhänger zu benutzen, aus dem Straßenanliegerrecht nicht herleiten könne, weil dieses Recht sich nicht weiter erstrecke, als das Kommunikationsinteresse es verlange. Aber darauf kommt es für die Rechte aus der für die Klägerin auf dem Grundstück Querstraße 13 eingetragenen Grunddienstbarkeit nicht an. Ob und inwieweit sie beeinträchtigt sind, hängt davon ab, mit welchem Inhalt diese Grunddienstbarkeit besteht. Darum wird nach dieser Richtung eine Prüfung vorgenommen werden müssen. Für sie kann in Betracht kommen, in welcher Weise das Durchfahrtsrecht von der Klägerin bisher ausgeübt worden ist. Denn wenn die jeweiligen Eigentümer des belasteten Grundstücks die Durchfahrt eines Lastkraftwagens mit Anhänger seit geraumer Zeit widerspruchslos geduldet haben, so kann darin möglicherweise eine stillschweigende Übereinkunft der Beteiligten dahin gefunden werden, daß der Klägerin das Durchfahrtsrecht auch in dieser Gestalt und vielleicht überhaupt so zustehen sollte, wie es ihr Fabrikbetrieb notwendig machte. Daß bei der Bestellung der Grunddienstbarkeit die Verhältnisse anders lagen, würde nicht ausschlaggebend sein. Denn wenn auch die Entwicklung des Verkehrs Veränderungen im Gebrauch der Verkehrsmittel geschaffen hat, so müßte nach Treu und Glauben dieser Veränderung auch bei der Ausübung des Durchfahrtsrechts Rechnung getragen werden, da sonst der Zweck der Grunddienstbarkeit vereitelt würde. Es wäre möglich, daß deshalb auch die Beteiligten über eine den Bedürfnissen der Klägerin entsprechende Ausübung des Durchfahrtsrechts stillschweigend einig gewesen sind und daß dieser Rechtszustand zwischen ihr und der Grundstückseigentümerin zur Zeit der Enteignung bestanden hat.

Aber nicht bloß auf die privatrechtliche Grunddienstbarkeit, sondern auch auf die Schmälerung des Straßenanliegerrechts konnten die Entschädigungsansprüche der Klägerin gegründet werden. Denn die Annahme des Berufungsgerichts, daß das Straßenanliegerrecht der Eigentümerin des Grundstücks Querstraße 13 auch der aus der

Dienstbarkeit an diesem Grundstück berechtigten Klägerin zustatten komme, ist rechtlich nicht zu beanstanden (RGZ. Bd. 36 S. 272). Rechtsirrig ist es aber, wenn das Berufungsgericht deshalb, weil der Anlieger kein Recht auf Beibehaltung jedes tatsächlichen Vorteils hat, der Klägerin das Recht abspricht, die Kommunikation mit der Straße für die Durchfahrt eines mit Anhänger versehenen Kraftwagens zu verlangen. Daß der Anlieger kein Recht auf Erhaltung tatsächlicher Vorteile hat, ist zwar richtig (RGZ. Bd. 56 S. 102, Bd. 62 S. 89), aber die Annahme, daß es sich hier um solche handle, ist nicht frei von Rechtsirrtum. Denn wenn sich auch das Recht des Anliegers und damit das von ihm abgeleitete Recht des Dritten gleichfalls nicht weiter erstreckt, als es das Kommunikationsinteresse unbedingt erfordert, so braucht sich der Anlieger darum doch nicht mit einer bloßen Kommunikation, wie sie auch sei, abzufinden, sondern er muß sie so haben, wie sie für den Wirtschaftsbetrieb auf dem Grundstück gebraucht wird. Entsprechendes gilt dann aber auch für das Kommunikationsrecht, das ein Dritter kraft seines Rechts auf Benutzung oder Nutzung des an der Straße anliegenden Grundstücks aus dem Recht des Anliegers hat. Entscheidend ist deshalb nicht, daß die Klägerin überhaupt eine Verbindung mit der Straße hat, sondern daß sie diese soweit hat, um unter Berücksichtigung der gegebenen Verhältnisse und der allgemeinen Verkehrsentwicklung ihr Kommunikationsbedürfnis decken zu können. Darum durfte das Verlangen auf Durchfahrt für einen Kraftwagen mit Anhänger nicht schon aus dem Gesichtspunkt abgelehnt werden, daß es an sich bereits genüge, wenn die Klägerin mit einem Kraftwagen ohne Anhänger die Durchfahrt benutzen könne. Von diesem Standpunkt aus wird auch zu erwägen sein, ob nicht schon die Erschwerung der Einfahrt ohne Anhänger für die Bedürfnisse der Klägerin eine Beeinträchtigung enthält.

---

81. Haftet, wer eine Bescheinigung des Inhalts ausstellen und aushändigen läßt, daß er einen Geldwert für Rechnung eines andern gemäß einem von diesem mit einem Dritten geschlossenen Vertrag hinterlegt habe, dem Dritten, der sich auf die Bescheinigung verläßt, vertraglich auf Zahlung des in Wahrheit nicht hinterlegten Betrags?

BGB. §§ 276, 305.

VI. Zivilsenat. Urt. v. 19. Dezember 1929 i. S. St. (Kl.) w. M. (Bekl.). VI 240/29.

I. Landgericht Hannover.
II. Oberlandesgericht Celle.

Der Beklagte verkaufte durch Vertrag vom 13. November 1923 eine ihm gehörende Büdnerei mit Inventar an den Landwirt M. für den Geldwert von 5000 Zentnern Roggen und ließ sie ihm auf. Der Käufer gab als Anzahlung 10 Aktien einer bestimmten Gesellschaft; außerdem sollte er bis zum 24. November 1923 weitere Aktien dieser Gesellschaft in einer solchen Anzahl liefern, daß dadurch der Kaufpreis in Höhe von 10000 GM. belegt würde. Ferner sollte er bis zu diesem Tage den Rest des Kaufpreises in Goldmark oder in denselben Aktien bei einer Bank hinterlegen und dem Beklagten den Hinterlegungsschein aushändigen. Die Hinterlegung sollte so lange bestehen bleiben, bis der Beklagte die vorhandenen Hypotheken zur Löschung gebracht habe. Alsbald nach dem 13. November sanken die genannten Aktien im Kurswert. M. konnte deshalb in diesen Aktien nicht mehr 10000 GM. hinterlegen. Er wandte sich an die Firma W. & K., welche Grundstücksgeschäfte betrieb und finanzierte und deren Mitinhaber W. unter seinem eigenen Namen auch ein Bankgeschäft unterhielt. W. war damals vom Kläger, einem Prokuristen, beauftragt, ihm ein Grundstück zu verschaffen. Er brachte den Kläger mit M. zusammen. Zu notariellem Protokoll vom 20. November 1923 bot M. dem Kläger, der in dem Protokoll als Landmann bezeichnet wurde, die erwähnte Büdnerei nebst Inventar zum Gegenwert von 5000 Zentnern Roggen an; die Gegenleistung war bis zum 2. Januar 1924 zu bewirken; das Angebot lief bis zum 2. Dezember 1924.

Am 23. November 1923 stellte W. folgende Bescheinigung aus:

„Ich bestätige hierdurch, daß durch den Landmann ... (den Kläger) für Rechnung des Landwirts M. bei mir in Gemäßheit des zwischen letzterem und dem Landwirt ... (dem Beklagten) geschlossenen Kaufvertrages vom 13. November 1923 der Gegenwert von 10000 GM. hinterlegt worden ist."

Am 24. November 1923 änderten der Beklagte und M. die Preis- und Zahlungsbedingungen vom 13. November in notarieller Urkunde ab. Der Käufer übernahm als Selbstschuldner die eingetragenen Hypotheken und verpflichtete sich zur Zahlung von 19000 und 1500 Billionen Mark. In der Urkunde wurde bemerkt, daß der Käufer ausweislich einer Bescheinigung des Bankgeschäfts S. W. 10000 GM. hinterlegt habe. Der Anspruch auf Auszahlung dieser Summe wurde dem Beklagten abgetreten.

Die erwähnten 19000 u. 1500 Billionen Papiermark wurden vom Kläger gezahlt; es wurde deshalb für ihn auf der Büdnerei eine Reallast im Geldbetrag von jährlich 240 Zentnern Roggen eingetragen.

Der Beklagte klagte zunächst gegen W. auf Zahlung von 10000 GM. aus der Bescheinigung vom 23. November 1923 und der Abtretung im Vertrag vom 24. November. W. geriet in Vermögensverfall und schied aus dem Leben; der Rechtsstreit wurde nicht weiter betrieben. Bald darauf lief auch die Frist für die Annahme des Vertragsangebots ab, das M. dem Kläger am 20. November 1923 gemacht hatte, ohne daß die Annahme erfolgte.

Der Beklagte forderte sodann vom Kläger 10000 GM. Der Beklagte ließ sich auch alle Ansprüche von M. abtreten, welche dieser gegen den Kläger auf Zahlung der 10000 GM. hatte. Daraufhin strengte der Kläger eine Feststellungsklage des Inhalts an, daß dem Beklagten weder aus eigenem Recht noch auf Grund der Abtretung ein Anspruch auf 10000 RM. gegen ihn zustehe. Der Beklagte erhob Widerklage auf Zahlung von 10000 RM. nebst Zinsen. Damit erledigte sich die Klage.

Das Berufungsgericht entsprach der Widerklage. Die Revision des Klägers hatte keinen Erfolg.

Gründe:

Die Revision geht davon aus, daß kein Vertragsverhältnis zwischen den Parteien bestanden habe, und nimmt an, das Berufungsgericht habe die Frage offen gelassen, ob der Kläger etwa die Verpflichtung des M. aus dem von diesem mit dem Beklagten abgeschlossenen Vertrag übernommen habe. Die Entscheidung beruhe daher lediglich auf der Annahme, daß der Kläger in arglistigem Zusammenwirken mit W. und M. den Beklagten geschädigt habe. Diese Auffassung kann nicht als zutreffend erachtet werden. Die Ausführungen des Berufungsgerichts laufen vielmehr darauf hinaus, daß unmittelbare vertragliche Beziehungen zwischen den Parteien begründet worden sind; wenn diese Annahme auch nicht ausdrücklich im angefochtenen Urteil zum Ausdruck gekommen ist, so zwingen doch die Entscheidungsgründe in ihrem Zusammenhang dazu. Für eine

Haftung des Klägers aus unerlaubter Handlung, wie sie die Revision erörtert, geben dagegen die Ausführungen des Berufungsgerichts keinen ausreichenden Anhalt. Das Berufungsgericht will diesen Klagegrund offenbar dahingestellt lassen, indem es ausführt, der Beklagte müsse mindestens für die Richtigkeit der Bescheinigung einstehen, die mit seinem Wissen und Willen zur Verwendung gegenüber dem Beklagten ausgestellt worden sei.

Nach den Feststellungen des Berufungsgerichts ist der Sachverhalt folgender: Dem Kläger kam es darauf an, die in Rede stehende Büdnerei zu Eigentum zu erwerben. Der Kläger kannte sowohl den Vertrag, den der Beklagte und M. am 13. November abgeschlossen hatten, als auch die Abänderung dieses Vertrags durch das Abkommen vom 24. November; er billigte diese Abänderung. Nach dem Vertrag vom 13. November hatte M. außer der in bestimmten Aktien geleisteten Anzahlung noch weitere 10000 GM. durch Lieferung von solchen Aktien, die dem Wert dieser Summe entsprechen sollten, zu zahlen und bis zum 24. November den Rest des Kaufpreises gleichfalls in solchen Aktien derart zu berichtigen, daß diese für den Beklagten bis zur Löschung der Hypotheken zu hinterlegen waren. Diese Bestimmungen wurden im Nachtragsvertrag abgeändert. Um dem M. den Erwerb des Grundstücks zu ermöglichen, stellte ihm der Kläger einmal die für die Barzahlungen erforderlichen Beträge von 19000 und 1500 Billionen Papiermark zur Verfügung. Durch den Abänderungsvertrag wurde dem Beklagten aber auch zur weiteren Tilgung der Kaufpreisforderung der Anspruch auf Auszahlung der 10000 GM. abgetreten, von denen in diesem Vertrag gesagt wurde, daß M. ausweislich einer Bescheinigung des Bankgeschäfts W. 10000 GM. hinterlegt hatte; dagegen sollte der Beklagte die als Anzahlung erhaltenen Aktien sofort an W. zurücksenden. Zum Zwecke der Verwendung in diesem Vertrag vom 24. November war die Bescheinigung vom 23. November von W. im Hinblick auf die am nächsten Tage zu treffende Vertragsänderung ausgestellt worden. Der Kläger wußte nach der Feststellung des Berufungsgerichts, daß M. den Beklagten durch die Abtretung der aus der Hinterlegungsbescheinigung hervorgehenden Rechte wegen der Kaufpreisforderung befriedigen sollte; er duldete, daß W. eine Bescheinigung ausstellte, die unrichtig war, weil der Kläger gegen W. nur einen schuldrechtlichen Anspruch auf Lieferung von Wertpapieren hatte. Der Kläger kannte diese Sachlage, wußte aber auch, daß M. die Bescheinigung dem Beklagten übergeben und sich diesem gegenüber von seinen Verpflichtungen wegen des Restkaufgelds durch Abtretung der Ansprüche aus einer in Wahrheit nicht erfolgten Hinterlegung befreien sollte. Es ist nicht rechtsirrtümlich, wenn das Berufungsgericht meint, der Beklagte habe die Bescheinigung nur dahin auffassen können, daß der Kläger an jenem Tage einen entsprechenden Wert tatsächlich bei W. hinterlegt habe. Es ist rechtlich auch nicht zu beanstanden, wenn das Berufungsgericht aus dem Sachverhalt weiter den Schluß zieht, der Kläger müsse dem Beklagten gegenüber dafür einstehen, daß die Bescheinigung richtig sei. Es liegt nicht eine — weitergehende — Schuldübernahme des Klägers gegenüber dem Beklagten vor; auch bedarf es nicht, wie der Revisionsbeklagte meint, der unmittelbaren Heranziehung des § 405 BGB., der die Ausstellung einer Urkunde über eine Schuld und die Abtretung der Forderung unter Vorlegung dieser Urkunde zum Gegenstande hat; vielmehr handelt es sich um eine mit Wissen des Klägers und für ihn dem Beklagten abgegebene Erklärung, daß Vermögensstücke des Klägers mit einem bestimmten, als garantiert anzusehenden Wert dem Beklagten zur Verfügung ständen. Im Vertrauen hierauf und auf der Grundlage der Bescheinigung ließ sich der Beklagte auf die Abwicklung des mit M. abgeschlossenen Vertrags in der geschilderten Weise ein. Damit ist die vertragliche Haftung des Klägers mit dem angeführten Inhalt gegeben (§§ 276, 305 BGB.).

Die Revision kämpft gegen die tatsächlichen Feststellungen des Berufungsgerichts, wenn sie ausführt, daß die Absicht des Klägers, das Grundstück für sich zu erwerben, die Absicht ausschließe, den zwischen dem Beklagten und M. geschlossenen Vertrag zu finanzieren. Nach der tatsächlichen, nicht von Rechtsirrtum beeinflußten Feststellung des Vorderrichters beruhte die Absicht gerade auf dem Entschluß des Klägers, selbst das Grundstück zu erwerben; beides ist zu vereinigen. Der Kläger sicherte sich aber auch für den Fall, daß er selbst nicht das Eigentum an dem Grundstück erwerben würde, dadurch, daß er eine Reallast auf dem Grundstück für sich eintragen ließ. Ohne Grund beruft sich die Revision auch auf den Umstand, daß die Bescheinigung des W. vom 23. November nur auf den Vertrag vom 13. November Bezug nimmt; denn aus dem angefochtenen Urteil ergibt sich, daß sie gerade im Hinblick auf die bevorstehende, am Tage darauf erfolgte Änderung jenes Vertrags ausgestellt worden ist. Daß die Abtretung der Ansprüche des M. aus der Hinterlegungsbescheinigung rechtlich unter falschen Gesichtspunkten als solche an Zahlungsstatt gewürdigt sei, ist nicht ersichtlich; die Revision will hieraus auch nur folgern, daß der subjektive Tatbestand des betrügerischen Vorgehens nicht gegeben sei. Auch die sonstigen Bemängelungen der Revision befassen sich mit dem Tatbestand der nach ihrer — nicht zu billigenden — Meinung vom Berufungsgericht angenommenen unerlaubten Handlung.

Ein ähnlicher Sachverhalt ist vom Reichsgericht in RGZ. Bd. 114 S. 290 in gleicher Weise rechtlich gewürdigt worden. Die gleiche Erwägung liegt der Entscheidung in RGZ. Bd. 90 S. 273 bei einer für den Dritten noch weniger günstigen Sachlage zugrunde, wonach sich der Gläubiger einer Briefhypothek, der dem Zessionar eine privatschriftliche Urkunde über die Abtretung der Hypothek und den Hypothekenbrief aushändigt, einem dritten Erwerber gegenüber nicht darauf berufen kann, daß er in Wirklichkeit die Hypothek nicht dem Abtretungsempfänger übereignet habe; für den Dritten konnte nur die Abtretungsurkunde maßgebend sein, wie sie vorlag. Es ist dabei auf die den §§ 172, 405, 409 BGB. zugrunde liegenden Rechtsgedanken verwiesen worden. Bei einer ähnlichen Rechtslage hat das Reichsgericht in RGZ. Bd. 101 S. 301 das Vorliegen eines Auskunftsvertrags daraus entnommen, daß ein Lagerhalter einem Dritten die Auskunft erteilte, ein Lieferschein, der über eine bei ihm eingelagerte Ware ausgestellt war, sei in Ordnung. Ferner wurde in RGZ. Bd. 82 S. 339 angenommen, daß der Bezogene, der auf Anfrage des Wechselinhabers erklärt, daß das Akzept in Ordnung gehe, damit verspreche, für die Echtheit des Wechsels aufzukommen; er will das Akzept, mag es echt oder gefälscht sein, rechtlich so behandelt wissen, wie wenn es echt wäre. Ein rechtliches Bedenken gegen die Vertragshaftung ist auch im vorliegenden Falle nicht anzuerkennen.

---

82. Berechtigt es den Schiedsrichter zur Niederlegung seines Amtes, wenn sich für ihn Anlaß ergibt, an der Unparteilichkeit eines Mitschiedsrichters zu zweifeln?

ZPO. §§ 1031 bis 1033.

VII. Zivilsenat. Urt. v. 20. Dezember 1929 i. S. W. (Bekl.) w. M. (Kl.). VII 235/29.

I. Landgericht II Berlin.
II. Kammergericht daselbst.

Der Kläger hatte mit dem Direktor Sch. über die Auseinandersetzung einer bis dahin zwischen ihnen bestehenden Gesellschaft einen schiedsgerichtlichen Vergleich mit Schiedsgerichtsabrede geschlossen. Aus Anlaß von Streitigkeiten, die sich demnächst wieder zwischen ihnen ergaben, bestellte Sch. den Beklagten zum Schiedsrichter, während der Kläger den Rechtsanwalt Dr. F. zum Schiedsrichter und die Industrie- und Handelskammer den Syndikus Dr. W. zum Obmann ernannte. In der Sitzung des Schiedsgerichts vom 13. Oktober 1927 erkannte der jetzige Kläger als Schiedsbeklagter von den Anträgen des Schiedsklägers Sch. den ersten an, nachdem dieser dahin geändert worden war, daß anstatt der ursprünglich geforderten Übersendung verschiedener Urkunden und Zugänglichmachung der Geschäftsbücher nur noch Vorlage der Belege verlangt wurde. Nachdem dann noch mehrere andere Anträge des Schiedsklägers vergleichsweise erledigt worden waren, verkündete der Obmann nach Beratung den Schiedsspruch, durch den der noch ausstehende zweite, auf Feststellung der hälftigen Anteilsberechtigung des Schiedsklägers gerichtete Antrag abgewiesen und über die Kosten des Schiedsgerichtsverfahrens entschieden wurde. Der Obmann arbeitete die Gründe des Schiedsspruchs auf Wunsch der Beisitzer schriftlich aus und teilte ihnen den Entwurf mit. Der Beklagte verweigerte aber die Unterschrift, während Dr. F. mit dem Obmann unterzeichnete.

Der Kläger erhob daraufhin Klage mit dem Antrag, den Beklagten zur Unterzeichnung und zur Mitwirkung bei der Zustellung und Niederlegung des Schiedsspruchs zu verurteilen. Der Beklagte machte geltend, er sei jederzeit zur Kündigung des Schiedsrichtervertrags berechtigt, habe aber auch für den Fall, daß ihm dieses Recht nicht zuzugestehen sei, triftige Gründe, seine Mitwirkung zu versagen. Die Aufstellung der Bilanz, auf die sich der abgewiesene zweite Antrag des Schiedsklägers beziehe, sei im Vergleich von der Schiedsklausel ausgenommen; der Schiedsspruch sei unvollständig, weil er über den ersten Antrag des Schiedsklägers nicht entscheide, und der Schiedsrichter Dr. F. habe ihm Grund gegeben, an seiner Unparteilichkeit zu zweifeln, weil er als Vertreter des Schiedsbeklagten die Vollstreckbarkeitserklärung des schiedsgerichtlichen Vergleichs beim Landgericht beantragt habe.

Das Landgericht gab der Klage statt. Die Berufung des Beklagten wurde zurückgewiesen. Auch seine Revision blieb erfolglos.

Gründe:

Das Berufungsgericht ist im Gegensatz zum Beklagten der Ansicht, daß der Schiedsrichter verpflichtet ist und im Wege der Klage angehalten werden kann, sein Amt weiterzuführen, solange dies sachlich geboten ist und nicht wichtige Gründe ihn zwingen, es niederzulegen. Diese Ansicht, um deren Nachprüfung die Revision bittet, entspricht im wesentlichen der ständigen Rechtsprechung des Reichsgerichts (bes. RGZ. Bd. 101 S. 395), und es besteht kein Grund, von ihr abzugehen. Auch die Angriffe der Revision gegen die Ausführungen, mit denen das Berufungsgericht die vom Beklagten zur Rechtfertigung seiner Amtsverweigerung vorgebrachten Gründe zurückweist, können nicht durchdringen.

Nach der Feststellung des Berufungsgerichts waren die Schiedsrichter am 13. Oktober 1927 darüber einig, daß der an diesem Tag verkündete Spruch den Streit der Schiedsgerichtsparteien erschöpfte und daß der vom Obmann gefertigte und den Beisitzern zur Unterschrift zugesandte Entwurf das Beratungsergebnis richtig wiedergab. Wenn die Revision demgegenüber vorbringt, die Beratung des Schiedsgerichts habe zu keinem festen Ergebnis geführt, so kämpft sie unzulässigerweise gegen die für das Revisionsgericht bindenden tatsächlichen Feststellungen des Vorderrichters an. Wenn sie dabei hervorhebt, es sei im Berufungsurteil nicht festgestellt, daß der vom Obmann infolge der Bedenken des Beklagten gefertigte zweite Entwurf die Zustimmung des dritten Schiedsrichters gefunden habe, so übersieht sie, daß das Berufungsgericht die Unterschrift des Beklagten unter dem ersten Entwurf vermißt, nicht unter dem zweiten, der nach seinen Ausführungen nur dann an Stelle des ersten, dem Beratungsergebnis vom 13. Oktober entsprechenden, treten sollte, wenn sich die Mehrheit der Schiedsrichter unter Aufhebung des ersten Beratungsergebnisses auf ihn geeinigt hätte.

Die Betätigung des Dr. F. als Vertreters des Klägers hält das Berufungsgericht sodann deshalb nicht für einen ausreichenden Grund zur Anzweiflung der Unparteilichkeit dieses Schiedsrichters, weil sie erst zu einer Zeit eingesetzt habe, als F. es für sehr unwahrscheinlich halten konnte, daß er noch zu einer sachlichen Entschließung als Schiedsrichter Gelegenheit finden würde. Die Revision wendet hiergegen ein, der Schiedsrichter müsse die mangelnde Eignung seines Mitschiedsrichters beanstanden und zum Anlaß seines Rücktritts nehmen können, auch wenn nur noch Amtshandlungen formeller Art vorzunehmen seien. Indessen kann die Frage dahingestellt bleiben, ob die Tätigkeit, die ein Schiedsrichter nach Erledigung der für den Inhalt der Entscheidung maßgebenden Geistesarbeit als Vertreter einer Partei entfaltet, anders zu bewerten sei als eine schon früher hervortretende. Auch wenn die Tätigkeit des Dr. F. Grund zur Anzweiflung seiner Unparteilichkeit bot, war nicht der Beklagte berechtigt, deshalb sein Schiedsrichteramt niederzulegen, vielmehr war es Sache der gefährdeten Partei — hier also des Sch. — die Beanstandung im Wege der Ablehnung des Schiedsrichters geltend zu machen. Wie in der vorhin angeführten Entscheidung des Reichsgerichts erörtert wird, ist die Amtsniederlegung dem Schiedsrichter nur gestattet, wenn ihm ein wichtiger Grund zur Seite steht, von der Durchführung der übernommenen Aufgabe Abstand zu nehmen. Ein solcher wichtiger Grund kann aber, auch vom Standpunkt der persönlichen Belange des Schiedsrichters, nicht darin allein gefunden werden, daß sich für ihn Anlaß ergibt, an der Unparteilichkeit eines zum Zusammenwirken mit ihm berufenen Schiedsrichters zu zweifeln. Eine solche Lage mag ihm die Ausübung des Schiedsrichteramts erschweren oder sie für ihn unbefriedigend gestalten; eine Gefährdung persönlicher Belange, welche die Niederlegung des übernommenen Amtes rechtfertigen könnte, begründet sie aber nicht. Die Belange der Partei selbst sind durch das ihr nach § 1032 ZPO. zustehende Ablehnungsrecht genügend gewahrt. Die Anerkennung eines derartigen Rechts zur Niederlegung des Schiedsrichteramts neben dem Ablehnungsrecht der Partei müßte Weiterungen im Gefolge haben, welche die Brauchbarkeit der Schiedsgerichtseinrichtung wesentlich beeinträchtigen würden.

Da hiernach auch die beanstandete Tätigkeit des Dr. F., ohne Rücksicht auf die Zeit, zu der sie begonnen hat, die Niederlegung des Schiedsrichteramtes durch den Beklagten nicht rechtfertigt, ist die von den Vorinstanzen ausgesprochene Verurteilung zu Recht erfolgt.

83. Kann nach dem Rechte des Bürgerlichen Gesetzbuchs ein Zurückbehaltungsrecht über die Vorschrift des § 273 das. hinaus auch auf den Gesichtspunkt der allgemeinen Arglist des Vertragsgegners gestützt werden?

II. Zivilsenat. Urt. v. 5. Juli 1929 i. S. Witwe S. (Bekl.) w. Frau G. (Kl.). II 587/28.

I. Landgericht II Berlin.
II. Kammergericht daselbst.

Die Beklagte verkaufte am 13. April 1924 mit notariellem Vertrag ihr landwirtschaftliches Grundstück in T. für 17500 RM. an den Landwirt Thi. Vom Kaufpreis wurden 4000 RM. sofort gezahlt, der Rest von 13500 RM. wurde hypothekarisch sichergestellt. Der Vertrag umfaßte alles Zubehör, jedoch nicht „Mobiliar, Inventar und Geräte". Durch notariellen Vertrag vom gleichen Tage verkaufte der Handelsmann Theu. das ihm gehörige, in T. auf dem genannten Grundstück befindliche Wirtschaftsinventar samt Vorräten für 5000 RM. ebenfalls an Thi. Dieser Kaufpreis war in Teilzahlungen abzutragen und bis dahin zu verzinsen; der Käufer sollte für ihn eine Sicherungshypothek auf dem der Beklagten abgekauften Grundstück bestellen, sobald er als dessen Eigentümer eingetragen wäre. Zu dieser Abzahlung und Sicherstellung kam es nicht, vielmehr focht Thi. der Behauptung der Klägerin zufolge nach der Übergabe des Inventars den über dieses abgeschlossenen Kaufvertrag an und stellte es dem Verkäufer zur Verfügung, weil dieser in der Zeit zwischen Verkauf und Übergabe vorhanden gewesene Stücke in minderwertige umgetauscht habe. Thi. verkaufte das Grundstück allein, bevor er als dessen Eigentümer eingetragen wurde, für 20000 RM. an die Klägerin weiter, wobei diese die der Beklagten hypothekarisch zu sichernde Kaufpreisschuld von 13500 RM. in Anrechnung auf den Kaufpreis übernahm. Am 25. November 1925 wurde zunächst Thi., dann die Klägerin als neue Eigentümer des Grundstücks eingetragen und im Anschluß hieran kam es auch zur Eintragung der Hypothek über 13500 RM. für die Beklagte. Inzwischen hatte die Beklagte, welcher Theu. am 21. Februar 1925 seine Kaufgeldforderung an Thi. abgetreten hatte, am 2. März 1925 als grundbuchmäßige Eigentümerin des Grundstücks für sich eine Grundschuld in Höhe von 18775 RM.

(nämlich für ihre eigene Kaufpreisrestforderung von 13500 RM., sowie für die ihr von Theu. abgetretene Forderung an Thi. von 5000 RM. nebst 275 RM. rückständige Zinsen) eintragen lassen. Davon wurden 13500 RM. wieder gelöscht, nachdem der Beklagten für diesen Betrag die bedungene Hypothek bestellt worden war. Die verbliebene Grundschuld von 5275 RM. bildet den Gegenstand des jetzigen Rechtsstreits. Thi. hat am 17. November 1927 der Klägerin seine Ansprüche an die Beklagte abgetreten, insbesondere auch das Recht auf Beseitigung dieser Grundschuld.

Die Klägerin verlangt von der Beklagten Einwilligung in die Löschung der Grundschuld und Herausgabe des Briefs, hilfsweise Abtretung der Grundschuld an sie, die Klägerin. Das Landgericht gab dem Hauptantrag statt, jedoch — wegen eines von der Beklagten geltend gemachten Zurückbehaltungsrechts — nur Zug um Zug gegen Zahlung von 5000 RM. nebst Zinsen. Auf die Berufung der Klägerin wurde die Beklagte ohne diese Maßgabe zur Einwilligung verurteilt. Die Revision der Beklagten führte zur Aufhebung und Zurückverweisung.

Aus den Gründen:

Theu. hat durch den Kaufvertrag vom 13. April 1924 über das Inventar samt Vorräten zwei Ansprüche erlangt, den Zahlungsanspruch und den Sicherungsanspruch. Indem sich die Revision für den Übergang des in der Abtretungserklärung des Theu. vom 21. Februar 1925 nicht erwähnten Sicherungsanspruchs auf § 401 BGB. beruft, vertritt sie die Auffassung, daß es sich dabei um ein Neben- oder Hilfsrecht für den Zahlungsanspruch handle. Diese Berufung auf § 401 trifft zu, obwohl das Gesetz nur bestehende Hypotheken, Pfandrechte und Bürgschaften erwähnt und keine zwingende Vorschrift enthält. In der Rechtsprechung des Reichsgerichts ist nach der Entstehungsgeschichte dieser Vorschrift anerkannt, daß sie auf andere Nebenrechte entsprechend anzuwenden ist (RGZ. Bd. 60 S. 369 (371), Bd. 65 S. 414 (418), Bd. 91 S. 277 (279); JW. 1907 S. 170 Nr. 8). Dies gilt insbesondere auch für Ansprüche auf Sicherung durch Hypothek oder Pfand, die sog. Hypotheken- oder Pfandrechtstitel (Planck BGB. § 401 Bem. 1a; Oertmann Recht d. Schuldverh. § 401 Nr. 2 Abs. 1; für das gem. Recht RGZ. Bd. 24 S. 152). Der Anspruch auf Zahlung und Sicherstellung richtet sich indessen nur gegen Thi., nicht gegen die Klägerin selbst, die beim Kauf des Grundstücks in keinerlei Vertragspflichten des Thi. aus dem Inventarkauf eingetreten ist. Die Beklagte dagegen war gegenüber dem Käufer Thi. und ist nun zufolge der späteren Abtretung seiner Käuferrechte vom 17. November 1927 gegenüber der Klägerin selbst aus dem Grundstücksverkauf gemäß § 439 Abs. 2 BGB. verpflichtet, die von ihr zwischen Verkauf und Auflassung zum Entstehen gebrachte Grundschuld zu beseitigen. Da sie aber auf Grund der Abtretung des Theu. überhaupt keinen fälligen Anspruch an die Klägerin hat, so kann sie aus eigenem Recht auch kein Zurückbehaltungsrecht nach § 273 BGB. ausüben. Sie kann dies aber auf Grund des ihr als Schuldnerin des Thi. durch § 404 BGB. gewährten Schutzes tun, soweit ihr zur Zeit der Abtretung vom 17. November 1927 gegen Thi. ein Zurückbehaltungsrecht zustand; denn ihre Rechtslage durfte durch jene Abtretung nicht verschlechtert werden. Da sie die Rechte des Theu. schon am 21. Februar 1925 erlangt hat, stand ihr ein Zurückbehaltungsrecht gegenüber Thi. zwar nicht nach § 320 BGB. zu, weil ihre Verpflichtung und ihr Recht auf zwei verschiedenen gegenseitigen Verträgen beruhten, wohl aber nach § 273 das. unter der Voraussetzung, daß die beiderseitigen Ansprüche aus demselben rechtlichen Verhältnis hervorgegangen sind. In dieser Hinsicht standen der Zahlungsanspruch und das Nebenrecht auf Sicherung einander gleich. Ist das soeben erwähnte Erfordernis für den einen Anspruch zu verneinen und verneint, so gilt dies auch für den anderen, der sich, wie gezeigt, auch nur gegen Thi. richtet. Dieses Erfordernis verneint aber der Vorderrichter mit Recht auch für das Rechtsverhältnis zwischen der Beklagten und Thi. Sind einmal über Grundstück und Inventar zwei besondere Kaufverträge mit verschiedenen Verkäufern und verschiedenen Bedingungen geschlossen worden, so wurden damit verschiedene Rechtsverhältnisse geschaffen, die sich weder rechtlich gegenseitig bedingten, noch wirtschaftlich derart eine Einheit darstellten, daß sich Forderungen aus dem einen Vertrag nach Treu und Glauben nicht ohne Erfüllung des andern hätten erheben lassen. Daran wird auch durch die Abtretung des Rechts aus dem einen Vertrag an die verpflichtete Vertragspartei des anderen nichts geändert. Sie kann die letztere in dieser Hinsicht nicht besser stellen und die vordem fehlende Einheit nicht zuwege bringen. Über die Vorschrift des § 273 BGB. hinaus gilt aber auch nach dem Rechte des Bürgerlichen Gesetzbuchs der alte gemeinrechtliche Satz: dolo facit, qui petit, quod redditurus est.

Auf diesen Satz beruft sich die Revision, wenn sie geltend macht, Thi. würde arglistig gehandelt haben, wenn er die Löschung der Grundschuld verlangt hätte. Der Satz wäre gegen Thi. anzuwenden gewesen, falls er die Klage erhoben hätte; er hätte nicht in Gestalt der Grundschuld herausverlangen können, was er in Gestalt der Hypothek zu gewähren hatte. Die Grundschuld hätte ihn nicht härter getroffen als die Hypothek. Das zeigt die Verwandelbarkeit der einen in die andere nach § 1198 BGB., wobei, abgesehen von der technischen Änderung des Rechts, alle Nebenbestimmungen gleich bleiben. Die Zustimmung der Beklagten zu einer solchen Umwandlung ist nicht bestritten. Diese der Beklagten dem Thi. gegenüber zustehende Einwendung muß sich nach § 404 BGB. auch die Klägerin gefallen lassen, wenn sie sich auf das von ihm erlangte Recht stützt.

Die Folge dieser rechtlich anderen, aber aus dem früheren Parteivorbringen sich ergebenden Einwendung wäre die Abweisung der Klage, nicht die vom ersten Richter ausgesprochene Verurteilung Zug um Zug gegen Zahlung. Da indessen die Beklagte das landgerichtliche Urteil ihrerseits nicht angegriffen hat, müßte es dabei sein Verbleiben haben. Jedoch kann nicht sofort auf Zurückweisung der Berufung erkannt werden. Denn der Vorderrichter hat die Einwendung noch nicht beschieden, die sich gegen das Zurechtbestehen des Kaufvertrags über das Inventar richtet.

---

84. 1. Wie sind Einlagen aufzuwerten, die ein stiller Gesellschafter in eine offene Handelsgesellschaft macht?

2. Gibt es eine Aufwertung der Reichsmark gegenüber der sog. Friedensmark?

HGB. §§ 335 flg. BGB. § 242.

II. Zivilsenat. Urt. v. 20. Dezember 1929 i. S. S. als Testamentsvollstrecker nach dem Tode des B. M. (Kl.) w. offene Handelsgesellschaft M. u. Co. (Bekl.). II 66/29.

I. Landgericht Hannover, Kammer für Handelssachen.
II. Oberlandesgericht Celle.

Teilhaber der verklagten offenen Handelsgesellschaft waren bis zum 31. Dezember 1917 die drei Brüder Benno, Adolf und Gustav M. Letzterer ist auf Grund eines Auseinandersetzungsvertrags vom 1. Mai 1916 Ende 1917 aus der Gesellschaft ausgeschieden. Benno und Adolf M. führten das Geschäft mit der bisherigen Firma auf Grund des Gesellschaftsvertrags vom 11. Dezember 1917 als offene Handelsgesellschaft fort. Gemäß diesem Vertrag, der auch Bestimmungen für den Fall des Ausscheidens eines Gesellschafters durch Kündigung oder Tod enthielt, wurde zum 31. Dezember 1919 Fritz G., der Schwiegersohn des Gesellschafters Adolf M., als weiterer Teilhaber aufgenommen. Benno M. starb am 6. März 1921 und wurde kraft Testaments vom 4. Juli 1916 von seiner Ehefrau Sofie und seinen Kindern Edith und Arthur beerbt. Der Kläger ist Testamentsvollstrecker und als solcher mit der Verwaltung des Nachlasses betraut. Zwischen ihm und den Erben des Benno M. einerseits, den Teilhabern Adolf M. und Fritz G. anderseits kam es wegen der Rechte der genannten Erben aus dem Gesellschaftsvertrag zu Meinungsverschiedenheiten; diese wurden jedoch durch einen notariellen Vertrag vom 9. Oktober 1921 beigelegt. Der § 1 dieses Vertrags lautet:

„Die Erben von Benno M. scheiden mit dem 31. Dezember 1921 aus der offenen Handelsgesellschaft M. & Co. aus. Sie bleiben mit der aus dem Kapitalkonto der Benno M.schen Erben ersichtlichen Einlage ihres Erblassers als stille Gesellschafter an der Firma beteiligt. Ausgeschlossen ist die Beteiligung an Verlusten, doch ist aus dem Gewinn, ehe die Verteilung desselben erfolgt, zunächst der Verlust vergangener Jahre auszugleichen."

Weiter bestimmte dieser Vertrag, daß die stille Gesellschaft bis zum 31. Dezember 1926 unkündbar, die Einlage mit 4% zu verzinsen und die Bilanz „nach den bisherigen Grundsätzen" aufzustellen sei mit der Maßgabe, daß an „neu eingestellten offenen Reserven" die Benno M.schen Erben mit ihrem Prozentsatz für das betreffende Jahr beteiligt sein sollten. Der Witwe des Benno M. wurde ferner ohne Rücksicht auf die Dauer der stillen Gesellschaft eine lebenslängliche Gewinnbeteiligung eingeräumt; ihr Sohn Arthur M. sollte unter gewissen Voraussetzungen berechtigt sein, zum 1. Januar 1927 als offener Gesellschafter bei der Beklagten einzutreten. Dem Adolf M. und seiner Ehefrau sowie den Eheleuten G. wurde das

Recht eingeräumt, das Geschäftshaus der Gesellschaft zum Preis von 840000 M. aus dem Gesellschaftsvermögen zu erwerben. Der am 31. Dezember 1926 vorhandene Restbetrag eines in der Bilanz vom 31. Dezember 1920 mit 700000 M. ausgewiesenen Wertberichtigungs-Kontos sollte zu $1/_3$ den Benno M.schen Erben zufallen; dieser Anteil sollte aber nicht weniger als 150000 M. ausmachen dürfen.

Wenige Tage nach Abschluß des Vertrags vom 9. Oktober 1921 starb Arthur M. und einen Monat nachher auch Adolf M. Im März 1922 nahm G. die Witwe des Adolf M. mit Wirkung vom 1. Januar 1922 als Teilhaberin auf. Bald nach Einführung der Festwährung entstanden zwischen den Parteien neue Streitigkeiten, namentlich über die Höhe der Einlage der Benno M.schen Erben und über die Art und Weise ihrer Berechnung. Die Beklagte setzte diese Einlage in ihrer Goldmark-Eröffnungsbilanz mit 63579,30 GM. ein. Der Kläger behauptet, sie sei um mindestens 40000 GM. höher. Er vertritt insbesondere unter Berufung auf § 1 des Vertrags vom 9. Oktober 1921 die Meinung, daß die „Kapitaleinlage" der Benno M.schen Erben als stiller Gesellschafter im Innenverhältnis zu den offenen Teilhabern so zu berechnen sei, wie wenn die offene Handelsgesellschaft zwischen allen Beteiligten noch fortbestünde; verneinendenfalls müsse zum 31. Dezember 1921 eine neue Auseinandersetzungs-Bilanz aufgestellt werden; die Einlage der Benno M.schen Erben sei überdies als „Werteinlage" im Sinne des § 733 BGB. anzusehen.

Mit der gegenwärtigen Klage verlangt der Kläger einmal Feststellung dahin, daß die Benno M.schen Erben als stille Gesellschafter der Beklagten an deren Vermögen mit 103579,30 RM. beteiligt seien, und außerdem Zahlung von 8286,32 RM. Die Beklagte bat widerklagend um Feststellung, daß die Benno M.schen Erben mit Wirkung vom 31. Dezember 1921 an im Verhältnis zu den Mitinhabern aus der Beteiligung am Firmenvermögen, insbesondere an den Sachwerten der Beklagten, ausgeschieden seien.

Das Landgericht sprach die Klage zu und wies die Widerklage ab. Die Beklagte legte Berufung ein. Die stille Gesellschaft wurde zum 31. Dezember 1927 gekündigt, worauf der Kläger ganz zur Leistungsklage überging, mit der er Zahlung von 103579,30 RM. fordert. Die Beklagte erkannte hiervon 52000 RM., zahlbar in

5 gleichen Jahresraten, an; sie zahlte auch am 18. Februar 1928 10400 RM. und beantragte im übrigen Abweisung der Klage und Feststellung nach dem Antrag zur Widerklage. Das Berufungsgericht verurteilte die Beklagte unter Berücksichtigung der Zahlung von 10400 RM. zunächst gemäß ihrem Anerkenntnis zur Zahlung von 41600 M. und sprach dem Kläger außerdem noch 53166,80 RM. zu; im übrigen wies es die Klage ab und traf auf die Widerklage die Feststellung: der Kläger dürfe von der Beklagten nicht verlangen, daß sie die Erbengemeinschaft Benno M. im inneren Verhältnis so stelle, als ob die Erben auch nach dem 1. Januar 1922 offene Handelsgesellschafter der Beklagten geblieben wären.

Beide Teile legten Revision ein. Diejenige des Klägers war erfolglos. Auf die Revision der Beklagten dagegen wurde das angefochtene Urteil insoweit, als es der Klage über die anerkannten Beträge hinaus stattgab, aufgehoben und in diesem Umfang die Sache an das Berufungsgericht zurückverwiesen.

Aus den Gründen:

... I. Der Kläger vertritt den Standpunkt, daß sich durch den Vertrag vom 9. Oktober 1921 im inneren Verhältnis der Parteien zueinander grundsätzlich insofern nichts geändert habe, als die Benno M.schen Erben nach wie vor am Firmenvermögen der Beklagten wertanteilsberechtigt hätten bleiben sollen und geblieben seien, und daß demgemäß bei Ermittlung ihrer Abschichtungsansprüche so verfahren werden müsse, wie dies auch sonst bei vermögensanteilsberechtigten Gesellschaftern geschehe. Er will grundsätzlich die Abschichtungsansprüche nach dem Verhältnis der fortgeschriebenen Kapitalkonten der stillen und offenen Gesellschafter errechnet und sie schon bei Aufstellung der Goldmark-Eröffnungsbilanz der Beklagten dementsprechend behandelt wissen. Die Beklagte bestreitet eine solche fortdauernde „Substanz"-Beteiligung der Benno M.schen Erben am Firmenvermögen; sie ist der Ansicht, daß so, wie die Rechtsbeziehungen der Parteien zueinander durch den Vertrag vom 9. Oktober 1921 gestaltet worden seien, das Einlagekonto der Benno M.schen Erben bei ihr ein gewöhnliches Passivum darstelle, also nicht einen Anteil am Firmenvermögen ausdrücke; von seiten der Benno M.schen Erben aus gesehen handle es sich um eine der freien Aufwertung unterliegende Geldforderung, deren ursprünglicher Betrag durch die Schlußzahl der zum 31. Dezember 1921 bilanzmäßig ausgewiesenen Ziffer des Kapitalkontos des Erblassers bestimmt sei. Das Berufungsgericht hatte zu diesem Streitpunkt bei der sachlichen Entscheidung über die Widerklage Stellung zu nehmen; es hat dies getan und gegen den Kläger entschieden.

Die sachlichrechtlichen Angriffe, welche die Revision des Klägers hiergegen erhebt, sind nicht begründet. Soweit er sich dabei auf den Vertrag vom 9. Oktober 1921 stützt, handelt es sich im wesentlichen um eine reine Auslegungsfrage. Ein Gesellschaftsvermögen gibt es bei der regelmäßigen stillen Gesellschaft nicht. Das Geschäftsvermögen einschließlich der Einlage des stillen Gesellschafters gehört ausschließlich dem Komplementar (vgl. Flechtheim bei Düringer-Hachenburg Anm. 28 zu § 335 HGB.). Diese Sach- und Rechtslage kann allerdings durch den Gesellschaftsvertrag geändert werden. Gewiß nicht in dem Sinn, daß nun dinglich-rechtlich ein Gesellschaftsvermögen eingeführt würde. Wohl aber hindert nichts, daß sich der Geschäftsinhaber für das innere Verhältnis dem stillen Gesellschafter gegenüber verpflichtet, sich so behandeln zu lassen, als ob das Geschäftsvermögen ihm und dem stillen Gesellschafter gemeinschaftlich gehöre. Dann hat dieser allerdings, soweit die Abmachung reicht, z. B. auch Anteil an den Wertschwankungen des Anlagevermögens. All dies verkennt indessen das Berufungsgericht nicht; es verneint nur, daß hier für ein solches Verhältnis ausreichende Anhaltspunkte vorlägen. Daß es dabei gegen Auslegungsgrundsätze, gegen allgemeine Erfahrungssätze oder gegen Denkgesetze verstoßen hätte, ist nicht ersichtlich. Insbesondere steht der Wortlaut des § 1 des Vertrags vom 9. Oktober 1921, auf den sich die Revision des Klägers zunächst beruft, der Auffassung des Berufungsrichters nicht entgegen. Wenn der Kläger dagegen anführt, daß die Erbengemeinschaft nur Platzhalterin für Arthur M. bis zu seinem Eintritt als offener Teilhaber habe sein sollen, so hat der Vorderrichter diesen Gesichtspunkt ausdrücklich in den Kreis seiner Erwägungen einbezogen. Sein ablehnender Standpunkt ist um so weniger zu beanstanden, als die Dauer der stillen Gesellschaft nicht vom Eintritt oder vom endgültigen Nichteintritt des Arthur M. abhängig gemacht worden ist; vielmehr sind in § 2a und § 3 des Vertrags vom 9. Oktober 1921 gerade auch Bestimmungen getroffen, die eine Fortdauer der stillen Gesellschaft über jenen Zeitpunkt hinaus zur Voraussetzung haben. Es ist deshalb unzutreffend, wenn der Kläger meint, aus jenem Vertrag ergebe sich, daß die stille Gesellschaft nur als „Übergangsbehelf" gegründet worden sei, nämlich als Behelf bis zum Eintritt des Arthur M. als offener Gesellschafter der Beklagten, einer Gestaltung, die von vornherein ungewiß gewesen sei und sich schon 8 Tage nach dem Vertragsabschluß als unmöglich erwiesen habe. Die Revision des Klägers weist ferner auf § 4 des Vertrags vom 9. Oktober 1921 hin, worin ausdrücklich davon die Rede sei, daß das Geschäftshaus von dem offenen Teilhaber Adolf M. oder von gewissen Angehörigen von ihm für 840000 M. aus dem Gesellschaftsvermögen herausgenommen werden dürfe; diese Bestimmung habe, so meint die Revision des Klägers, vom Standpunkt der Beklagten aus keinen Sinn. Das Berufungsgericht hat diesen Beweisgrund des Klägers ebenfalls gewürdigt und die Klausel dahin ausgelegt, daß hierdurch habe festgelegt werden sollen, auch Arthur M. müsse, wenn er offener Teilhaber der Beklagten werde, gestatten, daß das Geschäftshaus von Adolf M. oder von seinen Angehörigen für den unverhältnismäßig geringen Gegenwert von 840000 M. aus dem Gesellschaftsvermögen herausgenommen werde. Diese Auslegung ist rechtlich nicht zu beanstanden. Die Bestimmung des § 4 hatte übrigens auch für das Verhältnis der Benno M.schen Erben als stiller Gesellschafter zu den offenen Gesellschaftern ihren guten Sinn. Denn die letzteren durften an sich auch im Rahmen einer regelmäßigen stillen Gesellschaft das Geschäftsvermögen, dessen wesentliches Stück für den Warenhausbetrieb naturgemäß das Geschäftshaus bildete, seinen Zwecken nicht willkürlich entfremden (vgl. Flechtheim a. a. O. Anm. 5). Aus § 4 des Vertrags vom 9. Oktober 1921 kann mithin wiederum nichts Durchschlagendes für den Standpunkt des Klägers hergeleitet werden. Ebenso verhält es sich mit der angeblich unveränderten Fortführung der Kapitalkonten der Benno M.schen Erben über den 31. Dezember 1921 hinaus. Mit Recht weist sodann das Berufungsgericht darauf hin, daß die Ermittlung der Einlage der Benno M.schen Erben als stiller Gesellschafter auf Grund der §§ 1 und 2 des Vertrags vom 9. Oktober 1921 sehr wohl möglich sei und vertraglich eben durch den am 31. Dezember 1921 auf dem Kapitalkonto des Erblassers bilanzmäßig ausgewiesenen Betrag habe gebildet werden sollen. Der Umstand, daß diese Bilanz zur Zeit des Abschlusses jenes Vertrags erst noch aufzustellen war, steht dem nicht entgegen. Auch aus der Entstehungsgeschichte des Vertrags, aus seinem Wortlaut und aus Sinn und Zusammenhang der sonst noch darin getroffenen Abreden sind insoweit keine durchgreifenden Bedenken herzuleiten. Auf rein tatsächlichem Gebiet liegt die weitere Erwägung des Berufungsgerichts, daß, wenn eine vertragliche Gestaltung der Rechtsbeziehungen der Parteien, wie sie der Kläger behauptet, beiderseits gewollt gewesen wäre, sie aller Wahrscheinlichkeit nach in der Vertragsurkunde selbst deutlichen Ausdruck gefunden hätte. Dies ist um so wahrscheinlicher, als der Vertrag von Rechtskundigen nach langen, sich über viele Monate hinziehenden Erörterungen der einzelnen Klauseln abgesetzt wurde. Nicht ohne Belang ist sodann in diesem Zusammenhang, daß nach §§ 12 bis 14 des Gesellschaftsvertrags vom 11. Dezember 1917 die Erben als solche zum Ende des Geschäftsjahrs, in dem der Erblasser gestorben war, ohnehin ausscheiden mußten und, abgesehen von dem in § 13 Abs. 2 vorgesehenen mehrjährigen Gewinnanteilsrecht, auf ein in bestimmter Weise (§ 14) zu berechnendes und auszuzahlendes Abschichtungsguthaben beschränkt waren. Sie hatten also kein Anrecht auf Verbleiben in der Gesellschaft und auf weitere „Substanzbeteiligung" am Geschäftsvermögen; das letztere sollte vielmehr dem oder den überlebenden Gesellschaftern ganz anwachsen. Gegen den Kläger sprechen weiter die der Erbengemeinschaft in § 2 des Vertrags vom 9. Oktober 1921 zugestandenen Befugnisse zu umfassender und endgültiger vorzeitiger Zurückziehung von Kapital und insbesondere endlich der Umstand, daß die Erben mit dem Kapital am Verlust überhaupt nicht beteiligt sein sollten. Mag damit auch die Bestimmung einer fortdauernden Beteiligung am Geschäftsvermögen noch nicht schlechthin unvereinbar sein, so wird sie doch dadurch vollends so unwahrscheinlich, daß nicht einzusehen ist, weshalb der Kläger bei dieser Sachlage nicht seinerseits auf eine eindeutige Festlegung im Vertrag gedrungen haben sollte.

Nach alledem ist es nicht rechtsirrtümlich, wenn das Berufungsgericht eine von der regelmäßigen Form der stillen Gesellschaft abweichende Beteiligung der Erbengemeinschaft als stiller Gesellschafterin am Geschäftsvermögen nicht für dargetan hält. Dem Kläger kann auch darin nicht beigetreten werden, daß, ganz abgesehen von besonderen vertraglichen Abmachungen, ohnehin schon der Anteil der Benno M.schen Erben als stiller Gesellschafter, insbesondere in der Goldmark-Eröffnungsbilanz der Beklagten, so zu berechnen sei, wie dies hätte geschehen müssen, wenn sie nach wie vor offene Handelsgesellschafter geblieben wären. Dies würde nur dann zutreffen, wenn nach dem Parteiwillen das Geschäftsvermögen im inneren Verhältnis wirtschaftlich als Gesellschaftsvermögen hätte gelten sollen. Eine solche besondere vertragliche Regelung hat aber das Berufungsgericht einwandfrei verneint. Rechtlich stellt das Einlagekonto des stillen Gesellschafters eine Schuld des Geschäftsinhabers an diesen dar. Daraus folgt, daß die Umwertung der Einlage — abgesehen von den Fällen, wo durch Parteivereinbarung die rechtliche Stellung des stillen Gesellschafters zum Geschäftsvermögen der des offenen Gesellschafters im Innenverhältnis gleichgestaltet ist — nicht nach Umstellungs-, sondern nach Aufwertungsgrundsätzen, und zwar nach denen über die freie Aufwertung zu geschehen hat. Der stille Gesellschafter als solcher ist an und für sich nicht am Geschäftsvermögen schlechthin, sondern nur am Betriebsgewinn beteiligt (JW. 1928 S. 1567 Nr. 11 und S. 1820 Nr. 42). Sofern in der Frage der Umwertung der Einlage des stillen Gesellschafters in den Gutachten und Entscheidungen des Goldbilanz-Schiedsgerichts ein hiervon abweichender Standpunkt vertreten sein sollte, könnte dem nicht beigepflichtet werden. Jedenfalls geht aber auch das Goldbilanz-Schiedsgericht davon aus, daß die Einlage des stillen Gesellschafters rechtlich nur eine Schuld des Geschäftsinhabers sei, daß der gewöhnliche stille Gesellschafter, abgesehen von Betriebsgewinnen, niemals mehr als den Einlagebetrag erhalten könne, sowie daß bei Bemessung der Aufwertung seiner Einlageforderung Verluste, die der Geschäftsinhaber in der Geldentwertungszeit erlitten habe, billigerweise mitzuberücksichtigen seien (vgl. Sammlung der Entscheidungen des Goldbilanz-Schiedsgerichts S. 25, 29, 62flg., 141, 146). Insbesondere in der Entscheidung Nr. 4 vom 20. Juni 1924, S. 62flg. (S. 63) a. a. O. ist klar ausgesprochen, daß der stille Gesellschafter von Gesetzes wegen am Anlagekapital und am Betriebsvermögen im allgemeinen nicht beteiligt ist. Damit erledigt sich der sachlichrechtliche Angriff der Revision des Klägers gegen die Entscheidung über die Widerklage. . . .

II. Die Beklagte will für die Ermittlung des Goldmarkwertes der Einlage der Benno M.schen Erben schlechthin den durch die Bilanz zum 31. Dezember 1921 auf dem Konto des Erblassers ausgewiesenen Papiermarkbetrag maßgebend sein lassen und ihn nach dem genannten Zeitpunkt als Stichtag umgerechnet wissen. Insoweit ist ihr der Berufungsrichter nicht gefolgt. Er hat vielmehr eine Umwertung der Bilanzposten vorgenommen, das Guthaben der Erben zum 31. Dezember 1921 neu berechnet und die sich hiernach ergebende Festmarkziffer, die den geltend gemachten Kapitalanspruch des Klägers erreichte, als Mindestbetrag der Einlage der Benno M.schen Erben behandelt. Demgegenüber erhebt die Revision der Beklagten zwei Angriffe.

1. Sie macht unter Berufung auf das Urteil des erkennenden Senats vom 21. September 1928 (JW. 1929 S. 763 flg. Nr. 38) geltend, die Frage des Einflusses der Geldentwertung auf die Ansprüche der Benno M.schen Erben sei für die Zeit bis zum 31. Dezember 1921 durch den Vertrag vom 9. Oktober 1921 endgültig erledigt worden und deshalb sei hier kein Raum für eine Neuberechnung der Einlage der Erben auf Grund einer Umwertung der Bilanz für 1921 und der früheren Bilanzen. Das Berufungsgericht hat diese Frage geprüft und sie mit Recht gegen die Beklagte entschieden. Der Sachverhalt ist hier schon um deswillen anders als in der soeben angeführten Entscheidung, weil der Vertrag vom 9. Oktober 1921 wenigstens ausdrücklich keine Generalverzichtsklausel enthält, wie es dort der Fall war. Damals hatte nämlich der Abgeschichtete zur Geldentwertungsfrage erklärt, daß er keinerlei Ansprüche mehr habe, „gleichgültig auf welchem Rechtsgrunde dieselben beruhen möchten und ob solche in der Vergangenheit oder in zukünftigen Verhältnissen oder in gesetzgeberischen Maßnahmen liegen" sollten. Eine solche Erklärung findet sich im Vertrag vom 9. Oktober 1921 nicht; der Geldentwertung ist dort überhaupt nicht Erwähnung getan. Gewiß konnte sie mit ihren Folgen auch stillschweigend abschließend geregelt werden, wenigstens bis zum Zeitpunkt des Vertragsabschlusses oder des vertraglichen Bilanzstichtags. Dies müßte aber aus dem Vertragsinhalt und den zu seiner Auslegung heranziehbaren Begleitumständen zweifelfrei zu entnehmen sein. Rechtlich einwandfrei hat das Berufungsgericht eine solche Regelung verneint. Allerdings war in dem vom Kläger eingeholten und bei den Vertragsverhandlungen gegen die Beklagte verwerteten Gutachten des Dr. G. die Bedeutung der Markverschlechterung gegenüber dem Stand von 1917 erörtert worden. Allein Gesetzgebung und Rechtsprechung sowie der Verkehr waren damals und noch geraume Zeit nachher auf den Satz „Mark gleich Mark" eingestellt. Auf- und Umwertungsansprüche, wie

sie in späterer Zeit zur Anerkennung gelangten, waren damals noch gänzlich unbekannt. In dem vor Abschluß des Vertrags vom 9. Oktober 1921 erstatteten Gutachten des Dr. G. wird denn auch die Frage der Geldentwertung und deren Berücksichtigung nur in Ansehung der Bewertung der Bilanz-Sollposten behandelt, und zwar im wesentlichen für die Frage, ob die im Gesellschaftsvertrag vom Dezember 1917 vorgesehene Bewertung des Geschäftshauses samt Inventar mit nur 840000 M. nach wie vor ohne weiteres maßgebend sei. Davon, daß die Geldentwertung auch bei den Schuldposten und bei den Bewegungen auf den Kapitalkonten der Gesellschafter von Bedeutung sei, ist nirgends die Rede. Diese Fragen sind auch erst im Zusammenhang und unter der Wirkung der Gesetzgebung und Rechtsprechung zur Aufwertung in Fluß gekommen und gelöst worden. Demgemäß ist auch die Bilanz der Beklagten für 1921 gerade bezüglich der Bewertung der Schuldposten und der Bewegungen auf den Konten der Gesellschafter unzweifelhaft ganz nach dem Grundsatz „Mark gleich Mark" aufgestellt. Hieran sollte der Vertrag vom 9. Oktober 1921 nichts ändern und hat auch nichts geändert. Es ist demnach rechtlich nicht zu beanstanden, wenn das Berufungsgericht in dem „Entgegenkommen", das die Beklagte der Witwe des Benno M. in Sachen der Gewinnbeteiligung bewiesen hatte, nur ein Zugeständnis dafür findet, daß sich der Kläger schließlich mit der bilanzmäßigen Bewertung von Geschäftshaus und Inventar zu 840000 M. zufrieden gab, obwohl dieser Betrag der Geldentwertung wegen nur noch einen kleinen Bruchteil der 840000 M. im Wert vom 1. Mai 1916/11. Dezember 1917 darstellte.

2. Unbegründet ist aber auch das weitere Bedenken der Revision der Beklagten, daß eine Umwertung der Bilanzen von 1921 an nach rückwärts hier deshalb nicht angängig sei, weil Änderungen in der Zusammensetzung ihrer offenen Gesellschafter eingetreten seien, und zwar durch die zum 31. Dezember 1919 erfolgte Aufnahme des Fritz G. und den im März 1922 mit Wirkung zum 31. Dezember 1921 geschehenen Eintritt der Witwe des Adolf M. Allein beim Eintritt des Fritz G. hat überhaupt keine Neuordnung der gesellschaftlichen Verhältnisse stattgefunden. Denn sein Eintritt war schon im Vertrag vom 11. Dezember 1917 vorgesehen und genau geregelt; auch nahm Fritz G. bei Lebzeiten seines Schwiegervaters im Innern nicht die Stellung eines Voll-Gesellschafters ein. Dadurch, daß nach dem Aus-

scheiden der Benno M.schen Erben als offener Teilhaber die Witwe des Adolf M. an dessen Stelle als Teilhaberin aufgenommen wurde, konnte den Rechten der genannten Erben kein Eintrag geschehen. Dem Berufungsgericht, das diese Einwendung der Beklagten entsprechend dem Urteil RGZ. Bd. 117 S. 245 erörtert und zurückgewiesen hat, ist daher auch zu diesem Punkt, jedenfalls im Ergebnis, beizutreten. Demnach hat zur Ermittlung der Einlage der Erben unter Ausschaltung der verwirrenden Einflüsse der Geldentwertung (ähnlich wie schon in einer Reihe anderer vom erkennenden Senat entschiedener Fälle, z. B. RGZ. Bd. 117 S. 238, Bd. 122 S. 200; WarnRspr. 1925 Nr. 184) zunächst grundsätzlich eine Umwertung der Bilanzen stattzufinden. Dabei kann an und für sich ohne weiteres bis zum 1. Januar 1918 zurückgegangen werden, also bis zum Ausscheiden des Gustav M. und der damit verbundenen Neugestaltung der gesellschaftsrechtlichen Beziehungen. Darüber, wie weit nach Lage der Dinge eine solche Bilanz-Umwertung erforderlich und zweckmäßig ist, hat in erster Linie der Tatrichter zu befinden. Das gleiche gilt für die Auswahl des Maßstabes oder der Maßstäbe für die Umrechnung.

III. Wenn sich sonach das angefochtene Urteil in den bisher behandelten Punkten auch als rechtlich einwandfrei erwies, mußte es doch auf die Revision der Beklagten aus anderen Gründen aufgehoben werden.

1. Zunächst verstößt die vom Berufungsgericht vorgenommene Umwertung der Bilanz von 1921 in verschiedener Hinsicht gegen das Gesetz und gegen anerkannte Auf- und Umwertungsgrundsätze.

a) Das Berufungsgericht will die auf dem Geschäftshaus lastenden Hypotheken von 700000 M., von denen 400000 M. aus der Friedenszeit stammen, und die restlichen Abschichtungsansprüche der Gustav M.schen Erben aus dem Jahre 1917 mit rund 180000 M. nur mit ihrem Papiermarkwert vom 31. Dezember 1921 in die Bilanz von diesem Tag einsetzen, obwohl die Schuldposten ihrem „Goldmarkinhalt" nach ein vielfaches jenes Wertes ausmachen und so eingestellt der Bilanz ein ganz anderes Aussehen geben würden. Das Berufungsgericht rechtfertigt diese Behandlung mit der Erwägung, daß die Erbengemeinschaft das Haus der Beklagten zum „Papiermarkpreis" überlassen habe und sich deshalb die Schulden, die „rechtlich und wirtschaftlich" das Haus träfen, nur „in Papiermark" anrechnen lassen müsse. Dem kann nicht gefolgt werden. Die Schulden, um die es sich hier handelt, waren Schulden der offenen Handelsgesellschaft, welcher der Erblasser angehört hatte; für diese Schulden hatte er auch im Innenverhältnis zu seinen Mitgesellschaftern mitaufzukommen, gerade so wie für sonstige Geschäftsverbindlichkeiten. Für die Erbengemeinschaft, die an seine Stelle getreten war, galt ein gleiches. Wohl hatten sodann die Parteien in der Bewertung der Aktivposten der Bilanz freie Hand, soweit die Ermittlung des Abschichtungsguthabens der Erben bei der offenen Handelsgesellschaft und damit zugleich die Ermittlung ihrer Einlage in die stille Gesellschaft in Frage stand. Ganz anders verhielt es sich aber mit den Schulden. In die Rechte der Gläubiger konnten sie nicht eingreifen, und insoweit ist nun durch die Aufwertungsgesetzgebung und -Rechtsprechung klargestellt worden, daß die Ansprüche der Hypothekengläubiger und der Gustav M.schen Erben in Wahrheit ein Vielfaches des Nennbetrags in Papiermark ausmachten. Daran haben die Parteien bei Abschluß des Vertrags vom 9. Oktober 1921 nicht gedacht und sie konnten auch nicht daran denken. Wie das Berufungsgericht in anderem Zusammenhang selbst feststellt, sollte die Gewinnbeteiligung der Witwe des Benno M. den Ausgleich für die „billige" Überlassung des Geschäftshauses an die offenen Teilhaber bilden. Dann fehlt es aber an jeder Rechtsgrundlage dafür, daß die bezeichneten Schulden in die Festmarkbilanzen nur mit ihrem nach dem Stand der Papiermark vom 31. Dezember 1921 sich ergebenden Goldmarkbetrag eingesetzt werden könnten, eine Maßnahme, durch die im Ergebnis Schulden mit einem Goldmarkinhalt von 500000 bis 600000 GM. der Beklagten oder den offenen Teilhabern allein zugeschoben würden. Es zeigt sich damit zugleich, daß der wahre Wille der Parteien durch eine buchstäbliche Durchführung des Vertrags vom 9. Oktober 1921 nicht zur Geltung gebracht werden kann. Der Umstand, daß das Geschäftshaus in der Bilanz vom 31. Dezember 1921 nur mit 840000 M. bewertet wurde, obwohl es in der Vorkriegszeit mit weit mehr als 840000 Friedensmark (also Goldmark) zu Buche stand, beruht ersichtlich mit auf der irrigen Vorstellung der Parteien, daß auch für die Schulden, insbesondere für die mit dem Geschäftshaus zusammenhängenden Hypothekenschulden und restlichen Abfindungsansprüche des Gustav M., die Rechnung „Mark gleich Mark" gelte und bestehen bleiben werde. Unzweifelhaft haben die Parteien im Vertrag vom

9. Oktober 1921 einen billigen Ausgleich der beiderseitigen Interessen erstrebt und diesen für die vermögensrechtlichen Ansprüche der Hinterbliebenen des Benno M. in der vertraglichen Regelung zu finden geglaubt, weil beide Teile die Einflüsse und Wirkungen der Geldentwertung nicht — jedenfalls nicht nach allen wesentlichen Seiten — erkannt haben.

Das Berufungsgericht wird danach zunächst zu prüfen haben, wie jenem Parteiwillen noch im Rahmen des Vertrags vom 9. Oktober 1921 selbst zur Geltung verholfen werden könnte und dessen Zwecke wenigstens annähernd zu erreichen wären. In Frage käme vielleicht die Möglichkeit, das Geschäftshaus mit Inventar vorbehaltlich der üblichen Abschreibungen einerseits, die Hypotheken und Abfindungsgelder anderseits mit dem vollen Goldwert in die Bilanzen einzusetzen, die Schuldenabwertung jedoch anders als in RGZ. Bd. 120 S. 410 der Beklagten allein zugute kommen zu lassen und diesen „Gewinn" auch nicht zur Begründung einer höheren Aufwertung der Papiermarkeinlage der Erbengemeinschaft heranzuziehen. Ferner könnte es sich darum handeln, daß man das Haus samt Inventar unter Berücksichtigung der aus dem Vertrag vom 1. Mai 1916 stammenden Vorschrift der Bewertung in Höhe von 840000 M., die im wesentlichen noch Friedensmark bedeuteten, mit dem entsprechenden Goldwert, die Hypotheken und Abfindungsgelder dagegen wiederum zum vollen Goldwert in die Umwertungsbilanzen aufnehmen und vom Goldmarkbetrag des so zum 31. Dezember 1921 ermittelten Abschichtungsguthabens der Erben aus der offenen Handelsgesellschaft vorab noch den Kapitalwert der Witwenrente abziehen würde. Der Restbetrag würde dann die Einlage der Erben in die stille Gesellschaft bilden. Beide Male bliebe die Witwenrente bestehen, der Vertrag vom 9. Oktober 1921 insoweit also unverändert in Geltung. Im übrigen sei ausdrücklich darauf hingewiesen, daß zu den angedeuteten Möglichkeiten von hier aus nicht abschließend Stellung genommen werden kann. Dazu bedarf zunächst der Sachverhalt weiterer tatsächlicher Klärung unter Berücksichtigung etwaigen neuen Parteivorbringens. Auf alle Fälle müssen in die umzuwertenden Bilanzen bis zum 31. Dezember 1921, auf Grund deren zunächst der Goldmarkbetrag der Einlage der Erben zu ermitteln ist, auch die Hypotheken und die Abfindungsgelder zum vollen Goldmarkwert eingesetzt werden. Sollte sich ergeben, daß der Vertrag vom 9. Oktober 1921 wegen Wegfalls der Geschäftsgrundlage im ganzen Umfang unwirksam ist, so wäre das Auseinandersetzungsguthaben der Erbengemeinschaft zum 31. Dezember 1921 wiederum auf Grund von Festmarkbilanzen unter entsprechender Berücksichtigung der Bestimmungen des Vertrags vom 11. Dezember 1917 zu ermitteln.

b) Mit Recht greift sodann die Revision der Beklagten die Bewertung des Warenkontos an. Das Konto erscheint in der Papiermarkbilanz von 1921 mit 3651864,86 M. Die Beklagte hat diesen Posten bei Rechnung über den Dollar mit 83356 GM., nach der Tabelle des Aufwertungsgesetzes mit 93122 GM., nach einer „Friedensaufnahme" mit 211703 GM. und schließlich nach dem Durchschnitt der beiden letztgenannten Zahlen mit 152412 GM. bewertet. Sie will aber den Betrag von 93122 GM. gelten lassen. Das Berufungsgericht gelangt von sich aus auf 290000 RM., indem es zu den 211703 GM. noch 37% zuschlägt. Dies wird mit der Erwägung begründet, daß für die fraglichen Waren damals eine Überteuerung bestanden habe, der Kläger auch nicht Friedensmark, sondern Reichsmark fordere. Deshalb müsse — so heißt es weiter im angefochtenen Urteil — die Friedensmark der Beklagten in Reichsmark umgerechnet werden, da sonst die Beklagte den Wertunterschied zwischen Vorkriegs- und Reichsmark auf Kosten der Erben für sich behalten würde; ein solcher Kursgewinn wäre jedoch gerade bei einer alten Familiengesellschaft mit § 242 BGB. unvereinbar. Nun hatte aber die Beklagte in ihren Erläuterungen zu der sog. Friedensaufnahme unter Beifügung von Verkaufsankündigungen aus jener Zeit dargelegt, daß die erzielten Verkaufspreise gegenüber dieser Wertberechnung ganz außerordentlich niedrig gewesen seien. Erfahrungsgemäß haben sich damals auch die Preise im Kleinverkauf nicht entfernt dem Fortschreiten des Markzerfalls angepaßt, zumal bei Berücksichtigung der damals noch geltenden Preistreibereiverordnung und ihrer Handhabung durch die Behörden. Für die Bewertung des Warenkontos (also eines Umsatzkontos) mußten aber in erster Linie die Verkaufsmöglichkeiten und die Verkaufspreise ausschlaggebend sein.

Rechtlich ebenso verfehlt ist der Versuch einer Aufwertung gegenüber der Reichsmark. Mit der Erwägung, daß die bald nach Einführung der Festwährung einsetzende Steigerung oder Erhöhung des Lebenshaltungsindexes nicht einschneidend genug gewesen ist, um die

Anwendung der clausula rebus sic stantibus zu rechtfertigen, hat das Reichsgericht schon wiederholt gegen solche Versuche Stellung genommen (RGZ. Bd. 115 S. 88 [96]; WarnRspr. 1926 Nr. 20, Nr. 147; JW. 1927 S. 1082 Nr. 2; Seuff.Arch. Bd. 82 Nr. 6). Daran ist festzuhalten. Der Wertunterschied zwischen Friedens- und Reichsmark ist entfernt kein solcher, daß deshalb die Zubilligung eines Geldentwertungs-Ausgleichs gerechtfertigt wäre.

2. Das Berufungsgericht hat die Einlage der Erben ohne jede Begründung auf 100% aufgewertet. Auch darüber beschwert sich die Revision der Beklagten mit Recht. Zwei Aufgaben sind auseinanderzuhalten. Bei der einen handelt es sich um die Ermittlung des Goldmarkwertes der ursprünglichen Einlageforderung der Erbengemeinschaft. Er ergibt sich aus den bis zum 31. Dezember 1921 aufzustellenden Festmarkbilanzen und bildet zugleich die Höchstgrenze für die Aufwertung. Der so gefundene Festmarkbetrag ist in Papiermark umzurechnen und diese Papiermarkforderung, die der weiteren Geldentwertung ab 1. Januar 1922 unterlag, ist dann unter Berücksichtigung der Interessen und Verhältnisse beider Teile nach § 242 BGB. frei aufzuwerten. Diese Aufwertung ist die zweite der hier zu lösenden Aufgaben. Wie weit bei der in diesem Rahmen vorzunehmenden Prüfung der Verhältnisse der Parteien über den 1. Januar 1924 hinausgegangen werden darf oder muß, das richtet sich nach den Umständen des einzelnen Falls (RGZ. Bd. 123 S. 371). Es ist also keineswegs gesagt, daß insoweit der 1. Januar 1924 den festen Stichtag bilde, es sind vielmehr bei Bemessung des Aufwertungsbetrags gegebenenfalls auch Umstände zu berücksichtigen, die sich seither erst gezeigt haben.

Jeder der vorstehend unter 1a, b und 2 erörterten Mängel (von denen die beiden ersteren zu einer unrichtigen Berechnung der ursprünglichen Einlage der Erbengemeinschaft geführt haben, während der letztere einen Verstoß gegen allgemein anerkannte Aufwertungsgrundsätze enthält) muß zur Aufhebung des angefochtenen Urteils und zur Zurückverweisung führen, soweit es der Klage über die anerkannten Beträge hinaus stattgibt. ...

85. Steht einer auf Grund des § 249 Satz 2 BGB. erhobenen Klage auf Geldentschädigung die Einrede der rechtskräftig entschiedenen Sache entgegen, wenn der Geschädigte mit einer früheren auf denselben Sachverhalt gestützten Klage Naturalwiederherstellung nach § 249 Satz 1 a. a. O. gefordert hat und das Bestehen eines Schadensersatzanspruchs aus sachlichen Gründen rechtskräftig verneint worden ist?

ZPO. § 322. BGB. § 249.

III. Zivilsenat. Urt. v. 20. Dezember 1929 i. S. K. (Kl.) w. Kreiskommunalverband H. u. Gen. (Bekl.). III 83/29.

I. Landgericht Kassel.
II. Oberlandesgericht daselbst.

Auf Grund eines gegen die Firma A. erstrittenen vollstreckbaren Titels ließ die Klägerin am 4. Juli 1921 durch den für das Amtsgericht M. zuständigen Gerichtsvollzieher R. etwa 10000 Ztr. ihrer Schuldnerin gehöriges Stubbenholz pfänden. Der Waldbezirk, in dem sich das Holz befand, liegt nicht im Bezirk des Amtsgerichts M., sondern in dem des Amtsgerichts H. Am 18. Juli 1921 versteigerte R. das gepfändete Holz in dem zum Amtsgericht M. gehörigen Orte B., schlug es der Klägerin als Meistbietender zu und übergab es ihr. Die Klägerin beließ das Holz an seiner bisherigen Lagerstätte. Inzwischen war es am 14. Juli 1921 durch den Vollzugsbeamten N. des Kreiskommunalverbandes H. wegen einer vollstreckbaren Krankengeldforderung der H.er Krankenkasse gegen die Firma A. gepfändet worden. In der von N. im Oktober oder November 1921 abgehaltenen Versteigerung wurde es von verschiedenen Einwohnern der Umgegend erstanden, die es bald darauf abfuhren. Die Klägerin nahm nun zunächst wegen ihres auf angeblich schuldhafte Amtspflichtverletzung des N. zurückzuführenden Eigentumsverlustes diesen und den Kreiskommunalverband H. gemäß Art. 131 RVerf. und § 839 BGB. auf Schadensersatz in Anspruch und beantragte mit der im Mai 1922 erhobenen Klage, die beiden Beklagten als Gesamtschuldner zu verurteilen, an sie 10000 Ztr. gesprengtes Stubbenholz an Ort und Stelle zu liefern. Vom Landgericht abgewiesen, stellte sie im zweiten Rechtszug den Hilfsantrag, die Beklagten zur Zahlung von 20 Millionen Papiermark im Werte vom

24. Februar 1923 zu verurteilen, und hielt beide Anträge noch in der letzten mündlichen Verhandlung vom 24. März 1924 aufrecht. Durch rechtskräftig gewordenes Urteil von diesem Tage wurde die Berufung der Klägerin mit der Begründung zurückgewiesen, daß sie durch die Pfändung und Versteigerung seitens des örtlich unzuständigen Gerichtsvollziehers R. keine Rechte an dem Holz erworben habe, welche N. hätte beeinträchtigen können.

Demnächst verlangte die Klägerin vom Preußischen Staat Ersatz eines Teils des ihr entstandenen Schadens in Höhe von 2000 RM., weil der Gerichtsvollzieher R. durch Pfändung in einem Bezirk, für den er nicht zuständig gewesen sei, und durch nicht gehörige Anbringung von Pfandzeichen seine ihm ihr gegenüber obliegenden Amtspflichten schuldhaft verletzt habe. Auch diese Klage wurde vom Landgericht und vom Oberlandesgericht rechtskräftig abgewiesen. Das Berufungsgericht führte im Gegensatz zum oberlandesgerichtlichen Urteil vom 24. März 1924 aus, daß die Klägerin auf Grund ihres guten Glaubens zwar Eigentümerin des ersteigerten Holzes geworden sei, weil R. die Versteigerung an einem seiner amtlichen Zuständigkeit unterworfenen Orte vorgenommen habe, daß sie aber die Fortschaffung oder eine sonstige Sicherung des Holzes — z. B. durch deutliche Kenntlichmachung ihres Eigentums — nach Lage des Falles schuldhaft versäumt habe, sodaß ihr aus den dem R. vorgeworfenen Amtspflichtverletzungen kein Schaden erwachsen sei.

Auf Grund dieses Sachverhalts klagt die Klägerin nunmehr wiederum gegen den Kreiskommunalverband H. und gegen N., und zwar diesmal auf Zahlung eines Schadens-Teilbetrags von 4300 RM. Die Beklagten erhoben die Einwände der rechtskräftig entschiedenen Sache und der Verjährung. Beide Tatrichter erachteten den ersteren für durchschlagend und wiesen die Klage ab. Die Revision der Klägerin blieb erfolglos.

Gründe:

Die Revision meint, daß die Berufung auf die Rechtskraftwirkung des Vorprozeßurteils gegenüber der vorliegenden Klage versage, weil der im Jahre 1922 erhobene Anspruch von vornherein auf eine unmögliche Leistung gerichtet gewesen sei und auch hätte abgewiesen werden müssen, wenn im übrigen der Standpunkt der Klägerin hinsichtlich des N.schen Verschuldens und seiner Ursächlichkeit für ihren Schaden begründet gewesen wäre. Denn einen Anspruch auf pfandfreie Wiederbeschaffung des von N. versteigerten und in das Eigentum der Käufer übergegangenen Holzes habe die Klägerin nie gehabt. Deshalb stehe auch die ordnungs- und rechtmäßige Abweisung jenes Anspruchs der jetzigen Klage nicht entgegen, soweit sie den Wert des damals hilfsweise geltend gemachten geringen Papiermarkanspruchs übersteige.

Diese Erwägungen beruhen auf einer Verkennung der rechtlichen Tragweite sowohl des § 249 BGB. als auch der Klaganträge im Vorprozeß. Jede für einen Schaden ursächliche unerlaubte Handlung erzeugt einen Schadensersatzanspruch. Über die Art seiner Verwirklichung verhält sich § 249 BGB. Er gewährt dem Ersatzberechtigten den Anspruch auf Herstellung desjenigen wirtschaftlichen Zustands, in dem er sich ohne das schädigende Ereignis befunden hätte, mit der Maßgabe, daß der Gläubiger in bestimmten Fällen nach seiner Wahl entweder die Herstellung des früheren Zustands durch den Schädiger selbst oder die dazu erforderlichen Geldmittel von ihm verlangen darf. Auch der Anspruch auf Geldentschädigung nach § 249 Satz 2 a. a. O. „ist ein Anspruch auf Herstellung, nur nicht in der Form der unmittelbaren Leistung des Schuldners, sondern in der Form einer durch eine Geldzahlung des Schuldners vermittelten Selbstbefriedigung des Gläubigers" (RGZ. Bd. 71 S. 214). Wählt der Geschädigte den ersteren Weg und wird seine Klage auf sogenannte Naturalrestitution rechtskräftig als unbegründet abgewiesen, weil der Beklagte nicht der Schädiger sei oder mangels Verschuldens für den entstandenen Schaden nicht aufzukommen habe, so kann die Frage seiner Ersatzpflicht nicht nochmals dem Richter in der Weise unterbreitet werden, daß nunmehr auf Grund des gleichen, mit dem Tatbestand des Vorprozeßurteils im wesentlichen übereinstimmenden Sachverhalts Wiedergutmachung des Schadens durch Geldzahlung nach § 249 Satz 2 BGB. gefordert wird. Der Schadensersatzanspruch als solcher ist vielmehr rechtskräftig erledigt.

Die Revision übersieht auch, daß Satz 1 a. a. O. nicht Herstellung genau desselben tatsächlichen, sondern, wie schon betont, nur desselben wirtschaftlichen Zustands voraussetzt, in dem sich der Gläubiger vor dem Rechts- oder Sachverlust oder der sonstigen Vermögensbeschädigung befand (vgl. RGZ. Bd. 76 S. 146, Bd. 91 S. 106/107 und die dort angezogenen Entscheidungen). Daraus folgt, daß bei der Beiseiteschaffung oder Vernichtung vertretbarer Sachen deren Ersatz im Sinne des § 249 Satz 1 a. a. O. auch durch Lieferung einer gleichen

Menge Waren derselben Art und Beschaffenheit gefordert werden und erfolgen kann (RGZ. Bd. 93 S. 284, Bd. 106 S. 86). Von dieser Forderungsbefugnis hat die Klägerin im Vorprozeß Gebrauch gemacht. Sie hat nicht etwa Wiederherbeischaffung der von ihr ersteigerten und ihr von N. entzogenen Hölzer, sondern eine gleichartige und gleichwertige Ersatzlieferung begehrt und ist mit diesem Anspruch rechtskräftig abgewiesen worden, weil ihr an den Hölzern, deren rechtswidrige Entziehung sie behauptete, kein Pfand- oder sonstiges Recht zugestanden habe und sie somit nicht geschädigt sei. Die Klägerin hat also, wie das angefochtene Urteil zutreffend ausführt, im Vorprozeß ihren Gesamtschaden nach § 249 Satz 1 BGB. eingeklagt und den ihr aus der angeblichen Amtspflichtverletzung des N. erwachsenen Schadensersatzanspruch als solchen in vollem Umfang geltend gemacht, sodaß nach dessen rechtskräftiger sachlicher Abweisung für seine nochmalige Geltendmachung gemäß § 249 Satz 2 das. kein Raum mehr ist. Die Klägerin fordert jetzt auf Grund desselben Tatsachenmaterials und aus demselben Rechtsgrund wie im Vorprozeß, wenn auch in anderer Form, in Wirklichkeit dasselbe, was sie im früheren Rechtsstreit von den gleichen Beklagten gefordert hat, nämlich daß diese sie wirtschaftlich so stellen sollen, wie sie ohne die Entziehung des Holzes gestanden hätte. Daß die Klägerin im Jahre 1922 hilfsweise anstatt der Ersatzlieferung auch Entschädigung in Geld, nämlich in Papiermark, verlangt hat, ist für die Entscheidung über die jetzige Klage belanglos, da ihr ohne Rücksicht auf den damaligen Hilfsantrag der Einwand der rechtskräftig entschiedenen Sache mit Erfolg entgegengesetzt werden kann. Es kommt daher auch nicht darauf an, daß jener Hilfsantrag im Gegensatz zum damaligen Hauptantrag nicht Ersatz des ganzen Schadens, sondern nur eines Teils davon verlangte.

Das angefochtene Urteil gibt somit zu rechtlichen Bedenken keinen Anlaß.

Anhang:

Entscheidungen des Staatsgerichtshofs.

1.

In der verfassungsrechtlichen Streitsache

der Fraktion der Deutschnationalen Volkspartei im Preußischen Landtage,

Antragstellerin,

gegen

das Land Preußen,

Antragsgegner,

wegen der Teilnahme der preußischen Beamten am Volksbegehren (StGH. 19/29),

hat der Staatsgerichtshof für das Deutsche Reich in der öffentlichen Sitzung vom 22./23. Oktober 1929 beschlossen:

Der Antrag auf Erlaß einer einstweiligen Verfügung wird zurückgewiesen.

Gründe:

I. ... Die Deutschnationale Fraktion im Preußischen Landtag hat beim Staatsgerichtshof für das Deutsche Reich Klage erhoben mit dem Antrag,

der Staatsgerichtshof wolle beschließen, daß die Teilnahme der preußischen Beamten beim Volksbegehren und Volksentscheid grundsätzlich zulässig und die dagegen gerichteten Kundgebungen des Preußischen Staatsministeriums verfassungswidrig sind.

Die Antragstellerin stützt ihr Klagebegehren darauf, daß durch eine in der Landtagssitzung vom 16. Oktober 1929 vom Preußischen Ministerpräsidenten namens des Preußischen Staatsministeriums abgegebene Erklärung, eine als bindend gedachte amtliche Kundgebung, den Beamten die Teilnahme am Volksbegehren über das sog. Freiheitsgesetz „gleichviel in welcher Form" untersagt worden sei. Damit sei auch die Stimmabgabe bei einem Volksbegehren als eine Verletzung der Amtspflichten bezeichnet worden, welche disziplinare Maßnahmen nach sich ziehe. Eine solche Regierungserklärung verletze die durch Art. 130 RVerf. in Verbindung mit Art. 80 PrVerf. gewährleisteten staatsbürgerlichen Rechte der Beamten. Denn nach dieser Vorschrift der Reichsverfassung stehe den Beamten das Recht zu, ihre politische Meinung zu betätigen, bei welcher Betätigung ihnen nur hinsichtlich der Form Schranken gezogen seien. Die Stimmabgabe bei einem amtlich zugelassenen Volksbegehren könne niemals eine Verletzung der Beamtenpflichten enthalten. Das gelte auch für das gegenwärtige Volksbegehren, zumal da sich dessen § 4 gar nicht auf die früheren und jetzt im Amt befindlichen Minister beziehe, sondern nur eine Strafvorschrift für die Zukunft vorsehe. Es handle sich bei diesem Streit über die Rechte der Beamten um eine Verfassungsstreitigkeit innerhalb des Landes Preußen, zu deren Betreibung die Antragstellerin befugt, zu deren Entscheidung der Staatsgerichtshof für das Deutsche Reich berufen sei.

Zugleich mit der Klage hat die Fraktion der Deutschnationalen Volkspartei beantragt, im Wege der einstweiligen Verfügung anzuordnen:

a) daß sich das Staatsministerium des Antragsgegners einstweilen aller amtlichen Kundgebungen und Anweisungen zu enthalten hat, wodurch die Teilnahme der preußischen Beamten an dem Volksbegehren zum Young-Plan verboten oder für unzulässig erklärt wird,

b) daß ferner die bereits erfolgten Kundgebungen und Anweisungen zurückgenommen werden.

Zur Begründung dieser Anträge führt sie aus, daß die Landtagsrede des Preußischen Ministerpräsidenten ungeheure Verwirrung in die Beamtenkreise hineingetragen habe. Die Beamten fühlten sich durch sie behindert, ihre staatsbürgerlichen Rechte nach ihrer freien Überzeugung auszuüben. Dadurch werde zugleich die Gesetzmäßigkeit des im Laufe befindlichen Eintragungsverfahrens beeinträchtigt, dessen Ende bei der Kürze der Eintragungsfrist nicht mehr fern sei. Die Angelegenheit sei daher äußerst eilbedürftig. Die demnächstige Entscheidung in der Hauptsache würde für das Volksbegehren keine unmittelbare Bedeutung mehr besitzen. Nur eine einstweilige Verfügung könne den durch die begangene Verfassungsverletzung angerichteten Schaden wenigstens teilweise wiedergutmachen.

In der mündlichen Verhandlung, die sich beim Widerspruch des Antragsgegners gegen eine Verhandlung auch zur Hauptsache auf die Frage des Erlasses einer einstweiligen Verfügung beschränkte, hat die Antragstellerin noch folgende Hilfsanträge gestellt:

1. Bis zur Entscheidung über die Klage in Sachen StGH. 19/29 wird im Wege der einstweiligen Verfügung angeordnet:

   Die Teilnahme der preußischen Beamten beim Volksbegehren mit dem Kennwort „Freiheitsgesetz" durch ihre Einzeichnung in die Eintragungslisten gehört zu den in Art. 130 RVerf. gewährleisteten Rechten.

2. Der Staatsgerichtshof wolle im Wege der einstweiligen Verfügung eine Anordnung treffen, welche den preußischen Beamten die Teilnahme beim Volksbegehren durch Eintragung in die Eintragungslisten ermöglicht.

Das Land Preußen hat beantragt, den Antrag auf Erlaß einer einstweiligen Verfügung abzulehnen, und zwar in erster Reihe deshalb, weil im gegenwärtigen Verfahren keine vorläufige Anordnung getroffen werden könne, die nicht zugleich eine Entscheidung zur Hauptsache enthalte. In Wirklichkeit strebe die Antragstellerin überhaupt keine echte einstweilige Verfügung an, versuche vielmehr, unter Umgehung zwingender Verfahrensvorschriften der Geschäftsordnung des Staatsgerichtshofs, insbesondere der Vorschriften über Fristbestimmungen, eine gerichtliche Stellungnahme zum eigentlichen Streitpunkt der Parteien herbeizuführen. Einer solchen Beeinträchtigung seiner prozessualen Stellung müsse der Antragsgegner widersprechen. Eine einstweilige Verfügung ohne Vorwegnahme der Hauptentscheidung sei im vorliegenden Falle undenkbar. . . .

Die Antragstellerin hat demgegenüber die Zulässigkeit der von ihr beantragten einstweiligen Verfügung verteidigt, deren Fassung sie durchaus in das Ermessen des Staatsgerichtshofs stelle. Nachdem der Antragsgegner eine Verhandlung zur Hauptsache durch seinen Widerspruch vereitelt habe, sei es zur Verhütung unberechenbarer Schädigungen der Beamten und der das Volksbegehren betreibenden Volksteile dringend notwendig, ein Einschreiten der Preußischen Regierung gegen die preußischen Beamten vorläufig zu hindern und letzteren die verfassungsmäßig gewährleistete Freiheit ihrer politischen Betätigung zu sichern. Das sei ohne Vorwegnahme der Hauptentscheidung möglich, wenn auch vielleicht bis hart an die Grenze dieser Entscheidung herangegangen werden müsse. . . .

II. Weder das Gesetz über den Staatsgerichtshof vom 9. Juli 1921 (RGBl. S. 905) noch die Geschäftsordnung des Staatsgerichtshofs vom 20. September 1921 (RGBl. S. 1535) enthalten ausdrückliche Bestimmungen über den Erlaß einstweiliger Verfügungen durch den Staatsgerichtshof für das Deutsche Reich. Gleichwohl hat dieser das Recht, solche ergehen zu lassen, aus allgemeinen Erwägungen für sich in Anspruch zu nehmen. Daraus, daß die Parteien seiner Gerichtsbarkeit in der Weise unterworfen sind, daß ein durch seine Entscheidung angeordneter Zustand für die Dauer zwangsweise herbeigeführt werden kann, hat er den Schluß gezogen, daß er auch zu einer vorläufigen Regelung befugt ist, wenn sie aus besonderen Gründen erforderlich ist. Der Staatsgerichtshof hat indessen von dieser Befugnis nur mit großer Zurückhaltung und nur in Ausnahmefällen Gebrauch gemacht. Während er schon mehrfach Anträge auf Erlaß einstweiliger Verfügungen abgelehnt hat, hat er ihnen bisher nur in zwei Fällen stattgegeben, zunächst am 10. Oktober 1925 in einem Streit des Landes Lübeck gegen das Land Mecklenburg-Schwerin (RGZ. Bd. 111 Anh. S. 21 — Lammers-Simons Rechtsprechung des Staatsgerichtshofs S. 212) und am 17. November 1928 in einem Streit des Landes Preußen gegen das Reich und die Länder Bayern, Württemberg und Baden (RGZ. Bd. 122 Anh. S. 17, insbesondere S. 43 — Lammers-Simons a. a. O. S. 156, insbesondere S. 174). In der erstgenannten Sache hatten beide Streitteile um eine vorläufige Regelung gebeten. Die zweite einstweilige Verfügung ist auf Antrag des Deutschen Reiches ergangen, das damals durch den Reichsminister der Finanzen vertreten wurde. Einstweilige Verfügungen des Staatsgerichtshofs sind demnach bisher nur erlassen worden in Streitigkeiten nicht privatrechtlicher Art zwischen verschiedenen Ländern oder zwischen dem Reich und einem Lande. Bei Verfassungsstreitigkeiten innerhalb eines Landes, der dritten Art der durch Art. 19 RVerf. dem Staatsgerichtshof zur Entscheidung überwiesenen Streitigkeiten, fehlt es an einem solchen Vorgang. Als eine Verfassungsstreitigkeit innerhalb des Landes Preußen bezeichnet aber die Antragstellerin den gegenwärtig von ihr anhängig gemachten Rechtsstreit, der auch nur von diesem — hier noch nicht auf seine Richtigkeit zu prüfenden — Gesichtspunkt aus der Entscheidungsbefugnis des Staatsgerichtshofs unterliegen kann. Es liegt deshalb nahe zu fragen, ob denn in Verfassungsstreitigkeiten innerhalb eines Landes Raum für eine einstweilige Verfügung ist. Eine Stellungnahme zu dieser Frage erübrigt sich indessen im vorliegenden Falle, da der Antrag auf Erlaß einer einstweiligen Verfügung schon daran scheitert, daß mit ihrem Erlaß zugleich über die Hauptsache entschieden werden würde. Das wäre aber mit den für den Staatsgerichtshof geltenden Verfahrensvorschriften unvereinbar.

Wie die Klagschrift zeigt, ist der Hauptantrag der Klägerin auf einen Ausspruch des Staatsgerichtshofs gerichtet, daß die Teilnahme der preußischen Beamten beim gegenwärtigen Volksbegehren und dem ihm folgenden Volksentscheid zulässig sei. Wenn weiter noch gefordert wird, die gegen diese Betätigung der Beamten gerichteten Kundgebungen des Preußischen Staatsministeriums für verfassungswidrig zu erklären, so handelt es sich insoweit nur um eine aus dem ersten und wichtigsten Teil des Antrags gezogene Folgerung. Vergleicht man mit dem Klagantrag den im gegenwärtigen Verfahren über den Erlaß einer einstweiligen Verfügung gestellten Antrag, so ergibt sich zunächst für den ersten Hilfsantrag, daß er bereits in dem Hauptklagantrag mitenthalten ist. Es soll angeordnet werden, daß die Teilnahme der preußischen Beamten beim Volksbegehren durch ihre Einzeichnung in die Eintragungslisten zu den in Art. 130 RVerf. gewährleisteten Rechten gehört. Gerade diese Teilnahme soll aber auch im Hauptstreit für zulässig, d. h. nach der Reichsverfassung für zulässig, erklärt werden. Die zeitliche Begrenzung, die der Hilfsantrag der gewünschten einstweiligen Anordnung dahin gibt, daß sie nur bis zur Entscheidung über die Klage gelten solle, berührt ihren Inhalt nicht, sondern hebt nur den sich aus dem prozessualen Verhältnis der einstweiligen Verfügung zur Hauptentscheidung mit Notwendigkeit ergebenden Endpunkt der Wirksamkeit der ersteren besonders hervor. Der ursprüngliche Antrag auf Erlaß einer einstweiligen Verfügung hat zwar die verfassungsmäßigen Rechte der

Beamten nicht zum unmittelbaren Gegenstand, setzt aber ihr Bestehen in dem von der Antragstellerin behaupteten, vom Antragsgegner bestrittenen Umfang voraus. Denn nur wenn der ersteren in diesem eigentlichen Streitpunkt beizupflichten ist, kann überhaupt eine Anordnung dahin in Frage kommen, daß sich das Preußische Staatsministerium einstweilen aller amtlichen Kundgebungen und Anweisungen zu enthalten habe, wodurch die Teilnahme der preußischen Beamten am Volksbegehren verboten oder für unzulässig erklärt werde, und daß es die bereits erfolgten Kundgebungen und Anweisungen zurücknehmen müsse. Auch diese Anordnung kann also ohne Vorwegnahme der Hauptentscheidung nicht getroffen werden. Dasselbe Bedenken steht dem letzten Hilfsantrag der Antragstellerin entgegen. Mag er auch insoweit nicht zu beanstanden sein, als er die Wahl des Mittels, das zur Erreichung des erstrebten Erfolgs geeignet sein soll, in gewissem Umfang dem Ermessen des Staatsgerichtshofs überläßt, so kann dieser doch die Eintragung in die Listen des Volksbegehrens nur dann als für preußische Beamte statthaft erklären, wenn er zuvor zu der Auffassung gelangt ist, daß sie auf solche Betätigung ihrer politischen Überzeugung ein verfassungsmäßiges, durch ihre Beamtenpflichten nicht beschränktes Recht haben. Eine Fassung der einstweiligen Verfügung, die ihr der Hauptentscheidung gegenüber selbständigen Charakter verliehe, hat die Antragstellerin nicht gefunden; sie ist auch nicht zu finden. Eine ihrem Verlangen genügende vorläufige Anordnung, die nicht zugleich die Hauptsache entscheidet, ist eben nicht denkbar.

Die einstweiligen Verfügungen, die der Staatsgerichtshof bisher erlassen hat, haben sich stets darauf beschränkt, einen einstweiligen Zustand zu regeln, ohne der Hauptentscheidung irgendwie vorzugreifen. Ein solches Auseinanderfallen beider Entscheidungen, der vorläufigen und der endgültigen, ist durch die für das Verfahren vor dem Staatsgerichtshof geltenden Vorschriften geboten. Nach ihnen hat zunächst ein schriftliches Vorverfahren stattzufinden, in dem die Parteien ihre Erklärungen zur Sache austauschen (§ 20 StGHGes., § 2 GeschO.). Nach Aufklärung der Sache durch diesen Schriftwechsel und durch etwa weiter notwendige, vom Berichterstatter vorzunehmende Ermittlungen (§ 4 GeschO.) erstattet letzterer und gegebenenfalls der Mitberichterstatter ein Gutachten (§ 5 GeschO.). Dann erst kann Termin zur mündlichen Verhandlung angesetzt werden, zu dem die Parteien mindestens zwei Wochen vorher zu laden sind (§ 6 Abs. 2 GeschO.). Diese Vorschriften gelten für das seiner Natur nach besondere Beschleunigung erfordernde Verfahren über eine beantragte einstweilige Verfügung nur mit Einschränkungen. Insbesondere kann in ihm von einem Schriftwechsel der Parteien, von einer mündlichen Verhandlung und, falls diese doch stattfindet, von der Einhaltung der Ladungsfrist abgesehen werden. Dagegen haben die Parteien Anspruch darauf, daß die zu ihrem Schutze gegebenen, eine gründliche Erörterung und erschöpfende Aufklärung der Sache gewährleistenden Vorschriften im Hauptverfahren eingehalten werden. Von ihrer genauen Beobachtung darf, zumal bei der Wichtigkeit der zur Zuständigkeit des Staatsgerichtshofs gehörenden Sachen, ohne Zustimmung der Parteien nicht abgewichen werden. Ihre Nichtanwendung in einem Verfahren über eine einstweilige Verfügung, die auf keine ausdrückliche Bestimmung gestützt, sondern überhaupt nur aus allgemeinen Erwägungen hergeleitet werden kann, läßt sich daher nur insoweit rechtfertigen, als sich dieses Verfahren ohne Stellungnahme zur Hauptsache durchführen läßt. Es würde eine mit den für das Verfahren des Staatsgerichtshofs maßgebenden Rechtsvorschriften unvereinbare Beeinträchtigung der beklagten Partei bedeuten, wollte man sie nötigen, eine Entscheidung über den sachlichen Streit entgegenzunehmen, ohne daß sie Gelegenheit gehabt hätte, ihre Einwendungen hierzu dem Gericht ausführlich darzulegen. Daß eine einstweilige Verfügung nur zeitlich beschränkte Geltung besitzt, kann nicht maßgeblich ins Gewicht fallen. Denn die ihr tatsächlich innewohnende erhebliche Bedeutung würde sich auch bei der endgültigen Entscheidung auswirken, sofern die einstweilige Verfügung dieser schon vorgriffe. Eine die Endentscheidung vorwegnehmende vorläufige Anordnung dürfte daher nur unter den vollen Sicherungen des Gesetzes über den Staatsgerichtshof und seiner Geschäftsordnung ergehen. Dann würde aber auch die Hauptentscheidung erlassen werden können. Für eine einstweilige Verfügung von solcher Tragweite ist also niemals Raum.

Damit erweist es sich als unmöglich, dem gegenwärtigen Antrag der Fraktion der Deutschnationalen Volkspartei stattzugeben. Die von ihr begehrte einstweilige Verfügung setzt eine Entscheidung über die Tragweite der Artikel der Reichsverfassung voraus, die den Beamten die Freiheit ihrer politischen Gesinnung und ihrer Meinungsäußerung gewährleisten. Die Bedeutung dieser Artikel ist aber gerade Gegenstand des eigentlichen Streits der Parteien. Von seiner Entscheidung hängt also der Erlaß einer einstweiligen Verfügung ab. Der Streitstoff im gegenwärtigen vorläufigen Verfahren deckt sich mit dem demnächstigen endgültigen so sehr, daß eine die eigentliche Meinungsverschiedenheit der Parteien unberührt lassende vorläufige Regelung nicht angängig ist. Von ihrem Erlaß muß daher abgesehen werden.

Zu demselben Ergebnis führt noch eine andere Erwägung. Würde der Staatsgerichtshof die beantragte einstweilige Verfügung erlassen und würde er damit nach dem bisher Gesagten zugleich Stellung nehmen zu dem Umfang der den Beamten durch die Reichsverfassung verbürgten Meinungsfreiheit, so würde er doch gemäß dem Charakter jeder einstweiligen Verfügung in letzterem Punkt nur vorläufig Recht sprechen. Es würde dem Antragsgegner der Versuch gestattet bleiben, im Hauptverfahren eine andere Stellungnahme des Staatsgerichtshofs herbeizuführen. Diese Entschließung würde also nicht, wie die bisher von ihm erlassenen einstweiligen Verfügungen, einen vorübergehenden Zustand, diesen aber, sein unverändertes Weiterbestehen vorausgesetzt, abschließend regeln, sie würde vielmehr ihrem eigentlichen Inhalt nach selbst nur vorläufiger Natur sein. Der Erlaß einer derartigen Entscheidung wäre aber mit der Stellung des Staatsgerichtshofs unvereinbar, der in erster und letzter Instanz, also stets endgültig, Recht spricht. Eine solche vorläufige Entschließung des Staatsgerichtshofs würde außerdem der Antragstellerin überhaupt nicht zur Erreichung des von ihr erstrebten Zieles verhelfen. Die Beamten müßten immer noch mit einer anderen Lösung der umstrittenen Rechtsfrage rechnen, wären also keineswegs dagegen gesichert, daß ihr Eintreten für das Volksbegehren später doch als nicht durch die Gewährleistungen der Reichsverfassung gedeckt gekennzeichnet würde. Die Verwirrung in Beamtenkreisen, von der die Antragstellerin wünscht, daß ihr die einstweilige Verfügung abhelfe, könnte durch einen vorläufigen Ausspruch des Staatsgerichtshofs keineswegs beseitigt werden. Der Erlaß einer einstweiligen Anordnung erweist sich also auch vom Standpunkt der Antragstellerin aus als untaugliches Mittel zur Verwirklichung ihrer Absicht.

2.

In der verfassungsrechtlichen Streitsache

der Gemeinde Niedergläsersdorf (Kreis Lüben),
Antragstellerin,

gegen

das Land Preußen,
Antragsgegner,

wegen Feststellung der Verfassungswidrigkeit des § 1 des preußischen Gesetzes über die Regelung verschiedener Punkte des Gemeindeverfassungsrechts vom 27. Dezember 1927 (GS. S. 211) und der hierzu ergangenen Ausführungsanweisung vom 25. Februar 1928 (StGH. 19/28),

hat der Staatsgerichtshof für das Deutsche Reich in der öffentlichen Sitzung vom 10./11. Dezember 1929 für Recht erkannt:

Der Antrag der Gemeinde Niedergläsersdorf wird zurückgewiesen.

Gründe:

A.

Die Gemeinde Niedergläsersdorf ist durch Beschluß des Preußischen Staatsministeriums vom 28. September 1928 mit Wirkung vom 30. September 1928 mit der Gemeinde Hummel und dem Gutsbezirk Hummel zu der neuen Gemeinde Gläsersdorf zusammengelegt worden. Der Beschluß stützt sich auf das vom Preußischen Landtag mit einfacher Mehrheit beschlossene Gesetz vom 27. Dezember 1927 (GS. S. 211). In der zur Ausführung dieses Gesetzes auf Grund seines § 15 Abs. 3 ergangenen zweiten Anweisung des Ministers des Innern vom 25. Februar 1928 heißt es u. a.: „Wie es dem rechtlichen Charakter der kommunalen Neuabgrenzung als eines Staatshoheitsaktes entspricht, ist nunmehr folgerichtig das öffentliche Wohl, nicht mehr das Einverständnis der Beteiligten als Grundlage und Voraussetzung auch dieses Staatshoheitsaktes vorgeschrieben. Daher kommt eine sogenannte Ersetzung des Einverständnisses der Beteiligten aus Gründen des öffentlichen Interesses nicht mehr in Betracht; vielmehr hat jede durch das Gesetz zur Entscheidung über eine Veränderung kommunaler Grenzen in den Fällen des § 1 Nr. 1 bis 3 berufene Stelle hinfort nach objektiven Gesichtspunkten zu entscheiden. Die Vorschrift, derzufolge eine solche Grenzveränderung in Zukunft lediglich aus Gründen des öffentlichen Wohles zu erfolgen hat, bedeutet, daß nicht das subjektive Interesse des einzelnen, sondern das Interesse der Allgemeinheit für die Entscheidung allein maßgebend ist".

Die Gemeinde Niedergläsersdorf ist der Auffassung, daß sich diese Ausführungen mit Art. 127 RVerf., Art. 70 PrVerf. nicht vereinbaren lassen. Soweit nach der bisherigen Gesetzgebung, nämlich nach § 2 der östl. Landgemeindeordnung, eine Vereinigung von Landgemeinden mit anderen Gemeinden oder Gutsbezirken von der Einwilligung der Beteiligten abhängig gewesen sei, müsse es im Hinblick auf jene Verfassungsbestimmungen hierbei auch für die Zukunft sein Bewenden behalten. Unter der Voraussetzung, daß die Ausführungsanweisung den Sinn und Inhalt des § 1 Ges. vom 27. Dezember 1927 richtig wiedergebe, beantragt sie daher

diesen § 1 für verfassungswidrig und rechtsungültig zu erklären.

Dazu bemerkt sie aber, nach ihrer eigenen Meinung lasse § 1 a. a. O. die sachlichrechtlichen Eingemeindungsbestimmungen unberührt. Vom Standpunkt dieser Ansicht aus sei er verfassungsrechtlich einwandfrei; es sei dann aber die Ausführungsanweisung mit ihm und mit der preußischen Verfassung nicht in Einklang zu bringen. Vorsorglich beantragt sie daher,

die Ausführungsanweisung vom 25. Februar 1928 für verfassungswidrig und rechtsungültig zu erklären.

Zur Begründung ihrer Anträge macht sie unter Hinweis auf die Entstehungsgeschichte des § 2 östl. LGO. und auf einschlägige Veröffentlichungen im Schrifttum geltend, die von ihr bekämpfte Gesetzes- bzw. Ausführungsbestimmung enthalte eine unzulässige Beschränkung des verfassungsmäßig gewährleisteten Selbstverwaltungsrechts. Möge auch die Vollziehung von Umgemeindungen ein Staatshoheitsakt sein, so sei doch die Mitwirkung der Gemeinden in dem diesen Akt vorbereitenden Verfahren, nämlich die Erteilung oder Versagung der Einwilligung, eine Ausübung des Selbstverwaltungsrechts. . . . Vor dem Inkrafttreten der neuen Verfassungen sei in Ermanglung der Einwilligung eine zwangsweise Umgemeindung durch Gesetz allerdings rechtlich möglich gewesen. Jetzt sei das aber nicht mehr der Fall. Schon den Art. 127 RVerf. dürfe man nicht dahin auslegen, daß den Gemeinden das Recht der Selbstverwaltung nur in den Schranken der bestehenden oder zukünftigen Gesetze eingeräumt sei, der Gesetzgeber also jederzeit das Recht haben solle, die Selbstverwaltungsbefugnisse durch einfaches Gesetz einzuschränken. Wäre das Sinn und Absicht des Art. 127, so würde er nur eine Selbstverständlichkeit zum Ausdruck bringen. Noch weniger sei eine so enge Auslegung des Art. 70 PrVerf. zulässig. Gerade dessen Entstehungsgeschichte lehre, daß die Selbstverwaltungsbefugnisse nicht durch ein späteres einfaches Gesetz beschränkt werden könnten.

Das Preußische Staatsministerium beantragt,

die Anträge der Gemeinde Niedergläsersdorf als unbegründet abzuweisen.

Dazu führt es aus: Das Gesetz vom 27. Dezember 1927 sei das Endergebnis mehrjähriger Bemühungen um Verbesserung des Eingemeindungsrechts, die im Jahre 1922 mit der Vorlage der Regierungsentwürfe für eine preußische Städteordnung und eine preußische Landgemeindeordnung eingesetzt hätten. Dabei sei man von vornherein darauf ausgegangen, lediglich das öffentliche Wohl als den hier maßgebenden Gesichtspunkt gelten zu lassen ohne Rücksicht auf die Sonderwünsche der einzelnen Beteiligten. Man habe also schon damals als Mangel der bisherigen, in § 2 östl. StO. und LGO. enthaltenen gesetzlichen Regelung die kasuistische Aufzählung der Fälle des öffentlichen Interesses erkannt, bei deren Nichtvorhandensein es für Umgemeindungen des Einverständnisses der Beteiligten bedurft habe. Diesem Mangel abzuhelfen, sei auch Sinn und Zweck des Gesetzes vom 27. Dezember 1927. Das hätten, wie aus den parlamentarischen Verhandlungen hervorgehe, auch die Oppositionsparteien erkannt, die sich vergeblich bemüht hätten, durch entsprechende Abänderungsanträge den Gesetzentwurf dem bisherigen Rechtszustand anzupassen. Die Ausführungsanweisung vom 25. Februar 1928 stelle somit den durch § 1 des Gesetzes begründeten neuen Rechtszustand richtig dar.

Die Verfassungsmäßigkeit des § 1 a. a. O. lasse sich nicht mit Grund bezweifeln. Das bisherige Mitwirkungsrecht von Gemeinden bei Eingemeindungsakten sei nicht als Selbstverwaltungsrecht aufzufassen; wäre dies aber auch der Fall, so würde seine Beseitigung so wenig wie jede andere Einschränkung des Umfangs der Selbstverwaltungsangelegenheiten verfassungswidrig sein. . . .

Art. 127 RVerf. enthalte im wesentlichen nur eine programmatische Erklärung. Art. 70 PrVerf. sichere die Existenz der Gemeinden in ihrer Gesamtheit, aber nicht die jeder einzelnen, und kündige an, daß ihnen grundsätzlich Gegenstände zur Ausübung ihrer Selbstverwaltung überlassen bleiben sollten. In Verbindung mit Art. 71 Abs. 2 ergebe er die gleiche Rechtslage wie Art. 127 RVerf. Dementsprechend seien in der preußischen Gesetzgebung mehrfach organisatorische Änderungen auf dem Gebiete der Selbstverwaltung erfolgt, anderseits auch Städte und Landgemeinden gegen ihren Willen durch einfaches Gesetz vereinigt worden, ohne daß in Fällen der einen oder der anderen Art verfassungsmäßige Bedenken erhoben worden wären.

Die Antragstellerin hat diesen Ausführungen widersprochen und ist auf ihrem Standpunkt verblieben.

B.

... Damit erledigt sich ohne weiteres der Hilfsantrag der Gemeinde Niedergläsersdorf, sodaß nicht erörtert zu werden braucht, ob er überhaupt zulässig ist.

Ihr Hauptantrag wäre gerechtfertigt, wenn § 1 d. Ges. vom 27. Dezember 1927 nach seiner vorstehend gekennzeichneten Bedeutung mit der Reichsverfassung oder mit der preußischen Verfassung nicht im Einklang stände. Ein solcher Widerspruch besteht aber nicht. In dieser Beziehung kann im allgemeinen auf die Entscheidung von heute in Sachen der Stadt Lüttringhausen u. Gen. gegen das Land Preußen (abgedr. unten S. 14*) verwiesen werden. Zusätzlich ist nur folgendes zu bemerken.

Die in den eben erwähnten Streitsachen beteiligten Gemeinden sind durch Einzelbestimmungen des Sondergesetzes vom 29. Juli 1929 aufgelöst worden. Der dort behandelte Streit betraf daher in erster Linie die Verfassungsmäßigkeit dieses Gesetzes. Die neue Gemeinde Gläsersdorf ist dagegen gemäß dem Gesetz vom 27. Dezember 1927 durch Zusammenlegung der Antragstellerin mit der Gemeinde Hummel und dem Gutsbezirk Hummel durch Beschluß des Staatsministeriums gebildet worden, der übrigens nicht auf § 1, sondern auf § 11 d. Ges. fußt. Entsprechend dem in der heutigen Entscheidung in Sachen Lüttringhausen gegen Preußen Ausgeführten hat die Antragstellerin indessen ein rechtliches Interesse auch daran, daß über die Verfassungsmäßigkeit des § 1 erkannt wird. Weder die eine noch die andere Bestimmung ist verfassungswidrig. Hinsichtlich des § 11 ist das in der Entscheidung von heute in Sachen der Fraktion der Deutschnationalen Volkspartei im Preußischen Landtag gegen das Land Preußen StGH. 4/29 dargelegt. § 1 enthält aber im Gegensatz zu dem Gesetz vom 29. Juli 1929 keine Sonderregelung für bestimmte Gemeinden, stellt vielmehr nur die maßgebenden Gesichtspunkte für alle vorkommenden Fälle auf. Gegen die Art der gesetzlichen Regelung bestehen jedoch ebensowenig verfassungsmäßige Bedenken wie gegen jene Sonderregelung. Wenn es zulässig ist, durch einfaches Gesetz Gemeindegrenzen ohne Rücksicht auf den Willen der Beteiligten zu verändern, so hat der Gesetzgeber die Wahl, entweder in jedem Einzelfall ein Sondergesetz zu erlassen oder ein- für allemal die sachlichen Voraussetzungen zu umschreiben, unter denen die Veränderung zu erfolgen hat, und das behördliche Verfahren zu bestimmen, in dem sie durchzuführen ist. In diesem Sinne sieht Art. 71 Abs. 2 PrVerf. vor, daß die Gliederung der Provinzen in Kreise usw. durch Gesetz „geregelt" werde. Durch das Gesetz muß also nur die „Regelung" der sachlichen Voraussetzungen und des Verfahrens erfolgen, nicht notwendig die Durchführung im einzelnen. Jenen Erfordernissen genügt aber § 1 des Gesetzes vom 27. Dezember 1927. Sachliche Voraussetzung ist hiernach das öffentliche Wohl. Nun ist allerdings in den parlamentarischen Verhandlungen wie auch anderweit, zuletzt noch in den mündlichen Erörterungen vor dem Staatsgerichtshof, lebhaft bezweifelt worden, ob hiermit ein für die praktische Lösung des Einzelfalls brauchbarer Begriff in die Gesetzgebung eingeführt worden sei. Man hat auf die Meinungsverschiedenheiten der Beteiligten und auf den Widerstreit in den Ansichten der politischen Parteien darüber hingewiesen, was das öffentliche Wohl erfordere. Indessen handelt es sich insoweit nur um eine Frage der Gesetzgebungspolitik. Wenn der Gesetzgeber glaubte, von einer eingehenderen, genauer umschriebenen Bestimmung der sachlichen Voraussetzungen für Grenzveränderungen absehen zu müssen, so haben sich die dem Gesetz unterworfenen Stellen und insbesondere auch die Gerichte damit abzufinden, daß es eben die Aufgabe der durch § 1 Abs. 1 Nr. 2 und 3 des Gesetzes berufenen Organe ist, unparteiisch und nach bestem Wissen im einzelnen Falle zu entscheiden, welche Regelung das öffentliche Wohl verlangt. Dementsprechend sind denn auch bei der Beratung des angefochtenen Gesetzes von keiner Seite Bedenken gegen die verfassungsmäßige Zulässigkeit der im § 1 ausgesprochenen Delegation geäußert worden. Im Gegenteil hat die größte Oppositionspartei in ihrem zu § 1 gestellten Abänderungsantrag Nr. 7398 — vgl. Sitzungsberichte des Preußischen Landtags 2. Wahlperiode 1. Tagung Sp. 22409 — zwar den Begriff der „Gründe des öffentlichen Wohles" näher umschrieben, die demnächst in das Gesetz übergegangene Delegation aus dem Urantrag der Regierungsparteien aber übernommen, wenngleich mit der Maßgabe, daß im Falle des § 1 Nr. 2 dem Beschluß des Staatsministeriums ein Beschlußverfahren der Beschlußbehörde vorhergehen sollte.

Nach alledem erschien der von der Gemeinde Niedergläsersdorf gestellte Hauptantrag unbegründet.

3.

In der verfassungsrechtlichen Streitsache

1. **der Stadtgemeinde Lüttringhausen und anderer Stadtgemeinden, Landgemeinden und Ämter,**
2. **der preußischen Landtagsfraktion der Reichspartei des deutschen Mittelstandes (Wirtschaftspartei),**

Antragsteller,

gegen

das Land Preußen,

Antragsgegner,

betreffend Feststellung der Verfassungswidrigkeit des preußischen Gesetzes über die kommunale Neugliederung des rheinisch-westfälischen Industriegebietes vom 29. Juli 1929 (StGH. 9. 11. 14. 15. 16 und 18/29),

hat der Staatsgerichtshof für das Deutsche Reich in der öffentlichen Sitzung vom 10./11. Dezember 1929 für Recht erkannt:

Die Anträge werden zurückgewiesen.

Gründe:

A.

Die Stadtgemeinde Lüttringhausen und die anderen vorstehend bezeichneten Städte, Ämter und Gemeinden mit Ausnahme der unter Nr. 19, 20 und 22 aufgeführten haben beantragt,

das preußische Gesetz vom 29. Juli 1929 (GS. S. 91) bzw. den § 1 des preußischen Gesetzes vom 27. Dezember 1927 (GS. S. 211) für verfassungswidrig zu erklären.

Beide Gesetze sind im Landtag mit einfacher Mehrheit angenommen worden.

Zur Begründung ihrer Anträge machen die Antragsteller geltend:

I. Das Gesetz vom 29. Juli 1929 sei unter Verletzung der Art. 42 Abs. 1, Art. 38 Abs. 3 PrVerf. erlassen worden.

Der Präsident des Staatsrats habe auf Verlangen von vier Mitgliedern des verstärkten Gemeindeausschusses den Staatsrat auf den 23. Juli 1929 zur Beschlußfassung darüber zusammenberufen, ob gegen das Gesetz über die kommunale Neugliederung des rheinisch-westfälischen Industriegebietes Einspruch erhoben werden solle. In dieser Sitzung habe die Kommunistische Fraktion Erhebung des Einspruchs beantragt und namentliche Abstimmung verlangt. Da dieses Verlangen nicht von 10 anwesenden Mitgliedern unterstützt worden sei, habe der Präsident einfach, nicht namentlich abstimmen lassen. Darin liege ein Verstoß gegen die zwingende Vorschrift des Art. 38 Abs. 3 verbunden mit Art. 42 PrVerf. Denn hiernach müsse jede Abstimmung über die Frage der Einspruchserhebung — also selbst dann, wenn der jeweils gestellte Antrag auf Nichterhebung des Einspruchs abziele — namentlich sein. Es komme nicht darauf an, ob ein auf Nichterhebung des Einspruchs gerichtetes Abstimmungsergebnis vorauszusehen sei. Übrigens lasse sich niemals — und am wenigsten im vorliegenden Falle — beurteilen, ob bei namentlicher Abstimmung das Ergebnis ebenso ausgefallen sein würde wie bei einfacher. Aufgabe des Staatsministeriums wäre es gewesen, vor der Verkündung des Gesetzes nachzuprüfen, ob die Abstimmung im Staatsrat verfassungsmäßig vor sich gegangen sei. Durch die Verkündung des Gesetzes sei der begangene Verstoß nicht geheilt worden.

II. Der sachliche Inhalt beider Gesetze verstoße sowohl gegen die Reichsverfassung wie gegen die preußische Verfassung.

Durch § 2 der östlichen Landgemeindeordnung, § 2 der östlichen Städteordnung sei den Beteiligten vorbehaltlich der im Gesetz konkret bestimmten Ausnahmefälle des öffentlichen Interesses das Recht der Zustimmung zur Veränderung der Gemeindegrenzen zuerkannt worden. Ohne ihre Einwilligung könne also hiernach eine Gemeinde vor allem nicht ihr eigenes Dasein verlieren. Die Einwilligung der Gemeinde sei eine sachliche Voraussetzung für ihre Auflösung und daher ihrem Wesen nach die Ausübung eines Selbstverwaltungsrechts. Sie erfolge auf Grund eigener freier Entschließung, also unter eigener Verantwortung ohne Bindung an staatliche Wünsche und Aufträge. Diese Selbstbindung an die Einwilligung der Beteiligten habe sich der Staat zu deren Gunsten auferlegt. Ob Eingemeindungen als Staatshoheitsakte aufzufassen seien, spiele demgegenüber keine Rolle. Es frage sich vielmehr gerade, ob der jeweils in Betracht kommende Staatshoheitsakt auf verfassungsmäßiger Grundlage beruhe. Unerheblich sei es daher auch, daß die Ausübung des Selbstverwaltungsrechts, nämlich die Erteilung der Zustimmung, dem Staatshoheitsakt zeitlich vorauszugehen habe. Nun sei zwar das nach den östlichen Gemeindeverfassungsgesetzen bestehende Zustimmungsrecht den Beteiligten nicht auch in den entsprechenden für die Rheinprovinz geltenden Gesetzen eingeräumt; gleichwohl sei jetzt überall in Preußen eine Eingemeindung ohne solche Einwilligung verfassungswidrig.

Das ergebe sich sowohl aus Art. 127 RVerf. wie aus Art. 70 PrVerf., die nicht bloße Programmsätze aufstellten, sondern unmittelbar geltendes Recht enthielten. Erste Voraussetzung der Selbstverwaltung sei aber das Vorhandensein ihrer Träger. Wenn also den Gemeinden das Selbstverwaltungsrecht in den Verfassungen zugesprochen und gewährleistet werde, so liege darin für sie die Zusage des Weiterbestehens vorbehaltlich ihres eigenen Einverständnisses mit der Auflösung. So sei die Rechtslage wenigstens grundsätzlich anzusehen. Dabei werde nicht verkannt, daß in besonderen Fällen die Auflösung bestimmter Gemeinden durch die Verhältnisse zwingend gefordert werden könne. Es liege aber nicht im Sinne der Verfassungen, so grundstürzende Umwälzungen durch einfaches Landesgesetz eintreten zu lassen, wie es im Falle des Gesetzes vom 29. Juli 1929 geschehen sei, oder gemäß § 1 des Gesetzes vom 27. Dezember 1927 das „öffentliche Wohl" als den maßgebenden Gesichtspunkt hinzustellen, demgegenüber der Wille der Beteiligten außer Betracht zu bleiben habe. Die Ansichten der einzelnen politischen Parteien widersprächen sich in der Frage, was das öffentliche Wohl erheische. Der Geist der Verfassung verbiete es aber, den Bestand der beteiligten Gemeinden der Willkür parteipolitischer Belange zu unterwerfen. Hinzuweisen sei ferner auf die Entstehungsgeschichte der preußischen Verfassung, aus der sich ergebe, daß man beabsichtigte, den Ausbau der Selbstverwaltung zu fördern. Diesem Gedanken würde es widersprochen haben, wenn man dem Gesetzgeber völlig freie Hand gelassen hätte, bestehende Selbstverwaltungskörper durch einfaches Gesetz aufzuheben. Art. 70 PrVerf. gewährleiste gegenüber den Selbstverwaltungskörpern, die bei Inkrafttreten der Verfassung bestanden, den Fortbestand. Zum mindesten verbiete er so weitgehende Eingriffe, wie sie in den beiden angefochtenen Gesetzen enthalten seien. Aus Art. 71 ergebe sich nichts gegen diese Auffassung. Er übertrage in seinem hier in Betracht kommenden Abs. 2 erster Halbsatz der Gesetzgebung nur die Regelung allgemeiner organisatorischer Gesichtspunkte, vor allem der Frage, welche Arten von Stadt-, Landgemeinden, Ämtern usw. bestehen sollten, verbiete ihr aber, in den räumlichen Bestand vorhandener Gemeinwesen ohne ihre Zustimmung einzugreifen oder sie gar völlig zu beseitigen.

Das Amt Bentrup weist noch darauf hin, daß seine Eingesessenen für die Zeit zwischen dem Inkrafttreten des Gesetzes vom 29. Juli 1929 und dem [illegible] November 1929, [illegible] Neuwahl der Stadtverordnetenversammlung [illegible] Rechtes auf Selbstverwaltung völlig beraubt gewesen. [illegible] Gemeindeleben einzig da. Er sei [illegible] Gemeinderats, der die [illegible] ein Selbstverwaltungsorgan, [illegible] auf dessen Zusammensetzung die Bewohner der betreffenden Gemeinde Einfluß ausgeübt hätten.

Die Antragsteller zu 19, 20, 21 beantragen, dahin zu erkennen:

die §§ 2, 34 und 35 des preußischen Gesetzes vom 29. Juli 1929 sind unvereinbar mit der Reichsverfassung und der preußischen Verfassung.

Sie schließen sich den vorstehenden Ausführungen an und fügen hinzu:

Wenn man einräume, daß die angeführten Verfassungsbestimmungen geltendes Recht schüfen, so müsse auch ein Träger des Rechts vorhanden sein. Als solcher könnten nur die politischen Gemeinden in Betracht kommen, und zwar sämtliche, die zur Zeit des Inkrafttretens der Verfassung bestanden. Es werde also auch die „konkrete" Selbstverwaltung geschützt. Dieser Schutz beziehe sich, da er nur Gebietskörperschaften verliehen sei, vor allem auf ihr Gebiet. Deshalb dürfe eine Gemeinde nicht wider ihren Willen gezwungen werden, in einer anderen aufzugehen, dabei in Gemeindeverwaltungs-Angelegenheiten unter den maßgebenden Einfluß ihr fremder und unliebsamer politischer Parteibestrebungen zu geraten, aus einem lebensvollen und wirtschaftlich blühenden Körper in die Stellung eines wenig beachteten Gliedes herabzusinken und mit ihrer Steuerkraft in weitem Umfang Belange zu fördern, die ihr räumlich und seelisch fernlägen.

Hilfsweise machen sie geltend, daß der von ihnen in Anspruch genommene Verfassungsschutz, wenn nicht allen, so doch zum mindesten den Gemeinden zustatten kommen müsse, die durch reiche geschichtliche Vergangenheit, besondere kulturelle und wirtschaftliche Bedeutung, lebhaft entwickeltes Heimatgefühl ihrer Bevölkerung sich auszeichneten. Hier die entscheidenden Gesichtspunkte herauszustellen und die Grenzlinien zu ziehen, jenseits derer die Landesgesetzgebung wegen der hervorragenden Bedeutung einer Gemeinde nicht zur Zwangseingemeindung schreiten dürfe, liege dem Staatsgerichtshof ob. Dabei werde sich ergeben, daß den Stadtgemeinden Barmen und Rheydt der von ihnen beanspruchte Verfassungsschutz zukomme.

Die Antragstellerin zu 22, die Stadtgemeinde Hamborn, hat beantragt,

das Gesetz vom 29. Juli 1929, insbesondere aber seinen § 22, für rechtsungültig zu erklären.

Bei der rechtlichen Begründung dieses Antrags hat sie sich im wesentlichen den vorstehend wiedergegebenen Ausführungen angeschlossen.

Das Land Preußen beantragt die Ablehnung der vorbezeichneten Anträge und legt hierzu dar:

I. Unter dem 23. Juli 1929 habe der Präsident des Staatsrats dem Staatsministerium mitgeteilt, daß der Staatsrat beschlossen habe, gegen das Gesetz über die kommunale Neugliederung des rheinisch-westfälischen Industriegebiets keinen Einspruch zu erheben. Demnach habe das Ministerium bei der ihm obliegenden Prüfung des verfassungsmäßigen Zustandekommens des Gesetzes von der Tatsache ausgehen müssen, daß Einspruch nicht erhoben sei. Ob der Staatsrat bei seiner Beschlußfassung Verfassungsvorschriften verletzt habe, sei für die Verbindlichkeit des Gesetzes unerheblich. Übrigens sei auch das im Staatsrat beobachtete Abstimmungsverfahren verfassungsmäßig nicht zu beanstanden. Im Staatsrat sei abgestimmt worden über den Antrag des zuständigen Ausschusses, keinen Einspruch zu erheben. Auf derartige, die Herbeiführung des Verzichts auf das Einspruchsrecht bezweckende Anträge beziehe sich Art. 38 Abs. 3 PrVerf. nicht. Er wolle nur Angriffe des Staatsrats gegen Beschlüsse des Landtags unter erschwerende Formvorschriften stellen. Der nach der Sitzungsniederschrift von den Kommunisten gestellte Abänderungsantrag auf Erhebung des Einspruchs sei nicht in der geschäftsordnungsmäßigen Form, nämlich nicht schriftlich angebracht und daher mit Recht nicht zur Abstimmung gestellt worden. Übrigens sei nach einer Mitteilung des Präsidenten des Staatsrats von den Kommunisten nicht Einlegung des Einspruchs, sondern nur namentliche Abstimmung über den Ausschußantrag beantragt worden.

II. Durch die angegriffenen gesetzlichen Bestimmungen werde das verfassungsmäßige Selbstverwaltungsrecht nicht verletzt. Das gemeindliche Mitwirkungsrecht bei Eingemeindungen sei, soweit es überhaupt bestanden habe, kein Selbstverwaltungsrecht gewesen. Denn die Funktion einer solchen Mitwirkung sei lediglich Vorbereitung eines Staatshoheitsaktes, und damit sei begrifflich ihre Auffassung als Ausfluß und Betätigung eines Selbstverwaltungsrechts ausgeschlossen. Auf die Form, in der die Mitwirkung ausgeübt werde, komme es demgegenüber nicht an. Wollte man aber auch das Mitwirkungsrecht für ein Selbstverwaltungsrecht halten, so wäre es doch durch die angezogenen Verfassungsvorschriften, die wesentlich nur programmatischer Natur seien, nicht gewährleistet. Ferner hätten nach ihnen die einzelnen Gemeinden ein Recht auf Erhaltung ihres Daseins weder in den Fällen, wo ein Mitwirkungsrecht bestanden, noch dort, wo es gefehlt habe. Selbst wenn man aber annehmen wolle, daß durch Art. 127 RVerf., Art. 70 PrVerf. ein Rechtsschutz der Gemeinden gegen Zwangseingemeindungen begründet worden wäre, so hätte höchstens der bisherige Rechtszustand geschützt werden können, und nach ihm sei die Auflösung von Gemeinden durch einfaches Gesetz möglich gewesen. Es gebe keine verfassungsrechtliche oder sonstige Bestimmung, durch die eine Vernichtung der Rechtspersönlichkeit von Gemeinden in einem landesrechtlich geordneten

Verfahren untersagt werde. Keinesfalls sei es aber Sache der Rechtsprechung, das angebliche verfassungsmäßige Grundrecht konkreter Selbstverwaltungskörperschaften auf Erhaltung ihres Daseins im einzelnen auszugestalten. Das würde vielmehr schon nach dem Wortlaut der betreffenden Verfassungsartikel der Landesgesetzgebung obliegen. Für die Rechtsprechung wäre die Aufgabe auch unlösbar, weil sich die hierbei in Betracht kommenden Organisationsfragen nicht nach rechtlichen Normen, sondern nur nach kommunalpolitischen Gesichtspunkten lösen ließen. Dies werde gerade durch die von den Antragstellern zu 19, 20, 21 zur Erwägung anheimgegebenen Richtlinien ins Licht gestellt: sie seien schematisch, widersprächen dem Grundsatz paritätischer Behandlung städtischer und ländlicher Gemeinden und trügen dem höheren Gesichtspunkt nicht Rechnung, daß im Interesse der Allgemeinheit auch gegen den Willen einer örtlichen Gemeinschaft ein zwangsweiser Zusammenschluß möglich sein müsse.

Bei den für das Amt Benrath besonders gemachten Ausführungen werde verkannt, daß es sich nicht um eine zeitweilige Aufhebung der Selbstverwaltung der Bewohner, sondern lediglich um eine vorübergehende Unmöglichkeit handle, die Verwaltung durch kommunale Organe ausüben zu lassen, bei deren Wahl die Einwohner Benraths mitgewirkt hätten. Derartige entweder auf tatsächlichen oder auf rechtlichen Gründen beruhende Fälle solcher Unmöglichkeit kämen auch sonst vor.

Die Oberbürgermeister und Magistrate der Städte Essen, Bochum, Witten, Neuß und Düsseldorf haben im Laufe des Verfahrens schriftlich erklärt, sie nähmen die von den Antragstellern zu 2, 3, 5, 6, 7, 12, 14, 16, 18 erhobenen Klagen zurück und entzögen den beteiligten Verfahrensbevollmächtigten die Vollmachten. Die Antragsteller halten diese Erklärung für unwirksam. Der Antragsgegner nimmt das Gegenteil an.

B.

Wegen der — auf Art. 19 Abs. 1 RVerf. erster Fall, § 16 Nr. 3 d. Ges. über den Staatsgerichtshof beruhenden — Zuständigkeit des Staatsgerichtshofs in dieser Sache sind Bedenken nicht erhoben worden und auch nicht zu erheben. Soweit sich der Streit der Parteien auf die Tragweite von Vorschriften der Reichsverfassung bezieht, wirken diese auf das einschlägige Landesverfassungsrecht unmittelbar ein.

Ebensowenig lassen sich die Parteifähigkeit und die Sachlegitimation der Streitteile bezweifeln. Im allgemeinen kann insoweit auf die bisherige Rechtsprechung des Staatsgerichtshofs verwiesen werden. Hervorzuheben ist nur, daß die Parteifähigkeit der in Betracht kommenden Antragsteller und die Vollmachten ihrer für dieses Verfahren bestellten Vertreter durch die oben erwähnten Erklärungen ihrer durch das Einführungsgesetz vom 29. Juli 1929 (GS. S. 137) bestimmten Rechtsnachfolger nicht beeinträchtigt werden. Diese Auffassung liegt schon der Entscheidung des Staatsgerichtshofs in Sachen der Gemeinde Altendorf gegen den Freistaat Braunschweig und Genossen vom 12. Januar 1922 (StGH. 3/21) zugrunde. Die sachlichrechtliche Befugnis, die Verfassungsmäßigkeit der ihr Dasein vernichtenden Landesgesetze zur Entscheidung zu bringen, kann den Antragstellern nicht dadurch entzogen werden, daß man dieses rechtliche Dasein von vornherein als erloschen unterstellt. Ihre Rechtspersönlichkeit hat vielmehr für den vorliegenden Rechtsstreit als fortbestehend zu gelten.

Durchgreifende Bedenken wegen der sachlichen Berechtigung zur Antragstellung bestehen insbesondere nicht, soweit beantragt ist, den § 1 d. Ges. vom 27. Dezember 1927 für verfassungswidrig zu erklären. Die Antragsteller sind allerdings nicht durch dieses, sondern durch das in erster Reihe von ihnen als verfassungswidrig beanstandete Gesetz vom 29. Juli 1929 anderen Gemeinwesen eingegliedert worden. Wäre dieses aber verfassungswidrig und würden sie also in dieser Richtung mit ihren Anträgen durchdringen, so bestände immer noch die Möglichkeit, daß sie später auf dem in § 1 jenes älteren Gesetzes vorgesehenen Wege aufgelöst oder in ihrem Gebietsbestand verkürzt würden. Insofern haben sie ein rechtliches Interesse daran, daß auch dessen Verfassungsmäßigkeit klargestellt wird.

Zur Sache selbst ist folgendes zu bemerken.

Die auf Grund der Art. 42, 38 Abs. 3 PrVerf. gegen die Verfassungsmäßigkeit des Gesetzes vom 29. Juli 1929 erhobenen Bedenken sind nicht gerechtfertigt.

Nach Art. 60 a. a. O. verkündet das Staatsministerium die verfassungsmäßig zustande gekommenen Gesetze. Es hat also vor der Verkündung zu prüfen, ob das betreffende Gesetz verfassungsmäßig zustande gekommen ist. Dazu gehört auch die Feststellung, ob der Staatsrat gegen das Gesetz wirksam Einspruch eingelegt hat. Hierbei handelt es sich zunächst darum, ob überhaupt ein Einspruch angebracht worden ist; Art. 42 Abs. 2. Verneinendenfalls kann das Gesetz nicht im Hinblick auf das Einspruchsrecht verfassungswidrig sein. Den Gründen, aus denen es nicht zur Anbringung des Einspruchs gekommen ist, kann der die Verfassungsmäßigkeit des Gesetzes nachprüfende Staatsgerichtshof ebensowenig nachgehen wie bei der Gesetzesverkündung das Staatsministerium.

Soweit die Reichsverfassung in Betracht kommt, haben die Antragsteller in der mündlichen Verhandlung den Art. 127 als durch die beiden in ihren Anträgen beanstandeten preußischen Gesetze verletzt bezeichnet. In den wissenschaftlichen Erörterungen, auf die sie sich in ihren Schriftsätzen bezogen haben, ist außerdem die Frage angeregt worden, ob sie nicht auch den Art. 109 Abs. 1 verletzten. Diese Vorschrift verpflichte nicht nur die Verwaltungsbehörden und die Gerichte, sondern auch den Gesetzgeber. Es bedarf hier nicht der Stellungnahme zu der Streitfrage, ob das zutrifft. Art. 109 Abs. 1 verlangt jedenfalls keine schrankenlose Gleichheit, die in ihrer Übertreibung gerade in das Gegenteil umschlagen würde; vielmehr soll Gleiches gleich, Ungleiches aber ungleich behandelt werden. Werden also einzelne Gemeinden in ihrem rechtlichen Bestande beschränkt oder werden sie beseitigt, so bedeutet das nicht ihre ungleiche Behandlung gegenüber anderen Gemeinwesen, vorausgesetzt, daß bei diesen nicht die gleichen sachlichen Voraussetzungen gegeben sind. So liegt aber der vorliegende Fall nicht. Wenigstens läßt sich aus dem Vorbringen der Parteien und aus der Sachuntersuchung nichts Gegenteiliges entnehmen.

Art. 127 RVerf. bedeutet kein bloßes Programm ohne rechtlichen Gehalt. Er setzt vielmehr bindend fest, daß den Gemeinden und Gemeindeverbänden das Recht der Selbstverwaltung zusteht. Die Landesgesetzgebung darf daher dieses Recht nicht aufheben und die Verwaltung der Gemeindeangelegenheiten nicht den Staatsbehörden übertragen. Sie darf die Selbstverwaltung auch nicht derart einschränken, daß sie innerlich ausgehöhlt wird, die Gelegenheit zu kraftvoller Betätigung verliert und nur noch ein Scheindasein führen kann. Nicht aber ist aus Art. 127 herzuleiten, daß er den Gemeinden die Selbstverwaltungsrechte in ihren Einzelheiten verbürge, die ihnen zur Zeit der Verkündung der Verfassung zustanden, oder daß er den einzelnen Gemeinden, die damals vorhanden waren, ihre dauernde Erhaltung zusichere. Dafür läßt sich weder aus dem Wortlaut der Vorschrift etwas entnehmen noch aus ihrer Entstehungsgeschichte. Das hätte auch nicht den damals herrschenden politischen Strömungen entsprochen, die einerseits auf tunlichste Vereinheitlichung, anderseits aber auf Erhaltung der Selbständigkeit der Länder hinzielten. Es würde in der Verfassung klar ausgesprochen worden sein und vorher einen Gegenstand eingehender und lebhafter parlamentarischer Erörterungen gebildet haben, wenn die Absicht dahin gegangen wäre, unter völliger Abkehr von der bisherigen geschichtlichen Entwicklung den Ländern die gesetzgeberische Verfügung über den Umfang und die Gliederung der kommunalen Selbstverwaltung in weitem Umfang zu entziehen. Es wäre dabei auf die kaum erträgliche Folge hingewiesen worden, daß es danach in Zukunft selbst dann eines verfassungsändernden Reichsgesetzes bedürfe, wenn es sich um die Auflösung einer kleinen unbedeutenden Landgemeinde gegen ihren Willen handle.

Für ihre Ansicht, daß der bisherige gesetzliche Zustand der Selbstverwaltung oder doch wenigstens der Fortbestand ihrer einzelnen Träger nicht zu deren Nachteil und entgegen ihrem Willen geändert werden dürfe, haben sich mehrere Antragsteller zum Vergleich auf die in Art. 151 bis 154 RVerf. behandelten Garantien für das Wirtschaftsleben und seine Einrichtungen bezogen. Allein mit Unrecht. Soweit in diesen Artikeln auf „die Gesetze" verwiesen wird, sind darunter nicht die beim Inslebentreten der Verfassung, sondern die jeweils geltenden Gesetze zu verstehen. Dasselbe gilt von dem gleichfalls in Bezug genommenen Art. 114 Abs. 1. Auch er hindert nicht, daß spätere einfache Reichs- oder Landesgesetze die persönliche Freiheit weiter einschränken.

Der Umstand, daß Art. 127 nur für Gebietskörperschaften, nicht aber für gebietlose Körperschaften gilt, ergibt nichts für den Umfang der jenen danach zustehenden Rechte. Man kann auch nicht mit den Antragstellern daraus, daß das Grundrecht der Selbstverwaltung besteht, auf einen Schutz der „konkreten Selbstverwaltung", d. h. darauf schließen, daß jeder einzelnen Gemeinde ihr unversehrter Fortbestand zugesichert sei. Damit wäre vorweggenommen, was erst noch bewiesen werden müßte. Der Umstand, daß die Einrichtung der Selbstverwaltung verfassungsrechtlich gesichert ist, ergibt mit gedanklicher Notwendigkeit noch nichts für die Frage, ob der einzelne Selbstverwaltungskörper das Recht hat, so lange fortzubestehen, bis er in seine Auflösung einwilligt.

Innerhalb der vorstehend bezeichneten Grenzen war also das Land Preußen bei der gesetzlichen Regelung der Selbstverwaltung durch die Reichsverfassung nicht behindert. Die Antragsteller glauben nun aber, aus Art. 70 PrVerf. die Verfahrenswidrigkeit der mehrerwähnten gesetzlichen Bestimmungen herleiten zu können. Dem ist jedoch nicht zu folgen. Art. 70 findet seine Erläuterung und Ergänzung durch Art. 71, nach dessen Abs. 2 die Gliederung der Provinzen in Kreise, Städte, Landgemeinden und andere Gemeindeverbände, sowie die Verfassung, die Rechte und Pflichten der Gemeindeverbände durch Gesetz geregelt werden. Damit ist der Gesetzgebung die Gliederung in allen ihren Beziehungen übertragen. Eine Beschränkung dahin, daß sie zwar im allgemeinen anordnen dürfe, welche Arten von Städten, Landgemeinden usw. bestehen sollen, nicht aber im besonderen festsetzen könne, ob und in welcher Weise Veränderungen in der Abgrenzung und im Bestand eines einzelnen Selbstverwaltungskörpers einzutreten haben, ist dem Art. 71 fremd. Eine sachgemäße Handhabung der ersten Befugnis wäre beim Fehlen der zweiten auch schwerlich möglich. Vergeblich weisen die Antragsteller darauf hin, daß beim Erlaß der Verfassung, wie auch schon ihr Entwurf und der an die Verfassunggebende Landesversammlung dazu erstattete Ausschußbericht zeigten, unverkennbar die Absicht obgewaltet habe, die Selbstverwaltung auszubauen. Diesem Gedanken widerstreitet die hier vertretene, durch seinen Wortlaut gebotene Auslegung des Art. 71 nicht. Gerade wenn der Verfassunggebenden Landesversammlung als Ziel der Ausbau der Selbstverwaltung vor Augen stand, wäre es unzweckmäßig gewesen, die Bewegungsfreiheit des Gesetzgebers zu beschränken. Dem Ausbau einer kraftvollen Selbstverwaltung kann die Aufhebung unzweckmäßiger Gemeindegrenzen ebenso dienen wie die Übertragung einzelner, bisher von den Gemeinden verwalteter Angelegenheiten auf staatliche Stellen.

Ob das jeweils in Betracht kommende staatliche Gesetz die zweckmäßigste Lösung getroffen und unnötige Härten vermieden hat, unterliegt nicht der gerichtlichen Nachprüfung. Der Staatsgerichtshof ist auch nicht befugt, die Frage, ob die gesetzliche Zwangsauflösung von Gemeinden zulässig ist, verschieden zu beantworten, je nachdem kleine unbedeutende oder wirtschaftlich und kulturell wichtige Selbstverwaltungskörper davon betroffen werden. Die preußische Verfassung macht keinen solchen Unterschied. Sie überläßt es lediglich dem Gesetzgeber, solche auf tatsächlichem Gebiet liegende Besonderheiten entsprechend zu würdigen.

Daß die Bürger der aufgelösten Gemeinden während mehrerer Monate in ihrem Einfluß auf die Gemeindeverwaltung behindert waren, ist für dieses Streitverfahren rechtlich ohne Belang. Das Selbstverwaltungsrecht ist in Art. 70 flg. PrVerf. den politischen Gemeinden und Gemeindeverbänden, nicht den einzelnen Bürgern gewährleistet, und zwar nur den jeweils bestehenden, nicht den aufgelösten Selbstverwaltungskörpern.

Im übrigen wird auf die Entscheidung von heute in Sachen der Gemeinde Niedergläsersdorf gegen das Land Preußen StGH. 19/28 (abgedr. oben S. 9*) Bezug genommen.

Hiernach liegen keine begründeten Bedenken gegen die Verfassungsmäßigkeit der von den Antragstellern beanstandeten gesetzlichen Vorschriften vor. Ihre Anträge waren daher zurückzuweisen.

4.

In der verfassungsrechtlichen Streitsache

des Eisenbahninspektors A. M. in K.,

Antragstellers,

gegen

die Deutsche Reichsbahn-Gesellschaft,

Antragsgegnerin,

auf Feststellung, daß die Durchführung eines von den bayerischen Disziplinarbehörden eingeleiteten Disziplinarverfahrens nach seinem Eintritt in den Reichsdienst nicht diesen, sondern dem Reiche zugestanden habe (StGH. Tgb. 35/28),

hat der Staatsgerichtshof für das Deutsche Reich in seiner nichtöffentlichen Sitzung vom 13. Dezember 1929 beschlossen:

Der Antrag des Antragstellers wird zurückgewiesen.

Gründe:

I.

Der Antragsteller ist im Jahre 1891 in den Dienst der bayerischen Eisenbahnen eingetreten und am 1. April 1909 zum Eisenbahnsekretär in Kusel, am 1. Dezember 1919 zum Bahnverwalter am Westbahnhof Kaiserslautern befördert worden. Nachdem er in dieser Stellung auf Grund des Staatsvertrags über den Übergang der Staatseisenbahnen auf das Reich vom 31. März 1920 (RGBl. S. 774) mit Wirkung vom 1. April 1920 ab in den Reichsdienst überführt worden war, hat er am 28. Juni 1920 von dem ihm aus § 26 StV. zustehenden Rechte des Rücktritts in den Landesdienst Gebrauch gemacht. Am 12. Juli 1921, nach Erlaß der Bekanntmachung des Reichsfinanzministeriums, des Reichsverkehrsministeriums, Zweigstelle Bayern, und des Reichspostministeriums, Abteilung München, vom 7. Juli 1921 (EisenbNachrBl. 1921 S. 513), ist er wieder in den Reichsdienst übergetreten.

Im Jahre 1917 war von der Disziplinarkammer in Zweibrücken gegen ihn wegen beleidigender Angriffe wider den Bahnverwalter in Kusel und die Betriebsinspektion in Kaiserslautern ein Disziplinarverfahren eingeleitet worden, das entsprechend der Verordnung über die Einstellung schwebender Disziplinarverfahren vom 1. Juli 1919 (GVBl. S. 328) nicht durchgeführt wurde.

Auf Antrag der Eisenbahndirektion Ludwigshafen vom 6. Dezember 1920 hat der Präsident der Disziplinarkammer in Zweibrücken am 11. Dezember 1920 die Einleitung eines weiteren Disziplinarverfahrens gegen den Antragsteller verfügt, in dem er ähnlicher Verfehlungen wie früher, nunmehr aber aus der Zeit von Anfang Mai bis Dezember 1920, beschuldigt wurde. Diese Verfügung hat er angefochten, weil er infolge seines Rücktritts wieder Landesbeamter geworden und die Eisenbahndirektion Ludwigshafen als Reichsbehörde zur Antragstellung nicht berechtigt gewesen sei. Er sei aber auch noch nicht in ein anderes Amt des Landesdienstes versetzt, sodaß er weder dem bayerischen Beamtengesetz unterstehe, noch überhaupt ein Disziplinargericht gegen ihn gebildet werden könne.

Diese Beschwerde hat der Disziplinarhof für nichtrichterliche Beamte in München durch Beschluß vom 23. Mai 1921 zurückgewiesen.

Die Berechtigung der Eisenbahndirektion Ludwigshafen zur Stellung des Antrags ergebe sich aus Vereinbarungen der zuständigen bayerischen Ministerien mit der Zweigstelle Bayern des Reichsverkehrsministeriums. Mit seinem Rücktritt in den Landesdienst sei der Antragsteller wieder Landesbeamter geworden und als solcher dem bayerischen Beamtengesetz unterstellt gewesen. Für Dienstverfehlungen, ob sie nun vor oder nach seinem Rücktritt in den Landesdienst lägen, seien die bayerischen Disziplinargesetze maßgebend und die bayerischen Disziplinarbehörden zuständig.

Als der Antragsteller im Verlauf des Verfahrens, am 12. Juli 1921, wieder in den Reichsdienst übergetreten war, hat die Disziplinarkammer in Zweibrücken durch Beschluß vom 3. Februar 1922 die Strafverfolgung eingestellt, weil sich das bayerische Beamtengesetz, das auch das Dienststrafrecht regle, nur auf Beamte erstrecke, die in einem Dienstverhältnis zum Bayerischen Staate ständen, der Antragsteller aber aus diesem entlassen sei. Diese Entscheidung hat der Disziplinarhof in München am 1. März 1922 aufgehoben. Im Sinne der oben erwähnten Bekanntmachung vom 7. Juli 1921 seien die zum zweitenmal in den Reichsdienst eingetretenen Eisenbahnbeamten ebenso zu behandeln wie die am 1. April 1920 übernommenen. Auch für sie hätten die Bestimmungen des Staatsvertrags und dessen § 35 zu gelten, wonach ein in den Ländern am 31. März 1920 anhängiges förmliches Disziplinarverfahren nach den Landesgesetzen zu erledigen sei. Diese Vorschrift habe sinngemäß auch auf den zweiten Übertritt Anwendung zu finden.

Seinen Abschluß fand das Disziplinarverfahren damit, daß der Antragsteller durch Urteil der Disziplinarkammer Zweibrücken vom 16. Juni 1922 zur Dienstentlassung verurteilt wurde und ihm drei Viertel des Ruhegehalts belassen wurden. Seine Berufung verwarf der Disziplinarhof in München durch Urteil vom 2. März 1923 mit der Maßgabe, daß das zu belassende Ruhegehalt auf neunzehn Zwanzigstel festgesetzt wurde. Ein Wiederaufnahmeantrag des Antragstellers wurde durch Beschluß des genannten Disziplinarhofs vom 12. Juni 1925 verworfen.

Mit diesen Entscheidungen ist der Antragsteller nicht einverstanden.

Der Staatsvertrag enthalte keine Bestimmung, wonach in den Landesdienst zurückgetretene Beamte in den Reichsdienst wieder übernommen werden könnten; der § 43 das. biete auch keine Handhabe, solche Bestimmungen in Auslegung oder Ergänzung des Vertrags zu treffen. Sein Wiedereintritt habe sich lediglich auf dem Boden der Vereinbarung vom 7. Juli 1921 vollzogen; er sei in Berücksichtigung der Grundsätze des deutschen Staats- und Beamtenrechts erfolgt, sei sonach ein anderer als der durch Staatsvertrag und Art. 90 RVerf. festgelegte Übergang vom Landes- in den Reichsdienst. Für ihn komme nur Art. 90 RVerf. in Frage, in dem das Reich die staatlichen Hoheitsrechte übernommen habe, die sich auf das Eisenbahnwesen bezögen. Hierunter fielen auch die Eisenbahnbeamten, die den staatlichen Hoheitsrechten und damit der Disziplinargewalt des Reichs unterstellt würden. Für die in den Reichsdienst zurückgetretenen Beamten gelte § 35 StV. also nicht.

Während im Staatsvertrag die Hoheitsrechte nur zwischen dem Reich und den Ländern festgelegt seien, seien in der Vereinbarung vom 7. Juli 1921 nicht bloß das Reich und Bayern, sondern auch die einzelnen Beamten Vertragspartner geworden. Damit seien sie ebenso wie das Reich und Bayern berechtigt, den Staatsgerichtshof anzugehen.

Nach der Vereinbarung zwischen dem Reich und Bayern vom 7. Juli 1921 sei er, der Antragsteller, so zu behandeln gewesen, als ob er seit dem 1. April 1920 ununterbrochen Reichsbeamter gewesen wäre. Wenn also im Disziplinarverfahren die Frage aufgetaucht sei, wem das staatliche Hoheits- und Disziplinarrecht zustehe, so sei für ihre Entscheidung nicht die oberste Disziplinarbehörde des Reichs oder eines Landes, sondern nur der Staatsgerichtshof zuständig gewesen, dessen Anrufung auch dem einzelnen Beamten gestattet sei. Es möge richtig sein, daß die Art. 15, 18, 19, 59, 108, 171 und 172 RVerf. den einzelnen Staatsbürger nicht berechtigten, Anträge beim Staatsgerichtshof zu stellen. Dies gelte jedoch nicht für Art. 90 a. a. O. Wie das bürgerliche und das Strafrecht die Rechte des einzelnen Bürgers sicherten, so lege auch das Disziplinarrecht im Rahmen des staatlichen Hoheitsrechts die Rechte der einzelnen Beamten dem Reich und den Ländern gegenüber fest. Daraus folge das Recht des einzelnen Beamten, die gesetzlich vorgesehenen Instanzen, hier den Staatsgerichtshof, in Anspruch zu nehmen. Im Gegensatz zu den vorgenannten übrigen Artikeln der Reichsverfassung, die als Parteien nur die Regierungen zuließen, spreche Art. 90 RVerf. nur von den

Hoheitsrechten, die sich auf das Eisenbahnwesen bezögen. Zu ihm gehörten aber die Gesamtheit der Beamten und der einzelne, wie sich aus dem Wesen der Disziplinargewalt und des Disziplinarrechts ergebe. Aus Art. 90 RVerf. seien auch die §§ 25 und 35 StV. und die Vereinbarung vom 7. Juli 1921 hervorgegangen, die den Umfang der staatlichen Hoheitsrechte gegenüber dem einzelnen Beamten regelten. Er sei also berechtigt, eine Entscheidung des Staatsgerichtshofs darüber herbeizuführen, ob für ein Disziplinarverfahren gegen ihn das Reich oder Bayern zuständig gewesen sei.

Offensichtlich verletzten die Disziplinarerkenntnisse die Reichsverfassung und das Gesetz über den Staatsgerichtshof. Sie seien also gegen das bestehende Recht und Gesetz zustande gekommen und daher rechtsungültig und rechtsunwirksam. Er stelle daher den Antrag:

zu erkennen, daß der Beschluß des bayer. Disziplinarhofs vom 1. März 1922 und die auf Grund desselben zustande gekommenen Urteile der bayer. Disziplinarkammer Zweibrücken und des bayer. Disziplinarhofs als nicht vorhanden anzusehen und daher rechtsunwirksam sind, daß das Disziplinarverfahren in den Stand vom 12. Juli 1921 wieder einzusetzen und gemäß dem Sonderabkommen Reich-Bayern vom 7. Juli 1921 betr. Wiedereintritt der in den Landesdienst zurückgetretenen Beamten der ehemals bayer. Verkehrsverwaltung in den Reichsdienst nach dem Reichsbeamtengesetz zu erledigen ist, daß er — Antragsteller — auf Grund des Art. 90 RVerf. und des Abkommens Reich-Bayern vom 7. Juli 1921 als Reichsbeamter angestellt, ab 1. April 1920 als Reichsbeamter zu behandeln ist, das Disziplinarrecht als zum Umfang des staatlichen Hoheitsrechts gehörig ab 1. April 1920 ausschließlich dem Reiche zusteht.

II.

Der Antragsteller will in erster Linie festgestellt haben, daß er vom 1. April 1920 ab Reichsbeamter gewesen sei und daß von diesem Tag ab die Disziplinargewalt über ihn ausschließlich dem Reich, nicht aber Bayern zugestanden habe. In zweiter Linie will er aus dieser Feststellung die Folgerung gezogen haben, daß die Entscheidungen der bayerischen Disziplinarbehörden rechtsunwirksam seien, daß das Verfahren in den Stand vom 12. Juli 1921, dem Tage seines Wiedereintritts in den Reichsdienst, zurückversetzt und nach den

Vorschriften des Reichsbeamtengesetzes weitergeführt und erledigt werde.

Ob eine Feststellung im Sinne des zweiten Teils des Antrags zur Zuständigkeit des Staatsgerichtshofs gehört und ob die als Antragsgegnerin genannte Deutsche Reichsbahn-Gesellschaft die richtige und zur Sache passiv legitimierte Gegnerin ist, bedarf zunächst keiner Untersuchung. Jedenfalls ist die erste Frage, ob ein von den Landesbehörden gegen einen Landesbeamten anhängig gemachtes Disziplinarverfahren auch nach seinem Übertritt in den Reichsdienst von ihnen fortgesetzt und erledigt werden darf, eine Frage der Staatshoheit, für welche die Zuständigkeit des Staatsgerichtshofs sowohl aus §§ 35, 43 StV. als auch aus Art. 90 RVerf. in Betracht kommt. Auf Grund dieser Vorschriften würde die Streitigkeit, wenn sie vom Reich oder von einem Land vor den Staatsgerichtshof gebracht würde, Gegenstand seiner Entscheidung sein können und müssen. Ob man nun die Zuständigkeit des Staatsgerichtshofs aus dem Staatsvertrag oder aus Art. 90 RVerf. herleitet, in beiden Fällen hat er nach § 17 des Gesetzes über den Staatsgerichtshof vom 9. Juli 1921 (RGBl. S. 905) in der in § 18 Nr. 2. a. a. O. vorgeschriebenen Besetzung zu erkennen.

Zunächst ist aber zu prüfen, ob der Antragsteller aktiv legitimiert, ob er als einzelner Staatsbürger oder Beamter, sei es aus dem Staatsvertrag, sei es aus Art. 90 RVerf., berechtigt ist, den Staatsgerichtshof anzugehen.

Er selbst will zwar seine beamtenrechtlichen Beziehungen nicht aus dem Staatsvertrag, sondern lediglich aus der mehrgenannten Vereinbarung vom 7. Juli 1921 entnommen wissen, die eine selbständige Regelung dieser Beziehungen außerhalb des Staatsvertrags darstelle. Dabei verkennt er aber, daß in Buchst. c dieser Vereinbarung die in den Reichsdienst zurücktretenden Beamten „in alle Rechte aus dem Staatsvertrag — mit Ausnahme des Rücktrittsrechts — wieder eingesetzt und so behandelt werden, als ob sie seit dem 1. April 1920 ununterbrochen Reichsbeamte gewesen wären", daß hiermit die Bestimmungen des Staatsvertrags auch zum Gegenstand und Inhalt der Vereinbarung gemacht worden sind. Ohne dieses wäre die Zubilligung der ununterbrochenen Zugehörigkeit zur Beamtenschaft des Reichs, auf die er sich selbst beruft, nicht verständlich.

Nun ist der Staatsvertrag „unbeschadet seiner Eigenschaft als

Vertrag" Gesetz geworden. Er ist also Gesetz und wirkt als solches nach außen für und gegen Dritte; er ist aber auch Vertrag geblieben und darf als solcher nicht etwa durch ein anderes Gesetz, sondern nur auf dem Wege geändert werden, auf dem er zustande gekommen ist. Aus ihm haben also die früheren, in den Reichsdienst überführten Landesbeamten Ansprüche und Rechte erworben, deren Erfüllung sie, wie jeder Staatsbürger, im einzelnen Fall auf dem über die Gerichte oder über andere staatliche Behörden führenden, jeweils vorgeschriebenen Wege verlangen können. In einigen Fällen — § 26 Abs. 2, § 33 Abs. 5 StV. — ist ihnen sogar die Befugnis zugesprochen, gewisse Fragen unmittelbar zur Entscheidung zu bringen, aber nicht durch den Staatsgerichtshof, sondern durch ein Schiedsgericht. In keiner Bestimmung des Staatsvertrags ist ihnen aber auch nur andeutungsweise das Recht gegeben, ihre Ansprüche durch eine unmittelbare Anrufung des Staatsgerichtshofs durchzuführen. Nach § 43 StV. ist der Staatsgerichtshof nur dazu berufen, Entscheidungen zu fällen, wenn sich die beteiligten Regierungen über die Auslegung oder Ergänzung des Vertrags in Fragen, die sich bei seiner Ausführung ergeben, nicht einigen können. Da solche Meinungsverschiedenheiten nur unter den beteiligten Regierungen entstehen können, ist in § 43 StV. klar und deutlich ausgesprochen, daß auch nur die beteiligten Regierungen als Partei vor dem Staatsgerichtshof auftreten können, nicht etwa der einzelne Beamte. Rechte eines einzelnen Beamten können vor ihm nur in der Weise vertreten werden, daß die frühere Landesregierung des Beamten für ihn die Rolle der Partei übernimmt. So ist es auch in den bisher beim Staatsgerichtshof anhängig gewordenen Fällen dieser Art gehalten werden (StGH. 10/22 RGZ. Bd. 106 S. 426, StGH. 4/23 RGZ. Bd. 109 Anh. S. 30, StGH. 1/26 RGZ. Bd. 115 Anh. S. 1).

Der Art. 90 RVerf., auf den sich der Antragsteller hauptsächlich stützt, steht nach seinen Eingangsworten: „mit der Übernahme der Eisenbahnen übernimmt das Reich ...." in engem Zusammenhang mit Art. 89 das., der bestimmt, daß das Reich die dem allgemeinen Verkehr dienenden Eisenbahnen in sein Eigentum zu übernehmen hat. Wenn im Anschluß hieran in Art. 90 RVerf. dem Reich die Enteignungsbefugnis und die staatlichen Hoheitsrechte, die sich auf das Eisenbahnwesen beziehen, übertragen werden, so werden, was die letzteren betrifft, damit auch wieder nur die Beziehungen des Reichs zu den Eisenbahnen besitzenden, mit Hoheitsrechten ausgestatteten Ländern geregelt, sodaß Streitigkeiten über den Umfang der Hoheitsrechte des Reichs nur zwischen ihm und einem Land entstehen können. Nur diese engeren Beziehungen will Art. 90 RVerf. im Streitfall der Entscheidung des Staatsgerichtshofs unterbreitet haben, sodaß auch hier nur das Reich und die Länder, nicht aber die einzelnen Beamten oder Staatsbürger eine solche herbeizuführen in der Lage sind.

Zu demselben Ergebnis gelangt man, wenn man die Stellung des Art. 90 RVerf. im Rahmen der Zuständigkeitsvorschriften des Gesetzes über den Staatsgerichtshof ins Auge faßt. Seine § 16 Nr. 1 bis 3 und § 17 Nr. 2 und 3 lassen unter Hinzunahme der angeführten Verfassungsvorschriften und der Staatsverträge klar erkennen, daß sie nur Meinungsverschiedenheiten erfassen sollen, für die der einzelne Staatsbürger nicht als Partei in Frage kommt. Warum für den mitten in dieser Verbindung stehenden, in § 17 Nr. 1 a. a. O. genannten Art. 90 RVerf. etwas anderes gelten soll, warum in ihm auch dem einzelnen Staatsbürger das Recht verliehen sein soll, einschlägige Streitigkeiten vor dem Staatsgerichtshof zum Austrag zu bringen, ist nicht einzusehen. Hätte der Gesetzgeber dies gewollt, so hätte er es gegenüber der so gestalteten Fassung zum Ausdruck bringen müssen und gebracht.

Zur unmittelbaren Anrufung des Staatsgerichtshofs ist hiernach der Antragsteller weder als einzelner Beamter noch als einzelner Staatsbürger berechtigt. Sein Antrag war daher schon aus diesem Grunde zurückzuweisen.

Register.

Die Zahlen bedeuten die Seiten.

A. Sachregister.

A

B

D

E

F

G

3. Ausländisches Recht.

Österreich.

C. Zusammenstellung der Entscheidungen nach der Zeitfolge.

Zusammenstellung
der
im 126. Bande
mitgeteilten Entscheidungen
nach
Oberlandesgerichtsbezirken.

(Die Zahlen bezeichnen die Nummern der Entscheidungen.)

Berlin	1. 2. 3. 9. 13. 15. 19. 20. 22. 27. 29. 37. 43. 61. 65. 68. 74. 75. 82. 83.
Breslau	10. 12. 16. 38.
Celle	51. 52. 72. 81. 84.
Dresden	4. 24. 26. 28.
Düsseldorf	47. 56. 67. 70. 77.
Frankfurt a. M.	33. 62.
Hamburg	7. 8. 31. 40. 49. 53. 54. 66. 69. 71.
Hamm	5. 14. 46. 48. 80.
Kassel	60. 85.
Kiel	21. 30. 79.
Köln	11. 45.
Königsberg	6. 34. 73. 78.
München	41.
Naumburg a. S.	44. 50. 57. 63. 64.
Rostock	23. 42.
Stettin	18. 36.
Stuttgart	32.
Zweibrücken	76.

Landgericht III Berlin	59.
Landgericht Bremen	25.
Landgericht Breslau	39.
Landgericht Düsseldorf	17.
Reichsgericht unmittelbar (Schiedsspruch)	35.
Reichspatentamt	55. 58.
Staatsgerichtshof. Anhang	1. 2. 3. 4.

Berichtigungen.

Hundertdreiundzwanzigster Band.

S. 339 Z. 8 v. u. statt „Bd. 102 S. 120" lies: „Bd. 101 S. 120".

Kolibri 360 GmbH
Ferdinand-Jühlke-Straße 7
99095 Erfurt, Deutschland
produktsicherheit@kolibri360.de